本书受国际商务汉语教学与资源开发基地（上海）资助出版

中外商务合作
跨文化交际案例集

王 琴 —— 编著

上海财经大学出版社

图书在版编目(CIP)数据

中外商务合作跨文化交际案例集/王琴编著.—上海：上海财经大学出版社,2017.7
(本书受国际商务汉语教学与资源开发基地(上海)资助出版)
ISBN 978-7-5642-2707-4/F·2707

Ⅰ.①中… Ⅱ.①王… Ⅲ.①国际商务-商业文化-文化交流-案例 Ⅳ.①F740

中国版本图书馆 CIP 数据核字(2017)第 076182 号

□ 责任编辑　何苏湘
□ 书籍设计　张克瑶

ZHONGWAI SHANGWU HEZUO KUAWENHUA JIAOJI ANLIJI
中外商务合作跨文化交际案例集
王　琴　编著

上海财经大学出版社出版发行
(上海市中山北一路 369 号　邮编 200083)
网　　址:http://www.sufep.com
电子邮箱:webmaster@sufep.com
全国新华书店经销
上海宝山译文印刷厂印刷
上海淞杨印刷厂装订
2017 年 7 月第 1 版　2017 年 7 月第 1 次印刷

787mm×1092mm　1/16　36.75 印张　894 千字
印数:0 001—2 000　定价:68.00 元

PREFACE
前　言

改革开放三十年,中国经济实现了飞速发展。大量海外公司进入了中国市场,据悉,全球500强企业,已多半进入中国。这些外资企业,或直接投资,或联盟经营,或合资运作,或独资发展,在中国市场上采取了不同的发展策略,呈现出不同的发展轨迹。同时,中国企业也在不断"走出去",在进入国际市场的过程中,同样采取合资、联盟等不同方式,不断寻找适合自己的发展模式。不论进入中国的外资企业,或进入海外市场的中国企业,有些企业取得了很好的成长,也有些企业遭遇了诸多挫折,但都留给我们宝贵的经验。

伴随着企业的跨国化发展,人与人的沟通和交流也不断加强。因为跨国商务活动的背后,就是人与人的联系。外资企业试图了解中国经济和中国文化,外国企业的管理者将在中国市场上开展管理工作;中国企业需要了解海外文化,了解国际市场的运作特征。许多企业成功或失败的背后,往往隐含着跨文化融合或冲突的影子。所以,让更多人了解跨国化经营的文化特征,感受跨文化合作中的问题,将是一个有意义的课题。

国际商务汉语教学资源开发项目,想通过商务案例资源的开发,为更多想了解中国,想学习汉语的人群提供一个学习商业知识的路径。为了达到这一目标,在《中外商务合作跨文化交际案例集》的编写过程中,我们也特别关注各国企业在不同文化背景下的经营行为和策略选择,案例的选择既要考虑国际特征,更要关注这些企业的经营行为和结果,试图通过不同国家、不同企业的案例剖析,给汉语学习者提供支持和帮助。

本案例集包括初级、中级、高级三个层次。

初级案例适用于汉语学习的起步者,所选择的案例较短,商务知识浅显,给初级的汉语学习者提供了丰富的商务案例。

中级案例适用于有一定基础的汉语学习者,所选择的案例篇幅增长,商务知识也逐步加深,同样可以大大丰富汉语学习的阅读量。

高级案例面向汉语程度较高的学习者,所选择的案例长,对商务知识的要求已不仅仅是阅读,而要加深理解和应用。

所有初级、中级、高级案例集中,都将包含以下内容:

一是案例基础内容,共由四部分内容构成:第一部分,案例陈述,包括案例提要、案例背景和案例正文;第二部分,案例教学,解释商务专业术语和思考题;第三部分案例分析与总结;第四部分,案例使用说明,详细介绍了案例目的和用途、案例分析思路、案例辅助材料和课堂使用计划。

二是涉及中国与八个不同国家的跨文化案例,这八个国家分别是德国、日本、法国、韩国、美国、澳大利亚、俄罗斯、西班牙。

三是案例主要围绕三大管理领域:市场营销、企业战略和电子商务,通过海外企业在中国发展遇到的问题,或中国企业在海外发展中的现象,阐述跨文化经营特征。

本案例集的特点是:

第一，案例的编写过程中，我们重点选择企业在跨文化实践中的经验和教训，通过现象企业的所作所为，让读者了解真实的商业行为，所以我们查阅了大量的报纸、网站和新闻，从中选择恰当的案例。此外，我们倾向于选择各国有特色的企业及其发生的典型案例，但也有一些国家，由于案例数量相对较少，所以只有在有限信息中选择。

第二，对于案例基础内容，在保留案例事实的情况下，我们进行了相应的改编，但仍然保留了大量的俗语和俚语，并未全部改为书面用语，以求给学习者一个真实的语言状态。

第三，每个案例除了正文之外，配套以案例教学内容和课堂使用安排，除了给学习者提供了练习题和思考题，为学习者提供更多的商业知识训练，还给教学者提供了丰富的辅助材料和课堂中的教学安排，供教学者参考。

案例集是为了汉语学习者在提高语言学习的同时，进一步提高商业知识而编制。在这里首先要感谢国际商务汉语教学资源开发项目，感谢汉办和上海财经大学国际交流学院的支持，使本案例的编写得以顺利开展。其次要感谢我们所选案例以及辅助材料的初始提供者，这些案例和资料来自于报纸、网站及有关书籍，由于来源较丰富，尤其是商业专业术语部分，我们查阅了教科书、百度百科、维基百科以及相应的专业词典，有些内容可能未能明确标识其原始出处，在此我们也深表歉意。最后要感谢项目编写过程中的所有参与者，张少华、郑鑫、刘靖、张英、王晓磊、姜婉露、许绍等，积极参与了案例的搜集和整理。

案例编写中也存在诸多纰漏，由于写作与出版相隔一段时间，造成有些案例或术语的解释也发生了变化，我们进行了部分调整，但仍存在诸多有待完善的地方，在此表示歉意。如果读者在阅读过程中发现问题，也欢迎与我们交流。

作 者

2017 年 5 月

CONTENTS
目　录

前言　1

初　级

企业战略——中德　3

博世电动工具：从代理到自营销售　3

 第一部分　案例陈述　3
 第二部分　案例教学　4
 第三部分　案例分析与总结　4
 第四部分　案例使用说明　5

西门子收购上海二工：整合低压电气资源　7

 第一部分　案例陈述　7
 第二部分　案例教学　8
 第三部分　案例分析与总结　8
 第四部分　案例使用说明　9

企业战略——中法　11

达能与娃哈哈的商标风波　11

 第一部分　案例陈述　11
 第二部分　案例教学　12
 第三部分　案例分析与总结　13
 第四部分　案例使用说明　13

长安汽车和法国PSA集团的联盟策略　15

 第一部分　案例陈述　15
 第二部分　案例教学　16
 第三部分　案例分析与总结　17
 第四部分　案例使用说明　17

企业战略——中韩　19

SK电讯的中国战略　19

 第一部分　案例陈述　19
 第二部分　案例教学　20
 第三部分　案例分析与总结　21
 第四部分　案例使用说明　21

斗山装载机的差异化战略　23

 第一部分　案例陈述　23
 第二部分　案例教学　24
 第三部分　案例分析与总结　25
 第四部分　案例使用说明　25

企业战略——中美　27

百事（中国）的绿色土豆　27

 第一部分　案例陈述　27
 第二部分　案例教学　28
 第三部分　案例分析与总结　29
 第四部分　案例使用说明　29

迪士尼曲线发力，衍生产品先行突破　31

 第一部分　案例陈述　31
 第二部分　案例教学　32
 第三部分　案例分析与总结　33
 第四部分　案例使用说明　34

企业战略——中日 37

比亚迪收购日本模具巨头 37

  第一部分 案例陈述 37
  第二部分 案例教学 38
  第三部分 案例分析与总结 39
  第四部分 案例使用说明 39

日本西铁城集团在华启动多品牌战略 41

  第一部分 案例陈述 41
  第二部分 案例教学 42
  第三部分 案例分析与总结 43
  第四部分 案例使用说明 44

企业战略——中澳 46

澳大利亚橄榄油进入中国高端市场 46

  第一部分 案例陈述 46
  第二部分 案例教学 47
  第三部分 案例分析与总结 48
  第四部分 案例使用说明 48

南航通过战略合作拓展澳洲市场 50

  第一部分 案例陈述 50
  第二部分 案例教学 51
  第三部分 案例分析与总结 51
  第四部分 案例使用说明 52

企业战略——中俄 54

海尔采取高端战略进入俄罗斯 54

  第一部分 案例陈述 54
  第二部分 案例教学 55
  第三部分 案例分析与总结 56
  第四部分 案例使用说明 57

卡巴斯基与奇虎联盟 58

  第一部分 案例陈述 58
  第二部分 案例教学 59
  第三部分 案例分析与总结 60
  第四部分 案例使用说明 60

企业战略——中西 62

乐家并购鹰卫浴 62

  第一部分 案例陈述 62
  第二部分 案例教学 63
  第三部分 案例分析与总结 64
  第四部分 案例使用说明 65

"温州鞋"被烧之后 66

  第一部分 案例陈述 66
  第二部分 案例教学 67
  第三部分 案例分析与总结 68
  第四部分 案例使用说明 69

市场营销——中德 71

奔驰的产品多元化 71

  第一部分 案例陈述 71
  第二部分 案例教学 72
  第三部分 案例分析与总结 73
  第四部分 案例使用说明 73

大众的"中国心"感动了中国观众 75

  第一部分 案例陈述 75
  第二部分 案例教学 76
  第三部分 案例分析与总结 76
  第四部分 案例使用说明 77

市场营销——中法 79

迪卡侬的策略：低价策略和体验营销 79

  第一部分 案例陈述 79

第二部分　案例教学　80
　　第三部分　案例分析与总结　81
　　第四部分　案例使用说明　82

雷诺中国形象：定位于休闲豪华　83

　　第一部分　案例陈述　83
　　第二部分　案例教学　84
　　第三部分　案例分析与总结　85
　　第四部分　案例使用说明　85

市场营销——中韩　87

"竹盐"的市场定位：进军中高端日化市场　87

　　第一部分　案例陈述　87
　　第二部分　案例教学　88
　　第三部分　案例分析与总结　89
　　第四部分　案例使用说明　89

韩泰轮胎的品牌策略　91

　　第一部分　案例陈述　91
　　第二部分　案例教学　92
　　第三部分　案例分析与总结　93
　　第四部分　案例使用说明　93

市场营销——中美　95

宝洁公司：洗发水细分市场策略　95

　　第一部分　案例陈述　95
　　第二部分　案例教学　96
　　第三部分　案例分析与总结　97
　　第四部分　案例使用说明　97

玻璃瓶装可口可乐的"小红帽"配送　99

　　第一部分　案例陈述　99
　　第二部分　案例教学　100
　　第三部分　案例分析与总结　100
　　第四部分　案例使用说明　101

市场营销——中日　103

立邦漆的中国龙广告　103

　　第一部分　案例陈述　103
　　第二部分　案例教学　104
　　第三部分　案例分析与总结　105
　　第四部分　案例使用说明　105

索爱的产品策略与价格策略　106

　　第一部分　案例陈述　106
　　第二部分　案例教学　108
　　第三部分　案例分析与总结　109
　　第四部分　案例使用说明　109

市场营销——中澳　111

金羊毛标志在中国的推广　111

　　第一部分　案例陈述　111
　　第二部分　案例教学　112
　　第三部分　案例分析与总结　113
　　第四部分　案例使用说明　113

Quiksilver 的品牌精神与企业文化　115

　　第一部分　案例陈述　115
　　第二部分　案例教学　116
　　第三部分　案例分析与总结　116
　　第四部分　案例使用说明　117

市场营销——中俄　119

俄罗斯 Saimaa 饮料的绿色营销　119

　　第一部分　案例陈述　119
　　第二部分　案例教学　120
　　第三部分　案例分析与总结　121
　　第四部分　案例使用说明　121

神舟进军俄罗斯市场　123

　　第一部分　案例陈述　123
　　第二部分　案例教学　124
　　第三部分　案例分析与总结　124
　　第四部分　案例使用说明　125

市场营销——中西　127

"KOLING"的品牌推广　127

　　第一部分　案例陈述　127
　　第二部分　案例教学　128
　　第三部分　案例分析与总结　129
　　第四部分　案例使用说明　129

"李宁"的体育营销　130

　　第一部分　案例陈述　130
　　第二部分　案例教学　131
　　第三部分　案例分析与总结　132
　　第四部分　案例使用说明　132

电子商务——中德　134

DHL 携手 eBay 进军电子商务　134

　　第一部分　案例陈述　134
　　第二部分　案例教学　135
　　第三部分　案例分析与总结　136
　　第四部分　案例使用说明　136

电子商务——中法　138

家乐福退出青岛网购市场　138

　　第一部分　案例陈述　138
　　第二部分　案例教学　139
　　第三部分　案例分析与总结　140
　　第四部分　案例使用说明　141

电子商务——中韩　143

"时尚起义"——韩国电子商务模式
　　　　　　　进入中国　143

　　第一部分　案例陈述　143
　　第二部分　案例教学　144
　　第三部分　案例分析与总结　145
　　第四部分　案例使用说明　145

电子商务——中美　147

谷歌中国的进退风波　147

　　第一部分　案例陈述　147
　　第二部分　案例教学　148
　　第三部分　案例分析与总结　149
　　第四部分　案例使用说明　149

电子商务——中日　151

百度与乐天成立合资公司乐酷天　151

　　第一部分　案例陈述　151
　　第二部分　案例教学　152
　　第三部分　案例分析与总结　153
　　第四部分　案例使用说明　153

电子商务——中澳　156

支付宝联合 Paymate,拓展澳大利亚市场　156

　　第一部分　案例陈述　156
　　第二部分　案例教学　157
　　第三部分　案例分析与总结　158
　　第四部分　案例使用说明　159

电子商务——中俄　161

俄罗斯军表借助昆仑客进入中国大陆市场　161

　　第一部分　案例陈述　161
　　第二部分　案例教学　162

第三部分　案例分析与总结　163
　　第四部分　案例使用说明　163

电子商务——中西　165

支付宝与西班牙瑞尔普威的异业营销　165

　　第一部分　案例陈述　165

　　第二部分　案例教学　166
　　第三部分　案例分析与总结　166
　　第四部分　案例使用说明　167

中　级

企业战略——中德　171

SAP 与东软的战略合作　171

　　第一部分　案例陈述　171
　　第二部分　案例教学　172
　　第三部分　案例分析与总结　173
　　第四部分　案例使用说明　174

贝塔斯曼(中国)的战略失误　175

　　第一部分　案例陈述　175
　　第二部分　案例教学　177
　　第三部分　案例分析与总结　178
　　第四部分　案例使用说明　179

企业战略——中法　181

广州标致的解体　181

　　第一部分　案例陈述　181
　　第二部分　案例教学　182
　　第三部分　案例分析与总结　183
　　第四部分　案例使用说明　184

欧莱雅收购小护士、羽西　186

　　第一部分　案例陈述　186
　　第二部分　案例教学　187
　　第三部分　案例分析与总结　188

　　第四部分　案例使用说明　189

企业战略——中韩　191

韩厂潮退，韩店潮进　191

　　第一部分　案例陈述　191
　　第二部分　案例教学　193
　　第三部分　案例分析与总结　194
　　第四部分　案例使用说明　195

韩国 CJ 的中国战略　196

　　第一部分　案例陈述　196
　　第二部分　案例教学　197
　　第三部分　案例分析与总结　198
　　第四部分　案例使用说明　199

企业战略——中美　201

可口可乐大力扩张非碳酸饮料领域　201

　　第一部分　案例陈述　201
　　第二部分　案例教学　202
　　第三部分　案例分析与总结　203
　　第四部分　案例使用说明　204

通用的本土化研发战略　205

　　第一部分　案例陈述　205

第二部分　案例教学　207
第三部分　案例分析与总结　208
第四部分　案例使用说明　209

企业战略——中日　211

北京松下的企业文化建设　211

第一部分　案例陈述　211
第二部分　案例教学　212
第三部分　案例分析与总结　213
第四部分　案例使用说明　214

富士胶片进军化妆品行业　215

第一部分　案例陈述　215
第二部分　案例教学　217
第三部分　案例分析与总结　218
第四部分　案例使用说明　219

企业战略——中澳　221

澳瑞凯涂料的多品牌战略　221

第一部分　案例陈述　221
第二部分　案例教学　223
第三部分　案例分析与总结　224
第四部分　案例使用说明　225

悉雅特的战略选择　226

第一部分　案例陈述　226
第二部分　案例教学　227
第三部分　案例分析与总结　228
第四部分　案例使用说明　229

企业战略——中俄　231

TCL在俄罗斯战略调整　231

第一部分　案例陈述　231
第二部分　案例教学　232
第三部分　案例分析与总结　233

第四部分　案例使用说明　234

华为在俄罗斯的战略选择　235

第一部分　案例陈述　235
第二部分　案例教学　237
第三部分　案例分析与总结　237
第四部分　案例使用说明　238

企业战略——中西　240

海尔冰箱的西班牙战略　240

第一部分　案例陈述　240
第二部分　案例教学　241
第三部分　案例分析与总结　242
第四部分　案例使用说明　243

西蒙开关的"简单化"策略　244

第一部分　案例陈述　244
第二部分　案例教学　245
第三部分　案例分析与总结　246
第四部分　案例使用说明　247

市场营销——中德　249

大众帕萨特的定价策略　249

第一部分　案例陈述　249
第二部分　案例教学　251
第三部分　案例分析与总结　252
第四部分　案例使用说明　252

麦德龙在中国的营销之道　254

第一部分　案例陈述　254
第二部分　案例教学　255
第三部分　案例分析与总结　256
第四部分　案例使用说明　257

市场营销——中法 259

兰蔻在中国市场的搜索引擎营销 259

第一部分　案例陈述　259
第二部分　案例教学　260
第三部分　案例分析与总结　261
第四部分　案例使用说明　262

米其林在中国的渠道、广告和公关策略 263

第一部分　案例陈述　263
第二部分　案例教学　265
第三部分　案例分析与总结　266
第四部分　案例使用说明　267

市场营销——中韩 269

韩国乐扣乐扣的别样营销 269

第一部分　案例陈述　269
第二部分　案例教学　270
第三部分　案例分析与总结　271
第四部分　案例使用说明　272

三星：系统化的事件营销 273

第一部分　案例陈述　273
第二部分　案例教学　274
第三部分　案例分析与总结　275
第四部分　案例使用说明　276

市场营销——中美 278

花旗银行的市场定位 278

第一部分　案例陈述　278
第二部分　案例教学　279
第三部分　案例分析与总结　280
第四部分　案例使用说明　281

肯德基产品刮起"中国风" 282

第一部分　案例陈述　282
第二部分　案例教学　283
第三部分　案例分析与总结　284
第四部分　案例使用说明　285

市场营销——中日 287

丰田的更名游戏 287

第一部分　案例陈述　287
第二部分　案例教学　288
第三部分　案例分析与总结　289
第四部分　案例使用说明　290

佳能中国的"色彩"营销策略 291

第一部分　案例陈述　291
第二部分　案例教学　292
第三部分　案例分析与总结　293
第四部分　案例使用说明　294

市场营销——中澳 296

澳洲虎的体育营销 296

第一部分　案例陈述　296
第二部分　案例教学　297
第三部分　案例分析与总结　298
第四部分　案例使用说明　299

海信在澳大利亚的发展 300

第一部分　案例陈述　300
第二部分　案例教学　302
第三部分　案例分析与总结　302
第四部分　案例使用说明　303

市场营销——中俄 305

联想在俄罗斯的市场推广 305

第一部分　案例陈述　305

第二部分　案例教学　306
　　第三部分　案例分析与总结　307
　　第四部分　案例使用说明　308

亚细亚运输公司四项增值服务拉客户　309

　　第一部分　案例陈述　309
　　第二部分　案例教学　311
　　第三部分　案例分析与总结　312
　　第四部分　案例使用说明　312

市场营销——中西　314

白叶橄榄油制胜北京市场　314

　　第一部分　案例陈述　314
　　第二部分　案例教学　315
　　第三部分　案例分析与总结　316
　　第四部分　案例使用说明　317

乐家的高端定位与中国策略　318

　　第一部分　案例陈述　318
　　第二部分　案例教学　320
　　第三部分　案例分析与总结　321
　　第四部分　案例使用说明　321

电子商务——中德　323

妮维雅的网络营销　323

　　第一部分　案例陈述　323
　　第二部分　案例教学　325
　　第三部分　案例分析与总结　326
　　第四部分　案例使用说明　326

电子商务——中法　328

CRD 克徕帝在中国的 BBC 网购新模式　328

　　第一部分　案例陈述　328
　　第二部分　案例教学　329
　　第三部分　案例分析与总结　330

　　第四部分　案例使用说明　331

电子商务——中韩　333

在中国做团购网的韩国人　333

　　第一部分　案例陈述　333
　　第二部分　案例教学　334
　　第三部分　案例分析与总结　335
　　第四部分　案例使用说明　336

电子商务——中美　338

雅虎的中国战略　338

　　第一部分　案例陈述　338
　　第二部分　案例教学　339
　　第三部分　案例分析与总结　340
　　第四部分　案例使用说明　341

电子商务——中日　343

阿里巴巴扩展日本 B2B 市场　343

　　第一部分　案例陈述　343
　　第二部分　案例教学　345
　　第三部分　案例分析与总结　346
　　第四部分　案例使用说明　346

电子商务——中澳　348

Yellow Earth 登陆中国电子商务　348

　　第一部分　案例陈述　348
　　第二部分　案例教学　349
　　第三部分　案例分析与总结　350
　　第四部分　案例使用说明　351

电子商务——中俄　353

AOE 与游戏蜗牛联手推广网页游戏　353

　　第一部分　案例陈述　353

第二部分　案例教学　354
第三部分　案例分析与总结　355
第四部分　案例使用说明　356

第二部分　案例教学　359
第三部分　案例分析与总结　360
第四部分　案例使用说明　360

电子商务——中西　358

西班牙社交旅行门户 Minube 进军中国市场　358

第一部分　案例陈述　358

高　级

企业战略——中德　365

德国大陆集团在中国的战略选择　365

第一部分　案例陈述　365
第二部分　案例教学　367
第三部分　案例分析与总结　368
第四部分　案例使用说明　368

西门子家电的中国战略四部曲　370

第一部分　案例陈述　370
第二部分　案例教学　372
第三部分　案例分析与总结　372
第四部分　案例使用说明　373

企业战略——中法　375

TCL 与阿尔卡特的"联姻"　375

第一部分　案例陈述　375
第二部分　案例教学　377
第三部分　案例分析与总结　379
第四部分　案例使用说明　380

宜必思在中国的差异化经营和战略调整　381

第一部分　案例陈述　381

第二部分　案例教学　383
第三部分　案例分析与总结　384
第四部分　案例使用说明　385

企业战略——中韩　387

大韩航空的中国战略　387

第一部分　案例陈述　387
第二部分　案例教学　389
第三部分　案例分析与总结　389
第四部分　案例使用说明　390

韩国乐天在中国市场的收购战略　391

第一部分　案例陈述　391
第二部分　案例教学　393
第三部分　案例分析与总结　394
第四部分　案例使用说明　394

企业战略——中美　396

联想并购 IBM 的 PC 业务　396

第一部分　案例陈述　396
第二部分　案例教学　397
第三部分　案例分析与总结　399
第四部分　案例使用说明　399

沃尔玛中国低成本战略的坎坷之路 401

  第一部分 案例陈述 401
  第二部分 案例教学 403
  第三部分 案例分析与总结 404
  第四部分 案例使用说明 405

企业战略——中日 407

海尔国际化战略 407

  第一部分 案例陈述 407
  第二部分 案例教学 409
  第三部分 案例分析与总结 410
  第四部分 案例使用说明 411

优衣库的电子商务战略 413

  第一部分 案例陈述 413
  第二部分 案例教学 415
  第三部分 案例分析与总结 416
  第四部分 案例使用说明 417

企业战略——中澳 419

澳新银行的中国战略 419

  第一部分 案例陈述 419
  第二部分 案例教学 421
  第三部分 案例分析与总结 422
  第四部分 案例使用说明 423

澳优品牌的机遇与风险 424

  第一部分 案例陈述 424
  第二部分 案例教学 425
  第三部分 案例分析与总结 427
  第四部分 案例使用说明 427

企业战略——中俄 429

联想如何把"危机变为商机" 429

  第一部分 案例陈述 429
  第二部分 案例教学 431
  第三部分 案例分析与总结 432
  第四部分 案例使用说明 432

奇瑞在俄罗斯战略受阻 434

  第一部分 案例陈述 434
  第二部分 案例教学 435
  第三部分 案例分析与总结 436
  第四部分 案例使用说明 437

企业战略——中西 439

ZARA 中国续写极速神话 439

  第一部分 案例陈述 439
  第二部分 案例教学 441
  第三部分 案例分析与总结 441
  第四部分 案例使用说明 442

西班牙风电巨头歌美飒押注中国 444

  第一部分 案例陈述 444
  第二部分 案例教学 445
  第三部分 案例分析与总结 446
  第四部分 案例使用说明 446

市场营销——中德 448

阿迪达斯的"体育营销" 448

  第一部分 案例陈述 448
  第二部分 案例教学 450
  第三部分 案例分析与总结 450
  第四部分 案例使用说明 451

奥迪轿车在中国市场的广告策略 453

  第一部分 案例陈述 453
  第二部分 案例教学 455
  第三部分 案例分析与总结 456
  第四部分 案例使用说明 456

市场营销——中法　458

欧莱雅在中国市场的营销组合策略　458

　　第一部分　案例陈述　458
　　第二部分　案例教学　460
　　第三部分　案例分析与总结　461
　　第四部分　案例使用说明　462

欧尚中国的低价策略　463

　　第一部分　案例陈述　463
　　第二部分　案例教学　465
　　第三部分　案例分析与总结　466
　　第四部分　案例使用说明　467

市场营销——中韩　469

LG 手机的中国变革　469

　　第一部分　案例陈述　469
　　第二部分　案例教学　471
　　第三部分　案例分析与总结　472
　　第四部分　案例使用说明　472

三星冰箱召回事件　474

　　第一部分　案例陈述　474
　　第二部分　案例教学　475
　　第三部分　案例分析与总结　476
　　第四部分　案例使用说明　477

市场营销——中美　479

麦当劳在中国的品牌策略　479

　　第一部分　案例陈述　479
　　第二部分　案例教学　480
　　第三部分　案例分析与总结　481
　　第四部分　案例使用说明　482

苹果公司 IPOD 产品的定价策略　483

　　第一部分　案例陈述　483
　　第二部分　案例教学　485
　　第三部分　案例分析与总结　485
　　第四部分　案例使用说明　486

市场营销——中日　488

马自达在中国市场的销售渠道冲突　488

　　第一部分　案例陈述　488
　　第二部分　案例教学　490
　　第三部分　案例分析与总结　491
　　第四部分　案例使用说明　492

三得利啤酒的产品策略　493

　　第一部分　案例陈述　493
　　第二部分　案例教学　495
　　第三部分　案例分析与总结　496
　　第四部分　案例使用说明　496

市场营销——中澳　498

Quiksilver 的营销策略　498

　　第一部分　案例陈述　498
　　第二部分　案例教学　500
　　第三部分　案例分析与总结　501
　　第四部分　案例使用说明　501

真维斯品牌的市场战略调整　503

　　第一部分　案例陈述　503
　　第二部分　案例教学　504
　　第三部分　案例分析与总结　506
　　第四部分　案例使用说明　507

市场营销——中俄　509

东尚服装在俄罗斯坚持品牌策略　509

　　第一部分　案例陈述　509

第二部分 案例教学 510
第三部分 案例分析与总结 511
第四部分 案例使用说明 512

依日、拉达重返中国市场之路 513

第一部分 案例陈述 513
第二部分 案例教学 515
第三部分 案例分析与总结 516
第四部分 案例使用说明 517

市场营销——中西 519

重塑MANGO：挽救走下坡路的快时尚品牌 519

第一部分 案例陈述 519
第二部分 案例教学 521
第三部分 案例分析与总结 522
第四部分 案例使用说明 522

高乐高的三张中国牌 524

第一部分 案例陈述 524
第二部分 案例教学 526
第三部分 案例分析与总结 526
第四部分 案例使用说明 527

电子商务——中德 529

阿迪达斯的网络营销策略 529

第一部分 案例陈述 529
第二部分 案例教学 531
第三部分 案例分析与总结 531
第四部分 案例使用说明 532

电子商务——中法 534

欧莱雅集团的电子商务策略 534

第一部分 案例陈述 534
第二部分 案例教学 536
第三部分 案例分析与总结 537

第四部分 案例使用说明 538

电子商务——中韩 540

阿里巴巴与KOTRA的战略合作 540

第一部分 案例陈述 540
第二部分 案例教学 542
第三部分 案例分析与总结 543
第四部分 案例使用说明 543

电子商务——中美 545

eBay中国：弃子的生存法则 545

第一部分 案例陈述 545
第二部分 案例教学 547
第三部分 案例分析与总结 547
第四部分 案例使用说明 548

电子商务——中日 550

JChere开启中日购物新模式 550

第一部分 案例陈述 550
第二部分 案例教学 551
第三部分 案例分析与总结 552
第四部分 案例使用说明 553

电子商务——中澳 555

澳大利亚旅游局的数字营销 555

第一部分 案例陈述 555
第二部分 案例教学 557
第三部分 案例分析与总结 558
第四部分 案例使用说明 558

电子商务——中俄 560

卡巴斯基杀毒软件的中国之路 560

第一部分　案例陈述　560
第二部分　案例教学　562
第三部分　案例分析与总结　562
第四部分　案例使用说明　563

电子商务——中西 565

桃乐丝中国网站正式启动电子商务 565

第一部分　案例陈述　565
第二部分　案例教学　566
第三部分　案例分析与总结　567
第四部分　案例使用说明　568

中外商务合作
跨文化交际案例集

—— 初级 ——

企业战略——中德

Enterprise Strategy

博世电动工具：从代理到自营销售

第一部分 案例陈述

案例提要

2005年，全球最大的电动工具制造商博世电动工具结束在中国长达41年采用的独家代理经营模式，转为自营所有博世国产品牌和进口电动工具在中国的业务。

关键词语

德国博世　独家代理　自营

案例背景

博世电动工具(中国)有限公司成立于1995年，是博世集团在中国的独资企业。虽然博世电动工具早在1995年就已进入中国市场，但博世电动工具的销售一直采取代理制而非自营。

德国美最时洋行是一家多元化的国际服务集团，在中国香港及内地开展商贸活动已有130多年的历史，40多年来，美最时洋行一直是博世电动工具在华的独家销售代理，负责博世工具在中国的销售、市场推广和售后服务。

案例正文

2005年，全球最大的电动工具制造商博世电动工具结束长达41年在中国采用的独家代理经营模式，转为自营所有博世国产品牌和进口电动工具在中国的业务。

刚刚进入中国市场时，博世电动工具通过美最时洋行代理销售自己的产品。经过多年的发展，博世电动工具品牌在中国市场有了较大影响力。博世电动工具在中国电动工具市场的市场占有率达到了20%，位列国际电动工具品牌之首。除了上海、北京等大城市市场，博世电动工具还将继续开发二、三线城市，从而使博世的产品覆盖更广的区域，但美最时洋行作为一家贸易公司难以满足博世电动工具发展的需要。博世电动工具部总裁乌韦拉西克认为，"建立自己的营销队伍能将销售覆盖到更广的区域并更好地服务中国市场"。

中国电动工具市场增长很快,目前保持约8%的增长率,明显高于全球3%的增长率,博世电动工具非常重视中国市场,决定在自营销售后进一步扩容中国工厂的产能,继续投资1.6亿元人民币进行品牌建设,包括在全国设立100家品牌专卖店等。

你觉得博世电动工具转向自营销售是不是一个好的选择,为什么?

(改编自"博世电动工具全线自营在华销售业务",《南方都市报》,2006年2月15日;"博世与美最时洋行分道扬镳,接管美最时销售团队",《经济观察报》,2006年2月18日;"博世的中国战略",慧聪网;"国际化战略",价值中国网,2007年11月26日;百度百科—博世)

第二部分　案例教学

一、商业专业词汇

1. 销售代理制:委托人授予独立的代理商"销售代理权",代理商在销售代理权限内代表委托人搜集订单、销售商品及办理其他与销售有关的事务,代理商在销售完成后领取一定的佣金。

2. 独家代理:独家代理是指在指定地区和一定的期限内,享有代购代销指定商品的专营权。由该独家代理人单独代表委托人从事有关的商业活动,委托人在该地区内不得再委派第二个代理人。

3. 市场占有率:一个企业某类产品的销售量(或销售额)在市场同类商品中所占的比重,它直接反映企业所提供的商品和劳务对消费者和用户的满足程度,表明企业的商品在市场上所处的地位。

二、思考题

(一)根据案例内容回答问题
1. 美最时洋行要为博世电动工具做哪些代理活动?
2. 博世电动工具为什么要从独家代理转向自营销售?

(二)讨论题
1. 描述一个你熟知的国外品牌在中国的经营模式。
2. 你认为企业进入国外市场的方式有哪些?
3. 你认为企业进入国外市场要考虑哪些因素?

第三部分　案例分析与总结

一、案例要点:国际化战略

国际化经营是指在本国市场以外的市场经营公司的产品。实施国际化战略的主要原因是国际市场存在新的潜在的机会,在此基础上,公司以各种方式进入国际市场,争取有利的全球竞争地位,取得竞争优势。

随着企业实力的不断壮大以及国内市场的逐渐饱和,企业家们开始把目光投向本土以外的海外市场。企业的国际化战略是公司在国际化经营过程中的发展规划,是跨国公司为了把公司的成长纳入有序轨道,不断增强企业的竞争实力和环境适应性而制定的一系列决策的总称。企业的国际化战略将在很大程度上影响企业国际化进程,决定企业未来的国际化发展态势。

国际化进程一般包括四个阶段:(1)没有规律的出口活动;(2)通过独立的代理商出口商品;(3)建立一个或若干个分销子公司;(4)在国外投资建厂。

二、案例总结

在进入国外市场时,大多数公司会选择与独立代理商合作,经过一段时间后,如果销售状况较好且市场潜力巨大,公司就会考虑在这些国家成立分销子公司来代替代理商。这样可能增加了风险,但也增加了利润潜量。

博世电动工具在全球的增长,得益于中国在这一市场所占的份额不断提升。中国巨大的市场"蛋糕",促使博世改变了多年的营销模式。中国拥有博世最大的客户群,其需求占了博世20%的产量。随着销售与市场推广团队的建立,预期这一比例将会进一步增加。虽然变成了自营,但是博世电动工具不会改变原有的经营方针,包括销售策略、价格及分销政策等。业务经营模式仍然继续针对传统经销商伙伴及大型超市。

博世电动工具之所以从独家代理转向自营销售,是因为其发现中国的巨大市场潜力,自营能够更贴近中国的消费者,更好地实现在中国市场的本土化。

第四部分　案例使用说明

一、教学目的与用途

该案例涉及企业战略的内容。从企业战略的角度入手,突出德国博世在中国市场上的国际化方式的选择,重点让学生了解国外品牌到中国的国际化的方式。

二、案例分析思路

1. 探寻国外品牌在中国国际化的种类。
2. 分析德国博世电动工具在中国国际化的方式转变。
3. 分析这项转变给德国博世电动工具带来了哪些好处。
4. 讨论这种转变给其他企业带来了怎样的启示。
5. 总结与归纳国际化给现代企业管理带来的变化。
6. 寻找其他材料探讨德国博世电动工具为什么要转变在中国的国际化方式。

三、相关网络链接

"博世电动工具全线自营在华销售业务",《南方都市报》,2006年2月15日。
"博世与美最时分道扬镳,接管美最时销售团队",《经济观察报》,2006年2月18日。
"博世的中国战略",慧聪网。
"国际化战略",价值中国网,2007年11月26日。
"博世电动工具中国成立15周年",http://v.youku.com/v_show/id_XMjIwODc2Mzgw.html。
"国际化战略",百度百科。
"独家代理",百度百科。
"销售代理制""市场占有率",百度百科。

四、建议课堂计划

建议使用六节课。
第一节课:讲解重要商务词汇与案例背景,进行案例学习准备。
重要商务词汇:企业战略、国际化战略。
第二节课:讲解案例正文,理清案例发展脉络,帮助学生理解案例。
案例讲解内容:
(1)介绍德国电动工具博世公司;
(2)描述德国博世在中国市场的表现;
(3)描述德国博世电动工具的国际化战略;
(4)了解德国博世电动工具所实现的效果。
第三~四节课:展开案例分析和讨论。
(1)德国博世电动工具为什么要国际化?
(2)德国博世电动工具为什么要转变国际化方式?
(3)德国博世电动工具的国际化方式转变为它带来了哪些好处?
(4)如果你购买国外品牌,会受到它们国际化战略的影响吗?
(5)如果你是生产商,要进入国外市场,你会考虑哪种国际化方式?
第五~六节课:进行案例总结,布置课后作业,完成案例书面报告。
(1)你认为国外品牌在中国的国际化经营应该考虑哪些因素?
(2)你认为未来国外品牌在中国的国际化战略趋势是什么?

西门子收购上海二工：整合低压电气资源

第一部分　案例陈述

案例提要

在中国市场上，西门子一直在通过并购国内公司整合低压电气资源。通过一系列的收购，西门子的电气产品覆盖了从高端产品到主流产品的细分市场。

关键词语

德国西门子　收购　整合　细分市场

案例背景

西门子是世界第三大低压电器供应商。在中国市场上，西门子一直在通过并购国内公司整合低压电气资源。早在2007年6月，西门子就收购了吉安斯淄博电气有限公司，宣布在山东淄博投资1亿元，建立西门子(山东)开关插座有限公司。2008年，西门子整合低压电气资源再度纵深推进，上海二工电气有限公司成为其并购对象。

案例正文

年产值近2亿元的上海二工电气有限公司位于浙江省台州市，是一家成立于1993年的专门生产按钮、仪表以及指示灯部件的厂商。该公司先后在上海嘉定设立了两个生产基地，产品线已发展到指示灯、按钮、转换开关等9大系列共数千种产品。上海二工电气以APT为品牌的产品已广泛应用于机械、冶金、纺织等几十个行业，尤其在输配电、交通行业成为替代进口产品的国产首选品牌。

2008年9月15日，西门子(中国)公司自动化与驱动集团宣布，已完成收购上海二工电气有限公司(简称APT)。此次收购将填补西门子现有产品的市场空缺，可使西门子的电气产品覆盖从高端产品到主流产品的细分市场。

西门子(中国)有限公司高级副总裁兼自动化与驱动集团高级副总裁Klaus Schmid说："目前我们在高端产品上占有主要市场份额，不过，我们正在不断努力完善产品线，以便覆盖从高端产品到主流产品的所有细分市场，收购APT是我们迈向这一目标的重要里程碑。"

按照收购协议，APT品牌相关产品将由西门子自动化与驱动集团上海分公司、天台分公司生产。在合并后的品牌策略上，西门子将继续以目前的APT品牌来销售公司的产品。随着公司业务的扩展，将采用一个包含西门子和APT品牌的双重品牌战略。此外，西门子将保留APT在中国范围内现有的销售渠道以及服务、配送网络。

通过收购上海二工电气，西门子一方面减少了市场上的竞争对手，另一方面也可以巩固和完善自己的产品线和细分市场，壮大在中国市场的力量。总之，在中国市场上通过一系列的并购，西门子增强了在中国市场的实力，和其他国外品牌相比，能够得到更快的扩张。

（改编自"西门子收购国内低压电气企业，上海二工成新猎物"，2008年9月17日，《21世纪经济报道》；"西门子收购两家中国杭州公司的多数股权"，中国新闻网，2009年8月26日；"'西门子'联姻'吉安斯'"，淄博新闻网，2007年4月19日）

第二部分　案例教学

一、商业专业词汇

1. 收购：指一个公司通过产权交易取得其他公司一定程度的控制权，以实现一定经济目标的经济行为。

2. 细分市场：指营销者通过市场调研，依据消费者的需要和欲望、购买行为和购买习惯等方面的差异，把某一产品的市场整体划分为若干消费者群的市场分类过程。每一个消费者群就是一个细分市场，每一个细分市场都是由类似需求倾向的消费者群体构成的。

3. 双品牌策略：指企业在某项产品上设定一主一副两个品牌的策略。其中主品牌涵盖企业若干产品，同时，给各个产品设定不同的副品牌，以副品牌来突出不同产品的个性形象。

二、思考题

（一）根据案例内容回答问题

1. 西门子为什么要收购上海二工电气？
2. 西门子收购上海二工电气后，采取了怎样的品牌策略？
3. 为什么西门子在收购整合后会采用双重品牌战略？有什么利弊？

（二）讨论题

1. 描述一个你熟知的跨国公司收购其他公司的案例。
2. 你认为企业通过收购来发展壮大有哪些优势和劣势？
3. 你认为收购一个企业时需要考虑哪些因素？

第三部分　案例分析与总结

一、案例要点：并购

并购的内涵非常广泛，一般是指兼并（Merger）和收购（Acquisition）。兼并，又称吸收合并，是指两家或者更多的独立企业，公司合并组成一家企业，通常由一家占优势的公司吸收一家或者多家公司。收购，是指一家企业用现金或者有价证券购买另一家企业的股票或者资产，以获得对该企业的全部资产或者某项资产的所有权，或对该企业的控制权。与并购意义相关的另一个概念是合并（Consolidation）——是指两个或两个以上的企业合并成一个新的企业，合并完成后，多个法人变成一个法人。

产生并购行为最基本的动机就是寻求企业的发展。寻求扩张的企业面临着内部扩张和通过并购发展两种选择。内部扩张可能是一个缓慢而不确定的过程，但通过并购发展则要迅速得多，尽管它会带来自身的不确定性。具体到理论方面，并购最常见的动机就是协同效应（Synergy）。并购交易的支持者通常会以达成某种协同效应作为支付特定并购价格的理由。并购产生的协同效应包括：经营协同效应（Operating Synergy）和财务协同效应（Financial Synergy）。

二、案例总结

企业通过并购，规模得到扩大，能够形成有效的规模效应。规模效应能够带来资源的充分利用和充分整合，降低管理、原料、生产等各个环节的成本，从而降低总成本。规模大的企业，伴随着生产力的提高，销售网络的完善，市场份额将会有比较大的提高，从而确立企业在行业中的领导地位。

通过兼并收购进入国外市场，扩大在海外市场的势力，是很多企业采用的扩张方式。

上海二工电气是国内知名的电气生产厂商，该公司产品线包括指示灯、按钮、转换开关等9大系列共数千种产品，其中以APT为品牌的产品已广泛应用于机械、冶金、纺织等几十个行业，尤其在输配电、交通行业成为替代进口产品的国产首选品牌。

西门子收购上海二工电气，既有减少竞争对手的想法，也可以巩固和完善自己的产品线和细分市场。

第四部分　案例使用说明

一、教学目的与用途

该案例涉及企业战略的内容。从企业战略的角度入手，突出德国西门子在中国市场上的兼并收购，重点让学生了解国外品牌到中国采取兼并收购方式的重要性。

二、案例分析思路

1. 探寻国外品牌在中国本土化的原因。
2. 分析西门子为什么要采取兼并收购方式。
3. 分析这些兼并收购给西门子带来了什么影响。
4. 讨论西门子兼并收购给其他企业带来了怎样的启示。
5. 总结与归纳企业兼并收购给现代企业管理带来的变化。

6. 寻找其他资料探讨西门子在中国兼并收购的原因。

三、相关网络链接

"西门子收购国内低压电气企业,上海二工成新猎物",2008年9月17日,《21世纪经济报道》。

"西门子收购两家中国杭州公司的多数股权",中国新闻网,2009年8月26日。

"'西门子'联姻'吉安斯'",淄博新闻网,2007年4月19日。

"收购""细分市场""品牌策略""双品牌策略",百度百科。

四、建议课堂计划

建议使用六节课。

第一节课:讲解重要商务词汇与案例背景,进行案例学习准备。

重要商务词汇:企业战略、兼并收购、本土化。

第二节课:讲解案例正文,理清案例发展脉络,帮助学生理解案例。

案例讲解内容:

(1)介绍西门子公司;

(2)描述西门子在中国市场的表现;

(3)描述西门子在中国的战略;

(4)了解西门子战略失误的后果。

第三～四节课:展开案例分析和讨论。

(1)西门子为什么会兼并收购?

(2)西门子兼并收购的目标是哪些企业?

(3)西门子的兼并收购给其带来什么影响?

(4)如果你购买国外品牌,会受到它们兼并收购的影响吗?

(5)如果你是生产商,要进入国外市场,你会采取兼并收购吗?

第五～六节课:进行案例总结,布置课后作业,完成案例书面报告。

(1)为什么西门子在收购整合后将采用双重品牌战略?有什么利弊?

(2)你认为国外品牌在中国的兼并收购应该考虑哪些因素?

(3)你认为未来国外品牌在中国兼并收购的趋势是什么?

企业战略——中法

Enterprise Strategy

达能与娃哈哈的商标风波

第一部分 案例陈述

案例提要

娃哈哈和达能在外界眼中是一对"模范夫妻",共同走过十多年的岁月。但自2006年,达能与娃哈哈因商标使用权问题开始反目,合资"婚姻"最终走向尽头。

关键词语

法国达能　娃哈哈　合资　商标所有权

案例背景

杭州娃哈哈集团有限公司目前是中国最大的食品饮料生产企业,全球第五大饮料生产企业。达能集团是世界著名的食品和饮料集团之一,业务遍及全世界120多个国家,自20世纪80年代末进入中国市场以来,不断扩大在中国的投资。两家竞争对手曾在1996年开展合作,成立合资公司,生产以"娃哈哈"为商标的产品。2006年因为"娃哈哈"商标的所有权与使用权而产生矛盾。

案例正文

1996年,法国达能公司通过其新加坡的子公司——金加投资公司,与杭州娃哈哈集团有限公司(简称"娃哈哈集团")建立了杭州娃哈哈食品有限公司等5家合资公司,生产以"娃哈哈"为商标的产品。

"娃哈哈"在中国市场是一个知名品牌,深受消费者喜爱。1996年2月,达能与娃哈哈集团签订了《"娃哈哈"商标权转让合同》,将娃哈哈集团所拥有的"娃哈哈"商标转让给双方的合资企业——杭州娃哈哈食品有限公司,但未得到国家商标局的核准。1999年5月,娃哈哈与达能又签订了一份《商标许可使用协议》,该协议规定:未经合资公司同意,娃哈哈集团不得将"娃哈哈"商标许可给其他公司使用,即合资公司独占使用"娃哈哈"商标。

这两份内容不同的"合同"引发了后来的风波。根据第一份合同——《"娃哈哈"商标权转让合同》，娃哈哈集团拥有"娃哈哈"商标，可以决定"娃哈哈"商标的使用。但根据第二份合同——《商标许可使用协议》，娃哈哈集团不能擅自使用"娃哈哈"商标。

由于娃哈哈集团将"娃哈哈"商标供其下属的非合资公司使用，2006年4月，达能起诉娃哈哈集团违反合同，要求以40亿元净资产价格并购那些使用"娃哈哈"商标的非合资公司51%的股份，遭到娃哈哈集团抵制。"达能—娃哈哈"纠纷爆发，此后双方进行了数十起国内外官司战。

2009年9月30日，这场历时长久的风波最终以双方达成和解结束，达能公司同意将其在合资公司中51%的股份出售给娃哈哈集团。

（改编自"娃哈哈达能'婚战'完全版"，《检察风云》，2007年第17期；"达能娃哈哈从联姻走向诉讼再到和解历程"，中国证券网，2009年9月30日；"娃哈哈—达能：从模范夫妻到反目成仇"，银河人才网，2010-11-22；"达能娃哈哈分手：伤逝和未来"，《中国经营报》，2009年10月19日；"达能娃哈哈丑陋的裸奔"，《上海证券报》，2008年5月16日）

第二部分　案例教学

一、商业专业词汇

1. 子公司：指一定数额的股份被另一家母公司控制或依照协议被另一家母公司实际控制、支配的公司。子公司具有独立法人资格，拥有自己所有的财产，自己的公司名称、章程和董事会，以自己的名义开展经营活动、从事各类民事活动，独立承担公司行为所带来的一切后果和责任。但涉及公司利益的重大决策或重大人事安排仍要由母公司决定。

2. 品牌：给拥有者带来溢价、产生增值的一种无形的资产，它的载体是用以和其他竞争者的产品或劳务相区分的名称、术语、象征、记号或者设计及其组合，其增值能力源于消费者心目中形成的关于其载体的印象。

3. 商标：商品的生产者、经营者在其生产、制造、加工、拣选或者经销的商品上或者服务的提供者在其提供的服务上采用的，用于区别商品或者服务来源的，由文字、图形、字母、数字、三维标志、颜色组合或者上述要素的组合等，具有显著特征的标志。

4. 合资公司：简称JV（Joint Venture），一般定义为由两家公司共同投入资本成立，分别拥有部分股权，并共同分享利润、支出、风险及对该公司的控制权。

5. 有限公司：根据《中华人民共和国公司登记管理条例》规定登记注册，由两个以上、五十个以下的股东共同出资，每个股东以其所认缴的出资额对公司承担有限责任，公司以其全部资产对其债务承担责任的经济组织。有限责任公司包括国有独资公司以及其他有限责任公司。

二、思考题

（一）根据案例内容回答问题

1. 达能和娃哈哈集团最初的合作是怎么开始的？

2. 达能和娃哈哈集团矛盾的主要原因是什么？
3. 达能和娃哈哈集团的矛盾最终是怎么解决的？

(二)讨论题

1. 举一个你熟知的合资企业之间矛盾纠纷的例子。
2. 你认为合资企业内部容易产生矛盾的因素有哪些？
3. 你认为商标所有权在合资企业中的作用是什么？

第三部分　案例分析与总结

一、案例要点：商标所有权

商标所有权又称商标占有权、商标专用权，是指商标主管机关依法授予商标所有人对其注册商标受国家法律保护的专有权。商标注册人获得商标主管机关依法授予商标所有权后，其注册商标受国家法律保护，可依法支配其注册商标并禁止他人侵害的权利，包括商标注册人对其注册商标的排他使用权、收益权、处分权、续展权和禁止他人侵害的权利。

二、案例总结

在娃哈哈—达能的商标事件中，背后隐含着合资企业控制权和经营矛盾问题。在合资公司中，娃哈哈派驻的总经理如果使用资金超过1万元，都需要达能方的财务总监同意。随着合资企业实力的增强，企业需扩大产能，达能却不同意。

本案例中矛盾的焦点在于：看到非合资公司经营蒸蒸日上，经济效益明显，达能便以未经合资公司董事会批准擅自使用娃哈哈商标为名，要求收购非合资公司的同等股权。矛盾就此产生。

达能在中国有其投资布局，它通过并购、合资等方式，在中国饮料市场增强竞争力；但娃哈哈也有自己的经营目的。娃哈哈商标使用权的矛盾，需要通过法律方式来解决但同时也要深入反思双方的战略目的。

第四部分　案例使用说明

一、教学目的与用途

结合案例对合资战略理论进行讲解。首先，阐述合资战略的概念及其在战略管理中的重要性。然后，介绍合资战略会带来哪些问题及采用合资战略的企业要注意的问题。让学生了解企业发展中的合资、并购和整合战略。案例本身难度不高，但要让学生了解商标纠纷背后的经营矛盾，则有一定的难度。

二、案例分析思路

1. 探寻达能集团与娃哈哈集团成立合资公司的原因。
2. 分析达能与娃哈哈集团产生了什么纠纷？
3. 该纠纷产生的原因是什么？
4. 讨论娃哈哈集团事件给其他企业带来了怎样的启示？
5. 总结与归纳合资战略的利弊。
6. 寻找其他案例材料加深对合资战略的认识。

三、相关网站链接

"娃哈哈达能'婚战'完全版",《检察风云》,2007年第17期。
"达能娃哈哈从联姻走向诉讼再到和解历程",中国证券网,2009年9月30日。
"娃哈哈—达能:从模范夫妻到反目成仇",银河人才网,2010年11月22日。
"达能娃哈哈分手:伤逝和未来",《中国经营报》,2009年10月19日。
"达能娃哈哈丑陋的裸奔",《上海证券报》,2008年5月16日。
"企业并购""商标所有权""子公司""品牌""商标""合资企业""有限公司",百度百科。

四、建议课堂计划

建议使用六节课。
第一节课:讲解重要商务词汇与案例背景,进行案例学习准备。
重要商务词汇:合资公司、控股股东、商标所有权。
第二节课:讲解案例正文,理清案例发展脉络,帮助学生理解案例。
案例讲解内容:
(1)介绍达能集团和娃哈哈集团;
(2)描述达能集团进入中国市场的策略;
(3)描述达能集团与娃哈哈集团的商标纠纷;
(4)了解达能集团未来所面临的挑战。
第三~四节课:展开案例分析和讨论。
(1)达能集团为何要与娃哈哈集团成立合资公司？
(2)达能集团为何选择通过合资的方式进军中国市场？
(3)达能集团对中国本土企业的并购或合资为谁带来了好处？带来了哪些好处？
(4)达能集团和娃哈哈集团最初的合作是怎么开始的？
(5)达能集团和娃哈哈集团的矛盾主要原因是什么？
(6)达能集团和娃哈哈集团的矛盾最终是怎么解决的？
第五~六节课:进行案例总结,布置课后作业,完成案例书面报告。
(1)举个你熟知的合资企业之间矛盾纠纷的例子。
(2)你认为合资企业内部容易产生矛盾的因素有哪些？
(3)你认为商标所有权在合资企业中的作用是什么？

长安汽车和法国PSA集团的联盟策略

第一部分　案例陈述

案例提要

由于中国汽车市场的强大吸引力,2010年7月9日,法国PSA集团和长安汽车成立了合资公司,共同开拓中国汽车市场。

关键词语

法国PSA　长安汽车　合资公司　联盟

案例背景

目前,全球汽车市场的增长主要靠中国市场和拉美市场的拉动,正是由于中国国内汽车市场举足轻重的地位,越来越多的外资汽车制造商将目光投向了中国。2010年7月9日,中国长安汽车集团(简称长安汽车)和法国雪铁龙集团(简称PSA)在巴黎正式签署了合资协议,双方将在深圳成立一家新的合资公司。

案例正文

2010年7月9日,中国长安汽车集团和法国雪铁龙集团(PSA)在巴黎正式签署了联盟协议,双方将各出资50%,在深圳成立一家新的合资公司。新合资公司将生产和销售轻型商用车和乘用车。合资公司还将集中力量将雪铁龙品牌的DS系列产品引入中国并推出合资企业特有的品牌。

PSA联手长安汽车旨在扩张中国市场,目前全球汽车市场的增长主要靠中国市场和拉美市场的拉动。PSA总裁瓦兰先生也认为:"PSA未来的发展前景取决于中国市场。"但是PSA现在在中国市场的发展远不如其他跨国汽车巨头。2010年上半年,PSA与东风汽车的合资公司在中国市场的销售量仅为175 190辆,这只是现代汽车与起亚汽车联盟同期在华销售量的1/3,仅为通用汽车同期在华销售量的15%。面对如此惨淡的销售业绩,PSA集团公布2020年PSA在中国的目标是年产销汽车200万辆,市场占有率要提升至10%。

长安汽车对于双方的此次联盟也表现出了很大的积极性。作为中国四大汽车生产厂商之一的长安汽车,先后整合了哈飞和昌河汽车,从而迅速把产能扩大至200万辆的规模,但是如何消化当前稍显过剩的产能又成为摆在长安汽车面前的一道难题。而这次与PSA的联盟就正好使长安汽车目前过剩的产能重新利用了起来。不仅如此,PSA作为全球领先的汽车生产厂商,其先进的商用车技术也正是长安汽车较为需要的。

联盟可以实现企业间的资源共享和优势互补,从而推动联盟双方的发展,但联盟也会带来一系列问题,长安汽车和PSA的联盟效果如何,还有待时间的验证。

(选自"长安汽车和法国PSA集团签约结盟",《上海证券报》,2010年7月10日;"频频'结亲'长安汽车将牵手标致雪铁龙",《重庆商报》,2010年4月15日;"制衡东风,长安联姻标致雪铁龙",《华西都市报》,2010年5月7日;"标致雪铁龙联姻长安汽车,合资公司将推自主品牌",网易汽车,2010年9月14日)

第二部分　案例教学

一、商业专业词汇

1. 产能:指生产能力,是指在计划期内,企业参与生产的全部固定资产,在既定的组织技术条件下,所能生产的产品数量,或者能够处理的原材料数量。生产能力是反映企业所拥有的加工能力的一个技术参数,它也可以反映企业的生产规模。

2. 合资公司:简称JV (Joint Venture),一般定义为由两家公司共同投入资本成立,分别拥有部分股权,并共同分享利润、支出、风险及对该公司的控制权。

3. 中外合资经营企业:亦称股权式合营企业。它是外国公司、企业和其他经济组织或个人同中国的公司、企业或其他经济组织在中国境内共同投资的企业。其特点是合营各方共同投资、共同经营,按各自的出资比例共担风险、共负盈亏。

4. 市场占有率:指一个企业的销售量(或销售额)在市场同类产品中所占的比重,直接反映企业所提供的商品和劳务对消费者和用户的满足程度,表明企业的商品在市场上所处的地位。市场占有率越高,表明企业经营、竞争能力越强。

5. 联盟:联盟是由两个以上自然人、公司、组织、国会联盟或政府(或任何以上之组合),以参与共同活动或以达成共同成果为目标所组成的专业团体。

二、思考题

(一)根据案例内容回答问题

1. PSA为什么要和长安汽车联合成立合资公司?
2. 两公司成立的合资公司生产什么类型的车型?
3. 和PSA联盟,对长安汽车有什么好处?

(二)讨论题

1. 举一个你熟知的企业合资的例子。
2. 你认为合资形式对于企业进入国外市场有什么好处?
3. 你认为应该如何选择一个合适的合资伙伴?

第三部分　案例分析与总结

一、案例要点：战略联盟

战略联盟是现代企业竞争的产物，企业为了实现自己的战略目标，与其他企业在利益共享的基础上形成的一种优势互补、分工协作的松散式网络化联盟。它有不同形式：一是正式的合资企业，即两家或两家以上的企业共同出资并且享有企业的股东权益；二是契约性协议，即两家公司同意针对特定项目进行合作，通过契约规范双方行为。由于产品特征、行业性质、竞争程度、企业目标等因素差异，联盟内容呈现出多样性，如联合技术开发、合作生产与后勤供应、分销协议、合资经营等。

战略联盟成功的四大关键在于：明确联盟目标与联盟策略；选择合适的联盟对象；与联盟企业订立联盟协议与管理制度；联盟关系管理和联盟关系维护。战略联盟因时间、地点而有所不同。

二、案例总结

随着产品技术日益分散化，任何企业无法长期拥有生产某种产品的全部最新技术，战略联盟使传统的竞争关系发生了变化，企业需要与竞争对手合作，通过合作竞争实现发展。

长安与PSA的联盟，可以实现各取所需的双赢效果。对长安来说，有三大好处：一是增加新的销量支柱产品，使长安在福特、马自达、铃木之外，又有了一家较强的跨国集团伙伴，估计未来能为长安带来几十万辆的销量贡献。二是盘活哈飞深圳基地，将基地选在深圳，长安既能获取哈飞的增量，也能使深圳基地快速变成新的重要基地，实现在广东市场的突破。三是获取自主发展的研发能力提升。

PSA也能获得新的发展机会。一是欧洲汽车市场下滑、产能过剩，借助与长安合作可快速将市场重心转向中国。二是PSA的产品在中国市场表现不佳的主要原因是不符合中国消费偏好，与长安的合作有利于更多角度的改善产品，挖掘中国市场潜力。

长安汽车和PSA都表示，双方联盟不会与双方现有的合资公司产生直接竞争。但对东风汽车的影响显而易见。PSA与东风长达18年的合作中，合资双方都曾公开表示不满，PSA与长安的联手，可从战略上制衡东风。

第四部分　案例使用说明

一、教学目的与用途

该案例涉及战略联盟理论。首先，阐述战略联盟的概念及其在战略管理中的重要性。进一步说明战略联盟策略有哪些优点以及企业在什么情况下适宜采取战略联盟方式展开合作。介绍法国 PSA 是如何通过合资战略打开中国市场的。让学生了解企业战略管理中战略联盟的应用。该案例适用于初级汉语的学员,适用于企业战略管理课程,难度偏低。

二、案例分析思路

1. 探寻 PSA 采取合资战略的原因。
2. 分析与长安汽车的联盟给 PSA 带来了哪些好处。
3. 分析与 PSA 的联盟给长安汽车带来了哪些好处。
4. 总结与归纳合资战略的利弊。
5. 寻找其他材料探讨企业之间为什么选择进行战略合作。

三、相关网站链接

"长安汽车和法国 PSA 集团签约结盟",《上海证券报》,2010 年 7 月 10 日。
"频频'结亲'长安汽车牵手标致雪铁龙",《重庆商报》,2010 年 4 月 15 日。
"制衡东风,长安联姻标致雪铁龙",《华西都市报》,2010 年 5 月 7 日。
"标致雪铁龙联姻长安汽车,合资公司将推自主品牌",网易汽车,2010 年 9 月 14 日。
"战略联盟""产能""合资企业""中外合资经营企业""市场占有率",百度百科。

四、建议课堂计划

建议使用六节课。

第一节课:讲解重要商务词汇与案例背景,进行案例学习准备。

重要商务词汇:品牌、合资公司、市场份额、战略联盟。

第二节课:讲解案例正文,理清案例发展脉络,帮助学生理解案例。

案例讲解内容:

(1)介绍法国 PSA 和长安汽车的相关背景资料;
(2)描述 PSA 和长安汽车的联盟行为;
(3)描述此项战略合作对 PSA 的好处;
(4)描述此项战略合作对长安汽车的好处;
(5)了解 PSA 和长安汽车战略联盟未来的机遇与挑战。

第三~四节课:展开案例分析和讨论。

(1)PSA 为何要进入中国市场?
(2)PSA 为什么要和长安汽车联合成立合资公司?
(3)PSA 的资源对长安汽车的发展有何作用?
(4)两公司成立的合资公司生产什么类型的车型?
(5)两家的联盟,在未来会面临哪些挑战?

第五~六节课:进行案例总结,布置课后作业,完成案例书面报告。

(1)举一个你熟知的企业合资的例子。
(2)你认为合资形式对于企业进入国外市场有什么好处?
(3)你认为应该如何选择一个合适的合资伙伴?

企业战略——中韩

Enterprise Strategy

SK 电讯的中国战略

第一部分 案例陈述

案例提要

由于韩国市场容量小,SK 电讯加快了对中国市场的拓展,以此获得自身的可持续发展。在中国,SK 电讯进行了全方位的战略布局,逐步覆盖通讯、音乐、游戏、影视等方面。SK 电讯正把在中国得到的各种投资机会逐步积累成一个全方位的 SK 多媒体娱乐帝国。

关键词语

SK 电讯　数字娱乐　战略　中国市场

案例背景

SK 电讯附属于韩国 SK 集团,成立于 1984 年,是韩国最大的移动通信运营商,在韩国大约有 2 200 万用户,占据半数的市场份额,2007 年的营业收入达到 120 亿美元。为了进一步拓展数字娱乐内容,在 2008 年计划建设大规模的游戏门户网站。然而,单一的本国市场无法满足 SK 电讯的需要,市场容量小加上高达 75.9% 的移动通信普及率意味着韩国市场已基本无增量。同时,根据韩国电信部门的市场监管政策,SK 电讯的用户占有率不能超过 52%。因此,为获得新的商业机会,SK 电讯加快了国际化拓展的步伐。

案例正文

潜力巨大的中国市场是 SK 电讯所关注的。SK 电讯希望在中国实现其数字娱乐内容的梦想。为此,他们设计了一个全方位的战略布局,并尽可能深地渗透进去。

2006 年,SK 电讯宣布与中国共同开发中国本土的 3G 标准 TD-SCDMA,2007 年 4 月搭建起来的 TD-SCDMA 测试平台站到了 3G 技术开发的前沿;2007 年,SK 电讯成功地将 10 亿美元的中国联通债券转换成股份,从而成为中国联通的第二大股东;同年,SK 电讯以 1.07 亿元并购了深圳伊爱高新技术有限公司,从事 GPS 应用产品的研发、制造、销售、服务和网络运营。

除了在通信领域的扩展,SK电讯还注资唱片公司太合麦田,由此进入中国娱乐圈。2008年4月22日,SK电讯与搜狐公司达成战略合作,双方会在内容、资源、技术、运营模式等方面全方位联合,以实现优势互补。

总之,从中国联通到太合麦田,再到介入搜狐,SK电讯在中国的业务平台框架基本搭建齐全,逐步覆盖了通信、音乐、游戏、影视等多个领域。SK电讯正把在中国得到的各种投资机会逐步积累成一个全方位的SK多媒体娱乐帝国。

(改编自"升起最后的网游风帆 SK电讯中国战略坎坷中起锚",《IT时代周刊》,2008年6月20日;"金泰振:SK的中国战略",凤凰网,2009年7月30日)

第二部分　案例教学

一、商业专业词汇

1. 股份:代表对公司的部分拥有权,分为普通股、优先股、未完全兑付的股权等。股份一般有以下三层含义:股份是股份有限公司资本的构成成分;股份代表了股份有限公司股东的权利与义务;股份可以通过股票价格的形式表现其价值。

2. 公司:指一般以营利为目的,从事商业经营活动或为某些目的而成立的组织,主要形式为有限责任公司和股份有限公司。

3. 债券:是政府、金融机构、工商企业等组织直接向社会借债筹措资金时,向投资者发行,承诺按一定利率支付利息并按约定条件偿还本金的债权债务凭证。

4. 股东:是股份制公司的出资人或叫投资人。股东是股份公司或有限责任公司中持有股份的人,有权出席股东大会并有表决权,也指其他合资经营的工商企业的投资者。

5. 并购:并购的内涵非常广泛,一般是指兼并(Merger)和收购(Acquisition)。

兼并又称吸收合并,指两家或者更多的独立企业、公司合并组成一家企业或公司,通常由一家占优势的公司吸收一家或者多家公司。

收购指一家企业用现金或者有价证券购买另一家企业的股票或者资产,以获得对该企业的全部资产或者某项资产的所有权,亦或对该企业的控制权。

二、思考题

(一)根据案例内容回答问题

1. 为什么SK电讯要进行国际化?
2. SK电讯是如何完成中国战略布局的?

(二)讨论题

1. 讨论SK电讯的国际化进程中可能面临的问题或困难。
2. 你对于企业的多元化战略有什么看法?

第三部分　案例分析与总结

一、案例要点：多元化经营、国际化战略

多元化经营，又称多样化或多元化经营，是企业经营不只局限于一种产品或一个产业，而实行跨产品、跨行业的经营扩张。多元化经营战略属于开拓发展型战略，通过尽量增大产品大类和品种，扩大企业的生产经营范围和市场范围，以求提高经营效益，保证企业的长期生存与发展。

国际化战略是企业在本土以外的其他市场销售产品或开展经营活动的发展战略。随着企业实力的不断壮大以及国内市场的逐渐饱和，企业开始把目光投向本土以外的全球海外市场。为了适应国际市场环境，不断增强企业的竞争实力，需要根据国际环境特征制定的一系列决策。国际化战略将在很大程度上影响企业国际化进程，决定企业国际化的未来发展态势。

二、案例总结

韩国市场容量小，移动通信普及率已经高达75.9%。根据韩国电信部门的市场监管政策，SK电讯的用户占有率不能超过52%，为获得新的商业机会，SK电讯加快了国际化拓展的步伐。

在中国市场的开拓中，SK公司采取了多种方式：一是与中国共同开发中国本土3G标准TD-SCDMA，在技术上站稳；二是SK电讯注资中国联通，搭建起了运营商以及网络资源平台；三是并购深圳伊爱高新技术有限公司后，加强SK电讯在全球定位系统（GPS）应用产品的研发、制造、销售、服务和网络运营；四是投资中国本土最大唱片公司北京太合麦田。

SK电讯在中国的战略——掌控数字音乐产业链上游CP资源，又可以顺利进入中国娱乐业，而这些影视娱乐内容更将成为3G时代重要的上游资源；与搜狐携手，又为它的帝国梦想搭建起了畅通便捷的互联网平台。

第四部分　案例使用说明

一、教学目的与用途

该案例涉及公司战略和国际化的内容。从战略管理的角度，突出韩国SK电讯在中国的多元化战略与新市场选择；从企业国际化的角度，突出SK电讯在进入中国市场所遇到的困境，从如何进入他国市场、如何调整战略以适应复杂多变的国际环境方面，让学生了解企业国际化中的战略选择。

二、案例分析思路

1. 探寻 SK 电讯开展中国战略的原因。
2. 分析 SK 电讯在中国进入了哪些领域。
3. 分析此项战略给 SK 电讯带来了哪些好处和挑战。
4. 讨论这项战略给其他企业带来了怎样的启示。
5. 总结与归纳你所知道的企业实行多元化战略的例子。

三、相关网络链接

"升起最后的网游风帆 SK 电讯中国战略坎坷中起锚",http://www.ittime.com.cn/content.asp?id=5633。

"金泰振:SK 的中国战略",http://finance.ifeng.com/news/industry/corporate/20090730/1017038.shtml。

"股份""公司""债券""股东""多元化经营""国际化战略",百度百科。

四、建议课堂计划

建议使用六节课。
第一节课:讲解重要商务词汇与案例背景,进行案例学习准备。
重要商务词汇:战略布局、国际化、并购、多元化经营。
第二节课:讲解案例正文,理清案例发展脉络,帮助学生理解案例。
案例讲解内容:
(1)介绍韩国 SK 电讯背景;
(2)了解 SK 电讯的国际化必要性;
(3)描述 SK 电讯在中国所涉足的领域;
(4)SK 电讯在中国的战略目标。
第三~四节课:展开案例分析和讨论。
(1)SK 电讯为何要进入中国市场?
(2)SK 电讯通过哪些途径进入中国市场?
(3)SK 电讯为什么寻求与中国本土企业的战略合作?
(4)如何看待 SK 电讯的业务组合多元化?这样做有什么好处?
第五~六节课:进行案例总结,布置课后作业,完成案例书面报告。
(1)讨论 SK 电讯的国际化进程中可能面临的问题或困难。
(2)怎样谋划企业的多元化战略?

斗山装载机的差异化战略

第一部分　案例陈述

案例提要

斗山工程机械公司通过并购本土企业、利用自身技术和国际市场优势等,逐步在中国装载机市场上发展壮大。经过分析,斗山决定进军中高端市场。差异化策略是斗山成功的关键。

关键词语

韩国斗山工程机械公司　装载机　差异化战略

案例背景

在中国装载机市场,销量排行榜中居于前列的基本以国内品牌为主,国内三大装载机企业如柳工、龙工、厦工,三者装载机销量之和约占国内市场半壁江山,外资企业想取得较大份额非常困难。韩国斗山工程机械公司自1994年进入中国市场以来,主要以挖掘机业务为主,2007年进入装载机市场。

案例正文

在进入中国装载机市场之前,韩国斗山工程机械公司(简称"韩国斗山")已经进行了大量的前期需求调查,最终选择采取差异化策略。

首先在产品选择上,韩国斗山决定专门为中国用户开发新型装载机。2008年,其在中国成立子公司——山东斗山,将在中国现有的装载机技术的基础上,导入韩国斗山的国际领先的新技术,开发新一代装载机。新一代装载机专为中国市场设计,产品在研发的最初阶段就与中国用户的具体需求相结合。

其次在市场选择上,韩国斗山决定面向中高端市场。目前中国大批装载机生产企业生产的多为低端装载机,以低价格来吸引用户,产品功能和性能远不能满足用户需求。山东斗山则强调开发新一代装载机,填补中高端产品的市场空缺。但为了降低成本,山东斗山很注重本地化生产。通过不断努力,斗山成功并购裕华机械,实现与中国市场的本地化对接,斗山装载机的众多零部件均为中国企业提供,以最大化利用本土资源。

最后在销售策略上,韩国斗山非常重视售后服务。目前韩国斗山在中国拥有39家挖掘机代理商和600多个营业网点,这将成为斗山装载机开拓市场最有利的渠道。在市场竞争中,斗山装载机最大的优势是完善的售后服务体系。韩国斗山共有1 800名售后人员活跃在装载机市场，这是其他企业无法比拟的。韩国斗山要求售后服务必须在24小时内处理故障，用最好的服务满足客户的需求。

总之，面对中国装载机市场的激烈竞争，韩国斗山试图通过其独特的产品和销售策略，不断扩大其市场地位和销售量。但其能否取得成功，还有待市场竞争的检验。

(改编自"斗山：越磨砺，越光芒"，中国工程机械商界，2009年3月17日；"斗山工程机械差异化战略进军装载机市场"，中国叉车网，2010年12月10日)

第二部分　案例教学

一、商业专业词汇

1. 中高端市场：根据消费者的消费能力，将其分为三个层次：高端消费群体、中端消费群体、低端消费群体。如果产品主要针对中高端消费群体，那就是面对中高端市场。一般来说，中高端市场产品的价格相当高，而且产品多样化，一般为名牌，或品牌产品中科技含量较高的产品类别。

2. 差异化：差异化是指企业在顾客广泛重视的某些方面，力求在本产业中独树一帜。

3. 市场份额：市场份额指一个企业的销售量（或销售额）在市场同类产品中所占的比重。市场份额的大小反映了企业对市场的控制能力。

4. 并购：并购，一般是指兼并和收购。兼并，又称吸收合并，即两种不同事物，因故合并成一体，指两家或者更多的独立企业，公司合并组成一家企业，通常由一家占优势的公司吸收一家或者多家公司。收购，指一家企业购买另一家企业的股票或者资产，以获得对该企业的全部资产或者某项资产的所有权，或对该企业的控制权。

5. 市场需求：市场需求是指一定的顾客在一定的地区、一定的时间、一定的市场营销环境和一定的市场营销方案下，对某种商品或服务愿意而且能够购买的数量。简单来说，市场需求就是消费者需求的总和。

二、思考题

(一)根据案例内容回答问题

1. 你认为斗山装载机采取了哪些差异化策略？
2. 结合案例说明差异化战略如何实现成本降低。

(二)讨论题

1. 举一个其他企业的差异化战略的例子。
2. 讨论采用差异化战略须经过哪些步骤。

第三部分　案例分析与总结

一、案例要点：成本领先战略、差异化战略

成本领先和差异化是两种不同的竞争战略。

成本领先战略的目的是成为本行业最低成本的企业，以此谋求竞争优势。成本领先战略的好处：(1)企业处于最有利的成本地位，有更大定价灵活性；(2)阻止潜在对手进入市场；(3)可通过低价吸引用户。成本领先战略的缺点：(1)不利于新技术的产生；(2)容易被竞争对手模仿；(3)刻意降低成本而忽视非价格因素。

差异化战略强调与竞争对手的不同，塑造独特性和与众不同。差异化战略的好处：(1)区别于竞争对手，吸引顾客并形成竞争壁垒；(2)不易被复制和模仿。差异化战略的缺点：(1)差异化的附加成本导致价格偏高；(2)差异化不被顾客所接受；(3)转移成本较高。

二、案例总结

韩国斗山工程机械公司自1994年进入中国市场后，在挖掘机市场取得了不俗的业绩，但2007年以来，根据中国市场需求的变化，斗山工程决定进入装载机市场。

装载机市场不同于挖掘机市场。中国装载机市场以本土企业为主，并且占据了较高的市场份额，外资企业要进入面临较大的阻力。韩国斗山经过调研决定采取差异化策略，重点在三个方面突出差异化：一是产品差异化；二是高端市场定位；三是服务差异化。

通过差异化策略，斗山装载机可在一定程度上避开与国内强势企业的直接对抗，比较容易进入市场。同时，斗山装载机选择了中高端市场，这可充分利用韩国斗山集团的技术优势，以及其在挖掘机市场上的渠道优势和售后服务体系。

斗山采用差异化战略进入装载机市场，这种根据市场需求的策略往往有助于企业取得成功。

第四部分　案例使用说明

一、教学目的与用途

该案例涉及竞争战略基本理论的内容。从企业竞争战略的角度，突出斗山机械的差异化战略与产品选择；从如何通过调查分析中国市场环境、如何通过选择适当的企业竞争战略来充分发挥自身竞争优势，让学生了解企业战略中差异化战略的基本概念。

二、案例分析思路

1. 探寻斗山装载机进行产品选择或市场定位的方法；

2. 分析斗山装载机采取差异化策略的原因；
3. 分析斗山装载机如何实现自身的竞争优势；
4. 讨论差异化战略给其他企业带来了怎样的启示；
5. 总结与归纳差异化战略与低成本战略的异同；
6. 寻找其他材料探讨企业为什么要采取差异化战略。

三、相关网络链接

"斗山：越磨砺，越光芒"，中国工程机械商界，http：//www.cncmc.com/news/Html/2009－03/20090317155745894.html。

"斗山工程机械差异化战略进军装载机市场"，中国叉车网，http：//www.chinaforklift.com/shop/news_show.php? newsid＝23213&id＝23。

"中高端市场""差异化""市场份额""并购""市场需求"，百度百科。

四、建议课堂计划

建议使用六节课。

第一节课：讲解重要商务词汇与案例背景，进行案例学习准备。

重要商务词汇：中高端市场、差异化、售后服务。

第二节课：讲解案例正文，理清案例发展脉络，帮助学生理解案例。

案例讲解内容：

(1)介绍韩国斗山工程机械公司；
(2)了解斗山装载机在中国的发展；
(3)描述斗山机械的差异化战略选择。

第三～四节课：展开案例分析和讨论。

(1)你认为采用差异化策略有哪些优点？
(2)分析斗山机械如何实现自身的竞争优势？
(3)讨论差异化战略给其他企业带来了怎样的启示？
(4)结合案例说明差异化战略和成本领先战略的异同。

第五～六节课：进行案例总结，布置课后作业，完成案例书面报告。

(1)举一个其他企业的差异化战略的例子。
(2)讨论采用差异化战略需经过哪些步骤。

企业战略——中美

Enterprise Strategy

百事(中国)的绿色土豆

第一部分 案例陈述

案例提要

1998年,全球最大的食品和饮料公司之一的百事公司做出了一个重大决定,在中国自己种植土豆,并且把种植地区锁定在气候适宜但土地严重沙化的内蒙古地区。

关键词语

百事薯片　土豆　本土化　企业社会责任(CSR)

案例背景

1993年,百事在中国设立了全资子公司百事食品有限公司,要在中国推广百事的另一项拳头产品——乐事薯片,由于优质土豆缺乏,百事一直到1997年才得以推出自己的薯片产品。

薯片产品需要大量的优质土豆作为原材料,百事公司的土豆如果全部从美国运过来,成本将会非常高,不利于其在中国业务的开展。

案例正文

薯片生产需要大量的优质土豆。例如,土豆的形状要比较规则,芽眼要浅,这样较容易清洗和除皮;土豆的糖分含量要低,这样高温烹炸的时候不会变黑;要便于储藏等等。虽然中国的土豆产量非常高,居全世界第二,但这些土豆的种植不是以加工生产薯片为目的,质量也很难达到百事的要求,于是百事决定实行其薯片本土化计划,即将全球领先的种植技术用在中国农场,种植薯片的主要原料——土豆。

百事与中国农业科学院合作,通过试管育苗技术,将美国的优良土豆品种"大西洋"引进中国。为了确认引进的土豆品种在中国的适应性,百事公司在内蒙古达拉特旗沙漠边缘的大沙丘上办起了第一个示范农场。近年来,百事食品公司对土豆原料的需求量每年在5万吨左右,考虑到乐事薯片市场的发展情况,百事对于土豆的需求量仍在不断增加。如今百事在内蒙古达拉特旗的示范农场已经逐步扩大到 2 万亩土地的规模。北方的生产基地并不能满足百事对于土豆原料的需求。2001 年之前,经常会出现夏季收获的土豆,加工完之后,冬季没有土豆做原料了。为了保证全年的原料供应,百事先是在北方地区自建农场,然后逐步将自建农场扩展到了南方。陆续在内蒙古阿鲁科尔沁旗和广西北海、广东湛江及河北沽源建起了四个示范农场,专门种植土豆。

同时,百事也在诠释着一个作为全球顶尖企业的社会责任,十年前,内蒙古达拉特旗的沙漠化现象非常严重,沙漠不断吞噬良田,甚至不少农户的窗外就堆积了厚厚的沙丘。百事公司经过十几年的不懈努力,大力发展生态农业,使得马铃薯农场所在地的面貌已大为改观。在万里荒沙中平地开拓出一片绿洲。每年到了马铃薯开花的季节和丰收的季节,景象生机勃勃,颇为壮观。

(参考资料:"百事中国热衷绿色土豆",《企业文化》2010 年第 3 期;"百事的土豆'阴谋'",《中国市场》2010 年第 5 期;http://news.sohu.com/20061206/n246825780.shtml)

第二部分　案例教学

一、商业专业词汇

1. 本土化:是指跨国公司的海外子公司在东道国从事生产和经营活动过程中,为迅速适应东道国的经济、文化、政治环境,淡化企业的母国色彩,在人员、资金、产品零部件的来源、技术开发等方面都实施当地化策略,使其成为地道的当地公司。"本土化"的实质是跨国公司将生产、营销、管理、人事等经营诸方面全方位融入东道国经济中的过程,也是着实承担在东道国公民责任,并将企业文化融入和植根于当地文化模式的过程。

2. 企业社会责任(CSR):是指企业在创造利润、对股东承担法律责任的同时,还要承担对员工、消费者、社区和环境的责任。企业的社会责任要求企业必须超越把利润作为唯一目标的传统理念,强调在生产过程中对人的价值的关注,强调对消费者、对环境、对社会的贡献。

3. 子公司:是指一定数额的股份被另一公司控制或依照协议被另一公司实际控制、支配的公司。子公司具有独立法人资格,拥有自己所有的财产,自己的公司名称、章程和董事会,以自己的名义开展经营活动、从事各类民事活动,独立承担公司行为所带来的一切后果和责任。但涉及公司利益的重大决策或重大人事安排仍要由母公司决断。

4. 全资子公司:是指只有一个法人股东的公司。

二、思考题

(一)根据案例内容回答问题

1. 如何分析百事在中国种植土豆的优势、劣势、机会、威胁(SWOT 分析)?
2. 百事种植土豆既给自己供应了原料,又是一个环保项目。请问分别在哪些方面体现它的"环保"?

(二)讨论题

1. 对于中国日益高涨的物价和用工成本,你觉得百事的土豆种植策略该何去何从?
2. 企业做出外包或者自制的决策需要考虑哪些因素?

第三部分　案例分析与总结

一、案例要点:企业社会责任

企业社会责任是指企业在创造利润、对股东承担法律责任的同时,还要承担对员工、消费者、社区和环境的责任。社会责任观是近年来企业发展中颇受关注的话题,社会责任理念要求企业超越把单纯的利润最大化的传统理念,而应该在生产过程中重视对社会整体价值,强调对消费者、对环境、对员工、对社会的贡献。

关于经济目标和社会责任,目前存在不同的观点:(1)一种观点认为社会责任有损企业的经济利益,因为企业为了承担社会责任而需支付更多的成本;(2)另一种观点认为社会责任有助于提高企业的经济绩效,企业将因为承担社会责任而引起消费者和社群的好感,从而产生更高的经济收益。

二、案例总结

企业追求经济目标的过程中,也会面临社会责任问题。

百事在沙漠里通过平整沙丘、种树植草防风固沙和进行土壤改良,使荒漠沙地达到了土豆生产的基本要求,并且通过引入先进农业生产机械和技术、科学种植、打井喷灌、玉米土豆轮作,保证了土豆生产质量和产量。百事还在农场周边植树造林、修筑或捐建百事大道,种植冬小麦,帮助减少当地沙尘暴的影响。如今农场土豆亩产已超过了国际水平,这不仅满足了百事对土豆的需求,也使得杳无人烟的荒漠变成了绿洲。

百事的案例,对于企业在经济利益和社会责任问题上的决策,有借鉴意义。

第四部分　案例使用说明

一、教学目的与用途

该案例涉及本土化和企业社会责任的理论。从本土化的角度,分析百事从中国本土获取原材料的行为;从企业社会责任的角度,说明百事在种植土豆的同时,改良了沙漠化的土壤。通过案例的讲解,让学生对企业社会责任和本土化有新的认识。该案例适用于初学汉语的学员,适用于企业战略管理课程,难度偏低。

二、案例分析思路

1. 探寻百事本土化的原因。
2. 分析百事如何获取符合要求的土豆。
3. 分析百事怎样履行自己的社会责任。
4. 讨论这项战略给其他企业带来了怎样的启示。
5. 总结与归纳你所知道的关于企业社会责任的例子。

三、案例教学支持

1. 教学课件。

(1)课前准备。一方面,教师要充分把握案例内容,并将班级分组;另一方面,在教师问题引导下,学生预习案例,了解案例主题及发生背景。

(2)案例分析与辩论。

A. 课堂导入案例。教师通过多媒体展示介绍案例背景,激发学生兴趣。

B. 课堂分析案例。教师朗读案例,介绍案例,引导学生了解案例篇章结构,扫除案例理解中相关知识与语言障碍。

C. 小组讨论案例。根据案例问题进行小组讨论,教师监督与指导,提供相应帮助,学生整合观点,组织有效语言表达,以训练思维能力与表达能力。

D. 班级讨论案例。教师引导,可采取小组汇报、互问型、辩论型、角色扮演型等方式表达意见,以训练听说能力。

(3)案例总结。归纳与评价教学内容,教师引导学生写作案例报告,总结典型语法结构或篇章结构。

(4)复习巩固。针对案例内容,进行大量的语言训练,巩固所学内容;针对案例主题,布置相关案例写作、课外实践等活动。

2. 视听辅助材料,即能与案例一起使用的影视、录像视频、幻灯片、剪报、样品和其他材料,以扩大视野,更有效地提高学生听说能力。

3. 相关网站链接:

"百事食品公司小土豆成就大事业",食品产业网,2006年1月17日。

"百事公司25亿美元布局中国市场 承诺履行社会责任",网易新闻,2010年6月4日。

"百事:'植根中国 和谐共赢'",http://video.baby.sina.com.cn/v/b/20236153-1336593085.html。

"企业社会责任",百度百科。

"本土化""子公司""全资子公司",百度百科。

四、建议课堂计划

建议使用六节课。

第一节课:讲解重要商务词汇与案例背景,进行案例学习准备。

重要商务词汇:本土化、企业社会责任、子公司。
第二节课:讲解案例正文,理清案例发展脉络,帮助学生理解案例。
案例讲解内容:
(1)介绍百事的相关背景资料。
(2)了解百事本土化的必要性。
(3)描述百事的社会责任履行。
(4)了解百事中国战略的效果或作用。
第三～四节课:展开案例分析和讨论。
(1)百事为何要实行本土化战略?
(2)百事通过哪些办法获得薯片的生产原料——土豆?
(3)百事履行社会责任对谁有好处?有什么好处?
(4)如何分析百事在中国种植土豆的优势、劣势、机会、威胁?
(5)百事种植土豆既给自己供应了原料,又是一个环保项目。请问分别在哪些方面体现其"环保"?
第五～六节课:进行案例总结,布置课后作业,完成案例书面报告。
(1)对于中国日益高涨的物价和用工成本,你觉得百事的土豆种植策略该何去何从?
(2)企业做出承担社会责任的决策需要考虑哪些因素?

迪士尼曲线发力,衍生产品先行突破

第一部分　案例陈述

案例提要

由于电视频道迟迟难以推进,迪士尼在中国只有改变其原有商业模式,以衍生产品先行突破,展开跨国文化娱乐企业本土化的进程。

关键词语

迪士尼　娱乐行业　产业链　商业模式

案例背景

迪士尼作为娱乐行业中产业链最长的一个娱乐品牌,其传统的商业模式是:先通过电影、电视制作娱乐内容,再发展成为衍生的消费品授权、主题乐园等。迪士尼的商业模式也被称为"轮次收入"模式。动画制作娱乐内容,发行拷贝和录像带,迪士尼赚到第一轮收入。用动画片的人物、情节和素材来做主题,迪士尼的主题乐园和度假村赚到第二轮收入。服装、玩具、影音制品、出版物等多个不同的衍生消费品,是迪士尼的第三轮收入。但是,目前迪士尼的产业链并没有完整地进入中国。迪士尼电视频道一直难以在中国成功落地,因此迪士尼在中国只好倒着来,由消费品业务充当了先锋。

案例正文

迪士尼产业链上的各个环节是相互依存的。"如果没有电视频道的话,迪士尼的动画片就无法在中国深入,而没有出处、来源的衍生品是没有吸引力的,衍生品只有具备属于它的形象、文化内核才能生动起来。"但是,迪士尼频道一直难以在中国境内成功开通,因此迪士尼在中国只好倒着来,由消费品业务充当了先锋。目前迪士尼在中国内地最主要的收入来自消费品授权业务。根据迪士尼公司的数据,目前迪士尼已经在中国的各大卖场和百货商店中部署了5 000多个品牌独立门店和零售专柜,消费品的年销售额已经达到10亿美元。

不过迪士尼并没有因此满足,公司希望建立更多的迪士尼儿童商城(Disney Kids Mall)这样的消费品专区,进一步提升迪士尼人物在中国消费者心目中的地位,同时整体提升迪士尼品牌的地位。迪士尼的目标是将中国做成全球最大的迪士尼消费品市场。

迪士尼在未来还将开发更多具有中国特色的本土形象的系列人物,并预计迪士尼中国消费品20%的收入将来自本土的系列人物形象。迪士尼公司自己也意识到要在没有被迪士尼文化熏陶过的中国推广消费品业务并不容易。迪士尼认为与中方合拍"国产片"可能会为它提供更大的空间。2010年迪士尼选择与上海东方传媒集团、华谊兄弟合作,拍摄了中国版《歌舞青春》(High School Musical)。迪士尼本土化计划还将包括在电视、主题乐园以及消费品等方面的拓展。

(改编自"迪士尼曲线发力消费品急欲本土化突围",中国经营网)

第二部分　案例教学

一、商业专业词汇

1. 产业链:产业链是产业经济学中的一个概念,是各个产业部门之间基于一定的技术经济关联,并依据特定的逻辑关系和时空布局关系客观形成的链条式关联关系形态。

2. 商业模式:是一种包含了一系列要素及其关系的概念性工具,用以阐明某个特定实体的盈利逻辑。它描述了公司所能为客户提供的价值以及公司的内部结构、合作伙伴网络和关系资本(Relationship Capital)等借以实现价值并产生可持续盈利收入的逻辑。

3. 本土化:是指跨国公司的海外子公司在东道国从事生产和经营活动过程中,为迅速适应东道国的经济、文化、政治环境,淡化企业的母国色彩,在人员、资金、产品零部件的来源、技术开发等方面都实施当地化策略,使其成为地道的当地公司。"本土化"的实质是跨国公司将生产、营销、管理、人事等经营诸方面全方位融入东道国经济中的过程,也是着实承担在东道国公民责任,并将企业文化融入和植根于当地文化模式的过程。

4. 品牌授权：又称品牌许可，是指授权者将自己所拥有或代理的商标或品牌等以合同的形式授予被授权者使用；被授权者按合同规定从事经营活动（通常是生产、销售某种产品或者提供某种服务），并向授权者支付相应的费用；同时授权者给予人员培训、组织设计、经营管理等方面的指导与协助。

5. 销售额：根据《中华人民共和国增值税暂行条例》第六条的规定，销售额为纳税人销售货物或者应税劳务向购买方收取的全部价款和价外费用。

6. 轮次收入模式：也称利润乘数模式，指借助已经广为市场认同的形象或概念进行包装生产，从而给企业带来多次的效益。

7. 衍生产品：是从传统的基础产品交易中衍生发展出来的新产品，以动漫衍生品来说，就是利用卡通动漫中的原创人物形象，开发制造出的一系列可供售卖的服务或产品。如音像制品、电影、各种游戏、动漫形象模型等都能开发成动漫衍生品，从而以形象授权方式衍生到更广泛的领域，如主题餐饮、漫画咖啡馆、主题公园等旅游产业及服务行业等。

二、思考题

（一）根据案例内容回答问题

1. 你认为迪士尼为什么在中国采取同美国不同的商业模式？你认为这种商业模式的前景如何？

2. 哪些数据表明衍生产品先行的策略比较成功？

（二）讨论题。

1. 你觉得为什么迪士尼可以或者可能在中国市场采用衍生产品先行的策略？

2. 在迪士尼，"系列形象或人物"策略管理是核心竞争力。迪士尼长久以来的传统就是能够讲述动人的故事，而且是能够跨越时空的、具有恒久意义的故事。你认为迪士尼"系列形象或人物"策略管理对于中国同类企业有什么借鉴意义？

3. 对于迪士尼这样文化娱乐企业来说，是本土化经营更重要还是保持其原有的美国文化内核更重要，为什么？

第三部分　案例分析与总结

一、案例要点：商业模式

商业模式（Business Model），分析公司通过什么途径或方式来赚钱。不同企业的盈利逻辑和盈利方式不同，比如饮料公司可以通过卖饮料来赚钱；快递公司通过送快递来赚钱；通信公司通过收话费赚钱等等。同类企业的盈利方式也可能不同，比如有些互联网公司通过点击率来赚钱，有些通过广告赚钱，有些则通过增值收入赚钱。

一个完整的商业模式中，应包括对顾客、产品、伙伴以及由此构成的盈利逻辑的系统思考，这已经成为当前企业竞争的重心。

二、案例总结

迪士尼靠童话起家,从美国一家动画影片小作坊,到全球巨无霸式的跨媒体集团,迪士尼"一鱼多吃"的盈利模式几十年来一直为人所称道。这种模式也被称为乘数效应模式或轮次收入模式。

迪士尼商业模式是:先通过电影、电视制作娱乐内容,再发展成为衍生的消费品授权、主题乐园等。迪士尼在娱乐行业中的产业链很长,包含了从影视、主题乐园到授权消费品等多个层次,带给消费者不同的消费体验,这样就可以实现"轮次收入":(1)动画制作娱乐内容,发行拷贝和录像带,赚到第一轮收入。(2)用动画片的人物、情节和素材来做主题,迪士尼的主题乐园和度假村赚到第二轮收入。(3)服装、玩具、影音制品、出版物等多个不同的衍生消费品,是迪士尼的第三轮收入。

目前迪士尼的产业链并没有完整地进入中国。由于迪士尼的电视频道一直难以落地,在中国市场,消费品业务充当了先锋。

第四部分　案例使用说明

一、教学目的与用途

该案例涉及产业链定位及本土化这一战略管理理论。首先,阐述产业链定位及本土化的概念及其在企业管理中的意义。如何结合本土环境来选择恰当的产业链定位,决定发展战略,探索新的商业模式。通过结合案例说明迪士尼在中国市场是如何实现商业模式本土化的,让学生对相关理论有初步了解。该案例适用于企业战略管理课程,难度中等。

二、案例分析思路

1. 分析迪士尼所面临的中美市场环境的差异。
2. 探寻迪士尼原有商业模式在中国遇到的挑战。
3. 讨论面对新的挑战,迪士尼采取了何种应对方式。
4. 寻找其他材料探讨产业链定位的转变及商业模式的创新。

三、案例教学支持

1. 教学课件。

(1)课前准备。一方面,教师要充分把握案例内容,并将班级分组;另一方面,在教师问题引导下,学生预习案例,了解案例主题及发生背景。

(2)案例分析与辩论。

A. 课堂导入案例。教师通过多媒体展示介绍案例背景,激发学生兴趣。

B. 课堂分析案例。教师朗读案例,介绍案例,引导学生了解案例篇章结构,扫除案例理解中相关知识与语言障碍。

C. 小组讨论案例。根据案例问题进行小组讨论,教师监督与指导,提供相应帮助,学生整合观点,组织有效语言表达,以训练思维能力与表达能力。

D. 班级讨论案例。教师引导,可采取小组汇报、互问型、辩论型、角色扮演型等方式表达意见,以训练听说能力。

(3)案例总结。归纳与评价教学内容,教师引导学生写作案例报告,总结典型语法结构或篇章结构。

(4)复习巩固。针对案例内容,进行大量的语言训练,巩固所学内容;针对案例主题,布置相关案例写作、课外实践等活动。

2. 视听辅助材料,即能与案例一起使用的影视、录像视频、幻灯片、剪报、样品和其他材料,以扩大视野,更有效地提高学生听说能力。

3. 相关网站链接:

"迪士尼海外复制难题",中国经济信息网,2009年12月10日。

"迪士尼曲线发力消费品急欲本土化突围",《中国经营报》,2010年6月6日。

"迪士尼宣传短片——庆祝第50部动画上映",http://www.56.com/u26/v_NTY3NjAxOTE.html。

"产业链",百度百科。

"商业模式",百度百科。

"本土化""品牌授权""销售额""轮次收入模式""衍生产品",百度百科。

四、建议课堂计划

建议使用六节课。

第一节课:讲解重要商务词汇与案例背景,进行案例学习准备。

重要商务词汇:产业链、商业模式、本土化、品牌授权。

第二节课:讲解案例正文,理清案例发展脉络,帮助学生理解案例。

案例讲解内容:

(1)介绍迪士尼的相关背景资料;

(2)描述迪士尼原有的商业模式;

(3)介绍迪士尼原有商业模式在中国遇到的挑战;

(4)描述面对新的挑战,迪士尼采取了何种应对方式;

(5)总结迪士尼商业模式改变的效果。

第三~四节课:展开案例分析和讨论。

(1)迪士尼原有商业模式是什么?

(2)什么促使迪士尼重新定位产业链?

(3)你认为迪士尼为什么在中国采取同美国不同的商业模式,你认为这种商业模式的前景如何?

(4)你认为对于迪士尼来说是线上推广重要还是线下推广重要?

(5)哪些数据表明衍生产品先行的策略比较成功?

第五～六节课：进行案例总结，布置课后作业，完成案例书面报告。

(1)你觉得为什么迪士尼可以或者可能在中国市场采用衍生产品先行的策略？

(2)在迪士尼，"系列形象或人物"策略管理是核心竞争力。迪士尼长久以来的传统就是能够讲述动人的故事，而且是能够跨越时空的、具有恒久意义的故事。你认为迪士尼"系列形象或人物"策略管理对于中国同类企业有什么借鉴意义？

(3)对于迪士尼这样文化娱乐企业来说，是本土化经营更重要还是保持其原有的美国文化内核更重要，为什么？

企业战略——中日

Enterprise Strategy

比亚迪收购日本模具巨头

第一部分 案例陈述

案例提要

比亚迪汽车是一家香港上市的高新技术企业,通过不断的自主创新与兼并收购,比亚迪汽车成长为中国最有影响力的民族品牌之一,这次收购日本模具厂,将大大提高比亚迪汽车在整车研发方面的技术水平,是比亚迪汽车向产业链上游扩张的重要战略布局。

关键词语

比亚迪 产业链 纵向一体化

案例背景

比亚迪股份有限公司创立于1995年,早期公司主要生产电池,是全球领先的二次充电电池制造商,镍电池、手机用锂电池、手机按键在全球的市场份额均已达到第一位。2003年,比亚迪收购西安秦川汽车有限责任公司,进入汽车制造与销售领域,开始民族自主品牌汽车的发展征程。比亚迪汽车坚持自主研发、自主品牌、自主发展的发展模式,以"造世界水平的好车"为产品目标。2009年比亚迪实现营业收入394.69亿元,同比增长47.34%,其中汽车业务增长强劲,营业额取得142.79%的增长,达到209.91亿元。这次收购日本模具巨头"馆林"工厂,是比亚迪进军汽车产业后的第二次模具工厂收购,也是比亚迪迈向上游供应链的重要一步。

案例正文

2010年4月6日,比亚迪宣布收购日本大型模具生产企业——日本荻原公司旗下的"馆林"工厂。日本荻原公司总部位于日本群马县,是全球最大的独立汽车模具生产企业之一,"馆林"工厂拥有世界一流的模具开发水平,其供应对象包括丰田、本田及通用等知名汽车厂商。

通过这次纵向一体化的并购战略,比亚迪希望能完善自身的模具工艺水平,在技术提高的同时降低生产成本,并且希望通过此次收购将荻原车体成型方面的先进技术应用到中国的汽车生产上,向整车技术靠拢,以完善产业链条,获得产业链竞争优势。而荻原则希望缩小过剩的生产能力以改善收益。

比亚迪此次收购日本车企生产模具厂家,是中国汽车公司进军国外整车制造上游零部件领域的大胆尝试。日本在模具的制造工艺上,堪称世界第一。此次收购无疑将加强比亚迪在汽车模具层面产品的精细度,使其模具制造跻身世界一流水平。

通过对模具厂的收购,比亚迪走出了一条不同于其他汽车公司的造车模式。此前汽车界的潮流是专业化,各家公司纷纷剥离零部件企业,而比亚迪反其道行之,不断收购模具等零部件企业,以使比亚迪整体成本降低。在这种逆向造车模式运作下,2009年比亚迪汽车全年共销售44.85万辆,连续五年实现销量翻番增长。汽车四大工艺中,冲压成本最高,比亚迪此时将一条模具生产线纳入自身系统,被外界认为是一个很聪明的做法,并且非常适合比亚迪目前所处的中期汽车企业发展模式。

(改编自"比亚迪收购日本模具厂向成熟整车技术靠拢",http://auto.163.com/10/0408/07/63NTPDV8000838QO.html)

第二部分　案例教学

一、商业专业词汇

1. 兼并(收购):是指一个公司通过产权交易取得其他公司一定程度的控制权,以实现一定经济目标的经济行为。

2. 上市:即首次公开募股(Initial Public Offerings,IPO),指企业透过证券交易所首次公开向投资者增发股票,以期募集用于企业发展资金的过程。

3. 股份有限公司:是指公司资本为股份所组成的公司,股东以其认购的股份为限对公司承担责任的企业法人。设立股份有限公司,应当有2人以上200以下为发起人,注册资本的最低限额为人民币500万元。由于所有股份公司均须是负担有限责任的有限公司(但并非所有有限公司都是股份公司),所以一般合称"股份有限公司"。

4. 供应链:是指产品生产和流通过程中所涉及的原材料供应商、生产商、分销商、零售商以及最终消费者等成员通过与上游、下游成员的连接组成的网络结构。也即是由物料获取、物料加工,并将成品送到用户手中这一过程所涉及的企业和企业部门组成的一个网络。

5. 竞争优势:指与同业厂商相比在特定的地点、特定的时期其产品或服务具有成本或质量(特色)优势。

二、思考题

(一)根据案例内容回答问题

1. 这次并购属于哪种企业战略?
2. 通过这次并购,比亚迪汽车与荻原公司各自获得了什么好处?

3. 这次并购,比亚迪汽车主要获得了哪些技术方面的补充?
(二)讨论题
1. 请结合案例,讨论一下,企业向产业链上游并购会给它带来哪些竞争优势?
2. 在比亚迪并购日企"馆林"的同时,美国通用和福特汽车公司却在剥离零部件企业,为什么? 这两种战略各有何利弊?

第三部分　案例分析与总结

一、案例要点:产业链、纵向一体化战略

产业链指一种或几种资源通过多个产业层次,不断向下游产业转移直至到达消费者的路径。产业链描述了一个产品或服务的生产和提供过程,它包含四层含义:一是描述了产业层次,即产品或服务需通过何种途径提供出来。二是描述了产业的关联程度。产业关联性越强,链条越紧密。三是描述了资源的加工深度,产业链越长,表明加工程度越深。四是描述了满足需求程度,产业链始于自然资源,止于消费市场,起点和终点并非固定不变。

纵向一体化又称垂直一体化,指企业向上游或下游延伸,将生产与原料供应,或生产与产品销售联合在一起的战略形式,包括后向一体化战略和前向一体化战略:(1)前向一体化战略是企业向下游延伸,自行将现有产品进行深加工,或建立自己的销售组织来销售本公司的产品或服务等。(2)后向一体化则是企业向上游延伸,自己供应所需要的原材料或半成品等。

二、案例总结

比亚迪原先是专注于电池领域的制造型企业,后于2003年,通过收购秦川汽车进入了汽车制造销售领域,每年都保持高速发展。

面对国内外汽车公司的激烈竞争,比亚迪实行了纵向一体化战略,即向上游并购汽车模具公司,通过向上游的研发领域进行补充,从而提高产品质量并降低汽车的生产成本。

这次比亚迪收购日本著名的模具厂,将大大提高其在发动机罩等主要车体构成钢板模具的研发水平,向成熟整车技术靠拢,为比亚迪汽车的生产降低成本,也为以后生产出"世界水平的好车"做好铺垫。

第四部分　案例使用说明

一、教学目的与用途

通过本案例的学习,可以让学生对于企业战略中的"纵向一体化""产业链"有一定的

了解。

二、案例分析思路

先分析汽车产业链的情况,并讲解产业链对于企业竞争力的影响,比亚迪的并购行为,属于纵向一体化战略,可以从节约成本、技术创新,以及产业竞争力的角度做深入的分析。

三、相关网络链接

比亚迪官方网站:http://www.byd.com/。

"比亚迪收购日本模具厂向成熟整车技术靠拢",网易报道,2010年4月,http://auto.163.com/10/0408/07/63NTPDV8000838QO.html。

"基于产业链竞争的企业集团发展对策",博士论坛,2010年8月。

"中日模具的全产业链竞争",China Equipment,2010年11月。

"兼并(收购)""上市""股份有限公司""供应链""产业链""竞争优势""纵向一体化",百度百科。

四、建议课堂计划

建议使用六节课。
第一节课:讲解重要商务词汇与案例背景,进行案例学习准备。
重要商务词汇:比亚迪、产业链、纵向一体化。
第二节课:讲解案例正文,理清案例发展脉络,帮助学生理解案例。
案例讲解内容:
(1)介绍比亚迪公司;
(2)描述比亚迪公司的收购行为;
(3)了解比亚迪公司收购所实现的效果。
第三~四节课:展开案例分析和讨论。
(1)比亚迪公司为何要进行收购?
(2)比亚迪公司为何选择收购日本"棺林"工厂?
(3)比亚迪对日本模具厂的收购给比亚迪带来了哪些好处?
(4)比亚迪的这次收购为其完善产业链的竞争提供了哪些帮助?
(5)你觉得在收购当中,需要面临哪些问题?
第五~六节课:进行案例总结,布置课后作业,完成案例书面报告。
(1)请结合案例,讨论一下,企业向产业链上游并购会给它带来哪些竞争优势?
(2)在比亚迪并购日企"馆林"的同时,美国通用和福特汽车公司却在剥离零部件企业,为什么?这两种战略各有何利弊?

日本西铁城集团在华启动多品牌战略

第一部分　案例陈述

案例提要

西铁城是全球著名的钟表企业,起初在中国只有一款名为 CITIZEN 的手表,该手表稳重的形象受到中国中高端成熟人士的追捧。在 2006 年,西铁城公司发现了中国时尚手表的潜力,及时采取了多品牌战略,以迎合中国不断增长的手表需求。

关键词语

品牌定位　多品牌战略　西铁城

案例背景

西铁城是一家国际著名的日本钟表公司,成立于 1930 年,目前已发展成为以钟表为主业,多种经营的集团性跨国大公司,西铁城自成立以来,一直在钟表行业处于领先地位,创造了诸多世界第一。西铁城集团从 1958 年起就向中国出口手表,西铁城(中国)钟表有限公司于 1994 年 8 月在北京成立,并对中国市场推出了唯一品牌"CITIZEN",该品牌在进口手表市场中占有率位居第一,但自 2006 年,西铁城拉开了在华多品牌战略的序幕。

案例正文

全球最大的钟表制造商——日本西铁城集团进入中国市场之后,多年来一直坚持唯一品牌"CITIZEN",2006 年终于决定开始实施其多品牌战略。西铁城(中国)钟表有限公司董事长矢崎孝雄认为,中国时尚手表市场正在快速增长,而"CITIZEN"品牌定位为"传统表",主要适合身着正装的成熟人群,这样的传统手表的形象,无法适应中国时尚手表市场的旺盛需求,所以西铁城集团决定将它在全球市场开展不久的"多品牌战略"大力向中国市场移植。

2006 年 9 月,西铁城集团在中国市场又推出了旗下另一个品牌"Vagary"。"Vagary"品牌定位为"中高档时尚表",该品牌的手表融合了夸张的表盘以及各种鲜亮色彩的设计元素,融合时尚与休闲的品牌特性,个性强烈、外形简洁,试图向人们传达"快乐、休闲、惊喜"的理念,与以往"稳重、成熟"的西铁城形象大不相同。目前,在中国市场推出的"Vagary"品牌款式有 50 余种,价位在 700 元到 1 500 元之间,覆盖所有中高档手表用户。"Vagary"品牌在中国各大百货公司的专卖柜台已经有 30 家。董事长矢崎孝雄提出要不断扩大其推广力度,增加"Vagary"品牌专卖柜的数量,预期3年内,在中国市场销售10万块Vagary手表。截至2011年1月,西铁城中国已经拥有了"XC""STILETTO""CAMPANOLA""WICCA"等多个系列的产品,全面覆盖商务休闲、正式、运动、时尚4个市场。

(改编自"日本西铁城集团在华启动多品牌战略",腾讯报道,2006年10月,http://tech.qq.com/a/20061012/000078.htm;《中国手表市场》,香港贸易发展局研究部,2008年11月,http://ccn.mofcom.gov.cn/spbg/show.php? id=8348;"浅析多品牌战略的优劣势",四川农业大学)。

第二部分　案例教学

一、商业专业词汇

1. 市场需求:是指一定的顾客在一定的地区、一定的时间、一定的市场营销环境和一定的市场营销方案下对某种商品或服务愿意而且能够购买的数量。

2. 市场占有率:又称为市场份额,指一个企业的销售量(或销售额)在市场同类产品中所占的比重,直接反映企业所提供的商品和劳务对消费者和用户的满足程度,表明企业的商品在市场上所处的地位。市场份额越高,表明企业经营、竞争能力越强。

3. 集团:是为了一定的目的组织起来共同行动的团体。指多个公司在业务、流通、生产等方面联系紧密,从而聚集在一起形成的公司(或者企业)联盟。

4. 跨国公司:又称多国公司(Multi-national Enterprise)、国际公司(International Firm)、超国家公司(Supernational Enterprise)和宇宙公司(Cosmo-corporation)等,是指由两个或两个以上国家的经济实体所组成,并从事生产、销售和其他经营活动的国际性大型企业。

5. 制造商:又称为"生产厂商",指创造产品的企业。制造商以原料或零组件(自制或外购),经过较为自动化的机器设备及生产工序,制成一系列日常消费用品(Consumer Goods)。

6. 品牌:是给拥有者带来溢价、产生增值的一种无形的资产,它的载体是用以和其他竞争者的产品或劳务相区分的名称、术语、象征、记号或者设计及其组合,增值的源泉来自于消费者心智中形成的关于其载体的印象。

7. 市场:狭义上的市场是指买卖双方进行商品交换的场所。广义上的市场是指为了买和卖某些商品而与其他厂商和个人相联系的一群厂商和个人。市场的规模即市场的大小,是购买者的人数。

8. 多品牌战略:是指企业根据各目标市场的不同利益分别使用不同品牌的品牌决策策略。多个品牌能较好地定位不同利益的细分市场,强调各品牌的特点,吸引不同的消费者群体,从而占有较多的细分市场。

二、思考题

（一）根据案例内容回答问题
1. 西铁城之前的单一的品牌CITIZEN，它的品牌定位是什么？
2. 西铁城为什么要进行多品牌战略？

（二）讨论题
1. 请说一说不同年龄段的人群对同类产品会有哪些不同的要求。
2. 请你谈一谈多品牌战略的优点、不足以及在执行时需要注意些什么。
3. 请你再举出一个成功的多品牌战略的例子。

第三部分　案例分析与总结

一、案例要点：多品牌战略、品牌定位

所谓多品牌战略，是指一个企业发展到一定程度后，利用自己创建起来的一个知名品牌延伸开发出多个知名品牌的战略计划，并且多个品牌既相互独立，又存在一定的关联，而不是毫不相干，相互脱离的。

品牌定位是指企业在市场定位和产品定位的基础上，对特定的品牌在文化取向及个性差异上的商业性决策，它是建立一个与目标市场有关的品牌形象的过程和结果。换言之，即指为某个特定品牌确定一个适当的市场位置，使商品在消费者的心中占领一个特殊的位置，当某种需要突然产生时，会立即想起它。

二、案例总结

目前，在中国市场上出售的手表类型主要分为三种：高档/商务型手表、休闲时尚手表和运动型手表。

在中国，最先发展起来的是第一种手表，一些经典款式和品牌成为注重身份和显示文化品位、社会地位的有效装饰品。西铁城公司的第一个品牌"CITIZEN"就定位于此，用成熟稳重的外观成功吸引了20世纪90年代兴起的新富阶层。

但2000年以后，年轻人对时尚、运动型手表的需求逐渐增大，购买力增强，尤其是年轻白领及女性的手表市场不断扩大。西铁城公司的单一品牌策略显然无法满足他们的需求。于是，西铁城公司果断采取了多品牌战略，推出了一系列时尚、运动型手表，以满足不同市场的需求。

第四部分　案例使用说明

一、教学目的与用途

通过本案例的学习，让学生掌握企业战略中的"单一品牌战略"和"多品牌战略"，了解两种品牌战略的优劣势，在此基础上理解品牌定位的意义。

二、案例分析思路

1. 结合中国国情的变化，分析购买手表人群的变化；
2. 介绍西铁城单一品牌"CITIZEN"及目标客户群；
3. 介绍西铁城以及后来推出的多款手表及其目标客户群；
4. 体会西铁城品牌定位的变化。从刚开始定位沉稳，到后来的多品牌。其实质，是对中国消费变化的理解。

三、相关网络链接

西铁城真情50年视频，http://v.youku.com/v_show/id_XMTY2NTc1NDg0.html。
新老版本的照片，见辅助材料。
西铁城官方中文网站：http://www.citizen.com.cn/index.aspx。
"日本西铁城集团在华启动多品牌战略"，腾讯报道，2006年10月，http://tech.qq.com/a/20061012/000078.htm。
"中国手表市场"，香港贸易发展局研究部，2008年11月，http://ccn.mofcom.gov.cn/spbg/show.php?id=8348。
"浅析多品牌战略的优劣势"，四川农业大学，税雪。
"市场定位""市场需求""市场占有率""集团""跨国公司""制造商""品牌""市场""多品牌战略"，百度百科。

四、建议课堂计划

建议使用六节课。
第一节课：讲解重要商务词汇与案例背景，进行案例学习准备。
重要商务词汇：品牌定位、多品牌战略、西铁城。
第二节课：讲解案例正文，理清案例发展脉络，帮助学生理解案例。
案例讲解内容：
(1)介绍西铁城公司；
(2)描述西铁城公司之前的市场定位；
(3)描述西铁城公司多品牌战略的执行；

(4)了解西铁城公司所实现的效果。
第三~四节课:展开案例分析和讨论。
(1)西铁城公司为何要进行多品牌战略?
(2)西铁城公司为何选择中端时尚的方向进行多品牌延伸?
(3)西铁城公司多款手表的定位分别是怎么样的?
(4)西铁城新的品牌定位对你有没有吸引力?
(5)如果你的企业在进行多品牌战略,你会注意哪些问题?
第五~六节课:进行案例总结,布置课后作业,完成案例书面报告。
(1)你所知道的还有哪些企业多品牌战略的例子?
(2)请说一说不同年龄段的人群对同类产品会有哪些不同的要求。
(3)请你谈一谈多品牌战略的优点、不足以及在执行时需要注意些什么?

企业战略——中澳
Enterprise Strategy

澳大利亚橄榄油进入中国高端市场

第一部分　案例陈述

案例提要

近年来,我国橄榄油进口量不断增长。橄榄油日益受到消费者的关注,市场规模逐渐扩大,各品牌之间的竞争也是日趋激烈。澳大利亚橄榄油进入中国市场的时间较短,为了开拓中国市场,澳大利亚企业采用了其在国际市场的做法——聚焦战略,集中于高端市场。

关键词语

澳大利亚橄榄油　聚焦战略　高端市场

案例背景

20世纪90年代末期国外橄榄油进入中国市场,最初只有少量产品开始进入中国市场。从2003年起,短短的2～3年间,外国品牌橄榄油开拓中国市场的力度明显加大,我国橄榄油进口量也不断增长。2001年橄榄油进口量约400吨,2004年进口量增加到2 700吨,2005年达到了3 900吨。橄榄油日益受到消费者的关注,市场规模逐渐扩大,各国品牌之间的竞争也越来越激烈。澳大利亚橄榄油企业也开始进入中国市场,但他们看中的是高端市场。

案例正文

自2000年以来,中国消费者对橄榄油表现出巨大的热情,中国进口橄榄油的数量不断递增。面对这一快速增长的市场,国外橄榄油品牌纷纷进入中国市场,尤其以西班牙、意大利等欧洲国家的品牌为主。澳大利亚橄榄油进入中国市场的时间较短,与西班牙、意大利等传统橄榄油企业相比较,其市场影响力也较小。

为了开拓中国市场,澳大利亚橄榄油企业采用了其在国际市场的惯用做法——聚焦战略,进军高端市场。因为随着中国消费者收入水平的提高和对健康的日趋关注,高端橄榄油市场空间是巨大的。

为了让中国消费者喜欢上澳大利亚橄榄油,一是澳洲企业不断向中国消费者传达其高品质特征,如强调"我们在橄榄收摘下来的 24 小时之内就将它们加工成了橄榄油。我们的加工厂通常都设在橄榄产地附近",强调"我们用现代农业的模式管理橄榄树庄园,以先进的安全方式管理产业链的各个环节,保证所生产的橄榄油是高品质橄榄油"。此外,还特别突出其"橄榄油几乎是百分之百的特别纯净级,全球的橄榄油中仅有 10%属特别纯净级"。二是积极通过展销会推广产品,如 2010 年的中国国际食用油及橄榄油展销会上,来自澳大利亚的南澳州、维多利亚州、昆士兰州以及西澳洲的多家橄榄油企业展示了他们的产品,并在现场用橄榄油烹制牛排供消费者品尝。三是向消费者普及橄榄油知识,注重橄榄油标识。比如,通过讲座向消费者介绍"特榨初级橄榄油"与"纯橄榄油"的区别。为了确保消费者购买到最高质量的澳大利亚品质的特级初榨橄榄油,澳大利亚橄榄油协会建议消费者注意橄榄油上的"业务守则"标志,这一标志确保了澳大利亚特级初榨橄榄油的质量和纯正性。

澳大利亚橄榄油给中国消费者带来了新的选择。但对大多数澳大利亚企业来说,如何在众多国际品牌的竞争中取胜,还有待战略上的进一步探索。

(改编自"蓬勃发展的澳洲橄榄油行业",澳大利亚留学网,2004 年 4 月 16 日;"中国橄榄油市场分析及竞争策略",壹食品中国网,2004 年 8 月 7 日;"中国橄榄油市场发展现状及展望",中国食用油信息网,2006 年 8 月 11 日;"澳大利亚橄榄油异军突起",中国食品产业网,2004 年 7 月 21 日)

第二部分　案例教学

一、商业专业词汇

1. 进口:泛指将外国货物运进本国,进口贸易是指把外国商品输入到本国的一种贸易活动,是国际贸易的组成部分。

2. 高端市场:主要针对高端消费群体的市场,高端市场产品的价格相当高,而且产品多样化,一般为名牌,或品牌产品中科技含量较高的产品类别。

3. 聚焦战略:是使企业集中力量于某几个细分市场,主攻某个特殊的顾客群、产品系列的一部分或某个地区市场,而不是在整个产业和整个市场范围内进行全面出击。

二、思考题

(一)根据案例内容回答问题

1. 澳大利亚企业采取了哪些措施来保证橄榄油的高品质?
2. 为什么澳大利亚橄榄油企业聚焦于高端市场?
3. 为了让中国消费者喜欢,澳大利亚橄榄油企业采取了哪些方式?

(二)讨论题

1. 面对众多国际品牌的竞争,你认为澳大利亚橄榄油应采取什么战略?
2. 为什么澳大利亚橄榄油企业采取聚焦战略进入中国市场?实施聚焦战略会存在哪些风险?
3. 什么类型的企业适合采用聚焦战略?

第三部分　案例分析与总结

一、案例要点：聚焦战略

美国哈佛商学院著名的战略管理学家波特在其经典著作《竞争战略》中提到企业有三种赢得竞争优势的基本战略：总成本领先战略（Over All Cost Leadership）、差异化战略（Differentiation）、聚焦战略（Fcous）。聚焦战略指的是着眼于为产业内一个狭小的细分市场提供产品和服务。其背景是：随着竞争的加剧，企业要在整个行业内面向大众市场建立起产品的差异化或成本领先的优势是不现实的；相反，专注于其中某一细分市场提供差异化或更低成本的产品更容易取得高于行业平均利润水平的业绩。

聚焦战略是以整体市场的一个狭窄部分，即某一细分市场为目标，基于该细分市场所需要的产品或服务来进行资源调配，从而比竞争对手更好地服务于目标细分市场的购买者，并在该细分市场树立起自己的竞争优势。聚焦战略包括基于企业内部生产经营活动的产品聚焦和基于企业外部市场运作的地域聚焦。

二、案例总结

现代企业在激烈的市场竞争中获胜的关键是制定正确的战略，同时还要使企业的资源与市场需求相匹配。显然，许多企业难以拥有开拓全面市场所需要的经营资源，聚焦战略便成了明智的选择。

据悉，澳大利亚只拥有 600 万棵橄榄树，根本无法与西班牙数以亿计的数量相比，但澳企将目光转向高端市场，专注于生产特别纯净级的高品质橄榄油。通过聚焦高端市场，澳企追求的不是在整个橄榄油市场上占据较小份额，而是在高端橄榄油市场上占有较大的份额。尽管澳企所聚焦的目标市场的份额和规模可能并不大，但由于聚焦战略能够全面深入地掌握特定细分市场的需求，从而使企业居于强有力的竞争地位，实现企业生产经营的专业化，节省运营成本，增加赢利，提高企业及产品品牌的声誉，最终达到扩大市场的目的。

第四部分　案例使用说明

一、教学目的与用途

该案例涉及聚焦战略和竞争战略的理论。讲述澳大利亚橄榄油聚焦于高端市场，以生产高品质橄榄油为重点战略进军中国市场。通过案例的讲解，让学生对聚焦战略和竞争战略有新的认识。

二、案例分析思路

1. 探寻澳大利亚橄榄油企业采取聚焦战略的原因；
2. 分析澳大利亚企业如何让中国消费者喜欢它；
3. 分析澳大利亚企业如何保证其橄榄油的高品质；
3. 讨论澳大利亚橄榄油企业能否在与众多国际品牌竞争中取胜；
4. 讨论这项战略给其他企业带来了怎样的启示；
5. 总结与归纳你所知道的关于聚焦战略的例子。

三、相关网络链接

"蓬勃发展的澳洲橄榄油行业"，澳大利亚留学网，2004年4月16日。
"中国橄榄油市场分析及竞争策略"，壹食品中国网，2004年8月7日。
"中国橄榄油市场发展现状及展望"，中国食用油信息网，2006年8月11日。
"澳大利亚橄榄油异军突起"，中国食品产业网，2004年7月21日。
"进口""高端市场""聚焦战略"，百度百科。

四、建议课堂计划

建议使用六节课。
第一节课：讲解重要商务词汇与案例背景，进行案例学习准备。
重要商务词汇：聚焦战略、市场规模、高端市场。
第二节课：讲解案例正文，理清案例发展脉络，帮助学生理解案例。
案例讲解内容：
(1)介绍澳大利亚橄榄油的相关背景资料；
(2)了解澳大利亚橄榄油企业聚焦高端市场的原因；
(3)了解澳大利亚企业如何让中国消费者喜欢？
(4)提出澳大利亚橄榄油的战略能否成功的疑问。
第三～四节课：展开案例分析和讨论。
(1)为什么澳大利亚橄榄油企业采取聚焦战略进入中国市场？
(2)澳大利亚企业采取了哪些措施来推广橄榄油？
(3)除展销会外，还能通过什么途径让中国消费者了解澳大利亚橄榄油？
(4)结合波特竞争战略理论，你认为面对众多国际品牌的竞争，澳大利亚橄榄油应采取什么战略？
第五～六节课：进行案例总结，布置课后作业，完成案例书面报告。
(1)实施聚焦战略会存在哪些风险？
(2)什么类型的企业适合采用聚焦战略？

南航通过战略合作拓展澳洲市场

第一部分 案例陈述

案例提要

澳大利亚有着广阔的旅游市场,南航将"澳洲战略"作为其国际化战略的重要内容。2008年,南航与澳大利亚旅游局合作,推出"南航澳大利亚体验之旅"。2010年进一步加大战略合作力度。通过这些合作,南航在澳洲市场取得了成功。

关键词语

南航 澳大利亚 中转 战略合作

案例背景

自从澳大利亚成为第一个获得中国公民自费出境旅游目的地(ADS)的西方国家以来,中国团队游客能简单便捷地旅游澳大利亚,这让澳大利亚旅游在中国市场一直保持高增长。2009年到访澳大利亚的中国客人已经超过366 000人次。中国南方航空公司(简称南航)看中了这一快速发展的市场,逐步大力拓展澳洲市场。

案例正文

澳大利亚旅游资源丰富,吸引着越来越多的中国人前往。随着这条线路的日渐成熟,许多旅客的旅游方式由加入团队逐步转变为个性化旅游,这就越来越需要更加便利的一站式旅行服务。

2008年,南航携手澳大利亚旅游局,共同推出了"南航澳大利亚体验之旅"活动。这是双方共同精心打造的航空度假产品。其核心内容是,为个性化旅客推出"机票+酒店"服务。整个旅程中,除了"机票+酒店"服务外,该活动还附加了红酒之旅、浪漫之旅、高尔夫之旅等其他特色服务,顾客可依照自己的需求进行自由选择和组合,真正实现旅行的个性化。

在"南航澳大利亚体验之旅"活动中,南航为旅客提供极为优惠的机票,并凭借自身品牌优势与澳洲多家酒店洽谈,使游客住宿价格更为便宜。同时,南航还为预订澳洲体验之旅的旅客提供座位的优先保障,并选择了澳洲最具实力的旅行社作为合作伙伴,使旅行服务更加细致周到。这为"南航澳大利亚体验之旅"活动提供了坚实的质量保证。

澳大利亚有关部门专门为"南航澳洲体验之旅"活动开通了"快速签证通道"服务,即明珠俱乐部金、银卡会员购买"南航澳大利亚体验之旅"产品办理签证时,持卡者及其配偶及18岁以下的子女,在两个工作日内即可得悉澳洲签证结果,这大大方便了广大旅游爱好者。

合作取得了巨大的成功,这推动了双方更深层的合作。2010年5月,南航与澳大利亚旅游局签订了战略合作协议,开始在业务开发、市场营销、客户资源这三大领域的全方位合作。经过努力,南航在澳大利亚国际航线取得了令业内眼红的成绩。目前南航是中澳航线中国大陆地区最大航空承运商。2010年前三季度,南航在澳大利亚市场的份额比上年同期增长了7个百分点。

(改编自"南航与西澳大利亚州签署战略合作协议",南航官网—南航新闻,2010年6月1日;"南航与西澳大利亚州签署战略合作协议",南航官网—南航新闻,2011年5月6日)

第二部分　案例教学

一、商业专业词汇

1. 承运人:指本人或者委托他人以本人名义与托运人订立海上货物运输合同的人。在货运合同中,承运人的主要责任是保证所运输的货物按时、安全地送达目的地。

2. 市场营销:是创造、沟通与传送价值给顾客,及经营顾客关系以便让组织与其利益关系人受益的一种组织功能与程序。

3. 战略合作:是指企业双方或多方为了自身的生存、发展和未来而进行的整体性、长远性、基本性的谋划,并在合作期间实现共赢的一种合作方式。

4. 合作伙伴:是指通过合资合作或其他方式,能够给企业带来资金、先进技术、管理经验,提升企业技术进步的核心竞争力和拓展国内外市场的能力,推动企业技术进步和产业升级的国内外先进企业或组织。

二、思考题

(一)根据案例内容回答问题

1. 南航是如何推进其"澳洲战略"的?
2. 为什么说南航与西澳大利亚州政府的合作能实现双方和消费者的"多赢"?

(二)讨论题

1. 你认为南航还能采取哪些措施进军澳大利亚市场?
2. 举例说明建立战略合作关系的好处。
3. 试分析为什么企业可以通过战略合作获得竞争力。

第三部分　案例分析与总结

一、案例要点:战略合作

战略合作是企业双方或多方出于长期共赢目的,建立在共同利益基础上,实现深度合作的一种合作形式。它是指企业为了自身的生存、发展和未来而进行的整体性、长远性、基本性的谋划，是一种有目的、有计划、具有全球视野的合作思想与行为。战略合作形式可以是签订合约的方式，也可以是组建新型组织的方式，或者是兼而有之。

企业双方或多方深化战略合作，可以建立战略合作伙伴关系。战略合作伙伴是指通过合资合作或其他方式，能够给企业带来资金、先进技术、管理经验，提升企业技术进步的核心竞争力和拓展国内外市场的能力，推动企业技术进步和产业升级的国内外先进企业。战略合作伙伴关系是一种基于高度信任，伙伴成员间共享竞争优势和利益的长期性、战略性的协同发展关系，它能对外界产生独立和重大的影响，并为合作各方带来长远的利益。

二、案例总结

南航与澳大利亚旅游局、西澳大利亚政府的战略合作，建立在双方资源共享、优势互补的基础上，不仅推进了南航国际化进程，也为澳大利亚旅游市场带来了巨大客流。通过战略合作方式，实现双方或多方的互利共赢已经逐渐成为企业的共识。

从 20 世纪 80 年代开始，越来越多的企业通过战略合作方式，获取企业竞争力，并意识到战略合作对企业的重要意义。它可以提高企业的知名度，扩大企业市场占有率；可以帮助企业获得协同效应，即"1＋1＞2"，实现组织间的信息、资源共享；可以减少合作企业间不必要的浪费性竞争，维持稳定的竞争格局和态势，并且把着眼于短期的对抗性竞争转化为长期的合作式竞争，使企业在快速变化的市场环境中获取长远的竞争优势。此外，企业还可通过战略合作降低和缓解合作企业的经营风险、加快企业技术创新步伐、有效地突破市场进入障碍等。总之，战略合作可以使企业的竞争力增强，外部交易内部化，并使交易成本降低，降低获取信息的成本，提高生产经营和分配的效率，对资源的配置和生产结构的调整起到积极的作用。

第四部分　案例使用说明

一、教学目的与用途

该案例涉及战略合作的理论。讲述南航通过与澳大利亚旅游局、西澳大利亚政府建立战略合作，实现双方(多方)的互利共赢。通过案例的讲解，让学生对战略合作有新的认识。该案例适用于商务汉语案例课程，难度偏低。

二、案例分析思路

1. 了解南航"澳洲战略"的背景。
2. 分析南航如何实施其"澳洲战略"。
3. 分析南航与澳大利亚旅游局建立战略合作的好处。
4. 讨论这项战略给其他企业带来了怎样的启示。
5. 总结与归纳你所知道的关于战略合作的例子。

三、相关网络链接

"南航与西澳大利亚州签署战略合作协议",南航官网,2010年6月1日。
"南航与西澳大利亚州签署战略合作协议",南航官网,2011年5月6日。
"市场营销""战略合作""合作伙伴",百度百科。

四、建议课堂计划

建议使用六节课。
第一节课:讲解重要商务词汇与案例背景,进行案例学习准备。
重要商务词汇:战略合作、市场营销、枢纽。
第二节课:讲解案例正文,理清案例发展脉络,帮助学生理解案例。
案例讲解内容:
(1)介绍南航的相关背景资料;
(2)了解南航澳大利亚体验之旅;
(3)了解南航与澳大利亚旅游局的战略合作及其作用。
第三～四节课:展开案例分析和讨论。
(1)南航是如何推进拓展澳洲市场的?
(2)南航为南航澳大利亚体验之旅提供了哪些支持?
(3)与澳大利亚旅游局建立战略合作对双方有什么好处?
(4)你认为南航还能采取哪些措施进军澳大利亚市场?
(5)举出你所知道的关于战略合作的例子。
第五～六节课:进行案例总结,布置课后作业,完成案例书面报告。
(1)举例说明建立战略合作关系的好处。
(2)试分析为什么企业可以通过战略合作拓展市场。

企业战略——中俄

Enterprise Strategy

海尔采取高端战略进入俄罗斯

第一部分 案例陈述

案例提要

为了改变俄罗斯人对中国制造的印象,树立海尔电器的品牌形象,海尔通过高端战略,销售中高端产品等一系列措施,在俄罗斯取得了初步胜利。

关键词语

中国制造　海尔电器　高端战略

案例背景

海尔作为中国的一家白色家电企业,一直有志于做世界品牌产品。然而,在进入俄罗斯市场的时候,由于"中国制造"在俄罗斯消费者心目中的低档货印象,给海尔的发展带来了很多困难。从2005年起,海尔采取高端战略,在俄罗斯市场上销售中高端产品。通过高端战略,海尔逐渐打开了俄罗斯市场。

案例正文

海尔作为中国家电的巨头,从一开始就制定了全球战略,立志创造全球的知名品牌。从2005年起,海尔开始正式进入俄罗斯市场。然而,"中国制造"给俄罗斯消费者造成的低档货印象,让以自主品牌进入俄罗斯的海尔面临难以想象的困境。中国的家电品牌在俄罗斯的认知度非常低。采用怎样的战略进入俄罗斯市场?这个问题摆在了海尔的面前。

20世纪90年代末海尔刚刚走出国门时,面对的是一个陌生的全球市场。在美国,为了快速赢得当地消费者的认可,海尔选择了别人不做的产品,结果海尔的小冰箱很快占到了美国市场的半壁江山。现在海尔已经在美国扎根、结果。海尔已经发展成为国际知名品牌。在进入俄罗斯市场时,海尔实施了高端战略。

从售价上看,海尔3D冰箱在俄罗斯市场的售价最高,达到了2.5万元人民币,而当地高端冰箱的平均单价只有1.8万元。这款售价达到2.5万元的海尔冰箱在2010年1月份的第三周已经进入畅销型号前十名,位居第九名。据了解,海尔家电在俄罗斯市场的平均单价仅次于米勒、利勃海尔等少数欧洲品牌。

从销售渠道上看,继2010年3月海尔进入俄罗斯第三大连锁渠道之后,海尔又进入了俄罗斯第二大家电连锁店MV。MV渠道在俄罗斯素有"名牌家电的橱窗",是高端消费者的首选消费场所,在全国72个城市内拥有近200家连锁店,店面总规模成为俄罗斯第一家店连锁,对于刚刚进入该渠道的海尔来说,2011年会依托这个渠道实现高速增长。

从品牌表现看,虽然俄罗斯的普通大众对海尔还没有深刻的认知,但高端群体已经开始接受这个品牌。据介绍,俄罗斯高端群体对海尔品牌的印象为"智慧科技、时尚、质量稳定可靠、适合我的生活方式并希望拥有"。

海尔的高端战略给自己赢得了声誉,增强了自己的品牌影响力。但是,海尔在俄罗斯依然面临着很多困难。海尔也表示非常渴望中国品牌能集体"走出去",毕竟培养一个属于中国人的品牌并非一朝一夕的事情。

(改编自"海尔大举进军俄罗斯高端空调市场",《经济参考报》,2005年11月3日;"中国品牌俄罗斯上升海尔冰箱高价销量夺第一",中国商业电讯,2011年3月7日;"中国企业俄罗斯遭遇困境海尔渴望中企'抱团作战'",TOM专稿,2011年2月18日)

第二部分　案例教学

一、商业专业词汇

1. 高端战略:是对集团整体产品研发、产品制造和品牌营销方向性的定位。坚持高端战略,不仅指突出高端产品。它要求公司在产品的研发、制造和营销等各个环节树立高端意识,坚持高标准,向高水平企业看齐。

2. 品牌:是指给拥有者带来溢价、产生增值的一种无形的资产,载体是用以和其他竞争者的产品或劳务相区分的名称、术语、象征、记号或者设计及其组合,增值的源泉来自于消费者心智中形成的关于其载体的印象。

3. 品牌认知度(Brand Awareness):是品牌资产的重要组成部分,它是衡量消费者对品牌内涵及价值的认识和理解度的标准。品牌认知是公司竞争力的一种体现,有时会成为一种核心竞争力,特别是在大众消费品市场,各家竞争对手提供的产品和服务的品质差别不大,这时消费者会倾向于根据品牌的熟悉程度来决定购买行为。

4. 渠道:是商品的流通路线,是指为厂家的商品通向一定的社会网络或代理商而卖到不同的区域,以达到销售的目的。故而渠道又称网络。

5. 连锁店:是指众多小规模的、分散的、经营同类商品和服务的同一品牌的零售店,在总部的组织领导下,采取共同的经营方针、一致的营销行动,实行集中采购和分散销售的有机结合,通过规范化经营实现规模经济效益的联合。

二、思考题

(一)根据案例内容回答问题

1. 海尔进入俄罗斯面临着什么样的困难？
2. 海尔是采用了什么样的战略进入俄罗斯市场的？

(二)讨论题

1. 你遇见过什么样的家电品牌？在购买它们的时候最注重哪一方面呢？
2. 海尔为什么用高端战略进入俄罗斯？为什么与在美国的海尔战略不同？
3. 你认为高端战略会有哪些缺点呢？

第三部分　案例分析与总结

一、案例要点：高端战略、品牌认知度

　　高端战略是一个系统性策略，需要产品研发、产品制造、市场营销等多方面的配合。一般来说，定位于高端的产品表现出价格高、利润高、产品质量相对较高，但目标客户较少、需求较少、销售量不高等特点。高端产品的销售量虽然不及中低端产品，但如果占领一定市场份额，其销售收入也比较高。海尔的高端战略主要从以下方面展开：一是产品，二是渠道，三是品牌传达。通过这三个方面的努力，海尔力图在俄罗斯消费者心目中树立自己的高端品牌形象。

　　品牌认知度是品牌资产的重要组成部分，它是衡量消费者对品牌内涵及价值的认识和理解度的标准。消费者对产品品牌的认知会影响到其购买行为。海尔在俄罗斯立志塑造一个高端产品形象，通过推出高端产品，实施高定价，与经销高端产品的连锁店合作，逐步改变人们对海尔的看法。

二、案例总结

　　在竞争激烈的市场上，企业要想树立一个知名的品牌，必须依靠高质量、高标准的产品。高端战略也成了多数知名品牌所选择的道路。

　　海尔在进入俄罗斯之前已经成为一个世界知名的品牌。但是在俄罗斯市场上，对中国品牌的印象普遍不好。为了摆脱低价低质的印象，海尔从开始进入的时候就采取高端战略，全部销售中高端产品。通过优质的产品，逐步赢得中高端消费群体的认可。通过高端战略，也很好地树立了海尔这个世界品牌的形象。

　　需要注意的是，高端战略的实施需要多方面的配合，海尔通过在产品、定价、渠道与推广方面协同运作来实现。此外高端战略的实施是一个复杂的过程，企业的高端产品定位不一定得到消费者的认可，或者这个认可过程需要很长的时间。这都是企业在实施高端战略时需要注意的。

第四部分　案例使用说明

一、教学目的与用途

通过该案例的学习,让学生了解海尔产品的高端战略;掌握高端产品的主要内容和实施过程;理解品牌认知度的相关知识。该案例适用于商务汉语案例课程,难度偏低。

二、案例分析思路

1. 介绍海尔公司及海尔品牌;
2. 介绍海尔的高端战略选择原因;
3. 分析海尔高端战略的实施过程;
4. 讨论海尔高端战略的实施效果;
5. 总结案例启示。

三、相关网络链接

"海尔大举进军俄罗斯高端空调市场",《经济参考报》,2005年11月3日。

"中国品牌俄罗斯上升海尔冰箱高价销量夺第一",《中国商业电讯》,2011年3月7日。

"中国企业俄罗斯遭遇困境海尔渴望中企'抱团作战'",TOM专稿,2011年2月18日。

"高端战略""品牌""品牌认知度""渠道""连锁店",百度百科。

四、建议课堂计划

建议使用六节课。

第一节课:讲解重要商务词汇与案例背景,进行案例学习准备。

重要商务词汇:高端战略、渠道、品牌认知。

第二节课:讲解案例正文,理清案例发展脉络,帮助学生理解案例。

案例讲解内容:

(1) 介绍海尔的背景资料;
(2) 了解海尔在俄罗斯市场面临的问题;
(3) 描述海尔的高端战略;
(4) 了解海尔高端战略取得的效果。

第三～四节课:展开案例分析和讨论。

(1) 分析海尔在开拓俄罗斯市场时面临的问题;
(2) 分析海尔为何选择高端战略;
(3) 分析海尔高端战略的主要内容;

(4)讨论海尔高端战略的效果。
第五~六节课:进行案例总结,布置课后作业,完成案例书面报告。
(1)你遇见过什么样的家电品牌?在购买它们的时候最注重哪一方面呢?
(2)海尔为什么用高端战略进入俄罗斯?为什么与在美国的海尔战略不同?
(3)你认为高端战略会有哪些缺点呢?

卡巴斯基与奇虎联盟

第一部分　案例陈述

案例提要

2002年卡巴斯基开始进入中国,却一直未能有效地打开市场。为了打开中国杀毒软件市场,卡巴斯基通过和奇虎360安全卫士合作,在奇虎这个强大的幕后推手推广下,取得了不小的成功。

关键词语

卡巴斯基杀毒软件　奇虎360　安全卫士

案例背景

作为世界杀毒巨头卡巴斯基,进入中国市场是全球战略的必要部分。然而,卡巴斯基进入中国并非是一帆风顺的,面对着中国国内多种杀毒软件的竞争,卡巴斯基选择了和奇虎360安全卫士合作。通过此次联盟合作,卡巴斯基在中国市场创造了一个奇迹。

案例正文

卡巴斯基——这个风靡俄罗斯的杀毒软件,2002年进入中国,却一直未能有效打开市场。2006年7月之后,卡巴斯基突然大举占领市场,到2010年与瑞星仅有一步之遥,在全国有近4 000万名个人电脑用户,创造了杀毒软件市场的一个"奇迹",而他的"幕后推手",就是在2006年与之联盟的奇虎。

卡巴斯基,一个"标准"的俄语名字。这款诞生于20世纪80年代的杀毒软件,虽然在国外早已声名鹊起,然而在几年前的中国,并没有多少人知道这个有些拗口的名字。2002年卡巴斯基首次进入中国市场时,瑞星、金山、江民等国产杀毒软件和较早进入中国的诺顿等杀毒软件早将市场瓜分。想要挤进市场,卡巴斯基只有两条路可选:一是花大力气推广和宣传;二是降低甚至免除使用费,通过低价吸引用户。然而,这些方法都面临着巨大的开销,风险很大。

如何既能向中国网民推广这款杀毒软件又不必花费巨大的成本？这个时候，卡巴斯基主动找到了奇虎老总周鸿祎。2006年7月27日，卡巴斯基公司正式宣布，将为奇虎旗下的"360安全卫士"免费提供杀毒功能。网友只需使用奇虎"360安全卫士"，就能免费获得卡巴斯基提供的最新反病毒KAV6.0个人版正版软件。当时该版本杀毒软件对外的公开售价是320元，而通过这样的捆绑销售，网民无须购买就可免费使用半年。在当时的正版杀毒软件普遍收费且费用较高的情况下，这款卡巴斯基和奇虎360合作的软件打出的免费牌可谓赚足了人气。

通过此次合作，卡巴斯基和奇虎360均获得了极大的成功。从2006年7月到2007年6月，瑞星一直保持个人网络安全市场的领导地位，而卡巴斯基、360安全卫士则表现突出。其中360安全卫士的用户覆盖数已经达到3 157万，增长了近12倍；卡巴斯基的用户覆盖数则达3 450万，超过金山，仅次于瑞星，位居全国第二。

有了奇虎这个强大的幕后推手，卡巴斯基在中国的奇迹就此诞生。

(改编自"借力奇虎卡巴斯基从默默无名到大获成功"，78.CN创业商机网，2010年6月23日；"奇虎联手卡巴斯基宣战流氓软件"，《新京报》，2006年7月28日；"卡巴斯基停止通过奇虎360赠送杀毒服务"，网易科技报道，2008年8月2日)

第二部分　案例教学

一、商业专业词汇

1. 企业联盟：是指企业个体与个体之间在策略目标的考虑下结成盟友，自主地进行互补性交换，各自达成目标产品阶段性的目标，最后获得一个长期的市场竞争优势，并形成一个持续而正式的关系。

2. 市场推广：是指企业为扩大产品市场份额，提高产品销量和知名度，而将有关产品或服务的信息传递给目标消费者，激发和强化其购买动机，并促使这种购买动机转化为实际购买行为而采取的一系列措施。

3. 全球战略：又称"全球化战略"，是指跨国公司从全球观点出发，利用不同国家和地区的区位比较优势，把价值链上的各个环节和职能加以分散和配置，使它们有机地结合起来，实行综合一体化经营，努力降低生产经营成本，以期获得长期、稳定的全球竞争优势，实现最大化的全球效率。

4. 捆绑销售：是共生营销的一种形式，是指两个或两个以上的品牌或公司在促销过程中进行合作，从而扩大它们的影响力，它作为一种跨行业和跨品牌的新型营销方式，开始被越来越多的企业重视和运用。

二、思考题

(一)根据案例内容回答问题

1. 卡巴斯基为什么要选择和奇虎360安全卫士合作？
2. 卡巴斯基和奇虎合作后采取了哪些策略？

(二)讨论题

1. 描述一个你使用过的杀毒软件。
2. 在面对收费软件和免费软件的时候,你是怎样选择的?
3. 你认为企业联盟会有哪些优点?

第三部分　案例分析与总结

一、案例要点:企业联盟

企业联盟作为企业与企业之间在策略目标的考虑下结成的盟友关系,一般是在自愿前提下开展的互补性交换和联合行动,最后获得一个长期的市场竞争优势。

卡巴斯基与奇虎所结成的就是一种联盟合作关系。两方利用各自资源,实现资源共享和优势互补,从而实现了彼此的目的。如卡巴斯基利用奇虎资源实现了产品的推广和市场份额扩张;而奇虎也利用卡巴斯基的杀毒功能增强了"360安全卫士"产品的功能,成功推广了"360安全卫士"。

二、案例总结

企业战略联盟有很多好处:(1)可以创造规模经济,产生协同效应;(2)可以实现企业优势互补,形成综合优势;(3)可以有效地进入新市场,克服进入壁垒。

卡巴斯基作为世界级一家品牌杀毒软件,虽然技术优秀,但在进入中国市场的时候遇到了不小的困难。如何以最小的代价最大限度的推广卡巴斯基是公司面临的一个难题。最终卡巴斯基选择了和奇虎公司合作,一方面卡巴斯基以较小的代价进入了中国市场,并实现对杀毒市场的占领;另一方面也利用了奇虎公司的资源,实现了产品品牌和市场的快速推广。当然了,奇虎360安全卫士也通过联盟得到了发展,这实现了公司的双赢。

第四部分　案例使用说明

一、教学目的与用途

通过本案例的学习,让学生了解并掌握企业联盟的相关理论。了解杀毒软件市场的特征,认识企业间合作的意义,把握捆绑销售等策略。该案例适用于商务汉语案例课程,难度偏低。

二、案例分析思路

1. 介绍企业联盟和杀毒软件的理论;
2. 介绍卡巴斯基软件及在中国市场面临的问题;

3. 描述卡巴斯基与奇虎的联盟；
4. 分析卡巴斯基与奇虎合作的好处；
5. 讨论合作效果及给双方带来的好处；
6. 总结案例启示。

三、相关网络链接

"借力奇虎卡巴斯基从默默无名到大获成功"，78.CN 创业商机网，2010 年 6 月 23 日。
"奇虎联手卡巴斯基宣战流氓软件"，《新京报》，2006 年 7 月 28 日。
"卡巴斯基停止通过奇虎360赠送杀毒服务"，网易科技报道，2008 年 8 月 2 日。
"企业联盟""市场推广""全球战略""捆绑销售"，百度百科。

四、建议课堂计划

建议使用六节课。
第一节课：讲解重要商务词汇与案例背景，进行案例学习准备。
重要商务词汇：企业联盟、捆绑销售、杀毒软件。
第二节课：讲解案例正文，理清案例发展脉络，帮助学生理解案例。
案例讲解内容：
(1) 介绍卡巴斯基和奇虎的背景资料；
(2) 了解卡巴斯基在中国市场面临的困难；
(3) 描述卡巴斯基与奇虎的合作；
(4) 了解合作取得的效果。
第三～四节课：展开案例分析和讨论。
(1) 分析卡巴斯基在中国面临哪些困难；
(2) 分析卡巴斯基为何与奇虎联盟；
(3) 分析卡巴斯基与奇虎联盟后的行为；
(4) 分析联盟给卡巴斯基带来的好处。
第五～六节课：进行案例总结，布置课后作业，完成案例书面报告。
(1) 描述一个你使用过的杀毒软件。
(2) 在面对收费软件和免费软件的时候，你是怎样选择的？
(3) 你认为企业联盟会有哪些优点？

企业战略——中西

Enterprise Strategy

乐家并购鹰卫浴

第一部分 案例陈述

案例提要

乐家集团是西班牙著名的卫浴企业。鹰卫浴(原鹰牌卫浴)是一家中国企业。2006年,乐家集团整体收购鹰牌卫浴。并购后,乐家集团对乐家品牌和鹰卫浴品牌进行重新定位,并对鹰卫浴进行了重组,由此基本完成中国市场的产品布局。

关键词语

乐家卫浴　鹰卫浴　并购

案例背景

乐家是西班牙著名的卫浴企业,在世界享有盛名。鹰卫浴(原鹰牌卫浴)是创立于1994年的一家中国企业。鹰牌公司曾以年销售15个亿的业绩成为中国国内建筑卫生陶瓷的"领头羊",在中国市场有较大的影响力。出于抢占中国市场的考虑,乐家于2006年整体收购鹰牌卫浴。

案例正文

在中国大陆市场,目前卫浴的发展格局大致可以分为四个层级:顶尖、高档、中档及低端。乐家作为西班牙著名卫浴企业,其产品在高端市场具有较大的影响力,而鹰卫浴作为一个本土品牌,面对的是中档大众市场。中档大众市场在四个层级中是最大的市场。

乐家集团在2006年收购了鹰卫浴以后,在战略定位和组织运作上进行了一系列调整。

首先,乐家集团对乐家品牌和鹰卫浴品牌进行了清晰的定位,乐家作为高端品牌,占据产品消费群的上端,中端市场则由鹰卫浴来完成。鹰卫浴与乐家卫浴采取的是一种完全独立、分开运作的方式,鹰卫浴的品牌运作跟乐家卫浴是由两套独立的人员负责,因为它们有着不同的渠道,不同的市场。

其次,乐家集团对并购后的运作方式进行了相应的调整。2007年,鹰卫浴以一个全新身份出现在国内卫浴市场,原鹰牌卫浴的员工、设备、渠道全部纳入乐家集团的管理体系。但是鹰卫浴品牌依然坚持本土文化,其产品面向国内消费大众,继续保持其在满足本土化消费需求方面的产品优势;乐家集团则利用其国际化资源,以及在管理和创意等方面的优势,为鹰卫浴提供很多包括管理、研发和技术等方面的支持。

总体而言,并购鹰卫浴之后,乐家集团进一步丰富了其在中国市场的产品体系,使乐家产品实现了从高端市场到中端大众市场的延伸,这有助于乐家在规模巨大的中端市场扩大影响和销售量。

(改编自"陶瓷卫浴行业迎来新的竞合时代",新浪地产,2010年8月26日;"并购快乐谁?",金羊网,2006年10月27日;"国志刚:乐家国际化资源为鹰卫浴带来新契机",搜狐家居陶瓷卫浴频道,2010年11月8日;"鹰卫浴:为消费者提供有诚意的产品和服务",焦点网陶瓷频道,2007年8月16日)

第二部分　案例教学

一、商业专业词汇

1. 市场:商品交易关系的总和,主要包括买方和卖方之间的关系,同时也包括由买卖关系引发出来的卖方与卖方之间的关系以及买方与买方之间的关系。

2. 本土品牌:即本国人原创且由本国人持有的品牌,在中国指中国品牌。

3. 并购:并购的内涵非常广泛,一般是指兼并(Merger)和收购(Acquisition)。兼并又称"吸收合并",即两种不同事物,因故合并成一体。指两家或者更多的独立企业合并组成一家企业,通常由一家占优势的公司吸收一家或者多家公司。收购指一家企业用现金或者有价证券购买另一家企业的股票或者资产,以获得对该企业的全部资产或者某项资产的所有权,或对该企业的控制权。与并购意义相关的另一个概念是合并(Consolidation),是指两个或两个以上的企业合并成为一个新的企业,合并完成后,多个法人变成一个法人。

4. 渠道:指商品销售路线,是商品的流通路线,是指为厂家的商品通向一定的社会网络或代理商而卖向不同的区域,以达到销售的目的。因此渠道又称网络。

5. 高端市场:根据消费者的消费能力,将其分为多个层次:高端消费群体、中端消费群体、低端消费群体。如果产品主要针对高端消费群体,那就是面对高端市场。一般来说,高端市场产品的价格相当高,而且产品多样化,一般为名牌或品牌产品中科技含量较高的产品类别。

6. 中端市场:是相对于高端市场和低端市场而言的,这个市场一般规模较大,面对的是大众消费群体。

二、思考题

(一)根据案例内容回答问题

1. 乐家品牌和鹰卫浴品牌分别定位于哪个市场?

2. 乐家集团为什么要收购鹰牌卫浴？
3. 为什么收购完成后鹰牌卫浴仍坚持本土文化？

(二)讨论题

1. 你还知道哪些跨国企业在中国的并购，它们和乐家的此次并购有什么共同点？
2. 卫浴是一个对于商业地产严重依赖的行业，你认为在中国地产行业已经并将继续受到国家强力调控的背景下，卫浴企业该如何调整？
3. 你认为跨国并购中会出现哪些文化整合的问题，以中西文化特点为例？

第三部分 案例分析与总结

一、案例要点：横向并购、中高端市场

横向并购是指两个或两个以上生产和销售相同或相似产品公司之间的并购行为。乐家与鹰卫浴的并购就属横向并购。这种并购方式使企业获取自己不具备的优势资产，也是削减成本、扩大市场份额、进入新的市场领域的一种快捷方式。通过横向并购，可以发挥经营管理上的协同效应，便于在更大的范围内进行专业分工，采用先进的技术，形成集约化经营，产生规模效益。

根据消费者消费能力的不同，整个市场可以分为高端、中端、低端等不同档次。一般来说，高端产品市场规模相对较小，但产品定价通常比较高，产品的利润率较高；中端产品市场规模较大，售价中等，但销售量大，通常是企业很重视的市场；低端市场通常产品质量较低，售价也最低，一般是低档品市场。乐家集团的乐家品牌针对的是高端市场，在高端市场上具有重要影响力。但是面对中国卫浴市场的快速发展，乐家试图进入中端市场，所以选择并购鹰卫浴的方式，从而快速进入了中端市场。

二、案例总结

乐家对于鹰卫浴的并购，是为了实现乐家在中国市场的战略定位。

第一，乐家在中国市场采用不同品牌，来占领不同的市场，其原有品牌乐家，在高端市场更具竞争力，通过并购鹰卫浴可以实现对中端市场的开拓；

第二，中国的卫浴市场大，鹰卫浴在中国市场有强大的渠道能力和一定的品牌影响力；

第三，乐家的技术先进，管理和研发能力强，可为鹰卫浴提供支持；

第四，考虑到中国的消费理念和生活习惯，乐家没有盲目进入中国市场，而是透过购买鹰卫浴这样一个在中国市场相对强势的一个品牌来进入中国市场。

并购之后，乐家保留鹰卫浴的品牌，但在员工、设备和渠道上协同发展乐家和鹰卫浴两个系列品牌，乐家主打高端市场，鹰卫浴则侧重中端市场，有助于避免文化差异导致的水土不服。

第四部分　案例使用说明

一、教学目的与用途

案例讲述了乐家集团对中国品牌鹰卫浴的并购。通过案例学习，一是让学生了解并购，尤其是横向并购的相关知识；二是让学生了解乐家的产品布局，体会高端市场与低端市场的产品层次。该案例适用于商务汉语案例课程，难度偏低。

二、案例分析思路

1. 介绍乐家集团和鹰卫浴。
2. 分析乐家集团对鹰卫浴的并购。
3. 分析并购后乐家品牌和鹰卫浴品牌的市场定位。
4. 分析并购后乐家集团对鹰卫浴进行的调整。
5. 分析并购对乐家集团带来的好处。
6. 总结案例启示。

三、相关网络链接

"陶瓷卫浴行业迎来新的竞合时代"，《新浪地产》，2010年8月26日。

"并购快乐谁？"，金羊网，2006年10月27日。

"国志刚：乐家国际化资源为鹰卫浴带来新契机"，搜狐家居陶瓷卫浴频道，2010年11月8日。

"鹰卫浴：为消费者提供有诚意的产品和服务"，焦点网陶瓷频道，2007年8月16日。

"横向并购""市场""本土品牌""战略定位""消费需求""并购""渠道""高端市场""中端市场"，百度百科。

四、建议课堂计划

建议使用六节课。

第一节课：讲解重要商务词汇与案例背景，进行案例学习准备。

重要商务词汇：并购、高端市场、中端市场。

第二节课：讲解案例正文，理清案例发展脉络，帮助学生理解案例。

案例讲解内容：

(1) 介绍乐家集团和鹰卫浴的相关背景资料；

(2) 描述乐家集团对鹰卫浴的并购；

(3) 描述乐家品牌与鹰卫浴的不同市场；

(4) 描述乐家集团对鹰卫浴进行的调整。

第三～四节课：展开案例分析和讨论。

(1)乐家集团为什么并购鹰卫浴？
(2)乐家品牌与鹰卫浴品牌面对的市场有何不同？
(3)乐家集团对鹰卫浴进行了哪些调整？
(4)并购对乐家集团带来哪些好处？
第五～六节课：进行案例总结，布置课后作业，完成案例书面报告。
(1)卫浴是一个对于商业地产严重依赖的行业，你认为在中国地产行业已经并将继续受到国家强力调控的背景下，卫浴企业该如何调整？
(2)你认为跨国并购中会出现哪些文化整合的问题？以中西文化特点为例。

"温州鞋"被烧之后

第一部分　案例陈述

案例提要

长期以来，温州鞋凭借其成本优势在西班牙获得了广阔的市场空间，但也引发当地鞋业的反感。"火烧温州鞋"事件后，温州鞋企也认识到了这种低价路线也不是长久之计，便开始反思和调整：一是加强与当地企业的合作；二是拓展高端市场。

关键词语

温州鞋　低价品牌　高档皮鞋市场

案例背景

从2005年1月1日起，欧盟将取消从中国进口部分鞋类产品的配额，这意味着温州鞋将在欧洲获得更为广阔的市场空间。这样一来，本来就处于竞争弱势的西班牙本地鞋将雪上加霜。而无论产品款式、设计制作，还是生产成本，西班牙本土鞋根本没办法和温州鞋同台竞争。西班牙本土鞋的定价还偏高，平均价格是温州鞋的3～8倍。于是在2004年9月17日引发了一场当地人"火烧温州鞋"事件。那么，温州鞋企该怎么办呢？

案例正文

2004年9月17日，西班牙东部城市埃尔切(Elche)的中国鞋城，价值大约800万元的16个鞋类集装箱被当地人烧毁。埃尔切市的中国鞋城是当地一个非常著名的鞋类批发市场，截至2004年已有30多年的经营历史。那里汇集了五六十家直接或间接经销温州鞋的鞋店，是温州鞋走向欧洲市场的一个最重要的集散地。

温州鞋由于款式新颖、做工精良、价格实惠,在西班牙市场的销路一直很好。西班牙很多本土制鞋企业的市场份额逐渐被温州鞋所吞噬。一些西班牙鞋业人员开始对温州鞋产生了反感情绪,终于酿成了上述"火烧温州鞋"事件。

事后温州鞋企开始了反思和调整。当地许多温州人开办的企业开始积极调整自己的经营模式,使自己不再是当地社会、文化、习俗的"外乡人"。比如,不搞低价竞争,中午打烊休息,周六不再开店经营以让利于西班牙人。许多温州店家刻意聘请外国店员,强化了"有钱大家赚"的观念。

12家温州皮鞋生产出口企业还开始联手开拓高档皮鞋市场。他们合伙在德国注册了一个新品牌商标,将借此商标在国外开拓高端市场。12家鞋企均采用该商标,通过在国际市场上参加会展、开专卖店等方式,销售高档温州皮鞋。

面对温州鞋企的善意,西班牙人也做出了回应,他们不再强调示威抗议,而是与中国加强合作。比如,西班牙鞋类配件协会组织会员企业赴温州举办西班牙鞋类配件展;西班牙鞋类协会在温州举办西班牙皮革展,向温州鞋企推介制鞋皮革。

总之,烧鞋事件之后,温州鞋商从感到委屈到开始反思,从我行我素到入乡随俗,最终找到了新的发展道路。

(改编自"西班牙'焚烧温州鞋'的背后,仅有的低价是不够的",李磊;"中国商人经营方式致命温州鞋被烧成必然",《南方都市报》,2004年10月8日;"科尔尼西班牙公司总裁谈温州鞋西班牙被烧事件",中国鞋业互联网新闻中心,2005年5月30日;"西班牙鞋商温州求合作",证券之星,2005年12月20日;"温州鞋从被烧到双赢",阿里巴巴,2009年2月21日)

第二部分　案例教学

一、商业专业词汇

1. 低价倾销:是指经营者以排挤竞争对手为目的,以低于成本的价格销售商品。低价倾销违背企业生存原理及价值规律,在市场竞争中往往引发价格大战、中小企业纷纷倒闭等恶性竞争事件,甚至导致全行业萎缩的严重后果。

2. 品牌:是给拥有者带来溢价、产生增值的一种无形的资产,载体是用以和其他竞争者的产品或劳务相区分的名称、术语、象征、记号或者设计及其组合,增值的源泉来自于消费者心智中形成的关于其载体的印象。

3. 商标:一种法律用语,是生产经营者在其生产、制造、加工、拣选或者经销的商品或服务上采用的,为了区别商品或服务来源、具有显著特征的标志,一般由文字、图形或者其组合构成。经国家核准注册的商标为"注册商标",受法律保护。商标注册人享有商标专用权。

4. 高端市场:根据消费者的消费能力,将其分为多个层次:高端消费群体、中端消费群体、低端消费群体。如果产品主要针对高端消费群体,那就是面对高端市场。一般来说,高端市场产品的价格相对高,而且产品多样化,一般为名牌或品牌产品中科技含量较高的产品类别。

5. 低价竞争:利用价格作为主要的竞争手段,通过降低或低价来抢占市场,对付竞争者的行为。

6. 市场份额:指一个企业的销售量(或销售额)在市场同类产品中所占的比重。市场份额是企业的产品在市场上所占的份额,也就是企业对市场的控制能力。企业市场份额的不断扩大,可以使企业获得某种形式的垄断,这种垄断既能带来垄断利润、又能保持一定的竞争优势。

7. 经营模式:是企业根据企业的经营宗旨,为实现企业所确认的价值定位所采取的某一类方式方法的总称。其中包括企业为实现价值定位所规定的业务范围,企业在产业链的位置,以及在这样的定位下实现价值的方式和方法。

8. 专卖店:是专门经营或授权经营某一主要品牌商品(制造商品牌和中间商品牌)为主的零售业态。

二、思考题

(一)根据案例内容回答问题
1. 温州鞋在西班牙的市场优势是什么?
2. 温州鞋在西班牙被烧的原因是什么?
3. 温州鞋企在西班牙被烧之后采取了哪些措施?

(二)讨论题
1. 你认为温州鞋在西班牙市场是否构成倾销行为?
2. 你认为对于温州鞋的这种策略,西班牙鞋企能做什么来改善这种局面?
3. 在中国劳动力成本不断上升的今天,中国企业的成本优势将不复存在,你认为中国企业该如何面对这个挑战?

第三部分 案例分析与总结

一、案例要点:低价竞争

低价竞争是企业运用低价策略,与竞争者争夺市场份额的一种竞争方式。低价策略容易引发价格战,造成恶性竞争,导致企业利润下滑甚至亏损。一般来说,低成本的企业具有低价竞争的优势,但低价格将给高成本企业带来巨大冲击,导致高成本企业难以维系。

二、案例总结

西班牙发生的"烧鞋事件",是中国企业低价策略引发的一次极端行为,但也引发了中国鞋企的反思。

温州鞋厂在西班牙市场采取价格战,真皮皮鞋的价格比其他国家生产的革鞋都便宜,这给当地制鞋企业产生了巨大压力,许多企业因低价格竞争而无法生存,从而导致温州鞋在西班牙被烧。

温州鞋企也认识到了这个问题并正在改进：一是开始注册商标，进入高档皮鞋市场，避免单纯的低价格竞争；二是企业开始改变观念，加强与当地鞋企的合作，积极融入当地社会文化生活，实现共同发展。

总之，企业发展中，需要注意几个问题：一是竞争与合作问题；二是企业利益与相关者利益；三是本土文化与跨国文化。处理好这些关系，有助于企业的长远发展。

第四部分　案例使用说明

一、教学目的与用途

案例讲述了温州鞋企在西班牙遇到火烧事件及应对策略。通过该案例的学习，让学生了解低价策略的问题及后果，理解战略与环境相适应的必要性。该案例适用于商务汉语案例课程，难度偏低。

二、案例分析思路

1. 介绍西班牙发生的"火烧温州鞋"事件。
2. 分析温州鞋被烧的原因。
3. 分析温州鞋企在事件发生后的改变。
4. 讨论事件给双方企业带来的影响。
5. 总结案例启示。

三、相关网络链接

"西班牙'焚烧温州鞋'的背后，仅有的低价是不够的"，李磊。
"中国商人经营方式致命温州鞋被烧成必然"，《南方都市报》，2004年10月8日。
"科尔尼西班牙公司总裁谈温州鞋西班牙被烧事件"，中国鞋业互联网新闻中心，2005年5月30日。
"西班牙鞋商温州求合作"，证券之星，2005年12月20日。
"温州鞋从被烧到双赢"，阿里巴巴，2009年2月21日。
"低价倾销""品牌""商标""高端市场""低价竞争""市场份额""经营模式""专卖店"，百度百科。

四、建议课堂计划

建议使用六节课。
第一节课：讲解重要商务词汇与案例背景，进行案例学习准备。
重要商务词汇：低价竞争、高端市场、经营模式、低价倾销。
第二节课：讲解案例正文，理清案例发展脉络，帮助学生理解案例。

案例讲解内容：
(1)介绍"火烧温州鞋"事件的相关背景资料；
(2)描述温州鞋在西班牙的优势和经营模式；
(3)了解温州鞋企在事件后做出的改变；
(4)了解温州鞋的高端市场开拓。

第三～四节课：展开案例分析和讨论。
(1)西班牙人为何火烧温州鞋？
(2)事件发生前，温州鞋企在西班牙的经营模式是怎样的？
(3)事件发生后，温州鞋企进行了哪些改变？
(4)温州鞋企如何开拓高端市场？
(5)西班牙企业在做哪些调整？

第五～六节课：进行案例总结，布置课后作业，完成案例书面报告。
(1)你认为温州鞋在西班牙市场是否构成倾销行为？
(2)你认为对于温州鞋的这种策略，西班牙鞋企能做什么来改善这种局面？
(3)在中国劳动力成本不断上升的今天，中国企业的成本优势将不复存在，你认为中国企业该如何面对这个挑战？

市场营销——中德

Marketing

奔驰的产品多元化

第一部分　案例陈述

案例提要

2008年的金融危机给中国汽车市场带来了很大的影响，但是德国奔驰品牌却依靠有效地产品多元化策略，在中国市场上取得了很好的业绩。

关键词语

德国奔驰　产品多元化　品牌形象　多品牌策略

案例背景

2008年，受金融危机等市场环境变化的影响，中国大陆的汽车市场在历经多年的高速增长后，开始出现"急刹车"。统计数据显示，2008年，约有八成汽车企业无法完成年初所订的销售目标。但是梅赛德斯—奔驰（以下简称"奔驰"）汽车在中国市场是个例外，不仅2008年销售业绩良好，进入2009年后销量更是逐月攀升。2009年1～5月间，奔驰累计销售21 700万辆，同比增幅高达49%。其中5月份尤为出色，销量高达5 200辆，同比增长86%。这一增幅远远超过中国乘用车市场平均增长率，也是其他竞争对手所无法比拟的。

案例正文

在中国市场上，奔驰汽车自2007年以来正在进行产品策略上的调整。

2007年1月，当麦尔斯来到中国接任奔驰（中国）区总裁时，他发现中国消费者对奔驰车的理解大多停留在S级——在众多消费者眼中，奔驰代表的是顶级豪华车。因为长久以来，奔驰在中国市场的销售结构是"倒金字塔"式，S级顶级豪华车的销售占据很大份额，其他豪华车型的销售份额很小。

麦尔斯决心拓宽中国消费者对奔驰品牌的认识，他认为产品多元化是汽车企业应对市场变化的重要策略之一。在他的主张下，奔驰（中国）随后在中国市场推出了一系列新车型。

2009 年 1 月,奔驰 B 级豪华运动旅行车在中国上市,目标顾客定位于高品位精英人士。B 级豪华运动旅行车分为动感型和时尚型两款,售价分别为 28.8 万元和 31.8 万元。这一价格让奔驰 B 级车在上市仅四个多月时间内,销量已达近千辆。

2009 年 4 月,奔驰家族又一个新成员——都市生活座驾 Smart 在中国市场亮相。Smart 是一款带有时尚气息的车型,区别于传统奔驰的正统形象,目标定位于豪华小车市场。Smart 的推出,不仅仅意味着奔驰(中国)又多了一款新产品,同时它将丰富奔驰的品牌内涵,也是麦尔斯打造正"金字塔式"销售结构的重要内容。

麦尔斯认为,奔驰(中国)的销售量结构有了很大变化,正在逐步实现"正金字塔"式的目标。经过产品类型的不断拓展,奔驰车型已经覆盖了豪华车的各个细分市场,改变了几年前只有 S 级的局面。

(改编自"奔驰中国总裁:多元化产品策略已取得成效",《数字商业时代》,2009 年 6 月 18 日;"封面人物麦尔斯:让奔驰形象多元化",全景网,2009 年 5 月 14 日;"梅赛德斯—奔驰中国总裁:奔驰将更加多元化",新浪汽车,2007 年 12 月 12 日;"四大品牌同台亮相奔驰推进多元化产品战略",《北京商报》,2009 年 12 月 1 日)

第二部分　案例教学

一、商业专业词汇

1. 产品多元化:是指企业新生产的产品跨越了并不一定相关的多种行业,且生产多种系列化的产品。

2. 品牌形象:是指企业或其某个品牌在市场上、在社会公众心中所表现出的个性特征,它体现公众特别是消费者对品牌的评价与认知。品牌形象与品牌不可分割,形象是品牌表现出来的特征,反映了品牌的实力与本质。品牌形象包括品名、包装、图案、广告设计等。形象是品牌的根基,所以企业必须十分重视塑造品牌形象。

3. 产品策略:指企业制定经营战略时,首先要明确企业能提供什么样的产品和服务去满足消费者的要求,也就是要解决产品策略问题。产品策略是市场营销 4P 组合的核心,是价格策略、分销策略和促销策略的基础。

4. 品牌:是给拥有者带来溢价、产生增值的一种无形的资产,他的载体是用以和其他竞争者的产品或劳务相区分的名称、术语、象征、记号或者设计及其组合。

二、思考题

(一)根据案例内容回答问题

1. 2007 年之前奔驰在中国消费者心目中的形象是怎样的?
2. 奔驰的产品多元化策略表现在哪些方面?

(二)讨论题

1. 描述一个你熟知的汽车品牌内涵。
2. 你认为产品多元化的过程中要注意些什么?

3. 你认为产品或服务多元化的优势是什么？

第三部分　案例分析与总结

一、案例要点：多品牌策略

多品牌策略是指企业根据各目标市场的不同利益分别使用不同品牌的品牌决策策略。多个品牌能较好地定位不同利益的细分市场，强调各品牌的特点，吸引不同的消费者群体，从而占有较多的细分市场。多品牌策略在具体实施过程中又可划分出个别品牌策略、分类品牌策略、企业名称加个别品牌策略三大类。

多品牌策略的优点包括：(1)多品牌具有较强的灵活性；(2)多品牌能充分适应市场的差异性；(3)多品牌有利于提高产品的市场占有率。

二、案例总结

多品牌策略最大的优势便是通过给每一品牌进行准确定位，从而有效地占领各个细分市场。如果企业原先单一目标顾客范围较窄，难以满足扩大市场份额的需要，此时可以考虑推出不同档次的品牌，采取不同的价格水平，形成不同的品牌形象，以抓住不同偏好的消费者。

奔驰的产品线非常丰富，所以奔驰能够以最短的时间引入奔驰旗下各种产品，以最大限度满足细分市场的不同消费需求。奔驰在中国市场通过不断丰富品牌内涵来体现奔驰多元化的品牌形象，也希望通过多元化来扩大客户群体，应对市场环境的变化。

奔驰通过创建新品牌来实施多品牌策略。新品牌的优势是可塑性强，品牌定位、品牌风格、价格等方面的制定比较灵活，无须受历史因素限制；但是新品牌知名度低，品牌推广成本较高，成长过程漫长。新品牌借用老品牌的影响来实现推广。

第四部分　案例使用说明

一、教学目的与用途

该案例涉及市场营销中的产品策略内容。从市场营销的角度入手，突出德国奔驰在中国市场上的产品多元化策略，重点让学生了解产品多元化可以给公司带来的机会。

二、案例分析思路

1. 了解奔驰汽车的产品多元化。
2. 分析德国奔驰在中国是如何实施产品多元化的。
3. 分析产品多元化为德国奔驰带来了哪些好处。

4. 讨论奔驰的产品多元化给其他企业带来了怎样的启示。
5. 总结实施产品多元化的变化。
6. 寻找其他材料探讨德国奔驰产品多元化的表现。

三、相关网络链接

"奔驰中国总裁:多元化产品策略已取得成效",《数字商业时代》,2009年6月18日。
"封面人物麦尔斯:让奔驰形象多元化",全景网,2009年5月14日。
"梅赛德斯——奔驰中国总裁:奔驰将更加多元化",新浪汽车,2007年12月12日。
"四大品牌同台亮相奔驰推进多元化产品战略",《北京商报》,2009年12月1日。
"奔驰中国总裁麦尔斯专访",http://video.sina.com.cn/v/b/22893970-1288636590.html。
"2010款奔驰GLK300广告",http://v.youku.com/v_show/id_XMTgyNDc3OTg4.html。
"产品多元化""品牌形象""产品策略""品牌""多品牌策略",百度百科。

四、建议课堂计划

建议使用六节课。
第一节课:讲解重要商务词汇与案例背景,进行案例学习准备。
重要商务词汇:市场营销、产品策略、产品多元化。
第二节课:讲解案例正文,理清案例发展脉络,帮助学生理解案例。
案例讲解内容:
(1)介绍德国奔驰公司;
(2)描述德国奔驰在中国市场的表现;
(3)描述德国奔驰的多元化产品;
(4)了解德国奔驰所实现的效果。
第三~四节课:展开案例分析和讨论。
(1)德国奔驰为什么采取产品多元化策略?
(2)德国奔驰的产品多元化是如何实施的?
(3)德国奔驰的多元化为它带来哪些好处?
(4)你面对多元化的产品,会如何选择?
(5)如果你是生产商,要实施产品多元化,你会考虑哪些因素?
第五~六节课:进行案例总结,布置课后作业,完成案例书面报告。
(1)你认为实施产品多元化策略要考虑哪些因素?
(2)你认为产品或服务多元化的优势是什么?

大众的"中国心"感动了中国观众

第一部分　案例陈述

案例提要

德国大众公司在中国市场的广告宣传非常注重与中国文化的融合。2004年德国大众推出的"中国心,大众路"广告宣传片,在中国市场上得到了中国消费者的认可。

关键词语

德国大众　品牌形象　广告　中国文化　文化融合

案例背景

从1984年起,大众汽车开始进入中国市场。为了扩大在中国的市场份额,大众汽车公司非常重视广告宣传。"中国路,大众心"是德国大众汽车在中国市场推出的品牌视频广告,该广告运用了丰富的视觉元素,表达了大众对中国文化的爱和理解。

广告一经媒体播出,便受到了广大中国观众的认可,众多网民也极力推崇这则广告,对德国大众汽车品牌的提升起到了巨大作用,是国际视野、本土执行广告中的杰出之作。

案例正文

2004年由德国大众、一汽大众和上海大众三家联手推出的大众汽车品牌形象广告以一个"心"字贯穿始终。运用代表中国文化的汉字和书法,感性地传达了大众汽车对中国、中国消费者和中国汽车工业的拳拳爱心。音乐则采用全球炙手可热的演唱组合Hanson的《I will come to you》,搭配着13款大众车型,远远超出了一首情歌的境界,得到了众多中国观众的共鸣。

这则广告由多幅中国人的生活场景构成,每个场景都有大众汽车相伴,并且都会出现代表每一幅画面精神的以"心"字为底的汉字,如忠、志、恩、态、聪、惠、悠、想、感、惹、爱等。因为在中国文化中,有"心"的汉字代表着高贵品质和精神,而这正是大众公司追求的目标。

广告画面从青藏高原飞到东部沿海,从皇城宫殿到日常百姓生活家,大众的身影出现在中国各地。其中有一幅画面是一位男士牵着人类忠实的朋友——狗;还有画面是一位父亲教儿子骑车,传达了"人生有起起伏伏,大众汽车伴随您身边"的意思。同时,这则广告还融合了中西方的生活方式,这种现代的生活方式也是许多中国年轻人梦想的。

整个广告贯穿着一句广告词:"中国路,大众心",这句话感动了许多中国观众,它反映出大众公司的营销理念——给中国消费者和汽车产业无限关爱。

(改编自窦卫霖:《跨文化商务交流案例分析》,对外经济贸易大学出版社,2007年,第414页;广告片:http://v.youku.com/v_show/id_XNTY3MzA5NzY=.htm)

第二部分　案例教学

一、商业专业词汇

1. 品牌:品牌是给拥有者带来溢价、产生增值的一种无形的资产,它的载体是用以和其他竞争者的产品或劳务相区分的名称、术语、象征、记号或者设计及其组合。
2. 营销:营销是关于企业如何发现、创造和交付价值以满足一定目标市场的需求,同时获取利润的学科。
3. 广告:为了某种特定的需要,通过一定形式的媒体,公开而广泛地向公众传递信息的宣传手段。包括公益广告、旅游广告、商业广告等。

二、思考题

(一)根据案例内容回答问题
1. 大众的"中国心,大众路"广告融合了哪些中国文化?
2. 这则广告体现了什么样的营销理念?

(二)讨论题
1. 描述一个让你印象深刻的广告。
2. 请说出你觉得一个好的广告应该具备哪些方面的特征?
3. 你认为营销除了广告还应该包括哪些形式及内容?

第三部分　案例分析与总结

一、案例要点:广告策略

广告是营销战略中的一种常用手段。企业为了特定目的,会选择相应的广告策略,通过一定形式的媒体,向公众传递企业理念、产品属性、品牌特征等信息,从而影响消费者的感受,引发对企业或产品的好感,进而激发购买。

广告的具体形式很多:(1)按内容可分为产品广告、品牌广告、公益广告等;(2)按目的可分为告知广告、促销广告、形象广告等;(3)按传播媒介可分为报纸广告、杂志广告、电视广告、网络广告、招贴广告、直邮广告等。

二、案例总结

德国大众公司的品牌广告不仅注意到了广告本土化,还正确地把握了中国传统文化。

广告以"中国路,大众心"为主题,随着广告情节的切换不断变换由"心"组合而成的文字(如"忠""志""态""爱""惠"等)。汉语中以"心"为偏旁的字通常是与美好的事物联系在一起的。

在中国文化中"狗"是忠诚的象征,大众很好地利用了狗的形象来突出大众汽车为客户着想的观念。强调人生路上虽有坎坷,但大众却总是陪伴在自己身边。其中还有一幅画面是父亲在教孩子骑自行车,体现出父母对子女的爱。

大众2004年的品牌形象广告获得的巨大成功,不仅在于运用了中国人所熟知的文化元素,而且是将中国文化中最优秀的部分呈现给观众,尊重和欣赏本土文化。

第四部分　案例使用说明

一、教学目的与用途

该案例涉及市场营销的内容。从市场营销的角度入手,突出德国大众在中国市场上的广告宣传方式的选择,重点让学生了解国外品牌到中国的本土化所能带来的好处。

二、案例分析思路

1. 探寻国外品牌在中国本土化的原因。
2. 分析德国大众的广告在哪些方面实现了中国化?
3. 分析这则广告给德国大众带来了哪些好处?
4. 讨论这则广告给其他企业带来了怎样的启示。
5. 总结与归纳广告给现代生活带来的变化。
6. 寻找其他材料探讨德国大众为什么要实现在中国的本土化?

三、相关网络链接

《跨文化商务交流案例分析》,对外经济贸易大学出版社,2007年,第414页。
"中国心,大众路",http://v.youku.com/v_show/id_XNTY3MzA5NzY=.html。
"品牌""营销""广告""营销战略""中西文化融合""本土化",百度百科。

四、建议课堂计划

建议使用六节课。
第一节课:讲解重要商务词汇与案例背景,进行案例学习准备。
重要商务词汇:市场营销、品牌、本土化。
第二节课:讲解案例正文,理清案例发展脉络,帮助学生理解案例。
案例讲解内容:
(1)介绍德国大众公司;
(2)描述德国大众在中国市场的表现;

(3)描述德国大众的本土化的广告;
(4)了解德国大众所实现的效果。
第三~四节课:展开案例分析和讨论。
(1)大众的广告为什么要选择"中国心"?
(2)大众的"中国心,大众路"广告融合了哪些中国文化?
(3)这则广告体现了什么样的营销理念?
第五~六节课:进行案例总结,布置课后作业,完成案例书面报告。
(1)你觉得一个好的广告应该具备哪些方面的特征?
(2)你认为营销除了广告还应该包括哪些形式及内容?

市场营销——中法

Marketing

迪卡侬的策略：低价策略和体验营销

第一部分 案例陈述

案例提要

在中国市场上，迪卡侬采用了低价策略，向消费者提供"高性价比"的商品；此外，向消费者提供良好的购物体验，这是迪卡侬成功的重要因素。

关键词语

迪卡侬　低价策略　体验营销

案例背景

迪卡侬在全球 14 个国家开设近 500 家连锁商场。目前，这家大型全系列运动品超市进入了中国市场。在北京和上海，很多年轻人正在把到迪卡侬购物视为一种潮流。走进迪卡侬，各类运动产品应有尽有。迪卡侬的相对低价和宽敞、家庭化的购物环境，以及随意试用试穿的风格，都与传统的商场体育柜台的体验有所不同。

案例正文

迪卡侬是第一个在中国市场上提出按运动分类的商店。在迪卡侬的商店里，从"两室一厅"的大帐篷，到雪地靴、潜水服，甚至是骑马用具，各种运动用品应有尽有，能够满足顾客的多样化需求。迪卡侬产品分区错落有致：从低价位到高价位，从成人装备到儿童服装等，每个区域相当清楚，方便顾客挑选。

低价格是迪卡侬的竞争法宝。之所以采取低价策略，源于迪卡侬特有的商业模式。迪卡侬从上游的设计，到生产，再到下游的零售，采取了一体化战略。在法国，迪卡侬建有一个大规模的研发中心和自己的生产公司。迪卡侬所有的产品都在自己的店内销售，这样就减少了中间环节并大大节约了成本。此外，迪卡侬的办公室设备和装潢也极为简单，这也是为了最大程度地压低成本。通过向消费者提供低价格、高质量的产品，迪卡侬给消费者带来"高性价比"的感受。尤其是迪卡侬推出的"蓝色商品",可以说是"高性价比"的首选产品。这种产品的特性是毛利率较低,库存周转率高,价格通常是最优惠的商品,比市场同类产品至少低20%。

除了低价格策略,迪卡侬还给顾客提供良好的购物体验。比如顾客可以随便试用产品,每类产品都有体验区和运动场,顾客可以随心所欲的尝试该项运动。此外,迪卡侬经常举办各种活动,比如高尔夫、攀岩、轮滑等。周末时迪卡侬经常组织教学活动,比如教孩子潜水,提供免费的潜水用具给孩子们;与攀岩俱乐部合作,邀请著名的专业运动家来教大家体验攀岩。

在竞争激烈的体育用品市场,迪卡侬的策略让它迅速成为一种趋势和潮流。2010年迪卡侬预计开设10家分店。更大的目标是在20年内将在中国市场开店近千家。

(改编自"迪卡侬的卡位:精准价格定位和体验营销",联商网,2010年8月17日;辅助视频"同打体验牌迪卡侬出招在先",http://v.youku.com/v_show/id_XMTczMjU5ODY0.html。)

第二部分　案例教学

一、商业专业词汇

1. 商业模式:是一种包含了一系列要素及其关系的概念性工具,用以阐明某个特定实体的盈利逻辑。它描述了公司所能为客户提供的价值以及公司的内部结构、合作伙伴网络和关系资本等用以实现(创造、推销和交付)这一价值并产生可持续盈利收入的逻辑。

2. 体验营销:通过看、听、用、参与的手段,充分刺激和调动消费者的感官、情感、思考、行动、关联等感性因素和理性因素,是重新定义、设计的一种思考方式的营销方法。

3. 连锁:连锁经营一般是指经营同类商品或服务的若干个经营单位,以一定形式组成一个联合体,通过对企业形象和经营业务的标准化管理,实行规模经营,从而实现规模效益。

4. 需求:在一定的时期,在一既定的价格水平下,消费者愿意并且能够购买的商品数量。

5. 一体化:是指多个原来相互独立的主权实体通过某种方式逐步结合成为一个单一实体的过程。包括横向一体化和纵向一体化。横向一体化战略也叫水平一体化战略,是指为了扩大生产规模、降低成本、巩固企业的市场地位、提高企业竞争优势、增强企业实力而与同行业企业进行联合的一种战略。纵向一体化又叫垂直一体化,指企业将生产与原料供应,或者生产与产品销售联合在一起的战略形式,是企业在两个可能的方向上扩展现有经营业务的一种发展战略,是将公司的经营活动向后扩展到原材料供应或向前扩展到销售终端的一种战略体系。

6. 品牌:是给拥有者带来溢价、产生增值的一种无形的资产,它的载体是用以和其他竞争者的产品或劳务相区分的名称、术语、象征、记号或者设计及其组合,增值的源泉来自于消费者心智中形成的关于其载体的印象。

7. 价格策略:是指企业在充分考虑影响企业定价的内外部因素的基础上,为达到企业预定的目标而采取的价格选择。企业选择可以选高价策略和低价策略,高价策略指定价偏高,一般高于同类市场上的同类产品价格;低价策略则定价偏低,一般低于市场上的同类产品价格。

二、思考题

(一)根据案例内容回答问题

1. 迪卡侬为什么可以选择低价策略?
2. 迪卡侬"蓝色商品"的优势是什么?
3. 迪卡侬具体提供了哪两种购物体验?

(二)讨论题

1. 描述一下你一次印象深刻的体育用品的购物体验。
2. 迪卡侬之所以能够采用低价和体验营销,在商店选址上要考虑哪些因素?

第三部分 案例分析与总结

一、案例要点:价格定位、体验营销

价格定位一般有三种情况:一是高价定位,即产品价格高于竞争者价格,这种定位需要良好的品牌优势、质量优势和售后服务优势做支撑。二是低价定位,即产品价格定得低于竞争者价格,低价定位需要低成本优势为支撑,高成本企业为了扩大市场份额、抑制竞争对手,短期内也可能采取低价定位。三是市场平均价格定位,即把价格定位于市场同类产品的平均水平。

体验营销认为,消费者在消费过程中理性与感性兼具,消费前、消费中和消费后的体验是决定购买行为的重要因素。企业在营销过程中应注重提高消费者体验,而不仅仅强调价格或成本优势。

二、案例总结

迪卡侬采用了低价策略和体验式营销相结合的方式。

一是通过低价吸引消费者,但低价策略需要低成本为支撑。迪卡侬为了有效地控制成本,采取了多种做法,如设计、生产、渠道的一体化,减少中间环节;简陋的办公室;高库存周转率等。

二是体验营销,虽然采取了低价策略,但迪卡侬想给顾客良好的购物体验,比如随便试用;举办各种活动;组织教学和交流等。

低价策略与体验营销在一定程度是冲突的,比如为了提高体验营销可能造成成本上升,导致低价策略很难实现,迪卡侬尝试将两者相结合。

第四部分 案例使用说明

一、教学目的与用途

该案例涉及定价策略和体验营销的内容。从定价策略角度,探讨独有的商业模式是迪卡侬实施低价策略的基础。从体验营销的角度,探讨迪卡侬如何通过提升消费者的购物体验,获得竞争优势。该案例适用于初级汉语的学员,适用于市场营销的课程,难度较低。

二、案例分析思路

1. 分析迪卡侬在市场上的优劣势。
2. 讨论迪卡侬的价格定位策略。
3. 讨论迪卡侬的体验营销策略。
4. 讨论迪卡侬品牌形象树立策略。
5. 寻找其他材料探讨定价策略与体验营销的作用。

三、相关网站链接

"迪卡侬的卡位:精准价格定位和体验营销",联商网,2010年8月17日。

"同打体验牌,迪卡侬出招在先",http://v.youku.com/v_show/id_XMTczMjU5ODY0.html。

"商业模式""体验营销""连锁""需求""一体化""品牌""价格策略""价格定位",百度百科。

四、建议课堂计划

建议使用六节课。
第一节课:讲解重要商务词汇与案例背景,进行案例学习准备。
重要商务词汇:定价策略、价格定位、体验营销、性价比。
第二节课:讲解案例正文,理清案例发展脉络,帮助学生理解案例。
案例讲解内容:
(1)介绍迪卡侬在市场上的优劣势。
(2)描述迪卡侬的市场定位策略。
(2)描述迪卡侬的体验营销策略。
(2)描述迪卡侬定价策略取得的效果。
第三~四节课:展开案例分析和讨论。
(1)迪卡侬面临了哪些竞争?
(2)迪卡侬为何选择低价格定位?

(3)迪卡侬是怎样进行体验营销的？
(4)迪卡侬"蓝色商品"的优势是什么？
(4)迪卡侬具体提供了哪两种购物体验？
第五～六节课：进行案例总结，布置课后作业，完成案例书面报告。
(1)描述一下你印象深刻的一次体育用品的购物体验。
(2)迪卡侬之所以能够采用低价和体验营销，在商店选址上要考虑哪些因素？

雷诺中国形象：定位于休闲豪华

第一部分 案例陈述

案例提要

雷诺通过对中国市场和消费者的深度分析，在中国进行了精准的形象定位——休闲豪华，在2009年取得了骄人的销售业绩。

关键词语

法国雷诺　中国市场　品牌定位

案例背景

创立于1898年的雷诺汽车，在世界汽车业享有极高的声誉。但在中国市场上，这个凝结着现代造车科技和浓厚法国文化的汽车品牌，却因为稀有和小众而陷入边缘化的境地。在很长一段时间里，雷诺汽车的销售一直停滞不前。为了改变这一局面，2009年，陈国章带领的雷诺中国团队，凭借对中国市场的独特理解，开始对雷诺中国形象进行全新变革。

案例正文

自20世纪80年代以来，世界上各大汽车品牌陆续进入中国市场，在中国市场的销量不断上升。但雷诺汽车的发展却不理想。为此，新上任的雷诺中国总经理陈国章决定改变雷诺在中国市场的品牌形象。

在竞争激烈的进口车市场上，雷诺汽车要取得成功，必须在消费者心目中树立起区别于竞争对手的独特形象。雷诺必须向消费者提供独特的产品或服务，而不能类同于其他的进口车品牌。

陈国章及其团队对雷诺汽车及目标客户进行了分析。首先从产品来看，雷诺作为具有百年历史的欧洲品牌，其产品从造型设计、技术性能和配置上，都拥有强烈的休闲特征。其次从现有客户来看，雷诺车主以白领为主，大多受过良好的高等教育，多数有在欧洲学习和生活的背景，他们崇尚欧洲文化追求生活品位。这些特征都与休闲豪华的品位不谋而合。于是陈国章决定将雷诺品牌定位于休闲豪华(Casual Luxury)，这是一个处于高档豪华车和经济型汽车之间的市场空隙。

为了让消费者体会"休闲豪华"的品牌定位，雷诺车在宣传中突出了以下特征：雷诺车具有进口车的品质和口碑，但是产品售价不会太高。此外，雷诺车将向消费者提供媲美奔驰、宝马等豪华品牌的售后服务。

在旗舰店和经销店的形象上，雷诺汽车也进行了大变身。新的经销店带有浓浓欧式简约风格，展厅内有一半以上的区域被布置成休闲生活、文化艺术和时尚品位区，可以为消费者实时提供具有欧洲风情的文化艺术和生活指南，包括旅游观光、美食烹饪、服装服饰、文化书籍和音乐艺术等。整个经销店充满艺术与时尚气息，完全区别于传统的汽车经销店。

"休闲豪华"的品牌定位赢得了雷诺车主和潜在消费者的认同。截至2009年12月底，雷诺在中国市场的全年总销量达8 190台，超出预定目标2.8倍，并且实现了品牌客户服务满意度108%的提升。

（改编自"雷诺中国形象定位于休闲豪华"，法国中文网，2010年3月24日；"结构调整重定位解密雷诺中国2009跨越式大发展"，北方网，2010年1月13日）

第二部分　案例教学

一、商业专业词汇

1. 品牌：是给拥有者带来溢价、产生增值的一种无形的资产，它的载体是用以和其他竞争者的产品或劳务相区分的名称、术语、象征、记号或者设计及其组合。

2. 定位：是对产品在未来的潜在顾客的脑海里确定一个合理的位置。定位的基本原则不是去创造某种新奇的或与众不同的东西，而是去影响人们心理感受。

3. 旗舰店：是企业在营销过程中设在某地最高级别的品牌形象展示店，一般来讲就是所处地段极佳、客流极强、销售极好之样板店，是代表某品牌或某大类商品的专卖店或专业店。

二、思考题

（一）根据案例内容回答问题

1. 雷诺在中国的形象定位是什么？
2. 雷诺为什么定位于这个品牌形象？
3. 雷诺是采取哪些方法来传达自己的形象定位的？

（二）讨论题

1. 描述一个你熟知的汽车品牌和其形象定位。
2. 你认为做良好的形象定位需要做哪些前期准备？

3. 你认为可以通过哪些方式来传达自己的形象定位？

第三部分　案例分析与总结

一、案例要点：品牌定位

品牌定位是指企业在市场定位和产品定位的基础上，对特定的品牌在文化取向及个性差异上的商业性决策，它是建立一个与目标市场有关的品牌形象的过程和结果。换言之，即指为某个特定品牌确定一个适当的市场位置，使商品在消费者的心中占领一个特殊的位置。

品牌定位的重点在于"攻心"，也就是要从心里打动消费者。品牌定位时需要注意：一是需要与消费者需求和心理偏好相结合，这样才能引起消费者的共鸣；二是定位在简明、明确，因为消费者接受的信息量有限，定位模糊容易失去焦点。定位的方法有多种，如比附定位、单一位置策略、寻找空隙策略、类别品牌定位等等。

二、案例总结

在中国汽车市场上，一方面竞争越来越激烈，另一方面消费者越来越看重汽车所体现的产品个性和个人喜好。

法国雷诺公司的品牌形象定位于休闲豪华，这一定位处于高档豪华和紧凑经济型汽车之间，属一个小众地带。这个明确的形象定位并非突发奇想，而是基于消费者调查和需求研究。为了突出休闲豪华，雷诺在宣传上也采取了对应措施，如品质好但售价不高，销售展厅与休闲定位的匹配，加强销售店的艺术色彩等。

雷诺通过明确的休闲豪华的形象定位，塑造其品牌形象清晰的品牌定位，容易给人们留下深刻的印象。

第四部分　案例使用说明

一、教学目的与用途

该案例涉及营销管理的内容。结合案例对市场定位这一营销理论进行讲解。首先，阐述市场细分的概念及其在经济管理中的重要性。逐步过渡到市场定位这一概念，及其在获取竞争优势中的作用，强调市场细分是市场定位的前提。介绍雷诺汽车在做出清晰的市场定位后，是如何进行营销策略选择的。该案例适用于初学汉语的学员，适用于市场营销课程，难度偏低。

二、案例分析思路

1. 介绍雷诺汽车案例背景资料。

2. 分析雷诺汽车在市场上的优劣势。
3. 讨论雷诺汽车的市场定位策略。
4. 讨论雷诺汽车的品牌形象树立策略。
5. 寻找其他材料探讨进行市场定位的重要性。

三、相关网站链接

"雷诺中国形象定位于休闲豪华",法国中文网,2010年3月24日。
"结构调整重定位解密雷诺中国2009跨越式大发展",北方网,2010年1月13日。
"雷诺汽车的中国故事",http://v.youku.com/v_show/id_XMTI5NzA5NjIw.html。
"定位舒适/休闲雷诺中型车纬度定位解析",《汽车之家》,2010年10月21日。
"不同定位雷诺明年将在华推出五款新车",Che168,2010年9月29日。
"品牌""定位""旗舰店""目标市场选择""品牌定位""定位方法",百度百科。

四、建议课堂计划

建议使用六节课。
第一节课:讲解重要商务词汇与案例背景,进行案例学习准备。
重要商务词汇:品牌、定位、目标市场选择、旗舰店。
第二节课:讲解案例正文,理清案例发展脉络,帮助学生理解案例。
案例讲解内容:
(1)介绍雷诺汽车在市场上的优劣势。
(2)描述雷诺汽车的市场定位策略。
(3)描述雷诺汽车的品牌形象树立策略。
(4)描述雷诺汽车营销策略的效果。
第三~四节课:展开案例分析和讨论。
(1)雷诺汽车面临了哪些竞争?
(2)雷诺汽车为何选择定位休闲豪华?
(3)雷诺汽车在品牌形象树立上有什么特别之处?
(4)雷诺是采取哪些方法来传达自己的形象定位的?
第五~六节课:进行案例总结,布置课后作业,完成案例书面报告。
(1)描述一个你熟知的汽车品牌和其形象定位。
(2)你认为做良好的形象定位需要做哪些前期准备?
(3)你认为可以通过哪些方式来传达自己的形象定位?

市场营销——中韩

Marketing

"竹盐"的市场定位：进军中高端日化市场

第一部分　案例陈述

案例提要

　　LG竹盐牙膏定位于中国高端市场。通过提高产品质量、改变传播策略，并采取"集中营销"的方式，得到了消费者的信赖和认可，为自己争得了一席之地。

关键词语

　　市场定位　LG　高端市场

案例背景

　　LG竹盐牙膏的出品方是北京LG日用化学有限公司。这是由韩国LG集团的母公司——LG生活健康与北京一轻控股集团有限责任公司共同投资成立的合资企业。这家合资企业自1997年底才开始营业，推出LG竹盐牙膏。

　　在当今佳洁士、高露洁称雄的中国牙膏市场，牙膏的竞争非常激烈，LG竹盐牙膏自2001年进入中国市场以来，一直保持30%的业绩增长率。短时间内在北京已经实现了超过10%的市场占有率；在上海、广州等其他大城市，LG竹盐牙膏的市场占有率也已经超过了6%。

案例正文

　　在市场定位上，LG竹盐牙膏从一开始就注意避免与高露洁、佳洁士等强势竞争对手的正面交锋，坚持以高端市场为主；在价格定位上，同样走高端路线，定价比其他品牌高出50%左右。LG的策略是规避直接竞争，创造市场机会，进入中国牙膏市场的高端空白点。

　　LG竹盐牙膏坚持"竹盐"天然健康的独特品质，努力提升产品质量，赢得顾客认可，提升顾客忠诚度。此外，LG竹盐没有采用传统的大众媒体广告策略，而是锁定目标受众群，通过试用等手段给消费者提供体验产品的机会，使顾客认识并理解LG竹盐牙膏的高品质特色，从而对产品产生好感。

在进入中高端市场过程中,竹盐及其竹盐文化无疑是其产品的核心元素。LG 竹盐牙膏选择竹盐作为其独特之处,在消费者心目中建立起天然健康的高品质形象。为维持品牌形象,LG 生活健康专门设立竹盐研究院,对竹盐进行科学、系统的研发,不断提高产品品质。

在市场流通渠道方面,LG 竹盐牙膏也选择了"集中营销"方式。LG 竹盐牙膏主要在北京、上海、广州等城市的大型卖场进行销售,从而有效节约了营销费用,并获得了良好的市场效果。

(改编自"LG 生活健康:以'竹盐'发力中高端日化市场",《中国经营报》,2007 年 7 月 23 日;"LG 强力挺进牙膏市场巨头恶战",《东方早报》,2005 年 1 月 20 日;"LG 竹盐牙膏'大变脸'搅热高端市场",人民网,2004 年 4 月 27 日;"从 LG 牙膏的成功看 LG 生活健康",瑞丽女性网,2008 年 7 月 11 日)

第二部分　案例教学

一、商业专业词汇

1. 市场定位:是指有计划地树立公司产品具有某种理想形象的行为,以便目标市场顾客了解和赏识本公司所宣传的与竞争对手不同的特点。

2. 品牌:是给拥有者带来溢价、产生增值的一种无形的资产,它的载体是用以和其他竞争者的产品或劳务相区分的名称、术语、象征、记号或者设计及其组合。

3. 合资企业:一般指中外合资经营企业,是由中国投资者和外国投资者共同出资、共同经营、共负盈亏、共担风险的企业。外国合营者可以是企业、其他经济组织或个人。中国合营者目前只限于企业、其他经济组织,不包括个人和个体企业。

4. 母公司:是指拥有其他公司一定数额的股份或根据协议,能够控制、支配其他公司的人事、财务、业务等事项的公司。

5. 有限责任公司:是由法律规定的一定人数的股东组织,是股东以其出资额为限对公司债务负有限责任的公司。根据《中华人民共和国公司登记管理条例》规定登记注册,由两个以上、五十个以下的股东共同出资,每个股东以其所认缴的出资额对公司承担有限责任,公司以其全部资产对其债务承担责任的经济组织。

6. 市场占有率:是指一个企业的销售量(或销售额)在市场同类产品中所占的比重,直接反映企业所提供的商品和劳务对消费者和用户的满足程度,表明企业的商品在市场上所处的地位。

7. 广告策略:是指广告策划者在广告信息传播过程中,为实现广告战略目标所采取的对策和应用的方法、手段。

8. 目标顾客(目标受众):指企业的产品或者服务的针对对象,是企业产品的直接购买者或使用者。

9. 集中营销:亦称聚焦营销,是指企业不是面向整体市场,也不是把力量分散使用于若干个细分市场,而只选择一个或少数几个细分市场作为目标市场。资源有限的中小企业多采用这一策略。

二、思考题

(一)根据案例内容回答问题
1. LG 竹盐牙膏定位于什么市场?
2. 你认为 LG 竹盐牙膏在进行市场定位时,考虑了哪些因素?
3. LG 竹盐牙膏在渠道选择方面有何特色?

(二)讨论题
1. 选择一种你所熟悉的产品进行市场定位。
2. 为什么市场定位特别重要?
3. 请说出市场定位的依据?

第三部分　案例分析与总结

一、案例要点:市场定位

市场定位是企业及产品确定在目标市场上所处的位置。通过市场定位,可以塑造公司形象或产品品牌,以便目标市场顾客了解本公司产品,并且区别于竞争对手产品。市场定位与目标市场密不可分,一般来说,企业可根据目标市场上消费者或用户的特征,以及竞争者的产品定位,为自己的产品塑造出与众不同的个性特征,给人以印象深刻的鲜明形象。市场定位需要有效的市场营销组合传递给顾客,影响顾客对该产品的总体感觉。

二、案例总结

LG 竹盐牙膏在中国日化市场保持了较高的增长率,这得益于其出色的差异化市场定位。

面对众多牙膏产品的竞争,LG 公司将"竹盐牙膏"定位于高端产品:在价格上走高价策略;在产品特征上突出天然健康的自然属性,满足消费者的健康需求;在渠道上,采取集中营销策略,先进入北京、上海、广州等大城市。

在同质化严重的国内牙膏市场,"竹盐牙膏"系列产品以区别于竞争者的市场定位获得成功,但随后被竞争者模仿,不少竞争品牌都相继推出了盐效或者盐味牙膏。

第四部分　案例使用说明

一、教学目的与用途

该案例涉及营销管理的内容。结合案例对市场定位这一营销理论进行讲解。首先,阐述市场细分的概念及其在经济管理中的重要性。逐步过渡到市场定位这一概念,及其在获取竞争优势中的作用,强调市场细分是市场定位的前提。介绍LG竹盐在做出清晰的市场定位后,是如何进行营销策略选择的。

二、案例分析思路

1. 介绍LG竹盐牙膏案例背景资料。
2. 分析LG竹盐牙膏在市场上的优劣势。
3. 讨论LG竹盐牙膏的市场定位策略。
4. 讨论LG竹盐牙膏的品牌形象树立策略。
5. 讨论LG竹盐牙膏的"集中营销"策略。
6. 寻找其他材料探讨进行市场定位的重要性。

三、相关网络链接

"LG强力挺进牙膏市场巨头恶战",http://finance.sina.com.cn/roll/20050120/20511310296.shtml。

"LG生活健康:以'竹盐'发力中高端日化市场",http://money.163.com/07/0723/10/3K340GLV00251HJP.html。

"LG竹盐牙膏'大变脸'搅热高端市场",http://www.people.com.cn/GB/jingji/1038/2471912.html。

"从LG牙膏的成功看LG生活健康",http://rihua.prccn.com/。

"市场定位""品牌""合资企业""母公司""有限责任公司""市场占有率""广告策略""目标顾客""集中营销",百度百科。

四、建议课堂计划

建议使用六节课。

第一节课:讲解重要商务词汇与案例背景,进行案例学习准备。

重要商务词汇:市场细分、目标市场选择、市场定位。

第二节课:讲解案例正文,理清案例发展脉络,帮助学生理解案例。

案例讲解内容:

(1)介绍LG竹盐牙膏在市场上的优劣势。

(2)描述LG竹盐牙膏的市场定位策略。

(3)描述LG竹盐牙膏的品牌形象树立策略。

(4)描述LG竹盐牙膏的"集中营销"策略。

第三~四节课:展开案例分析和讨论。

(1)LG竹盐牙膏面临了哪些竞争?

(2)LG竹盐牙膏为何选择定位高端?

(3)LG竹盐牙膏在品牌形象树立上有什么特别之处?

(4)为什么LG竹盐牙膏会选择"集中营销"策略?

(5)如果你是消费者,你在选择购买牙膏时,会考虑哪些因素?

第五～六节课：进行案例总结，布置课后作业，完成案例书面报告。
(1)选择一种你所熟悉的产品进行市场细分。
(2)为什么市场定位特别重要？
(3)请说出市场定位的依据？

韩泰轮胎的品牌策略

第一部分　案例陈述

案例提要

韩泰轮胎两次请郭晶晶作为其代言人，努力塑造其国际高端品牌的形象。跳水女王郭晶晶的国际形象与韩泰轮胎的品牌定位相一致，得到了众多中国消费者的认可。

关键词语

韩泰轮胎　中国市场　品牌策略　广告　品牌形象

案例背景

在20世纪90年代中期，中国轮胎市场仍以本土品牌为主。韩泰轮胎预测中国市场的无限潜能，抢先进入中国，于1996年在嘉兴和江苏建立了工厂。1998年韩胎轮胎建立了中国轮胎研究所，致力于开发适合中国消费者的轮胎。

目前，世界顶级轮胎品牌纷纷进入中国市场。随着中国经济的发展以及消费者购买力的增加，高档轮胎市场越发重要。鉴于这一现状，韩泰轮胎从2008年开始制定了确保长期市场竞争力的品牌策略，并开展新的广告攻势。

案例正文

自从韩泰轮胎提出了向高端市场迈进的品牌策略之后，就一直坚持在这个快速增长且潜力巨大的高端轮胎市场上不断拓展。2009年，韩泰轮胎与郭晶晶再次签下品牌代言合约。这是双方继2008年成功合作后的再次携手。

"郭晶晶锐意进取、力求完美的体育精神，与韩泰轮胎倡导的创新科技和卓越性能相得益彰，"韩泰轮胎中国总部营销沟通部部长许煜说，"2009年，韩泰轮胎仍将致力于拓展高端市场，继续扩大与更多高档汽车品牌、旗舰车型的合作，这一战略目标也与郭晶晶与日俱增的国际形象和影响力不谋而合。"

不容忽视的是，2008年夺得北京奥运会冠军后的郭晶晶，在中国消费者心目中具有强大的号召力。在韩泰轮胎的广告中，郭晶晶驾驶着装有韩泰轮胎的汽车，在路上飞驰，向消费者展现韩泰轮胎的品质和性能。广告内在的寓意是，许多成功的人士选择驾驶配有韩泰轮胎的轿车，在生活中克服各种障碍。韩泰轮胎期待通过这一则广告，让消费者认识、认可韩泰轮胎的高品质，并进一步向消费者传递出这样的信息："韩泰轮胎，值得信赖。"

在轮胎企业的所有的明星代言人中，郭晶晶为韩泰轮胎带来不错的知名度，当然韩泰轮胎也为之花费了巨额的广告费。不管怎样，很多消费者在2008年之后，记住了体育明星郭晶晶代言的韩泰轮胎。但是这种宣传效果能否持久，不仅与代言人本身的声誉和影响力有关，最终还取决于韩泰轮胎的产品质量。

（改编自"郭晶晶代言韩泰K107"，《北京青年报》，2009年3月25日；"跳水皇后－赛后忙代言郭晶晶牵手韩泰轮胎"，网上车市，2009年3月23日；"2008年韩泰轮胎中国宣传广告"，韩泰轮胎官方网站）

第二部分　案例教学

一、商业专业词汇

1. 品牌形象：是指企业或其某个品牌在市场上、在社会公众心中所表现出的个性特征，它体现公众特别是消费者对品牌的评价与认知。

2. 品牌：是给拥有者带来溢价、产生增值的一种无形的资产，它的载体是用以和其他竞争者的产品或劳务相区分的名称、术语、象征、记号或者设计及其组合，增值的源泉来自于消费者心智中形成的关于其载体的印象。

3. 品牌策略：是一系列能够产生品牌积累的企业管理与市场营销方法，包括4P与品牌识别在内的所有要素。主要有：品牌化决策、品牌使用者决策、品牌名称决策、品牌战略决策、品牌再定位决策、品牌延伸策略、品牌更新。

4. 购买力：为一经济学上之术语，顾名思义即是取得收入之后购买货品和服务的能力。购买力反映该时期全社会市场容量的大小，它是指在一定时期内用于购买商品的货币总额。

5. 战略目标：是对企业战略经营活动预期取得的主要成果的期望值。战略目标的设定，同时也是企业宗旨的展开和具体化，是企业宗旨中确认的企业经营目的、社会使命的进一步阐明和界定，也是企业在既定的战略经营领域展开战略经营活动所要达到的水平的具体规定。

二、思考题

（一）根据案例内容回答问题

1. 韩泰轮胎定位于什么市场？
2. 韩泰轮胎为何选择郭晶晶做代言？
3. 郭晶晶的代言效果如何？

（二）讨论题

1. 举出一则你印象深刻的广告，与大家讨论。

2. 请明星代言有哪些好处，有哪些坏处？
3. 你认为一则优秀的广告应当具备哪些要素？

第三部分　案例分析与总结

一、案例要点：品牌策略、广告

品牌策略是企业依据自身状况和市场情况，合理、有效地塑造品牌和运用品牌的策略。品牌策略的目的：一是塑造品牌形象，提高品牌认知和影响力；二是利用有效品牌，创造更高的价值。品牌策略有多种类型：统一品牌策略、个别品牌策略、扩展品牌策略、品牌创新策略等。

广告是为了某种特定的需要，通过一定形式的媒体，公开而广泛地向公众传递信息的宣传手段。广义有广义和狭义之分，广义的广告包括非经济广告和经济广告，非经济广告是不以盈利为目的的广告。狭义广告即商业广告，是以盈利为目的的广告，主要目的是扩大经济效益。

二、案例总结

韩泰轮胎在中国市场的开拓中，选择中国跳水明星、奥运跳水冠军郭晶晶为品牌代言人，塑造高端市场的品牌形象。

一方面广告的主人公郭晶晶，是一名优秀的女跳水运动员，在跳水领域取得多项冠军，这与韩泰将传达的产品高品质形象相一致。

另一方面，郭晶晶不仅为中国消费者熟悉，而且具有良好的个人形象和影响力。2008年奥运会上又赢得金牌，对消费者有较大的影响力，通过她代言韩泰形象，唤起中国广大消费者的兴趣，同时向消费者传达这样的信息：大多数成功的人士都选择通过驾驶配有韩泰轮胎的轿车，在成功的生活中克服各种障碍；韩泰轮胎真的是最好的、性能最可靠的、用户可以消费得起的高品质轮胎。

第四部分　案例使用说明

一、教学目的与用途

该案例涉及品牌策略和广告策略理论。从品牌定位的角度，分析韩泰轮胎的国际高端品牌形象的树立。从广告策略角度，分析选择郭晶晶作为品牌形象代言人，与韩泰轮胎战略目标的契合。结合案例阐述广告的概念及其在市场营销中的重要性，说明广告策略应与产品品牌定位相匹配。通过介绍韩泰轮胎是如何通过广告宣传和塑造品牌形象的，加深学生对相关理论的认识。

二、案例分析思路

1. 探寻韩泰轮胎的战略目标。
2. 分析韩泰轮胎为何选取以上战略目标。
3. 分析跳水女王郭晶晶给人们传达的信息。
4. 讨论郭晶晶的形象与韩泰轮胎的品牌形象树立的契合点。
5. 总结与归纳如何选择适当的广告营销策略。
6. 寻找其他材料探讨不同企业的广告策略。

三、相关网络链接

"郭晶晶代言韩泰 K107",《北京青年报》,2009 年 3 月 25 日,http://www.auto.sohu.com/20090325/n262991437.shtml。

"跳水皇后—赛后忙代言郭晶晶牵手韩泰轮胎",网上车市,2009 年 3 月 23 日,http://auto.163.com/09/0323/07/552U3D77000838QO.html。

"2008 年韩泰轮胎中国宣传广告",韩泰轮胎官方网站,http://www.hankooktire.cn/compmed/ad_2008_1.aspx? pageNum=4&subNum=4&ChildNum=3。

"品牌形象""品牌""品牌策略""购买力""战略目标""广告",百度百科。

四、建议课堂计划

建议使用六节课。

第一节课:讲解重要商务词汇与案例背景,进行案例学习准备。

重要商务词汇:战略目标、品牌策略、广告。

第二节课:讲解案例正文,理清案例发展脉络,帮助学生理解案例。

案例讲解内容:

(1)介绍韩泰轮胎;

(2)描述韩泰轮胎的国际高端品牌定位;

(3)描述韩泰轮胎的战略目标;

(4)了解韩泰轮胎广告所实现的效果。

第三~四节课:展开案例分析和讨论。

(1)韩泰轮胎的战略目标是什么?

(2)韩泰轮胎为何选择郭晶晶作为其形象代言人?

(4)如果你是广告策划者,你如何为韩泰轮胎设计广告?

(5)如果你是消费者,在选择购买产品时,广告会给你带来什么影响?

第五~六节课:进行案例总结,布置课后作业,完成案例书面报告。

(1)举出一则你印象深刻的广告,与大家讨论。

(2)请明星代言有哪些好处,有哪些坏处?

(3)你认为一则优秀的广告应当具备哪些要素?

市场营销——中美

Marketing

宝洁公司：洗发水细分市场策略

第一部分 案例陈述

案例提要

20世纪80年代宝洁公司开始进入中国市场。经过近30年的发展，宝洁公司在洗发水市场已经占据了70%的份额。洗发水市场细分策略是宝洁公司成功的重要法宝。

关键词语

宝洁公司　洗发水　市场细分　策略

案例背景

20世纪80年代，在宝洁公司进入中国洗发水市场以前，中国的洗发水市场没有被细分为不同的目标市场。绝大部分中国消费者在使用功能相似的洗发膏或洗发水。如今经过十几年的发展，中国洗发水市场呈现百花齐放的局面，不仅出现了数百种洗发水品牌，而且每种品牌的功能定位各不相同。宝洁公司想要在激烈的竞争中获得更多的利润，必须针对不同的细分市场，力求在每个细分市场有一定的占有率。

案例正文

1989年，宝洁公司正式进入中国市场后，根据消费者的不同需求划分出了不同的细分市场。宝洁在中国市场上先后推出了多种洗发水品牌，如"海飞丝""飘柔""潘婷"和"沙宣"，都是针对不同的细分市场。其中"海飞丝"定位于去头屑，"飘柔"定位于使头发光滑柔顺，"潘婷"定位于对头发的营养保健，而"沙宣"则定位于美发定型。

为了巩固在这个细分市场上的地位，宝洁在每个品牌下又推出了不同的产品，如"飘柔"，包括有去头屑的、营养护发的、洗护二合一的等好几种产品。"沙宣"带来了专业发廊护理的三大时尚元素：柔顺，亮泽，充满弹性。"海飞丝"则推出了怡神舒爽型（天然薄荷）、滋养护理型（草本精华）、丝质柔滑型（二合一）、洁净呵护型等系列产品。

宝洁公司的知名品牌"潘婷",着力于将自己塑造为"头发的护养专家"。"潘婷"打出的宣传口号是"为消费者带来的是解决所有头发烦恼的全新方案,让每一个人都拥有健康亮泽的头发"。为此,"潘婷"推出了全新深层护养系列,包括丝质顺滑、弹性丰盈、特效修复、清爽洁净去屑四大系列护发、美发产品。"潘婷"的产品中均含有维他命原 B_5 及复合维他命等营养素,用来深入呵护头发,改善发质。这一市场定位赢得了消费者的认可。潘婷品牌被许多消费者视为"头发修复"及"深层护养"专家。

宝洁产品分别满足了不同的消费者需求,因而受到了消费者的青睐。宝洁公司通过细分市场,占领了相当大的市场份额。它的"飘柔"、"海飞丝"、"潘婷"、"沙宣"等产品总共占领了中国洗发水市场近70%的市场份额,在中国洗发水市场中占据绝对优势地位。

(改编自"宝洁的洗发水市场细分策略",《一千零一夜》,2003年3月26日;"宝洁公司洗发水的市场细分与定位",豆丁网;"宝洁公司的市场细分策略",《科技情况开发与经济》,2007年5月)

第二部分　案例教学

一、商业专业词汇

1. 目标市场:是指企业在市场细分之后的若干"子市场"中,所运用的企业营销活动之"矢"而瞄准的市场方向之"的"的优选过程。

2. 市场细分:是指营销者通过市场调研,依据消费者的需要和欲望、购买行为和购买习惯等方面的差异,把某一产品的市场整体划分为若干消费者群的市场分类过程。每一个消费者群就是一个细分市场,每一个细分市场都是具有类似需求倾向的消费者构成的群体。

3. 利润:经济学中的利润概念是指经济利润,等于总收入减去总成本的差额。

4. 销售额:根据《中华人民共和国增值税暂行条例》第六条规定,销售额为纳税人销售货物或者应税劳务向购买方收取的全部价款和价外费用。

5. 市场占有率/市场份额:一个企业的销售量(或销售额)在市场同类产品中所占的比重。市场份额是企业的产品在市场上所占的份额,也就是企业对市场的控制能力。

6. 消费者:指的是个人的目的购买或使用商品和接受服务的社会成员。

7. 需求:是指在一定的时期,在一既定的价格水平下,消费者愿意并且能够购买的商品数量。

二、思考题

(一)根据案例内容回答问题

1. 宝洁公司进入中国后做了怎样的细分市场?
2. 潘婷如何将自己塑造为"头发护理专家"的?
3. 宝洁的市场细分策略取得了怎样的效果?

(二)讨论题

1. 讨论一下在什么样的情况下实行细分市场是最有效的?

2. 你用过宝洁公司的哪些品牌洗发水？谈谈你为什么会选择宝洁公司品牌的洗发水。

第三部分　案例分析与总结

一、案例要点：市场细分策略

市场细分策略是指通过将一个多样化的市场划分为不同的、小规模的细分市场，具有相似特征的顾客群被归类于同一细分市场的方式进行市场分析，从而清晰的识别出不同的细分市场，并在此基础上对环境、竞争形势和自身资源进行分析，真正明确企业的优势和机会所在，选择对其发展最为有利的市场。

宝洁进入中国之后，根据不同的消费需要，划分出不同的市场。在中国市场上曾先后推出了以下几种洗发水："海飞丝""飘柔""潘婷"和"沙宣"。这些产品分别满足了不同消费者的需求，因而受到了消费者的青睐。

二、案例总结

宝洁公司在中国市场的战略是成功的。从案例中可以看出，宝洁公司通过市场细分策略，为不同的细分市场提供不同的产品和不同的品牌，突出各产品/各品牌的差异化定位，并且成功地将这种差异化推销给消费者。比如"海飞丝"定位于去头屑，"飘柔"定位于柔顺等。

针对不同细分市场，每种产品和品牌的定位明确区分，同时配套以不同的营销策略，不断强化在消费者心目中的认知。通过市场细分，宝洁在洗发水市场上取得了较高的市场份额。到目前，宝洁公司还依然在努力发现新的细分市场、开发新的目标市场。

第四部分　案例使用说明

一、教学目的与用途

该案例涉及市场细分理论。从市场营销的角度，探讨宝洁是如何根据消费群体的特点和消费习惯，将市场细分，以寻找准确的产品定位，从而获得中国市场上的优势地位。通过对案例的讲解，让学生了解市场营销中的市场细分与产品定位相关知识。该案例适用于企业市场营销课程，难度偏低。

二、案例分析思路

1. 介绍宝洁公司背景资料。
2. 解释市场细分策略。

3. 讨论宝洁洗发水的市场细分策略。
4. 描述宝洁洗发水的细分市场种类。
5. 讨论宝洁是如何满足细分后的目标市场的产品需求的。
6. 寻找其他材料探讨进行市场细分的重要性。

三、相关网络链接

"宝洁的洗发水市场细分策略",《一千零一夜》,2003年3月26日。

"宝洁公司洗发水的市场细分与定位",豆丁网。

"你知道它们都是宝洁的洗发水吗?",http://v.youku.com/v_show/id_XNzIxMDMwOTY=.html;http://v.ku6.com/show/G6LV9VA6pqhqlvNL.html;http://v.youku.com/v_show/id_XNTE5MzQyNjA=.html。

"目标市场""市场细分""利润""销售额""市场占有率""消费者""需求",百度百科。

四、建议课堂计划

建议使用六节课。

第一节课:讲解重要商务词汇与案例背景,进行案例学习准备。

重要商务词汇:目标市场、市场细分、销售额、市场占有率。

第二节课:讲解案例正文,理清案例发展脉络,帮助学生理解案例。

案例讲解内容:

(1)介绍宝洁公司相关背景资料;
(2)描述宝洁公司的目标市场选择;
(3)描述宝洁公司的市场细分策略;
(4)了解宝洁公司通过市场细分策略达成的效果。

第三~四节课:展开案例分析和讨论。

(1)宝洁公司是怎样选择目标市场的?
(2)宝洁公司为何进行市场细分?
(3)市场细分策略为宝洁带来了哪些好处?
(4)如果你是消费者,你在选择洗发水时有哪些偏好?

第五~六节课:进行案例总结,布置课后作业,完成案例书面报告。

(1)讨论一下在什么样的情况下实行细分市场是最有效的?
(2)你用过宝洁公司的哪些品牌洗发水?谈谈你为什么会选择宝洁公司品牌的洗发水。

玻璃瓶装可口可乐的"小红帽"配送

第一部分 案例陈述

案例提要

随着塑料瓶装饮料的迅速发展,传统的玻璃瓶装饮料的销售面临着困境。可口可乐为促进玻璃瓶装的销售,采用了"小红帽"配送方案。

关键词语

可口可乐　塑料瓶装　玻璃瓶装　小红帽

案例背景

2001年以来,在北京市场上,大部分消费者喝的可口可乐饮料是500~600ML的塑料瓶装饮料。而传统的玻璃瓶装的可口可乐已经不再是主要的销售包装。但是,由于玻璃瓶装可口可乐系列产品进入北京市场较早,所以仍有一批消费群忠诚于它。可口可乐公司也想保留玻璃瓶装产品的销售,但又不愿意花费太多的精力去做营销推广,玻璃瓶装可口可乐面临两难选择。

案例正文

可口可乐公司的饮料日益受到中国消费者的喜爱,并且逐步成为许多家庭的常备饮料。尤其在暑期来临的时候,可口可乐也进入销售旺期。然而,传统的玻璃瓶装可口可乐的销售面临巨大压力。塑料瓶装可口可乐由于大容量、方便携带等特点更受超市和大卖场的青睐,这些厂商并不愿经销玻璃瓶装可口可乐,更不愿将玻璃瓶装与塑胶瓶装一起销售与配送。

2001年5月,北京可口可乐饮料有限公司与《北京青年报》下属的发行站——小红帽报刊发行公司正式签约,开展玻璃瓶装可口可乐饮料的配送服务。如果消费者想喝可口可乐,只要致电小红帽客户服务中心的热线电话:66416666,就可以优惠价格订购整箱玻璃瓶装可口可乐,小红帽投递员将为消费者送货上门。

小红帽报刊发行公司是可口可乐在北京也是在中国的第一家"可口可乐配送到户"的合作伙伴。北京可口可乐饮料有限公司与小红帽开展的此次合作,是首次在全国可口可乐系统中尝试使用物流配送服务。这种尝试有利于开拓可口可乐业务,也可以让消费者享受到更周到、更直接的服务。

(改编自"'小红帽'送可口可乐入户",人民网,2001年5月18日;"本土化营销成就可口可乐",《中国

经营报》,2010年6月6日)

第二部分　案例教学

一、商业专业词汇

1. 直销:按世界直销联盟的定义,直销指以面对面且非定点之方式,销售商品和服务,直销者绕过传统批发商或零售通路,直接从顾客处接收订单。

2. 物流:是指利用现代信息技术和设备,将物品从供应地向接收地准确的、及时的、安全的、保质保量的、门到门的合理化服务模式和先进的服务流程。物流是随商品生产的出现而出现,随商品生产的发展而发展,所以它是一种古老的传统的经济活动。

3. 配送:是指在经济合理区域范围内,根据客户要求,对物品进行拣选、加工、包装、分割、组配等作业,并按时送达指定地点的物流活动。配送是物流中一种特殊的、综合的活动形式,是商流与物流紧密结合,包含了商流活动和物流活动,也包含了物流中若干功能要素的一种形式。

4. 营销推广:是指在以等价交换为特征的市场推销的交易活动中,工商业组织以各种手段向顾客宣传产品,以激发他们的购买欲望和行为,扩大产品销售量的一种经营活动。

5. 营销渠道:是指某种货物或劳务从生产者向消费者移动时,取得这种货物或劳务所有权或帮助转移其所有权的所有企业或个人。简单地说,营销渠道就是商品和服务从生产者向消费者转移过程的具体通道或路径。

二、思考题

(一)根据案例内容回答问题

1. 在塑料瓶装可口可乐流行的时候,玻璃瓶装可口可乐面临着什么样的两难问题?

2. 可口可乐饮料公司为什么不采取直销的方式去卖玻璃瓶装可口可乐,而与小红帽合作,这样做有什么优势?

(二)讨论题

1. 随着市场的发展,塑料瓶装可口可乐是否会完全替代玻璃瓶装可口可乐?瓶装可口可乐会逐渐退出市场吗?

2. 在开发新的销售渠道的时候,如案例中选择小红帽作为合作伙伴,需要考虑哪些因素?

第三部分　案例分析与总结

一、案例要点:可口可乐对于新渠道的开发

在塑料瓶装这种新产品流行的时候,可口可乐公司面临着两难的决定。一方面,公司

不愿完全放弃玻璃瓶装可口可乐,毕竟这也承担着一定的消费群体;另一方面,公司自己直销或者协销都面临着不小的成本。可口可乐公司采取了和《北京青年报》下属的发行站小红帽报刊发行公司合作,开展玻璃瓶装可口可乐饮料配送服务。此举成功的开辟了新的销售渠道,解决了公司所面临的困境。

二、案例总结

玻璃瓶装可口可乐产品系列的主要消费者是一些消费该包装较早的"老"消费者、年纪偏大的"老"消费者以及当场即饮的社区便利型消费者。显而易见,这与可口可乐公司其他产品针对的消费人群是有区别的,例如塑料瓶装可口可乐针对的就主要是较为年轻的消费群体。玻璃瓶装可口可乐的消费群体更多的聚集在一些成熟的"老"社区,他们更多地在这些"老"社区里进行消费。这些"老"社区中的居民有一个最大的特点就是通过看报来了解外界信息。自办的报纸配送体系,能建立消费者与企业产品的沟通和情感的交流。而小红帽公司于1996年7月成立,是《北京青年报》社为转换发行机制、提高发行服务质量而创办的京城首家专业化报刊发行公司,在北京地区家喻户晓。于是,可口可乐公司通过与《北京青年报》的"小红帽"配送体系建立合作关系,针对玻璃瓶装可口可乐的主要消费人群,开发了这一独特的销售渠道。从这个案例中我们得到启示:新渠道建设一定要紧扣目标消费者,要能够体现目标消费者的情感要求。

第四部分　案例使用说明

一、教学目的与用途

该案例涉及渠道选择策略内容。首先,阐述渠道选择策略的概念及其在市场营销中的重要性。说明企业选择何种渠道才能与产品定位相符并尽快取得消费者的认可。介绍可口可乐是如何进行渠道选择的。通过对案例的讲解,让学生了解市场营销中的渠道和促销策略。该案例适用于初学汉语的学员,难度偏低。

二、案例分析思路

1. 介绍可口可乐公司和"小红帽";
2. 分析玻璃瓶装可口可乐遇到的问题;
3. 分析可口可乐与"小红帽"的合作;
4. 讨论可口可乐与"小红帽"合作的好处;
5. 讨论可口可乐的渠道策略给其他企业带来了怎样的启示。

三、相关网络链接

"'小红帽'送可口可乐入户",人民网,2001年5月18日。
"本土化营销成就可口可乐",《中国经营报》,2010年6月6日。

"直销""物流""配送""营销推广""营销渠道",百度百科。

四、建议课堂计划

建议使用六节课。

第一节课:讲解重要商务词汇与案例背景,进行案例学习准备。

重要商务词汇:渠道策略、物流、配送。

第二节课:讲解案例正文,理清案例发展脉络,帮助学生理解案例。

案例讲解内容:

(1)介绍可口可乐公司背景资料;

(2)描述玻璃瓶装可口可乐的营销策略;

(3)描述可口可乐与"小红帽"合作所实现的效果。

第三~四节课:展开案例分析和讨论。

(1)瓶装可口可乐的目标消费者是谁?

(2)这些目标消费者有什么特点?

(3)可口可乐为何要与"小红帽"合作?

(4)此项合作给可口可乐带来了哪些好处?

(5)如果你是消费者,你主要通过何种渠道购买可口可乐?

第五~六节课:进行案例总结,布置课后作业,完成案例书面报告。

(1)随着市场的发展,塑料瓶装可口可乐是否会完全替代玻璃瓶装可口可乐,玻璃瓶装可口可乐会逐渐退出市场吗?

(2)在开发新的销售渠道的时候,如案例中选择"小红帽"作为合作伙伴,需要考虑哪些因素?

市场营销——中日

Marketing

立邦漆的中国龙广告

第一部分　案例陈述

案例提要

2004年,立邦漆的中国龙创意广告"龙篇",引发了人们对于广告创意的争论。由于该广告触碰到中国的文化禁忌,最后因为中国人的反感和抵触而不得不被撤销。立邦漆公司也发表了道歉声明。

关键词语

立邦漆　广告　中国龙

案例背景

立邦是一家有100余年历史的日资涂料公司。1992年,立邦在上海浦东建立起一家独资厂——立邦涂料(中国)有限公司。自进入中国市场以来,立邦漆一直保持了高速的增长,在中国涂料市场占有重要地位。然而在2004年,立邦漆的一则广告却引发了中国消费者的广泛争议。

案例正文

2004年9月,《国际广告》杂志第48页上刊登了一则名叫"龙篇"的立邦漆广告作品。广告创意是这样的:画面上有一个中国古典式的亭子,亭子的两根立柱上各盘着一条龙,左立柱色彩黯淡,但龙紧紧攀附在柱子上;右立柱色彩光鲜,龙却跌落到地上。画面旁边附有对作品的介绍,大致内容是:右立柱因为涂抹了立邦漆而柱面光滑,使盘龙都滑了下来。立邦漆的想法是:通过描绘龙的滑落,以此来体现立邦漆的光泽和滑润。

然而令立邦公司始料不及的是,这则广告创意却掀起了轩然大波。因为在我国的文化中,龙是中国的图腾,在一定意义上是中华民族的象征。广告一旦忽略了地区文化特色,就可能触碰文化禁忌,使受众感到不舒服甚至产生厌恶。立邦漆的这则"龙的滑落"的广告,被许多消费者认为是对中国文化的不尊重,从而引起人们对于这则广告的反感,最终波及产品销售和企业形象。

与"龙篇"相类似的还有丰田公司汽车的"石狮"广告和"丰田陆地巡洋舰"广告。丰田汽车的石狮广告刊登在《汽车之友》第12期杂志上：一辆霸道品牌的汽车停在两只石狮子之前，其中一只石狮子抬起右爪做敬礼状，另一只石狮子向下俯首，配图的广告语为"霸道，你不得不尊敬"。"丰田陆地巡洋舰"的广告是：该汽车在雪山高原上以钢索拖拉一辆绿色的中国国产大卡车。这两则广告都曾引起不小的波澜。

广告除了传达信息，更重要的是要从情感和心理上引发消费者的共鸣，这就需要对各个国家的传统文化有一个深刻的理解，否则会适得其反。事后立邦公司向消费者道歉，以求消除消费者的不满。

(改编自"立邦漆广告侮辱'中国龙'形象引起轩然大波"，新浪报道，2004年9月，http://news.sina.com.cn/s/2004-09-24/16123761507s.shtml；"立邦漆广告创意风波借用龙滑落侮辱民族文化"，网易报道，2004年9月，http://biz.163.com/40929/1/11EPBOBI00020QC3.html)

第二部分 案例教学

一、商业专业词汇

1. 广告：是为了某种特定的需要，通过一定形式的媒体，公开而广泛地向公众传递信息的宣传手段。广告有广义和狭义之分，广义广告包括非经济广告和经济广告。非经济广告指不以盈利为目的的广告。狭义广告仅指经济广告，又称商业广告，是指以盈利为目的的广告，通常是商品生产者、经营者和消费者之间沟通信息的重要手段，或企业占领市场、推销产品、提供劳务的重要形式，主要目的是扩大经济效益。

2. 外商独资企业：指外国的公司、企业、其他经济组织或者个人，依照中国法律在中国境内设立的全部资本由外国投资者投资的企业。根据《外资企业法》的规定，设立外资企业必须有利于我国国民经济的发展，并应至少符合下列一项条件：采用国际先进技术和设备的；产品全部或者大部分出口的。外资企业的组织形式一般为有限责任公司，也可以说是一人有限公司。但不包括外国的公司、企业、其他经济组织设在中国的分支机构，如分公司、办事处、代表处等。

二、思考题

(一)根据案例内容回答问题
1. 立邦漆的广告创意违背了什么原则？
2. 在中国文化里，龙有哪些内涵？
3. 立邦漆事件和丰田事件有什么相同之处？

(二)讨论题
1. 讨论一下你熟悉的国家文化禁忌有哪些？
2. 在进行创意广告发布之前应充分考虑哪些因素？

3. 立邦漆可以采取哪些方式应对这场广告引发的危机？

第三部分　案例分析与总结

一、案例要点：文化差异

文化反映了特定环境中的人所形成的共同心理特征和思维方式。不同地区、不同国家的文化差异很大。在商业活动中，当在不同地区开展经营活动时，必须注意当地文化的特征，要认真对待母国与东道国的文化差异，尊重东道国的文化，才能赢得当地消费者的认可。

二、案例总结

立邦漆的"龙篇"广告意图通过龙的滑落来体现立邦漆的光泽和滑润，却引发对于文化差异的思考和争论。这是因为龙在中国文化中是非常神圣的，甚至在某种程度上是中华民族的象征。

龙的滑落对中国消费者来说，从心理上难以接受，这不符合中国人对龙的敬仰，从而引发不满。此外丰田公司的石狮广告也触碰了文化禁忌，引起消费者的不满。从案例中得到的启示是，企业的产品推广和广告宣传一定要尊重当地的文化。

第四部分　案例使用说明

一、教学目的与用途

通过本案例的学习，可以让学生对企业产品营销过程中的文化因素加以重视；理解广告策略的相关理论知识。

二、案例分析思路

1. 介绍立邦漆公司；
2. 描述龙篇广告创意；
3. 讨论立邦漆的失误；
4. 了解丰田车的两则广告；
5. 讨论本案例对其他企业的启示；
6. 理解文化因素对广告的影响。

三、相关网络链接

立邦漆官方网站，http://www.nipponpaint.com.cn/web/index.jsp。

"立邦漆广告侮辱'中国龙'形象引起轩然大波",新浪报道,2004年9月,http://news.sina.com.cn/s/2004-09-24/16123761507s.shtml。

"立邦漆广告创意风波借用龙滑落侮辱民族文化",网易报道,2004年9月,http://biz.163.com/40929/1/11EPBOBI00020QC3.html。

"广告""外商独资企业""文化差异",百度百科。

四、建议课堂计划

建议使用六节课。

第一节课:讲解重要商务词汇与案例背景,进行案例学习准备。

重要商务词汇:文化差异、创意广告。

第二节课:讲解案例正文,理清案例发展脉络,帮助学生理解案例。

案例讲解内容:

(1)介绍立邦漆公司;

(2)介绍立邦漆的这则广告;

(3)描述立邦漆的这则广告违背了中国什么传统文化;

(4)了解中国龙之外的另外两则广告违背了中国什么传统文化。

第三~四节课:展开案例分析和讨论。

(1)立邦漆的广告创意违背了什么原则?

(2)在中国文化里,龙有哪些内涵?

(3)立邦漆事件和丰田事件有什么相同之处?

第五~六节课:进行案例总结,布置课后作业,完成案例书面报告。

(1)讨论一下你熟悉的国家文化禁忌有哪些?

(2)在进行创意广告发布之前应充分考虑哪些因素?

(3)立邦漆可以采取哪些方式应对这场广告引发的危机?

索爱的产品策略与价格策略

第一部分 案例陈述

案例提要

索尼爱立信手机于2002年进入市场。当时手机行业正处于国外大品牌大行其道、国产品牌即将崛起之时,但索爱手机一度陷入亏损状态。2003年,索爱手机通过细分高、中、低端市场,设置了不同的产品与价格策略,才逐渐扭转亏损局面。这一策略使索尼爱立信手机不仅提高了市场占有率,并且获取了较高的收益。

关键词语

索爱　产品策略　价格策略

案例背景

2001年10月,爱立信公司与索尼公司合并成立了索尼爱立信公司(以下简称"索爱公司")。这次合并被业界一致看好,但索爱却连续15个月处于亏损状态。2003年,正当大家对索爱失去信心时,它却奇迹般地复活。2004年以来,虽然中国整个手机业市场处于跌宕起伏的状态,索爱手机销售业绩却在步步攀升。

案例正文

索尼爱立信公司成立之初,决定将索爱手机定位于中高端市场,所以采取了高价入市的策略。每款索爱手机的定价通常为2 000~4 000元人民币不等。目标人群是商务人士及追求时尚且有购买力的年轻人。

借助品牌影响力,索爱手机在中高端市场上站稳了脚跟,但也因此忽略了规模庞大的低端市场。2001年以来,中国手机市场的规模日趋扩大。对于大规模的中低端用户来说,产品功能、款式、服务虽然重要,但价格依旧是决定大多数消费者是否购买该款手机的决定性因素。索爱手机虽然在高端市场上有一定的地位,但在整个手机市场上的占有率却不断下滑。

为此,索爱公司决定重新调整产品系列和定价策略。索爱公司根据大部分消费者的消费能力,相应地在中国市场上推出了一些中低端手机。产品系列日趋丰富,定价也更加灵活。

由索爱手机的价位与功能来看,1 500元以下的低端手机多为入门机,突出手机的一般功能。2 000元左右的中端机型多强调娱乐性,突出可拍照功能和音乐播放功能。2 000元以上的中高端手机则强调智能性。尤其是3 000元以上的高端智能手机系列,功能强大,外形独特,借以吸引消费者的目光。此外,索爱还针对细分市场推出商务手机、游戏手机等。

通过产品与价格策略的调整,索爱手机在稳定中高端市场的同时,也开拓了低端市场。索爱手机在定价时,各产品系列之间保持了合理的价格间距。这一价格间距既考虑到了各系列手机的成本差异,也考虑到了消费者对不同特点、功能、外观的评价和竞争产品的价格。新策略使索爱手机全面涵盖高、中、低端各个档次的市场,从而为公司带来了更高的市场份额。

(改编自"索尼爱立信手机在中国市场的营销策略的研究",2009年,顾晓琳;"市场营销中的价格策略",《经济视角》,2009年,杜伟)

第二部分　案例教学

一、商业专业词汇

1. 市场份额：指一个企业的销售量（或销售额）在市场同类产品中所占的比重，直接反映企业所提供的商品和劳务对消费者和用户的满足程度，表明企业的商品在市场上所处的地位。市场份额越高，表明企业经营、竞争能力越强。

2. 市场需求：指一定的顾客在一定的地区、一定的时间、一定的市场营销环境和一定的市场营销方案下对某种商品或服务愿意而且能够购买的数量。市场需求是消费者需求的总和。

3. 合并：是指两家以上的公司依法令及契约归并为一个公司的行为。公司合并包括吸收合并和新设合并两种形式。

4. 价格策略：指企业在充分考虑影响企业定价的内外部因素的基础上，为达到企业预定的定价目标而采取的定价方式。

5. 品牌知名度：是指潜在购买者认识到或记起某一品牌是某类产品的能力。它涉及产品类别与品牌的联系。

6. 产品策略：是指企业制定经营战略时，首先要明确企业能提供什么样的产品和服务去满足消费者的要求，也就是要解决产品策略问题。

二、思考题

（一）根据案例内容回答问题

1. 索爱公司提供了哪些产品？分别针对哪些人群？
2. 为什么索爱手机在中国市场要从中高端定位转向低、中、高全面覆盖的定位？
3. 索爱手机在确定价格间距时考虑了哪些因素？

（二）讨论题

1. 请讨论一下，企业制定价格策略需要考虑的因素有哪些？
2. 不同的消费群体有怎样的消费特征，企业制定产品策略时应考虑哪些因素？
3. 试阐述索爱在中国市场的成功为通信及相关行业带来了哪些思考和借鉴之处？

第三部分　案例分析与总结

一、案例要点：价格策略

企业通过对顾客需求的估量和成本分析，选择一种能吸引顾客的定价策略。具体方法有：(1)新加入者的渗透稳定策略；(2)组合产品的价格策略；(3)差别价格策略。案例中即为第三种差别价格策略，对不同的目标市场、不同顾客群、不同的时段采取不同价格，即对不同市场区隔，用不同的价格，以获取更多的销售量。

二、案例总结

21世纪初，国内整个手机业跌宕起伏，索尼爱立信手机的销量也不被大家看好，然而在2004年，索爱通过合理的产品策略和价格策略，加强了对中低端消费者的吸引。在越来越个性化和多样化的国内手机消费者面前，索尼爱立信通过其细分的市场价格策略从众多手机品牌中脱颖而出，在短短几年时间里，不论是公司品牌、产品知名度、美誉度，还是产量的增长，都有了很大的提高。

第四部分　**案例使用说明**

一、教学目的与用途

通过本案例的学习，可以让同学们对于企业战略中的"价格策略"、"产品策略"有一定的了解。

二、案例分析思路

1. 介绍索爱公司及索爱手机产品。
2. 描述索爱公司最初的策略及策略的调整。
3. 详细分析索爱公司如何调整策略。
4. 讨论索爱手机在定价时考虑的因素。
5. 讨论索爱产品策略和价格策略的启示。

三、案例教学支持

索爱官方网站，http://www.sonyericsson.com/cws/cws/home? cc＝cn＆lc＝zh。
"索尼爱立信手机在中国市场的营销策略的研究"，2009年，顾晓琳。
"市场营销中的价格策略"，《经济视角》，2009年，杜伟。

"浅谈市场营销中价格策略的教学",《现代企业教育》,2010年。
"市场份额""市场需求""合并""价格策略""品牌知名度""产品策略",百度百科。

四、建议课堂计划

建议使用六节课。
第一节课:讲解重要商务词汇与案例背景,进行案例学习准备。
重要商务词汇:价格策略、产品策略。
第二节课:讲解案例正文,理清案例发展脉络,帮助学生理解案例。
案例讲解内容:
(1)介绍索爱公司;
(2)描述索爱公司的产品策略和价格调整;
(3)了解索爱公司的策略调整所达到的效果。
第三～四节课:展开案例分析和讨论。
(1)索爱公司为何要进行产品和价格调整?
(2)索爱提供了哪些产品?分别针对哪些人群?
(3)为什么索爱在中国市场从中高端定位转向低、中、高全面覆盖的定位?
(4)索爱手机在定价时考虑了哪些因素?
(5)作为消费者,你可能购买的价格区间是多少?
第五～六节课:进行案例总结,布置课后作业,完成案例书面报告。
(1)请讨论一下,企业制定价格策略需要考虑的因素有哪些?
(2)不同的消费群体有怎样的消费特征,企业选择产品策略时要注意什么?
(3)试阐述索爱在中国市场的成功为通信及相关行业带来了哪些思考和借鉴之处?

市场营销——中澳
Marketing

金羊毛标志在中国的推广

第一部分 案例陈述

案例提要

2010年10月21日,澳大利亚羊毛发展公司AWI正式在中国推出全球羊毛行业的至尊标志——金羊毛标志(WOOLMARK GOLD)。为了让中国消费者了解金羊毛标志,并且有更生动和客观的体验,AWI公司与"第一财经"频道(CBN)合作,制作了一档为期9周的专题纪录片——《主角·完美绅士》。

关键词语

AWI 金羊毛标志 第一财经 完美绅士

案例背景

纯羊毛标志(WOOLMARK)是全球最著名的纺织纤维商标之一,自1964年推出以来,一直是全世界公认的高品质羊毛产品标志,目前已在全球130个国家取得注册登记。纯羊毛标志作为澳大利亚十大贸易品牌之一,在世界上享有77%的品牌认知度,也日益被中国消费者认可并信赖。但是最高级的羊毛标志——金羊毛标志(WOOLMARK GOLD),在中国市场刚刚推出。如何让中国消费者认识金羊毛标志?澳大利亚羊毛发展公司(AWI)颇费心思。

案例正文

纯羊毛标志代表了羊毛类产品的品质保证,金羊毛标志则代表了最高级的羊毛品质。2010年10月21日,澳大利亚羊毛发展公司(AWI)正式在中国推出全球羊毛行业的至尊标志——金羊毛标志(WOOLMARK GOLD),并明确了金羊毛标志产品严格的准入条件:以澳大利亚超细美丽诺羊毛①为原料,在符合环保标准的工厂以科学工艺进行后加工处理,设计织造出的具有时尚潮流风格并适用于各类场合和用途的羊毛面料。

为了让中国消费者了解金羊毛标志,也为了给消费者更生动和客观的体验,AWI 公司与"第一财经"频道②(CBN)达成了为期6个月的合作,制作了一档为期9周的专题纪录片——《主角·完美绅士》。这一专题节目邀请知名学者曹景行先生担纲主持人,跨越亚洲、澳洲、欧洲进行节目的拍摄,其中95%以上的内容在澳大利亚、英国、意大利拍摄,历时1个月完成。

整档节目以旅行见闻的方式,走访了各国的羊毛企业和面料生产商,记录羊毛从纺织原料到完成世界顶级面料生产的全过程。通过向观众介绍不同厂商和羊毛特征,向观众展示金羊毛标志的理念和品质。比如,金羊毛标志对环保很重视,在纪录片中也可以看到这一点,纪录片镜头展示:金羊毛标志的产品在循环洗涤的过程中要保证水源永远纯净。

《主角·完美绅士》系列节目于2010年11月7日起,每周六黄金档在"第一财经"频道播出。节目将遵循以下原则:向消费者展现顶级羊毛——顶级面料——顶级成衣定制的脉络,带领观众了解一件真正高级定制成衣诞生的过程,同时让消费者了解"金羊毛(WOOLMARK GOLD)"标志的可贵品质。

(改编自"澳大利亚羊毛发展公司 AWI 在中国推出 WOOLMARK GOLD 金羊毛标志",中新上海网,2010年10月22日;"从顶级羊毛到完美绅士",《中国纺织报》,2010年11月1日;"AWI 通过第一财经在中国领先推出'金羊毛标志'",《中国纺织经济信息网》,2010年11月24日)

第二部分　案例教学

一、商业专业词汇

1. 品牌认知度(Brand Awareness):是品牌资产的重要组成部分,是衡量消费者对品牌内涵及价值的认识和理解度的标准。品牌认知是公司竞争力的一种体现,有时会成为一种核心竞争力,特别是在大众消费品市场,竞争对手间提供的产品和服务的品质差别不大,这时消费者会倾向于根据品牌的熟悉程度来决定购买行为。

2. 品质:即物品的质量。产品品质是指产品所具备的一种或几种为达到客户满意所具备的固有特性。

3. 准入:就是标准,在本文中指的是金羊毛标志产品的标准体系。这是一道进入市场的门槛,确定了金羊毛产品与其他羊毛产品的差别。

4. 品牌推广:所谓品牌推广,是指企业塑造自身及产品品牌形象,使广大消费者广泛认同的系列活动和过程。品牌推广有两个重要任务:一是树立良好的企业和产品形象,提高品牌知名度、美誉度和特色度;二是最终要将有相应品牌名称的产品销售出去。

---

① 美丽诺羊毛,澳洲国宝级特产,产于一种名叫美丽诺的绵羊,其纤维格外细致,制成的产品细致、柔软、体贴、舒适,是所有羊毛产品中的上品。

② 第一财经(CBN):是中国最具影响力、品种最完整的财经媒体集团之一,致力于为中国广大投资者和商界、经济界人士,以及全球华人经济圈提供实时、严谨、高质的财经新闻。

二、思考题

(一)根据案例内容回答问题

1. AWI为什么通过拍摄纪录片来推广金羊毛标志?
2. 消费者认可金羊毛标志,会给AWI带来什么好处?

(二)讨论题

1. 你认为AWI为什么会选择与"第一财经"频道合作?
2. 试分析以专题纪录片形式推广品牌的利弊。
3. 你认为企业应如何推广消费者认知度不高的品牌?

第三部分　案例分析与总结

一、案例要点:品牌推广

品牌推广是指企业塑造自身及产品品牌形象,使广大消费者广泛认同的系列活动和过程。品牌推广是品牌树立、维护过程中的重要环节,它包括传播计划及执行、品牌跟踪与评估等。品牌创意再好,没有强有力的推广执行作支撑也不能成为强势品牌,而且品牌推广强调一致性,在执行过程中的各个细节都要统一。

二、案例总结

如何让更多的消费者了解、认可企业品牌或产品,是企业进入市场初期或推出新品牌、新产品时最关心的问题。目前,广告传媒宣传是应用最广泛的推广方式,它也是让消费者迅速认知品牌或产品的最有效途径之一。

理性的消费者要求接收的不仅仅是广告,更是更可信、更实用、更有价值的消费顾问和解决方案;企业需要传播的也不仅仅是广告,而是一种理念、知识、体验,需要更精准、更有效、更能促进销售的传播效果。AWI公司与通过拍摄专题纪录片方式,带领观众体验高级定制成衣诞生的过程,同时传达"金羊毛(WOOLMARK GOLD)"标志的可贵品质。在合作频道、主持人及播放时段上,AWI的选择同样契合了金羊毛标志的品牌理念。

第四部分　案例使用说明

一、教学目的与用途

该案例涉及品牌推广和传媒宣传的理论。讲述澳大利亚羊毛发展公司AWI通过与"第一财经"频道合作,拍摄纪录片来推广其品牌——"金羊毛(WOOLMARK GOLD)"标志,反映AWI公司在传媒宣传方式、合作频道、主持人及播放时段的选择上,都契合其品牌理念。通过案例的讲解,让学生们对品牌推广和传媒宣传有新的认识。该案例适用于初级汉语的学员,适用于商务汉语案例课程,难度偏低。

二、案例分析思路

1. 了解金羊毛标志的理念与品质。
2. 分析 AWI 公司如何推广金羊毛标志。
3. 分析 AWI 如何展示金羊毛标志的理念和品质。
4. 讨论 AWI 公司与"第一财经"频道合作的原因。
5. 总结归纳企业利用传媒宣传推广品牌时应注意的问题。

三、相关网络链接

"澳大利亚羊毛发展公司 AWI 在中国推出 WOOLMARK GOLD 金羊毛标志",中新上海网,2010 年 10 月 22 日。

"从顶级羊毛到完美绅士",《中国纺织报》,2010 年 11 月 1 日。

"AWI 通过第一财经在中国领先推出'金羊毛标志'",中国纺织经济信息网,2010 年 11 月 24 日。

"品牌认知度""品质""准入""品牌推广",百度百科。

四、建议课堂计划

建议使用六节课。

第一节课:讲解重要商务词汇与案例背景,进行案例学习准备。

重要商务词汇:品牌认知度、品牌推广。

第二节课:讲解案例正文,理清案例发展脉络,帮助学生理解案例。

案例讲解内容:

(1)介绍 AWI 公司及金羊毛标志的相关背景资料;

(2)了解金羊毛标志的理念与品质;

(3)描述 AWI 公司推广金羊毛标志的方式;

(4)了解 AWI 公司在传媒宣传各方面(如合作频道、宣传方式、播放时段等)的选择。

第三~四节课:展开案例分析和讨论。

(1)AWI 为何通过拍摄纪录片来推广金羊毛标志?

(2)AWI 选择与"第一财经"频道合作的原因?

(3)消费者认可金羊毛标志,会给 AWI 带来什么好处?

(4)试举出让你影响深刻的利用传媒宣传推广品牌的例子,并说明印象深刻的原因。

(5)企业利用传媒宣传推广品牌时应注意什么问题?

第五~六节课:进行案例总结,布置课后作业,完成案例书面报告。

(1)试分析以专题纪录片形式推广品牌的利弊。

(2)你认为企业应如何推广消费者认知度不高的品牌?

Quiksilver 的品牌精神与企业文化

第一部分　案例陈述

案例提要

Quiksilver 倡导"勇于创新、充满自信、善于寻找乐趣、不断进步以及乐于冒险"的品牌精神。随意穿着的员工，轻松的工作环境，Quiksilver 不拘一格的企业文化与品牌文化相融合，体现了其不断打破极限、挑战传统的品牌精神。

关键词语

Quiksilver　品牌精神　企业文化

案例背景

全球冲浪爱好者几乎都知道 Quiksilver 的名字，这个品牌是由澳大利亚冲浪运动员艾伦·格林(Alan Green)和约翰·劳(John Law)创立的。在过去 40 年间，Quiksilver 的品牌产品还延伸到了所有板类运动——滑板、滑雪，不仅令很多世界级运动员成为其粉丝，即使是普通的爱好者，也能从它的服饰品牌中找到极限运动的感觉。Quiksilver 是如何向消费者传达这种感觉的呢？

案例正文

Quiksilver 品牌于 1969 年创立于澳大利亚，目前已发展成为世界著名的板类服饰品牌。Quiksilver 极力倡导"勇于创新、充满自信、善于寻找乐趣、不断进步以及乐于冒险"的品牌精神，并且这种精神已深深融入企业文化中。

穿着短裤背心、拖鞋，或是身着破洞褴褛的 T 恤牛仔的员工，在 Quiksilver 的办公室里时常可见。Quiksilver 亚洲贸易(上海)公司提倡有一个兄弟姐妹般的工作环境，崇尚友爱、环保、健康，部门间、同事间的关系非常友好。

公司特地选在桃江路这个有灵气的时尚创意区域，办公室的风格就像酒吧沙龙一样，既有热烈的红色，也有宁静的幽竹。而且公司在会议室还安放了一个桌上足球，每天中午不同部门间会组队相互比赛，在紧张的工作之余能让人放松心情。

公司还在着手开始实施员工职业生涯计划，这样可以让员工在公司有更长远的发展，并能对公司产生归属感。公司认为，产品锁定 35 岁以下的目标人群，但员工在这里可是越老越有价值。

Quiksilver 品牌的发展前景很被看好,国内全民体育的趋势为其带来了巨大商机。北京奥运也一定会带来体育用品的销售热潮。但更重要的是,中国人正在把运动变成一种生活方式。Quiksilver 品牌更是通过企业文化打动了越来越多的年轻人,因为从 Quiksilver 品牌所宣扬的企业文化上,他们可以感受到活力、热情、关爱、自信和健康。

(改编自"Quiksilver 打造雇主品牌",中国服装网,2007 年 11 月 28 日)

第二部分　案例教学

一、商业专业词汇

1. 品牌精神:指在消费者认知中,品牌所代表、蕴涵的意义、象征、个性、情感、品位等综合文化因素的总和。
2. 职业生涯:指一个人的职业经历,它是一个人一生中所有与职业相联系的行为与活动,以及相关的态度、价值观、愿望等连续性经历的过程,也是一个人一生中职业、职位的变迁及工作、理想的实现过程。
3. 企业文化:是企业在生产经营实践中逐步形成的,为全体员工所认同并遵守的带有本组织特点的使命、愿景、宗旨、精神、价值观和经营理念,以及这些理念在生产经营实践、管理制度、员工行为方式与企业对外形象的体现的总和。

二、思考题

(一)根据案例内容回答问题
1. 员工穿着随意,工作环境轻松自在,体现了 Quiksilver 什么样的企业文化?
2. Quiksilver 的企业文化与其品牌精神有哪些共通之处?

(二)讨论题
1. 请你谈谈品牌文化与企业文化的关系。
2. 如何通过建立企业文化来打造企业品牌?
3. 你认为品牌对企业文化有什么影响?

第三部分　案例分析与总结

一、案例要点:企业文化、品牌精神

企业文化(Corporate Culture)是一个企业的价值观、信念、仪式、符号、处事方式等文化表现的统称。企业文化反映了企业管理者及员工所共同拥有的价值观念、职业素养、行为规范和行为准则,企业文化的形成,受特定的经济条件、社会文化和企业的管理实践的影响。

品牌形象反映了消费者对企业或产品的认知。品牌是用于识别产品或服务的标识、形象等,它是给拥有者带来溢价、产生增值的一种无形的资产。企业品牌传达的是企业的经营理念、企业文化、企业价值观念及对消费者的态度等。

企业文化与品牌形象之间有着密切的联系。企业文化是品牌形象的灵魂,而品牌形象又往往是企业文化的外在表现。

二、案例总结

企业文化是企业经营理念的展现,品牌形象则是企业进入市场的手段。在当前市场竞争异常激烈的环境下,企业的生存和发展都离不开企业品牌形象的塑造。加强企业文化建设无疑是打造企业品牌的重要手段和有效途径。

Quiksilver通过建设企业文化来宣扬企业品牌。由于Quiksilver倡导的是"勇于创新、充满自信、善于寻找乐趣、不断进步以及乐于冒险"的品牌精神,所以Quiksilver的企业文化也体现了一种轻松、自由的氛围,展现公司为员工的关爱。这两种特征相得益彰。

建设企业文化为打造卓越企业品牌提供强有力的依托。将企业经营活动中形成的理念转化为有效的企业品牌,进而促进无形的企业文化勃勃成长,同时把这种无形的东西传递给社会公众,使更多的人了解和认同企业,塑造形象品牌。

第四部分 案例使用说明

一、教学目的与用途

该案例涉及企业文化和品牌精神的理论。讲述Quiksilver将品牌精神融入其企业文化,同时,企业文化的建设又影响着品牌文化,有助于品牌的塑造。通过案例的讲解,让学生对企业文化与企业品牌有新的认识。该案例适用于初级汉语的学员,适用于商务汉语案例课程,难度偏低。

二、案例分析思路

1. 了解Quiksilver的品牌精神。
2. 分析Quiksilver如何将品牌精神融入企业文化。
3. 分析Quiksilver不拘一格的企业文化对其品牌塑造有何好处?
4. 讨论全民体育的趋势将为Quiksilver带来何商机?应如何把握此商机?
5. 总结与归纳你所知道的关于企业文化与品牌建设结合的例子。

三、相关网络链接

"Quiksilver打造雇主品牌",中国服装网,2007年11月28日。
"品牌精神""职业生涯""企业文化",百度百科。

四、建议课堂计划

建议使用六节课。

第一节课:讲解重要商务词汇与案例背景,进行案例学习准备。

重要商务词汇:企业文化、品牌精神。

第二节课:讲解案例正文,理清案例发展脉络,帮助学生理解案例。

案例讲解内容:

(1)介绍 Quiksilver 的相关背景资料;

(2)了解 Quiksilver 的品牌精神;

(3)描述 Quiksilver 体现品牌精神的企业文化;

(4)了解 Quiksilver 品牌的发展前景。

第三~四节课:展开案例分析和讨论。

(1)员工穿着随意,工作环境轻松自在,体现了 Quiksilver 怎样的企业文化?

(2)Quiksilver 的企业文化与其品牌精神有哪些共通之处?

(3)Quiksilver 不拘一格的企业文化对其品牌塑造有何好处?

(4)全民体育的趋势将为 Quiksilver 带来何商机?应如何把握此商机?

(5)品牌文化与企业文化有何联系?

第五~六节课:进行案例总结,布置课后作业,完成案例书面报告。

(1)如何通过建立企业文化来打造企业品牌?

(2)你认为品牌对企业文化有什么影响?

市场营销——中俄

Marketing

俄罗斯 Saimaa 饮料的绿色食品

第一部分 案例陈述

案例提要

俄罗斯 Saimaa 饮料公司打着绿色食品的招牌进入了中国。为了拓展中国市场,Saimaa 饮料采取了以下措施:一是向消费者传达其质量生产和绿色理念;二是强调质量认证工作;三是建立了先进的采集网络和物流运输系统。

关键词语

俄罗斯　Saimaa　绿色食品　细分市场

案例背景

随着中国经济的发展和人们生活水平的提高,对食品饮料的质量要求越来越高。不仅在卫生上提出了更多的要求,更追求纯天然绿色有机食品。对绿色高质量食品的追求成为饮料食品行业的新亮点,俄罗斯 Saimaa 饮料正是看好了这块市场,打着绿色纯天然食品的招牌开始进入中国。

案例正文

俄罗斯 Saimaa 饮料公司是一家俄罗斯和芬兰合资的企业,在俄罗斯饮料市场占据着主导地位。随着中国市场吸引力的不断提高,俄罗斯 Saimaa 饮料公司开始进入中国市场。

中国饮料市场的竞争非常激烈,既有来自欧美等国家的大型饮料企业和全球知名品牌,也有来自本土的企业或品牌。Saimaa 饮料公司想在中国打开市场,也不是一件容易的事。Saimaa 饮料公司通过调查研究,认为中国消费者的绿色意识不断提高,所以选择打"绿色"招牌来吸引客户。

首先,Saimaa 饮料公司重视向消费者传达其质量生产和绿色理念,致力于向消费者提供高质量的有机天然食品。比如,Saimaa 饮料公司同相关科研机构建立了长期合作关系,与莫斯科国立大学食品生物学实验室一起进行新品开发，建立先进的电子浆果清洁系统、冷冻设备和包装技术，从浆果采集——生产过程——最终产品进行全过程质量监控。

其次，Saimaa 饮料公司强调质量认证工作。2006 年秋，Saimaa 饮料公司通过了德国 BCS 质量认证，其产品从采集—运输储藏—加工处理—最终产品，均符合欧盟有机农业 EU2092/91 规则和美国农业部国家有机工程标准（USDA/NOP - FINAL RULE）。目前公司的产品已获得"100％有机物"或"纯有机物"商标。

再次，Saimaa 饮料公司建立了先进的采集网络和物流运输系统。Saimaa 饮料公司从摩尔漫斯克（MURMANSK）、沃洛格达（VOLOGDA）、科斯特罗马（KOSTROMA）、阿尔汉格尔斯克（ARKHANGELSK）等十二个纯天然无污染种植区采集野生浆果和蘑菇，确保饮料食品来源的天然绿色性。

俄罗斯 Saimaa 饮料公司希望在保证产品营养的基础上，保留其纯天然的口味特征，以此得到中国消费者的青睐。

（改编自"俄罗斯 Saimaa 饮料公司中国办事处"，阿里巴巴网站，俄罗斯 Saimaa 饮料公司中国办事处官方网站。）

第二部分　案例教学

一、商业专业词汇

1. 市场：商品交易关系的总和，主要包括买方和卖方之间的关系，同时也包括由买卖关系引发出来的卖方与卖方之间的关系以及买方与买方之间的关系。

2. 绿色食品：是指按特定生产方式生产，并经国家专门机构认定，准许使用绿色食品标志的无污染、无公害、安全、优质、营养型的食品。也称为有机食品、生态食品或自然食品。

3. 细分市场：指营销者通过市场调研，依据消费者的需要和欲望、购买行为和购买习惯等方面的差异，把某一产品的市场整体划分为若干消费者群的市场分类过程。每一个消费者群就是一个细分市场，每一个细分市场都是具有类似需求倾向的消费者构成的群体。

4. 合资：又称合营，简称 JV（Joint Venture），一般定义为由两家公司共同投入资本成立，分别拥有部分股权，并共同分享利润、支出、风险及对该公司的控制权。

5. 物流：为满足消费者需求而进行的对原材料、中间库存、最终产品及相关信息从起始点到消费地的有效流动，以及为实现这一流动而进行的计划、管理和控制过程。

二、思考题

（一）根据案例内容回答问题

1. 俄罗斯 Saimaa 饮料公司进入中国采用了哪些营销手段？
2. 俄罗斯 Saimaa 饮料公司自身的优势在哪里？

(二)讨论题
1. 谈谈你在购买食品的时候会考虑到哪些因素？
2. 你认为绿色食品是否会在未来占据主导地位？
3. 分析饮料企业如何在同质化竞争市场中取得优势？

第三部分　案例分析与总结

一、案例要点：绿色食品、细分市场

绿色食品也被称为"生态食品""自然食品""健康食品""有机农业食品"等。"绿色"是为了突出这类食品良好的生态环境和严格的加工程序，在中国被统一称作"绿色食品"，指在无污染的条件下种植、养殖，施有机肥料，不用高毒性、高残留农药，在标准环境、生产技术、卫生标准下加工生产，经权威机构认定并使用专门标识的安全、优质、营养类食品的统称。

细分市场是将大众市场细分为不同类型市场的过程。市场细分并非根据产品品种、产品系列来划分，而是从消费者（指最终消费者和工业生产者）的角度进行划分。根据市场细分的理论基础，市场细分通常根据消费者的需求、动机、购买行为的多元性和差异性来划分。市场细分的目的是把需求相同的消费者聚合到一起，通过对不同目标顾客需求予以定位，来取得较大的经济效益。

二、案例总结

随着经济的发展，消费者对绿色无污染食品的需求日趋增多，这给绿色企业的发展提供了机会。

中国食品市场的竞争已经相当激烈，要想进入中国市场，企业需要打出自己的特色，俄罗斯 Saimaa 饮料公司看中绿色食品市场，打出绿色纯天然食品的招牌进入中国。

为了提高消费者对 Saimaa 绿色形象的认知，Saimaa 公司在宣传上突出产品研发和技术上的优势，加强产品的质量认证，并且在物流运输上的特征，向消费者传达产品的绿色形象。

绿色食品经济已经成为将来食品市场发展的一个趋势，随着人们环保意识的增强，生活品质的进一步提升，这块市场也必然有更大的需求。

第四部分　案例使用说明

一、教学目的与用途

该案例涉及绿色食品和细分市场的理论知识。从环保的角度来讲，绿色食品适应了

现在社会的发展。同时在同质化十分强烈的饮料市场，俄罗斯 Saimaa 饮料公司正是运用了绿色食品这个特征去推广产品。通过案例的讲解，让学生对绿色食品和细分市场有了新的认识和了解。该案例适用于初级汉语的学员，适用于商务汉语案例课程，难度偏低。

二、案例分析思路

1. 讨论饮料食品市场的现状；
2. 分析绿色食品优势和特点；
3. 分析俄罗斯 Saimaa 饮料公司是如何主打绿色食品的招牌的；
4. 讨论这种营销手段给企业带来怎么样的影响；
5. 总结与归纳你所知道的关于绿色食品的例子。

三、相关网络链接

"俄罗斯 Saimaa 饮料公司中国办事处"，阿里巴巴网站。
俄罗斯 Saimaa 饮料公司中国办事处官方网站。
"市场""绿色食品""细分市场""合资""物流"，百度百科。

四、建议课堂计划

建议使用六节课。
第一节课：讲解重要商务词汇与案例背景，进行案例学习准备。
重要商务词汇：绿色食品、细分市场。
第二节课：讲解案例正文，理清案例发展脉络，帮助学生理解案例。
案例讲解内容：
(1) 介绍俄罗斯 Saimaa 饮料公司的相关背景资料。
(2) 了解绿色食品的特点和我国饮料市场的状况。
(3) 分析俄罗斯 Saimaa 饮料公司的营销策略。
(4) 了解俄罗斯 Saimaa 饮料公司绿色食品策略的具体措施。
第三～四节课：展开案例分析和讨论。
(1) 俄罗斯 Saimaa 饮料公司面临着哪些竞争压力？
(2) 俄罗斯 Saimaa 饮料公司为什么要走绿色食品道路？
(3) 俄罗斯 Saimaa 饮料公司如何开展绿色食品策略？
第五～六节课：进行案例总结，布置课后作业，完成案例书面报告。
(1) 谈谈你在购买食品的时候会考虑到哪些因素？
(2) 你认为绿色食品是否会在未来占据主导地位？
(3) 分析饮料企业如何在同质化竞争市场中取得优势？

神舟进军俄罗斯市场

第一部分　案例陈述

案例提要

神舟电脑 2007 年才进入俄罗斯市场,然而,由于其极高的性价比,刚进入不久就显示了强大的生命力。同质不同价,神舟电脑正凭着自己极好的性价比改变着俄罗斯人对中国商品的成见。

关键词语

神舟电脑　性价比　俄罗斯

案例背景

2000 年来,随着经济增长和居民收入水平的提高,俄罗斯人对高科技产品的需求量不断上升。数据显示,2007 年俄罗斯公司及普通用户购买计算机达到 780 多万台。2005~2007 年俄罗斯计算机市场的增速保持在 25% 左右。面对俄罗斯市场这个巨大的机遇,神舟电脑姗姗来迟,2007 年末才进入俄罗斯,却显示出后来居上的旺盛生命力。

案例正文

中国的 IT 生产商在俄罗斯市场正面临巨大的机会:一方面,由于新的海关法规的实行,国外公司打入俄罗斯市场的最后障碍将会不复存在;另一方面,中国计算机产品在俄罗斯有很强的竞争力。在计算机和其他 IT 产品方面,俄罗斯的业界人士已经形成共识,就是中国已经成为世界计算机和其他 IT 产品的加工厂。

中国电脑产品的竞争地位由于其低廉的价格优势而得到巩固。神舟电脑在所有的电脑企业中更是秉承低价策略,其定价比同类产品要低得多。所以,神舟于 2007 年末登陆俄罗斯时,第一次亮相就很精彩,获得了一个 3 000 台的大订单。之后,神舟选择与俄罗斯排名前三的计算机公司合作,共同开拓俄罗斯市场。2008 年又签订了一个拥有 50 家连锁店的新代理商。之后,神舟在俄罗斯开始进入加速阶段。

俄罗斯的神舟代理商对神舟产品非常满意。在一些计算机商场中,神舟的产品经常跟索尼、惠普摆放在一起。消费者发现,神舟靓丽的外形和工艺跟这些全球大品牌相比毫不逊色,性能极其接近,而价格却便宜得多。同质不同价,极好的性价比正在改变俄罗斯客户对中国商品根深蒂固的成见。

可以说,神舟电脑凭借着极好的性价比正一步一步地打开俄罗斯市场,它也一次次刷新了俄罗斯电脑价格的底线。在可预见的未来俄罗斯电脑市场,神舟电脑必然占据重要的地位。

(改编自"性价比开道,神舟电脑欲进军俄罗斯",中关村在线,2008年11月11日;"神舟进军俄罗斯市场",搜狐数码,2008年11月7日)

第二部分　案例教学

一、商业专业词汇

1. 市场:商品交易关系的总和,主要包括买方和卖方之间的关系,同时也包括由买卖关系引发出来的卖方与卖方之间的关系以及买方与买方之间的关系。

2. 性价比:全称是性能价格比,是一个性能与价格之间的比例关系,具体公式:性价比＝性能÷价格。

3. 低价策略:并不是指负毛利销售,而且是以低价来赢得消费者的关注,从而达到促销的目的。

4. 连锁店:是指众多小规模的、分散的、经营同类商品和服务的同一品牌的零售店,在总部的组织领导下,采取共同的经营方针、一致的营销行动,实行集中采购和分散销售的有机结合,通过规范化经营实现规模经济效益的联合。

5. 代理商(Agents):是代企业打理生意,而不是买断企业产品的,是厂家给予商家佣金额度的一种经营行为。所代理货物的所有权属于厂家,而不是商家。"代理商"一般是指赚取企业代理佣金的商业单位。

二、思考题

(一)根据案例内容回答问题
1. 神舟电脑依靠什么营销手段打开俄罗斯市场?
2. 神舟电脑所采取的方法有什么好处?

(二)讨论题
1. 谈谈你在购买电脑的时候所考虑的因素。
2. 你认为在打开市场的时候价格是最重要的吗?
3. 采用低价策略需要考虑哪些因素?

第三部分　案例分析与总结

一、案例要点:性价比、低价策略

所谓性价比,全称是性能价格比,是一个性能与价格之间的比例关系,具体公式:性价比＝性能÷价格。消费者在购买产品时,都会选择性价比高的产品购买。一般来说,产品的性价比应该建立在统一的性能基础上,也就是说,如果没有一个相同的性能比较基础,得出的性价比是没有意义的。但实际上,性价比通常不会在同一性能基础上比较或比较的机会较少。

所谓低价策略,并不是指负毛利销售,而是以低价来赢得消费者的关注,从而达到促销的目的。低价策略也是营销中最常用且较为有效的策略。低价策略有两个好处:首先,低价可以使产品尽快为市场所接受,并借助大批量销售来降低成本,获得长期稳定的市场地位;其次,微利阻止了竞争者的进入,增强了自身的市场竞争力。

低价策略也有自身的缺点,一方面,价格低廉,利润无法保障,成本压力大,产品的质量受到质疑;另一方面,尤其是在出口的时候有可能遇到反倾销的问题,会引起同行竞争者的恶行竞争。从长久来看,价格下降到合理水平后,市场领先者采用非价格的"欲望竞争"方法来扩大市场份额,才不至于让行业陷入恶性循环,在行业内实现"多赢"。

二、案例总结

良好的性价比是吸引客户的重要营销手段。一般情况下,客户在选择产品的时候,都会对比各家的性价比。性价比越高,产品越具有吸引力。性价比高表现为:性能越好,价格越低,性价比也就越高。在实际中,性价比应该建立在你对产品性能要求的基础上,也就是说,先满足性能要求,再谈价格是否合适,由于性价比是一个比例关系,它存在其适用范围和特殊性,不能一概而论。

神舟电脑作为一个后来进入俄罗斯市场的电脑,采取了高性价比、低价策略,吸引了很多客户的眼球。同样两款产品,质量相差不大,而价格却相差很大,俄罗斯人再豪爽也经不起这么大的诱惑。所以,低价策略帮助神舟电脑一步步打开了俄罗斯市场。

第四部分 案例使用说明

一、教学目的与用途

该案例涉及性价比和低价策略的理论。从性价比的角度,分析了神舟电脑的优势所在;从低价策略的角度,分析了神舟电脑的营销模式。通过案例的讲解,使得学生们对性价比和低价策略有了更加深刻的认识和了解。该案例适用于初级汉语的学员,适用于商务汉语案例课程,难度偏低。

二、案例分析思路

1. 介绍神舟电脑。
2. 分析俄罗斯中国产品的环境。
3. 讨论神舟电脑在俄罗斯的优势和劣势。
4. 讨论神舟电脑在俄罗斯所采取的措施以及取得的效果。
5. 总结与归纳神舟电脑案例的启示。

三、相关网络链接

"性价比开道,神舟电脑欲进军俄罗斯",中关村在线,2008年11月11日。
"神舟进军俄罗斯市场",搜狐数码,2008年11月7日。
"市场""性价比""低价策略""连锁店""代理商",百度百科。

四、建议课堂计划

建议使用六节课。
第一节课:讲解重要商务词汇与案例背景,进行案例学习准备。
重要商务词汇:性价比、低价策略、代理商。
第二节课:讲解案例正文,理清案例发展脉络,帮助学生理解案例。
案例讲解内容:
(1)介绍神舟电脑的相关背景资料。
(2)了解神舟电脑进入俄罗斯的战略意义。
(3)描述神舟电脑所采取的低价策略。
(4)总结神舟电脑的特色。
第三~四节课:展开案例分析和讨论。
(1)神舟电脑进入俄罗斯面临着哪些困难?
(2)分析神舟电脑是怎样后来居上的?
(3)分析神舟电脑的低价策略优势。
(4)讨论低价策略有什么样的优缺点?
第五~六节课:进行案例总结,布置课后作业,完成案例书面报告。
(1)谈谈你在购买电脑的时候所考虑的因素。
(2)你认为在打开市场的时候价格是最重要的吗?
(3)采用低价策略需要考虑哪些因素?

市场营销——中西

Marketing

"KOLING"的品牌推广

第一部分 案例陈述

案例提要

作为西班牙著名的运动服饰品牌,KOLING 在中国的知名度一直不是很高。然而通过对 F1 和美洲帆船赛的赞助,KOLING 在短时间内提高了在中国的知名度,并取得了较好的营销效果。

关键词语

KOLING 运动服装 精英阶层 国际品牌形象

案例背景

KOLING 是西班牙著名的运动服饰品牌,它在设计方面改变传统做法,试图将健康运动与性感气质结合。自 20 世纪 90 年代末以来,KOLING 在欧美都市里掀起了一股 SEXYPORTS 的热潮。2006 年该品牌决定进入中国市场。

案例正文

KOLING 品牌刚刚进入中国市场时,在消费者心目中的认知度不高,所以 KOLING 在前期的品牌推广方面没有选择大规模广告投放的方式,而借助公众认知高的顶级品牌来推广自己的品牌。经过认真选择和不断公关,KOLING 最终决定与 F1 和美洲杯帆船赛合作。

F1 和美洲杯帆船赛是两项具有全球影响力的世界顶级赛事,而且这两项赛事将在中国举办。与这两项赛事的合作,推动了 KOLING 品牌宣传。

首先,F1、美洲杯帆船赛具有强大的国际影响。世界 500 强企业中,约 1/3 的企业选择赞助这两项赛事,这有助于提高赞助商的国际品牌形象,从而在中国消费者心目中树立起"KOLING 为国际著名品牌"的第一印象。其次,F1、美洲杯帆船赛在全球社会精英阶层具有很大的号召力,这与 KOLING 的市场定位和品牌诉求相适应。再次,KOLING 的产品系列中有两类最重要的产品——帆船系列和赛车系列,这与 F1 和美洲杯赛事密切相关。

KOLING 与 F1、美帆联手组织了多项活动,如 2006 年中国国庆节晚上,KOLING 在上海与 F1、美洲杯帆船赛携手举办了一场"同台牵手"的庆典活动;随后与 F1、美帆一起组织了"魅力运动"和"KOLING 之夜"的主题活动,从而为 KOLING 品牌登陆中国进行前期的市场推广。

(改编自"KOLING 多边重奏,演绎魅力营销",网易新闻,2006 年 12 月 13 日)

第二部分　案例教学

一、商业专业词汇

1. 消费者:法律意义上的消费者指的是个人的目的购买或使用商品和接受服务的社会成员。

2. 认知度:是品牌资产的重要组成部分,它是衡量消费者对品牌内涵及价值的认识和理解度的标准。

3. 品牌诉求:是关于品牌精神和内涵的一种责任语言。

4. 市场推广:是指企业为扩大产品市场份额,提高产品销量和知名度,而将有关产品或服务的信息传递给目标消费者,激发和强化其购买动机,并促使这种购买动机转化为实际购买行为而采取的一系列措施。

5. 品牌推广:是指企业塑造自身及产品品牌形象,使广大消费者广泛认同的系列活动和过程。品牌推广有两个重要任务:一是树立良好的企业和产品形象,提高品牌知名度、美誉度和特色度;二是最终要将有相应品牌名称的产品销售出去。

6. 品牌:是给拥有者带来溢价、产生增值的一种无形的资产,它的载体是用以和其他竞争者的产品或劳务相区分的名称、术语、象征、记号或者设计及其组合,增值的源泉来自于消费者心智中形成的关于其载体的印象。

二、思考题

(一)根据案例内容回答问题

1. 你认为 KOLING 与 F1 和美洲杯帆船赛有什么共同点?
2. 你认为 KOLING 的品牌定位是什么? 目标人群是哪些?

(二)讨论题

1. 你知道在中国市场还有哪些运动品牌?
2. 你认为 KOLING 与 ADIDAS 或 NIKE 相比竞争优劣势分别在哪里?
3. 你认为 KOLING 选择与 F1 和美洲杯帆船赛合作有何好处?

第三部分 案例分析与总结

一、案例要点：品牌推广

品牌推广的目的是宣传品牌，以求得到消费者的认知。当前中国市场的体育用品上，品牌多，产品多。而且 ADIADAS 和 NIKE 等世界级品牌已经在消费者心目中占据了重要地位。

很显然，KOLING 肯定不能与 ADIADAS 和 NIKE 这样的世界顶级运动品牌进行正面抗衡，因此突出其核心竞争力就尤为重要，KOLING 采取差异竞争，相对于前面两家世界顶级的运动品牌服饰品牌，KOLING 更加侧重在高端消费领域的宣传。其所赞助的 F1 和美洲杯帆船赛也是给人一种奢华的感觉，可以说在这个高端领域消费市场与 ADIDAS 和 NIKE 相比还是有一定竞争力的。

二、案例总结

对于运动服饰领域的企业来说，ADIDAS 和 NIKE 占据主要的市场，但这并不是说其他运动服饰就没有机会，任何强大的企业也并不是在所有领域都很强大，而 KOLING 的高端路线就是集中自己的优势来和行业龙头进行对抗的策略，而且 KOLING 的两类重要服饰帆船系列和赛车系列也与本次大型推广活动完全契合。

当一个行业中存在绝对主导企业，而我们又想进入这个行业的时候。我们所要做的不一定是要全面地打败这个企业，而是挖掘出最核心的竞争力，在局部领域取得领先。

第四部分 案例使用说明

一、教学目的与用途

案例介绍了 KOLING 与 F1 和美洲杯帆船赛合作来推广自身品牌的过程。通过案例的学习，让学生一方面了解品牌推广相关知识，另一方面理解借助其他品牌来进行营销的做法。该案例适用于初级汉语的学员，适用于商务汉语案例课程，难度偏低。

二、案例分析思路

1. 介绍 KOLING 及 F1 和美洲杯帆船赛。
2. 分析 KOLING 与 F1 和美洲杯帆船赛的合作。
3. 讨论 KOLING 为何选择 F1 和美洲杯帆船赛的原因。
4. 讨论这种合作对 KOLING 的作用。

5. 总结案例启示。

三、相关网络链接

"KOLING 多边重奏,演绎魅力营销",网易新闻,2006 年 12 月 13 日。
"2006 中国魅力运动—KOLING 之夜",新浪娱乐,2006 年 9 月 15 日。
"消费者""认知度""品牌诉求""市场推广""品牌",百度百科。

四、建议课堂计划

建议使用六节课。
第一节课:讲解重要商务词汇与案例背景,进行案例学习准备。
重要商务词汇:品牌、品牌推广、认知度。
第二节课:讲解案例正文,理清案例发展脉络,帮助学生理解案例。
案例讲解内容:
(1)介绍 KOLING 与 F1 和美洲杯帆船赛的情况;
(2)描述中国运动品牌市场的竞争;
(3)描述 KOLING 与 F1 和美洲杯帆船赛的合作。
第三~四节课:展开案例分析和讨论。
(1)讨论 KOLING 为何与 F1 和美洲杯帆船赛合作?
(2)KOLING 与 F1 和美洲杯帆船赛在哪些方面开展了合作?
(3)KOLING 的目标人群和品牌定位是什么?
(4)你知道在中国市场还有哪些运动品牌?
第五~六节课:进行案例总结,布置课后作业,完成案例书面报告。
(1)你认为 KOLING 与 ADIDAS 或 NIKE 相比竞争优劣势分别在哪里?
(2)你认为 KOLING 选择与 F1 和美洲杯帆船赛合作有何好处?

"李宁"的体育营销

第一部分　案例陈述

案例提要

作为中国国内运动服饰领域的老大,李宁公司开始把目光投向海外,因此它开始寻找各种国外合作伙伴。借助西班牙男子篮球队在雅典奥运会的出色表现,李宁公司也成功地完成了一次经典的体育营销。

> **关键词语**

李宁　品牌化　体育营销　西班牙男篮

> **案例背景**

李宁公司成立于1990年,成立之初就开始赞助各项体育赛事。1995年,李宁公司成为中国体育用品行业的领跑者。1999年,李宁公司提出实施"品牌国际化"战略。在营销方面,李宁一直坚持其"体育营销"策略。

> **案例正文**

李宁公司的体育营销包括两个方面:一是赞助球队;二是赞助赛事。

2004年5月,李宁体育用品公司与西班牙篮球协会签订协议,成为2004~2008年西班牙男子、女子篮球队的指定运动装备赞助商,李宁公司将专门为西班牙篮球队开发篮球装备,包括比赛服、训练服、场外服装、篮球配件等35个品类的产品。

在2004年雅典奥运会篮球比赛:中国男篮对阵西班牙队的小组赛中,西班牙男篮全部身着李宁的专业篮球装备登场,而中国男篮的队员中,也有四名队员是李宁产品的签约球员。整场比赛就像是李宁公司的一场品牌宣传秀。

在2004年的雅典奥运会上,与历届奥运会"重赞助,轻传播"不同,李宁公司在宣传上投入了大量精力。如与西班牙篮协谈判成功后,举行了一场大型新闻发布会为赞助活动造势;在篮球比赛中,在中央电视台插播李宁公司的广告并进行李宁公司的有奖竞猜活动,让李宁公司的品牌形象深入大多数中国人以及很多世界体育爱好者;同时,李宁公司结合广告宣传,把领奖服推向市场,直接在专卖店限量销售,使奥运会领奖装备与普通消费者"零距离接触"。西班牙男子篮球队夺得雅典奥运会冠军,则把这场赞助活动推向了高潮,让全世界开始慢慢地关注李宁这个中国的体育用品品牌。

(改编自"耐克垄断中国篮球李宁公司武装西班牙",《奥林匹克周刊》,2004年8月20日)

第二部分　案例教学

一、商业专业词汇

1. 赞助:是社会组织以提供资金、产品、设备、设施和免费服务等形式无偿赞助社会事业或社会活动的一种公关专题活动。

2. 广告:是为了某种特定的需要,通过一定形式的媒体,公开而广泛地向公众传递信息的宣传手段。

3. 体育营销:是以体育活动为载体来推广自己的产品和品牌的一种市场营销活动,是市场营销的一种手段。

4. 签约:是商业交易的公证方式,是商业活动不可缺少的一部分,签约双方形成事实上的约束关系。

5. 品牌形象：是企业或其某个品牌在市场上、在社会公众心中所表现出的个性特征。

二、思考题

（一）根据案例内容回答问题

1. 李宁赞助西班牙男子篮球队能够得到什么？
2. 你认为李宁的此次赞助活动是否达到了预期效果？

（二）讨论题

1. 你认为中国体育用品企业国际化所面临的最大挑战是什么？
2. 对于中国体育用品企业国际化你能够提供哪些建议？

第三部分　案例分析与总结

一、案例要点：体育营销

体育营销以体育活动为载体，借机推广自己的产品和品牌。体育营销包括两个层面：一是指将体育本身作为产品开展营销活动。比如一支球队及其运动员、一场赛事、一次运动会，都可作为产品进行营销，这被称为"体育产业营销"。另一是以体育赛事为载体进行产品的推广和品牌传播，比如世界杯中的赞助商，借世界杯展示其产品和品牌等。体育营销通常指后一个层面。

一般而言，以体育活动为载体进行营销的企业大多是经营体育用品类的企业，但现在越来越多的非体育用品类企业也采用体育营销活动来进行宣传，比如万宝路赞助F1，AIG赞助英国曼联足球队等。

二、案例总结

体育用品公司选择赞助球队和赛事进行品牌推广是一个常用手段。但耐克和阿迪达斯这些国际著名企业几乎签约了一些重要球队和球员，此外还受经费的制约，其他运动品牌只能选择自己的优势领域进行重点营销。因此李宁把目光投向了篮球运动。李宁赞助了西班牙篮球队，并利用2004年雅典奥运会机会，加大了宣传投入。可以说，李宁的这一系列运作效果是显而易见的，在西班牙篮球队夺冠期间，李宁生产的西班牙篮球队队服和鞋取得了极好的销售成绩，并且相关产品获得了很大的溢价空间。

第四部分　案例使用说明

一、教学目的与用途

案例讲述了李宁公司利用体育营销进行品牌的推广。通过案例学习，让学生了解体育营销的相关知识。该案例适用于初级汉语的学员,适用于商务汉语案例课程,难度较低。

二、案例分析思路

1. 介绍李宁公司概况。
2. 分析李宁公司赞助西班牙篮球队。
3. 描述李宁在雅典奥运会的推广活动。
4. 讨论李宁体育营销的效果。
5. 总结案例启示。

三、相关网络链接

"耐克垄断中国篮球李宁公司武装西班牙",《奥林匹克周刊》,2004年8月20日。
"李宁如何打造'敏感'供应链",新品快播网。
"年轻人不知李宁所为何人唯用'国际'包装品牌",站西鞋城,2008年7月21日。
"李宁——从个人品牌到世界品牌",百度文库。
"赞助""广告""体育营销""签约""品牌形象",百度百科。

四、建议课堂计划

建议使用六节课。
第一节课:讲解重要商务词汇与案例背景,进行案例学习准备。
重要商务词汇:赞助、体育营销、广告、品牌形象。
第二节课:讲解案例正文,理清案例发展脉络,帮助学生理解案例。
案例讲解内容:
(1)介绍李宁公司的相关背景资料;
(2)描述李宁公司的体育营销;
(3)了解李宁公司对西班牙篮球队的赞助;
(4)了解李宁公司在雅典奥运会的广告投放。
第三~四节课:展开案例分析和讨论。
(1)李宁公司为什么要赞助西班牙篮球队?
(2)李宁公司在雅典奥运会的做法与以前有何不同?
(3)赞助西班牙篮球队给李宁公司带来了什么好处?
第五~六节课:进行案例总结,布置课后作业,完成案例书面报告。
(1)你认为中国体育用品企业国际化所面临的最大挑战是什么?
(2)对于中国体育用品企业国际化你能够提供哪些建议?

电子商务——中德

Electronic Business

DHL 携手 eBay 进军电子商务

第一部分 案例陈述

案例提要

在电子商务蓬勃发展的新形势下,众多物流运输公司加入电子商务的大潮。借助与 eBay 等电子商务公司的合作,DHL 不断拓展电子商务市场,2009 年 DHL 的国际 B2C 业务出现了两位数增长。

关键词语

DHL 电子商务 战略合作

案例背景

电子商务的发展为物流业带来了机遇,总部位于德国的敦豪环球速递(DHL Worldwide Express Inc.,简称 DHL),一直想拓展电子商务(e-commerce)这一新兴市场,2008 年,DHL 通过与全球最大的电子商务平台 eBay 的合作涉足电子商务领域,并不断加大在电子商务市场上的拓展力度。

案例正文

2008 年 12 月 3 日,DHL 宣布与 eBay 建立全新战略合作关系。今后,DHL 将为 eBay 的亚太区卖家提供区域内的优质快递服务,其递送速度与传统邮政快递相比将提高至少 50%。

从 2008 年 12 月 3 日起至 12 月 31 日,中国的 eBay 卖家只要在该网站注册使用 DHL 服务,其在 eBay 进行交易的货物就可以获得最高 35% 的额外促销优惠。此外,eBay 的顶尖卖家(Power Sellers)还将享受额外 10% 的折扣。除中国市场外,这一活动将同时在澳大利亚、印度尼西亚、韩国、马来西亚、菲律宾、新加坡、泰国、日本和越南等 11 个亚洲国家和地区展开。此次合作不仅使 eBay 卖家在递送商品时节省了更多时间,还将为他们节约更多的费用。

针对此次合作,DHL 为 eBay 卖家特别开发了一系列在线工具,使他们能够方便快捷地了解其商品的派送信息和相关服务,自如掌控快件递送的整个流程。"像所有的出口商一样,网上卖家需要面对复杂的清关和货物进出口规定,而买家通过网络向陌生人购物通常会有一些顾虑。DHL 致力于通过简便易用的工具使网上交易更便捷、更透明,从而简化国际运输流程。"DHL 快递亚太区首席执行官唐睿德介绍说。

2009 年,DHL 宣布将扩大与 eBay 公司的合作关系,通过提供新型网络工具如"DHL 销售经理"和全天候包裹及跟踪服务,为 eBay 卖家提供更好的服务。

正是由于电子商务的发展,2009 年 DHL 的国际 B2C 业务出现了两位数增长。与此同时,DHL 的竞争对手 UPS 也提出要"提供越来越多的电子零售服务"。

(改编自"DHL 携手 eBay 为电子商务提供更先进快递方案",《中国民航报》,2008 年 12 月 9 日;"DHL 借电子商务发力",《现代物流报》,2010 年 5 月 24 日;"DHL 进军电子商务领域",《广州日报》,2008 年 12 月 4 日;"DHL 快递与电子商务共谋发展",DLH 网站,2009 年 5 月 21 日)

第二部分　案例教学

一、商业专业词汇

1. 市场:商品交易关系的总和,主要包括买方和卖方之间的关系,同时也包括由买卖关系引发出来的卖方与卖方之间的关系以及买方与买方之间的关系。

2. 战略合作:企业双方或多方出于长期共赢目的,建立在共同利益基础上,实现深度合作的一种合作形式。

3. 网上交易:网上交易主要是在网络的虚拟环境中进行的交易,类似于现实世界当中的商店,差别是利用电子商务的各种手段,达成从买到卖的过程的虚拟交易过程。

4. 电子商务:交易当事人或参与人利用现代信息技术和计算机网络(主要是互联网)所进行的各类商业活动,包括货物贸易、服务贸易和知识产权贸易。

5. 物流:为满足消费者需求而进行的对原材料、中间库存、最终产品及相关信息从起始点到消费地的有效流动,以及为实现这一流动而进行的计划、管理和控制过程。

6. 清关(Customs Clearance):即结关,是指进口货物、出口货物和转运货物进入或出口一国海关关境或国境必须向海关申报,办理海关规定的各项手续,履行各项法规规定的义务;只有在履行各项义务,办理海关申报、查验、征税、放行等手续后,货物才能放行,货主或申报人才能提货。

7. 进出口:进口贸易和出口贸易的简称。进口贸易又称输入贸易(Import Trade),指将外国商品输入本国市场销售。出口贸易又称输出贸易(Export Trade),指本国生产或加工的商品输往国外市场销售。

二、思考题

(一)根据案例内容回答问题

1. DHL 为什么要和 eBay 进行战略合作?

2. DHL 和 eBay 的合作会给卖家带来什么好处？

(二) 讨论题

1. 描述一个你在网上购物的例子，描述你对物流服务的感受与评价。
2. 你认为在网上销售商品应该选择什么样的物流快递公司？

第三部分　案例分析与总结

一、案例要点：电子商务物流

电子商务物流又称网上物流，是伴随电子商务技术和社会需求的发展而出现的，它是电子商务的经济价值实现过程中不可或缺的重要组成部分。电子商务物流是一整套的电子物流解决方案，基于互联网技术，借助 ERP 系统，能够在全国乃至世界范围内拓展业务。电子商务物流跨越了简单的送货上门阶段，从接单、分拣、运输、配送实现全过程的信息化控制的物流配送过程。

二、案例总结

电子商务是未来的主流商务模式，近年来，中国电子商务将继续保持高速发展，快递、物流和电子商务的紧密结合是快递业发展的大势所趋。

DHL 快递看到了这一趋势和机遇，很早就开始与电子商务共谋发展，从中国电子商务的先驱 8848，到当当、卓越、麦考林等 B2C 企业及邮购企业，这些合作体现出 DHL 对电子商务的良好运用。

本案例描述了 DHL 与 eBay 的合作，并为 eBay 开发了一系列在线工具，方便用户及时掌握物流的在线信息。DHL 也在不断扩大与 eBay 的合作关系，因为快递在电子商务配送中发挥着越来越大的作用，快递配送质量是决定电子商务可持续发展的主要因素。合作为 DHL 带来了机遇，也为 eBay 的发展提供了支撑。

第四部分　案例使用说明

一、教学目的与用途

该案例涉及战略与电子商务的内容。从战略管理的角度，突出 DHL 公司的联盟战略与新市场选择；从电子商务的角度，突出 DHL 公司在电子商务领域的扩展方式，从如何进入电子商务领域、如何调整以及取得的效果，让学生了解电子商务中的物流配送以及物流企业的发展机会。

二、案例分析思路

1. 探寻 DHL 与 eBay 开展战略合作的原因。

2. 分析 DHL 与 eBay 在哪些方面开展战略合作。
3. 分析此项战略合作给 eBay 带来了哪些好处。
4. 讨论这项战略合作给其他企业带来了怎样的启示。
5. 总结与归纳电子商务给现代生活带来的变化。
6. 寻找其他材料探讨 DHL 为什么要踏足电子商务。

三、相关网络链接

"DHL 携手 eBay 为电子商务提供更先进快递方案",《中国民航报》,2008 年 12 月 9 日,http://news.carnoc.com/list/120/120988.html。

"DHL 借电子商务发力",《现代物流报》,2010 年 5 月 24 日,http://www.56885.net/lw_view.asp？id=211375。

"DHL 进军电子商务领域",《广州日报》,2008 年 12 月 4 日,http://gzdaily.dayoo.com/html/2008-12/04/content_397969.htm。

"DHL 快递与电子商务共谋发展",DLH 网站,2009 年 5 月 21 日。

"市场""战略合作""网上交易""电子商务""物流""清关""进出口",百度百科。

四、建议课堂计划

建议使用六节课。

第一节课:讲解重要商务词汇与案例背景,进行案例学习准备。

重要商务词汇:战略合作、网上交易、电子商务、物流。

第二节课:讲解案例正文,理清案例发展脉络,帮助学生理解案例。

案例讲解内容:

(1)介绍 DHL 公司和 eBay 公司；

(2)描述 DHL 公司和 eBay 的合作行为；

(3)描述 DHL 公司为 eBay 开发的新工具；

(4)了解 DHL 公司所实现的效果。

第三～四节课:展开案例分析和讨论。

(1)DHL 公司为何要进军电子商务？

(2)DHL 公司为何选择与 eBay 合作的方式进军电子商务？

(3)DHL 与 eBay 的合作为谁带来了好处,带来了哪些好处？

(4)如果你是消费者,你在网上购物时,对物流服务有何要求？

(5)如果你是厂家,在选择物流公司时,你会考虑哪些因素？

第五～六节课:进行案例总结,布置课后作业,完成案例书面报告。

(1)描述一个你在网上购物的例子,描述你对物流服务的感受与评价。

(2)你认为在网上销售商品应该选择什么样的物流快递公司？

电子商务——中法

Electronic Business

家乐福退出青岛网购市场

第一部分　案例陈述

案例提要

大型卖场为获取和维持竞争优势选择开设网上商城业务。在 2006 年,家乐福就已经在北京、青岛、武汉开通网上商城。但于 2009 年底,进驻青岛多年的家乐福网上商城基于多种因素考虑,最终决定退出青岛市场。

关键词语

家乐福　网购　退出电子商务

案例背景

家乐福成立于 1959 年,是大卖场业态的首创者,是欧洲第一大零售商,世界第二大国际化零售连锁集团。家乐福现拥有 11 000 多家营运零售单位,业务范围遍及世界 30 个国家和地区。家乐福主要以三种主要经营业态引领市场:大型超市、超市以及折扣店。此外,家乐福还在一些国家发展了便利店和会员制量贩店。1999 年,家乐福在中国北京落户,七年后的 2006 年,家乐福专线网购业务在中国启动。

案例正文

传统零售商发展在线业务、扩展网络渠道成为一种趋势。沃尔玛等大型卖场都在官网上开设网上商城业务,涉足电子商务。早在 2006 年,家乐福曾在北京、青岛、武汉开通网上商城。但是 2009 年底,进驻青岛多年的家乐福网上商城却黯然退出了青岛市场。

家乐福在青岛网购市场的销售额远不及其实体店。家乐福在青岛的实体店地理位置较好,人流量大。人们去家乐福购物比较方便,同时还可以享受购物乐趣。但是开展网上商店,家乐福觉得难以做到这一点。家乐福的经营理念是"福到家"。对于家乐福来说,购物环境和与顾客之间的互动更重要,所以家乐福致力于家庭式购物,注重顾客的购物乐趣。

此外,在开展电子商务的过程中,家乐福还要面临物流配送环节和支付环节的诸多困难。最终家乐福选择退出青岛网购市场,并且表示,在可预见的时间范围内,家乐福都不会将重心转向电子商务。所以在主要竞争对手大量投资于网上商店的同时,家乐福依然继续自己的门店扩张计划。

与家乐福进军电子商务绩效不佳的状况相比,淘宝等网络公司却取得了巨大的成功,淘宝2010年的网上交易额近4 000亿元人民币,并且呈现不断增长趋势,消费者通过网上购物同样获得了很大的乐趣。家乐福退出网购市场的选择究竟是利是弊,还有待进一步思考。

(改编自"家乐福退出青岛网购市场零售商不会一蹴而就",《华夏酒报》,2010年4月14日。)

第二部分　案例教学

一、商业专业词汇

1. 零售商:是指将商品直接销售给最终消费者的中间商,是相对于生产者和批发商而言的,处于商品流通的最终阶段。

2. 网上商城:类似于现实世界当中的商店,差别是利用电子商务的各种手段,达成从买到卖的过程的虚拟商店,从而减少中间环节,消除运输成本和代理中间的差价,加大市场流通带来巨大的发展空间。

3. 大型超市,或称综合超市,是采取自选销售方式,以销售大众化实用品为主,并将超市和折扣店的经营优势结合为一体,品种齐全,满足顾客一次性购齐的零售业态。

4. 超市:以顾客自选方式经营食品、家庭日用品为主的大型综合性零售商场。又称自选商场。

5. 集团:是为了一定的目的组织起来共同行动的团体。指多个公司在业务、流通、生产等方面联系紧密,从而聚集在一起形成的公司(或者企业)联盟。

6. 连锁:一种商业组织形式和经营制度,是指经营同类商品或服务的若干个企业,以一定的形式组成一个联合体,在整体规划下进行专业化分工,并在分工基础上实施集中化管理,把独立的经营活动组合成整体的规模经营,从而实现规模效益。

7. 折扣店:以销售自有品牌和周转快的商品为主,限定销售品种,并以有限的经营面积、店铺装修简单、有限的服务和低廉的经营成本,向消费者提供"物有所值"的商品为主要目的的零售业态。

8. 电子商务:通常是指在全球各地广泛的商业贸易活动中,在互联网开放的网络环境下,基于浏览器/服务器应用方式,买卖双方不谋面地进行各种商贸活动,实现消费者的网上购物、商户之间的网上交易和在线电子支付以及各种商务活动、交易活动、金融活动和相关的综合服务活动的一种新型的商业运营模式。

二、思考题

（一）根据案例内容回答问题

1. 分析家乐福退出网购市场的原因？
2. 家乐福的"福到家"是什么？

（二）讨论题

1. 比较家乐福和淘宝网的经营模式的不同，以及各自的优劣势。
2. 谈谈对家乐福退出网购市场的看法。

第三部分　案例分析与总结

一、案例要点：网上购物

网上购物，就是通过互联网检索商品信息，并通过电子订购单发出购物请求，然后填上私人支票账号或信用卡的号码，厂商通过邮购的方式发货，或是通过快递公司送货上门。

对于消费者来说，网上购物是电子商务发展的结果。互联网逐渐渗透到人们的生活中，而各种业务在网络上的相继展开也在不断推动电子商务的发展。电子商务可应用于小到家庭理财、个人购物，大至企业经营、国际贸易等诸方面。电子商务逐步波及人们的生活、工作、学习及消费等广泛领域，其服务和管理也涉及政府、工商、金融及用户等诸多方面。

二、案例总结

家乐福退出青岛网购市场原因有很多。一方面，目前国内网络消费环境尚不完善，网上购物立法匮乏，信用体制、网上支付、物流网络三大"瓶颈"仍有待解决。尤其是对于大型超市而言，相比较实体店，其发展电子商务的物流配送环节和支付环节的困难更多。另一方面，目前国内网络消费群体尚未到位，中国的消费习惯和消费环境同国外有较大差别，由于去大型超市都比较方便，人们还是更享受购物的体验和乐趣，去超市购物也逐渐成为市民的一种生活方式。

虽然传统零售企业发展电子商务存在一些"瓶颈"，但并不能阻挡传统零售业将继续进军电子商务市场的趋势。随着第三方物流的不断发展和成熟，将会涌现出一些专门为发展电子商务的零售企业服务的专业物流公司，物流成本也会降低。同时随着不断地尝试，传统零售企业网络运营管理经验的积累，传统零售企业电子商务的销售总额占社会零售消费品总额将得到有力提升。

第四部分 案例使用说明

一、教学目的与用途

该案例涉及电子商务的理论内容。结合案例对电子商务理论进行讲解。首先,简单介绍互联网的兴起对大众消费方式的改变。然后,介绍传统零售商纷纷涉足电子商务的战略及这一进程所遇到的困难。

二、案例分析思路

1. 探寻电子商务对传统大型卖场的冲击。
2. 分析大型卖场进入电子商务领域的原因。
3. 分析家乐福在网购市场遭遇的困境。
4. 讨论家乐福在中国的发展战略。
5. 比较和总结家乐福与淘宝网经营模式的优劣势。
6. 评价家乐福退出网购市场的策略。

三、相关网络链接

"家乐福退出青岛网购市场零售商不会一蹴而就",《华夏酒报》,2010年4月14日,http://www.cbismb.com/articlehtml/20116579.htm。

"零售商""网上商城""大型超市""超市""集团""连锁""折扣店""电子商务",百度百科。

四、建议课堂计划

建议使用六节课。

第一节课:讲解重要商务词汇与案例背景,进行案例学习准备。

重要商务词汇:电子商务、网上购物、连锁、折扣店、大卖场。

第二节课:讲解案例正文,理清案例发展脉络,帮助学生理解案例。

案例讲解内容:

(1)介绍家乐福的相关背景资料;
(2)描述大型卖场进入电子商务领域的行为;
(3)描述大型卖场在网购市场遭遇的困境;
(4)讨论家乐福在中国的发展战略。

第三~四节课:展开案例分析和讨论。

(1)家乐福为何要进军电子商务?
(2)家乐福为何选择退出中国市场?
(3)家乐福在中国的发展战略是什么?

(4)如果你是消费者,你会选择去大型卖场购物还是网上购物,为什么?

第五~六节课:进行案例总结,布置课后作业,完成案例书面报告。

(1)比较家乐福和淘宝经营模式的差异,以及各自的优劣势。

(2)对家乐福退出青岛网购市场进行评价。

电子商务——中韩

Electronic Business

"时尚起义"——韩国电子商务模式进入中国

第一部分 案例陈述

案例提要

2006年,中国首家服装专业购物平台"时尚起义"开通,现在已经成为中国最大的品牌。"时尚起义"凭借强大的团队和时尚的产品设计及搭配,为自己赢得了不错的打造了服装销售的电子商务平台。

关键词语

时尚起义　购物推广　电子商务

案例背景

1999年,"时尚起义"韩国总公司成立并投入运营后,就开始筹时尚集团。2006年6月,"时尚起义"网站在中国正式开通,这是也是目前中国最大的网络服装品牌。时尚起义以亚洲顶级潮引入韩国的流行服饰,并为之提供最佳服装搭配方案。"时尚身边的专业时尚顾问。"时尚起义"的上海分公司大约有广。

案例正文

在"时尚起义"的韩国总部,雇用了一批专门的共联系着近500家韩国服饰供应商。时尚起义司也只有一个不大的货物分拣仓库。当中国统会把订单信息传到韩国,再由韩国的仓库

"时尚起义"采用两种运营模式:一是
(1)韩国服饰销售,消费者只要在网上免费

频道,专门销售中国供应商的衣服。二是 B2B 批发模式,面对线上和线下的批发商,搜集他们的订单到韩国总部,帮助他们代购韩国服饰。

在推广方面,"时尚起义"主要采用线上方式,即在各大搜索引擎(如 Google、Baidu)和服装消费类网站投放广告。据悉,目前中国消费者主要分布在广东、江浙和上海。日订单量稳定在150 个左右,较之韩国最高达 1 000 多的日订单量,中国市场的推广可谓任重道远又潜力无限。

另外,"时尚起义"在将服装本身作为产品推出的同时,将"搭配"也作为一种产品。模特拍摄时的穿着搭配均由专业人士完成,为消费者提供参考,节省脑力,同时也为 B2C 找到了新的附加值增长点。

(改编自"时尚起义 & 血拼革命——韩国 B2C 新模式进军中国",观潮网,2007 年 4 月 2 日)

第二部分　案例教学

一、商业专业词汇

1. 购物平台:是一种泛称,是为了促成买卖双方交易而建立的场所。完整的购物平台应该包括软硬件设施、场所的内外环境、人员的组织和管理、支付手段等。

2. 采购:是指企业在一定的条件下从供应市场获取产品或服务作为企业资源,以保证企业生产及经营活动正常开展的一项企业经营活动。

3. 供应商:是指直接向零售商提供商品及相应服务的企业及其分支机构、个体工商户,包括制造商、经销商和其他中介商。

4. 订单:指企业采购部门向原材料、燃料、零部件、办公用品等的供应者发出的订货单。

5. 零售:商品经营者或生产者把商品卖给个人消费者或社会团体消费者的交易活动。特点是:每笔商品交易的数量比较少,交易次数频繁;出卖的商品是消费资料,个人或社会团体购买后用于生活消费;交易结束后商品即离开流通领域,进入消费领域。

6. B2C:电子商务的一种模式,也就是通常说的商业零售,直接面向消费者销售产品和服务。这种形式的电子商务一般以网络零售业为主,主要借助于互联网开展在线销售活

7. 批发:专门从事大宗商品交易的商业活动,是商品流通中不可缺少的一个环节。通常有两种情况:①商业企业将商品批量售给其他商业企业用作转卖。②商业企业将用作生产资料的生产资料供应给生产企业。

8. 分拣:分拣作业是配送中心依据顾客的订单要求或配送计划,迅速、准确地将商品从储位或其他区位拣取出来,并按一定的方式进行分类、集中的作业过程。

9. B2B:是 Business To Business 的简称,是电子商务中的一种模式,指的是企业对企业的营销关系。

二、思考题

（一）根据案例内容回答问题
1. "时尚起义"的经营模式有哪些？
2. "时尚起义"采取的"搭配"策略对推动销售是否有效，为什么？

（二）讨论题
1. 你是否经常网上购物，结合自己经历谈谈网上购物的优势和不足有哪些。
2. 电子商务种类有哪些？未来发展趋势如何？

第三部分　案例分析与总结

一、案例要点：电子商务

电子商务涵盖的范围很广，一般可分为企业对企业（Business-to-Business）和企业对消费者（Business-to-Consumer）两种。另外还有消费者对消费者（Consumer-to-Consumer）。随着国内互联网使用人数的增加，利用互联网进行网络购物并以银行卡付款的消费方式已渐流行，市场份额也在迅速增长，电子商务网站也层出不穷。电子商务逐步涉及人们的生活、工作、学习及消费等广泛领域，其服务和管理也涉及政府、工商、金融及用户等诸多方面。

二、案例总结

销售韩国服装竞争激烈，在韩国大约有几百个同类型的服装销售网。由于注册和运输等关系，大部分韩国服装网站只针对其本国消费者销售。个别网站也对国外有配送服务，但是服务费较高。与"时尚起义"同时期发展的网站还有大红网、装爱网、shezgood等韩国服装网站。其中，"时尚起义"最早在中国开设分支机构。

"时尚起义"采用 B2C 与 B2B 相结合的模式运作，分别开展零售和批发业务，是一种较新颖的电子商务模式。作为电子商务企业，自然离不开互联网，这从"时尚起义"的推广方式上可以看出。"时尚起义"主要选择在互联网上推广品牌和产品，并提出将搭配作为一种产品的新概念。

第四部分　案例使用说明

一、教学目的与用途

该案例涉及电子商务与商业模式的内容。结合案例对电子商务理论进行讲解。首先，简单介绍互联网的兴起对大众消费方式的改变。逐步过渡到电子商务中的 B2C、B2B，及有代表性的网站,如"时尚起义"。通过介绍"时尚起义"是如何结合线上线下运营自己的品牌的,让学生了解电子商务中的商业模式创新。

二、案例分析思路

1. 探寻"时尚起义"的市场定位。
2. 分析"时尚起义"的采购方式。
3. 分析"时尚起义"的运营模式。
4. 分析"时尚起义"选择了哪种营销途径。
5. 总结与归纳电子商务给现代生活带来的变化。
6. 寻找其他材料探讨电子商务企业的特点。

三、相关网络链接

"时尚起义 & 血拼革命——韩国 B2C 新模式进军中国",观潮网,2007 年 4 月 2 日,http://www.fashiontrenddigest.com/view_fn.asp?ID=262。

时尚起义官方网站:http://www.shishangqiyi.com/。

"购物平台""采购""供应商""订单""零售""B2C""批发""分拣""B2B",百度百科。

四、建议课堂计划

建议使用六节课。

第一节课:讲解重要商务词汇与案例背景,进行案例学习准备。

重要商务词汇:电子商务、批发、零售、B2B、B2C。

第二节课:讲解案例正文,理清案例发展脉络,帮助学生理解案例。

案例讲解内容:

(1)介绍"时尚起义"的相关背景资料;

(2)描述"时尚起义"的采购方式;

(3)描述"时尚起义"的运营模式;

(4)描述"时尚起义"的营销手段。

第三~四节课:展开案例分析和讨论。

(1)"时尚起义"的采购订货流程是什么?

(2)什么是 B2B 和 B2C?

(3)电子商务种类有哪些?

(4)如果你是消费者,你在网上购物时,会考虑哪些因素?

第五~六节课:进行案例总结,布置课后作业,完成案例书面报告。

(1)你是否经常网上购物,结合自己经历谈谈网上购物的优势和不足有哪些。

(2)谈谈你认为的电子商务发展趋势。

电子商务——中美

Electronic Business

谷歌中国的进退风波

第一部分 案例陈述

案例提要

2006年4月12日Google宣布中文名为"谷歌",开始正式进入中国。然而进入中国后,在市场快速增长的同时却面临法律问题,谷歌对网络内容的审查与中国法律不相适应。于是2010年宣布退出中国大陆。经过半年后,谷歌又想返回中国大陆。在中国市场可谓一波三折。

关键词语

Google 谷歌　中国大陆网络审查　搜索引擎

案例背景

谷歌是全球规模最大的搜索引擎,进军中国市场是其全球战略的重要部分。但是谷歌在中国市场的发展并不顺利,先后经历了网站改名、高管辞职等一系列事件。2010年初,谷歌更是面临着网络内容审查的法律问题。由于不能与中国政府达成共识,谷歌宣布退出中国大陆,保留香港域名。

案例正文

2006年4月12日,Google全球CEO在北京宣布Google的中文名字为"谷歌",开始正式进入中国。Google对"谷歌"的解释是"播种与期待之歌,亦是收获与欢愉之歌",此举表明了Google对中国市场的期待和决心。

谷歌进入中国市场的初期发展快速,用户数量不断增长。根据艾瑞(iResearch)数据,谷歌在中国网络搜索市场份额从2007年的23.4%,到2008年达27.1%,年增长速度约为百度的两倍。Collins Stewart的分析师估计,中国市场每年为谷歌带来约2亿美元的销售额。

然而在这样一个大好形势下,谷歌却面临法律问题。根据中国相关互联网法律规定,网站有义务对网站内容进行过滤审查,屏蔽有关敏感词汇,比如相关政治、情色等内容。谷歌进入中国之初也曾宣称,中国版搜索引擎将遵循中国法律要求,对这些信息进行屏蔽。

然而在2009年,中国政府进一步管制网上言论。2010年1月12日,Google公司却在其官方博客发出一篇题为《新的中国策略》(A New Approach to China)的声明,称公司将考虑取消对Google.cn的内容审查。

谷歌曾与中国政府就信息审查问题进行商谈,但最终未能取得突破,最终谷歌于2010年3月撤离中国市场。其实这只是个过渡行为,即把原谷歌中国的域名(google.cn)改为Google香港域名(google.com.hk),使用在美国及香港的服务器实现中文搜索服务。

很显然,丧失中国市场对谷歌来说是很大的损失,毕竟中国是全球网民最多的国家。2010年7月,谷歌提交申请,称将"遵守中国法律",希望以延续其互联网内容服务提供商牌照(ICP)。谷歌首席财务官(CFO)帕特里克—皮切特在2011年1月4日接受英国《泰晤士报》采访时暗示,谷歌希望重返中国大陆市场。谷歌虽然有意重启中国大陆市场,但是前面的道路显然是艰难曲折的。

(改编自"谷歌暗示重返中国称将屏蔽部分敏感词",易阔每日财经,2011年1月4日。)

第二部分 案例教学

一、商业专业词汇

1. 搜索引擎(Search Engine):是指根据一定的策略、运用特定的计算机程序从互联网上搜集信息,在对信息进行组织和处理后,为用户提供检索服务,将用户检索相关的信息展示给用户的系统。

2. 全球战略:又称全球化战略,是指跨国公司从全球观点出发,利用不同国家和地区的区位比较优势,把价值链上的各个环节和职能加以分散和配置,使它们有机地结合起来,实行综合一体化经营,努力降低生产经营成本,以期获得长期、稳定的全球竞争优势,实现最大化的全球效率。

3. 市场份额(Market Shares):指一个企业的销售量(或销售额)在市场同类产品中所占的比重,直接反映企业所提供的商品和劳务对消费者和用户的满足程度,表明企业的商品在市场上所处的地位。市场份额越高,表明企业经营、竞争能力越强。

4. 服务器:指一个管理资源并为用户提供服务的计算机软件,通常分为文件服务器、数据库服务器和应用程序服务器。运行以上软件的计算机或计算机系统也被称为服务器。

二、思考题

(一)根据案例内容回答问题

1. Google对谷歌在中国的期望是什么?
2. 谷歌在中国遇到了什么样的困难而退出中国?

(二)讨论题

1. 谈谈你遇到的互联网搜索引擎特点。

2. 你认为谷歌为什么还要回到中国？
3. 你认为谷歌今后在中国的发展情况会是怎么样？

第三部分　案例分析与总结

一、案例要点：搜索引擎、网络审查

搜索引擎是从互联网搜集信息，经过一定整理以后，提供给用户进行查询的系统。互联网上的信息太多且毫无秩序，搜索引擎根据用户需求为用户提供所需要的信息，供用户随时查阅。

网络审查是对网络承载的内容以及网站进行审查，并对部分内容进行过滤、删除，对网站关闭和过滤等行为。审查通常伴随对违规人员与组织的行政处理。互联网作为一种新兴媒体，网络上的信息无须经过传统的出版发行编审就可以直接面向受众，鉴于其中可能存在有违传统道德观念及现行法律法规的内容，部分国家和地区的互联网管理机构制定了相关法律，对网络内容进行审查。

二、案例总结

搜索引擎是一种新的商业模式，随着网络信息日趋丰富，越来越多的买家或卖家通过搜索引擎来寻找自己的需要。其中 Google 是应用普遍的搜索引擎公司。

中国的网民数据众多，进入中国市场也是 Google 全球战略的重要部分。然而，中国有着严格的互联网审查制度。网络审查将对网络内容以及网站进行审查，并对部分内容进行过滤、删除，对网站关闭和过滤等。这与 Google 的文化有着很大冲突，谷歌因此宣告退出中国大陆。然而，退出中国不仅伤害到了中国网民，Google 也失去了一个巨大的市场。

本案例反映了企业文化与当前法律之间的矛盾，企业在跨国经营中需要平衡其文化和法律的关系。

第四部分　案例使用说明

一、教学目的与用途

案例讲述了谷歌在中国市场的进退风波。通过案例学习，让学生了解网络搜索和网络内容审查的相关知识。指该案例适用于初级汉语的学员，适用于商务汉语案例课程，难度偏低。

二、案例分析思路

1. 介绍谷歌及其在中国的发展。

2. 描述谷歌遇到的网络内容审查问题。
3. 分析谷歌面对中国法律的做法。
4. 讨论谷歌的进退现象。
5. 总结案例启示。

三、相关网络链接

"谷歌暗示重返中国称将屏蔽部分敏感词",易阔每日财经,2011年1月4日。
"搜索引擎""全球战略""市场份额",百度百科。

四、建议课堂计划

建议使用六节课。

第一节课:讲解重要商务词汇与案例背景,进行案例学习准备。

重要商务词汇:搜索引擎、网站内容审查。

第二节课:讲解案例正文,理清案例发展脉络,帮助学生理解案例。

案例讲解内容:

(1)介绍谷歌的相关背景资料;
(2)描述谷歌在中国大陆市场遇到的问题;
(3)了解谷歌在面临法律问题时的选择。

第三~四节课:展开案例分析和讨论。

(1)谷歌在中国大陆市场遇到了什么问题?
(2)谷歌为什么退出中国大陆市场?
(3)谷歌为什么想再进入中国大陆市场?

第五~六节课:进行案例总结,布置课后作业,完成案例书面报告。

(1)谈谈你遇到的互联网搜索引擎特点。
(2)你认为谷歌为什么还要回到中国?
(3)你认为谷歌今后在中国的发展情况会是怎么样?

电子商务——中日

Electronic Business

百度与乐天成立合资公司乐酷天

第一部分　案例陈述

案例提要

国内最大的搜索引擎公司百度与日本最大的电子商务公司乐天联手成立的合资公司乐酷天商城已于 2010 年 10 月上线。无论是网站的整体架构，还是运营的内容，两家公司对乐酷天都是既有继承，又有突破。但是这个混合体的经营难度仍然不小，因为面对中国国内的竞争对手，乐酷天需要从零起步争取市场。

关键词语

电子商务　百度乐天　合资公司

案例背景

2000 年 1 月创立于北京中关村的百度集团是全球最大的中文搜索引擎和最大的中文网站之一。乐天公司则为日本排名第一的电子商务公司，创立于 1997 年 5 月。乐天公司以商店招商平台事业起家，至 2009 年其 B2C 业务的交易额已经超过 11 000 亿日元（折合人民币 891 亿元），店铺数量超过 3 万家，单一店铺每月平均销售额为 211 万日元。百度与乐天联手成立的合资公司——乐酷天商城，已于 2010 年 10 月上线，双方将在三年内共同投资 5 000 万美元，在中国建立 B2C 网上购物商城。

案例正文

2009 年,中国网络购物市场交易规模已近 2 500 亿元,同比增长 93.7%。有预计称：到 2013 年,中国网购交易规模会突破 1 万亿元。如此巨大的市场潜力让各大电子商务公司跃跃欲试,希望能抓住中国电子商务高速发展的机会,实现自身的快速扩张。

日本乐天公司决定在中国成立合资企业——乐酷天商城,正是考虑了中国电子商务快速发展的机会。日本乐天公司是一家从事 B2C 业务的电子商务公司,已有 13 年电子商务的经营经验,在日本市场里被视为"最懂"电子商务的公司。在乐天所创建的电子商务交易平台中,吸引了35 000多家商户、6 500多万家会员企业。此外乐天还拥有自己开发的面向商户的管理系统,能够为网上商家提供交易、数据库、市场调查等功能。据调查,在乐天交易平台上,进驻的商户每月需支出约5万日元(折合人民币为4 050.94元)的费用。

乐天在中国与百度合资创办的新公司乐酷天,也引进了相应的模式。乐酷天的模式也是一种"B2C"模式,商户在这个平台上开店,向消费者出售商品。乐酷天如同经营一个大型商圈一样,它把平台中的"水电"接通,把"房子"盖起来,配套设施做好,再邀请品牌商、渠道商一起来经营这个商圈。乐酷天围绕商户提供了一个360度的服务体系,这是乐酷天不容易被竞争对手复制的核心竞争力。乐酷天的盈利方式主要有三种:通过吸纳正规商家入驻,帮助中小企业做电子商务,并以提供资讯服务的方式收取服务费;通过商家在网站上位置及在搜索过程中提供竞价服务的方式获得广告费用;另外还可以在商品的支付与物流环节获得收益。

在这次合作中,百度为乐酷天提供搜索引擎的资源,搜索引擎贯穿电子商务的整个过程,并将二者紧密结合。这也是乐酷天获取更多营销资源、产品资源的基础。百度与乐天的联合使得乐酷天成为中国电子商务领域不可忽视的一股力量。

(改编自"百度乐天成立合资公司乐酷天商城将十月上线",和讯科技,2010年9月10月;"百度乐天合资公司将启用品牌名称'乐酷天'",腾讯科技,2010年6月)

第二部分 案例教学

一、商业专业词汇

1. B2B:Business-to-Business(商家对商家)的缩写,是指一个市场领域的一种,是企业对企业之间的营销关系。

2. B2C:Business-to-Consumer(商家对客户)的缩写,中文简称为"商对客"。"商对客"是电子商务的一种模式,也就是通常说的商业零售,直接面向消费者销售产品和服务。这种形式的电子商务一般以网络零售业为主,主要借助于互联网开展在线销售活动。

3. 合资公司:一般指中外合资经营企业,是由中国投资者和外国投资者共同出资、共同经营、共负盈亏、共担风险的企业。外国合营者可以是企业、其他经济组织或个人。中国合营者目前只限于企业、其他经济组织,不包括个人和个体企业

4. 渠道商:是指连接制造商和消费者之间的众多中间企业,包括批发商、零售商、代理商和佣金商等。

5. 广告费用:是指企业通过各种媒体宣传或发放赠品等方式,激发消费者对其产品或服务的购买欲望,以达到促销的目的所支付的费用。

6. 电子商务:通常是指在全球各地广泛的商业贸易活动中,在互联网开放的网络环境下,基于浏览器/服务器应用方式,买卖双方不谋面地进行各种商贸活动,实现消费者的网上购物、商户之间的网上交易和在线电子支付以及各种商务活动、交易活动、金融活动和相关的综合服务活动的一种新型的商业运营模式。

二、思考题

(一)根据案例内容回答问题

1. 乐酷天的盈利方式有哪些?
2. 乐酷天的运营模式是什么?
3. 百度和乐天在乐酷天的"成长"中承担什么角色?

(二)讨论题

1. 讨论你所熟悉的电子商务平台有哪些?以及各自的经营范围。
2. 试分析百度与乐天各自可以获得什么好处。
3. 目前国内电子商务发展过程中存在哪些亟待解决的问题?

第三部分 案例分析与总结

一、案例要点:合资公司、电子商务平台

合资企业,简称 JV(Joint Venture),一般定义为由两家公司共同投入资本成立,分别拥有部分股权,并共同分享利润、支出、风险及对该公司的控制权,与策略联盟不同。策略联盟与公司股权无关,在形式上也较不严谨。

电子商务平台即是一个为企业或个人提供网上交易洽谈的平台。企业电子商务平台是建立在互联网上进行商务活动的虚拟网络空间和保障商务顺利运营的管理环境;是协调、整合信息流、物质流、资金流有序、关联、高效流动的重要场所。企业、商家可充分利用电子商务平台提供的网络基础设施、支付平台、安全平台、管理平台等共享资源,有效地、低成本地开展自己的商业活动。

二、案例总结

在中国电子商务发展迅猛的形势下,百度和乐天合资成立的乐酷天网络商城于 2010 年 10 月上线,借助于乐天丰富的电子商务运营经验以及百度出色的搜索引擎技术,这个"合资企业"集合了各种资源,依靠百度和乐天已有的强大资源,乐酷天确实有优势,但是,拥有丰富资源的公司并不一定能够成功,乐酷天仍需在未来的发展道路上审慎而为。

第四部分 案例使用说明

一、教学目的与用途

通过本案例的学习,让学生了解 B2B 和 B2C 的概念,尤其对 B2C 这种电子商务模式有较深的了解;此外理解合资公司和电子商务平台;通过分析乐酷天的经验,把握电子商

务平台运作中应注意的问题。

二、分析思路

1. 介绍日本乐天公司和百度。
2. 介绍乐酷天的成立及运营情况。
3. 讨论百度和乐天成立合资企业的原因。
4. 分析乐酷天的优势。
5. 讨论百度和乐天给乐酷天带来的好处。

三、案例教学支持

百度乐天的合资视频，http://v.youku.com/v_show/id_XMTY3NzA5NTM2.html。
乐酷天官方网站：http://www.rakuten.com.cn/? scid＝we_bdu_91000100001。
"百度乐天成立合资公司乐酷天商城将十月上线"，和讯科技，2010年9月10月，http://news.hexun.com/2010－09－10/124858541_1.html。
"百度乐天合资公司将启用品牌名称'乐酷天'"，腾讯科技，2010年6月，http://tech.qq.com/a/20100609/000537.htm。
"B2B""B2C""合资公司""渠道商""广告费用""电子商务"，百度百科。

四、建议课堂计划

1. 介绍关于合资公司和电子商务平台的相关理论知识。
2. 介绍百度和乐天两大互联网巨头。
3. 详细分析乐酷天的运营模式。
4. 引导学生思考乐酷天的成立能为百度和乐天带来的好处。
建议使用六节课。
第一节课：讲解重要商务词汇与案例背景，进行案例学习准备。
重要商务词汇：电子商务、百度、乐天、合资公司。
第二节课：讲解案例正文，理清案例发展脉络，帮助学生理解案例。
案例讲解内容：
(1)介绍百度公司和乐天公司；
(2)描述百度公司和乐天的合作行为；
(3)描述百度公司和乐天合作的乐天酷的运作模式；
(4)了解双方公司为乐天酷公司提供的资源。
第三~四节课：展开案例分析和讨论。
(1)乐天公司为何要与百度进行合作？
(2)乐天公司与百度公司各自擅长的领域是哪部分？
(3)乐酷天商城与淘宝商城有何不同？
(4)如果你是消费者，你在网上购物时，会考虑哪些因素？
(5)如果你是网店店主，在选择电子商务平台时，你会考虑哪些因素？

第五～六节课:进行案例总结,布置课后作业,完成案例书面报告。
(1)你所熟知的电子商务平台有哪些,他们的运作模式如何?
(2)你认为中国电子商务平台的发展将会如何?

电子商务——中澳
Electronic Business

支付宝联合 Paymate,拓展澳大利亚市场

第一部分 案例陈述

案例提要

2008年6月11日,澳大利亚 Paymate 公司和中国支付宝公司合作建立的中文购物平台——"海外宝"正式上线,这是针对中国用户开发的一个中文 B2C 购物平台,让中国的消费者更方便地购买到来自澳大利亚的商品。

关键词语

海外宝购物平台　Payment　第三方支付　支付宝

案例背景

支付宝公司创立于2004年,是中国最大的电子商务公司——阿里巴巴集团旗下的第三方支付平台。经过10多年的发展,支付宝在中国市场取得了巨大成功。但在国际市场的拓展上仍处于起始阶段,尤其面对全球性电子商务公司的竞争压力,支付宝的海外发展面临诸多挑战。早在2007年8月,支付宝公司就推出了海外业务。随后,针对澳大利亚市场开拓,支付宝开始尝试合作的方式。

案例正文

2008年2月21日,支付宝公司选择与澳大利亚在线支付公司 Paymate 公司达成合作协议。根据协议,Paymate 成为支付宝的合作代理机构,Paymate 将澳大利亚实体店铺商家的特色商品放在双方合作的平台上。由此,中国的消费者可以在接入 Paymate 支付工具的澳大利亚网站上进行购物,在线选购由澳大利亚商户提供的各类商品。此次合作,是支付宝试水澳大利亚的一次尝试。

2008年6月11日,支付宝公司与 Paymate 公司又在杭州宣布,双方将基于澳大利亚 B2C 平台"海外宝"(http://www.haiwaibao.com/home.php),为中国用户提供正宗的澳大利亚特色产

品。海外宝是支付宝公司和 Paymate 公司共同为中国用户打造的全新中文购物平台，完全针对中国用户需求而开发的一个中文 B2C 购物平台，出售商品主要是澳大利亚的特色产品，包括羊皮、健康美容产品、婴儿用品、珠宝首饰乃至艺术品等等。该平台支持支付宝作为支付工具，采用统一的物流派送方式，让中国消费者可以和在国内购物网站上一样方便地购买到来自澳大利亚的商品。

支付宝公司执行总裁邵晓锋表示，通过此次合作，支付宝在满足国内网民境外网购需求的同时，解决了跨境交易双方支付障碍，向海内买家和海外卖家提供一站式的资金结算解决方案，彻底解决跨境网上交易的资金流问题。合作还为境外网上商户带来了国内最大的网上消费群体，拥有超过 8 000 万会员的支付宝将把自身资源提供给更多电子商务的参与者，帮助海外卖家进入极具潜力的中国市场。

但是，海外宝作为全球首家跨国在线购物中心，是跨境的 B2C 直平台的运作模式探索。海外宝虽然为中国消费者与澳洲产品市场之间建立了网上购物平台，但能否得到消费者的认可，其效果有待进一步关注。

(改编自"支付宝与澳大利亚 Paymate 合作建立的中文购物平台正式上线"，世华财讯，2008 年 6 月 12 日；"支付宝拓展澳大利亚市场加速国际间网上交易"，新浪科技，2008 年 2 月 21 日)

第二部分　案例教学

一、商业专业词汇

1. 购物平台：是一种泛称，是为了促成买卖双方交易而建立的场所。完整的购物平台包括软硬件设施、场所的内外环境、人员的组织和管理、支付手段等。购物平台可以分为两大类，即一般购物平台和网上购物平台。一般购物平台就是现实生活中的商场、店铺等，有时销售渠道也统称为购物平台。网上购物平台就是在虚拟的世界进行购物活动的平台，多运用数字化传递信息，达到实物交易的目的。

2. B2C：B2C 是英文 Business-to-Consumer（商家对客户）的缩写，中文简称为"商对客"。"商对客"是电子商务的一种模式，也就是通常说的商业零售，直接面向消费者销售产品和服务。这种形式的电子商务一般以网络零售业为主，主要借助于互联网开展在线销售活动。

3. 支付工具：是实现经济活动的一种交易方式，是随着商品赊账买卖的产生而出现的。在赊销赊购中，最初是用货币来支付债务。随着经济的高速发展，支付工具也越来越多，并向电子化方向发展。现在流行的网上银行、支付宝、财付通、百付宝、中国移动手机支付等都是最新的支付工具。

4. 国际市场（International Markets）：是商品交换在空间范围上扩展的产物，它表明商品交换关系突破了一国的界限。从空间上看，国际市场是一个地理的概念，即商品交换、劳务交换和资源配置在一个以上的国家范围内。

5. 资金结算：指资金结算单位或个人之间由商品交易、劳务服务等经济往来所引起的货币收付行为。分为现金结算和非现金结算两类。前者指用现金直接进行的收付；后者是通过金融机构划拨转账或票据流通所进行的收付。

6. 在线购物：即网上购物，指通过互联网检索商品信息，并通过电子订购单发出购物请求，然后填写私人支票账号或信用卡的号码，厂商通过邮购的方式发货，或是通过快递公司送货上门。国内的网上购物，一般付款方式为款到发货（直接银行转账、在线汇款）、担保交易（支付宝、百付宝、财付通等）、货到付款等。

二、思考题

(一) 根据案例内容回答问题

1. 支付宝是如何开拓海外业务的？
2. 请分别从中国境内消费者与澳大利亚商户的角度谈谈"海外宝"的益处？

(二) 讨论题

1. 你有过境外网购的经历吗？你认为对消费者来说，境外网购最大的障碍是什么？
2. 海外宝作为全球首家跨国在线购物中心，你认为它将取得怎样的效果？
3. 谈谈你对在线支付工具未来发展趋势的看法？

第三部分　案例分析与总结

一、案例要点：在线支付

在线支付是指卖方与买方通过互联网上的电子商务网站进行交易时，银行等为其提供网上资金结算服务的一种业务。它是一种通过第三方提供的与银行之间的支付接口进行支付的方式，可以直接将资金从用户的银行卡中转账到网站账户中，汇款马上到账，不需要人工确认。与到银行转账（包括通过网上个人银行转账或者到银行柜台办理现金转账）的最大区别就在于可以自动确认预付款。

在线支付为企业和个人提供了一个安全、快捷、方便的电子商务应用环境和网上资金结算工具。在线支付不仅帮助企业实现了销售款项的快速归集，缩短收款周期，同时也为个人网上银行客户提供了网上消费支付结算方式，使客户真正做到足不出户，网上购物。

二、案例总结

随着社会网络化的发展以及电子商务交易的日渐规范，在线支付作为电子商务的重要环节，成为网络商务发展的必然趋势。支付宝、Paypal 等第三方支付正日益成为消费者网上购物的重要支付工具。

支付宝虽然在中国取得了巨大的成功，但在开拓国际市场的过程中仍面临很多挑战。其竞争对手 Paypal 是国际著名电子商务公司 EBAY 旗下的支付平台。2008 年 5 月，eBay 宣布开始强制澳大利亚客户使用其支付服务 Paypal，此举引发了澳大利亚反竞争与消费者委员会（ACCC）对其的反垄断调查。

支付宝此时选择进入澳大利亚市场本身是一个很好的契机。但支付宝没有采取自我发展的方式,而是选择与澳大利亚公司 Paymate 合作建立海外宝的方式,这样可以充分利用双方的资源互补优势。支付宝可以发挥其第三方支付优势及在中国消费者市场的影响力,Paymate 则可以把澳大利亚商家引入海外宝平台。这是一种较为便捷的进入新市场的方式。

第四部分　案例使用说明

一、教学目的与用途

该案例涉及在线支付和第三方支付的理论。通过分析支付宝公司与 Paymate 公司的合作行为,揭示在线支付及第三方支付平台的特点和优势。通过案例的讲解,让学生对电子商务支付工具有进一步的了解。该案例适用于初级汉语的学员,适用于商务汉语案例课程,难度偏低。

二、案例分析思路

1. 探寻支付宝与 Paymate 公司合作的原因。
2. 分析"海外宝"平台的特征。
3. 分析推出"海外宝"平台带来的影响。
4. 讨论"海外宝"未来可能取得的效果。
5. 讨论电子商务支付工具的发展趋势。

三、相关网络链接

"支付宝与澳大利亚 Paymate 合作建立的中文购物平台正式上线",世华财讯,2008 年 6 月 12 日。

"支付宝拓展澳大利亚市场加速国际网上交易",新浪科技,2008 年 2 月 21 日。

"布局海外支付宝携手澳洲商家开通'海外宝'",浙江在线·浙商网杭州,2008 年 6 月 12 日。

"购物平台""B2C""支付工具""国际市场""资金结算""在线支付",百度百科。

四、建议课堂计划

建议使用六节课。

第一节课:讲解重要商务词汇与案例背景,进行案例学习准备。

重要商务词汇:在线支付、第三方支付、网上购物。

第二节课:讲解案例正文,理清案例发展脉络,帮助学生理解案例。

案例讲解内容:

(1)介绍支付宝、Paymate 公司的相关背景资料;

(2)了解支付宝如何拓展澳大利亚的市场；
(3)描述"海外宝"如何为国内消费者服务；
(4)了解支付宝公司推出"海外宝"的目的。
第三～四节课：展开案例分析和讨论。
(1)支付宝为何要与澳大利亚在线支付公司Paymate建立合作？
(2)支付宝与Paymate公司主要有哪些合作内容？
(3)对消费者来说，境外网购最大的障碍是什么？"海外宝"能解决此障碍吗？
(4)分别从中国境内消费者与澳大利亚商户的角度，讨论"海外宝"的益处？
(5)"海外宝"存在哪些缺陷或不足？
第五～六节课：进行案例总结，布置课后作业，完成案例书面报告。
(1)海外宝作为全球首家跨国在线购物中心，你认为它将取得怎样的效果？
(2)谈谈你对在线支付工具未来发展趋势的看法？

电子商务——中俄

Electronic Business

俄罗斯军表借助昆仑客进入中国大陆市场

第一部分 案例陈述

案例提要

电子商务的大力发展，大大降低了进入一个消费地区的门槛。俄罗斯军表通过与中国国内最大的网上名表订购平台——昆仑客合作，成功进入了中国市场。

关键词语

俄罗斯军表　电子商务　订购平台　中国市场

案例背景

随着中国经济的迅速发展，越来越多的消费者开始追求更高档次的商品，手表市场也是如此。然而，尽管面临巨大的市场需求，许多国外产品或品牌由于种种原因一时难以找到目标客户群。电子商务的发展给这些企业带来了福音。俄罗斯军表(Vostok-europe)是一个著名的手表品牌，2008年通过与中国国内最大的网上名表订购平台——昆仑客合作，俄罗斯军表开始进入中国市场。

案例正文

2008年的金融危机，使各国的经济进入了低潮，这对高档手表市场造成了一定的冲击。然而，中国的经济始终保持着良好的增长，中国大陆居民对高档手表的需求仍然在增加，名表市场存在着巨大的潜力。俄罗斯军表(Vostok-europe)对中国大陆市场关注良久，但如何进入中国市场却是一个难题。因为中国市场的潜在需求虽然旺盛，但目标消费群的分散性也使市场的初期开拓面临风险。

2009年，俄罗斯军表决定与昆仑客合作。昆仑客是中国国内一家与实体店合作的网上手表销售平台，目前已经成为许多国际、国内知名手表品牌的经销商。

俄罗斯军表选择昆仑客的原因有以下几个方面：一是昆仑客作为中国大陆专业名表订购

服务平台,通过与众多国际名表品牌授权实体店合作,提供正品订购服务,已经树立了良好的形象和口碑;二是近年来随着电子商务的发展,昆仑客在手表网络营销方面的影响力越来越大,这为俄罗斯军表进入中国市场提供了便捷的渠道;三是借助于电子商务平台开拓新市场,可以大大降低俄罗斯军表进入中国市场的成本。

基于上述原因,俄罗斯军表与昆仑客开展了合作。昆仑客成为俄罗斯军表在中国大陆区零售、批发总代理、网上销售总代理,这标志着俄罗斯军表首次成功进军中国大陆市场。通过昆仑客网站,俄罗斯军表不仅快速进入了中国大陆市场,并且开始让中国消费者逐步认识其品牌,从而为推动下一步销售打下了基础。

(根据昆仑客官方网站和俄罗斯军表官方网站宣布的消息进行改编)

第二部分 案例教学

一、商业专业词汇

1. 市场:商品交易关系的总和,主要包括买方和卖方之间的关系,同时也包括由买卖关系引发出来的卖方与卖方之间的关系以及买方与买方之间的关系。

2. 网络营销(On-line Marketing 或 E-Marketing):是以国际互联网为基础,利用数字化的信息和网络媒体的交互性来辅助营销目标实现的一种新型的市场营销方式。简单地说,网络营销就是以互联网为主要手段进行的,为达到一定营销目的的营销活动。

3. 电子商务:交易当事人或参与人利用现代信息技术和计算机网络(主要是互联网)所进行的各类商业活动,包括货物贸易、服务贸易和知识产权贸易。

4. 代理:法律上指以他人的名义,在授权范围内进行对被代理人直接发生法律效力的法律行为。

5. 总代理(General Agent):是指委托人在指定地区的全权代表,他有权代表委托人从事一般商务活动和某些非商务性事务,并有权指定地区内细分地区,委托下放给区域代理,从事一般商务活动和某些非商务性事务。

二、思考题

(一)根据案例内容回答问题

1. 俄罗斯军表为什么要进入中国市场?
2. 俄罗斯军表为什么要选择与昆仑客网站合作?

(二)讨论题

1. 你通常在网上购买什么样的物品?举几个例子。
2. 你认为网上销售物品有哪些优缺点?
3. 你认为电子商务在以后营销中扮演的角色会越来越大吗?说出你的理由。

第三部分　案例分析与总结

一、案例要点：电子商务、网络营销

电子商务涵盖的范围很广，一般可分为企业对企业（Business-to-Business），或企业对消费者（Business-to-Consumer）两种。另外还有消费者对消费者（Consumer-to-Consumer）模式。电子商务对人们的生活、工作、学习及消费产生了巨大影响。电子商务可应用于个人的家庭理财、个人购物，还应用于企业经营、国际贸易等方面。

网络营销指以互联网为主要手段开展的营销活动。网络营销的重点在于交易前的宣传和推广，尤其在商品宣传、信息传递等方面，网络营销发挥着重要作用。

二、案例总结

俄罗斯军表虽然设计新颖、质量稳定，有一定的产品优势，但要进入中国市场，还需要让消费者了解其产品特征，尤其在短期内吸引大量消费者，则需要选择合适的进入策略：一是进入途径；二是进入方式。

俄罗斯军表和昆仑客网站进行合作，进入中国内地市场。一是选择了互联网途径，因为近年来，中国大陆互联网得到了飞速发展，上网人数不断增加，越来越多的消费者选择在网上进行购物。互联网拥有跨时间、跨地域进行信息交换和传播的优势，有助于新品牌的推广。二是在进入方式上选择了合作方式，委托昆仑客网站为中国大陆区的总代理，可以借用昆仑客的力量，快速打开中国市场。

第四部分　案例使用说明

一、教学目的与用途

该案例涉及电子商务和网络营销的理论知识。从电子商务的角度来分析俄罗斯军表发展特点；从网络营销的理论来分析俄罗斯军表销售方式。同时，通过俄罗斯军表和昆仑客网站的合作，展示企业之间的合作。通过案例的讲解，使同学们对电子商务和网络营销有了新的认识。该案例适用于初学汉语的同学，适用于商务汉语案例课程，难度偏低。

二、案例分析思路

1. 分析俄罗斯军表进入中国的原因；
2. 分析俄罗斯军表进入中国的困难；
3. 探讨俄罗斯军表是如何选择昆仑客网站作为合作伙伴的；
4. 分析俄罗斯军表和昆仑客合作会带来的优势；

5. 总结网络营销的特点和优势。

三、相关网络链接

俄罗斯军表官方网站，http://www.vostok－europe.com/。
"恭贺昆仑客获得俄罗斯军表大陆区网络销售总代理"，昆仑客知道，2009－7－12。
"市场""网络营销""电子商务""代理""总代理"，百度百科。

四、建议课堂计划

建议使用六节课。
第一节课：讲解重要商务词汇与案例背景，进行案例学习准备。
重要商务词汇：金融危机、网络营销、电子商务。
第二节课：讲解案例正文，理清案例发展脉络，帮助学生理解案例。
案例讲解内容：
(1) 介绍俄罗斯军表的相关背景资料；
(2) 了解俄罗斯军表进入中国市场的原因；
(3) 介绍昆仑客网站的相关背景资料；
(4) 了解俄罗斯军表进入中国市场的方式。
第三～四节课：展开案例分析和讨论。
(1) 俄罗斯军表是怎样通过网络进行销售的？
(2) 俄罗斯军表进入中国遇到了什么样的困难？
(3) 俄罗斯军表选择与昆仑客网站合作有什么意义。
(4) 如何分析俄罗斯军表在中国的优势和劣势？
(5) 讨论网络营销模式有什么样的优点和缺点。
第五～六节课：进行案例总结，布置课后作业，完成案例书面报告。
(1) 你通常在网上购买什么样的物品？举几个例子。
(2) 你认为网上销售物品有哪些优缺点？
(3) 你认为电子商务在以后营销中扮演的角色会越来越大吗？说出你的理由。

电子商务——中西

Electronic Business

支付宝与西班牙瑞尔普威的异业营销

第一部分 案例陈述

案例提要

西班牙饮品公司瑞尔普威与中国支付宝公司在 2007 年 4 月宣布建立合作伙伴关系,开始相互在对方领域内开展异业合作。瑞尔普威推出的"皇家动力"(Real Power)饮料瓶上将印上支付宝 Logo,同时支付宝也将帮助"皇家动力"拓展中国网民群体。双方还共同推出"皇马追寻记"。

关键词语

瑞尔普威 支付宝 异业营销

案例背景

支付宝公司是中国境内最大的第三方支付平台,截至 2007 年 3 月,会员数已经突破 3 600 万。瑞尔普威是西班牙著名饮品公司,旗下的"皇家动力"(Real Power)饮料是西班牙皇家马德里足球俱乐部的官方指定饮品,多年来一直陪伴着皇家马德里的成长,在西班牙享有很高的知名度。2007 年 4 月,两家业务范围上"不相关"的公司宣布开展合作。

案例正文

2007 年 4 月,西班牙饮品公司瑞尔普威与支付宝公司宣布建立合作伙伴关系。双方将在品牌、市场等领域展开全方位的合作。从宣布之日起,瑞尔普威推出的"皇家动力"(Real Power)饮料瓶上将印上支付宝 Logo,同时支付宝也将帮助"皇家动力"拓展中国网民群体。

双方联合推出了大型在线休闲游戏——"皇马追寻记"。网民在游戏中可以充分领略西班牙风土人情,最终实现与"银河舰队"皇家马德里的亲密接触。支付宝公司提供在线游戏支付,瑞尔普威将提供皇马运动装备和足球作为活动奖品。

支付宝相关人员表示:"皇家马德里在国内拥有众多的支持者,是众多年轻人所为之狂热的国际品牌,相信我们的合作将使得自己的品牌提升到一个新的高度。"瑞尔普威公司负责人表示:"互联网是我们所热切关注的一大领域,我们非常看重支付宝所拥有的年轻、活力、有消费实力的用户人群,相信两家公司的合作能够使中国年轻网民了解'皇马'文化,认识皇家动力。"

在网游、快速消费品、影视、时尚、体育等领域,异业合作已经屡见不鲜。异业合作模式是处于不同行业的企业之间一种互利资源共享的合作方式,包括信息、渠道、营销方式等都属于可共享的资源,这种推广模式往往能达到"1+1>2"的营销效果。

此次支付宝与瑞尔普威的合作,对双方来说都是一个尝试,但是取得了不错的效果。支付宝通过"足球+网上支付"拓展了第三方支付的营销模式。瑞尔普威通过合作提高了产品在年轻网民中的认知度。

(改编自"支付宝与西班牙瑞尔普威合作尝试异业营销",《民营经济报》,2007年4月9日)

第二部分 案例教学

一、商业专业词汇

1. 第三方支付:是一些和产品所在国家以及国外各大银行签约、并具备一定实力和信誉保障的第三方独立机构提供的交易支持平台。

2. Logo:指徽标或商标,起到对徽标拥有公司的识别和推广的作用,通过形象的Logo可以让消费者记住公司主体和品牌文化。

3. 异业营销:是指两个或两个以上的不同行业的企业通过分享市场营销中的资源,降低成本、提高效率、增强市场竞争力的一种营销策略。

二、思考题

(一)根据案例内容回答问题

1. 瑞尔普威为什么要与支付宝合作?
2. 支付宝为什么要与瑞尔普威合作?

(二)讨论题

1. 你还能举出哪些异业营销的例子?
2. 你怎么看待异业营销策略及其效果?

第三部分 案例分析与总结

一、案例要点:异业营销

一般来讲,异业营销是指两个或两个以上的不同行业的企业通过分享市场营销中的资源、降低成本、提高效率、增强市场竞争力的一种营销策略。异业营销的核心包括两方面，其一是营销主体为不同行业的企业；其二是以合作的方式进行营销。

瑞尔普威需要支付宝在中国的影响力，而支付宝需要的是瑞尔普威和皇马的高品质形象，因此双方开展了看上去似乎跨度很大的异业营销。

二、案例总结

支付宝在中国的第三方支付市场已经具有绝对的优势，不过它也面临财富通等其他第三方支付工具的竞争。瑞尔普威是西班牙的优秀饮品企业，它需要提升在中国的知名度以便于在未来进入中国市场。

在这样的背景下，上述两家企业开展了这一异业营销活动，对于支付宝来说，借助一些高端品牌如具有贵族气质的皇马等可以进一步提升其知名度；对于瑞尔普威来说，借助深入中国亿万网民生活的支付宝可以提升其在中国市场的影响力。可以说，在这样一个合作上，合作双方实现了双赢。

第四部分　案例使用说明

一、教学目的与用途

案例介绍了一种跨行业的异业合作。通过案例学习，让学生了解异业合作，对异业合作中的伙伴选择有一定的认识。该案例适用于初级汉语的学员，适用于商务汉语案例课程，难度偏低。

二、案例分析思路

1. 介绍支付宝公司和瑞尔普威公司。
2. 介绍两家公司开展的合作。
3. 分析并讨论两家公司合作的原因。
4. 讨论异业合作这种营销方式。
5. 探讨瑞尔普威与支付宝异业营销的得失。
6. 总结案例启示。

三、相关网络链接

"支付宝与西班牙瑞尔普威合作尝试异业营销"，《民营经济报》，2007年4月9日。
"推出公益营销策略支付宝大力营造网络诚信体系"，中国经济网，2007年10月9日。
"工行与支付宝达成战略合作将成支付宝备付金存管银行"，一财网，2011年6月7日。
"傲游与支付宝达成深度战略合作"，eNet硅谷动力，2009年9月8日。
"第三方支付""Logo""异业营销"，百度百科。

四、建议课堂计划

建议使用六节课。

第一节课：讲解重要商务词汇与案例背景，进行案例学习准备。

重要商务词汇：异业营销、第三方支付。

第二节课：讲解案例正文，理清案例发展脉络，帮助学生理解案例。

案例讲解内容：

(1)介绍支付宝公司和瑞尔普威公司；

(2)描述两家公司的合作；

(3)了解异业合作；

(4)了解两家公司合作的效果。

第三～四节课：展开案例分析和讨论。

(1)讨论支付宝为何与瑞尔普威合作？

(2)讨论瑞尔普威为何与支付宝合作？

(3)两家公司如何开展合作？

(4)什么是异业营销，此次合作对两家公司带来了什么？

第五～六节课：进行案例总结，布置课后作业，完成案例书面报告。

(1)描述一个你知道的异业营销的例子。

(2)你怎么看待异业营销策略及其效果？

中外商务合作
跨文化交际案例集

—— 中级 ——

企业战略——中德

Enterprise Strategy

SAP 与东软的战略合作

第一部分 案例陈述

案例提要

2006年5月22日，SAP在中国市场上和东软集团开启了战略合作；两家竞争对手将牵手合作，共同开拓中国管理软件市场。

关键词语

德国 SAP　东软集团　战略合作

案例背景

SAP公司是全球最大的企业管理和协同商务解决方案供应商、全球第三大独立软件供应商、全球领先的协同电子商务解决方案供应商。SAP在全球的员工总数约为43 800人，在保加利亚、加拿大、中国、以色列、印度和美国设有7个SAP研究院，负责SAP产品的研究与开发。而东软是中国领先的IT解决方案与服务供应商。公司开发的各种软件已被广泛运用于工程、电力、电信、房地产、工厂设计等行业，软件的商品化率是国内最高的。两家竞争对手最终决策牵手，决定共同开拓中国管理软件市场。

案例正文

2006年5月22日，全球最大的企业管理软件和协同商务解决方案提供商SAP与中国最大的软件与解决方案提供商东软集团，在中国北京联合举行"SAP—东软战略合作新闻发布会"。双方宣布将建立更加广泛而深入的战略合作伙伴关系，大力拓展面向中国企业的管理软件市场，为中国企业客户提供更加优化的管理软件解决方案。作为合作协议的一部分，SAP将成为东软集团的战略投资者。

双方公司早在2000年就建立了合作伙伴关系，这次合作也是双方合作的大规模拓展和延伸。根据此次签署的协议，双方将充分整合各自的优势与竞争力，就中国企业管理软件的研发与市场开拓以及人力资源培训方面展开全方位的合作。

SAP公司是全球最优秀的企业管理软件提供商,对中国企业客户的需求有着较深入的理解,具备满足客户需求的开发、实施、咨询、客户支持等多方面的综合服务能力。早在20世纪80年代,SAP公司就进入中国市场并取得了成功经验。1995年在北京正式成立SAP中国公司,随后陆续建立了上海、广州、大连分公司。十几年间,SAP发展很快并逐步成为中国ERP市场的领导者,SAP的市场份额目前已经达到30%,年度业绩以50%以上的速度递增。

尽管SAP在中国管理软件市场已经占据了较大的市场份额,但在中国扩展管理软件市场却受到两大因素的制约:一是渠道,SAP作为跨国公司,短期内难以适应中国文化和社会背景;二是人才,目前SAP拥有的认证工程师数量较少,并且市场招聘工程师成本也很昂贵。

东软集团是一家为政府、社会基础行业及企业提供解决方案的供应商,在中国信息基础设施的重要领域拥有8 000多家大型客户,同时拥有中国规模最大的IT培训机构,是中国最大的软件外包服务供应商。同时东软在行业信息化和企业管理软件方面有着良好的技术积累和实施经验,东软与行业客户核心业务的结合能力,遍布中国40多个城市的营销与服务网络,此外东软还具有强大的IT培训与课件开发能力。

根据双方签订的协议,东软将开始设立专门的SAP业务团队,扩大SAP培训计划和基于SAP最佳业务实践系列软件的解决方案的开发,同时,将采用SAP NetWeaver业务流程平台作为企业应用软件的开发平台。在今后两年里,东软将把专职从事SAP业务的人员扩大到目前数量的三倍,充分利用东软与大学之间的产学研互动,建立多个专业培训中心,面向日益增多的SAP客户、合作伙伴和独立咨询师提供培训和认证服务。此外,东软还将继续作为mySAP All-in-One解决方案增值服务商,在中国开发推广以SAP Best Practices为基础,针对各个行业SME(中小型企业)的行业细分(micro-vertical)解决方案。

当然,SAP和东软也希望通过合作,能够在其他公共领域寻求机会,把SAP NetWeaver等强大的SAP新技术应用至东软的解决方案中,同时利用东软良好的国内销售渠道和良好的培训教育基地,共同提升在管理软件市场的竞争力。

(改编自韩建光"SAP与东软战略合作,互补进军中国管理软件市场",搜狐软件,2006年5月22日;"东软与SAP建立战略联盟,推动中国企业信息化",天极传媒,2003年4月3日;"东软与SAP携手建立战略联盟,欲攀ERP珠穆朗玛",新浪科技,2006年6月30日;"东软与SAP各取所需,宣布组建战略联盟",天极新闻,2006年2月24日;百度百科-SAP;东软集团网站。)

第二部分　案例教学

一、商业专业词汇

1. 战略合作:是企业出于长期共赢目的,在共同利益基础上,实现深度的合作。

2. 战略合作伙伴:是指能够通过合资合作或其他方式,能够给企业带来资金、先进技术、管理经验,提升企业技术进步的核心竞争力和拓展国内外市场的能力,推动企业技术进步和产业升级的国内外先进企业。

3. 跨国公司(Multinational Firms):又称多国公司(Multi-national Enterprise)、国际

公司(International Firm)、超国家公司(Supernational Enterprise)和宇宙公司(Cosmo-corporation)等。跨国公司是指由两个或两个以上国家的经济实体所组成,并从事生产、销售和其他经营活动的国际性大型企业。

4. 分公司:分公司是母公司管辖的分支机构,是指公司在其住所以外设立的以自己的名义从事活动的机构。分公司不具有企业法人资格,其民事责任由母公司承担。虽有公司字样但并非真正意义上的公司,无自己的章程,公司名称只要在总公司名称后加上分公司字样即可。

5. 市场领导者:是指在相关产品的市场上市场占有率最高的企业。它在价格调整、新产品开发、配销覆盖和促销力量方面处于主导地位。它是市场竞争的导向者,也是竞争者挑战、效仿或回避的对象。

6. 销售渠道:也称营销渠道,是指某种货物或劳务从生产者向消费者移动时,取得这种货物或劳务所有权或帮助转移其所有权的所有企业或个人(菲利浦·科特勒)。简单地说,营销渠道就是商品和服务从生产者向消费者转移过程的具体通道或路径。

7. 外包服务:也称服务外包,是指企业将价值链中原本由自身提供的非核心业务和流程剥离出来后,外包给企业外部专业服务提供商来完成的经济活动。

8. 协同商务解决方案:是一种成套软件系统,该软件系统通常包括多个子模块,如文档管理、人力资源管理、客户关系管理、财务管理等,通过将企业信息、知识管理、流程管理、客户与供应链管理等企业管理功能集于一体,加强企业信息流通的通畅性,从而提高管理水平和运营效率。

二、思考题

(一)根据案例内容回答问题

1. SAP 在中国扩展管理软件市场受到了什么制约?
2. SAP 和东软集团的战略合作对 SAP 有什么好处?
3. SAP 和东软集团的战略合作对东软有什么好处?

(二)讨论题

1. 为什么竞争对手也可以变成合作伙伴?
2. 以本案为例说一说战略合作对企业发展带来的好处。
3. 你认为应该如何选择战略合作的对象?

第三部分 案例分析与总结

一、案例要点:战略合作

战略合作是企业出于长期共赢目标,在共同利益基础上实现的深度合作。战略合作涉及战略伙伴和战略合作方式的选择,战略伙伴关系的建立和维护等问题。企业在开展战略合作时,首先要考虑的是如何在合作者之间建立起共同利益。由于合作方各有自己的利益最大化目的，尤其当合作方为竞争对手时，它们彼此之间将存在竞争关系。战略合作强调要从整体出发，考虑彼此之间的关系，从而使整体利益最大化，才能保证战略合作关系的深度和稳定性。

企业开展战略合作的常见形态就是组建战略联盟。战略联盟是两个或两个以上的企业为了达到共同的战略目标而采取的相互合作、共担风险、共享利益的联合行动。战略联盟因为合作内容的不同而呈现多样性。联盟伙伴通常保持既合作又竞争的关系，他们虽然在竞争领域合作，但在协议之外的领域仍保持着经营管理的独立性。

二、案例总结

企业存在明显劣势，暂时又无能力或精力来改善时，通过寻找合作伙伴，可以快速地、低成本地弥补自身的不足，化劣势为优势。

东软和 SAP 在彼此的领域有优势，但同样也存在劣势。东软是中国国内最大的解决方案供应商，在企业信息化建设方面有丰富的技术和经验，在 IT 人才的教育与培训，客户需求的把握，技术与解决方案的整合，持续的本地化服务方面拥有很强的优势；而 SAP 在技术研发、项目实施和咨询能力方面拥有自己的优势，因此双方资源的优势互补将为中国企业提供一个更具竞争力的解决方案。

东软与 SAP 的合作正是希望能够结合双方在技术、实施经验方面的优势，强强联手，为中国用户构造一个技术领先的、功能可扩展的、能够买得起的并能获得更多增值服务的全面解决方案。双方都承认，这是一个互利互惠的合作方案。东软集团董事长、总裁刘积仁在回答记者提问时承认："东软这次合作主要目的是学习，学习 SAP 在产品技术和实施经验上的优势。而实际上，国内管理软件企业都存在这些薄弱环节且一时难以突破。东软要弥补在这方面的缺憾。"SAP 大中华区总裁西曼指出："SAP 渴望利用东软遍布全国的营销服务渠道，SAP 也需要更多熟知 SAP 产品的实施和顾问咨询人员。"

第四部分　案例使用说明

一、教学目的与用途

该案例涉及企业战略的内容。从企业战略的角度入手，突出德国 SAP 在中国市场上的战略联盟，重点让学生了解国外品牌到中国战略联盟所带来的好处。

二、案例分析思路

1. 探寻国外品牌在中国战略联盟的原因。
2. 分析德国 SAP 和东软战略联盟的原因。
3. 分析这项战略联盟给德国 SAP 带来的好处。
4. 讨论这项战略联盟给其他企业带来了怎样的启示。
5. 总结与归纳企业间战略联盟给现代生活带来的变化。

6. 寻找其他材料探讨德国SAP为什么要采取战略联盟。

三、相关网络链接

"SAP与东软战略合作,互补进军中国管理软件市场",搜狐软件,2006年5月22日。
"东软与SAP建立战略联盟,推动中国企业信息化",天极传媒,2003年4月3日。
"东软与SAP携手建立战略联盟,欲攀ERP珠穆朗玛",新浪科技,2006年6月30日。
"东软与SAP各取所需,宣布组建战略联盟",天极新闻,2006年2月24日。
东软集团网站,http://www.neusoft.com/。

四、建议课堂计划

建议使用六节课。
第一节课:讲解重要商务词汇与案例背景,进行案例学习准备。
重要商务词汇:战略合作、战略合作伙伴、ERP。
第二节课:讲解案例正文,理清案例发展脉络,帮助学生理解案例。
案例讲解内容:
(1) 介绍德国SAP公司;
(2) 描述德国SAP在中国市场的表现;
(3) 描述德国SAP在中国的战略合作;
(4) 了解德国SAP战略合作所实现的效果。
第三~四节课:展开案例分析和讨论。
(1) 德国SAP为什么要战略合作?
(2) 德国SAP是如何展开战略合作的?
(3) 德国SAP与东软的战略合作,为它带来了哪些好处?
(4) 如果你购买国外品牌,会受到它们战略合作的影响吗?
(5) 如果你是生产商,在采取战略合作时,你会考虑哪些因素?
第五~六节课:进行案例总结,布置课后作业,完成案例书面报告。
(1) 你认为国外品牌在中国的战略合作应该考虑哪些因素?
(2) 你认为未来国外品牌在中国战略合作的趋势是什么?

贝塔斯曼(中国)的战略失误

第一部分 案例陈述

案例提要

自从进入中国市场后,贝塔斯曼给中国人带来了不少新鲜体验,比如书友会、数据库营销等,但由于战略失误,这个德国客人终究没有把这种"体验"变成盈利的"习惯",贝塔斯曼最终选择关闭书店和书友会,全部高管离开中国。

关键词语

贝塔斯曼　战略转移　战略失误

案例背景

创建于 1835 年的贝塔斯曼集团是世界四大传媒巨头之一,目前在全球 58 个国家拥有 300 多家下属公司。该集团共有六个子集团:在全球拥有 5 500 万会员的贝塔斯曼直接集团;欧洲最大电视广播集团——RTL 集团;全球最大图书出版集团——兰登书屋(旗下在全球拥有 150 多家出版社);欧洲最大、世界第二杂志出版集团——古纳亚尔;世界音乐和行业信息市场领袖、美国排名第一的单曲唱片发行公司——贝塔斯曼音乐集团(BMG);欧洲最大传媒服务供应商——欧唯特服务集团。

1995 年,贝塔斯曼进入中国市场。13 年的时间里,它们在中国有了 150 万的会员,创建了中国最大的图书俱乐部;年营收达到 1.5 亿元人民币;它们几乎把旗下所有业务都见缝插针地搬到了中国,但成功并没有如期而至。2008 年 6 月 13 日,贝塔斯曼宣布关闭分布在全国的 38 家二十一世纪连锁书店。而旗下负责书友会和 BOL 业务的直接集团也于近期解散,全部高管已经离开中国。

案例正文

德国贝塔斯曼集团已有 160 多年的历史。自 1995 年进入中国后,贝塔斯曼给中国人带来了不少新鲜体验,比如书友会、直营店、数据库营销……但这个德国客人终究无法把这种"体验"变成"盈利"。

作为世界四大传媒巨头之一,贝塔斯曼集团在进入中国市场之初,选择了复制自己在欧洲的成功经营策略——书友会 + 直营店。通过吸引人们加入书友会,然后向他们直接销售图书。但是这种在欧洲取得成功的销售经验在中国市场很快显现出了弊端。中国的书友会是以学生居多,流动性大,这和欧洲以家庭为主的书友会有着本质区别。欧洲图书价格较高,而且在购买习惯上,欧洲的读者将书友会当作一种半休闲式的场所,乐于将时间花费在书店中。而中国读者却极其容易受到图书价格的左右,折扣率和低价格是吸引消费者的重要因素。所以折扣率相对较高的网上书店就成为消费者青睐的购书渠道。

其实早在 1998 年,贝塔斯曼为了提高在中国的知名度,曾推出"书友会在线"。2000 年 12 月,贝塔斯曼全额投资成立上海贝塔斯曼商业服务有限公司,开通贝塔斯曼中国在线(BOL)。这样,贝塔斯曼实现了"网上书店直销和会员书店互动连锁"的销售模式。当时,中国是贝塔斯曼总裁米德尔霍夫眼中的"最重要的市场之一"。

网络销售曾经是贝塔斯曼最得意的销售模式。贝塔斯曼曾经试图在中国建立一个类似亚马逊的网络图书销售商城,在 2003~2004 年期间,贝塔斯曼在互联网中投入巨额资金,建立了完善的网络图书电子商城。它甚至拥有专属邮政编码。款到发货时,贝塔斯曼能自盖邮戳、粘贴邮单,从而把物流周期缩短了 3~4 天。这在渠道为王的网络销售市场中,无疑是一种巨大的竞争优势。

可是后来,贝塔斯曼还逐渐将重心移到了传统的书友会"直销业务",放弃了网络书店这一有巨大潜力的领域。这个改变,被一些业内人士认为是贝塔斯曼的转折点。市场策略的改变使贝塔斯曼放缓了本已经具有势头的 BOL 在线商城的建设。而与此同时,无论在中国国内,还是在美国图书市场,网上书店正在快速发展。

亚马逊凭借着互联网一跃成为全球最大的书店,当当网也在中国市场不断扩展市场份额。网上购书平台减少了库存压力,也不受店面限制,随时备有十几万种图书可供挑选,选择余地更大,而且折扣更低。从商业模式上说,互联网以其跨越空间、快捷访问、海量数据的特点,早已覆盖了目录销售的所有优势,却没有书友会招募和维护会员的成本。

贝塔斯曼在中国市场最终未能取得成功。2008 年 7 月,贝塔斯曼(中国)正式宣布终止上海贝塔斯曼文化实业有限公司的业务,同年 6 月,贝塔斯曼宣布终止了北京贝塔斯曼二十一世纪图书连锁有限公司的业务,至此,其在华的书友会业务已全部终止。

伴随着逐渐升温的电子商务热潮和网上图书销售的快速发展,贝塔斯曼却终止了其在中国市场的图书业务,其经历或教训值得大家深思。

(改编自苗得雨"贝塔斯曼中国大撤退,电子商务市场暗流涌动",《通信信息报》,2008 年 7 月 3 日;"贝塔斯曼在中国为什么失败?",品牌中国网,2008 年 7 月 4 日;"贝塔斯曼:满身光环的失败者",企博网,2008 年 8 月 31 日;"贝塔斯曼'败走'中国市场",国际市场,2008 年 8 月 22 日)

第二部分　案例教学

一、商业专业词汇

1. 数据库营销:是企业通过收集和积累会员(用户或消费者)信息,经过分析筛选后针对性的使用电子邮件、短信、电话、信件等方式进行客户深度挖掘与关系维护的营销方式。或者,数据库营销就是以与顾客建立一对一的互动沟通关系为目标,并依赖庞大的顾客信息库进行长期促销活动的一种全新的销售手段。是一套内容涵盖现有顾客和潜在顾客,可以随时更新的动态数据库管理系统。数据库营销的核心是数据挖掘。

2. 网络销售:就是通过互联网进行产品销售。比如目前我们所熟悉的各个网上购物平台如百度有啊、淘宝网、看了又看品牌网、易趣、拍拍等,卖家通过网络交易平台进行销售产品以便买家选购。

3. 集团:是为了一定的目的组织起来共同行动的团体。指多个公司在业务、流通、生产等方面联系紧密,从而聚集在一起形成的公司(或者企业)联盟。

4. 直销:指以面对面且非定点的方式,销售商品和服务,直销者绕过传统批发商或零售通路,直接从顾客接收订单(世界直销联盟的定义)。

5. 连锁:是指经营同类商品或服务的若干个企业,以一定的形式组成一个联合体,在整体规划下进行专业化分工,并在分工基础上实施集中化管理,把独立的经营活动组合成整体的规模经营,从而实现规模效益。

6. 电子商务:在信息技术和互联网支持下,基于浏览器/服务器应用方式,买卖双方不谋面地进行各种商贸活动，实现消费者的网上购物、商户之间的网上交易和在线电子支付以及各种商务活动、交易活动、金融活动和相关的综合服务活动的一种新型的商业运营模式。

7. 市场策略：企业在复杂的市场环境中，为达到一定的营销目标，对市场上可能发生或已经发生的情况与问题所做的全局性策划。

8. 竞争优势：竞争优势是企业所具备的某种不同于别的竞争对手的独特品质，这种品质难以观察和测量，但在竞争中是能够比较明显地表现出来的。迈克尔·波特提出了两种竞争优势：低成本优势和差异化优势。

二、思考题

（一）根据案例内容回答问题

1. 贝塔斯曼给中国人带来了哪些体验？
2. 贝塔斯曼在中国的书友会和欧洲的书友会有什么区别？
3. 贝塔斯曼在中国市场失败的原因是什么？

（二）讨论题

1. 你认为贝塔斯曼为什么决定改变策略（重心转移到书友会）？为什么决定放缓在线商城建设？
2. 企业在某国的成功经验应用到其他国家时要注意什么？
3. 你认为企业战略转移时应该考虑哪些因素？你觉得贝塔斯曼在当时有没有办法挽救或扭转颓势？

第三部分　案例分析与总结

一、案例要点：企业战略转移、本土化战略

企业战略转移是指企业基于长远发展的需要，对企业的经营重心进行重大调整。一般来说，企业战略转移是外部环境和内部条件相互作用的结果。因此，可从两个方面来分析企业战略转移的动因：(1)企业外部环境的变化。一种情况是企业所处的行业走向衰退，市场需求不断下降，从而使企业生存发展的空间越来越小；另一种情况是行业需求虽然没有下降，但由于过度竞争导致经营环境恶化，产品价格大幅下降。(2)企业内部条件的变化。当企业发展到一定规模，积累了自己的技术、人才、资金、品牌、销售网络等资源，如果企业认为自己有富余资源，在选择的新行业中能形成竞争优势并创造更多利润，那么就可能进行战略转移。

本土化指一个事物为了适应当前所处的环境而做的变化，通俗来说就是入乡随俗。本土化战略的核心是：企业一切经营活动以消费者为核心，而不是以商家的喜好、习惯为准绳，企业规范必须随地区性变化引起的顾客变化而改变。跨国公司将生产、营销、管理、人事等融入东道国经济的过程中，需要了解东道国本土的经济、文化、生活习俗等情况而

进行一系列的调整。本土化战略一方面使跨国公司的产品能更好地满足本土消费者的需要,另一方面可以节省跨国经营的高昂费用,与当地社会文化的融合可以减少当地社会对外来资本的危机情绪。

二、案例总结

贝塔斯曼最初进入中国市场时,采用了传统的书友会模式,后来曾重视网上营销业务并开展在线销售,但最终将重心回到了书友会模式。战略转型后的贝塔斯曼最终以失败告终。其给大家的教训有以下方面:

第一,贝塔斯曼的品牌定位不明确。贝塔斯曼在图书零售领域虽然是一个知名品牌,但品牌定位不够清晰。其竞争对手新华书店定位于权威和渠道优势;当当和卓越亚马逊定位于网上书店,贝塔斯曼是什么呢?贝塔斯曼在消费者心目中没有形成一个独特的品牌占位,所以很难形成品牌的依赖度。

第二,贝塔斯曼未能准确把握中国消费者的购书心理。中国消费者与国外消费者不同,一是中国消费者对图书价格很敏感,受价格折扣的影响较大,对于"书友会"这种半休闲式书店的购物需求不强烈;二是中国消费者的购书习惯并不稳定,具有较大的随机性,需要时购买量大增,不需要时长时间不买书,这使得贝塔斯曼设想的"一个季度购买一本书"的政策无法行得通,也大大高估了预期的图书消费市场。

第三,贝塔斯曼忽视了互联网的价值。在贝塔斯曼失败的同时,当当和卓越亚马逊等网上书店却取得了成功。网上书店减少了门店经营的成本,依靠在线订单以及快捷的物流体系提高运营效率。这种新型商业模式吸引了消费者的注意,而贝塔斯曼却固执地推行其传统经营模式,这是其发展中的一个重大失误。

总之,战略转型必须结合环境或企业自身的变化,尤其要适应环境变化的需要,企业传统的资源优势,在新环境中可能并非优势,甚至成为转型的障碍。

第四部分 案例使用说明

一、教学目的与用途

该案例涉及企业战略的内容。从企业战略的角度入手,突出德国贝塔斯曼在中国市场上的战略选择失误,重点让学生了解国外品牌到中国采取适宜的本土化战略的重要性。

二、案例分析思路

1. 探寻国外品牌在中国本土化的原因。
2. 分析贝塔斯曼在哪些战略上发生了失误。
3. 分析这些失误给贝塔斯曼带来了什么影响。
4. 讨论这种失误给其他企业带来了怎样的启示。
5. 总结与归纳贝塔斯曼给现代生活带来的变化。

6. 寻找其他材料探讨贝塔斯曼在中国战略失误的原因。

三、相关网络链接

"贝塔斯曼中国大撤退,电子商务市场暗流涌动",《通信信息报》,2008年7月3日。
"贝塔斯曼在中国为什么失败?",品牌中国网,2008年7月4日。
"贝塔斯曼:满身光环的失败者",企博网,2008年8月31日。
"贝塔斯曼'败走'中国市场",国际市场,2008年8月22日。
"贝塔斯曼全面终止在华业务",http://v.ku6.com/show/fMUTZ8guIpvLozsT.html。

四、建议课堂计划

建议使用六节课。
第一节课:讲解重要商务词汇与案例背景,进行案例学习准备。
重要商务词汇:企业战略、战略转移、本土化、战略失误。
第二节课:讲解案例正文,理清案例发展脉络,帮助学生理解案例。
案例讲解内容:
(1)介绍贝塔斯曼公司;
(2)描述贝塔斯曼在中国市场的表现;
(3)描述贝塔斯曼在中国的战略;
(4)了解贝塔斯曼战略失误的后果。
第三~四节课:展开案例分析和讨论。
(1)贝塔斯曼为什么会战略失误?
(2)贝塔斯曼战略失误在哪些方面?
(3)贝塔斯曼的战略失误给其带来什么影响?
(4)如果你购买国外品牌,会受到它们战略的影响吗?
(5)如果你是生产商,你要进入国外市场,你会重点考虑哪些因素?
第五~六节课:进行案例总结,布置课后作业,完成案例书面报告。
(1)你认为贝塔斯曼为什么决定改变策略(重心转移到书友会)？为什么决定放缓在线商城建设？
(2)你认为企业战略转移时应该考虑哪些因素？你觉得贝塔斯曼当时有没有办法挽救或扭转颓势？

企业战略——中法

Enterprise Strategy

广州标致的解体

第一部分 案例陈述

案例提要

作为中国最早的一批合资企业之一,广州标致在成立初期曾一度成为众人追捧的对象。1991年它的国内市场占有率曾一度达到16%,市场前景普遍看好。但自1994年起,合资公司开始亏损,直到1997年正式解体。

关键词语

广州标致　中法合资　企业股份　决策　解体

案例背景

法国标致汽车公司历史悠久,堪称百年老号。1985年3月15日,广州汽车厂、中国国际信托投资公司、标致汽车、国际金融公司、巴黎国民银行5家股东在广州花园酒店正式签约成立广州标致汽车公司,由广州汽车制造厂和法国标致汽车公司共同管理。在广州标致成立时,中国汽车已经有北京吉普、上海大众等合资公司成立,它们掀起了中国汽车合资过程中的第一波高潮。

案例正文

广州标致汽车有限公司是一个中法合资企业,成立于1985年。法国标致持有22%的股份(主要以技术入股),而主要的合作伙伴,广州市政府拥有的广州汽车集团(GAG)持有46%的股份,其他股份被中国国际信托投资公司、国际金融公司、法国巴黎银行瓜分。广州标致一期项目总投资额度为1.5亿美元。二期项目计划于1989年启动,投资额将达到3亿美元,年产量扩大到4.5万辆。三期项目将于1992年启动,把年产量提高到15万辆。

然而从成立开始,广州标致就麻烦不断。合资协议规定,合资公司主要由法方管理,在重大决策上拥有一票否决权。虽然法国标致仅持有22%的股份,但在1994年以前,却坚持在合资公司内部所有部门都设两名经理,其中至少有一名来自法方。随着运营矛盾不断暴露,广汽集团越来越认为这是个不平等协议。1992年法方总经理坚持从法国引进价值1亿法郎的生产线,而中方希望通过国际竞标采购。法方没有妥协,直到合资公司董事会的中国主席出面并争吵了24个小时后才平息。最终,一个德国公司竞标成功,中方认为德国的生产线技术更加先进,而且要便宜得多。随着这类事件不断增多,中方越来越怀疑法方的诚意。

1989年,标致504和505两个车型推向市场,目标用户是出租车汽车公司、企业管理者和政府官员。然而,这些车型的销售并不乐观,因为形象过时,产品定位也存在失误。对于企业管理者和政府官员来说,这两个车型比不上桑塔纳和奥迪;对于出租车公司来说太费油;对于私人用户来说,车型太大。此外,销售渠道不顺畅,比如北方人想买车,必须得跑到北京。

另一个造成摩擦的原因是国产化的进程。业内专家一直质疑在广州建立汽车厂的做法,因为广东缺乏汽车相关产业的支持。虽然法国标致雪铁龙指出它的国际供应商已在广州附近建立了合资企业,但国产化的进程仍然非常缓慢。广州标致在很长一段时间内依赖CKD生产线,这使汽车在中国的造价日益高昂。到1996年底,法国标致雪铁龙已向合资企业售出价值40亿元人民币的零部件,而在1994~1996年间合资公司亏损超过8亿元人民币。

中方认为国产化进程缓慢是由于法方缺乏合作的诚意。当时法方正在就第三期把年产量提高到15万辆的项目进行洽谈。初期的谈判在1992年就已经开始。与其持有股份相对应,三期项目要求追加9亿元人民币的投资。法方仍想以技术做股,中方估价其技术为1亿元人民币。考虑到合资公司差强人意的表现,以及现金流的持续短缺,法方拒绝在三期项目追加现金投资;同时,却拒绝稀释其在合资公司的股权。谈判于1996年破裂。

广汽集团认为无法再像过去一样继续与标致合作。一方面,标致的车型滞销;另一方面,由于国产化率达到了82%,项目对于标致来说也不那么有利可图,因为它不能再向合资企业卖零部件了。除此以外,第三期项目的谈判也显示,标致不愿再做出巨大的投资。最终,1997年,广州标致合资企业解体。

(改编自窦卫霖:《跨文化商务交流案例分析》,对外经济贸易大学出版社,2007年,第84-85页;"从摩擦走向磨合——跨国经营中的跨文化管理",广东财税服务网,2007年1月12日;"风光之后是分手",东方企业文化,2008年1月30日)

第二部分　案例教学

一、商业专业词汇

1. 有限公司:是指一般以营利为目的,从事商业经营活动或某些目的而成立的组织,主要形式为有限责任公司和股份有限公司。

2. 合资企业:是由两个以上国家的投资者共同出资、共同经营、共负盈亏、共担风险的企业。

3. 股份:是股份公司均分其资本的基本计量单位,对股东而言,则表示其在公司资本中所占的投资份额。股份代表对公司的部分拥有权,分为普通股、优先股、未完全兑付的股权。

4. 集团:是为了一定的目的组织起来的共同行动的团体。
5. 协议:是指两个或两个以上实体为了开展某项活动,经过协商后达成的一致意见。
6. 一票否决权:在投票选举或表决中,只要有一张反对票,该候选人或者被表决的内容就会被否定。
7. 运营:对企业经营过程的计划、组织、实施和控制,是与产品生产和服务创造密切相关的各项管理工作的总称。
8. 国产化:引进外国产品和技术时,注意消化吸收,逐步把原来靠从国外引进的设备、产品、零部件,转化为在本国生产制造的过程。
9. 供应商:是指直接向零售商提供商品及相应服务的企业及其分支机构、个体工商户,包括制造商、经销商和其他中介商。或称为"厂商",即供应商品的个人或法人。
10. 生产线:产品生产过程所经过的路线,即从原料进入生产现场开始,经过加工、运送、装配、检验等一系列生产活动所构成的路线。
11. 竞标:竞标基于传统的竞标方式,即卖家将所售物品卖给最高出价者。
12. 采购:是指企业在一定的条件下从供应市场获取产品或服务作为企业资源,以保证企业生产及经营活动正常开展的一项企业经营活动。
13. 现金流:是指企业在一定会计期间按照现金收付实现制,通过一定经济活动(包括经营活动、投资活动、筹资活动和非经常性项目)而产生的现金流入、现金流出及其总量情况的总称。即企业一定时期的现金和现金等价物的流入和流出的数量。

二、思考题

(一)根据案例内容回答问题

1. 广州标致公司内部的股权比例大致是什么样子?
2. 广州标致公司解体的原因有哪些?
3. 广州标致公司内部文化冲突表现在什么方面?

(二)讨论题

1. 举个你熟知的合资企业解体的例子。
2. 广州标致公司的跨文化冲突给我们以哪些启示?
3. 如何实现员工文化、管理者文化和企业整体的制度文化三个层次的融合?

第三部分 案例分析与总结

一、案例要点:合资企业、跨文化冲突

合资企业在中国一般指的是中外合资企业,是由中国投资者和外国投资者共同出资、共同经营、共负盈亏、共担风险的企业。合资企业中包括中国投资者和外国投资者,外国合营者可以是企业、其他经济组织或个人。中国投资者目前只限于企业、其他经济组织,不包括个人和个体企业。中外投资方可以采取土地、厂房、现金、技术、商誉等方式出资,

根据《中华人民共和国中外合资经营企业法》及其实施条例,依法设立。

跨文化冲突在合资企业中很常见,通常表现为几种形态:(1)双方对峙,冲突不断扩大;(2)本土文化占主导地位;(3)外来文化占主导地位;(4)双方文化融合,相互学习,融为一体。第一种情况会导致合作破裂;第二、三种情况也会呈现不稳定性;第四种情况比较理想。

跨文化冲突的原因主要有两个方面:一是各方目的不同,不同投资方选择成立合资企业,往往有自己的目的,如果目的不能融合,将给后续运营带来较大的冲突;二是文化差异,不同投资方的管理理念、行为方式、企业文化不同,也会带来摩擦。在合资企业成立初期,双方存在冲突是不可避免的,这需要双方在理解本方文化和对方文化差异的基础上,加强融合和学习,相互理解和体谅,从而缓解冲突,实现企业的稳定发展。如果长期内仍无法解决跨文化冲突,将影响合资企业的稳定发展。

二、案例总结

广州标致作为一家合资企业,面临矛盾冲突在所难免,在本案例中,矛盾主要集中在以下几个方面。

一是管理权的矛盾。法国标致作为外方投资者,在广州标致中的股份只占22%,尽管根据合资协议,法方负责管理,如法方担任广州标致主要部门的领导职位,享有重大决策的一票否决权,在所有部门都设两个经理,其中至少有一位是法方人员等,但随着时间的推移,逐渐引起中方的不满。

二是运营决策的矛盾。主要表现在两个方面,一是产品选择存在争议,合资公司生产的标致504和标致505小轿车,并不符合中国市场需求,因此与同类产品的竞争中不占优势。二是国产化进程上的矛盾。广州标致的零部件的本地化进度缓慢,造成生产成本居高不下,这使得中方怀疑法方的合作诚意,由于零部件无法实现本土化生产,所以必须从母公司(法国标致)购买,因此广州标致在1994～1996年间亏损超过8亿元人民币,但法国标致已经向广州标致出售了40亿元人民币的零配件。中方认为法方始终把母公司而不是合资公司的利益放在第一位,这造成了中方的不满。

三是经营目的矛盾。在进行第三期投资的谈判时,法方拒绝追加现金投资,仍强调以技术入股,而技术估价并不高,法方拒绝稀释股权,导致谈判破裂,合资企业解体。

在广州标致成立初期,法国管理和文化占上风,但由于两种文化未能有效融合,随着时间的推移,中方的不满日益增长,最后形成对峙。广州标致解体的原因是多方面的,合作中的中法文化差异、双方目标的不一、未能解决的文化差异和冲突,都是无法继续合作的重要原因。总之,作为合资企业,一定要树立共同的价值观,降低文化差异的负面影响,实现多元文化融合,才能稳定成长。

第四部分 案例使用说明

一、教学目的与用途

结合案例对合资战略理论进行讲解。首先,阐述合资战略的概念及其在战略管理中的重要性。然后,介绍合资策略会带来哪些问题,及采用合资战略的企业要注意的问题。让学生了解企业发展中的合资和整合战略。该案例适用于中级汉语的学员,适用于企业战略管理课程,难度中等。

二、案例分析思路

1. 探寻广汽集团与法国标致的原因。
2. 分析合资公司遇到了什么问题。
3. 这些问题产生的原因是什么?
4. 讨论此次合资失败给其他企业带来了怎样的启示。
5. 总结与归纳合资战略的利弊。
6. 寻找其他案例材料加深对合资战略的认识。

三、相关网站链接

"跨文化商务交流案例分析",对外经济贸易大学出版社,2007年。
"跨国经营中的跨文化管理",广东财税服务网,2007年1月12日。
"风光之后是分手",东方企业文化,2008年1月30日。

四、建议课堂计划

建议使用六节课。
第一节课:讲解重要商务词汇与案例背景,进行案例学习准备。
重要商务词汇:有限公司、合资企业、国产化、供应商。
第二节课:讲解案例正文,理清案例发展脉络,帮助学生理解案例。
案例讲解内容:
(1)介绍广州标致的相关背景资料;
(2)描述此次合资能给广汽集团带来什么好处;
(3)描述此次合资能给法国标致带来什么好处;
(4)说明合资公司遇到的问题;
(5)了解此项合资失败的原因。
第三~四节课:展开案例分析和讨论。
(1)广汽集团为何要与法国标致成立合资公司?
(2)此项并购或合资为谁带来了好处,带来了哪些好处?
(3)广州标致公司内部的股权比例大致是什么样子?
(4)广州标致公司解体的原因有哪些?
(5)广州标致公司内部文化冲突表现在什么方面?
(6)合作失败后,双方是如何收场的?
第五~六节课:进行案例总结,布置课后作业,完成案例书面报告。
(1)举个你熟知的合资企业解体的例子。
(2)广州标致公司的跨文化冲突给我们以哪些启示?

(3) 如何实现员工文化、管理者文化和企业整体的制度文化三个层次的融合？

欧莱雅收购小护士、羽西

第一部分　案例陈述

案例提要

为了更加完善在中国化妆品市场的战略布局，2003年和2004年，欧莱雅公司在中国市场上收购了小护士和羽西两个品牌。

关键词语

法国欧莱雅　中国市场　战略收购

案例背景

中国具有巨大的化妆品市场。2006年我国化妆品总销售额约960亿元人民币，约合120亿美元，约占全球化妆品销售总额的10%。欧莱雅在其国际化的发展进程中，一直十分看好亚洲，特别是有着巨大潜力的中国市场。2003年12月至2004年1月短短两个月内，欧莱雅(中国)有限公司就完成了对小护士和羽西两家中国企业的收购。

案例正文

2003年12月11日，法国欧莱雅集团在国务院新闻办公室召开新闻发布会，欧莱雅(中国)有限公司总裁盖保罗宣布，欧莱雅完成了对中国护肤品牌小护士的收购。欧莱雅集团除了对小护士品牌的收购，还包括其位于湖北省宜昌市的一个生产基地，以及"小护士"的分销渠道。有资料显示，小护士在中国化妆品市场排名第三，品牌知名度为95%，市场占有率为5%，仅次于玉兰油和大宝。

2004年1月，欧莱雅又收购了另一个化妆品品牌——"羽西"。这次收购包括羽西化妆品公司的所有权，即上海的工厂以及实验室、全体员工和管理者、销售渠道及所有固定资产和无形资产、品牌使用权和所属权。同时，欧莱雅还收购了"羽西"原经营者科蒂公司拥有的1996～2013年的品牌使用权，以及靳羽西本人持有的羽西品牌所有权，并与靳羽西签订协议要求靳羽西女士不再从事化妆品行业。

欧莱雅通过收购完善了其金字塔式多品牌战略在中国的布局。在收购小护士和羽西之后，欧莱雅在中国一共拥有13个品牌，品牌体系中包括了高端、中端和低端三个部分，构成了多品牌的金字塔结构。

1. 塔尖部分：欧莱雅的高档品牌包括赫莲娜、兰蔻、碧欧泉、植村秀，其中赫莲娜的品质和价位都是最高的，兰蔻是全球最著名的化妆品之一。这些品牌消费对象主要是高收入阶层，有很强的消费能力。

2. 塔身部分，中端品牌分为两大块：一块是美发产品，有卡诗和欧莱雅专业美发，在专业发廊里销售；另一块是活性健康化妆品，有薇姿和理肤泉两个品牌，通过药房经销，欧莱雅率先把这种药房销售化妆品的理念引入了中国。

3. 塔基部分：在大众市场，欧莱雅在中国现有5个品牌。在并购羽西和小护士之前，欧莱雅只有3个品牌。巴黎欧莱雅有护肤、彩妆、染发等产品，主要在百货商场及高档超市销售；第二品牌是美宝莲，它在全球很多国家彩妆领域排名第一；第三品牌是卡尼尔，它相比欧莱雅更大众化一些，消费群体年轻时尚。在这个精心打造的品牌金字塔中，欧莱雅唯独缺乏位于塔基部分的大众型护肤品。在大多数人的消费能力相对偏低的中国市场，这部分空白的低端市场恰恰是极其重要的一部分。小护士的并入填充了欧莱雅"金字塔式战略"的"塔基"，羽西品牌的加入将加强欧莱雅在彩妆和护肤领域的优势。于是，欧莱雅补足了其低端市场的空缺。

产品金字塔体系是欧莱雅的重要策略。通过并购小护士和羽西，欧莱雅实现了产品线的延伸并获取了互补性市场，形成了一个覆盖高端、中端和低端市场的布局，从而巩固了其在中国市场的地位。

（改编自"欧莱雅在中国收购战略启示"，《合作经济与科技》，2007年第3期；"解读欧莱雅收购小护士内幕"，《HR管理世界》，2010年8月28日；"多品牌战略——欧莱雅收购小护士羽西的战略驱动"，《集团经济研究》，2005年7月；"欲在华大布局欧莱雅多品牌收购遇困扰"，《北京商报》，2005年11月10日；"欧莱雅中国总裁盖保罗作客新浪谈收购小护士实录"，新浪网，2003年12月23日）

第二部分　案例教学

一、商业专业词汇

1. 分销渠道：指当产品从生产者向最后消费者或产业用户移动时，直接或间接转移所有权所经过的途径。

2. 品牌知名度：品牌知名度是指潜在购买者认识到或记起某一品牌是某类产品的能力。它涉及产品类别与品牌的联系。

3. 无形资产：是指企业拥有或者控制的没有实物形态的可辨认非货币性资产。无形资产具有广义和狭义之分，广义的无形资产包括货币资金、应收账款、金融资产、长期股权投资、专利权、商标权等，因为它们没有物质实体，而是表现为某种法定权利或技术。但是，会计上通常将无形资产作狭义的理解，即将专利权、商标权等称为无形资产。

4. 销售额：《中华人民共和国增值税暂行条例》第六条规定，销售额为纳税人销售货物或者应税劳务向购买方收取的全部价款和价外费用，销售额＝销售量×平均销售价格。

5. 收购：是指一个企业以购买全部或部分股票（或称为股份收购）的方式购买了另一企业的全部或部分所有权，或者以购买全部或部分资产（或称资产收购）的方式购买另一企业的全部或部分所有权。一般是指一个公司通过产权交易取得其他公司一定程度的控制权,以实现一定经济目标的经济行为。

6. 固定资产:指企业使用期限超过1年的房屋、建筑物、机器、机械、运输工具以及其他与生产、经营有关的设备、器具、工具等。不属于生产经营主要设备的物品,单位价值在2 000元以上,并且使用年限超过2年的,也应当作为固定资产。

7. 所有权:是所有人依法对自己财产所享有的占有、使用、收益和处置的权利。它是一种财产权,所以又称财产所有权。所有权是物权中最重要也是最完全的一种权利,具有绝对性、排他性、永续性三个特征,具体内容包括占有、使用、收益、处置四项权利。

8. 品牌:是给拥有者带来溢价、产生增值的一种无形的资产,它的载体是用以和其他竞争者的产品或劳务相区分的名称、术语、象征、记号或者设计及其组合,增值的源泉来自于消费者心智中形成的关于其载体的印象。

二、思考题

(一)根据案例内容回答问题

1. 欧莱雅为什么要收购小护士和羽西?
2. 小护士和羽西分别在欧莱雅产品体系中处于什么地位?
3. 欧莱雅在中国的战略布局是怎样的?

(二)讨论题

1. 举个你熟知的企业战略收购成功的例子。
2. 你认为企业战略收购的目的有哪些?
3. 你认为应该如何确定战略收购的对象?

第三部分　案例分析与总结

一、案例要点:企业并购

企业并购分为横向并购、纵向并购和混合并购。(1)横向并购指同行业、生产同类产品或生产工艺相似的企业间的并购。横向并购可以迅速扩大生产规模,提高市场份额,增强企业的竞争力。(2)纵向购并是生产和经营过程相互衔接、产品不同生产阶段的企业间的并购。纵向并购可以扩大生产规模,节约交易费用,促进生产过程各环节的配合,加速生产流程,缩短生产周期。(3)混合并购是处于不同产业、不同市场且彼此间没有密切联系的企业间的并购。

企业并购的动因有:(1)发展动机,通过并购节省时间、降低进入壁垒、促进企业的跨国发展。(2)发挥协同效应,并购后企业可能实现生产协同、财务协同、技术协同等。(3)增强市场力量,尤其是横向并购,可以减少竞争对手,迅速扩大市场占有率,增强企业的市场力量。(4)获取价值被低估的公司。(5)避税。等等。

二、案例总结

欧莱雅作为全球第一大化妆品企业,惯用收购方式实现国际市场发展。欧莱雅在中国市场的品牌思路很清晰,它搭建一个包含高端、中端、低端产品的品牌金字塔体系。

欧莱雅拥有中高端的产品和品牌,但在低端市场缺乏产品品牌,收购小护士就是为了填补品牌金字塔的塔基部分(即低端大众化妆品市场)。此次并购只是为了快速获得品牌资源,而提高销售额,欧莱雅更重视"实际与潜在的品牌价值"。经过4年谈判,欧莱雅拿下了小护士品牌、管理团队、销售网点以及位于湖北省宜昌市的一个生产基地等。

欧莱雅并购羽西,一是为了强化塔基部分,同时也是为了阻止竞争对手宝洁,巩固其在彩妆和护肤领域的优势。

这两次并购总体是成功的。小护士、羽西、欧莱雅三方共赢。小护士和羽西通过加入欧莱雅,提高了研发水平、管理能力;两位创始人李志达、靳羽西也获得相应的资金回报。欧莱雅获得了两个重要品牌,为美宝莲等其他品牌的发展减少了竞争,实现了渠道、产能等共享。

欧莱雅中国区总裁盖保罗说:"小护士在终端卖场有现成的渠道,收购后欧莱雅集团可以直接使用,许多小护士的经销商仍然保留。此外,小护士宜昌生产基地还承担欧莱雅旗下部分大众化妆品的生产任务。小护士帮助我们更好地了解大众化妆品市场情况、游戏规则,让我们学到了很多东西,并帮助我们更好地发展卡尼尔、美宝莲等大众品牌。"盖保罗的话反映出其对"中西合璧"抱有很大的期望。

第四部分　案例使用说明

一、教学目的与用途

结合案例对并购战略管理理论进行讲解。首先,阐述并购战略的概念及其在战略管理中的重要性。然后,介绍收购策略会带来哪些问题,及采用并购战略的企业要注意的问题。让学生了解企业发展中的并购和整合战略。指该案例适用于中级汉语的学员,适用于企业战略管理课程,难度中等。

二、案例分析思路

1. 探寻欧莱雅实施并购战略的原因。
2. 分析欧莱雅为何选择并购小护士和羽西。
3. 分析此项战略给欧莱雅带来了哪些好处。
4. 讨论这项战略给其他企业带来了怎样的启示。
5. 总结与归纳并购战略的利弊。
6. 寻找其他案例材料加深对并购战略的认识。

三、相关网站链接

"欧莱雅在中国收购战略启示",《合作经济与科技》,2007年第3期。
"解读欧莱雅收购小护士内幕",《HR管理世界》,2010年8月28日。

"欧莱雅收购小护士羽西的战略驱动",《集团经济研究》,2005年7月。
"欲在华大布局欧莱雅多品牌收购遇困扰",《北京商报》,2005年11月10日。
"欧莱雅中国总裁盖保罗作客新浪谈收购小护士实录",新浪网,2003年12月23日。
"全球最大化妆品公司欧莱雅为中国品牌'变脸'",中国新闻网,2004年4月9日。
"完美的'中西联姻'?",中国化妆品网,2008年2月26日。

四、建议课堂计划

建议使用六节课。

第一节课:讲解重要商务词汇与案例背景,进行案例学习准备。

重要商务词汇:分销渠道、收购、战略布局。

第二节课:讲解案例正文,理清案例发展脉络,帮助学生理解案例。

案例讲解内容:

(1)介绍欧莱雅和小护士、羽西相关背景资料;

(2)描述欧莱雅的中国战略布局;

(3)描述欧莱雅收购小护士和羽西的好处;

(4)了解欧莱雅未来所面临的挑战。

第三~四节课:展开案例分析和讨论。

(1)欧莱雅为什么要收购小护士和羽西?

(2)小护士和羽西分别对欧莱雅的战略布局有什么作用?

(3)欧莱雅在中国的战略布局是什么样子的?

(4)如果你是企业管理者,在进入新的市场时,你会考虑采取哪些策略?

(5)如果你是企业管理者,在面临新潜在竞争对手进入时,你会如何应对?

第五~六节课:进行案例总结,布置课后作业,完成案例书面报告。

(1)举个你熟知的企业战略收购成功的例子。

(2)你认为企业战略并购的目的有哪些?

(3)你认为应该如何确定战略并购的对象?

企业战略——中韩

Enterprise Strategy

韩厂潮退,韩店潮进

第一部分　案例陈述

案例提要

作为跨国生产和经营的企业,其生存状况会极大地受到本土经济发展和政策法规的影响,韩国企业也不例外。在中国市场的韩国企业,面临日益增加的劳动力成本和新《劳动合同法》的出台,他们不得不进行一次艰难的选择。要么重新调整产业链定位,要么离开中国市场,转移到劳动力成本更低的国家。在这轮调整中,许多韩国制造业工厂选择了离开,而留下的企业大多看重中国庞大的消费市场,而非低廉的劳动力。面对不断增长的劳动力成本,将经营重心转向消费市场和附加值更高的服务业成为一种必然的趋势。

关键词语

韩国企业　劳动密集型　撤资　消费市场　投资

案例背景

20世纪90年代以来,韩国企业的目标市场转变是显而易见的。以前,美国是韩国第一大市场。而现在,三星电子、现代汽车等韩国企业则把目光投向中国,中国已经成为韩国企业最大的市场和加工制造地。比如截至2008年,大约有5 000家韩国企业进入中国青岛。

韩国企业为了在中国市场求得生存和发展,经历着各自的成功和失败。早期进入中国的韩资企业,大多以劳动密集型行业为主,追随中国的低工资和税制优惠而进军中国。但中国经济经过20多年的高速发展,经济环境发生了很大变化。各种社会保险费用增加、工资水平上升等因素,导致许多企业感到了生存压力,从中国转移到劳动力成本更低的越南等地成为他们的选择。2008年1~6月约有1 000家韩国企业撤出中国青岛,占该地区韩国企业的1/5。

案例正文

自2008年以来,韩国中小企业正在大规模的退出中国。据统计,20世纪80年代在华韩国企业有3万余家,2008年仅存1万余家,并仍在迅速减少。有迹象表明,大部分韩国商人纷纷撤资回国或者转战柬埔寨、越南等劳动力比中国更加低廉的东南亚国家,甚至到印度、朝鲜开城工业园区。韩国企业在中国投资的潮退,正在引起中国经济界人士对中国外资政策和中国一般加工业发展趋势的深刻思考。可能是由于人民币的升值,以及新《劳动合同法》的出台增加了中国的劳动力成本;由于韩国在华中小企业多为劳动密集型,这些因素共同导致了韩企的大批撤离。

然而,就在大量韩企撤离中国的同时,也有一批韩国企业在中国取得了快速的发展。2004年11月,当韩国商人金俊一在中国上海市著名的高档商业中心淮海中路开了第一家乐扣乐扣(Lock&Lock)专卖店时,这一行为曾经令他的许多同胞感到困惑,他们认为,那里铺面房租金高、货物多、生意不会太好。三年以后,这家专卖店的月销售收入超过100万元人民币。2008年,数以百万计的乐扣乐扣进入了中国人的冰箱和橱柜,也给品牌所有者韩国海纳开碧公司带来3.5亿元人民币的销售收入。乐扣乐扣随之加大了在中国的投资,先后在江苏苏州、山东威海建立了三个工厂。

此外,韩国的"巴黎贝甜"(Paris Baguette)凭借高档口感和购物环境,与老牌的台资面包房"马哥孛罗"、强调新鲜出炉特点的新加坡"面包新语"(Bread Talk)争夺高档面包房的市场。"巴黎贝甜"是韩国首家上市的面包房连锁店。虽然在上海市场是后进入者,但凭借夹火腿、鸡蛋以及生鲜蔬菜等的三明治类食品和长面包(法式面包)系列产品,在上海市场渐渐站稳了脚跟。

许多决定继续留在中国的韩国企业,不再生产面向世界市场的产品,而转向消费市场,以本地消费性投资取代低级制造业投资。这是在华韩国企业得出的新的生意经。

服务业成为韩国公司强攻的领域。2008年1月,韩国乐天百货公司宣布以8 380万美元收购中贸联万客隆的控股权,并计划同年上半年在中国开设旗舰店——乐天百货连锁店的第一家分店;2月底,韩国另一零售巨头新世界集团以5 324万元增持上海易买得超市16%的股权。易买得由韩国新世界集团和上海九百合资成立,在收购之后,新世界集团控股高达97%。在零售领域,有韩国特色的专卖店也发展迅速。韩资零售集团衣恋(E.Land)也计划于2008年第二季度将其中国业务实现香港上市,衣恋在中国拥有900个零售店,共销售11个品牌。1月20日,LG旗下的服装品牌HAZZYS也在北京开出中国首家旗舰店。

此外,众多韩国金融机构也开始在华试水。2008年3月,资产排名韩国第二大银行的新韩银行将在北京成立本地法人;同年2月,另外两大韩国银行——韩国外换银行和韩国朝兴银行也在天津提交开办人民币业务的申请。这使在天津的韩资银行数量已经超过日美银行数量。韩国第一大地主性银行——釜山银行,也决定将青岛作为其第一个拓展海外业务的城市,尽管这里是韩企撤退最明显的城市。

根据施振荣的"微笑曲线"理论,在整个产业链中,处于中间环节的制造业的附加值不断降低,而前端的设计、技术环节,后端的销售、服务环节的附加值则不断上升。随着中国经济发展和经营环境的变化,韩国企业也在不断调整其产业链定位,以期占据更高附加值的环节。

(改编自"韩国企业撤退中国二十年潮起潮落",《环球时报》,2008年4月1日)

第二部分 案例教学

一、商业专业词汇

1. 成本：生产和销售一种产品所需要的全部费用。
2. 产业链：是产业经济学中的一个概念，是各个产业部门之间基于一定的技术经济关联，并依据特定的逻辑关系和时空布局关系客观形成的链条式关联关系形态。
3. 制造业：是指对制造资源（物料、能源、设备、工具、资金、技术、信息和人力等），按照市场要求，通过制造过程，转化为可供人们使用和利用的工业品与生活消费品的行业。
4. 附加值：附加价值的简称，是在产品的原有价值的基础上，通过生产过程中的有效劳动新创造的价值，即附加在产品原有价值上的新价值。
5. 服务业：一般指生产和销售服务产品的生产部门和企业的集合。服务产品与其他产业产品相比，具有非实物性、不可储存性和生产与消费同时性等特征。
6. 连锁店：是指众多小规模的、分散的、经营同类商品和服务的同一品牌的零售店，在总部的组织领导下，采取共同的经营方针、一致的营销行动，实行集中采购和分散销售的有机结合，通过规范化经营实现规模经济效益的联合。
7. 控股权：分为绝对控股和相对控股。前者指在股份上占绝对优势，必须是50%以上。后者指虽达不到50%，但是在众多股东中，是相对多数股，即为相对控股。
8. 微笑曲线：由宏碁集团创办人施振荣先生于1992年提出。微笑嘴型表示一条产业链曲线，两端朝上。微笑曲线中间是制造，左边是研发，右边是营销。表示在产业链中，附加值更多体现在设计和销售两端，处于中间环节的制造附加值最低。

二、思考题

(一)根据案例内容回答问题

1. 韩国企业最初进入中国的原因是什么，2007年以来为何纷纷退出？
2. 哪些韩国企业决定留在中国市场？为什么？
3. 中国市场环境发生了哪些变化？

(二)讨论题

1. 简单对中韩两国目前的投资环境进行对比。
2. 试选取某个行业进行产业链分析。

第三部分　案例分析与总结

一、案例要点：环境分析法、产业链定位

环境分析法是一种识别企业风险的特定方法，即系统分析企业面临的外部环境和内部环境，推断环境变化可能给企业带来的风险与潜在损失，从而帮助决策者进行战略调整的一系列方法。

企业外部环境主要包括政治、经济、法律、社会文化、自然资源、产业竞争等方面。企业的内部环境包括生产条件、技术水平、人员素质、管理水平等。

产业链定位强调的是企业应该选择从事产业链中的某些环节或部分。产业链描述了一种或几种资源通过产业层次不断向下游消费者转移的路径，将产品的提供分为从资源供应、生产制造、批发零售直至消费者的不同环节。如服装产业链中，包括棉花种植、纺纱、织布、制衣、批发、零售等环节，服装才能最后到达消费者。一个企业通常选择产业链中的某些环节或某个环节，这就是产业链定位。

二、案例总结

企业战略需要随着环境变化而不断调整。中国当前的经济环境，较之20世纪80年代已经发生了很大的变化。这就要求企业必须做出调整以适应经济环境。如果企业不断适应新环境的要求，企业往往难以生存。

20世纪80年代进入中国市场的韩国企业，大多为劳动密集型企业，得益于当时中国便宜的劳动力和免税、减税等招商引资政策，在中国市场取得了发展。但随着中国经济的快速发展和相关政策的变化，这些优势已不复存在。2008年《劳动合同法》的出台，进一步提高了企业的用工成本，使那些附加值低的劳动密集型企业难以在中国市场上生存，于是导致了大批企业的撤离。

但是中国经济的发展和人们收入水平的提高，在提高购买力的同时也扩大了产品的市场总量。一些韩国企业选择留在中国市场，它们必须进行战略上的转型，或者由劳动密集型向技术、资本密集型转化，或者改变企业战略，如将企业从全球制造基地转向面对中国消费者，从制造环节转向技术或销售环节。还有一些韩国企业选择进入中国市场，它们大多选择高附加值的产品或行业，如零售、金融等服务业。

总之，企业必须根据环境的变化而不断调整。战略上的以不变应万变会使企业丧失反应的灵敏性。对于韩国企业来说，无论当年选择进入中国市场，还是今天推出中国市场，企业都是为了自己的生存和发展。只是不同企业针对市场环境改变而做出的不同决策。案例还展现出一个启示：当环境发生变化时，对任何企业而言，都是机遇与挑战并存。当大批韩资制造业选择撤退时，恰恰是韩资服务业进入中国的好机会。

第四部分　案例使用说明

一、教学目的与用途

该案例涉及产业链定位这一战略管理理论。首先,阐述产业链定位的概念及其在企业管理中的意义。突出环境分析对企业获取竞争优势的作用,从如何将企业自身特点和市场环境进行匹配,决定发展战略。通过结合案例说明韩国企业在面临中国市场的变化时如何采取行动,让学生认识到怎样选择适当的产业链定位。

二、案例分析思路

1. 分析中国市场环境的变化。
2. 探寻环境变化给在中国的韩企带来了哪些危机。
3. 探寻环境变化给在中国的韩企带来了哪些机遇。
4. 讨论面对新的挑战和机遇韩企应采取何种应对方式。
5. 总结与归纳在外部环境发生变化的情况下,企业战略如何调整。
6. 寻找其他材料探讨产业链的定位及企业对环境的适应。

三、相关网络链接

"韩国企业撤退中国二十年潮起潮落",《环球时报》,2008年4月1日,http://www.piju.com.cn/news/2008-4/200841104216.ASP。

四、建议课堂计划

建议使用六节课。
第一节课:讲解重要商务词汇与案例背景,进行案例学习准备。
重要商务词汇:环境分析法、产业链定位、微笑曲线、低级制造业。
第二节课:讲解案例正文,理清案例发展脉络,帮助学生理解案例。
案例讲解内容:
(1)介绍90年代韩国经济的改变;
(2)描述韩国经济改变促使韩国企业进入中国;
(3)介绍近几年中国经济的改变;
(4)描述中国经济环境改变怎样引起韩国企业的战略调整;
(5)总结新的经济环境下,哪些企业可以获得生存活力。
第三～四节课:展开案例分析和讨论。
(1)中国经济环境发生了哪些变化?
(2)低级制造业投资为何选择转型或离开中国?
(3)本地消费性投资为何选择进入中国?

(4)如果你是企业经营者,你在面对经济环境转变时,如何调整战略?
(5)你认为在进行投资环境分析时,应考虑哪些方面因素?
(6)对投资环境进行分析有什么重要作用?
第五~六节课:进行案例总结,布置课后作业,完成案例书面报告。
(1)简单对中韩两国目前的投资环境进行对比。
(2)试选取某个行业进行产业链分析。

韩国 CJ 的中国战略

第一部分 案例陈述

案例提要

韩国 CJ 于 2003 年与上海文广合资在中国成立东方 CJ。事实证明,这家公司的合资战略选择是正确的,该公司对中国市场的了解和适应能力方面都很出色。2006 年,东方 CJ 发展成为上海第一大电视购物频道,年营业额不断增长。

关键词语

战略 东方 CJ 中国市场 合资 电视购物

案例背景

2004 年,韩国企业希杰集团(CJ)正式进军中国。CJ 集团旗下有食品、生物技术、影视娱乐和物流。CJ 创办人李秉哲是三星集团创办人的长孙,目前他的 CJ 集团在韩国食品市场占有 80% 的市场份额,但他信心满满进入中国市场时却遇到了巨大的阻力。CJ 于是重新审视自己,并尝试从文化和习惯方面,重新调整中国战略,以抓住中国 13 亿消费者的心。面对中国市场出师不利的局面,CJ 开始反思自己的中国发展战略,并决定利用自身的优势,将战略转向家庭购物。

案例正文

为了让 CJ 快速进入外资品牌、本土品牌林立的中国"竞技场",CJ 中国本社的总裁朴根太和副总裁金成勋决定不再直接复制韩国模式,而是重新审视 CJ 在中国的发展战略。由于 CJ 近 90% 的业务都是面向最终消费者的业务,所以他们认为,快速进入中国市场的最佳方式就是合资,这样可以借力中方企业的资源和力量,直接让有丰富的中华区市场工作经验的人替它们打开中国市场。合资策略也是其他韩国企业进入中国市场时的最常用方法。

2003年，CJ选择与华东最大的媒体集团——上海文广集团，合资成立电视购物频道，力图在中国电视购物频道竞争者众多的情况下，率先在上海地区开辟一片市场。2003年8月28日，上海文广集团与韩国CJ家庭购物株式会社在上海国际会议中心签订了合资合同，双方共同投资成立上海东方希杰商务有限公司(简称东方CJ)，进军家庭购物产业，成为中国第一家真正的家庭购物公司。

东方CJ总部设在上海复旦大学新闻学院内，通过电视、网络、会刊、WAP等方式销售产品。这些销售方式共享接单与物流基础设施，面向家庭购物业务，为上海、华东乃至全国广大消费者提供各种在线商品信息，使消费者足不出户就可以获取详细的商品信息，并且可以通过上述多种方式订购商品。东方CJ除了利用上海文广集团和复旦大学的媒体渠道、学术资源，还在节目上不断创新，如打破时下广告式的电视购物模式，采取制作节目、固定时段的方式，与上海地区的消费者建立信赖感。

东方CJ开通后，很快引起了市场的强烈反应。东方CJ不仅产品类型不断增加，市场影响力和消费者认知度也在不断提高。东方CJ因此累积了一批VIP客户数据库，并吸引了更多的合作者，其中包括名车、精品业界的企业。东方CJ在电视购物上首次创下了卖出300万元房子、宝马名车的纪录。开台仅仅两年，东方CJ就在2006年实现了盈亏平衡，后来居上成为上海第一大电视购物频道。"上海地区有八十多家有店面的大型百货公司，但没有店面的东方CJ目前在零售业中排列第三，"东方CJ总裁金兴守骄傲地说。

2008年8月，同方股份出资参持上海东方希杰商务有限公司的股权，进一步为公司带来了新的资本与技术的力量。2009年，东方CJ营业额已达28亿元人民币。该公司的市场影响力还在进一步提高，营业额也有望进一步扩大。

(改编自"韩商的中国化战略"，网易财经，2010年6月9日)

第二部分　案例教学

一、商业专业词汇

1. 合资：一般定义为由两家公司共同投入资本成立，分别拥有部分股权，并共同分享利润、支出、风险及对该公司的控制权。
2. 合同：是当事人或当事双方之间设立、变更、终止民事关系的协议。
3. 有限公司：又称有限责任公司。有限责任公司指根据《中华人民共和国公司登记管理条例》规定登记注册，由两个以上、五十个以下的股东共同出资，每个股东以其所认缴的出资额对公司承担有限责任，公司以其全部资产对其债务承担责任的经济组织。
4. 股权：即股票持有者所具有的与其拥有的股票比例相应的权益及承担一定责任的权力。

二、思考题

(一)根据案例内容回答问题

1. CJ集团如何打开中国市场？

2. CJ 集团选择与上海文广集团合资成立东方 CJ，为什么？
3. 东方 CJ 目前取得了怎样的业绩？
(二)讨论题
1. 谈谈你对合资企业的认识，并思考企业在选择合资伙伴时应注意些什么？
2. 电视购物有哪些优缺点？网络购物对电视购物会有多大的影响？

第三部分 案例分析与总结

一、案例要点：合资企业、电视购物

合资企业在中国一般指的是中外合资企业。中外合资经营企业是由中国投资者和外国投资者共同出资、共同经营、共负盈亏、共担风险的企业。外国合营者可以是企业、其他经济组织或个人。中国合营者目前只限于企业、其他经济组织，不包括个人和个体企业。经审查机关批准，合营企业是中国法人，受中国法律的管辖和保护。它的组织形式是有限责任公司。目前合营企业还不能发行股票，而采用股权形式，按合营各方的投资比例分担盈亏。

在中国境内设立的中外合资经营企业，一般是由外商提供工业产权、机器设备和一部分外汇现汇，中方提供现在厂房、设备、劳动力和一部分人民币资金。所需占用的土地按年向中国政府支付使用费或将土地使用权折价作为中方出资的一部分。目前，设立中外合资经营企业的法律依据是《中华人民共和国中外合资经营企业法》及其实施条例。

电视购物是一种电视业、企业、消费者三赢的营销传播模式，目前在中国电视购物转型期存在着电视购物频道和电视直销广告相互竞争发展的局面。近两年来，这两种形态一直共生共存，相互竞争市场份额。家庭电视购物的成长将使电视购物真正开始进入黄金期。

二、案例总结

合资企业通常具有以下优势：(1)获取合资方的先进管理经验；(2)获取合资方的资金，可以用来扩大企业规模；(3)获取合资方的无形资产(如品牌等)及市场销售渠道等。在本例中，韩国 CJ 公司之所以选择与上海文广集团合资，更看重的是第三点，即东方电视的品牌和销售渠道。

双方共同成立合资企业——东方 CJ，开拓家庭购物节目，也是双方资源的优势互补。韩方在产品方面具有优势，产品质量好且种类丰富；上海文广集团在品牌、电视渠道以及消费者市场上有影响力。

此后，同方股份参股东方 CJ，以及东方 CJ 与复旦大学的合作，都是为了获取互补资源的支持。

在合资方的共同努力下，东方 CJ 的业务工作进展顺利。上海东方 CJ 的成长将打造全新的家庭购物消费模式，同时带动制造业、物流业、呼叫中心业以及银行支付业务的发

展,为零售业提供一种新的销售业态。

第四部分　案例使用说明

一、教学目的与用途

该案例涉及合资战略理论。首先,阐述合资的概念及其在战略管理中的重要性。进一步说明合资战略有哪些优点以及在什么情况下适宜采取合资战略。介绍东方CJ是如何通过合资战略打开中国市场的。让学生了解企业战略管理中合资战略的应用。

二、案例分析思路

1. 探寻韩国CJ采取合资战略的原因。
2. 了解与上海文广的合资给韩国CJ带来了哪些好处。
3. 分析东方CJ为什么能够取得如此好的业绩。
4. 简述东方CJ在经营运作方面的经验。
5. 试分析电视购物的市场前景。
6. 讨论网络销售对电视购物的影响。
7. 寻找其他材料探讨企业在选择合资战略时应注意哪些问题。

三、相关网络链接

1. "韩商的'中国化'战略",http://money.163.com/10/0609/10/68NSRE9500253G87.html。
2. 东方购物45分钟卖出中高档汽车101辆－视频－优酷视频－在线观看,v.youku.com/v.../id_XMTMzMTQ4NzQ0.html。
3. 美的电烤箱－东方CJ－视频－优酷视频－在线观看,v.youku.com/v_show/id_XMTU4MDA5OTI0.html。

四、建议课堂计划

建议使用六节课。
第一节课:讲解重要商务词汇与案例背景,进行案例学习准备。
重要商务词汇:合资企业、合资、电视购物。
第二节课:讲解案例正文,理清案例发展脉络,帮助学生理解案例。
案例讲解内容:
(1)介绍韩国CJ集团;
(2)描述韩国CJ集团和上海文广集团的合作行为;
(3)描述韩国CJ集团和复旦大学的合作行为;
(4)描述韩国CJ集团和同方股份的合作行为;

(5) 了解电视购物的市场机遇与挑战。

第三～四节课:展开案例分析和讨论。

(1) 韩国 CJ 集团为何要进军电视购物?

(2) 韩国 CJ 集团为何选择与上海文广集团合作的方式进军电视购物?

(3) 复旦大学的资源对东方 CJ 的发展有何作用?

(4) 韩国 CJ 集团对外合作为谁带来了好处,带来了哪些好处?

(5) 如果你是消费者,你在电视购物时,你会考虑哪些因素?

第五～六节课:进行案例总结,布置课后作业,完成案例书面报告。

(1) 谈谈你对合资企业的认识。列举出尽可能多的合资企业。

(2) 谈谈你对电视购物前景的看法,讨论网络销售对电视购物的影响。

企业战略——中美
Enterprise Strategy

可口可乐大力扩张非碳酸饮料领域

第一部分 案例陈述

案例提要

尽管可口可乐一直在中国的碳酸饮料市场占据领先地位,但由于碳酸饮料只占到中国饮料市场的30%,因此可口可乐的业务开始向非碳酸饮料领域拓展。

关键词语

可口可乐 非碳酸饮料 全方位 饮料公司

案例背景

与老对手百事可乐相比,可口可乐一直在中国碳酸饮料市场保持着领先地位。然而据统计,碳酸饮料在中国只占饮料市场的30%,中国非碳酸饮料的增长速度远远超过碳酸饮料的增速。作为世界最大碳酸饮料生产商的可口可乐公司,当然也想在中国的非碳酸饮料市场分得一杯"羹"。

案例正文

早在2001年,可口可乐公司就提出了"全方位饮料公司"的战略目标。作为一家全方位的饮料公司,可口可乐在保持并巩固含气饮料全球市场领先优势的同时,也在不断地加大在非碳酸饮料市场的投入。

为了扩展非碳酸饮料市场,可口可乐展开了一系列动作。2002年8月,可口可乐以1.935亿元的代价,收购了一家非碳酸饮料生产厂家——东莞太古饮料有限公司,吹响了进军中国非碳酸饮料的号角。随后在茶饮料领域,可口可乐在2002年下半年与雀巢公司各出资一半,成立合资公司,共同开拓饮料新市场。之后,合资公司先后在中国市场推出了雀巢冰爽茶系列、茶研工坊、原叶等。

在果汁饮料领域,可口可乐先后推出了酷儿、美汁源品牌。2003年,可口可乐成立装瓶商生产(东莞)有限公司,作为生产可口可乐及其关联公司的非碳酸饮料,如果汁、果汁饮料及茶等的制造基地。

2004年,可口可乐(中国)对旗下的非碳酸饮料市场进行了整合,与中粮集团、太古饮料集团联手组成合资公司,主攻非碳酸饮料。公司的主要目的是:"生产、处理、分销及销售带有可口可乐公司商标的非碳酸饮料"。同年可口可乐在中国市场首度推出"美汁源果粒橙",创新性地在果汁中加入了果肉成分,其丰富的果粒给消费者带来全新的口感体验。自推出以来,"美汁源果粒橙"销量每年实现两位数增长。从2008年开始,"美汁源果粒橙"成为中国果汁饮料领域市场份额排名第一的品牌。目前中国市场已经成为"美汁源"果汁饮料全球第二大市场,销量仅次于美国。

2009年10月,可口可乐公司在中国推出一款新产品:"美汁源果粒奶优",这是一种水果牛奶饮料,它巧妙搭配纯正的新西兰牛奶、美汁源优质果汁和饱满椰果粒等优质原料,拥有香浓芒果、水润蜜桃、清香菠萝以及草莓口味四款风味。在主推乳品饮料"果粒奶优"的同时,可口可乐的另一款维C饮料——"冰露C+"也在杭州等地试销。此后短短两个月内,可口可乐又推出了第三款非碳酸饮料——酷乐仕维他命。这款定位高端的维他命饮料,共有六个口味,每瓶售价12元,在王府井、798、三里屯等地高级餐厅、电影院及店铺销售,甚至进入了时尚时装店和SPA健康美容店。

2010年6月6日,可口可乐公司旗下知名果汁品牌"美汁源"在上海宣布推出其全新清爽系列果汁饮料"美汁源10分V"。全新的"美汁源10分V"是可口可乐公司在中国推出的首款以"清爽营养"为主要特色的果汁饮料。首次上市,"美汁源10分V"共推出奇异果、柠檬和石榴三种清爽口味,此外还在产品中添加了维生素D、维生素E、钙等10种营养元素,带给消费者"10分清爽10分营养"的奇妙清爽果汁感受。

可口可乐根据中国消费者的口味和习惯发展非碳酸饮料业务,显示了企业为切合不同市场的需求采取的战略转型决策。

(改编自宏润"可口可乐再推新品",《农产品市场周刊》2009(45),http://finance.sina.com.cn/money/roll/20070123/16591174384.shtml; http://www.chinanews.com.cn/other/news/2007/01-24/859893.shtml)

第二部分 案例教学

一、商业专业词汇

1. **战略目标**:是对企业战略经营活动预期取得的主要成果的期望值。战略目标的设定,同时也是企业宗旨的展开和具体化,是企业宗旨中确认的企业经营目的、社会使命的进一步阐明和界定,也是企业在既定的战略经营领域展开战略经营活动所要达到的水平的具体规定

2. **收购**:是指一个公司通过产权交易取得其他公司一定程度的控制权,以实现一定经济目标的经济行为。收购是企业资本经营的一种形式,既有经济意义,又有法律意义。收购的经济意义是指一家企业的经营控制权易手,原来的投资者丧失了对该企业的经营控

制权,实质是取得控制权。从法律意义上讲,中国《证券法》的规定,收购是指持有一家上市公司发行在外的股份的30%时发出要约收购该公司股票的行为,其实质是购买被收购企业的股权。

3. 分销:在西方经济学中,分销的含义是建立销售渠道的意思,即产品通过一定渠道销售给消费者。从这个角度来讲,任何一种销售方式我们都可以把它称为分销。亦即分销是产品由生产地点向销售地点运动的过程,产品必须通过某一种分销方式才能到达消费者手中。

4. 市场份额:指一个企业的销售量(或销售额)在市场同类产品中所占的比重。市场份额是企业的产品在市场上所占的份额,也就是企业对市场的控制能力。

5. 关联公司:是指相互之间存在关联关系的公司。关联关系,则是指公司控股股东、实际控制人、董事、监事、高级管理人员与其直接或者间接控制的企业之间的关系,以及可能导致公司利益转移的其他关系。关联公司是指一公司基于特定的经济目的,通过资本渗透、合同联结等方式,而与其他公司之间形成的公司联合体。

二、思考题

(一)根据案例内容回答问题

1. 你认为美汁源这个品牌应该如何利用好可口可乐这个已经相当成熟的品牌进行市场推广,能否照搬可口可乐的模式?
2. 可口可乐为什么没有继续增加碳酸饮料的投入扩大在碳酸饮料市场的优势,而是加入到一个未曾涉足的领域?

(二)讨论题

1. 你认为对于一个想进入一个新领域的企业来说,并购能够带来哪些好处?
2. 对于进入一个新领域的企业来说,需要做哪些前期工作?

第三部分 案例分析与总结

一、案例要点:可口可乐的战略转型、多元化战略

战略转型指企业转变原来的战略定位和经营模式,以适应环境变化的行动选择。

企业的战略发展过程就是不断对内外条件变化进行动态平衡的过程。当企业外部环境尤其是所从事行业的业态发生较大变化,或当企业步入新的成长阶段时,需要对生产经营与管理模式进行战略调整,转变原来的战略方案。

多元化战略又称多角化战略,指企业同时经营两种或两种以上的不同用途的产品或服务的一种发展战略。多元化战略包括多种形态,根据业务相关性可以分为相关多元和不相关多元;根据专业化经营范围可以分为产品多元化、市场多元化等。

二、案例总结

可口可乐在碳酸饮料市场的地位强大,但从市场发展趋势来看,消费者因开始倾向于

健康饮料,包括瓶装水、运动和能量饮料以及果汁等成为饮料行业的主要增长源。碳酸饮料的需求呈现下降趋势。可口可乐决定打开果汁、茶饮料、水等市场来弥补碳酸饮料的下滑。

本案例描述了可口可乐向非碳酸饮料市场的战略转型和拓展方式。一是通过并购方式,收购东莞太古饮料公司;二是通过合资方式,与雀巢合作推出茶系列产品;三是与中粮集团、太古饮料集团联手进行非碳酸饮料的生产、分销和销售。

可口可乐的产品系列不断丰富,除了传统的碳酸饮料,非碳酸饮料系列产品很多,尤其是茶饮料、果汁饮料。其中美汁源的市场增长很快,已经成为中国果汁饮料市场排名第一的品牌。

案例告诉我们,可口可乐公司已经向全方位饮料公司的战略定位转型,并且推出了大量非碳酸饮料产品,这是企业面对市场环境变化的必然选择。但是由于非碳酸饮料与碳酸饮料的运营模式并不相同,之前可口可乐曾运作过"岚风""阳光""宝锐得"等非碳酸饮料品牌,但都不成功。因此,这次可口可乐转型能否成功的关键在于,"如何探索出适合自己的非碳酸饮料的运作模式"。

第四部分　案例使用说明

一、教学目的与用途

该案例涉及公司业务组合多元化的内容。从战略管理的角度,突出可口可乐如何通过业务组合的多元化参与中国市场的竞争。通过案例讲解,加深学生对相关理论知识的理解。案例难度不高。

二、案例分析思路

1. 探寻可口可乐开展多元化战略的原因。
2. 分析可口可乐在中国进入了哪些领域。
3. 分析多元化战略给可口可乐带来了哪些好处和挑战。
4. 讨论多元化战略给其他企业带来了怎样的启示。
5. 总结与归纳你所知道的企业实行多元化战略的例子。

三、相关网站链接

"可口可乐中国战略换味大力扩张非碳酸领域",品牌中国网,2009年11月2日。
"可口可乐　扩张中国'双版图'",中国证券网,2010年1月6日。
"走过三十年　可乐的中国味道",http://www.56.com/u13/v_NDU1MjE5NjI.html。

四、建议课堂计划

建议使用六节课。

第一节课:讲解重要商务词汇与案例背景,进行案例学习准备。
重要商务词汇:战略目标、合资公司、收购。
第二节课:讲解案例正文,理清案例发展脉络,帮助学生理解案例。
案例讲解内容:
(1)介绍可口可乐相关背景资料;
(2)了解可口可乐多元化的好处;
(3)描述多元化采取的手段;
(4)描述可口可乐在中国的战略目标。
第三~四节课:展开案例分析和讨论。
(1)可口可乐为何要进入非碳酸饮料市场?
(2)可口可乐通过哪些途径进入非碳酸饮料市场?
(3)可口可乐为什么寻求与中国本土企业的战略合作?
(4)如何看待可口可乐的业务组合多元化?这样做有什么好处?
(5)可口可乐在中国的战略目标是什么?
第五~六节课:进行案例总结,布置课后作业,完成案例书面报告。
(1)你认为对于想进入新领域的企业来说,可采取哪些进入方式?
(2)对于进入新领域的企业来说,需要做哪些前期工作?

通用的本土化研发战略

第一部分 案例陈述

案例提要

通用在中国的成功正是源自它深入的本土化战略以及主动与本土的自主品牌竞争。对于本土品牌来说,通用绝对算得上是最危险的竞争对手。

关键词语

通用 上海通用 合资 汽车企业 自主品牌

案例背景

2009年初美国通用汽车深陷破产危机,业界认为上海通用在这场危机中也难以独善其身。上海通用总经理丁磊需要面对来自各个方面的质疑,他对媒体讲得最多的一句话就是:"上海通用不受影响。"在当时,这句话让很多人感到牵强。

案例正文

2009年6月份，通用宣布破产，2009年7月份新通用宣布成立。就在2009年7月份，上海通用就传出了振奋人心的好消息：2009年1月至6月，上海通用汽车比去年同期增加16.1%，9月份同比增长99.5%，10月份同比增长109.7%。这样的态势显示：上海通用不仅没有受到母公司破产影响，相反还取得了更大的发展机遇。

就在新通用宣布成立的同时，即宣布将撤销所有区域总部，转而在上海成立国际运营部，负责北美以外的所有业务。新通用内部人士表示，由于欧洲区、亚太区和拉丁美洲区等区域总部均撤销，实际上，上海国际运营部相当于新通用在全球的第二总部，"中国市场已获得与其市场影响相称的地位"。

2009年12月4日，又一个新闻迅速传播开来：上海汽车集团股份有限公司发布公告称，上海汽车拟通过全资子公司上海汽车香港投资有限公司以现金方式，自通用汽车中国公司处收购上海通用汽车有限公司1%的股权。上海通用股份授让交易总额为8 450万美元，交易后上汽香港将委派一名董事加入上海通用董事会，上海汽车和通用中国在上海通用董事会中实际拥有的席位将由原来的5∶5变更为6∶5。

目前中国大部分合资公司采取50%对50%合资的方式，尽管在股权上相同，但其实中方在合资企业中处于相对弱势的地位，因为核心技术都掌握在外方手中。上海通用这个逆向的转变显得意义重大。

丁磊最为看重上海通用的竞争能力，其中最为核心当属研发。对于一个企业来说，这是最根本的要素，同时也是在合资企业中普遍缺乏的。上海通用则有着泛亚（全称是泛亚汽车技术中心，Pan Asia Technical Automotive Center）这个强大的后盾。

泛亚是通用汽车和上海汽车工业（集团）总公司于1997年合资成立的一家汽车技术与设计中心，双方各出资50%。泛亚汽车技术中心目前是国内最大的研发中心。它不仅为通用汽车和上海汽车工业（集团）总公司服务，也为中国和亚太地区的其他汽车企业提供一流的汽车工程服务。

在通用破产重组之后，泛亚的地位更加重要，因为经过几年的积累和发展，泛亚已经具备了整车开发的能力。业内人士指出："尽管很多合资企业希望能够获得外方最大的技术支持，但在中国，却没有哪一家能够像上海通用这样，拥有如此开放的全球资源共享平台，以及本土研发的强大力量。而在通用重建的大背景下，作为优势资产的上海通用，势必会在原有基础上得到新通用的更多支持，这是上海通用相比竞争对手更积极的发展空间。"

新赛欧是上海通用整车开发能力最好的证明。2010年1月11日，新赛欧以5.68万元起的低价入市，造成轰动效应。新赛欧掀起了与本土自主品牌的"肉搏战"。一直以来，7万元以下这个细分市场被视为是本土品牌的领地，合资品牌车型鲜有涉足，最重要的原因就是对于跨国企业来说，研发一款这样的车型成本很难控制，因此就造成利润会很低。比如大众中国总裁范安德就明确表示："在大众品牌下没有推出7万元以下车型的计划，这个市场可能要有赖于大众与铃木的合作。"这番表态隐含着成本控制之难。但是这样难的事情，上海通用做到了。其秘密武器正是泛亚。不断积累的研发实力使得泛亚具备了整车开发的能力，更重要的是发挥了成本控制的优势。新赛欧不仅低价，同时新赛欧是赚钱的。丁磊明确表示："新赛欧在6万元以下销售我们也是正常的操作，是可以盈利的。自主品牌能做到6万元以下，合资企业也是可以的。"看起来,上海通用的秘诀就是它的本土化研发战略。

(改编自"通用本土化战略制胜开始新环保体系",中华网,2010年4月22日;"上海通用:用本土话实力塑造全新品牌架构",中国证券网,2010年1月6日)

第二部分　案例教学

一、商业专业词汇

1. 破产:是指当债务人的全部资产无法清偿到期债务时,债权人通过一定法律程序将债务人的全部资产供其平均受偿,从而使债务人免除不能清偿的其他债务。破产多数情况下都指一种公司行为和经济行为。但人们有时也习惯把个人或者公司停止继续经营叫作破产。

2. 母公司:根据公司在控制与被控制关系中所处地位的不同,可以划分为母公司和子公司。实际控制其他公司的公司是母公司。受其他公司实际控制的公司是子公司。它们都具有法人资格。

3. 股权:即股票持有者所具有的与其拥有的股票比例相应的权益及承担一定责任的权力。

4. 本土化:是指跨国公司的海外子公司在东道国从事生产和经营活动过程中,为迅速适应东道国的经济、文化、政治环境,淡化企业的母国色彩,在人员、资金、产品零部件的来源、技术开发等方面都实施当地化策略,使其成为地道的当地公司。因此,本土化战略又叫当地响应能力、当地化经营。

5. 自主品牌:是指由企业自主开发,拥有自主知识产权的品牌。

6. 董事会:是依照有关法律、行政法规和政策规定,按公司或企业章程设立并由全体董事组成的业务执行机关。具有如下特征:董事会是股东大会或企业职工股东大会这一权力机关的业务执行机关,负责公司或企业的业务经营活动的指挥与管理,对公司股东大会或企业股东大会负责并报告工作。股东大会或职工股东大会所做的有关公司或企业重大事项的决定,董事会必须执行。

7. 合资:是指两家或多家公司间共同出资、分别拥有部分股权并对新企业实现利润共享、风险共担。

8. 股权:股权即股票持有者所具有的与其拥有的股票比例相应的权益及承担一定责任的权力。

9. 董事:是指由公司股东会选举产生的具有实际权力和权威的管理公司事务的人员,是公司内部治理的主要力量,对内管理公司事务,对外代表公司进行经济活动。占据董事职位的人可以是自然人,也可以是法人。但法人充当公司董事时,应指定一名有行为能力的自然人为代理人。

10. 总部:是公司经营管理的核心,它具有决策职能和监督职能等。

二、思考题

(一)根据案例内容回答问题
1. 美国通用破产重组而上海通用在这期间却迅猛发展的原因有哪些?
2. 上海汽车对于上海通用1%的持股比例的增加说明了什么?

(二)讨论题
1. 上海通用为什么能够推出低端车型"新赛欧"?
2. 在中国的合资汽车公司如何降低成本?

第三部分　案例分析与总结

一、案例要点:通用本土化

本土化使得跨国公司能够更好地适应东道国的政治、经济和文化环境,与当前消费者拉近距离,并且根据当地环境的变化及时响应。无论是在企业形象,还是品牌内涵和产品特性等方面,上海通用汽车在本土化方面做了大量工作。比如品牌诉求和产品选择,都力求更贴近当地消费者的需求。

产品研发是保证企业战略目标实现的重要手段,涉及现有产品的改良以及新产品的开发。汽车业的研发战略非常重要,汽车产品的构造复杂,涉及外形、内外饰、空调系统、电器系统、底盘系统和动力总成系统等多方面,研发战略不仅影响了产品外形、质量和稳定性,并且会影响产品成本。当汽车业决定采取某种竞争战略,塑造相应的竞争优势时,通常需要以相应的研发能力为基础。

二、案例总结

本土化是跨国企业在东道国发展中的重要选择。上海通用公司的汽车要符合中国消费者的驾驶要求,需要以本土化消费人群的品位与爱好为基础。通过详尽的市场调研分析,可以对中国文化和中国消费者有更精确的把握,但如何实现需要两个方面的支持:一是产品研发能力;二是战略决策权。

2009年,上海通用汽车公司董事会结构的变化,反映出公司决策权的变化,上海通用汽车的董事会结构由中外方各5:5,变为中方为6,外方5。中方决策权的上升,更有助于本土化战略的推行。

汽车业本土化战略的实现,依赖于研发支持。为上海通用提供本土化改造的基础是泛亚汽车技术中心,泛亚汽车技术中心作为独立运营的开发机构,一方面是通用集团亚太地区的重要工程中心,也是上汽集团的工程中心之一,其功能是服务于上海通用的产品发展。另一方面其拥有强大的技术支持和信息网络,不但具备关键配件的开发,并且具备整车开发能力。

在泛亚汽车技术中心的支持下,上海通用开始进入低端汽车市场,推出低价位车型

"新赛欧",实现向汽车大众市场的渗入。通过本土化改造,上海通用省去了转嫁到国内消费者身上的每辆车的技术转让费,而把精力投入到售后服务和营销网络上。

第四部分　案例使用说明

一、教学目的与用途

该案例涉及本土化的理论。从本土化的角度,分析上海通用如何在母公司危机之时,反而取得了更大的发展机会。通过案例的讲解,加深学生对相关理论的了解。该案例适用于中级汉语的学员,适用于企业战略管理课程,难度中等。

二、案例分析思路

1. 探寻上海通用本土化的过程。
2. 分析上海通用有哪些竞争优势。
3. 分析上海通用怎样运用自身的技术优势。
4. 讨论上海通用的本土化给其他企业带来了怎样的启示。
5. 总结与归纳你所知道的关于本土化的例子。

三、相关网站链接

"通用本土化战略制胜开始新环保体系",中华网,2010年4月22日。
"上海通用:用本土话实力塑造全新品牌架构",中国证券网,2010年1月6日。
"别克君威广告",http://v.youku.com/v_show/id_XMzgxODk0MzI=.html。

四、建议课堂计划

建议使用六节课。
第一节课:讲解重要商务词汇与案例背景,进行案例学习准备。
重要商务词汇:破产、母公司、本土化、股权、自主品牌。
第二节课:讲解案例正文,理清案例发展脉络,帮助学生理解案例。
案例讲解内容:
(1)介绍上海通用的相关背景资料;
(2)了解上海通用本土化的必要性;
(3)描述上海通用本土化的过程;
(4)分析上海通用的竞争优势。
第三~四节课:展开案例分析和讨论。
(1)上海通用为何要实行本土化战略?
(2)上海通用如何实现本土化战略?
(3)上海通用是如何与自主品牌竞争的?

(4)美国通用破产重组而上海通用在这期间却迅猛发展的原因有哪些？
(5)上海汽车对于上海通用1%的持股比例的增加说明了什么？

第五～六节课：进行案例总结，布置课后作业，完成案例书面报告。

(1)上海通用为什么能够推出低端车型"新赛欧"？
(2)在中国的合资汽车企业，可采取哪些措施降低成本？

企业战略——中日

Enterprise Strategy

北京松下的企业文化建设

第一部分 案例陈述

案例提要

世界著名的企业家松下幸之助先生于20世纪初创办了松下电器,并将其"人和"的经营哲学理念植入了松下电器的文化当中。这种文化不仅在日本本土经营上起到了很好的效果,也使得北京松下及其他海外公司感受到了松下集团企业文化的包容性。

关键词语

北京松下　企业文化　企业文化建设

案例背景

松下电器是全球最大的电子厂商之一,2009年的营业收入约为8 000亿日元,能有今天这样的成就,得益于松下集团在不断努力的实践中,孕育出的独具特色的企业文化:"无退路"经营、自主责任制、集思广益经营、顾客至上原则和造就人才为先。通过松下集团的不懈努力,松下集团的企业文化在本土的经营过程中取得了巨大的成功。但是,松下集团也清醒地认识到,自己的成功是有地域性限制的,其成功是建立在日本本土社会文化风俗的基础之上的;要想成功地在海外经营,就必须针对当地传统文化的特点,对松下的企业管理文化做出适当的调整以适应当地的实际情况。正是因为松下非常重视这一点,并不断地努力改进和完善海外企业的内部文化,使得松下电器在国外也获得了巨大的成功。

案例正文

1987年,北京松下公司成立,它是由北京东方电子(集团)股份有限公司和北京显像管总厂等四家国有企业与日本松下集团和集团下属的一个企业,以全额注资的方式(中日双方各占50%)共同创建的。面对在不同社会和文化背景下发展起来的企业,进行合资合作如何取得成功? 松下集团认为,如何建立一个共同的合资企业价值观至关重要,其中关键的因素则是"人和"。

共同的利益是合资企业价值观的基础,这样才能使中日双方能够"同舟共济"。北京松下在成立初期,就把日本松下的经营理念——"克尽实业家的职责,致力于社会生活的改善与提高,以期对世界文化的发展做出贡献"确定为公司的经营纲领。在合资的过程中,中日双方的员工难免要发生摩擦和争执,甚至互为指责或相互攻击,但最终在"同舟共济"价值观念的指导下团结在一起,实现了"人和"这一基本要求。

北京松下认为,中日双方的权利和责任都是 100%,没有所谓的"权限"和"责任"的势力范围;双方的员工都要做到开诚布公的透明式经营,避免相互猜疑和钩心斗角现象的发生。北京松下还要求管理人员和普通员工在经营的过程中要坚持义利并举、依法经营的原则,并努力奉献,回报社会。他们既讲利更重义,实事求是,光明正大,避免员工的单纯趋利倾向。1990 年 7 月,国家将彩色显像管所需原料和零部件的进口关税从 30% 降到 25%,退还给北京松下多上交的关税 1.148 亿元。北京松下认为,这笔退回的关税已经打入成本卖给了下游厂家,理应退给下游厂家(国内各电视厂家),于是他们分文未取全部如数退还给厂家。这一行动不仅在国内引起了巨大的震动,同时在员工中也有很大反响。

"培养员工主人翁的精神和主动参与管理的意识"也是松下企业文化建设的一个重要组成部分。北京松下的企业文化建设把育人作为企业的根本任务,努力在员工中树立"自己是本岗位最高的责任者和专家"的意识。"做一流的国际同行业人"已经成为每个员工奋斗的目标。员工积极性的提高不仅推动了企业生产经营任务的完成,还促进了公司技术的革新和改造。仅 1995 年 8 月到 1996 年 7 月间,员工的合理化建议就有 41 648 条,直接经济效益达 1.344 7 亿元。

此外,北京松下还有一套"防止问题再发生机制"。一方面,出了问题不是先追究个人责任,而是迅速查明原因;另一方面,是要找出主要的问题点,通过分析研究采取相应对策,并写出"防止问题再发生报告",从根本上杜绝此类问题的再次发生。

"人和"理念并不仅仅局限于企业内部,对北京松下来说,"人和"还意味着企业与社会的和谐。"努力奉献,尽心回报社会"也是北京松下所一直倡导的。1995 年年初,日本发生阪神大地震,北京松下的员工自发向松下集团的其他兄弟公司捐赠 50 万元人民币,在松下集团中也引起了巨大的反响。松下集团社长松下正治及夫人在同年 6 月份访华时,捐赠 100 万美元设立"松下电器育英基金",资助生活困难的大学生,受到了社会的广泛称赞。

北京松下的成功,不仅是松下集团的成功,也为其他公司在华投资企业的企业文化建设树立了一个典范。它说明,在现代化大生产的今天,企业管理已经不仅仅是一种简单的方法问题,而是一种意识的培养和企业文化的建设。

(改编自叶生,"中西合璧铸造中国式企业文化",《中外企业文化》,2006 年;《案例分析——松下入乡随俗》,《500 强管理案例》,www.mmrc.net;张仪华,"浅谈中国式企业文化",《企业活力企业文化》,2007 年)

第二部分　案例教学

一、商业专业词汇

1. 营业收入:是指企业在从事销售商品,提供劳务和让渡资产使用权等日常经营业务过程中所形成的经济利益的总流入。分为主营业务收入和其他业务收入。

2. 经济效益:是通过商品和劳动的对外交换所取得的社会劳动节约,即以尽量少的劳动耗费取得尽量多的经营成果,或者以同等的劳动耗费取得更多的经营成果。经济效益是资金占用、成本支出与有用生产成果之间的比较。所谓经济效益好,就是资金占用少,成本支出少,有用成果多。

3. 企业管理:是对企业的生产经营活动进行组织、计划、指挥、监督和调节等一系列职能的总称,通过这些职能环节来协调人力、物力和财力资源,以期更好地达成组织目标。企业管理要点是建立企业管理的整体系统体系。

4. 集团:是为了一定的目的组织起来共同行动的团体,指多个公司在业务、流通、生产等方面联系紧密,从而聚集在一起形成的公司(或者企业)联盟。

5. 企业文化:企业文化是一个组织由其价值观、信念、仪式、符号、处事方式等组成的其特有的文化形象,企业文化则是企业在生产经营实践中,逐步形成的,为全体员工所认同并遵守的、带有本组织特点的使命、愿景、宗旨、精神、价值观和经营理念,以及这些理念在生产经营实践、管理制度、员工行为方式与企业对外形象的体现的总和。

6. 股份有限公司:是指由一定人数以上的股东组成,公司全部资本分为等额股份,股东以其所持股份为限对公司承担责任,公司以全部资产对公司的债务承担责任的企业法人。

二、思考题

(一)根据案例内容回答问题

1. 在组建北京松下合资公司时,松下集团认为什么非常重要?北京松下是如何做到这一点的?
2. 北京松下建立的"防止问题再发生机制"是如何运作的?

(二)讨论题

1. 北京松下在企业文化方面都做了哪些方面的努力?
2. 在北京松下的企业文化建设中,你觉得哪一条做得最好,为什么?
3. 请举一个其他案例,说明企业文化对企业的经营有正面的或者负面的影响。

第三部分　案例分析与总结

一、案例要点:企业文化、企业文化建设

企业文化是企业为解决生存和发展的问题而树立形成的,被组织成员认为有效而共享,并共同遵循的基本信念和认知。企业文化集中体现了一个企业经营管理的核心主张,以及由此产生的组织行为。是一个组织由其价值观、信念、仪式、符号、处事方式等组成的其特有的文化形象。其中,企业价值观是企业文化的核心。价值观反映了企业及其员工的价值取向,是企业全体或多数员工一致赞同的关于企业意义的终极判断,也是企业在追

求经营成功过程中所推崇的基本信念。

企业文化建设是指企业文化相关理念的形成、塑造、传播等过程。企业文化建设是一项系统工程，从理念到行动，从个体到整体，从宗旨到具体目标，从口号到 Logo，都是企业文化建设的内容，也都会受到企业文化的影响。有观点认为，一个没有企业文化的企业是没有前途的企业，这反映了文化建设的重要性。

企业文化建设的具体手段很多，比如：晨会、夕会、总结会、思想小结、张贴宣传企业文化的标语、树先进典型、权威宣讲、外出参观学习、故事、企业创业、发展史陈列室、文体活动、引进新人、引进新文化、开展互评活动、领导人的榜样作用、创办企业报刊等等。

二、案例总结

北京松下作为一家合资企业，双方各自发挥了自身优势，如松下在技术、治理和经营等方面的特长；而中方发挥了人力、物力和地利方面的优势。但优势互补不等于合资企业必须成功，合资企业的文化融合是影响后续发展的重要因素。

北京松下非常重视企业文化的建设，重视员工之间思想文化上的交流与沟通，相互学习、借鉴和融合，逐步形成了松下的"中国化"企业文化。

北京松下的企业文化建设主要有以下内容：(1)首要任务是创建一个基于共同的利益的企业价值观，尽管中日双方拥有各自利益，但北京松下是双方共同的企业，双方对之拥有 100% 的责权利。(2)制定公司纲领，明确"克尽实业家的职责，致力于社会生活的改善与提高，以期对世界文化的发展做出贡献"的共同愿景，在具体经营中，将关税退还给下游电视厂家就是很好的体现。(3)培育企业精神和管理机制，如加强员工主人翁意识的培养，给予员工足够的空间与信任，共同改善企业的经营活动等。

通过有效的企业文化建设，才能有效规范员工行为，有效降低运营成本，进而实现企业目标，对于中外合资公司来说，这是非常重要的。

第四部分　案例使用说明

一、教学目的与用途

通过本案例的学习，让学生了解北京松下的企业文化建设，进而把握企业文化的基本内涵，理解企业文化建设的意义和作用。案例难度适中，理论内容和语言都属中等。

二、案例分析思路

1. 介绍日本松下公司和北京松下公司概况。
2. 简单介绍日本松下的企业文化。
3. 详细阐述北京松下的企业文化，重点分析北京松下采取了哪些企业文化的建设。
4. 讨论北京松下所取得的绩效以及企业文化对企业竞争力的影响。
6. 让学生谈谈对企业文化的认识和感受。

三、案例教学支持

"中西合璧铸造中国式企业文化",《中外企业文化》,叶生,2006年。
"案例分析——松下入乡随俗",《500强管理案例》,www.mmrc.net。
"浅谈中国式企业文化",《企业活力企业文化》,张仪华,2007年。

四、建议课堂计划

建议使用六节课。
第一节课:讲解重要商务词汇与案例背景,进行案例学习准备。
重要商务词汇:企业文化、企业文化建设。
第二节课:讲解案例正文,理清案例发展脉络,帮助学生理解案例。
案例讲解内容:
(1)介绍松下公司;
(2)描述北京松下公司的企业文化;
(3)描述北京松下是如何建立企业文化的;
(4)了解北京松下企业文化建设的效果。
第三~四节课:展开案例分析和讨论。
(1)松下公司为何要进行企业文化建设?
(2)松下公司的企业文化建设采取了哪些手段?
(3)松下公司建立的"防止问题再发生机制"是如何运作的?
(4)你期望的未来工作企业的企业文化是怎么样的?
(5)你认为松下的所有企业文化政策中哪一条最有效?
第五~六节课:进行案例总结,布置课后作业,完成案例书面报告。
(1)你认为企业文化在企业运作中起到了什么作用?
(2)请你说出你所知道的知名企业的企业文化,你最喜欢其中哪一条?

富士胶片进军化妆品行业

第一部分　案例陈述

案例提要

20世纪90年代,富士胶片占据中国市场将近7成的市场份额。然而由于柯达的崛起,以及数码相机的出现,胶片这个曾经让富士引以为豪的产业已经日薄西山。为了寻找新的利润增长点，富士集团开始进军化妆品行业。

关键词语

富士胶片　多元化战略　化妆品行业

案例背景

从 2010 年 9 月 16 日起，在淘宝商城上的"富士 ASTALIFT 旗舰店"里就可以买到富士集团生产的化妆品了。富士胶片株式会社(简称"富士")于 2010 年 9 月 6 日宣布，将公司自己研发的女性功能性护肤品"ASTALIFT"系列推向中国市场，并选择将淘宝商城作为目前唯一销售渠道。这一举动标志着富士集团从起初的胶片行业，经过多年的多元化战略的调整，正式进入了中国的化妆品行业，在多元化的道路上又迈出了战略性的一步。

案例正文

富士胶片集团是一家以技术研发为导向，实行多元化经营的大型跨国公司。公司成立之初，是专做传统的胶片生意的，也在这一领域获得了显赫的市场地位。尤其在中国，20 世纪 90 年代初，富士胶片的形象几乎随处可见。但是后来，由于柯达"全面收购中国胶片企业"计划的执行，富士在中国的胶片市场份额由最高的 70% 急剧滑落到 20%。此外，随着新技术的出现，数码相机迅速取代传统光学相机，成为人们旅行拍照的首选，胶片市场也随之衰退。面对这种市场变化，富士先后进行了两轮大刀阔斧的改革，希望将公司变身为一个"综合信息技术公司"。对于富士来说，未来的多元化版图上，"综合健康医疗"将是今后重点发展的事业支柱之一。2008 年 11 月，富士公司成立了"医疗健康事业统括本部"，其业务包括了医疗、药品、化妆品、健康食品等跟生命科学相关的种种业务。

富士做化妆品让广大消费者感到非常惊讶，然而在业内人士看来，这是非常合理的选择。胶片技术和化妆品技术存在共通之处。化妆品所需的胶原蛋白，就是富士公司原来生产胶片的过程中必不可少的成分。胶片生产中用来防止胶片褪色的防氧化技术，也是在化妆品生产中一种抗衰老所不可缺少的技术。富士公司在此前 70 多年时间里，已经把胶原蛋白的技术和原理研究得很透彻了。把这样的技术和原理运用到化妆品里面，其实是把已有的技术进行了延伸，是一个非常好的技术相关的多元化战略方向。富士这次在中国推出的化妆品"ASTALIFT"，其实早在 2007 年就在日本上市，并深受女性消费者欢迎。2009 年的日本本土销售额超 100 亿日元(约 7.72 亿元人民币)。富士的竞争对手之一索尼，也有一个自己的化妆品品牌。可见胶片企业向化妆品行业发展是非常合理的一种多元化形式。

中国是全球第三大化妆品销售市场，今后预计还将以每年 10% 的速度增长。目前中国国内化妆品行业的集中度很低，这种情况给各个化妆品品牌预留了很多市场空间。富士选择在这个时候与淘宝商城合作，推出自己研发的女性功能性护肤品"ASTALIFT"系列，其市场表现非常值得期待。

然而，化妆品是一个需要长期投入的行业，往往耗时 5 到 10 年。虽然净利率能达到 20% 到 25%，但规模很难上去。中国市场上化妆品牌扎堆、竞争激烈。对于忙于寻找新的利润增长点的富士来说，进军化妆品行业是一项任重而道远的企业战略。

（改编自"富士胶片改卖化妆品淘宝商城开辟第二事业"，《中国经营报》，2010年9月，http://www.cb.com.cn/1634427/20100915/150788.html。"富士胶片正式进军中国高端化妆品市场"，腾讯报道，2011年1月，http://tech.qq.com/a/20110112/000171.htm。"老牌日企富士'化妆'转型"，《中国经营报》，2010年7月，http://www.cb.com.cn/1634427/20100716/139211_2.html）

第二部分　案例教学

一、商业专业词汇

1. 市场份额：指一个企业的销售量（或销售额）在市场同类产品中所占的比重，直接反映企业所提供的商品和劳务对消费者和用户的满足程度，表明企业的商品在市场上所处的地位。市场份额是企业的产品在市场上所占的份额，也就是企业对市场的控制能力。市场份额越高，表明企业经营、竞争能力越强。企业市场份额的不断扩大，可以使企业获得某种形式的垄断，这种垄断既能带来垄断利润又能保持一定的竞争优势。

2. 利润：指企业销售产品的收入扣除成本价格和税金以后的余额。

3. 净利率：是指在利润总额中按规定交纳了所得税后公司的利润留成，一般也称为税后利润或净收入。净利润的计算公式为：净利润＝利润总额×（1－所得税率）。净利润是一个企业经营的最终成果，净利润多，企业的经营效益就好；净利润少，企业的经营效益就差，它是衡量一个企业经营效益的主要指标。

4. 销售渠道：销售渠道是指某种货物或劳务从生产者向消费者移动时，取得这种货物或劳务所有权或帮助转移其所有权的所有企业或个人。简单地说，销售渠道就是商品和服务从生产者向消费者转移过程的具体通道或路径。

5. 消费者：从法律意义上讲，消费者应该是为个人的目的购买或使用商品和接受服务的社会成员。消费者与生产者及销售者不同，他或她必须是产品和服务的最终使用者而不是生产者、经营者。也就是说，他或她购买商品的目的主要是用于个人或家庭需要而不是经营或销售，这是消费者最本质的一个特点。

6. 旗舰店：是企业在营销过程中设在某地最高级别的品牌形象展示店，一般来讲就是所处地段极佳、客流极强、销售极好的样板店，是代表某品牌或某大类商品的专卖店或专业店。

7. 株式会社：即日本的股份公司。日本称股份为株，如一股，日本叫作"一株"。几个股东凑起钱办公司，就叫有限公司，日本称"株式会社"。

8. 多元化战略：又称多角化战略，是指企业同时经营两种以上基本经济用途不同的产品或服务的一种发展战略。

9. 集团：是为了一定的目的组织起来共同行动的团体。指多个公司在业务、流通、生产等方面联系紧密，从而聚集在一起形成的公司（或者企业）联盟。

10. 跨国公司：又称多国公司（Multi-national Enterprise）、国际公司（International Firm）、超国家公司（Supernational Enterprise）和宇宙公司（Cosmo-corporation）等，跨国公

司是指由两个或两个以上国家的经济实体所组成,并从事生产、销售和其他经营活动的国际性大型企业。

二、思考题

(一)根据案例内容回答问题
1. 富士胶片为什么要进军化妆品行业?
2. 富士胶片为什么比较适合进入化妆品行业?

(二)讨论题
1. 请结合案例,说说什么是多元化战略?
2. 你认为什么情况下,企业需要进行多元化战略?
3. 企业在选择和实施多元化战略时,应该注意哪些问题?

第三部分　案例分析与总结

一、案例要点:多元化战略

多元化战略又称多角化战略,指企业同时经营两种以上基本经济用途不同的产品或服务的一种发展战略。根据所经营产品或服务的相关性,可分为相关多元化和不相关多元化;根据经营范围分为产品的多元化、市场的多元化等。

产品多元化指企业新生产的产品跨越了并不一定相关的多种行业,且生产多为系列化的产品;市场多元化指企业的产品在多个市场,包括国内市场和国际区域市场,甚至是全球市场。一般意义上的多元化经营指产品多元化。

二、案例总结

胶片业在20世纪风光无限,但近年来受数码产品的冲击很大,市场份额不断萎缩,为寻找新的业务增长点,富士集团积极采取了多元化的战略。

早在2006年,富士胶片集团就开始在日本本土进军护肤品市场,最初采取邮购和网络销售,后来建立了超过4 000多个连锁专柜和一个在东京的旗舰店。在中国市场,富士胶片集团也开始进行多元化战略的调整,推出一系列化妆品。

富士集团在胶片市场没落的情况下,在中国进入化妆品市场,主要有三点原因,首先,化妆品行业与胶片行业本身存在内在的技术相关性,可以充分利用富士原有的领先胶片技术。其次,中国的化妆品市场还处于较为分散的竞争格局,且市场增长性强。第三,是因为富士在日本进入化妆品市场后,有着良好的表现。

但是化妆品市场与胶片市场不同,经营方式也应不同,富士虽然曾在胶片市场取得了成功,但要开拓化妆品市场,仍将是任命而道远。

第四部分　案例使用说明

一、教学目的与用途

通过本案例的学习,让学生掌握多元化战略的内涵和意义,了解多元化战略的优点与缺点,理解多元化战略选择和实施中应注意的问题。案例内容聚焦于多元化,理论知识适中,但文字有一定难度,因为涉及一些化妆品业的名词。

二、案例分析思路

1. 介绍胶卷行业的衰退及富士面临的困境。
2. 介绍富士进军化妆品的行为。
3. 讲解富士的多元化选择以及多元化战略的内涵。
4. 分析富士多元化战略选择的原因。
5. 讨论多元化战略选择与战略实施中应注意的因素。
6. 总结多元化战略理论知识。

三、相关网络链接

"富士胶片改卖化妆品淘宝商城开辟第二事业",《中国经营报》,2010年9月,http://www.cb.com.cn/1634427/20100915/150788.html。

"富士胶片正式进军中国高端化妆品市场",腾讯报道,2011年1月,http://tech.qq.com/a/20110112/000171.htm。

"老牌日企富士'化妆'转型",《中国经营报》,2010年7月,http://www.cb.com.cn/1634427/20100716/139211_2.html。

"企业实行多元化战略的成因与策略",《中国商界》,2010年8月。

四、建议课堂计划

建议使用六节课。

第一节课:讲解重要商务词汇与案例背景,进行案例学习准备。

重要商务词汇:多元化战略。

第二节课:讲解案例正文,理清案例发展脉络,帮助学生理解案例。

案例讲解内容:

(1)介绍富士胶卷公司;

(2)描述富士是如何进入化妆品行业的;

(3)描述胶卷行业与化妆品行业相同之处;

(4)了解富士公司多元化的效果。

第三~四节课:展开案例分析和讨论。

(1)富士公司为何要进行多元化战略？
(2)富士公司为何要选择化妆品行业进行多元化？
(3)结合案例，企业在什么情况下需要进行多元化？
(5)如果你是厂家，在选择多元化时，你会考虑哪些因素？
第五～六节课：进行案例总结，布置课后作业，完成案例书面报告。
(1)请结合案例，说说什么是多元化战略？
(2)讨论多元化战略选择和战略实施中应注意的问题？

企业战略——中澳
Enterprise Strategy

澳瑞凯涂料的多品牌战略

第一部分 案例陈述

> **案例提要**

澳瑞凯消费品业务于 2007 年 10 月进入中国大陆,主营犀利(Selleys)、艾克拉(Acra-Tex)、蓝蔚(Levene)三个品牌。2008 年 11 月,澳瑞凯完成对新欧宝化工(上海)有限公司的收购,推出欧龙(Opel)品牌。澳瑞凯在中国建筑装饰涂料和辅料市场实行多品牌、多层次的推进。

> **关键词语**

澳瑞凯　多品牌　并购　涂料

> **案例背景**

澳瑞凯(Orica Limited)是澳大利亚的上市公司,其中澳瑞凯消费品业务(OCP)以涂料为主,在澳大利亚和新西兰的建筑装修涂料、辅料和家庭庭园产品市场占据领导地位。澳瑞凯消费品业务在澳大利亚、新西兰及其他南太平洋国家中拥有 10 多个著名品牌,包括多乐士(Dulux)、犀利(Selleys)、伯爵(Berger)、British Paints、Yates、艾克拉(Acra-Tex)和蓝蔚(Levene)等。自 2007 年进入中国大陆,成立澳瑞凯涂料(上海)有限公司,这家拥有多个品牌的澳大利亚知名涂料企业在中国市场上也实施了多品牌战略。

> **案例正文**

中国涂料市场的竞争非常激烈,不仅有国际著名的涂料品牌,还有大批本土的涂料企业。2007 年 10 月,澳瑞凯消费品业务(简称"澳瑞凯")进入中国大陆,主营以下三个品牌:犀利(Selleys)、艾克拉(Acra-Tex)、蓝蔚(Levene)。

进入中国市场后,澳瑞凯对其现有的三个品牌进行了明确的定位。(1)犀利(Selleys)是针对建筑家装市场提供的一系列建筑辅料产品,在香港有 20 年的历史并且已经在香港市场取得领先品牌地位,澳瑞凯决定凭借这一优势开拓大陆市场,在中国大陆复制香港市场的成功业务模式,2007年进入深圳并取得良好业绩。(2)艾克拉(Acra-Tex)是一个工程涂料品牌,在工程领域广泛应用。(3)蓝蔚(Levene)是一种内墙涂料,主要针对零售市场,是第一个在中国市场推出的完全环保型产品。

蓝蔚作为澳瑞凯针对中国市场推出的全新品牌,也是将重点推广的品牌。为此澳瑞凯采取了一系列措施:(1)在"2009经销商年会"上,蓝蔚品牌举办了色彩发布会,向与会者展示2009年度的涂料流行色。(2)蓝蔚致力于为中国消费者提供更绿色环保的产品,重视产品品质。所有的蓝蔚涂料皆由ISO①和NATA②所认可的世界级实验室开发,并采用澳洲优质原材料和先进的科技配方,以保证达到最佳性能和卓越的质量。(3)蓝蔚还成为2010世博澳洲馆涂料的唯一赞助伙伴,负责为澳大利亚国家馆提供内饰涂料,打造世博澳洲馆"生态型氧吧"。2009年10月,为迎接世博会,蓝蔚针对上海地区举办"刷新宝宝大好明天"互动活动,送出200个免费的净氧宝宝房装修机会,让更多消费者体验蓝蔚的爱心。

除了上述三个品牌的推广,为了扩大市场影响,澳瑞凯还采取了并购方式。澳瑞凯在进入中国大陆之初,就希望收购一家在中国装饰涂料有影响的区域性龙头企业。拥有欧龙漆品牌的新欧宝化工(上海)有限公司被澳瑞凯认为是"最理想的"并购对象,因为欧龙漆有"很好的生产基地、物流和业务客户群"。2008年11月,澳瑞凯完成对新欧宝化工(上海)有限公司(欧龙漆投资方)的收购,并成立了澳瑞凯涂料(上海)有限公司。

2009年1月8日,澳瑞凯涂料(上海)有限公司在上海举行"2009经销商年会"。会上,澳瑞凯正式宣布已拥有欧龙漆品牌。欧龙漆包括装饰木器漆③和建筑墙面漆④两大类产品,其高端木器漆在上海及华东地区处于领先地位,产品通过1 000多家销售网点和全国范围的网络进行销售,并与中国多家大型零售大卖场有着良好的关系,这将会帮助澳瑞凯消费品业务(OCP)在大中国区的销量提升。

现今,澳瑞凯消费品业务中国(OCP China)拥有蓝蔚(Levene)、欧龙(Opel)、犀利(Selleys)、艾克拉(Acra-Tex)等品牌,在中国建筑装饰涂料和辅料市场实行多品牌、多层次的推进。目前,澳瑞凯涂料在中国大陆和香港地区的13个中心城市设有分公司或办事处,与百余家建材超市、上千家经销商和装饰公司保持紧密的商务关系,产品销往中国大陆各地和中国香港、中国澳门地区。

(改编自"澳洲巨头澳瑞凯宣布收购欧龙漆",《中国涂料报》,2009年2月9日;"澳瑞凯Patrick Houlihan:中国市场让我们激动",搜房网,2009年4月16日;"澳瑞凯宣布收购欧龙漆旗下品牌蓝蔚发布流行色",焦点上海装修家居网,2009年1月13日)

---

① 国际标准化组织(International Organization for Standardization)简称ISO,是一个全球性的非政府组织,是国际标准化领域中一个十分重要的组织。

② 澳大利亚国家检测协会(National Association of Testing Authorities)简称NATA,成立于1947年。

③ 木器漆是用于木制品上的一类树脂漆,有聚酯、聚氨酯漆等,可分为水性和油性;按光泽可分为高光、半哑光、哑光;按用途可分为家具漆、地板漆等。

④ 墙面漆,是涂装中最终的涂层,具有装饰和保护功能,是家庭装修中用于墙面的主要饰材之一。

第二部分　案例教学

一、商业专业词汇

1. 消费品：指用来满足人们物质和文化生活需要的那部分社会产品。也可以称作"消费资料"或者"生活资料"。按满足人们需要层次分，有生存资料、发展资料、享受资料。按使用时间长短分，有一次或短期使用的普通消费品和可供长期使用的需用消费品。根据消费者的购买行为和购买习惯，消费品可以分为便利品、选购品、特殊品和非渴求品四类。

2. 生产：是指人类从事创造社会财富的活动和过程，包括物质财富、精神财富的创造和人自身的生育，亦称社会生产。狭义生产仅指创造物质财富的活动和过程。

3. 批发：零售的对称，指专门从事大宗商品交易的商业活动，是商品流通中不可缺少的一个环节。通常有两种情况：①商业企业将商品批量售给其他商业企业用作转卖。②商业企业将用作再加工的生产资料供应给生产企业。

4. 并购：一般是指兼并（Merger）和收购（Acquisition）。兼并，又称吸收合并，指两家或者更多的独立企业、公司合并组成一家企业，通常由一家占优势的公司吸收一家或者多家公司。收购，指一家企业用现金或者有价证券购买另一家企业的股票或者资产，以获得对该企业的全部资产或者某项资产的所有权，或对该企业的控制权。

5. 分公司（Branch Company）：是总公司管辖的分支机构，指公司在其住所以外设立的以自己的名义从事活动的机构，在业务、资金、人事等方面受总公司管辖，不具有法人资格分支机构。分公司仅仅是总公司的附属机构，在法律上、经济上没有独立性。分公司没有自己的名称、章程，没有自己的财产，并以总公司的资产对分公司的债务承担法律责任。

二、思考题

（一）根据案例内容回答问题
1. 澳瑞凯是如何在中国市场进行多品牌推广的？
2. 澳瑞凯收购新欧宝化工（上海）有限公司的目的是什么？

（二）讨论题
1. 实施多品牌战略有哪些好处？
2. 你认为实施多品牌战略的公司应如何进行品牌推广？
3. 试比较自创品牌与收购当地品牌企业的优劣。

第三部分　案例分析与总结

一、案例要点：多品牌战略

　　多品牌战略是企业品牌战略中的一种选择，一般来说，当企业发展到一定程度后，就会利用自己创建起来的一个知名品牌延伸出多个知名品牌，这被称为多品牌战略。多品牌战略中的多个品牌相互独立，而又存在一定的关联。多品牌战略的实施主要有两个特点：一是利用不同的品牌针对不同的目标市场，这有助于企业占有更大的市场份额，可以给低品牌忠诚度的消费者更多的选择，从而可以赢得更多的消费者；二是品牌的经营具有相对的独立性，各品牌保持一定的相互竞争性，但因同属于一个企业，企业可以平衡各品牌的关系。

　　多品牌战略可分为个别品牌策略、分类品牌策略、企业名称加个别品牌策略等。个别品牌策略是指企业的不同产品分别采用不同的品牌，比如当企业同时经营高、中、低端产品时，通常选用不同品牌以避免相互的声誉影响；再如当企业的原有产品在社会上声誉不佳时，企业推出新产品时会采取多品牌战略。分类品牌策略指当企业所经营的各类产品之间的差别很大时，企业通常为各类产品分别命名、一类产品使用一个品牌。当企业所经营的产品之间既有相关性又有独立性时，则会选择公司名＋个别品牌的策略，这样各类产品可以共享企业信誉，又保持自己的品牌特征。

二、案例总结

　　面对消费需求的多样化、差异化和个性化趋势，大众消费进入分众时代。越来越多的企业在制定品牌战略决策时发现：只靠单一品牌已经无法满足所有消费者的不同需求。在中国涂料市场竞争中，澳瑞凯选择采取多品牌战略。澳瑞凯的多品牌战略属于个别品牌战略，主要针对高、中、低不同层次的市场，采取不同品牌。

　　多品牌战略的好处有：(1)有助于提高市场占有率。不同的品牌针对不同的目标市场，可以给消费者(特别是低品牌忠诚度的消费者)更多的选择，从而吸引更多消费者。有渠道和推广过程中，多种商品陈列位置的增加，也就增加了被消费者选择机会。(2)增强企业的抗风险能力，在新市场推出多品牌，可以规避单一品牌失败则全盘皆输的风险；多品牌之间也可以相互支持，提高市场进入壁垒和竞争风险，比如公司为了保护其主要品牌而建立侧翼品牌，是为了打击打手，保护自己的常用方法。(3)促进企业内部品牌间的适度竞争，该战略将外部市场竞争机制引入企业内部，在集团内部各品牌之间形成竞争和淘汰机制，有助于培养品牌的生存能力。澳瑞凯希望通过不同层次市场、不同类型市场(工程涂料和内墙涂料)的不同品牌，占据不同的市场空间。

　　实施多品牌战略也存在不少问题。第一，成本增加且管理复杂化，这给企业管理带来了难度。第二，多品牌如果划分过细，每个品牌的市场份额很小，会带来利润低、品牌间重叠、各品牌市场范围小等问题。澳瑞凯涂料在中国市场的推广过程中,需对市场进行深度调查,进行有效的市场细分,做到品牌个性化明显,这才能在竞争中取胜。

第四部分　案例使用说明

一、教学目的与用途

该案例涉及多品牌战略和并购的理论。通过分析犀利、艾克拉、蓝蔚的品牌推广,以及对欧龙漆的并购,说明澳瑞凯的多品牌战略。通过案例的讲解,让学生对多品牌战略和并购有新的认识。该案例适用于中级汉语的学员,适用于商务汉语案例课程,难度中等。

二、案例分析思路

1. 分析澳瑞凯如何进行品牌定位。
2. 分析澳瑞凯如何推广蓝蔚品牌。
3. 分析澳瑞凯为何并购新欧宝公司。
4. 讨论这项战略给其他企业带来了怎样的启示。
5. 总结与归纳你所知道的关于多品牌战略的例子。

三、相关网络链接

"澳洲巨头澳瑞凯宣布收购欧龙漆",《中国涂料报》,2009年2月9日。
"澳瑞凯Patrick Houlihan:中国市场让我们激动",搜房网,2009年4月16日。
"澳瑞凯宣布收购欧龙漆旗下品牌蓝蔚发布流行色",焦点上海装修家居网,2009年1月13日。

四、建议课堂计划

建议使用六节课。
第一节课:讲解重要商务词汇与案例背景,进行案例学习准备。
重要商务词汇:多品牌战略、并购。
第二节课:讲解案例正文,理清案例发展脉络,帮助学生理解案例。
案例讲解内容:
(1)介绍澳瑞凯的相关背景资料;
(2)了解澳瑞凯的品牌定位;
(3)描述澳瑞凯的品牌推广;
(4)描述澳瑞凯如何获得欧龙漆品牌;
(5)了解澳瑞凯多品牌战略的效果。
第三~四节课:展开案例分析和讨论。
(1)澳瑞凯是如何在中国市场进行多品牌推广的?

(2)澳瑞凯的品牌定位是否合理?
(3)澳瑞凯收购新欧宝化工(上海)有限公司的目的是什么?
(4)实施多品牌战略有哪些好处?
(5)实施多品牌战略应注意哪些问题?
第五~六节课:进行案例总结,布置课后作业,完成案例书面报告。
(1)你认为实施多品牌战略的公司,应如何进行品牌推广?
(2)试比较自创品牌与收购当地品牌企业的优劣。

悉雅特的战略选择

第一部分　案例陈述

案例提要

悉雅特楼宇自控有限公司是MOX集团的全资子公司,是一家专门为住宅小区提供智能化解决方案的高科技企业。凭借着良好的自动化控制技术基础,悉雅特迅速在楼宇对讲、智能家居的高端市场中占据了一席之地。

关键词语

悉雅特　楼宇对讲　智能家居　数字化

案例背景

MOX集团是澳大利亚引领智能产品运用到基础设施控制和工业自动化方面的开发商和制造者,在全球设有多家办事处和工厂。2001年8月,MOX集团在中国杭州成立了悉雅特楼宇自控有限公司(简称"悉雅特"),它是MOX集团的全资子公司,是一家专门为住宅小区提供智能化解决方案的高科技企业。面对中国房地产业的快速发展和日趋增长的楼宇对讲市场,悉雅特在中国市场的发展既有机会也有挑战。

案例正文

悉雅特楼宇自控有限公司于2001年进入国内楼宇智能市场,正值中国楼宇对讲市场的快速发展期,2001~2005年,国内楼宇对讲市场年均增长30%。2005年以来,由于房地产调控政策及金融危机的影响,楼宇对讲市场的发展也有一定的波动,但总体呈现上升趋势。

中国楼宇对讲产品可分为四个阶段:非可视对讲、黑白可视对讲、彩色可视对讲、家庭智能终端(或称数字化可视对讲)。目前在中国楼宇对讲市场上已有大量的国际知名品牌,如法国罗格朗、美国Honeywell、韩国三星、西班牙弗曼科斯(FERMAX)、德国BOSCH等,也有众多的国内品牌。悉雅特为了与之展开竞争,采取了一系列措施。

一是充分利用技术优势,开发高端产品。MOX是工业自动化领域的先驱之一,拥有强大的产品研发部门,悉雅特作为MOX集团在中国区域投资的独资公司,在工控自动化及信息技术领域具有坚实的技术研发实力,所以,悉雅特利用MOX集团的技术优势,对对讲产品不断地进行创造性的技术研发和更新,推出新的产品及功能满足市场的需求,尤其在楼宇智能研发技术方面,始终走在行业的最前列。2004年,悉雅特就建立了第一个数字系统;2007年推出可视对讲数字化系统;2010年,悉雅特推出了最新设计的智能家居控制系统,智能家居在中国的发展时间虽不长,但蕴含着巨大的商机;2011年,悉雅特更将以论坛的形式在行业用户中大力推广数字化的家居理念。

二是聚焦特定区域,积极扩展市场。从应用市场看,楼宇对讲产品分配不均,东南沿海发达城市楼宇对讲普及率达到68%,深圳、上海等城市更高;中部省会及大中城市普及率为40%左右,中小城市约20%;西部和边远省份省会及大中城市为30%,小城市为10%。悉雅特选择在北京、重庆、广州、深圳、长沙、西安、济南、成都等地设立办事处或分公司,力求不断开拓市场和完善服务;另外,公司还在上海建有国内研发中心,旨在为产品和项目提供强有力的技术支持,并对国际先进技术进行转化,紧跟智能建筑的发展趋势,满足不同用户的个性化需求。

三是努力发展客户关系,建立长期合作。比如悉雅特与龙湖集团[①]多年以来一直保持着良好的合作关系。悉雅特公司的许多楼宇可视对讲产品和智能家居产品已广泛应用到龙湖集团的众多项目中。

总之,凭借着良好的自动化控制技术基础,悉雅特迅速在楼宇对讲、智能家居的高端市场中占据了一席之地。2009年,悉雅特公司的数字化产品占到整个市场55%的份额。在未来的两三年内,悉雅特希望能把握这一趋势,进一步扩大市场份额,未来计划达到70%的市场份额。

(改编自"MOX领跑数字化楼宇智能",中国安防网,2010年5月31日)

第二部分 案例教学

一、商业专业词汇

1. 信息技术(Information Technology,简称IT):是主要用于管理和处理信息所采用的各种技术的总称。它主要是应用计算机科学和通信技术来设计、开发、安装和实施信息系统及应用软件。

2. 普及率:指调查项目在拟定介入范围已经占有的比率。在行销上指使用本商品的消费者占所有消费者的比率。在媒体上则指消费者对各媒体类别可接触比率。

3. 分公司(Branch Company):是总公司管辖的分支机构,指公司在其住所以外设立的以自己的名义从事活动的机构,在业务、资金、人事等方面受总公司管辖,不具有法人资

---

① 龙湖集团,即龙湖地产有限公司,创建于1994年,集团总部设在北京,业务领域涉及地产开发、商业运营和物业服务三大板块。

格分支机构。分公司仅仅是总公司的附属机构,在法律上、经济上没有独立性。分公司没有自己的名称、章程,没有自己的财产,并以总公司的资产对分公司的债务承担法律责任。

4. 市场份额:又称市场占有率(Market Shares),指一个企业的销售量(或销售额)在市场同类产品中所占的比重,直接反映企业所提供的商品和劳务对消费者和用户的满足程度,很大程度上反映了企业的竞争地位和盈利能力。

5. 全资子公司:全资子公司是指只有一个法人股东的公司。比如 B 公司只有 A 公司一个股东,即 A 公司拥有 B 公司 100% 的股权,则 B 公司是 A 公司的全资子公司。

二、思考题

(一)根据案例内容回答问题

1. 在研发发面,悉雅特始终走在行业前列,这会给其带来什么机会与挑战?
2. 悉雅特为什么要与龙湖集团等客户建立长期合作关系?

(二)讨论题

1. 你认为悉雅特能否保持其竞争优势,进一步扩大其市场份额?
2. 你认为要在楼宇对讲与智能家居行业立足,最重要的因素是什么?
3. 目前,智能家居在中国市场普及率较低,你认为企业可以采取哪些措施抢占这一部分市场?

第三部分　案例分析与总结

一、案例要点:竞争战略、竞争优势

竞争战略是迈克尔·波特教授提出的一种战略,强调了企业在市场上抗衡竞争对手时可采取的战略。包括总成本领先战略、差异化战略、聚集战略。总成本领先战略强调企业必须全力以赴地降低成本,在整个市场竞争中强调以低成本取胜,确保总成本低于竞争对手。差异化战略强调公司提供的产品或服务的差异化,在整个市场竞争中形成区别于竞争对手的独特优势。聚集战略强调针对某特殊的顾客群、某产品线的细分区段或某一地区市场开展竞争,在特定市场上可以聚集于低成本,也可以聚集于差异化。

竞争优势是企业在市场竞争中优于竞争对手的特征,只要竞争者在某些方面呈现某种特质,它就具有某种竞争优势。一般表现为低成本优势和差异化优势两个方面。

二、案例总结

目前,国内楼宇对讲市场的竞争越来越激烈,在可视对讲和智能家居市场上,已经出现了很多国家的不同品牌,如法国罗格朗、美国 Honeywell、韩国三星等有实力的厂商和有影响力的品牌,悉雅特此时进入中国市场,需要选择恰当的竞争战略。

在竞争激烈的情况下,悉雅特针对不同的市场,采取了相应的策略。一是利用自己的技术优势推出高端产品,通过研发,提高产品品质,在推广过程中强调智能和数字化特征,力求走在行业前列；二是针对不同市场，强调产品研发和服务体系，同时力求满足用户的个性化需求；三是重视客户关系管理和长期合作关系。这些措施展现出，悉雅特在竞争中更偏重差异化，强调技术优势、服务能力和关系维护。

竞争战略的开展需要企业核心能力的支持。悉雅特掌握智能家居领域的核心技术和品牌产品，所以在发展中，企业一方面需要以核心产品和高附加值服务来赢得市场，带动企业系列产品线发展。另一方面则要密切关注与行业发展紧密相关的外部因素（如房地产业），客观地分析形势，不断调整竞争战略。

第四部分　案例使用说明

一、教学目的与用途

该案例涉及竞争战略的理论。讲述悉雅特利用技术优势，开发高端产品；聚焦特定区域，积极扩展市场；发展客户关系，建立长期合作，以巩固其竞争优势。通过案例的讲解，让学生们对竞争战略有新的认识。该案例适用于中级汉语的学员，适用于商务汉语案例课程，难度中等。

二、案例分析思路

1. 了解中国楼宇市场的概况。
2. 分析悉雅特如何与其他品牌展开竞争。
3. 了解悉雅特的市场地位与目标。
4. 讨论如何有效巩固竞争优势。
5. 讨论这项战略给其他企业带来了怎样的启示。

三、相关网络链接

"MOX 领跑数字化楼宇智能"，中国安防网，2010 年 5 月 31 日。

四、建议课堂计划

建议使用六节课。
第一节课：讲解重要商务词汇与案例背景，进行案例学习准备。
重要商务词汇：楼宇对讲、智能家居、分公司、子公司、市场份额。
第二节课：讲解案例正文，理清案例发展脉络，帮助学生理解案例。
案例讲解内容：
(1)介绍悉雅特的相关背景资料；
(2)了解中国楼宇市场的概况；
(3)描述悉雅特巩固竞争优势的措施；
(4)了解悉雅特竞争战略的效果。

第三~四节课:展开案例分析和讨论。
(1)在研发发面,悉雅特始终走在行业前列,这会给其带来什么机会与挑战?
(2)悉雅特为何聚焦于特定区域?
(3)悉雅特为什么要与龙湖集团等客户建立长期合作关系?
(4)你认为悉雅特能否保持其竞争优势,进一步扩大其市场份额?
(5)如何有效巩固竞争优势?
第五~六节课:进行案例总结,布置课后作业,完成案例书面报告。
(1)你认为要在楼宇对讲与智能家居行业立足,最重要的因素是什么?
(2)目前,智能家居在中国市场普及率较低,你认为企业可以采取哪些措施抢占这一部分市场?

企业战略——中俄
Enterprise Strategy

TCL 在俄罗斯战略调整

第一部分 案例陈述

案例提要

作为中国的一家家电巨头,TCL 从 20 世纪 90 年代后期就开始进入俄罗斯市场。为了能够打开俄罗斯市场并长久地发展下去,TCL 经历了从"贴牌"策略到品牌建设的一个战略调整。

关键词语

TCL 贴牌策略 品牌建设 战略调整

案例背景

1998 年 TCL 做出大举进入俄罗斯市场的战略决定,并且把俄罗斯作为日后进入欧洲市场的桥头堡。在刚进入俄罗斯时,TCL 采取的是"贴牌"策略,取得了不错的业绩。然而随着时间的推移,这种策略越来越显示它的缺点。"贴牌"策略既不利于 TCL 自身的品牌建设,也不利于 TCL 知名度的传播,不利于 TCL 在俄罗斯的长久发展。为了改变这一局面,TCL 决定在俄罗斯推广自己的品牌。2004 年初,TCL 俄罗斯有限公司正式成立,开始了 TCL 自有品牌的建设。

案例正文

20 世纪 90 年代后期,TCL 开始大举进入俄罗斯市场。然而当时是中国电子产品进入俄罗斯的初级阶段,大多数进入俄罗斯的产品没有自己的品牌。那时候,中国"倒爷"在俄罗斯倾销假冒伪劣产品带来的负面影响还没有完全消除,俄罗斯消费者对中国产品的印象很不好,一听说是中国产品就马上皱起眉头,此时在俄罗斯推广中国品牌既没有客观条件,也缺乏社会基础。

但俄罗斯的专业人士很清楚,中国电子产品的性价比很高,非常符合俄罗斯普通消费者的口味。于是,精明的俄罗斯商人想出了一个很好的办法:在俄罗斯注册一个商标,然后向中国电子企业发产品订单。这也就是所谓的"贴牌"策略。

TCL 产品打入俄罗斯最初也是从"贴牌"开始的,主要为俄罗斯最有影响的几个电视品牌供应元器件,TCL 凭借产品的质量和性能,很快在俄罗斯市场取得可喜的成绩。到 2002 年,TCL 电视在俄罗斯的销售量已经达到 30 万台。

"贴牌"的最大好处是:中国生产企业可以在最短的时间内向俄罗斯出口最大批量的产品,但这种做法也有非常明显的缺点,就是中国企业无论在俄罗斯销售多少产品,也无助于自身品牌的推广,相反的是,提高了俄罗斯销售商注册品牌的知名度。TCL 在俄罗斯市场取得初步成绩以后,公司越来越感到了"贴牌"的弱点:既不利于 TCL 自身的品牌建设,也不利于 TCL 知名度的传播,不利于 TCL 在俄罗斯的长久发展。为了改变这一局面,TCL 决定在俄罗斯推广自己的品牌。

2002 年底,TCL 公司成立俄罗斯项目组,深入研究推广自身品牌的可能性和现实性,最后做出通过委托加工方式在俄罗斯境内组装 TCL 商标产品的重大决定。2004 年初,TCL 俄罗斯有限公司正式成立,该公司从 TCL 母公司采购电视零部件,委托俄罗斯当地的电子企业在莫斯科州的绿城、亚历山大城和加里宁格勒州组装电视,然后通过该公司在俄罗斯的销售网络销售产品。

TCL 要走自主品牌道路,不仅要与俄罗斯本土企业竞争,还要与在俄罗斯的日本、韩国企业相抗衡。在自主品牌的道路上还有很长的路要走,只有依靠产品的质量才能赢得俄罗斯消费者的青睐。

(改编自"华为、TCL、奇瑞掘金俄罗斯调查",环球财经,2006 年 7 月 19 日;"成功营销:TCL 走出去是经典案例抑或是悬案",新浪财经,2004 年 12 月 9 日)

第二部分　案例教学

一、商业专业词汇

1. 贴牌:指一家厂家根据另一家厂商的要求,为其生产产品和产品配件,亦称为定牌生产或授权贴牌生产。既可代表外委加工,也可代表转包合同加工,俗称代加工。

2. 品牌战略:是通过以上这些要素及一系列市场活动而表现出来的结果所形成的一种形象认知度、感觉、品质认知,以及通过这些而表现出来的客户忠诚度,总体来讲它属于一种无形资产。

3. 战略调整:指企业经营发展过程中对过去选择的目前正在实施的战略方向或线路的改变。

4. 委托加工:是指由委托方提供原料和主要材料,受托方只代垫部分辅助材料,按照委托方的要求加工货物并收加工费的经营活动。

5. 采购(Purchasing):是指企业在一定的条件下从供应市场获取产品或服务作为企业资源,以保证企业生产及经营活动正常开展的一项企业经营活动。采购是一个商业性质的有机体为维持正常运转而寻求从体外摄入的过程。分为战略采购(Sourcing)和日常采购(Procurement)两部分。

6. 性价比:全称是性能价格比,是一个性能与价格之间的比例关系,具体公式:性价比

=性能÷价格。通常不会在同一性能基础上比较或比较的机会较少。性价比应该建立在你对产品性能要求的基础上,也就是说,先满足性能要求,再谈价格是否合适,由于性价比是一个比例关系,它存在其适用范围和特殊性,不能一概而论。

二、思考题

(一)根据案例内容回答问题

1. "贴牌"策略有什么优缺点?
2. TCL为什么要进行这样的一个战略调整?

(二)讨论题

1. 你在购物的时候注重品牌吗?
2. 你认为品牌建设是所有产品发展的一个趋势吗?
3. 谈谈你对企业战略调整的理解。

第三部分 案例分析与总结

一、案例要点:战略调整、品牌

战略调整是企业在发展过程中对当前正在实施的战略的方向或路径进行改变,选择新的战略方向或路径的行为。现有战略在实施过程中遇到下述情况时通常会进行调整:第一,企业的经营环境发生了重要变化,比如政治、社会、经济、技术方面的突发性变革,或竞争对手、潜在进入者、供应商、顾客等的重大战略调整,打破了原先市场的平衡;第二,企业外部环境没有太大变化,但企业自身的经营条件与能力发生了变化;第三,上述两种情况的结合。不论何种原因,企业能否及时进行有效的战略调整,决定着企业在未来市场上的生存和发展水平。

品牌是目标消费者及公众对于某一特定事物形成的综合性的感受和评价。营销学中的品牌通常指狭义的商业品牌,即公众对于某一特定商业事物(如产品、商标、企业)形成的综合感受和评价。品牌是一种消费者认知,是一种心理感觉,品牌一旦树立,在一段时间内有价值且不可模仿。所以越来越多的企业日益重视品牌战略,以求在市场竞争中取得竞争优势,实现企业的长远发展。

二、案例总结

企业所面对的环境都在不断地变化,为了更好地应对这个变化,企业战略必须作相应的调整。战略调整就是指企业经营发展过程中对过去选择的目前正在实施的战略方向或线路的改变。

20世纪90年代中后期,TCL进入俄罗斯之初,面临着一种很困难的境地:推广中国品牌既没有客观条件,也没有社会基础。俄罗斯人普遍对中国的品牌印象很差。在这种情况下,为了扩大销路,打开市场,TCL采取"贴牌"策略(即贴着俄罗斯人注册的商标进行生产),也是适应当时竞争环境的一种选择。

贴牌策略虽然能在短期内实现大批量销售,但对企业的长期发展是极为不利的。因为不论 TCL 在俄罗斯销售多少产品,只是提高了俄罗斯销售商注册品牌的知名度,而无助于自身品牌的推广和知名度的提高。所以几年之后,TCL 最终做出通过委托加工方式在俄罗斯境内组装 TCL 商标产品的重大决定。

然而战略调整也将面临一定的风险。由于战略具有指导性、全局性、竞争性、系统性等特点,一旦改变,会影响整个企业的长远性发展。企业的战略调整不仅受环境变化的影响,还受企业核心能力、企业家的行为和企业文化等因素的影响。TCL 虽然做出了发展自主品牌的决定,但要想取得成功,还要不断加强后续的战略执行能力。

第四部分　案例使用说明

一、教学目的与用途

该案例涉及战略调整和品牌战略理论。从战略调整的角度,分析 TCL 从贴牌策略到品牌策略的转变过程;从品牌战略的角度,分析了 TCL 战略调整的结果。通过案例的讲解,让学生们对战略调整和品牌战略有了新的认识和理解。该案例适用于商务汉语案例课程,难度中等。

二、案例分析思路

1. 介绍 TCL 的国际化战略。
2. 分析 TCL 刚进入俄罗斯的"贴牌"战略。
3. 分析"贴牌"战略有什么特点。
4. 讨论 TCL 为什么要进行战略调整。
5. 总结品牌经营的优势。

三、相关网络链接

"华为、TCL、奇瑞掘金俄罗斯调查",环球财经,2006 年 7 月 19 日。
"成功营销:TCL 走出去是经典案例抑或是悬案",新浪财经,2004 年 12 月 9 日。

四、建议课堂计划

建议使用六节课。
第一节课:讲解重要商务词汇与案例背景,进行案例学习准备。
重要商务词汇:贴牌、战略调整、品牌战略。
第二节课:讲解案例正文,理清案例发展脉络,帮助学生理解案例。
案例讲解内容:
(1)介绍 TCL 的相关背景资料。

(2)了解 TCL 刚进入的贴牌策略。
(3)描述 TCL 之后的战略调整。
(4)了解 TCL 调整后取得的效果。

第三~四节课:展开案例分析和讨论。
(1)TCL 刚进入俄罗斯的时候为什么会采取"贴牌"策略?
(2)TCL 的"贴牌"策略之后遇到了什么样的困难?
(3)TCL 为什么会调整为品牌经营?
(4)分析品牌经营有什么样的优势和劣势?
(5)TCL 经过战略调整后取得了什么样的效果?

第五~六节课:进行案例总结,布置课后作业,完成案例书面报告。
(1)对于俄罗斯市场越来越多的竞争对手,TCL 是否还需要继续调整战略?
(2)贴牌策略和品牌经营各有什么样的优缺点?

华为在俄罗斯的战略选择

第一部分 案例陈述

案例提要

企业的战略选择对企业发展具有至关重要的作用。华为从 20 世纪 90 年代开始进入俄罗斯,先后采取了高科技、低价格、本土化的策略。到 2003 年华为在独联体国家的销售额超过 3 亿美元,位居独联体市场国际大型设备供应商的前列,取得了巨大的成功。

关键词语

战略选择 华为 策略 设备 供应商

案例背景

1997 年华为开始进入俄罗斯,时至今日,华为在俄罗斯取得非凡的成功。开始拿到俄罗斯国家电信局第一张订单时仅有 12 美元,到 2001 年,华为与俄罗斯国家电信部门已经签署了上千万元的 GSM 设备供应合同,当年在俄罗斯市场销售额超过 1 亿美元。到 2003 年,华为在独联体国家的销售额超过 3 亿美元,位居独联体市场国际大型设备供应商的前列。华为之所以能取得这样的成绩,就是靠着三件法宝:高科技、低价格和本土化营销。

案例正文

在20世纪90年代,俄罗斯眼里的中国企业依然是质量低下没有科技含量的产品。1997年,华为进入俄罗斯也面临这样的窘境。然而,华为从一开始就非常注重自主的高科技路线,以自己的技术水平努力改变这一看法。

1. 坚持高科技定位

在公司刚刚成立之际,华为就义无反顾地把大量资金投入研发。华为每年将销售额的10%以上投入科研,从事产品研发的科技人员达10 000多人。他们将代理销售取得的点滴利润用于研究交换机,逐渐取得技术的领先,技术的领先带来了利润的扩大,扩大的利润再次被投入到升级换代和其他通信产品的研发中,周而复始,只在自己最擅长的领域做到业绩最佳。

华为的高科技给自己带来了良好的声誉。依靠着自主核心技术,逐步改变了客户对中国和华为的认识,取得了客户的信赖。

2. 实施低成本战略

技术只是华为取得成功的一个方面,良好的性价比也是华为另一大利器。在某些技术层面上,华为与世界巨头可能还有差距,如在俄罗斯的主要竞争对手欧美的西门子、思科等,然而华为的成本优势也是这些巨头难以比拟的。波士顿咨询公司在其研究报告《把握全球优势》中明确指出,2004年中国工人与欧美工人的小时工资差距在14~29美元之间。而在以后中国企业成本优势将会继续加大。

华为进入俄罗斯时,俄罗斯市场程控交换机的价格大约是220~250美元每线。华为依靠自己的价格优势,在最初的谈判中就承诺,不出2年,俄罗斯市场程控交换机的价格将降到大约150~180美元每线,并且2年后价格还会大幅度下降。而最后,华为也实现了它的承诺,这自然受到了俄罗斯市场的欢迎。

3. 本土化生产

性价比优势只是吸引客户的一个方面,怎样把自己更好地推销出去才是关键。华为从开始进入俄罗斯的时候采取的就是合资营销道路。1997年4月华为就在当地建立了合资公司(贝托—华为,由俄罗斯贝托康采恩、俄罗斯电信公司和华为三家合资成立),以本地化模式开拓市场。华为投资资金和生产线设备,俄方投资厂房。

1997年12月,中国深圳华为公司与贝托华为合资企业,签署了SKD技术转让合同。随着经营业务量的不断扩大,华为抓住时机增资扩股,将股份份额上升到81.6%,俄方股份则下降到18.4%。现在贝托华为已进入俄政府圈定的6家重点支持的外资企业名单,其C&C08程控交换机和SDH GSM等产品先后获得俄罗斯电信入网证。

2001年2月合资企业又取得了俄罗斯国产厂商的地位,这样一来,中国产交换机在俄被限制使用的问题得到了彻底解决,从而为该企业更大规模地进入俄市场创造了条件。

目前贝托华为生产的交换机已在俄罗斯通讯网上广泛开通运营,设备的先进性和稳定性得到俄电信界的高度评价。网上使用量已超过20万端口,智能网和数据通信产品在俄实现突破,为企业在俄罗斯持续发展打下了坚实的基础。

(改编自"华为在国际市场上营销策略探析",樊俊龙,西南财经大学硕士论文,2005年11月;《经济导刊》,华为出海 2004年5月25日;"华为的成功海外战略——一个国际化品牌的成长故事",《人民日报》,2005年6月13日)

第二部分　案例教学

一、商业专业词汇

1. 代理销售：凡是不是自产自销的、销售转交他方完成的都可以称作代理销售。
2. 低成本战略：是指企业在提供相同的产品或服务时，通过在内部加强成本控制，在研究、开发、生产、销售、服务和广告等领域内把成本降到最低限度，使成本或费用明显低于行业平均水平或主要竞争对手，从而赢得更高的市场占有率或更高的利润，成为行业中的成本领先者的一种竞争战略。
3. 本土化：是指跨国公司的海外子公司在东道国从事生产和经营活动过程中，为迅速适应东道国的经济、文化、政治环境，淡化企业的母国色彩，在人员、资金、产品零部件的来源、技术开发等方面都实施当地化策略，使其成为地道的当地公司。因此，本土化战略又叫当地响应能力、当地化经营。
4. 性价比：全称是性能价格比，是一个性能与价格之间的比例关系，具体公式：性价比＝性能÷价格。通常不会在同一性能基础上比较或比较的机会较少。性价比应该建立在你对产品性能要求的基础上，也就是说，先满足性能要求，再谈价格是否合适，由于性价比是一个比例关系，它存在其适用范围和特殊性，不能一概而论。
5. 合资企业：一般指中外合资经营企业，是由中国投资者和外国投资者共同出资、共同经营、共负盈亏、共担风险的企业。它的组织形式是有限责任公司。

二、思考题

(一)根据案例内容回答问题

1. 华为在俄罗斯采取了哪些战略？
2. 华为采取这些战略有什么好处？

(二)讨论题

1. 描述一下你心中对中国品牌的印象。
2. 你认为企业在做战略选择的时候需要考虑哪些因素？
3. 你认为一个成功的战略选择有什么特点？

第三部分　案例分析与总结

一、案例要点：战略选择

战略的本质是选择。由于企业的资源和能力有限，不可能采用所有可能的战略。企业必须根据环境与资源/能力的匹配性原则，选择恰当的战略。

战略选择包括三个层面：一是公司层战略选择；二是业务层战略选择；三是职能层战略选择。公司层战略强调的是公司"做什么"与"不做什么"，即公司业务组合的调整；业务层战略主要是竞争战略选择，包括总成本领先战略、差异化战略、聚集战略。职能层战略主要指各职能部门的战略选择，如人力资源战略、研发战略、财务战略、创新战略等。

二、案例总结

每个企业的资源和能力都是有限的，所以不可能面面俱到，企业必须做一些战略选择。企业战略选择是以市场为主导的，技术进步是企业发展的必要条件，但必须综合考虑市场竞争的多种因素，才能取得成功。

华为进入俄罗斯后面临着新的环境，必须做出适合自己的战略。首先，由于中国品牌在俄罗斯有着不良的影响，很多俄罗斯人都把中国货作为次品看待。所以，保持产品高质量，是取得俄罗斯人民信任的首要条件。为此，华为花了大力气进行了高科技的投入，确保产品和服务能够得到客户的满意。其次，作为中国的一家企业，在某些方面毕竟与世界巨头还有一些差距，这个时候良好的性价比是吸引客户的重要手段。低成本策略是华为的又一利器。最后，一家国外的企业要想长期的立住脚跟，必须实行本土化策略。华为于是和俄罗斯的当地企业建立了合资企业（贝托—华为）。这样一方面扩大了销路，另一方面取得了俄罗斯国产厂商的地位，中国产交换机在俄被限制使用的问题得到了彻底解决，从而为该企业更大规模地进入俄市场创造了条件。

从华为进入俄罗斯的成功之路可以看出，一个企业的战略选择对企业来说起到十分重要的作用。成功的战略能够合理配置企业内部独特资源、整合企业内部各种能力适应环境的变化，从而获取可持续的竞争优势。

第四部分　案例使用说明

一、教学目的与用途

该案例涉及战略选择、低成本战略等理论。案例中战略选择涉及了高科技战略、低成本战略、本土化战略，分析了华为进入俄罗斯的三大策略，进而分析了华为取得成功的企业战略。通过案例的讲解，让学生们对战略选择理论有了新的认识和理解。该案例适用于中级汉语的学员，适用于商务汉语案例课程，难度中等。

二、案例分析思路

1. 探寻华为所面临的市场环境；
2. 讨论华为所采取的战略选择；
3. 分析高科技战略有什么劣势和优势；
4. 分析本土化战略对华为有什么意义；
5. 总结与归纳战略选择对华为的意义。

三、相关网络链接

"华为在国际市场上营销策略探析",樊俊龙,西南财经大学硕士论文,2005年11月。
"华为出海",《经济导刊》,2004年5月25日。
"华为的成功海外战略——一个国际化品牌的成长故事",《人民日报》,2005年6月13日。

四、建议课堂计划

建议使用六节课。

第一节课:讲解重要商务词汇与案例背景,进行案例学习准备。

重要商务词汇:战略选择、低价战略、本土化战略。

第二节课:讲解案例正文,理清案例发展脉络,帮助学生理解案例。

案例讲解内容:

(1)介绍华为的背景资料;

(2)了解华为在俄罗斯所采取的三项战略选择;

(3)描述三项战略选择产生的效果;

(4)了解这些战略选择的意义。

第三～四节课:展开案例分析和讨论。

(1)分析华为为什么要进行战略调整?

(2)分析华为高科技战略的原因。

(3)分析华为低价策略的优势。

(4)分析华为本土化战略的特点。

(5)概述华为三项策略所起到的作用和意义。

第五～六节课:进行案例总结,布置课后作业,完成案例书面报告。

(1)对于欧美企业逐步进入俄罗斯,华为该作如何调整?

(2)本土化战略具备什么样的优势?

企业战略——中西

Enterprise Strategy

海尔冰箱的西班牙战略

第一部分 案例陈述

案例提要

作为中国最优秀的民族企业,海尔凭借不懈的努力和创新设计等终于顺利地进入西班牙市场,并占据了可观的市场份额。

关键词语

海尔　国际化　创新设计　欧洲基地

案例背景

海尔自2000年以来不断推进其国际化步伐,在西班牙这个白色家电盛行的国家,海尔遇到了一系列难题,如"西班牙消费者异常苛刻,只有超出期望的产品才会进入他们的购物篮。"消费者和经销商对海尔品牌缺乏认识,对产品质量持怀疑态度,经销商曾坚持反对海尔产品进入卖场,面对种种难题和压力,海尔采取了积极的战略。

案例正文

为了开拓西班牙市场,海尔在改变经销商观念、创新产品设计等方面采取了一系列策略。

1. 改变经销商观念

MIRO是西班牙著名的连锁渠道,全国拥有124个冰箱卖场,海尔产品如果能够进入该卖场,就可以与广大消费者见面,但是MIRO对海尔产品质量持怀疑态度。供职于MIRO多年的采购总监Eric说:"我一直不相信中国企业能造出令欧洲人喜欢的高端冰箱。"他对中国的了解来自低价的"中国制造",他认为中国企业不可能生产高档货。

2009年底,海尔冰箱邀请Eric来到中国青岛参观海尔全球最大的工业园以及生产线,Eric见到了海尔旗下高端子品牌卡萨帝冰箱,对其时尚设计和产品质量非常认可,于是决定深化与海尔的合作,以他们主推的方式提升海尔在当地的影响。如今,MIRO遍布全国124个卖场都摆上了海尔冰箱,并取得了门店最佳的销售位置。

2. 根据客户需求设计产品

海尔进入西班牙的并不是其传统冰箱产品,而是由欧洲团队设计的 3D 冰箱、卡萨帝法式对开门冰箱等高端冰箱。因为国际金融危机之后,欧洲经历了主权国债务危机,这一系列变化导致西班牙消费者对冰箱的需求发生了重大变化,多门、大空间、高品位正成为消费趋势。据 Eric 先生透露,他在把握了这一市场需求变化后,开始在全球范围内寻找供应商,结果发现传统欧美品牌都难以快速提供这样的产品,只有海尔能够按照 MIRO 的要求进行设计、生产。

只要是好的产品,对欧洲消费者来说同样是经不住诱惑的。海尔与其他冰箱品牌照搬原来的产品不一样,而是面对变化迅速做出反应,根据当地的市场需求,创新性地设计出了新产品。"海尔推出的产品是专门给西班牙消费者量身定制的,因此非常受欢迎。"Eric 先生表示。进入 MIRO 销售平台后,海尔产品的销量因此急速攀升,并于次月成为同品类的销售冠军。

3. 设立欧洲基地,把握当地信息

简约的外观设计加上超高的能效等级使海尔多门冰箱备受欧洲消费者青睐。但是要实现这一点并不是简单的事,海尔为开拓欧洲市场专门建立了研究团队,帮助海尔准确了解当地政府法律、用户使用习惯等市场需求的变动信息,这使得海尔能够第一时间设计、生产出符合用户需求的冰箱产品。

据悉,在西班牙购买节能冰箱会得到政府的节能补贴,为此,海尔在西班牙推出的产品均达到了当地最高能效等级,如在经济发达的马德里地区,购买海尔多门冰箱会得到 120 欧元的政府补贴;在经济欠发达的南部城市瓦伦西亚,消费者也会得到 70 欧元的政府补贴。"这是海尔能夺得西班牙市场销量冠军的关键,"Eric 先生称,"MIRO 已将海尔冰箱视为其最好的战略合作伙伴之一。"并把门店的显眼位置留给海尔。

总之,随着当前全球冰箱业正呈现出多门化、时尚化、大空间等发展趋势,海尔凭借强大的技术研发与准确把握市场需求的能力,走在了全球冰箱企业的最前列。世界著名调研机构 GFK 发布最新监测数据显示:2010 年 1~5 月份,在西班牙三门及三门以上的多门冰箱市场,海尔冰箱以 36.1% 的市场份额遥遥领先。可以说,西班牙家电市场云集了欧美著名冰箱品牌,海尔超过欧美品牌夺得多门冰箱市场冠军,说明在冰箱产品升级转型过程中海尔冰箱已经取得了领先性优势。

(改编自"海尔在西班牙多门冰箱市场领先欧美品牌",人民网—家电频道,2010 年 8 月 2 日)

第二部分　案例教学

一、商业专业词汇

1. 市场:商品交易关系的总和,主要包括买方和卖方之间的关系,同时也包括由买卖关系引发出来的卖方与卖方之间的关系以及买方与买方之间的关系。

2. 经销商:是在某一区域和领域只拥有销售或服务功能的单位或个人。

3. 消费者(Consumer):法律意义上的消费者指的是个人的目的购买或使用商品和接受服务的社会成员。

4. 战略合作伙伴：是指通过合资合作或其他方式，能够给企业带来资金、先进技术、管理经验，提升企业技术进步的核心竞争力和拓展国内外市场的能力，推动企业技术进步和产业升级的国内外先进企业。

二、思考题

(一)根据案例内容回答问题

1. 海尔进入西班牙市场的最大障碍是什么？
2. 海尔是如何克服上述障碍的？

(二)讨论题

1. 你认为中国企业国际化所面临的最大挑战是什么？
2. 对于中国企业国际化你能够提供哪些建议？

第三部分 案例分析与总结

一、案例要点：国际化战略

国际化战略是企业产品与服务在本土之外的发展战略。随着企业实力的不断壮大以及国内市场的逐渐饱和，企业开始把目光投向本土以外的全球海外市场。企业的国际化战略是公司在国际化经营过程中的发展规划，企业的国际化战略将在很大程度上影响企业国际化进程，决定企业国际化的未来发展态势。

随着中国综合国力的增强，中国也出现了越来越多的在规模上能和世界顶级公司相比的大型企业，因此中国企业的国际化战略被提上日程。而海尔就是众多中国企业中的一个，它也率先开始自己的国际化战略，并在西班牙等国家通过自身的技术革新和对客户需求的高度匹配取得了巨大成功。本文的海尔冰箱成功打入西班牙市场就是一个十分鲜活的例子，海尔通过改变经销商对中国企业的形象，通过根据客户需求设计产品，通过设立欧洲基地等措施，成功地成为西班牙最强的冰箱制造企业。

二、案例总结

海尔是众多企业中较早开展国际化战略的企业，在全球各地的发展中采取了不同的做法。本案例分析了海尔冰箱在西班牙的具体策略。

一是改变经销商观点。中国制造在许多海外市场被认为是低端产品的代名词，这影响了海尔冰箱的市场拓展。为了改变经销商观念，海尔邀请对方来厂参观，改变当地经销商的认知。

二是根据客户需求设计产品。企业国际化发展过程中，当产品进入其他国家市场，必须结合当地消费者的需求特征来开发产品，才能赢得当地消费者的喜欢，海尔在此方面做出了很大的努力，专门为西班牙消费者设计并制造冰箱。

三是信息搜集。了解当前消费者需求，就需要充分了解当地信息，海尔设立欧洲研究团队,专门研究当地市场和消费需求,这是后续发展的重要支持力量。

通过案例我们可以发现,尽管海尔品牌知名度在西班牙不够高,但结合当地市场做出的种种努力,最终会赢得客户和消费者青睐。

第四部分　案例使用说明

一、教学目的与用途

案例讲述了海尔如何成功拓展西班牙市场的故事。通过该案例的学习,了解企业国际化发展过程中,如何选择适合当地市场的有效策略。该案例适用于中级汉语的学员,适用于商务汉语案例课程,难度中等。

二、案例分析思路

1. 介绍海尔公司及产品。
2. 描述海尔在进入西班牙时遇到的难题。
3. 分析海尔所采取的相关策略。
4. 分析海尔所取得的成绩。
5. 总结案例启示。

三、相关网络链接

"走国际化路线－海尔集团简介",腾讯科技,2006年9月26日。
"海尔在西班牙多门冰箱市场领先欧美品牌",人民网—家电频道,2010年8月2日。
"海尔的国际'本土化'",青岛新闻网,2005年11月10日。
"海尔冰箱连续三年蝉联全球销量第一",《青岛日报》,2010年12月14日。

四、建议课堂计划

建议使用六节课。

第一节课:讲解重要商务词汇与案例背景,进行案例学习准备。

重要商务词汇:国际化、创新、联盟合作。

第二节课:讲解案例正文,理清案例发展脉络,帮助学生理解案例。

案例讲解内容:
(1)介绍海尔的相关背景资料;
(2)描述海尔在西班牙的困境;
(3)了解海尔的具体策略;
(4)了解海尔所取得的绩效。

第三～四节课:展开案例分析和讨论。
(1)海尔如何改变经销商的观念?

(2)海尔的产品设计有何特色?
(3)海尔为什么设立欧洲基地?
(4)海尔如何及时把握市场信息?
第五~六节课:进行案例总结,布置课后作业,完成案例书面报告。
(1)你认为中国企业国际化所面临的最大挑战是什么?
(2)对于中国企业国际化你能够提供哪些建议?

西蒙开关的"简单化"策略

第一部分　案例陈述

案例提要

一场突如其来的金融危机使得西蒙(SIMON)开关中国战略几近崩溃。西蒙开关不得不调整其产品策略,降低创新成本,提高性价比等,这一系列措施使西蒙开关重新赢得了中国市场。

关键词语

西蒙开关　简单化　降低创新成本　性价比

案例背景

西蒙开关(SIMON)是一家来自欧洲的家族型开关巨头企业,自 1999 年 7 月份正式进入中国以来,将销售额每年保持 20%～30%的增长速度,这在低电压开关行业是非常少见的。西蒙开关希望其中国公司力争在 2010 年实现销售收入 10 亿元。要实现这个目标,西蒙的中国公司压力并不小。尤其是 2008 年底金融危机的到来,令许多房地产商的工程相继休眠,也让终端消费者进入观望期,西蒙(中国)公司的战略形势一度陷入恐慌。

案例正文

2008 年奥运结束后,由于西蒙开关在奥运会国家体育场"鸟巢"和国家游泳馆"水立方"上的使用,西蒙这个开关品牌被中国人广为关注。不过,全球金融危机让西蒙的后奥运战略几近崩溃。在中国市场,西蒙一方面面临同样来自欧洲的强大竞争对手的挑战,如在高端市场上有施耐德电气旗下的梅兰日兰(Merlin Gerin)、罗格朗(Legrand)等,另一方面要与本土的德力西、TCL 等在中端市场上展开竞争。

"在开关领域,最终赢得市场的关键只能是产品,只有做对了产品,才能把握好时机。"面对金融危机和市场变化,西班牙西蒙电气(中国)区总经理朱建国认为,"简单化"才是当前市场的基本需求。于是,西蒙电气决定调整其在中国的产品战略结构。

传统上,西蒙产品一贯追求产品的工艺、质量和复杂设计,以及人性化的触摸感,这也是其成为北京奥运会唯一指定开关、插座的供应商的原因,但这种产品定位需要承担高额的原材料成本,致使产品成本居高不下,从而无法在价格上更多让利于顾客,这造成西蒙产品目标客户相对狭窄,只有那些追求奢华或者高档化的买方才能接受。但受金融危机的冲击,无论是企业还是个人,对于产品的降价和"去功能化"需求明显增多。

朱建国要求"在库存技术库中去重点开发短平快的产品。"也就是要在2 000多个西蒙的产品中找到能轻松制胜的产品,并通过略加调整,降低创新成本,加速推向市场。

西蒙公司在开关领域拥有2 000多个品类以及40多项专利技术,要推出一款性价比更高的产品对西蒙来说似乎不是难事。"但是,如果改变那些被中国市场广为认知的西蒙50、52、53、60、61等系列产品,然后在市场上以低价销售,这不仅损害企业品牌,也会引发消费市场不满,误认为西蒙产品在偷工减料",经过慎重考虑后,西蒙公司提出了"去功能化、去高价格化,但是不能牺牲质量"的原则,西蒙选择了一款1年多前推出的V8系列开关实施新的产品战略,V8系列开关是一款在进口80系列基础上改装的产品,过去并没有做重点形象推广。

进口80系列产品的单价大多在100元以上,其原材料用料大大领先于国际标准,还配有电子显示功能等,是一款适用于四、五星级酒店以及高档场所的奢侈开关产品。改装后的V8系列开关,款式简单,没有过多的附加功能,外观设计时尚,有多种颜色选配。最重要的却是改变了原材料选料,使用符合国标强制的"3C"认证材料,但不再追求过高的国际标准,这样,产品的成本大大降低,销售价值不到原进口80系列的一半。

总而言之,西蒙开关将突破传统意义上的开关概念,转而以时尚、性价比高来满足、刺激市场。朱建国说:"我们的战略就是用简单化抓住复杂的客户。"由于"简单化"产品可以帮助客户降低成本,西蒙开关实施简单战略后,得到实惠的客户们正在向西蒙加大采购量。

(改编自"西蒙电气:开关上T台",《经理人》,2009年7月13日)

第二部分　案例教学

一、商业专业词汇

1. 市场:商品交易关系的总和,主要包括买方和卖方之间的关系,同时也包括由买卖关系引发出来的卖方与卖方之间的关系以及买方与买方之间的关系。

2. 产品:是指能够提供给市场,被人们使用和消费,并能满足人们某种需求的任何东西,包括有形的物品、无形的服务、组织、观念或它们的组合。

3. 市场需求:是指一定的顾客在一定的地区、一定的时间、一定的市场营销环境和一定的市场营销方案下对某种商品或服务愿意而且能够购买的数量。

4. 目标客户:即企业或商家提供产品、服务的对象。

5. 成本:人们要进行生产经营活动或达到一定的目的,就必须耗费一定的资源,其所费资源的货币表现及其对象化称为成本。

6. 性价比:全称是性能价格比,是一个性能与价格之间的比例关系,具体公式:性价比

＝性能÷价格。

7. 去功能化：指去掉多余的附加功能，保留产品的基本功能。

8. 3C认证：全称为"强制性产品认证制度"，它是各国政府为保护消费者人身安全和国家安全、加强产品质量管理、依照法律法规实施的一种产品合格评定制度。所谓3C认证，就是中国强制性产品认证制度，英文名称"China Compulsory Certification"（CCC）。

二、思考题

（一）根据案例内容回答问题

1. 西蒙开关为什么要"简单化"？
2. 西蒙开关为什么在中国要压缩创新成本并将产品加速推向市场？
3. 西蒙开关做出上述举动是基于怎样的一个背景？

（二）讨论题

1. 为什么"简单化产品能抓住复杂的客户"？谈谈你的观点。
2. 企业对产品的定价需要考虑哪些因素？

第三部分　案例分析与总结

一、案例要点："简单化"策略

当前产品竞争的一种趋势是，越来越多的企业为了使自己的产品区别于竞争对手，就在产品上增加许多附加功能，这些功能对客户而言并非必要功能，有些功能完全是多余的。比如手机，除了基本的通话功能之外，厂家为之增加了拍照、录像、MP3、收音机、导航、电子书、报警等多种功能，使产品越来越复杂。开关产品也一样，除了控制电源的开关之后，还增加了遥控、电子显示等多种功能。

产品复杂化的结果就是高价，因为成本会大大提高。简单化战略正是反其道而行之。简单化战略追求的是去掉多余的附加功能，提高产品的基本功能，由此可以降低成本，进而降低价格。西蒙开关所实施的就是"简单化"战略。

二、案例总结

无论一个多么强大的跨国公司，如果它不能根据所在国的具体国情来开展自己的业务，最终它也避免不了遭到失败的命运。

西蒙开关在奥运之后迎来了发展的黄金时期，然而市场风云突变，一场金融危机打乱了西蒙开关的所有部署，不得已它们为了在中国继续做下去开始改变其产品策略。将原来的复杂的高端产品改造到既满足基本的性能要求，又尽可能地简化其开关，因此，最终其推出了适合中国市场的简单的V8开关，并在中国获得了巨大的成功。

通过这个案例我们可以发现，对跨国公司在中国的发展来说，适合中国的国情才是最重要的，而不是一味地保持自己的原汁原味。而在这方面，跨国公司还有很长的路要走。

第四部分　案例使用说明

一、教学目的与用途

案例讲述了西蒙公司的产品战略调整。通过该案例的学习,让学生了解简单化战略的基本知识,进而对产品战略和跨国经营时的产品策略选择有更深入的了解。该案例适用于中级汉语的学员,适用于商务汉语案例课程,难度中等。

二、案例分析思路

1. 介绍西蒙开关及相关背景材料。
2. 讲述西蒙开关的简单化战略。
3. 分析西蒙开关如何开展简单化战略。
4. 讨论简单化战略的作用。
5. 总结案例启示。

三、相关网络链接

"西蒙电气:开关上T台",《经理人》,2009年7月13日。

"西蒙电气张仁余:西蒙电气'与伟大建筑同在'",新浪家居,2011年3月31日。

"宁缺毋滥,做精做细——访西蒙电气中国网络业务部高层朱恒、仲林",千家综合布线网,2010年8月6日。

四、建议课堂计划

建议使用六节课。

第一节课:讲解重要商务词汇与案例背景,进行案例学习准备。

重要商务词汇:简单化战略、去功能化、性价比。

第二节课:讲解案例正文,理清案例发展脉络,帮助学生理解案例。

案例讲解内容:

(1)介绍西蒙开关的相关背景资料;
(2)描述西蒙开关的战略调整原因;
(3)了解西蒙开关的简单化战略;
(4)了解西蒙开关如何实现简单化战略。

第三~四节课:展开案例分析和讨论。

(1)西蒙开关为什么采取简单化战略?
(2)采取简单化战略有何优势?
(3)西蒙开关如何实现简单化战略?
(4)西蒙开关的简单化战略取得了怎样的效果?

第五~六节课:进行案例总结,布置课后作业,完成案例书面报告。
(1)为什么"简单化产品能抓住复杂的客户"？谈谈你的观点。
(2)企业对产品的定价需要考虑哪些因素？

市场营销——中德

Marketing

大众帕萨特的定价策略

第一部分　案例陈述

案例提要

定价是一个系统性的过程。大众帕萨特从市场分析、品牌定位到消费传达,试图通过一个有竞争优势的定价,抓住消费者购车的需求心理:高质量、低价位、短维修时间。

关键词语

德国大众　定价策略　生产成本　技术差异　售后服务

案例背景

在汽车产品日趋同质化的今天,一个汽车企业的核心竞争力已不仅仅是如何生产汽车,更是如何来销售汽车。价格作为一种竞争利器,被许多汽车企业所采用。然而价格又是个敏感话题,完全依赖于"打价格战"容易引发商家之间的恶性竞争,也会降低企业的利润空间。汽车企业应该如何制定合理的价格?

2002年秋,汽车价格更是成了人们关注的热点。在当时的舆论下,降价似乎成为汽车企业不得不做出的选择。但是上海大众在综合考察了自己的产品特色和市场竞争状况之后,仍然做出了不同的选择。

案例正文

上海大众是德国大众集团与上海汽车工业集团总公司成立的合资企业。德国大众是世界知名的跨国公司,它强调定价策略是保证公司目标实现的重要条件。通常情况下,德国大众公司在制定产品价格时会考虑三个因素:生产成本、竞争性产品的价格和消费者的购买能力。上海大众基本上继承了德国大众的定价思路。我们通过帕萨特2.8V6的定价来感受其定价策略。

2003年1月21日,上海大众正式向消费者展示一款刚刚推出的新车型——帕萨特2.8V6。

上海大众为这款车制定的品牌理念是"一个真正有内涵的人"。其营销目标是"成为中高档轿车的领导品牌"、"成为高档轿车的选择之一"。也就是说，上海大众希望将帕萨特2.8V6打造成一个中高端品牌，在品牌形象方面要凌驾于同类产品别克、雅阁和风神蓝鸟之上；同时缩小与高档品牌如奥迪、宝马、奔驰之间的差距，并且希望帕萨特2.8V6能成为中高档轿车的首选品牌。

如何实现这一目标？帕萨特2.8V6应制定怎样的价格？才能既让消费者认为这是一个中高端品牌，并且愿意为之付钱呢？上海大众在定价之前首先分析了帕萨特2.8V6的优劣势。上海大众认为，帕萨特2.8V6在以下方面具有优势和劣势。

1. 生产成本方面

就生产成本而言，由于上海大众早在2000年就已经开始生产帕萨特的系列产品，而且产销量每年递增，所以帕萨特2.8V6的生产成本也会随着规模的增加而不断降低。

2. 技术差异方面

(1) 与市场同档次的别克、雅阁和风神蓝鸟这些竞争产品相比，帕萨特的长度排名最后一位，但是帕萨特轿车的车身最高，达1.47米；整车轴距为2.803米，远远高于雅阁、别克。帕萨特轿车的长度虽然最短，但由于设计巧妙，帕萨特的行李箱容积却超过了雅阁和别克。

(2) 帕萨特的乘坐空间和乘坐舒适性，在同类轿车中是最好的，尤其对后排乘客来说，腿部和头部空间显得较为宽敞。

(3) 帕萨特和奥迪A6一样，都采用了2.8V6发动机，这种发动机的技术水平较高，在同档次车中处于领先地位。

(4) 空气阻力会影响汽车的最高车速和燃油油耗。帕萨特的风阻系数仅为0.28，在同类轿车中处于最好水平。

(5) 帕萨特及奥迪A6都装有周密的防盗系统，但雅阁没有发动机电子防盗系统和防盗报警系统，别克轿车则完全没有防盗报警系统。

3. 售后服务方面

售后服务日趋成为影响汽车销售的重要因素。维修站的数量是影响售后服务的硬指标。上海大众在上述四个品牌中是最早进入市场中的，其合资企业也是建厂最早的一家。售后服务维修站的数量远远高于其他竞争品牌。

针对帕萨特2.8V6车型，上海大众在对经销商的培训及消费者的宣传中，突出了以下内容：上海大众便捷的售后服务、价平质优的纯正配件；强调帕萨特的维护费用在国产高级轿车中最低；用户耽搁时间最短，可以真正实现"高兴而来，满意而归"。在市场营销方案中，上海大众用图表的方式充分展示了自己售后维修点多的优势。

根据产品定价的基本准则：产品的生产成本通常决定了产品的最低定价，而可比产品的竞争性定价和消费者的购买能力则制约着产品的最高定价。在分析了帕萨特2.8V6在成本和竞争方面的优劣势之后，上海大众最后确定了帕萨特2.8V6的价格：35.9万元人民币。

上海大众的目的是为了制定一个有竞争优势的定价。上海大众从市场分析、品牌定位到消费传达入手，根据消费者购买时"高质量、低价位、短维修时间"的需求心理来制定价格。由此看出，产品定价是一个系统过程。

(改编自"国家金牌营销案例：上海大众'帕萨特'的定价策略"，中华管理学习网，2009年12月3日；"上海大众'帕萨特'的定价策略"，云南省市场学会，2009年11月9日；"上海大众帕萨特品牌定位策略"，

中国广告,2005年5月28日)

第二部分　案例教学

一、商业专业词汇

1. 定价策略:是指企业在充分考虑影响企业定价的内外部因素的基础上,为达到企业预定的定价目标而采取的价格策略。制定科学合理的定价策略,不但要求企业对成本进行核算、分析、控制和预测,而且要求企业根据市场结构、市场供求、消费者心理及竞争状况等因素作出判断与选择,价格策略选择的是否恰当,是影响企业定价目标的重要因素。

2. 生产成本:是生产单位为生产产品或提供劳务而发生的各项生产费用,包括各项直接支出和制造费用。直接支出包括直接材料(原材料、辅助材料、备品备件、燃料及动力等)、直接工资(生产人员的工资、补贴)、其他直接支出(如福利费);制造费用是指企业内的分厂、车间为组织和管理生产所发生的各项费用,包括分厂、车间管理人员工资、折旧费、维修费、修理费及其他制造费用(办公费、差旅费、劳保费等)。

3. 竞争导向定价法:是企业通过研究竞争对手的生产条件、服务状况、价格水平等因素,依据自身的竞争实力,参考成本和供求状况来确定商品价格。

4. 核心竞争力:是指在一个组织内部经过整合了的知识和技能,尤其是关于怎样协调多种生产技能和整合不同技术的知识和技能。是一个企业独特的能力,是不易或无法被竞争对手所模仿和复制的。

5. 合资企业:一般指中外合资企业。中外合资企业是由中国投资者和外国投资者共同出资、共同经营、共负盈亏、共担风险的企业。外国合营者可以是企业、其他经济组织或个人。中国合营者目前只限于企业、其他经济组织,不包括个人和个体企业。

二、思考题

(一)根据案例内容回答问题

1. 公司产品定价受到哪些因素制约?
2. 大众帕萨特有哪些技术上的优势?
3. 中国消费者的购车需求心理是什么?

(二)讨论题

1. 描述一辆汽车的定价应考虑哪些因素。
2. 你认为采用高于竞争对手的定价需要做好哪些工作?
3. 你认为价格对消费者购车有多大的影响?

第三部分　案例分析与总结

一、案例要点：定价理论

定价，是市场营销学里面最重要的组成部分之一，主要研究商品和服务的价格制定和变更的策略，以求得营销效果和收益的最佳。常见的定价策略有：竞争定价法、成本加成定价法、撇脂定价法、限制定价法、损失领导者定价法、市场导向定价法、渗透定价法、价格歧视定价法等。

影响企业定价的因素包括：(1)市场需求及变化；(2)市场竞争状况；(3)政府的干预程度；(4)商品的特点；(5)企业状况。

一般企业的定价程序可以分为六个步骤，即确定企业定价目标、测定市场需求、估算商品成本、分析竞争状况、选择定价方法、确定最后价格。

二、案例总结

是不是只有实行低价策略才能占有市场？产品定价究竟谁说了算？

本案例对这些问题给出了一个很好的解答。本案例说明产品定价策略需要从产品生产成本、竞争性产品的价格和消费者的理解价值及购买能力三个方面全面考虑，并加以平衡，产品的生产成本决定了产品的最低定价，而可比产品的竞争性定价和消费者的理解价值和购买能力则制约着产品的最高定价。

上海大众刚上市销售的帕萨特最高档车帕萨特2.8V6品牌定位为"一个真正有内涵的人"。其营销目标是"成为中高档轿车的领导品牌""成为高档轿车的选择之一"。为了达到这样的定位目标，在进行定价决策时，它综合考虑了上述三个方面因素，并详细分析探讨了与竞争品牌相比帕萨特2.8V6的产品优劣势，以及消费者需求心理，对产品使用过程中的附加成本如维修成本也进行充分考虑，最终决定产品定价为35.9万元人民币。

因此，一个产品定价决策并不是主观拍板和生产导向的决策，包含对企业本身、产品、市场、消费者和竞争对手多方面的客观分析。

为了实现高档车的定位目标和实施其定价策略，上海大众还进行了一系列行之有效的广告宣传。从这些广告宣传的主题和内涵来看，是对高档车定价策略的有力支持，对实现其市场定位目标起到了良好的效果。

第四部分　案例使用说明

一、教学目的与用途

该案例涉及市场营销的内容。从市场营销的角度入手，突出帕萨特2.8V6在中国市场上的定价策略,重点让学生了解产品定价策略要考虑的因素。

二、案例分析思路

1. 探寻企业产品定价要考虑的因素。
2. 分析帕萨特2.8V6在中国市场定价的影响因素。
3. 分析帕萨特2.8V6的定价策略对其本身的影响。
4. 讨论这种定价方式给其他企业带来了怎样的启示。
5. 总结与归纳产品定价是一个系统过程。
6. 寻找其他材料探讨德国大众是如何制定产品价格的。

三、相关网络链接

"上海大众'帕萨特'的定价策略",中华管理学习网,2009年12月3日。
"上海大众'帕萨特'的定价策略",云南省市场学会,2009年11月9日。
"上海大众帕萨特品牌定位策略",《中国广告》,2005年5月28日。
"帕萨特2.8 V6电视广告_里程篇",http://v.ku6.com/show/qjJ5njywABDR9qH_.html。

四、建议课堂计划

建议使用六节课。
第一节课:讲解重要商务词汇与案例背景,进行案例学习准备。
重要商务词汇:市场营销、4P、价格策略。
第二节课:讲解案例正文,理清案例发展脉络,帮助学生理解案例。
案例讲解内容:
(1)介绍德国大众公司和上海大众公司。
(2)描述大众汽车在中国市场的表现。
(3)描述帕萨特2.8V6的市场价格和定价过程。
(4)了解帕萨特2.8V6的市场地位。
第三~四节课:展开案例分析和讨论。
(1)帕萨特2.8V6定价的考虑因素。
(2)帕萨特2.8V6适合采用全球统一定价吗?
(3)帕萨特2.8V6中国的价格策略,为它带来哪些好处?
(4)如果你想购买汽车,会受到它们价格的影响吗?
第五~六节课:进行案例总结,布置课后作业,完成案例书面报告。
(1)描述一辆汽车的定价应考虑哪些因素。
(2)你认为采用高于竞争对手的定价需要做好哪些工作?

麦德龙在中国的营销之道

第一部分　案例陈述

案例提要

自20世纪90年代麦德龙进入中国市场以来,它采取了与其他外资零售企业不同的营销策略。正是依靠这一区别于其他零售企业的营销之道,麦德龙赢得了中国市场消费者的信任,在中国市场上取得了良好的业绩。

关键词语

德国麦德龙　仓储式超市　市场研究　运营模式　供应商关系

案例背景

麦德龙集团(简称"麦德龙")成立于1964年,是世界上最大的现购自运制的商业连锁公司。自20世纪90年代以来,随着许多国际大型零售连锁企业相继进入中国拓展业务,麦德龙集团作为仓储式超市经营模式的创始者,将仓储式超市这种影响世界商业发展的新型业态带入了中国。1995年麦德龙集团旗下的荷兰公司与上海锦江集团合资成立上海锦江麦德龙集团。

仓储式超市是将超市和仓储合而为一的零售业态。它省掉了传统零售企业独立的仓库和配送中心,经营中实现了快速补货,保证超市能够低成本、高效率地运作。仓储式超市与普通超市在整体策划设计方面有明显不同。

案例正文

1996年10月,麦德龙集团在中国的第一家大型仓储式会员店在上海普陀区开业。开业仅仅两个月,商场的销售额就达到1.2亿元。随后,麦德龙开始在上海、无锡、宁波、南京、福州、青岛、武汉、杭州、重庆、长沙、成都、东莞等城市开设了多家分店,逐步在华东、华中、华南、西南布设形成完善的经销网。

与其他进入中国市场的外资零售企业相比,麦德龙的扩张速度并非最快。麦德龙在中国市场缺乏沃尔玛的品牌优势,也没有采用家乐福的广告策略。麦德龙在中国市场有自己的发展方式。

首先,麦德龙前期做了大量市场研究,最终选择以合资方式进入中国。麦德龙在决定进入中国市场之前，开展了足足6年的市场调查和研究，对中国零售市场的机会与风险进行了深入分析。最终，麦德龙没有选择在中国独立运营，而是与上海锦江集团合作。这样可以借助锦江集团的市场经验和市场网络，实现以上海为中心迅速向外扩展的目的。更为重要的是，上海锦江集团在政府及商贸领域有较强的影响力。

其次，独特的运营模式定位。麦德龙在中国的经营理念和经营方式，沿用了麦德龙传统的现购自运制模式。麦德龙的现购自运制（Cash&Carry）已累积了30多年的经验，技术非常成熟。其特征是进销价位较低，现金结算，勤进快出，顾客自备运输工具。这种模式在当时的中国市场很新颖，迅速引起了消费者的兴趣。

再次，服务于"有限"的目标顾客。麦德龙不是为大众消费者提供一般性商品，而是更专注于专业客户。麦德龙认为，绝大多数普通超市的目标消费群是无差异性的，即服务对象是全体普通消费者，消费者短期内的重复购买率高，但每次的购买量不大，多为临时性随机性消费行为。而麦德龙的目标消费群比较明确。麦德龙针对"有限"顾客，即只对工商领域的经营者、群体消费层实行会员制销售，会员必须是具有法人资格的企事业单位。麦德龙对顾客实行不收费的会员制管理，从而快速建立起顾客信息管理系统。这样不但能详尽反映销售情况、提供销售数量和品种信息，而且还记录了各类客户如采购频率和购物结构，准确反映了客户的需求动态和发展趋势。这些信息使麦德龙能及时调整商品结构和经营策略，对顾客需求变化迅速做出反应，从而最大限度地满足顾客需求。

最后，完整的管理制度和良好的供应商关系。麦德龙在企业内部建立起完整的业务流程控制、完善的表格化管理和独到的麦德龙思维模式。麦德龙不仅要求职工要按程序、按规范、按制度、按质量要求做事，更注意培养员工的职业态度和敬业精神，以保证员工的服务水平。麦德龙与外部的供应商之间建立了融洽的合作关系。麦德龙重视与供应商之间建立长期合作关系，这种良好的供应商关系管理，使麦德龙能够获得最优惠的价格和最快捷的供应服务。

经过十余年的发展，麦德龙已在中国的35个城市开设了48家商场，拥有约9 000名全职员工和超过300万的专业顾客。根据长期发展战略，麦德龙在未来还将继续加大投资并持续壮大。

（改编自艾育荣，《麦德龙在中国的营销之道》，有效营销，2007年2月8日；"我们的目标定位就是专业顾客"，《亚太经济时报》，2007年12月20日；"德国麦德龙公司核心竞争力探析"，价值中国网，2009年9月24日；"精准定位的专业化服务"，《武汉晨报》，2008年12月5日；"巩固专业顾客群，麦德龙悄然变脸"，商机网，2010年9月14日）

第二部分　案例教学

一、商业专业词汇

1. 零售：是一种交易形式，是将商品或劳务销售给个人或机构，以供其作最终消费用的全部活动总称。

2. 零售业态：是指零售企业为满足不同消费需求而形成的不同经营方式。按照零售业态分类原则分为食杂店、便利店、折扣店、超市、大型超市、仓储会员店、百货店、专业店、专卖店、家居建材商店、购物中心、厂家直销中心、电视购物、邮购、网上商店、自动售货亭、直销、电话购物 18 种零售业态。

3. 仓储式超市：是一种带有批发性质的批售式商店，在中国又称为仓储式商场或货仓式商场。日本和中国港台地区常提的量贩店，即批量贩卖的商店，指的就是仓储式超市。

4. 市场调查：指运用科学的方法，有目的地、系统地搜集、记录、整理有关市场营销信息和资料，分析市场情况，了解市场的现状及其发展趋势，为市场预测和营销决策提供客观的、正确的资料。

5. 现购自运制：现购自运的中文解释是：现金购买，自己运走。实际上，"现购自运"特指的是仓储式商场的自助式批发模式，由顾客自行挑选商品，支付现金并运走货物。

6. 目标顾客：是指企业的产品或者服务的针对对象，是企业产品的直接购买者或使用者。

7. 会员制：一种人与人或组织与组织之间进行沟通的媒介，它是由某个组织发起并在该组织的管理运作下，吸引客户自愿加入，目的是定期与会员联系，为他们提供具有较高感知价值的利益。

8. 业务流程：是为达到特定的价值目标而由不同的人分别共同完成的一系列活动。活动之间不仅有严格的先后顺序限定，而且活动的内容、方式、责任等也都必须有明确的安排和界定，以使不同活动在不同岗位角色之间进行转手交接成为可能。

9. 供应商关系管理：是一种致力于实现与供应商建立和维持长久、紧密伙伴关系的管理思想和软件技术的解决方案，它旨在改善企业与供应商之间的关系，目标是通过与供应商建立长期、紧密的业务关系，并通过对双方资源和竞争优势的整合来共同开拓市场，扩大市场需求和份额，降低产品前期的高额成本，实现双赢的企业管理模式。

二、思考题

(一) 根据案例内容回答问题
1. 麦德龙在中国为什么采取合资运营？
2. 麦德龙在中国的目标顾客是什么？
3. 麦德龙为什么重视和供应商的关系？

(二) 讨论题
1. 描述一次令你印象深刻的在大型超市购物体验。
2. 你认为在进入一个新市场之前的市场研究包括哪些方面？
3. 比较麦德龙的经营模式与其他大卖场有何不同。

第三部分　案例分析与总结

一、案例要点：仓储式超市模式、STP 理论

仓储式超市作为一种带有批发性质的批零式商场，一般具有以下特点：(1) 选址在城乡接合部，交通便利且有大型停车场。(2) 营业面积大，一般为 10 000 平方米以上。(3) 库

架合一,装饰简单,节约成本。(4)商品种类多,但以食品(有一部分生鲜食品)、家用品、服装衣料、文具、家用电器、汽车用品、室内用品为主。(5)目标顾客以中小零售商、餐饮业、集团购买和有交通工具的消费者为主。实行大量销售和大批订货等方式,开展廉价销售。

STP理论也被称为市场定位理论,其中S、T、P分别是Segmenting、Targeting、Positioning三个英文单词的缩写,即市场细分、目标市场和市场定位。根据STP理论,市场是多层次、多元化的消费需求集合体,任何企业都无法满足所有需求,企业应该根据不同需求、购买力等因素把市场分为由相似需求构成的消费群,即若干子市场。这就是市场细分。企业可以根据自身战略和产品情况从子市场中选取有一定规模和发展前景,并且符合公司的目标和能力的细分市场作为公司的目标市场。随后,企业需要将产品定位在目标消费者所偏好的位置上,并通过一系列营销活动向目标消费者传达这一定位信息,让他们注意到品牌,并感知到这就是他们所需要的。

二、案例总结

零售企业处于竞争激烈的市场,众多不同类型的零售企业在同一环境下相互竞争、相互依存。面对激烈的市场竞争,企业必须按照"顾客导向"原则,依据自身的优势,选择自己的目标顾客群体,并根据自己的目标顾客,选择合适的竞争策略。

绝大多数超市的服务对象是普通消费者。麦德龙的经营定位是"仓储式超市",它的目标消费群限定为工商领域的经营者、群体消费层等具有法人资格的"有限"客户,主要包括四大类:餐饮业各类企业;中小型零售商;需要原材料的经营类企业,包括工厂、小店面、夜总会等;以及需要原材料的非经营类机构,包括政府、学校、各种联合会等。

针对自己的目标顾客,麦德龙实行会员制,只为具有会员资格的顾客入场并提供周到的服务,拒绝不具有会员资格的、普通消费者进入超市。

麦德龙服务于有限的目标顾客。这使麦德龙客户部有条件为顾客提供更好的服务,客户部利用强大的客户管理系统及服务流程,对客户进行电话拜访,询问采购满意情况。每年麦德龙会举行多次客户座谈会,让客户对麦德龙所提供的商品质量、配送流程等服务提出意见及服务需求,以不断改进,让顾客满意。

麦德龙还通过供应商关系管理,保证从供应商处获得优惠价格和快捷服务。

这些措施,都是为了贯彻"顾客第一"的服务理念。麦德龙集团主席柯博涵强调:"麦德龙是作为一个批发的业态服务专业客户,我们尽最大的能力为专业客户提供最好的服务,最好的服务不但意味着充足的货源和高质量的商品,还要保持最优惠、尽可能低的价格。在低成本运作的前提之下,我们可以为专业客户提供最低的价格,从而击败我们的竞争对手。"

第四部分　案例使用说明

一、教学目的与用途

该案例涉及市场营销的内容。从市场营销的角度入手,突出德国麦德龙在中国的经营模式及市场定位,让学生通过案例学习了解仓储式超市这种零售模式,并进一步理解市场细分和目标市场、市场定位的理论。

二、案例分析思路

1. 介绍麦德龙集团及仓储式超市模式。
2. 探寻麦德龙在中国市场的发展。
3. 分析德国麦德龙在进入中国市场前做了哪些研究。
4. 分析德国麦德龙在中国的目标市场选择。
5. 探讨德国麦德龙在内外部管理上的特点。
6. 讨论麦德龙的经营模式与其他大卖场的差异。

三、相关网络链接

"麦德龙在中国的营销之道",有效营销,2007年2月8日。
"我们的目标定位就是专业顾客",亚太经济时报,2007年12月20日。
"德国麦德龙公司核心竞争力探析",价值中国网,2009年9月24日。
"精准定位的专业化服务",《武汉晨报》,2008年12月5日。
"巩固专业顾客群,麦德龙悄然变脸",商机网,2010年9月14日。

四、建议课堂计划

建议使用六节课。
第一节课:讲解重要商务词汇与案例背景,进行案例学习准备。
重要商务词汇:STP、仓储式超市。
第二节课:讲解案例正文,理清案例发展脉络,帮助学生理解案例。
案例讲解内容:
(1)介绍德国麦德龙公司;
(2)描述德国麦德龙在中国市场的表现;
(3)描述德国麦德龙的目标市场和市场定位;
(4)了解德国麦德龙的运营方式。
第三~四节课:展开案例分析和讨论。
(1)德国麦德龙进入中国市场前进行了哪些研究?
(2)德国麦德龙在中国选择了哪些目标市场?
(3)德国麦德龙在内外部管理方面有哪些特色?
(4)你通常去哪些商场购物,为什么?
第五~六节课:进行案例总结,布置课后作业,完成案例书面报告。
(1)你认为在进入一个新市场之前的市场研究包括哪些方面?
(2)比较麦德龙的经营模式与其他大卖场有何不同?

市场营销——中法

Marketing

兰蔻在中国市场的搜索引擎营销

第一部分　案例陈述

案例提要

在中国化妆品市场上，兰蔻是最早采用网络营销推广的品牌之一。兰蔻通过和百度合作，进行了全面的搜索引擎营销，使兰蔻的品牌形象和销售额获得了双效提升。

关键词语

兰蔻　搜索引擎　整合营销

案例背景

兰蔻是全球知名的高端化妆品品牌，产品涉足护肤、彩妆、香水等多个领域。化妆品对于众多女性来说是每天的必需品，在这个阵地中，市场争夺一直非常激烈。在网络购物日益盛行的今天，各高端化妆品品牌纷纷开辟网上商城，兰蔻自然不甘落后。兰蔻是中国国内最早建立网上商城的化妆品品牌。它试图通过互联网推广进一步稳固其市场领导地位。但互联网营销与传统营销方式有很多不同，如何有效地开展网络营销，既要为兰蔻带来更多目标用户，同时又兼顾对品牌形象的影响？如何全面锁定目标受众，实现客户跟踪捕获，提高转化率？这都是开展网上销售时必需要解决的重要问题。

案例正文

2008年6月，兰蔻作为在中国首家试水网上营销业务的化妆品品牌，决定进一步加大网上营销力度。兰蔻选择携手百度，共同打造CBC(Customerto Businessto Customer)营销模式。这是一种将搜索与网上商城相结合的方式。兰蔻意在将搜索引擎上的潜在消费者吸引进入兰蔻的B2C网站，从而拉动兰蔻的销售。

百度的搜索平台上聚集了中国95%以上的网民。与百度的合作，使兰蔻能够以百度搜索营销平台为基础，将关键字投放、品牌专区、关联广告、精准广告等不同营销形式有机地整合在一起,全方位开展线上营销活动。

在网上营销活动中,兰蔻主要针对互联网上 25～40 岁、教育程度和收入水平较高的高端女性群体。为了迎合这些网民在即时搜索方面的需求,也为了有助于兰蔻锁定目标顾客并覆盖更多的潜在受众,整个营销过程中,兰蔻根据不同受众、不同时机选择了不同的营销策略,从而形成了搜索引擎营销的"四部曲"。

第一,关键字投放。关键字投放是搜索引擎营销最常用的方式之一。配合新产品上市,兰蔻选择了与兰蔻品牌和兰蔻产品相关的关键字进行广告投放,如青春优氧、感光滋润粉底液等。这些关键字迎合了受众的搜索需求,确保目标受众在第一时间接收到兰蔻的新产品信息。

第二,品牌专区。品牌专区兼具"面积大"和"图文并茂"两方面的特点。通过品牌专区的形式展现用户在百度中搜索的结果页面,使消费者更加详尽全面的了解兰蔻产品信息,带给目标客户更好的品牌体验。

比如在百度网页中搜索"兰蔻",就会出现一块占屏多达 1/2 的兰蔻专区。专区中的内容有"主标题＋产品描述＋品牌 logo＋可编辑栏目＋右侧擎天柱",用一种图文并茂的形式向消费者展现兰蔻品牌和产品信息。其中的"可编辑栏目"区域,可以根据企业需求,随时调整内容,提供更多的营销信息。品牌专区有助于提升兰蔻大品牌形象,同时向兰蔻网上商城导入流量,提高广告转化率并促进产品销售。

第三,关联广告。围绕兰蔻品牌,网上会有大量涉及产品、目标顾客、事件、代言人等方面的关联内容,将这些内容相应转化为事件词、内容词、明星等关键字进行投放,可以让顾客在关联需求中得以聚合。

比如兰蔻为代言人"安妮·海瑟薇"设置了搜索关键词,可以发挥明星的作用来汇聚粉丝,扩大兰蔻在"安妮·海瑟薇"粉丝中的影响力。兰蔻还结合盛大节日——如圣诞节投放关联广告。兰蔻还充分应用了百度"知道"这个平台,当受众检索化妆品的相关问题时,就会看到兰蔻的关联广告信息。

第四,精准广告。兰蔻还在百度平台上选择了精准广告的投放。精准广告的最大特点在于能够精准锁定目标受众,从上亿的网民中挑选出目标人群,让广告只出现在目标顾客面前。精准广告大大节约了广告投放费用,有助于提高广告转化率。比如兰蔻在"七夕情人节网上特别献礼活动"上发布的精准广告,根据对网民搜索行为的分析,使兰蔻广告只出现在那些曾搜索过"情人节、情人节礼品"等相关内容的网民面前。

借助于百度搜索平台开展的搜索引擎营销,使兰蔻的品牌形象和销售额获得了双效提升。据统计显示,通过整合各种广告形式,百度为兰蔻贡献的销售额每个月都大于 100 万元。

(改编自"兰蔻:搜索整合营销'四部曲'",央视网,2009 年 10 月 20 日;"携手百度打造 CBC 兰蔻销量大幅提升 30%",《城市周刊》,2008 年 6 月 25 日;"搜索引擎:企业过冬的翅膀",天山网,2009 年 2 月 17 日;百度百科－兰蔻。)

第二部分　案例教学

一、商业专业词汇

1. 整合营销:是一种对各种营销工具和手段的系统化结合,根据环境进行即时性的动态修正,以使交换双方在交互中实现价值增值的营销理念与方法。

2. 搜索引擎营销(Search Engine Marketing,SEM):就是根据用户使用搜索引擎的方式,利用用户检索信息的机会,尽可能将营销信息传递给目标用户。简单地说,搜索引擎营销就是基于搜索引擎平台的网络营销,利用人们对搜索引擎的依赖和使用习惯,在人们检索信息的时候尽可能将营销信息传递给目标客户。

3. 营销组合策略:是企业市场营销战略的一个重要组成部分,是指将企业可控的基本营销措施组成一个整体性活动。市场营销的主要目的是满足消费者的需要,而消费者的需要很多,要满足消费者需要所应采取的措施也很多,理查德·克莱维特教授把营销组合要素归纳为产品策略、定价策略、渠道策略、促销策略。

4. 目标顾客:是指企业的产品或者服务的针对对象,是企业产品的直接购买者或使用者。目标顾客要解决的根本问题是,企业准备向哪些市场区间传递价值。

5. 广告转化率:2009年6月18日在《中国网络营销(广告)效果评估准则》中提出的概念,指通过点击广告进入推广网站的网民形成转化的比例。

6. 事件营销:是指企业通过策划、组织和利用具有新闻价值、社会影响以及名人效应的人物或事件,吸引媒体、社会团体和消费者的兴趣与关注,以求提高企业或产品的知名度、美誉度,树立良好品牌形象,并最终促成产品或服务的销售的手段。

7. 品牌形象:指企业或其某个品牌在市场上、在社会公众心中所表现出的个性特征,它体现公众特别是消费者对品牌的评价与认知。品牌形象与品牌不可分割,形象是品牌表现出来的特征,反映了品牌的实力与本质。

8. 销售额:根据《中华人民共和国增值税暂行条例》第六条的规定,销售额为纳税人销售货物或者应税劳务向购买方收取的全部价款和价外费用,销售额=销售量×平均销售价格。

二、思考题

(一)根据案例内容回答问题

1. 兰蔻为何与百度合作?
2. 兰蔻搜索引擎营销"四部曲"包括哪些?
3. 兰蔻网络营销活动针对的群体是谁?

(二)讨论题

1. 描述一下你印象深刻的一个品牌的搜索引擎营销。
2. 讨论搜索引擎营销与传统营销方式的异同。
3. 哪些类型的产品或者服务适合进行搜索引擎营销?

第三部分 案例分析与总结

一、案例要点:搜索引擎营销

搜索引擎营销(Search Engine Marketing,SEM),是一种网络营销的模式,其目的在于推广网站,增加知名度,通过搜索引擎返回的结果来获得更好的销售或者推广渠道。搜索引擎不仅是企业网站推广的常用手段之一,在网络广告市场中的地位也日益重要。搜索引擎营销的实质就是通过搜索引擎工具,向用户传递他所关注对象的营销信息。相较于其他网络营销方法,它有以下特点:用户主动创造了被营销的机会;搜索引擎方法操作简单、方便。

二、案例总结

在中国,搜索引擎营销已经由当初的关键词、竞价排名等简单营销形式向提供整合营销方案转变。兰蔻通过百度合作,开展了一系列搜索引擎营销的尝试。

一是关键字投放,迎合消费者的搜索需求。

二是品牌专区。兰蔻利用百度品牌专区为其网上商城进行搜索引擎推广,用户只要登录百度搜索"兰蔻",出现在第一位的就是兰蔻网上商城;兰蔻网上商城链接、促销公告、商品信息等以图文并茂的形式呈现。与传统的搜索显示结果最大的不同是,广告主可以亲手编辑栏目内容,将企业的最新信息前移,主动管理企业在搜索引擎上的品牌形象,促进网络平台和线下活动的良性互动。

三是关联广告。将关联事件与兰蔻相结合,扩大影响。

四是精准广告。向特定人群推送广告信息,提高广告转化率。

搜索引擎营销具备投放精准、性价比高等诸多优势,借助搜索引擎的导流,兰蔻网上商城的销售量获得提升。据统计,2008年兰蔻商城的销售量已经相当于全国Top10柜台之一的销售额,而其中每月近60%的订单由百度带来的高质量点击转化而成。兰蔻璀璨香水上市期间,百度搜索结果右侧的关联广告与安妮·海瑟薇代言的电视广告相互配合,线上线下的全面覆盖带来了高效的推广效果,最终超过10%的线下用户表示是通过百度平台了解这款香水并产生购买行为。

第四部分　案例使用说明

一、教学目的与用途

该案例涉及市场营销和电子商务知识。从市场营销角度,分析兰蔻如何利用搜索引擎展开整合营销。从电子商务角度,分析网购化妆品的市场现状和前景。通过案例的深入分析,让学生对相关知识有更进一步的认识。

二、案例分析思路

1. 分析化妆品市场竞争现状。
2. 讨论兰蔻的搜索引擎营销。
3. 讨论搜索引擎营销的作用。
4. 讨论兰蔻从搜索引擎营销中得到的益处。

三、相关网站链接

"搜索引擎:企业过冬的翅膀",天山网,2009年2月17日。
"兰蔻:搜索整合营销'四部曲'",央视网,2009年10月20日。
"携手百度打造CBC 兰蔻销量大幅提升30%",《城市周刊》,2008年6月25日。

四、建议课堂计划

建议使用六节课。
第一节课:讲解重要商务词汇与案例背景,进行案例学习准备。
重要商务词汇:整合营销、营销组合、搜索引擎营销、精准广告。
第二节课:讲解案例正文,理清案例发展脉络,帮助学生理解案例。
案例讲解内容:
(1)介绍兰蔻在市场上的优劣势。
(2)描述兰蔻的网上商城的发展状况。
(3)描述兰蔻的搜索引擎营销策略。
(4)描述兰蔻搜索引擎营销策略取得的效果。
第三~四节课:展开案例分析和讨论。
(1)兰蔻面临了哪些竞争?
(2)兰蔻为何选择搜索引擎营销?
(3)兰蔻搜索整合营销"四部曲"包括哪些?
(4)兰蔻网络营销活动针对的群体是谁?
第五~六节课:进行案例总结,布置课后作业,完成案例书面报告。
(1)描述一下你印象深刻的一个品牌的搜索引擎营销。
(2)讨论搜索引擎营销与传统营销方式的异同。
(3)哪些类型的产品或者服务适合进行搜索引擎营销?

米其林在中国的渠道、广告和公关策略

第一部分 案例陈述

案例提要

在中国的轮胎市场中,米其林是最活跃的厂商之一。米其林在中国市场的知名度最高,这离不开米其林良好的渠道管理和广告公关策略。

关键词语

米其林　营销渠道　广告策略　公关

案例背景

米其林1988年在香港成立了销售办事处。为进一步加强在中国市场的发展，米其林又于1989年在北京成立了首个在中国大陆的代表处，负责产品推广及筹备分销网络。经过多年的努力，目前在中国中心城市的大街小巷里，几乎都能见到米其林的加盟店，有人说，米其林是用"编织蜘蛛网"的方式在争夺用户。这难道就是米其林远远高于竞争品牌知名度的原因吗？

案例正文

当汽车逐步进入家庭之后，轮胎企业的竞争态势就发生了变化。这种变化表现为由生产配套转入维修市场的竞争，由生产服务进入社会化服务的渠道争夺。米其林作为一家具有百年历史的跨国公司，它于1989年来到中国。在中国市场上，米其林轮胎从零发展到2002年的年产逾3 500万条。这离不开其独特的中国营销策略。

第一，渠道管理，双剑合璧。

1. 利用零售店创造零距离。在销售渠道的建设上，米其林采取了不同于国际市场的做法，而根据中国市场特征开创"零售店"。在国际市场上，米其林一般不会直接投资零售店，因为米其林最擅长的是设计和生产高科技产品，它的产品在国际市场上主要通过具有一定经营实力的代理商推广到市场中去。但是中国规模巨大并且非常复杂，这让米其林认识到零售店对于占领市场的重要性。于是米其林决定投资建立一个发达、完善的零售店经销网，以缩短与顾客的距离。这也成为米其林轮胎在中国营销的主要工作。

2. 通过驰加店塑造高形象。随着私家车主的增多，消费者对轮胎的要求越来越高，已经不再满足于光临经营项目单一、产品品种单一的传统轮胎店，而希望在干净整洁的环境中享受更加专业的轮胎增值服务。作为行业的领导者，米其林率先推出了驰加轮胎服务网络，不仅为车主提供养车护车服务，还提供时尚的汽车精品及汽车保养用品，给消费者带来更好的消费体验。

第二，广告公关，人性诉求。

1. 广告策略

(1)广告宣传打感情牌。作为一种非日用品，轮胎一般很难在消费者心中形成深刻的认知。米其林在广告创意上撇开理性的诉求，而在感情上做文章。比如将一个个活泼可爱的婴儿与轮胎组合在同一个画面中，塑造出一个个滑稽有趣的形象。小宝宝们憨态可掬的形象使乏味的轮胎显得趣味盎然，让受众在欢笑中对米其林品牌产生了深刻的印象。通过这则广告，米其林不但激发了消费者对于米其林产品的兴趣，而且传达了米其林"安全"的信息，使米其林在众多的轮胎广告中脱颖而出。

(2)借助网络推动宣传。米其林中文网站的网址不易记住，为了给用户和代理商提供更加方便的网址搜索，米其林一下子注册了五个中文网名，包括米其林、米其林轮胎、汽车轮胎、卡车轮胎、工程机械轮胎。为了吸引顾客，米其林还出版电子邮件刊物，定期发行给订阅者。

2. 公关策略

(1)绿色社区。2003年4月6日，中国第一座由外资企业参与建设的绿色社区——"米其林恩济里绿色社区"在北京落成。该社区将完全实行垃圾分类,定期举办环保知识讲座,旨在全面增强居民环保意识,改善居民环保行为。米其林希望通过宣传"绿色"理念,提高米其林的品牌形象。

(2)国际会议。米其林积极参与政府部门组织的研讨会。比如,在2003年赞助了法中协会举办的"中法第九届经济研讨会";2004年米其林集团首席执行官米其林先生亲自率团参加国务院发展研究中心的"中国发展高层论坛"和"博鳌亚洲论坛";2008年为北京奥运会献计献策。这体现出米其林对社会活动的关心,给消费者留下了良好的印象。

总之,米其林在中国市场上可以说是最活跃的厂商。经过努力,米其林已经成为知名度最高的轮胎企业,品牌知名度达97%,与竞争品远远拉开了距离。

(改编自李大千"米其林:四轮驱动演绎传奇",中国营销传播网,2004年10月13日;"米其林通过'渠道打造'期望赢得2007",《上海汽车报》,2007年8月28日;百度百科—米其林)

第二部分　案例教学

一、商业专业词汇

1. 营销渠道:是指某种货物或劳务从生产者向消费者移动时,取得这种货物或劳务所有权或帮助转移其所有权的所有企业或个人。简单地说,营销渠道就是商品和服务从生产者向消费者转移过程的具体通道或路径。

2. 广告:是为了某种特定的需要,通过一定形式的媒体,公开而广泛地向公众传递信息的宣传手段。广告有广义和狭义之分,广义广告包括非经济广告和经济广告。非经济广告指不以盈利为目的的广告,又称效应广告,如政府行政部门、社会事业单位乃至个人的各种公告、启事、声明等,主要目的是推广;狭义广告仅指经济广告,又称商业广告,是指以盈利为目的的广告,通常是商品生产者、经营者和消费者之间沟通信息的重要手段,或企业占领市场、推销产品、提供劳务的重要形式,主要目的是扩大经济效益。

3. 公关:是一个组织为了达到一种特定目标,在组织内外部员工之间、组织之间建立起一种良好关系的科学。它是一种有意识的管理活动。组织中建立一种良好的公共关系,需要良好的公共关系活动的策划来实施和实现的。

4. 品牌认知度:是品牌资产的重要组成部分,它是衡量消费者对品牌内涵及价值的认识和理解度的标准。品牌认知是公司竞争力的一种体现,有时会成为一种核心竞争力,特别是在大众消费品市场,各家竞争对手提供的产品和服务的品质差别不大,这时消费者会倾向于根据品牌的熟悉程度来决定购买行为。

5. 绿色营销:是指企业以环境保护为经营指导思想,以绿色文化为价值观念,以消费者的绿色消费为中心和出发点的营销观念、营销方式和营销策略。它要求企业在经营中贯彻自身利益、消费者利益和环境利益相结合的原则。

二、思考题

(一)根据案例内容回答问题
1. 米其林的营销渠道有哪些?
2. 米其林的广告策略的特点是什么?
3. 米其林的公关策略起到了什么作用?

(二)讨论题
1. 描述一下米其林在你心目中的形象。
2. 你觉得一个成功的广告要有哪些特点?
3. 你觉得现在公司可以开展哪些领域的公关活动?

第三部分　案例分析与总结

一、案例要点:营销渠道、公关策略

营销渠道策略可以分为:直接渠道或间接渠道营销策略,长渠道或短渠道营销策略,宽渠道或窄渠道营销策略,单一营销渠道和多营销渠道营销策略,传统营销渠道和垂直营销渠道营销策略。影响企业营销渠道策略的因素包括:目标市场(范围的大小、潜在需求量、市场集中与分散程度、顾客购买特点、市场竞争状况等)、商品因素(性质、时尚性、标准化程度和服务、价值大小、寿命周期等)、企业本身的条件(生产经营规模、声誉和形象、经营能力和管理经验、企业控制渠道的程度)、环境因素。

公关策略就是企业通过对周边生产经营环境进行沟通和协调,营造有利于公司的生产经营活动环境的组织或个人的行为。它的协调职能属于管理范畴。其目标就是营造企业的内外部良好的经营生态环境,其对象是那些掌握资源的特定人(群),并通过对目标人群进行宣传、沟通和协调,以争取目标人群对自身的认可和支持。

二、案例总结

米其林采用了直接营销渠道。直控终端的优势在于"简单"和"直接",它没有跨区域的连锁经营体系,甚至不搞特许加盟,也没有投资建起豪华的专卖店,使一种高档的产品渗透到了市场的边边角角。而售后服务全部由地区总部负责,不劳驾经销商,这又保证了技术的专业性和服务的品质。与零售商建立稳固的业务关系是米其林在销售中取胜的又一个原因。在多年的合作中,米其林对零售商的商务政策、价格、返利以及服务政策基本没有变化,这种稳定性使零售商一直与市场保持着同步、稳定的发展。

驰加店和驰加轮胎服务网络的推出,改变了轮胎店传统的单一、零散服务形象,为消费者带来更好的购物体验。驰加的推出对促进中国轮胎零售服务行业规模化、规范化、满足日益增长的市场需求产生了重要影响。这种完善的服务体系,不但提高了米其林品牌的影响力,也增加了米其林的品牌附加值。

在广告策略上,抓住一切机会进行宣传是米其林一贯的传播策略。通过播放由米其林精心制作的专题录像片,讲授安全驾驶和汽车轮胎及其使用、维修、保养知识,介绍米其林公司概况及评价,由米其林公司专业人员讲解并回答现场提问等方式,来扩大米其林在受众当中的影响力。米其林还为每一个零售商免费制作了一个大型广告牌,将广告与产品一起推广到每一个市场终端。这给巩固米其林的品牌知名度、美誉度和忠诚度创造了有利的条件。

在公关策略上,米其林通过参与国际会议、支持环保、教育等活动,树立了自身良好的品牌形象。

第四部分　案例使用说明

一、教学目的与用途

该案例涉及营销渠道、广告和公关的理论。通过介绍米其林的渠道管理、广告诉求和公关策略特点,丰富学生们关于市场营销理论的知识。该案例适用于市场营销课程,难度中等。

二、案例分析思路

1. 分析米其林轮胎的发展态势。
2. 讨论米其林的营销渠道种类。
3. 讨论米其林轮胎的广告策略。
4. 讨论米其林轮胎的公关策略。
5. 分析米其林轮胎营销策略的效果。

三、相关网站链接

"米其林:四轮驱动演绎传奇",中国营销传播网,2004年10月13日。
"米其林通过'渠道打造'期望赢得2007",《上海汽车报》,2007年8月28日。
"米其林轮胎广告",http://v.youku.com/v_show/id_XMjAyNjI1NDYw.html。

四、建议课堂计划

建议使用六节课。
第一节课:讲解重要商务词汇与案例背景,进行案例学习准备。
重要商务词汇:营销渠道、广告、公关。
第二节课:讲解案例正文,理清案例发展脉络,帮助学生理解案例。
案例讲解内容:
(1)介绍米其林轮胎在市场上的优劣势。
(2)描述米其林轮胎的营销渠道。

(3)描述米其林轮胎的广告策略及效果。
(4)描述米其林轮胎的公关策略及效果。
第三～四节课:展开案例分析和讨论。
(1)米其林面临了哪些竞争?
(2)米其林的营销渠道有哪些?
(3)米其林的广告策略的特点是什么?
(4)米其林的公关策略起到了什么作用?
第五～六节课:进行案例总结,布置课后作业,完成案例书面报告。
(1)描述一下米其林在你心目中的形象。
(2)你觉得一个成功的广告要有哪些特点?
(3)你觉得现在公司可以开展哪些领域的公关活动?

市场营销——中韩

Marketing

韩国乐扣乐扣的别样营销

第一部分 案例陈述

案例提要

1999年,乐扣乐扣品牌创立于韩国,并于2004年进入中国市场。除了依赖于成熟的技术外,渠道与促销策略的创新也促使乐扣乐扣的快速发展。目前,乐扣乐扣已经成为深受中国消费者信任和喜爱的保鲜盒品牌。

关键词语

乐扣乐扣 电视购物 协作营销 直营店 卖场品牌

案例背景

韩国海纳开碧(HANACOBI)公司作为乐扣乐扣(LOCK&LOCK)产品的生产商,是生产乐扣乐扣保鲜盒的专业企业。该公司主打产品乐扣乐扣在韩国保鲜盒市场拥有60%的占有率,是受到韩国绝大多数消费者青睐的保鲜盒产品。乐扣乐扣现在已经出口到多个国家和地区,建立了10多万个销售网点。在中国市场,乐扣乐扣于2009年实现了3.3亿美元的销售。中国市场销售量占乐扣乐扣全球销量的40%,已经超过韩国本土的销量。公司也希望在中国市场继续扩大市场份额和销售量。

案例正文

1999年乐扣乐扣产品面市,仅仅三年的时间便成为韩国第一品牌。分析其中的原因时,金俊一认为电视购物起了至关重要的作用。"家庭主妇是我们的主要购买群体,她们停留在电视前的时间最长,"他说,"我们的商品必须依靠人的反复讲解,让消费者来理解其中的细节差异。"

电视购物在海纳开碧整个营销体系中扮演的是"先遣队"的角色。海纳开碧通常选择当地知名的电视购物公司,与对方约定根据销售额进行分成的方式推广产品。这种方式非常有效,比如 2003 年 3 月，海纳开碧在美国利用销售额超过 43 亿美元的 QVC 电视购物公司推广产品时，一天之内售出 175 万只乐扣乐扣。

2004 年 4 月，海纳开碧在上海设立分公司，正式进军中国市场。然而与韩国、美国相比，中国消费者对电视购物的信任感非常低。海纳开碧决定，除了继续利用电视购物的"先遣队"功能外，还要在上海开设大型旗舰店，打造乐扣乐扣品牌的高档形象。2004 年 11 月，乐扣乐扣在上海市繁华商业区淮海中路设立了第一家乐扣乐扣旗舰店。

2004 年初，海纳开碧在威海投资 2 500 万美元筹建生产基地。不过，威海生产的乐扣乐扣保鲜盒全部出口到欧美市场，而在中国销售的产品却从韩国进口。金俊一认为，这样做的主要原因是中国消费者目前更加认可进口产品的质量。"但最终中国制造会直接进入中国市场，所以我们选择在中国建生产基地，而没有选择印尼、马来西亚。"

在开拓中国市场的初始阶段，海纳开碧着重强调产品品牌和公司形象，而不是产品的销售量。为此，海纳开碧把韩国专卖店的成功经验移植到中国：专卖店内设置广告宣传设施，并安排专员现场讲解。多个店铺带有统一形象，实施标准化管理。

到 2007 年底，乐扣乐扣在中国各地的直营店达到了 33 家。除直营店以外，还在全国各地沃尔玛、易买得、家乐福、大润发、乐购等 400 多家大型综合超市，利用上海东方购物、重庆佳施购物、湖南快乐购物等 12 家电视购物，150 多家高档百货，80 多家专卖店进行销售。

乐扣乐扣很快成为深受中国消费者信任和喜爱的保鲜盒品牌。乐扣乐扣作为一种新概念密封容器，以其完美的密封性保存烹饪材料及各种食物，使其保持新鲜。乐扣乐扣还给中国消费者带来了全新的保鲜、收纳理念，积极宣传了健康生活理念，从而深受广大消费者喜爱。

(改编自"保鲜盒的别样营销"，《财经时报》，2005 年 1 月 31 日)

第二部分　案例教学

一、商业专业词汇

1. **市场份额**：指一个企业的销售量（或销售额）在市场同类产品中所占的比重，直接反映企业所提供的商品和劳务对消费者和用户的满足程度，表明企业的商品在市场上所处的地位。

2. **销售量**：是指企业在一定时期内实际销售出去的产品数量。

3. **推广**：把自己的产品、服务、技术、文化、事迹等通过广告让更多的人和组织机构等了解、接受，从而达到宣传、普及的目的。

4. **分公司**：是母公司管辖的分支机构，是指公司在其住所以外设立的以自己的名义从事活动的机构。分公司不具有企业法人资格，其民事责任由母公司承担。虽有公司字样但并非真正意义上的公司，无自己的章程，公司名称只要在总公司名称后加上分公司字样即可。

5. **旗舰店**：是企业在营销过程中设在某地最高级别的品牌形象展示店，一般来讲，就是所处地段极佳、客流极强、销售极好之样板店，是代表某品牌或某大类商品的专卖店或专业店。

6. 专卖店：是专门经营或授权经营某一主要品牌商品（制造商品牌和中间商品牌）为主的零售业态。

7. 直营店：由总公司直接经营的连锁店，即由公司总部直接经营、投资、管理各个零售点的经营形态。

二、思考题

（一）根据案例内容回答问题
1. 乐扣乐扣为何选择电视购物进行产品推广？
2. 你认为乐扣乐扣在中国的渠道策略有什么特别的地方？
3. 乐扣乐扣向消费者传达了什么新概念？

（二）讨论题
1. 尽可能多地列举你所知的促销策略。
2. 如何选择适合自己产品的渠道？
3. 为什么渠道策略特别重要？

第三部分　案例分析与总结

一、案例要点：分销渠道策略、品牌管理

分销渠道策略，指企业为了使其产品进入目标市场所进行的路径选择活动，它关系到企业在什么地点、什么时间、由什么组织向消费者提供商品和劳务。

企业应选择经济、合理的分销渠道，把商品送到目标市场。分销渠道因素包括渠道的长短、宽窄决策，中间商的选择以及分销渠道的分析评价和变革等内容。

品牌管理是指管理者为培育品牌资产而展开的以消费者为中心的规划、传播、提升和评估等一系列战略决策和策略执行活动。

媒体的变化和消费者的变化、市场环境的变化以及企业自身的变化均是促使企业重视品牌管理的因素。

二、案例总结

乐扣乐扣从 2004 年 7 月开始进入中国市场，采取了多种不同的营销方式。

一是电视购物，如上海东方购物、重庆佳施购物、湖南快乐购物、杭州好易购等 12 家电视购物。

二是旗舰店和直营店，由于中国消费者对电视购物的依信感低，增设大型旗舰店，如在上海市繁华商业区淮海中路设立了乐扣乐扣第一家旗舰店；至 2007 年底，乐扣乐扣在中国各地的直营店达到了 33 家。

三是进入大型综合超市。在全国各地沃尔玛、易买得、家乐福、大润发、乐购等 400 多家大卖场，150 多家高档百货，80 多家专卖店进行销售。

这些措施相互配合，不仅向消费者传达一种新概念——乐扣乐扣密封容器功能，即完美的密封性使烹饪材料及各种食物能够保持新鲜，还通过品牌的塑造提升产品在消费者心目中的形象。为了保证产品品牌和公司形象，其在中国市场销售的乐扣乐扣产品选择从韩国进口，而中国威海生产基地的产品则专供欧美市场。

第四部分　案例使用说明

一、教学目的与用途

该案例涉及渠道和促销策略内容。首先，阐述渠道和促销策略的概念及其在市场营销中的重要性。说明企业选择何种渠道以及怎样的促销策略，才能与产品定位相符并尽快取得消费者的认可。介绍乐扣乐扣是如何进行渠道和促销策略选择的，已经选择了哪些分销手段。让学生了解市场营销中的渠道和促销策略。

二、案例分析思路

1. 介绍乐扣乐扣产品及其营销策略。
2. 分析乐扣乐扣的电视购物推广方式。
3. 分析乐扣乐扣旗舰店及直营店渠道。
4. 分析乐扣乐扣与大型综合超市的合作。
5. 探寻乐扣乐扣在中国有哪些独特的营销方式。
6. 讨论乐扣乐扣的多渠道策略给其他企业带来了怎样的启示。

三、相关网络链接

"保鲜盒的别样营销"，《财经时报》，2005年1月31日，http://www.drcnet.com.cn/DRCNet.Common.Web/DocView.aspx? docId=315194&leafId=86&chnId=&version=Integrated&viewMode=content。

四、建议课堂计划

建议使用六节课。
第一节课：讲解重要商务词汇与案例背景，进行案例学习准备。
重要商务词汇：分销渠道策略、品牌管理、营销策略。
第二节课：讲解案例正文，理清案例发展脉络，帮助学生理解案例。
案例讲解内容：
(1) 介绍乐扣乐扣公司背景资料；
(2) 描述乐扣乐扣在中国的营销策略；
(3) 描述多渠道营销策略所实现的效果。
第三～四节课：展开案例分析和讨论。

(1)乐扣乐扣公司为何要利用电视购物？
(2)乐扣乐扣公司为何要设立旗舰店和直营店？
(3)乐扣乐扣在中国的营销有何特色？
(4)如果你是消费者,你主要通过何种渠道购买乐扣乐扣的产品？
第五~六节课:进行案例总结,布置课后作业,完成案例书面报告。
(1)尽可能多地列举你所知的促销策略。
(2)如何选择适合自己产品的渠道？
(3)为什么渠道策略特别重要？

三星:系统化的事件营销

第一部分　案例陈述

案例提要

三星赞助奥运会和亚运会等重大体育赛事,至今已有 20 多年的历史。根据长期以来的事件营销经验,三星电子已经形成了一个循序渐进、整合营销的流程,将三星品牌渗透给消费者,取得了良好的品牌效应。

关键词语

三星　世界电子竞技大赛　事件营销　品牌

案例背景

1997 年,韩国遭受金融危机的冲击。当时资产排名第一的现代企业被迫求助于公共基金,排名第二位的大宇申请破产。而三星却屹立不倒,之后更是飞速的发展,很快成为韩国排名第一的企业。其旗下的三星电子纯利润更是名列全球 IT 企业第二,是在此次全球金融危机中最快扭亏为盈的电子消费品企业,并且在 2009 年三季度赚取了大约 31 亿美元的净利润。

探究三星的发展史,三星在事件营销方面长期而持续地投入也引起了研究者的注意。其中,以三星电子的表现最为明显,它在营销方面已经不仅仅局限于赞助大型体育赛事,而是将触角伸向更为广泛的领域,如世界电子竞技大赛(WCG)。

案例正文

2010 年 7 月 23 日至 25 日,世界电子竞技大赛 2010 中国区总决赛在上海拉开帷幕,作为其连续 10 年的合作伙伴,三星电子的显示器今年仍然是其中国区总决赛比赛用机。

世界电子竞技大赛是一项互联网时代兴起的运动,它将赛事目标锁定为年轻人,三星电子在进入中国市场后,也将年轻消费者列为主要消费群体,并针对他们的需求和自己的技术优势推出了很多新产品,比如三星音乐手机等。与世界电子竞技大赛合作有助于提高三星电子产品的影响力和品牌知名度。三星电子的目标人群是那些"年轻心态的消费者",我们称他们为YMC(Young Minded Consumer),因此,三星电子会努力塑造一个让YMC喜欢的品牌,在营销时会更多地考虑YMC的需求。

在世界电子竞技大赛赛事现场,三星电子设计了注重时尚、动感的三星体验展台,这成为三星电子对外展示自己的品牌文化、产品魅力与消费者互动的重要窗口。2009年,三星电子开设了三星WCG网站,以便最大化地推广三星电子的品牌和产品,强化特定人群对三星电子品牌的认知度和好感度。

三星电子对WCG的赞助已有10多年的历史。除了赞助赛事本身,三星电子还围绕赛事组织营销活动,从公益、文化等各个角度运用广告、促销、公关手段进行市场推广,这构成了三星事件营销的完整体系。事件营销的成功在于:企业必须制定高效的营销策略以及准确的效果评估系统。

三星电子认为,在开展事件营销时尤其要关注以下两点,"一是如何选择营销对象,二是在选择项目之后我们该如何进行评估"。"在营销项目开始之前,重点是设计好目标,然后根据选择的目标做后期评估。评估营销效果的标准之一是品牌认知度和美誉度的百分比大概提升了多少;如果目标是提升销售额,在营销计划开始执行之前就要计算出预期的销售数字,营销活动执行结束后,再看销售量具体的变化,得出来的数字是非常客观的。"三星电子全球体育事务副总裁权桂贤说,"效果是指基于目标的回报,为达到某个目的需要做什么才会有效;效率指的是投资回报,针对同一目标,使用什么方法、花费多少钱才可以达到目标。所以,有效果、有效率是三星选择赞助项目以及做后期评估的重要标准。"

(改编自"三星:系统化的体育营销",《新营销》,2010年第9期)

第二部分　案例教学

一、商业专业词汇

1. 赞助:是社会组织以提供资金、产品、设备、设施和免费服务等形式无偿赞助社会事业或社会活动的一种公关专题活动。

2. 整合营销:是一种对各种营销工具和手段的系统化结合,根据环境进行即时性的动态修正,以使交换双方在交互中实现价值增值的营销理念与方法。整合就是把各个独立营销综合成一个整体,以产生协同效应。这些独立的营销工作包括广告、直接营销、销售促进、人员推销、包装、事件、赞助和客户服务等。

3. 品牌效应:是品牌在产品上使用,为品牌使用者所带来的效益和影响。品牌是商品经济发展到一定阶级的产物,最初的品牌使用是为了便于识别产品,品牌迅速发展是在近代和现代商品经济高度发达的条件下产生的,其得以迅速发展即在于品牌使用给商品生产者带来了巨大的经济和社会效益。

4. 消费群体:指有消费行为且具有一种或多种相同的特性或关系的集体,统称消费群体。

5. 品牌知名度:是指潜在购买者认识到或记起某一品牌是某类产品的能力。它涉及产品类别与品牌的联系。

6. 品牌文化:指通过赋予品牌深刻而丰富的文化内涵,建立鲜明的品牌定位,并充分利用各种强有效的内外部传播途径形成消费者对品牌在精神上的高度认同,创造品牌信仰,最终形成强烈的品牌忠诚。

7. 公关:供应商是指直接向零售商提供商品及相应服务的企业及其分支机构、个体工商户,包括制造商、经销商和其他中介商。或称为"厂商",即供应商品的个人或法人。

8. 品牌认知度:是品牌资产的重要组成部分,它是衡量消费者对品牌内涵及价值的认识和理解度的标准。

9. 美誉度:指一个组织获得公众信任、好感、接纳和欢迎的程度,是评价组织声誉好坏的社会指标,侧重于"质"的评价,即组织的社会影响的美丑、好坏。即公众对组织的信任和赞美程度。

10. 公共基金:从私人财产中提取一部分作为积累,最终返给社会。基本性质决定了政府在公共基金中的角色是代管人。所谓公共基金也是大家一起所拥有的基金。

11. 破产:是指当债务人的全部资产无法清偿到期债务时,债权人通过一定法律程序将债务人的全部资产供其平均受偿,从而使债务人免除不能清偿的其他债务。破产多数情况下指一种公司行为和经济行为。

12. 净利润:指在利润总额中按规定交纳了所得税后公司的利润留成,一般也称为税后利润或净收入。净利润的计算公式为:净利润=利润总额×(1－所得税率)。净利润是一个企业经营的最终成果,净利润多,企业的经营效益就好;净利润少,企业的经营效益就差,它是衡量一个企业经营效益的主要指标。

二、思考题

(一)根据案例内容回答问题

1. 三星电子为何赞助世界电子竞技大赛。
2. 三星电子在世界电子竞技大赛上做了哪些工作?
3. 三星电子认为事件营销有哪几个关键点?

(二)讨论题

1. 讨论三星电子是如何通过事件营销宣传自己品牌的?
2. 讨论赞助活动或赞助项目的选择标准。

第三部分 案例分析与总结

一、案例要点:市场定位、事件营销

所谓市场定位,就是根据竞争者现有产品在市场上所处的位置,针对消费者对该产品某种特征或属性的重要程度，强有力地塑造出本企业产品与众不同的、给人印象鲜明的个性或形象，并把这种形象生动地传递给消费者，从而使该产品在市场上确定适当的位置。也可以说，市场定位是塑造一种产品在市场上的位置，这种位置取决于消费者或用户怎样认识这种产品。

企业一旦选择了目标市场，就要在目标市场上进行产品的市场定位。市场定位是企业全面战略计划中的一个重要组成部分。它关系到企业及其产品如何与众不同，与竞争者相比是多么突出。

2. 事件营销

所谓事件营销，是指企业通过策划、组织和利用具有新闻价值、社会影响以及名人效应的人物或事件，吸引媒体、社会团体和消费者的兴趣与关注，以求提高企业或产品的知名度、美誉度，树立良好的品牌形象，并最终促成产品或服务的销售手段和方式。由于这种营销方式具有受众面广、突发性强，在短时间内能使信息达到最大、最优传播的效果，为企业节约大量的宣传成本等特点，近年来越来越成为国内外流行的一种公关传播与市场推广手段。

二、案例总结

事件营销的成功在于：企业必须制定高效的营销策略以及准确的效果评估系统。主要就是借助赞助、冠名等手段，通过所赞助活动来推广自己的品牌。

体育营销是事件营销的一种典型形式。多年来，三星电子通过体育营销不断提升名牌的知名度和美誉度。但近来不断探索新的事件营销载体。三星电子通过赞助世界电子竞技大赛活动，体现了三星电子对于事件营销战略整体思考和资源整合。事件营销对于企业来说，能够快速提升品牌、树立形象和改善客户关系，最终扩大产品销量，为企业创造效益，但是如果企业无法做到长期和连续，则很难取得预期的效果。

第四部分　案例使用说明

一、教学目的与用途

该案例涉及事件营销相关理论。首先，阐述事件营销的概念及其在经济管理中的重要性。然后，讲述企业选择事件营销时，应该注意哪些问题，如何通过事件营销提升品牌形象和知名度。通过介绍三星电子是如何定位自己的客户群和选择事件营销策略的，使学生了解事件营销基础理论。

二、案例分析思路

1. 探寻三星电子与世界电子竞技大赛开展合作的原因。
2. 分析三星电子进行事件营销的历史。
3. 分析事件营销给三星电子带来了哪些好处。

4. 讨论三星电子如何对事件营销进行评估。
5. 讨论事件营销案例给其他企业带来了怎样的启示。
6. 寻找其他材料探讨事件营销对企业市场营销中的作用。

三、相关网络链接

"三星:系统化的体育营销",《新营销》,2010年第9期,http://www.dooland.com/magazine/article_80513.html。

四、建议课堂计划

建议使用六节课。
第一节课:讲解重要商务词汇与案例背景,进行案例学习准备。
重要商务词汇:市场定位、事件营销、效果评估。
第二节课:讲解案例正文,理清案例发展脉络,帮助学生理解案例。
案例讲解内容:
(1)介绍三星电子的相关背景资料;
(2)描述三星电子的体育营销行为;
(3)描述三星电子的市场定位;
(4)了解三星电子对事件营销效果的评估。
第三～四节课:展开案例分析和讨论。
(1)三星电子的市场定位是什么?
(2)为何选择世界电子竞技大赛作为自己的合作伙伴?
(3)三星电子与世界电子竞技大赛的合作为谁带来了好处,带来了哪些好处?
(4)如果你是企业管理者,你将如何开展事件营销活动?
(5)进行事件营销前应做哪些准备?
第五～六节课:进行案例总结,布置课后作业,完成案例书面报告。
(1)讨论三星电子是如何通过事件营销宣传自己品牌的?
(2)讨论赞助活动或赞助项目的选择标准。

市场营销——中美

Marketing

花旗银行的市场定位

第一部分 案例陈述

案例提要

10%的优质客户往往是外资银行争夺的重点目标,这也是外资银行业务增长的主要途径。花旗银行为争夺"优质客户",推出了"小额存款服务收费"制度,提供无追索权的保理业务等。

关键词语

花旗银行 优质客户 小额存款 服务收费 保理业务

案例背景

截止到2002年,我国外资银行已有400多家,其中200家已经开业,有30多家开展了人民币业务试点。中资银行与外资银行竞争的焦点主要集中在客户竞争、业务竞争和人才竞争,其中又以客户竞争最为激烈。中国银行业60%的利润来自于10%的优质客户,而国际银行业80%的收益来自于20%的客户。在今后几年中,我国10%的优质客户将是外资银行争夺的重点目标,这也是外资银行业务增长的主要途径。2002年3月,花旗银行就与中资银行在争夺"优质客户"方面展开了正面交锋。

案例正文

随着外资银行在中国的不断发展壮大,它们与中资银行在争夺优质客户方面的竞争将日趋激烈。花旗银行作为美国最大的银行,其业务遍布全球,在金融产品和服务方面具有很强的优势。2000年以来,它与中资银行在"优质客户"方面的争夺也越来越激烈。

花旗银行的服务项目和管理水平对企业具有很强的吸引力。2002年3月下旬,南京爱立信公司突然做出一个惊人之举,即凑足巨资提前还完了南京工商银行、交通银行19.9亿的贷款,转而再向花旗银行上海分行贷回同样数额的巨款。南京爱立信"倒戈"的起因是交通银行南京分行无法提供无追索权的保理业务。南京爱立信副董事长李安建说:"南京爱立信公司已同花旗银行浦东分行签订了无追索权的保理业务。"

无追索权的保理业务是指企业向银行贷款,生产出商品卖出以后的应收款项,由银行与企业之间达成协议,银行买断企业销售应收款,转为银行的应收款。这样可以降低企业的应收款风险。无追索权的保理业务对企业来说可以减少应收账款,改善财务报表,从而减少了坏账准备金并增加利润。对于银行来说,此项业务是商业银行的一种中间业务,一般按照销售额收取一定比例的代理费,此项业务收益通常要高于传统的贷款业务。无追索权的保理业务是一种比较新兴的金融服务品种,国内的中资银行目前能够开展该项业务的并不多,实际操作经验也很少。花旗银行在无追索权的保理业务方面具有丰富的经验。花旗银行正是看准了中资银行的这一"软肋",采取主动出击策略,吸引如南京爱立信等大批优质公司客户"倒戈"转为花旗客户。

花旗银行对私人优质客户也采取了积极策略。首先花旗很重视私人客户,花旗银行上海分行行长黄晓光认为,中资银行的消费金融服务刚刚推出不久,目前该服务的营业额95%集中于企业客户,只有5%在私人客户,所以外资银行在私人客户方面会大有空间。其次在策略上,花旗银行推出其了"小额存款服务收费"制度,即对日均存款额低于5 000美元的客户,每月收取6美元或50元人民币的存款服务费。这样按当时的美元存款利率计算,对小额存款的客户来说,从存款中获得的回报是"负收入",即利息收入小于收费支出,所以小额存款客户把钱存入花旗银行是不合算的。

花旗银行推出的"小额存款服务收费"制度,目的在于减少小额存款客户,吸引私人客户中的优质客户,推动私人消费金融业务的发展。花旗银行有很好的品牌和产品,全球网点多,服务体系完善,这对私人客户有很大的吸引力。2002年3月21日,上海一家中美合资电子企业的副总经理来花旗银行浦西支行开立外汇账户。据这位副总经理的观点,之所以来花旗开立账户,主要是因为经常出国,带外汇现金不方便,使用国际外汇信用卡,可以减少出国时携带外汇现金所引起的不必要的麻烦。花旗银行的分支银行遍布全球,服务网点多,使用花旗银行的银行卡在支付、转账、消费等方面都非常方便。

总而言之,不论花旗银行还是其他中外资银行,他们都把经营目标对准了优势的企业客户和私人客户,但能否吸引客户加盟,最根本的还是银行自身的服务能力和服务质量。

(改编自"花旗银行冲击波的启示",《决策与信息》,2002年第7期;"保理业务可以加速资金周转",视频,第一财经)

第二部分　案例教学

一、商业专业词汇

1. 消费金融:指向各阶层消费者提供消费贷款的现代金融服务方式。
2. 保理:是指卖方、供应商或出口商与保理商之间存在的一种契约关系。根据该契约,卖方、供应商或出口商将其现在或将来的基于其与买方(债务人)订立的货物销售或服务合同所产生的应收账款转让给保理商,由保理商为其提供下列服务中的至少两项:贸易融资、销售分户账管理、应收账款的催收、信用风险控制与坏账担保。
3. 无追索权的保理业务:是由保理商独自承担购货商拒绝付款或无力付款的风险。

供应商在与保理商开展了保理业务之后就等于将全部的风险转嫁给了银行。

4. 应收款：专指因出售商品或劳务，进而对顾客所发生的债权，且该债权尚未接受任何形式的书面承诺。

5. 销售收入：也称营业收入或者经营收入，是指企业发生在商品产品、自制半成品或提供劳务，使商品产品所有权转到顾客，收到货款、劳务价款或取得索取价款凭证确认的收入。

6. 利息：是资金所有者由于借出资金而取得的报酬，它来自生产者使用该笔资金发挥营运职能而形成的利润的一部分。它是指货币资金在向实体经济部门注入并回流时所带来的增殖额。

7. 利率：又称利息率。表示一定时期内利息量与本金的比率，通常用百分比表示，按年计算则称为年利率。其计算公式是：利率＝利息额÷本金÷时间×100％。

8. 商业银行：是以追求最大利润为目标，能向客户提供多种金融服务的特殊的金融企业。盈利是商业银行产生和经营的基本前提，也是商业银行发展的内在动力。

二、思考题

（一）根据案例内容回答问题

1. 你认为花旗银行推出"小额存款服务收费"制度，对于日均存款额低的客户，收取一定存款服务费的举措是否合理？为什么？

2. 花旗银行的无追索权的保理业务，对银行和客户带来了哪些好处？

（二）讨论题

1. 你认为与中资银行相比，外资银行存在哪些优势和劣势？

2. 外资银行应该采取何种策略扬长避短？

第三部分 案例分析与总结

一、案例要点：市场定位、目标市场选择

市场定位是指有计划地树立公司产品具有某种理想形象的行为，以便目标市场顾客了解和赏识本公司所宣传的与竞争对手不同的特点。

企业在划分好细分市场之后，可以进入既定市场中的一个或多个细分市场。目标市场选择是指估计每个细分市场的吸引力程度，并选择进入一个或多个细分市场。

二、案例总结

花旗银行在经营中并不认为"来的都是客"，只有他们希望来的才是客。花旗银行之所以这样做，主要是为了把有限的优质资源提供给目标客户，让目标客户得到更优质的服务。按照市场营销理论分析，任何企业都不可能生产所有的产品、不能满足客户的所有需要、不能服务好所有的对象，银行也如此。

花旗银行深知，如果像中资银行一样，全面开展对小客户的业务，就必须多增加营业

网点和多招聘员工,这既增加了成本风险,又增加了与中资银行直接竞争的风险。而花旗银行作为世界的著名银行,其业务范围远大于我国的国有商业银行。花旗银行除了经营一般的商业银行业务外,还经营全部投资银行业务,在全球信用卡业务中花旗银行占了75％的份额,约有1.9亿客户。花旗银行之所以敢于向客户收取存款服务费用,将大额存款客户吸引过来。就是能为他们提供利息之外的全方位的优质服务,这正是其目标客户成为花旗银行现实客户的动因所在。

而花旗银行为企业提供无追索的保理业务,不仅是传统的放贷款,而且直接参与了市场销售中的最后一个环节,即企业向银行收款,实现资金回笼。这样做虽然加大了银行的收贷风险,但也拓展了银行的收益渠道,这体现了市场经济中的风险与收益的比率的规律无追索权的保理业务实施的关键是企业与银行两家的信用。爱立信作为世界名牌,产品质量是经得住市场检验的;花旗银行也是世界名牌,实力雄厚,享有很高信誉。任何一方违反协议,都会严重地损害自己的信用,这也是双方绝对不愿意看到的。

第四部分　案例使用说明

一、教学目的与用途

该案例涉及营销管理的内容。结合案例对市场定位这一营销理论进行讲解。首先,阐述市场细分的概念及其在经济管理中的重要性。逐步过渡到市场定位这一概念,及其在获取竞争优势中的作用,强调市场细分是市场定位的前提。通过介绍花旗银行如何进行清晰的市场定位的,加深学生对相关理论的理解。该案例适用于中级汉语的学员,由于涉及部分金融知识,有一定的难度。

二、案例分析思路

1. 描述中国银行之间的竞争情况。
2. 分析花旗银行在中国市场上的优劣势。
3. 讨论花旗银行的市场定位策略。
4. 讨论花旗银行如何吸引企业和私人客户。
5. 寻找其他材料探讨进行市场定位的重要性。

三、相关网站链接

"花旗银行冲击波的启示",《决策与信息》,2002年第7期(总第212期)。
"保理业务可以加速资金周转",视频,第一财经,http://finance.joy.cn/video/248063.htm。

四、建议课堂计划

建议使用六节课。

第一节课：讲解重要商务词汇与案例背景，进行案例学习准备。
重要商务词汇：消费金融、利息、目标市场选择、市场定位、商业银行。
第二节课：讲解案例正文，理清案例发展脉络，帮助学生理解案例。
案例讲解内容：
(1)介绍花旗银行的相关背景资料；
(2)描述花旗银行在中国的优劣势；
(3)描述花旗银行的市场定位策略；
(4)描述花旗银行如何与中资银行竞争。
第三～四节课：展开案例分析和讨论。
(1)花旗银行面临了那些竞争？
(2)花旗银行为何选择定位高端？
(3)你认为花旗银行推出"小额存款服务收费"制度，对于日均存款额低的客户，收取一定存款服务费的举措是否合理？为什么？
(4)花旗银行的无追索权的保理业务，对银行和企业有何好处？
第五～六节课：进行案例总结，布置课后作业，完成案例书面报告。
(1)你认为与中资银行相比，外资银行存在哪些优势和劣势？
(2)外资银行应该采取何种策略扬长避短？

肯德基产品刮起"中国风"

第一部分　案例陈述

案例提要

谁能够满足中国消费者的需求，谁就能够得到中国消费者的心。肯德基的营销理念是"立足中国，融入生活"，相继在全国范围内推出了各种更符合中国人口味的食品，从而赢得中国消费者的喜爱。

关键词语

肯德基　洋快餐　本土化

案例背景

在中国市场上，肯德基和麦当劳两大巨头你追我赶，竞争激烈。这两家企业都想赢得中国消费者的青睐。2005年,肯德基在中国市场推出了一句看似平淡、貌不惊人的广告语——"立足中国,融入生活"。随后肯德基开始在全国范围内大力传播这一理念,并相继推出了各种更符合中国人口味的食品。

案例正文

"洋快餐"肯德基于1987年进入中国市场。30年来,肯德基努力想让自己的快餐食品成为中国人喜爱的一种生活方式,也就是要真正融入中国人的生活。为了做到这一点,肯德基也在不断改变自己。

2002年,肯德基在中国部分城市的部分餐厅开始尝试供应早餐,并于同年推出了两款极具中国本土特色的花式早餐粥:海鲜蛋花粥和香菇鸡肉粥。由此,肯德基正式拉开了在中国市场加快产品本土化的序幕。

2008年1月,肯德基(北京)公司宣布早餐时段开始卖油条。在此之前,肯德基对油条制作工艺进行了长达一年的研究测试,并对传统的油条制作方法进行了改良,也就是要解决不依靠添加剂"明矾"而使油条膨松香脆等问题。最终肯德基推出的"安心油条"中没有添加明矾,却同样保持了外酥内软的口感。油条售价每根3元,将作为肯德基早餐长期保留产品。"安心油条"的上市,丰富了肯德基的中餐系统,成就了中国人喜欢的"花式粥+油条"的最佳搭档组合。当然对于喜欢创新的消费者,也可以选择"油条+牛奶"、"油条+奶茶",或者是"油条+咖啡"等新鲜搭配。

2009年6月中旬,肯德基早餐又增加了一款"法风烧饼"。这是继2008年的油条上市以来,肯德基在早餐时段推出的又一款"中国味儿"的早餐产品。"法风烧饼"表面洒满芝麻,馅料夹在中间。馅料由烟熏鸡腿肉或培根片搭配鲜嫩的煎蛋及爽脆生菜丝组成,酷似中国传统的火烧或肉夹馍。

2010年3月,肯德基产品系列中又增加两款米饭产品:培根蘑菇鸡肉饭和巧手麻婆鸡肉饭。这两款产品率先在上海的8家餐厅推出,售价18元,与永和、和合谷等中式套餐售价相当。

总而言之,肯德基在产品本土化方面不遗余力,采取了三管齐下的方式:第一、对异国风味进行中式改良,如墨西哥鸡肉卷、新奥尔良烤翅和葡式蛋挞等在口味上进行中式改造;第二、推出符合中国消费者饮食习惯的中式快餐,如"安心油条",饭(培根蘑菇鸡肉饭和巧手麻婆鸡肉饭),汤(芙蓉蔬菜汤、榨菜肉丝汤),粥(皮蛋瘦肉粥、枸杞南瓜粥等)等;第三、开发具有中国地域特色的新产品,如京味的老北京鸡肉卷,川味的川香辣子鸡,粤味的粤味咕咾肉等。

(改编自"肯德基在中国成功的营销策略分析",《现代商业》,2009年14期;http://industry.yidaba.com/canyin/dbgc/4247757.shtml"肯德基:本土化进程最好的外资连锁企业",大河网,2008年11月12日)

第二部分 案例教学

一、商业专业词汇

1. 本土化:是指跨国公司的海外子公司在东道国从事生产和经营活动过程中,为迅速适应东道国的经济、文化、政治环境,淡化企业的母国色彩,在人员、资金、产品零部件的来源、技术开发等方面都实施当地化策略,使其成为地道的当地公司。因此,本土化战略又叫当地响应能力,当地化经营。

2. 消费者:是个人的目的购买或使用商品和接受服务的社会成员。

3. 营销理念:是指企业进行经营决策,组织管理市场营销活动的基本指导思想,也就是企业的经营哲学。它是一种观念,一种态度,或一种企业思维方式。

4. 广告:是为了某种特定的需要,通过一定形式的媒体,公开而广泛地向公众传递信息的宣传手段。广告有广义和狭义之分,广义广告包括非经济广告和经济广告。非经济广告指不以盈利为目的的广告,又称效应广告,如政府行政部门、社会事业单位乃至个人的各种公告、启事、声明等,主要目的是推广;狭义广告仅指经济广告,又称商业广告,是指以盈利为目的的广告,通常是商品生产者、经营者和消费者之间沟通信息的重要手段,或企业占领市场、推销产品、提供劳务的重要形式,主要目的是扩大经济效益。

二、思考题

(一)根据案例内容回答问题

1. 自进入中国后,肯德基便成为洋快餐的代名词之一,它是如何推广其产品本土化的?

2. 你认为肯德基"立足中国,融入生活",还可以采取哪些本土化策略?

3. 较之中国传统餐饮业,你认为肯德基推出的本土化产品有何竞争优势?

(二)讨论题

1. 你认为麦当劳能否采取相同的本土化策略?

2. 跨国企业在实行本土化策略时,会面临怎样的挑战?

第三部分　案例分析与总结

一、案例要点:本土化战略

本土化战略指公司的海外子公司在东道国从事生产和经营活动活动中,为迅速适应东道国的经济、文化、政治环境,淡化企业的母国色彩,在人员、资金、产品零部件的来源、技术开发等方面都实施当地化策略,使其成为地道的当地公司。

本土化战略强调企业以适应环境来获得更大的发展空间,即企业一切经营活动以消费者为核心,而不是以商家的喜好、习惯为准绳,企业经营活动必须随目标市场中顾客变化而改变。本土化战略包括产品本土化、营销方式本土化、人力资源本土化、研发本土化等多项内容。

二、案例总结

中国有句老话叫"入乡随俗",肯德基显然深得要领,并将其运用得很彻底。作为烹鸡专家的肯德基,当家产品自然以鸡肉为主打,如吮指原味鸡、香辣鸡翅、香辣鸡腿堡等。如今的肯德基已经成为年轻消费者频繁光顾的场所。如果日复一日地提供鸡腿、汉堡和薯条,吃中餐长大的消费者很快就会厌烦,现在的年轻消费者追求的是变化和新鲜感,因此不断地开发出适合他们口味的食品,才能吸引他们频繁光顾。

"立足中国、融入生活",研发适合中国老百姓口味的产品成为肯德基不二的选择。20世纪90年代中期,肯德基就成立了自己的产品研发团队,至今已发展到100多人的规模。肯德基还聘请了10多位国内的专家学者作为顾问,负责改良、开发适合中国人需求的快餐品种。

近年来,肯德基以平均每年推出20多种的新品速度服务着广大中国消费者。这其中包括深受消费者喜爱的老北京鸡肉卷、新奥尔良烤翅、四季鲜蔬、早餐粥、蛋挞、安心油条、培根蘑菇鸡肉饭等。产品线的关键改变在于,增加了蔬果类产品,烹饪方式多元化等。

总之,肯德基在中国市场正积极推进本土化战略。

第四部分 案例使用说明

一、教学目的与用途

该案例设计本土化营销的理论。首先介绍本土化营销的概念及其在经济管理中的重要性。通过案例介绍肯德基的本土化营销策略及其竞争优势的获取,加深学生对相关理论的理解。该案例适用于中级汉语的学员,适用于市场营销课程,难度中等。

二、案例分析思路

1. 介绍肯德基背景资料。
2. 分析肯德基在市场上的优劣势。
3. 讨论肯德基的本土化营销策略。
4. 总结和归纳肯德基本土化策略的效果。
6. 寻找其他材料进行本土化策略的学习。

三、相关网站链接

"肯德基在中国成功的营销策略分析",《现代商业》,2009年14期,http://industry.yidaba.com/canyin/dbgc/4247757.shtml。

"肯德基:本土化进程最好的外资连锁企业",大河网,2008年11月12日,http://www.dahe.cn/hd/media/t20081112_1425590.htm。

"开饭啦!"肯德基足料饭广告,http://www.linkshop.com.cn/video/vcastr22/vcastr.swf?vcastr_file=/video/files/2010/41149f2c-6849-4119-8116-1db49be731ec.flv。

四、建议课堂计划

建议使用六节课。

第一节课:讲解重要商务词汇与案例背景,进行案例学习准备。

重要商务词汇:本土化、消费者。

第二节课:讲解案例正文,理清案例发展脉络,帮助学生理解案例。

案例讲解内容:

(1)介绍肯德基相关背景资料;

(2)描述分析肯德基在市场上的优劣势;

(3)描述肯德基的本土化营销策略;

(4)总结肯德基本土化策略的效果。

第三~四节课:展开案例分析和讨论。

(1)肯德基面临了那些竞争?

(2)自进入中国后,肯德基便成为洋快餐的代名词之一,它是如何推广其产品本土化的?

(3)你认为肯德基"立足中国,融入生活",还可以采取哪些本土化策略?

(4)较之中国传统餐饮业,你认为肯德基推出的本土化产品有哪些竞争优势?

第五~六节课:进行案例总结,布置课后作业,完成案例书面报告。

(1)你认为麦当劳能否采取相同的本土化策略?

(2)跨国企业在实行本土化策略时,会面临怎样的挑战?

市场营销——中日

Marketing

丰田的更名游戏

第一部分　案例陈述

案例提要

世界著名的汽车制造商丰田汽车,在中国曾不止一次地更改过旗下非常有影响力的汽车品牌中文名称。LEXUS 品牌原来称为凌志,后于 2004 年更名为"雷克萨斯";CAMRY 的原中文品牌名为"佳美",后于 2005 年更名为"凯美瑞"。两次更名,都是为了丰田整体的产品结构的完善。新的品牌名称是丰田公司给予他们新的市场定位与市场期待。

关键词语

丰田　汽车品牌　再定位　产品结构

案例背景

2004~2006 年间,作为世界最大的汽车制造商,丰田汽车将旗下的两个曾经创下全球冠军销售纪录的凌志和佳美,先后更名为"雷克萨斯"和"凯美瑞"。在一部人眼里,丰田公司此举似乎多此一举。一个在市场有影响的品牌名称弃之不用,却要重新选用新名称,其背后有耐人寻味的动机。为何丰田主动放弃在中国多年品牌经营的价值沉淀,而推广相对陌生的汽车品牌?

案例正文

2004 年 6 月,丰田宣布旗下的 LEXUS 品牌将重新以"雷克萨斯"的中文名正式在中国上市。这意味着,在中国市场存在了十年的"凌志"将正式退出历史舞台。2005 年,丰田旗下的另一著名品牌 CAMRY 重新改名。CAMRY 诞生于 20 世纪 80 年代,20 多年来销量突破了 1 000 万辆,是丰田最具价值的品牌之一。在中国,CAMRY 的原中文品牌名为"佳美",在中高级轿车中名声响亮,曾连续多年蝉联进口车的销量冠军。2005 年,丰田汽车公布新一代 CAMRY 车型的中文名为"凯美瑞",而放弃了已经在中国拥有很高知名度的"佳美"。两次"突然"的更名都让不少消费者和专家大为惊讶。

给已经成熟了的品牌更名其风险极大。由于更名，丰田公司需要在新品牌推广方面投入高昂的市场营销费用，不仅面临着品牌内涵的重新传达，更要应对重塑品牌形象的各种问题。品牌更名的背后，是丰田汽车的品牌再定位策略。丰田希望这些产品承担新的市场任务，扮演新的角色。

在"佳美"更名为"凯美瑞"之前，丰田在中高档汽车市场上的"锐志"(RITZ)被明确定位为"皇冠"之下，"佳美"之上的中级车。而丰田在2005年10月份推出的锐志轿车，定价仅为21万元，在国内同档车中价格创新低。这样一来，广州丰田即将推出的CAMRY将陷入定位和定价的双重尴尬境地。丰田不可能接受国产CAMRY的定价落入20万之内，这就脱离了利润最为丰厚的中高级市场。所以丰田决定放弃"佳美"改用"凯美瑞"就是为CAMRY确立新的市场定位。据广州丰田管理层的说法，凯美瑞与锐志现在将定位于同一级别，只不过锐志偏"运动型"，而凯美瑞偏于"乘用型"。

再来看看凌志为什么更名。在国际市场上，LEXUS的LS型与奔驰E级车价格相当。而在中国市场，凌志最高配置LS车型定价为70多万元，与奔驰E级车定价的80万元到100万元相比差距甚大。同时，凌志在中国市场的销售情况不佳，2003年仅销售了4 000多辆，而奔驰是9 200辆，宝马为18 000多辆。LEXUS是丰田汽车旗下的最高端豪华品牌，在也是其最重要的利润来源。在欧美市场，自2000年以来其与奔驰、宝马等竞争对手一直是并驾齐驱。所以凌志在中国的表现没有实现丰田的"凌云壮志"。根据丰田进军中国市场的计划，在未来两年内，会有更多的LEXUS车型进入中国。而"凌志"当前的品牌影响力、价格定位都远远不够，所以凌志决定更名为"雷克萨斯"，很明显是旨在重塑品牌，在品牌含金量方面重新做到与国际接轨。

丰田汽车不断地更改品牌名，表面上看是几个品牌名称的文字游戏，而且要额外花费大量的营销成本。其实从深层意义上，是丰田在中国启动新的市场战略，重新布局产品结构的重要一步。

（改编自资料："销售与营销：丰田汽车的更名游戏"，《世界经理人》，2005年 http://www.ceconline.com/sales_marketing/mn/8800040954/01/；"企业品牌变更动因与更名策略"，《商业时代理论》，2005年）

第二部分　案例教学

一、商业专业词汇

1. 制造商：或称为"生产厂商"，它是主要包装食品及轻工制品的供应商。它以原料或零组件（自制或外购），经过较为自动化的机器设备及生产工序，制成一系列的日常消费用品。较有规模或品牌信誉的供应商除了制造的功能外，通常还从事营销及商品流通或进出口的功能。

2. 品牌：是给拥有者带来溢价、产生增值的一种无形的资产，他的载体是用以和其他竞争者的产品或劳务相区分的名称、术语、象征、记号或者设计及其组合，增值的源泉来自于消费者心智中形成的关于其载体的印象。

3. 品牌推广：是指企业塑造自身及产品品牌形象，使广大消费者广泛认同的系列活动和过程。品牌推广有两个重要任务，一是树立良好的企业和产品形象，提高品牌知名度、美誉度和特色度；二是最终要将有相应品牌名称的产品销售出去。

4. 营销费用/营销成本：是企业实施营销管理与实践活动而发生的各种费用。

5. 品牌知名度：是指潜在购买者认识到或记起某一品牌是某类产品的能力。

6. 国际市场：是商品交换在空间范围上扩展的产物，它表明商品交换关系突破了一国的界限。

二、思考题

（一）根据案例内容回答问题

1. 丰田汽车放弃成熟品牌，启用新的品牌，会面临什么问题？
2. 丰田汽车为什么将 CAMRY 系列的汽车更名为"凯美瑞"？
3. 丰田为什么将 LEXUS 系列的汽车更名为"雷克萨斯"？

（二）讨论题

1. 谈一谈你对丰田的这两次更名的看法？
2. 你认为企业在什么情况下需要考虑品牌变更？企业在变更品牌时需要注意什么？
3. 你觉得更换品牌名称除了要再使企业再次付出巨大的营销代价以外，还会给企业带来什么样的负面影响？

第三部分　案例分析与总结

一、案例要点：品牌再定位、产品结构

品牌再定位是指一种品牌在市场上最初的定位也许是适宜的，但后来企业可能不得不对之重新定位。原因是多方面的，如竞争者可能继企业品牌之后推出他的品牌，并削减企业的市场份额；顾客偏好也会转移，使对企业品牌的需求减少；或者公司决定进入新的细分市场。

产品结构指一个企业生产的产品中各类产品的比例关系，可能是中高档商品之间的比例，也可能是不同产品系列之间的比例，产品结构其实也是企业市场定位的一个反映，不同的产品类型实际上满足了不同的市场需求。

二、案例总结

短短一年半的时间内，作为世界领先的汽车制造商，丰田汽车将旗下的两个曾经在世界上所向披靡的、创下全球冠军销售纪录的凌志和佳美，先后更名为"雷克萨斯"和"凯美瑞"。这是丰田汽车对中国中高档汽车市场的再次产品布局，一方面提高了"凯美瑞"汽车的市场定位。另外一方面，给予豪华品牌"雷克萨斯"更高的市场期望。丰田的品牌再定位策略，从更改名字开始，虽然表面上看丰田汽车需要更多的花费以培育新的品牌，实际上，即便这两个新品牌没有打造成功，丰田依然拥有原来两个旧品牌的市场影响力，而如果这两个新品牌获得了市场的认可，丰田则完成了它新一轮的产品结构的调整，完善了其

在中国的产品结构。

第四部分　案例使用说明

一、教学目的与用途

通过本案例的学习,可以让同学们对于市场营销中的"品牌策略中的品牌再定位"有一定的了解。掌握品牌定位的相关理论知识。

二、案例分析思路

1. 介绍丰田汽车和品牌再定位策略的相关理论。
2. 分析丰田汽车的两次更名事件。
3. 讨论丰田汽车更名的原因。
4. 讨论丰田更名的启示。
5. 讨论品牌定位的意义。

三、案例教学支持

"销售与营销:丰田汽车的更名游戏",《世界经理人》,2005 年,http://www.ceconline.com/sales_marketing/mn/8800040954/01/。

"企业品牌变更动因与更名策略",《商业时代理论》,2005 年。

四、建议课堂计划

建议使用六节课。
第一节课:讲解重要商务词汇与案例背景,进行案例学习准备。
重要商务词汇:丰田汽车品牌再定位产品结构
第二节课:讲解案例正文,理清案例发展脉络,帮助学生理解案例。
案例讲解内容:
(1) 介绍丰田公司;
(2) 介绍品牌再定位的理论;
(3) 描述丰田公司产品名称变更;
(4) 分析丰田公司品牌变更的原因。
第三~四节课:展开案例分析和讨论。
(1) 丰田公司为何要变更产品名称?
(2) 丰田公司变更产品名称对企业会带来哪些不利影响?
(3) 丰田公司品牌变更是否成功?
(4) 作为消费者,你还知道哪些品牌名称变更的例子?
第五~六节课:进行案例总结,布置课后作业,完成案例书面报告。

（1）你认为企业在什么情况下需要考虑品牌变更？企业在变更品牌时需要注意什么？

（2）你觉得更换品牌名称除了要使企业再次付出巨大的营销代价以外，还会给企业带来什么样的负面影响？

佳能中国的"色彩"营销策略

第一部分　案例陈述

案例提要

2009年，佳能为夺得年轻消费者的青睐，以一系列大胆、新颖的手法施展"色彩战略"。这一做法既抢夺眼球又不耗费太多成本，将目标消费者从专业人群向时尚、年轻人群转移，改变消费者心目中的呆板形象。色彩营销战略包括推出13种颜色的IXUS新款产品，以及为年轻消费人群量身订造的差异化营销，主要有三种，第一是添加囧元素的网络营销，第二是具有视觉冲击力的地铁百米广告营销，第三是举办舞蹈比赛的广告营销。通过这一系列的"色彩"营销，佳能成功地占据了小型数码相机市场的领先地位。

关键词语

佳能　营销策划　网络营销

案例背景

2008年，佳能在一次调查结果中认识到：大部分购买佳能相机的是着装正式、35岁左右的工薪阶层；而在20多岁的消费者中，佳能的认知度偏低。由此，佳能决定改变以往小心谨慎的风格，加大营销力度争取年轻消费者。即便在2009年全球经济仍然低迷的时候，佳能依然加大了广告投入，百米巨幅地铁广告的横空出世、绚丽盛大的烟花绽放、活力无限的舞蹈大赛、巨星领衔的电视广告……佳能以一系列新颖、时尚、胆大的营销手法将其"色彩战略"演绎得非常生动。

案例正文

2010年，佳能推出"你好，色彩"的宣传口号。佳能将目标消费者，从专业人群向时尚、年轻人群转移，目标是改变消费者心目中的呆板形象。为此，佳能在产品差异化和营销的差异化上想尽办法，以求不断地刺激和吸引消费者。在产品层面，新品IXUS在2010年春季一次性推出了13种颜色，用各种绚丽的颜色吸引更多的人群。在营销层面，佳能根据年轻消费人群的特点，投其所好，加入了街舞元素，结合流行元素"囧"开展了网络推广，还采用了百米长的地铁广告。这给消费者留下了时尚、动感、活力的印象。

首先是"囧"营销的应用。佳能中国的调查团队敏锐地发现,网购相机也成为当下一种时尚。佳能增加了网络营销方面的工作,深受草根网民喜欢的"囧"元素被佳能巧妙运用。在佳能 IXUS 的广告中,莫文蔚一头精炼的短发造型,古怪又可爱,再配合以演员们有点不伦不类的街舞动作,立刻引起年轻人的兴趣。"囧"元素在网络上的流行速度极快,佳能的"囧"广告被网民疯狂点击,并涌现出大量的翻版:牛人翻拍史上最牛佳能广告、山寨版佳能广告、蜡笔小新恶搞版佳能广告,山寨版拍片花絮等视频也赚足了人气。

这组广告的舞蹈动作很吸引大量网民的注意,于是佳能顺应广大消费者的需要,在官网上开了一个"跟我一起跳"的栏目,专门教网友学习这些流行的舞蹈,还有 60 秒的纪念版广告片以及广告制作花絮。该活动页面的访问量在短短不到一个月的时间内达到 750 万次。

除了网络推广,佳能还进行了一个大胆的尝试:在北京、上海、广州的地铁里铺上了百米长的广告,超强的视觉冲击力打动了经常乘坐地铁的年轻白领、大中学生人群。铺天盖地的广告宣传让佳能的品牌影响力节节攀升。当 IXUS 逐渐受市场热捧时,佳能采用惯用的覆盖性策略,推出比竞争对手更长的产品线,并在市场攻势上使用大手笔。于是在 2009 年的秋季,佳能在上海浦东世纪公园举办了"IXUS 伊克萨斯之夜"烟花大会,同时发布秋季新品,将 IXUS 的颜色增加到 21 种。

当佳能 IXUS 广告中的舞蹈成为年轻人追随的潮流时,佳能又启动了"佳能 IXUS 广告舞者选拔大赛",号召全国各地的"舞林高手"踊跃参加,用舞步表达出多彩自我的生活态度,最终脱颖而出的 6 名选手成为佳能 IXUS2010 年新一季广告片中的主角。

佳能在营销推广方面的种种努力已经初显成效。IXUS6 款机型、21 种机身颜色的鲜艳让人充分感受到了佳能时尚的魅力。通过"你好,色彩"概念的推广以及 IXUS 多色系新品的面市,也让所有爱好摄影的人提前体验了佳能的专业与时尚。而更为直接的是销售数据,佳能(中国)有限公司副总裁吉冈达生指出:"你好,色彩"系列活动实施后,销量同比增长了两位数以上。而据有关市场调查数据,2009 年佳能小型数码相机市场占有率第一,相机品牌提及率第一。

(改编自:"佳能色彩战略魅力初显",新浪报道,2010 年 10 月,http://finance.sina.com.cn/leadership/myxcl/20101009/16248751774.shtml)

第二部分　案例教学

一、商业专业词汇

1. 市场调查:是指运用科学的方法,有目的地、有系统地搜集、记录、整理有关市场营销信息和资料,分析市场情况,了解市场的现状及其发展趋势,为市场预测和营销决策提供客观的、正确的资料。

2. 产品线:指一群相关的产品,这类产品可能功能相似,销售给同一顾客群,经过相同的销售途径,或者在同一价格范围内。如果能够确定产品线的最佳长度,就能为企业带来最大的利润。

3. 产品差异化：是指企业在提供给顾客的产品上，通过各种方法造成足以引发顾客偏好的特殊性，使顾客能够把它同其他竞争性企业提供的同类产品有效区别开来，从而达到使企业在市场竞争中占据有利地位的目的

4. 品牌认知度：是品牌资产的重要组成部分，它是衡量消费者对品牌内涵及价值的认识和理解度的标准。品牌认知是公司竞争力的一种体现，有时会成为一种核心竞争力，特别是在大众消费品市场，各家竞争对手提供的产品和服务的品质差别不大，这时消费者会倾向于根据品牌的熟悉程度来决定购买行为

5. 广告：广告的本质是传播。广告是为了某种特定的需要，通过一定形式的媒体，公开而广泛地向公众传递信息的宣传手段

6. 营销推广：是指在以等价交换为特征的市场推销的交易活动中，工商业组织以各种手段向顾客宣传产品，以激发他们的购买欲望和行为，扩大产品销售量的一种经营活动。

7. 市场占有率：其定义为某一时间，某一个公司的产品（或某一种产品），在同类产品市场销售中占的比例或百分比。

二、思考题

（一）根据案例内容回答问题
1. 佳能的色彩营销战略针对的目标消费者是谁？
2. 佳能采用了怎样的色彩营销战略？
3. 佳能的色彩战略取得了怎样的效果？

（二）讨论题
1. 谈谈你对色彩营销的看法。
2. 与传统营销手段相比，网络营销有何特点？
3. 借鉴佳能的成功经验，谈谈你对公司如何转型、如何扩大市场份额的看法。

第三部分　案例分析与总结

一、案例要点：营销策划、网络营销

营销策划是在对企业内部环境予以准确地分析，并有效运用经营资源的基础上，对一定时间内的企业营销活动的行为方针、目标、战略以及实施方案与具体措施进行设计和计划。

网络营销是以互联网络为基础，利用数字化的信息和网络媒体的交互性来辅助营销目标实现的一种新型的市场营销方式。简单地说，网络营销就是以互联网为主要手段进行的、为达到一定营销目的的营销活动。

二、案例总结

2009 年佳能的色彩营销战略借助于网络营销以及其他丰富的营销渠道将自身打造出

时尚、动感、活力的品牌形象，占领年轻消费者市场。总结佳能的成功经验，有以下两点值得借鉴：第一，充分的市场调研，掌握消费者心理，并对于自身的产品有准确的定位，比如通过市场调研，佳能确定了以年轻消费者为主的目标客户，进而在产品和营销上进行创新和突破；第二，富有创造力的营销创意，色彩营销突破了传统营销手段的单调和陈旧，而是敢于把最时尚、最前沿的元素融入其中，比如佳能的"囧"元素，紧随互联网时代的潮流，并巧妙地加以结合和发挥，牢牢把握住年轻群体的审美趣味和习惯。

第四部分　案例使用说明

一、教学目的与用途

通过本案例的学习，可以让同学们对于市场营销中的营销策划和网络营销有一定的了解。

二、案例分析思路

1. 介绍营销策划和网络营销的概念。
2. 介绍佳能的产品定位及目标客户。
3. 细致讨论佳能的色彩营销战略。
4. 引导学生思考佳能的营销策略成功之处。
5. 讨论色彩营销的启示。

三、案例教学支持

佳能系列莫文蔚最囧广告造型：http://v.youku.com/v_show/id_XOTE2OTgyODg=.html。

佳能 IXUS 伊克萨斯广告舞者选拔大赛—海选精彩花絮：http://v.youku.com/v_show/id_XMTQzODU3MTg4.html。

"佳能色彩战略魅力初显"，新浪报道，2010年10月，http://finance.sina.com.cn/leadership/myxcl/20101009/16248751774.shtml。

四、建议课堂计划

建议使用六节课。

第一节课：讲解重要商务词汇与案例背景，进行案例学习准备。

重要商务词汇：佳能营销策划网络营销

第二节课：讲解案例正文，理清案例发展脉络，帮助学生理解案例。

案例讲解内容：

（1）介绍佳能公司；

（2）描述佳能公司的色彩营销策略；

(3)描述佳能公司在进行色彩营销前做了哪些准备;
(4)了解佳能公司色彩营销的执行效果。

第三~四节课:展开案例分析和讨论。

(1)佳能公司为何要进行色彩营销?
(2)佳能公司的色彩营销选择的目标是谁?
(3)佳能公司在网络营销上做了哪些工作?
(4)你觉得佳能公司的色彩营销做得如何,还有什么不足?

第五~六节课:进行案例总结,布置课后作业,完成案例书面报告。

(1)你觉得有效的网络营销包括哪些方面?
(2)借鉴佳能的成功经验,谈谈你对公司如何转型,如何扩大市场份额的看法。

市场营销——中澳

Marketing

澳洲虎的体育营销

第一部分 案例陈述

案例提要

在中国葡萄酒行业前景良好,但中资企业已占据优势。海外葡萄酒品牌要突破原有固定的经销渠道,进入中国的主流渠道异常艰难。经营澳大利亚原装进口葡萄酒的澳洲虎公司利用本公司独有的体育资源,以体育营销为突破口,成功进军中国市场。

关键词语

葡萄酒 澳洲虎 体育营销

案例背景

葡萄酒行业在中国是典型的朝阳行业。目前在中国市场上,国内葡萄酒品牌有张裕、王朝、通化和长城,大约占据了市场份额的54%。在中资企业占据优势、渠道障碍难以攻破的背景下,要在中国葡萄酒市场占有一席之地尚有难度,再加上物流成本的昂贵、价格上的劣势,海外洋葡萄酒品牌要突破原有固定的经销渠道,进入中国葡萄酒市场的主流渠道更是难上加难。经营澳大利亚原装进口葡萄酒的澳洲虎公司以体育营销为突破口,成功进军中国葡萄酒市场。

案例正文

澳大利亚澳洲虎国际投资有限公司,是澳大利亚国家男、女篮球队和联赛冠军篮球俱乐部的主要赞助商。该公司的总经理又是墨尔本澳洲虎篮球俱乐部的股东之一,拥有12年的体育营销经验,曾获2005年中国体育营销金奖。澳洲虎公司利用本公司独有的体育资源,在中国19个省成功举办了多场大型国际比赛,通过每年在中国举办的25场巡回比赛,期间借助"央视"第五频道及各省电视台转播的方式,迅速打开知名度,成功进军中国市场。

2006年8月,澳洲虎公司赞助澳大利亚男篮,征战在中国南京举行的斯坦科维奇杯—洲际挑战赛①。中国巨星姚明、王治郅参加了比赛，中央电视台第五套现场直播所有的比赛。安德鲁-博古特与姚明的对抗是 NBA 唯一的两位外籍状元秀的对抗，吸引了近 3 亿中国篮球迷的广泛关注。

2007 年，澳洲虎葡萄酒成功将澳大利亚篮球联赛（NBA 以外的第二外国篮球联赛）的电视转播落地中国，并对澳洲虎葡萄酒品牌进行电视广告推广。从 2006 年开始至 2008 年，澳洲虎公司花重金购买了澳大利亚篮球超级联赛 NBL② 在中国的转播权，并提供给中国各大电视媒体。2008 年全国 16 个以上的省级电视台转播了 NBL 澳洲虎篮球联赛中澳洲虎队的主客场比赛，省级转播场数超过 100 场，转播次数多过一般 CBA 球队的转播次数，转播期间插播 80—160 次 15 秒澳洲虎电视广告。

2009 年澳洲虎葡萄酒在全国组织、参与了 20 多场国际性的足球、篮球赛事。在赛事期间，澳洲虎用场边广告、地贴广告以及球员球服上的冠名广告作为展示平台，来推广澳洲虎品牌。在这 20 多场比赛中有很多关注度、报道度颇高的比赛，比如澳洲虎赞助的澳洲男篮挑战中国男篮，央视第五频道全程站台直播比赛。

2010 年 5 月，澳洲虎葡萄酒又赞助澳大利亚 NBL 全明星队访问中国，进行了 6 场比赛。7 月，借助南非世界杯在 6 月刮起的足球风暴，澳洲虎葡萄酒赞助澳超联赛的传统强队访华，与中超进行了 3 场比赛，与全国球迷一起延续新一轮的足球激情。

当一年一度的国际斯坦科维奇杯于 7 月在广西柳州展开时，澳洲虎葡萄酒除再次赞助上届冠军澳大利亚男篮之外，又与世界传统强队斯诺文尼亚男篮携手征战此次比赛。两支球队中有多位 NBA 球星。所有球员均身披"澳洲虎红酒"中文战袍在场上角逐。最后，两支球队不负众望，斯洛文尼亚力克所有球队获得冠军，澳大利亚力克由易建联领衔的中国男篮夺得亚军。本次持续三天的比赛均由中央五套和体育频道现场直播。上百家媒体到现场进行报道。澳洲虎品牌又一次在中国提高了知名度。

随着澳洲虎葡萄酒以"体育营销"方式在中国的进一步推广，澳洲虎的品牌效应逐渐形成，并不断得以深化与提升。澳洲虎葡萄酒已被越来越多的中国消费者接受与喜爱。

（改编自"澳洲虎红酒创新营销打开市场之门"，中国葡萄酒资讯网，2007 年 1 月 2 日；澳洲虎葡萄酒官网—体育营销）

第二部分　案例教学

一、商业专业词汇

1. 中资企业：中国境内自然人、法人及其他组织在境外投资的或控股投资的企业。
2. 朝阳行业：指刚刚兴起，正在发展阶段，且有相当大的发展空间的行业，比如电子信

---

① 斯坦科维奇杯—洲际挑战赛：由国际篮球联合会（FIBA）主席程万琦博士发起，于 2005 年 7 月 26～31 日在中国首都北京市首次举办。为表彰国际篮联荣誉前秘书长斯坦科维奇先生为国际篮球发展所做出的贡献，比赛以其名字命名。

② 澳大利亚篮球超级联赛：（National Basketball League, NBL）创立于 1979 年，目前共有 13 支球队（11 支澳大利亚俱乐部 1 支新西兰俱乐部和 1 支新加坡俱乐部），赛季从 10 月到第二年 4 月。

息行业、通信行业、软件、生物工程、电子等。

3. 消费量：是指人们在一定时期内所消费的消费资料（含劳务）的数量。按照消费主体可将消费量划分为社会消费量和个人消费量。社会消费量是全社会在一定时期内所消费的消费资料（含劳务）的总和。个人消费量是社会个体在一定时期内所消费的消费资料（含劳务）的数量。

4. 物流：为满足消费者需求而进行的对原材料、中间库存、最终产品及相关信息从起始点到消费地的有效流动，以及为实现这一流动而进行的计划、管理和控制过程。

5. 赞助：指企业为了实现自己的目标（获得宣传效果）而向某些活动（体育、艺术、社会团体提供资金支持的一种行为。体育赞助，指企业为体育赛事或运动队提供经费、实物或相关服务等支持，而体育赛事组织者或运动队以允许赞助商享有某些属于它的权利（如冠名权、标志使用权及特许销售权等）或为赞助商进行商业宣传作为回报。

6. 知名度：表示一个组织被公众知道、了解的程度，社会影响的广度和深度，即是评价名气大小的客观尺度。品牌知名度是指潜在购买者认识到或记起某一品牌是某类产品的能力，涉及产品类别与品牌的联系。

7. 地贴广告：是广告制品的一种，亦称为广告地贴。通常使用于各类超市、商场、路演平滑地面之上展示出现，采用背胶写真或背胶车身贴制作。

8. 关注度：指事件或人物所受的关注程度，通常通过民意调查或网络投票来实现。

二、思考题

（一）根据案例内容回答问题

1. 澳洲虎采取了哪些体育营销方式？
2. 澳洲虎为什么每年持续赞助体育赛事？

（二）讨论题

1. 描述一个让你印象深刻的关于体育营销的例子。
2. 谈谈体育营销与其他营销方式的优势与劣势。
3. 你认为企业在进行体育营销时，应注意哪些问题？

第三部分　案例分析与总结

一、案例要点：体育营销

20世纪90年代初，体育营销首先在美国出现，其基本功能是重新整合企业资源，将体育活动中体现的体育文化融入企业产品中，实现体育文化、品牌文化与企业文化三者融合，体育营销资源丰富，涵盖了重大赛会、运动员、参会人员、场馆，包括了赞助、代言、转播权、经营权等。

体育营销（Sport Marketing）是以体育活动为载体来推广自己的产品和品牌的一种市场营销活动，是市场营销的一种手段。它是企业通过实物资金等手段，同体育组织、活动、项目等建立某种联系,获得相应名义权利,进而运用广告、公关、促销等手段,围绕品牌定位、整合传播,建立独特的品牌联想和品牌认同,有目的地推进营销策略的实施。

体育营销主要通过体育赞助、形象代言方式。体育赞助是指某机构或个人对体育项目、比赛、体育组织提供的金钱或物质支持,以获取公众的认知。形象代言人是由某人表达对某项产品或服务的公开赞同或支持,体育形象代言则是由体育名人为企业或产品所做的代言。此外,体育营销还包括特许经营、购买转播权、体育赛事转播中的插播广告等形式。

二、案例总结

体育营销将企业资源进行重新整合,将体育活动中体现的体育文化融入企业产品中,实现体育文化,品牌文化与企业文化三者的融合,从而引起消费者与企业的共鸣,在消费者心中形成长期的特殊偏好,成为企业的一种竞争优势。

体育营销的优势:首先,体育赞助的效果自然、易于被接受。体育赞助实质上是一种软广告,但是由于广告并不单独出现,因而商业性及功利性不像硬广告那么明显。其次,体育赞助的受众对象集中、有针对性。在重大比赛现场,观众数量众多,媒体报道积极。即使一些地方性的赛事,只要组织得好,观众也会十分踊跃,因此非常有利于企业与目标对象进行有效的沟通,达到营销效果。其三,体育营销最大的特点就是公益性。体育是人类共同的事业。赞助体育,进行体育营销的市场运作,其作用是普通广告所不能达到的。

澳洲虎葡萄酒正是凭借其独特的体育营销推广方式,为品牌找到了改变市场的力量,逐步以分销、团购的形式成功销售到浙江、辽宁、上海、山东、湖南、广西、江苏、深圳等多个省、市。澳洲虎葡萄酒的"体育营销"取得了成功,澳洲虎葡萄酒已被越来越多的消费者接受与喜爱。

第四部分 案例使用说明

一、教学目的与用途

该案例涉及体育营销的理论。通过赞助斯坦科维奇杯—洲际挑战赛,购买球赛转播权,组织、参与国际性足球、篮球赛事等,说明澳洲虎的体育营销路径。通过案例的讲解,让学生们对体育营销有新的认识。该案例适用于中级汉语的学员,适用于商务汉语案例课程,难度中等。

二、案例分析思路

1. 了解澳洲虎葡萄酒选择体育营销的背景。
2. 分析澳洲虎葡萄酒如何通过体育营销方式,成功进军中国市场。
3. 分析澳洲虎葡萄酒为什么持续赞助体育赛事。
4. 讨论这项策略给其他企业带来了怎样的启示。

5. 总结与归纳你所知道的关于体育营销的例子。

三、相关网络链接

《澳洲虎红酒创新营销打开市场之门》,中国葡萄酒资讯网,2007年1月2日;
澳洲虎葡萄酒官网—体育营销。

四、建议课堂计划

建议使用六节课。
第一节课:讲解重要商务词汇与案例背景,进行案例学习准备。
重要商务词汇:体育营销、朝阳行业、物流。
第二节课:讲解案例正文,理清案例发展脉络,帮助学生理解案例。
案例讲解内容:
(1)介绍澳洲虎葡萄酒的相关背景资料
(2)了解澳洲虎葡萄酒是如何成功进军中国市场的
(3)描述澳洲虎葡萄酒的体育营销方式
第三～四节课:展开案例分析和讨论。
(1)澳洲虎葡萄酒如何利用其独有的体育资源?
(2)澳洲虎葡萄酒采取了哪些体育营销方式?
(3)澳洲虎葡萄酒为什么每年持续赞助体育赛事?
(4)体育营销较之其他营销方式的优势与劣势?
(5)描述一个让你印象深刻的关于体育营销的例子。
第五～六节课:进行案例总结,布置课后作业,完成案例书面报告。
(1)体育营销的方式多种多样,应如何选择?
(2)企业在进行体育营销时,应注意哪些问题?

海信在澳大利亚的发展

第一部分　案例陈述

案例提要

海信以"高质中价"为品牌目标,通过赞助新西兰 V8 赛事车队,冠名澳洲最高电影节大奖 IFAward、澳网赛事体育馆、克莱纳拉鲨鱼橄榄球队等一系列营销活动,在澳大利亚市场树立起其中高端自主品牌形象。

关键词语

海信 澳网 冠名 品牌

案例背景

海信公司成立于 1969 年,是中国特大型电子信息产业集团公司。2003 年海信在澳洲设立办事处,2006 年成立海信澳洲分公司,业务范围逐渐扩展到电视、空调、冰箱、酒柜、冷柜等多个门类的产品。目前,海信公司的产品全面进入澳洲三大主流连锁卖场,其电视销量已突破澳洲当地 10% 的市场份额,跻身三强。至 2010 年,"海信"已成为澳洲本土最知名的中国品牌。海信是如何实现这一成绩的呢?

案例正文

长期以来,在澳洲家电零售商眼里,中国品牌是"低价、低质"的代名词,与日本、韩国品牌在工艺、质量和细节方面有天壤之别。为打破这一局面,海信公司在进入澳洲市场伊始就提出"高质中价"的品牌目标:产品高质量、高技术、功能先进、外观时尚、售后服务行业领先、有竞争力的中档价格、锁定主流家电连锁渠道、专业团队、值得客户信任。

为了实现该目标,海信公司在产品方面按照澳洲消费习惯和市场需求进行了高标准的设计,在售后服务方面则提出了 3 年质量包换、24 小时服务热线的承诺,仅这一项售后服务策略,海信公司在澳洲当地就超越了所有竞争对手。在定价方面,海信公司也保证了商家合理的利润空间,使得主流的连锁商和代理商都乐意与海信合作。

为进一步树立和传播其中高端自主品牌形象,海信公司进行了品牌的大力推广。2005 年,海信公司通过海外代理商正式赞助新西兰 V8 赛事车队。通过覆盖新西兰、澳大利亚、太平洋岛屿和印度尼西亚等国家和地区的直播网络,"海信"品牌逐渐被熟知。通过高端运动营销,海信公司希望迅速融入国际化序列,让世界接受海信文化,享受海信的优质技术和完善的售后服务。

2006 年,海信公司冠名赞助澳洲最高电影节大奖 IFAward,当时澳洲总理霍华德和当地社会名流都来参加了颁奖仪式,此举大大提高了海信的品牌影响力。2008 年 7 月,海信品牌获得澳大利亚最具科技含量的澳网赛事体育馆—墨尔本奥林匹克体育馆六年的冠名权。"海信体育馆"成为中国首次在国际上以企业名称命名高科技多功能体育场馆。伴随着著名的澳网赛事,海信品牌进入了全球 6 亿多家庭的视野,进一步提高了海信在海外市场的品牌知名度,成为澳洲家喻户晓的品牌。2010 年 2 月,海信公司冠名赞助澳洲克莱纳拉鲨鱼橄榄球队,并以"海信鲨鱼队"命名,代替 LG 成为其在未来两年的主赞助商。通过此次冠名,海信公司加强了其在东部澳洲的品牌地位。

2010 年 8 月,澳大利亚权威调查公司 Canstar Cannex 对澳航空公司、汽车、手机、电视、银行、电子产品零售商等相关领域的不同消费品牌进行了满意度调查,结果显示,澳洲人对质优价中,且能够提供优良服务的"新生代"品牌最为满意:其中液晶电视,来自中国的海信品牌排名第一。

由此看来,海信公司在澳大利亚市场已经成功地改变了产品形象和市场地位。这一结果的实现来之不易,得益于海信在澳大利亚市场采取的一系列有效的营销活动。

（改编自《澳洲最具科技含量体育馆取名为"海信"》，海信官网，2008年10月8日；《澳洲鲨鱼橄榄球队身披海信战袍有望冲击联赛冠军》，海信官网，2010年2月25日；《在澳洲感受海信国际化发展战略》，中国质量报，2009年12月1日；《澳洲消费品牌调查海信居液晶电视列榜首》，上海证券报，2010年8月3日）

第二部分　案例教学

一、商业专业词汇

1. 电子信息产业：是研制和生产电子设备及各种电子元件、器件、仪器、仪表的工业，具体可细分为投资类产品、消费类产品和元器件产品三个大类。

2. 市场份额（market share）：又称市场占有率，指一个企业的销售量（或销售额）在市场同类产品中所占的比重，直接反映企业所提供的商品和劳务对消费者和用户的满足程度，表明企业的商品在市场上所处的地位。

3. 售后服务：是指生产企业、经销商把产品（或服务）销售给消费者之后，为消费者提供的一系列服务，包括产品介绍、送货、安装、调试、维修、技术培训、上门服务等。

4. 知名度：表示一个组织被公众知道，了解的程度，社会影响的广度和深度，即是评价名气大小的客观尺度。品牌知名度是指潜在购买者认识到或记起某一品牌是某类产品的能力，涉及产品类别与品牌的联系。

5. 产品形象：是指：①在人们心目中印象的总和；②在消费者心目中有着特殊的地位；③能从功能和情感上获得利益。

二、思考题

（一）根据案例内容回答问题
1. 海信为什么要以"高质中价"为品牌目标？
2. 海信冠名澳网赛事体育馆有什么好处？
（二）讨论题
1. 描述一个你看到的冠名赞助的例子。
2. 试从企业角度比较赞助与媒体广告这两种营销方式的利弊。
3. 赞助会带来什么社会效应？

第三部分　案例分析与总结

一、案例要点：赞助、品牌营销

赞助（Sponsorship）指企业为了实现其目标（如获得宣传效果）而向某些活动（如体育、

艺术、社会团体)提供资金支持的一种行为。赞助是企业贡献社会的一种行为,可以帮助企业改善社会形象和社会关系。

企业通过赞助来实现商业目的,主要包括以下方面:(1)借助赞助活动做广告,增强广告说服力和影响力。赞助可以使公众获益,从而赢得公众好感;赞助"冠名权"还可以提高广告效果。(2)关心社会公益可以提高企业的良好形象。赞助社会活动是企业向社会表示其承担责任与义务的方式之一,有助于企业赢得政府与社区的支持。(3)与社会公众建立良好的感情关系。为公众感兴趣的活动提供赞助,能够有效激发企业与公众的情感认同,加强双方的联系。(4)提高企业在公众中的声誉。赞助会带来新闻效果,扩大社会的认知度,提高企业的声誉。

品牌营销(Brand marketing),是通过市场营销使客户形成对企业品牌和产品的认知过程。品牌营销不是独立的,它与其他各种营销活动相结合,实现企业或产品的品牌建设。品牌营销强调利用品牌符号,把无形的营销理念灌输到社会公众心里,让消费者从心里认可并接受企业企业。海信所采取的一系列营销活动,目的就是使海信品牌得到澳大利亚消费者的认知和接受。

二、案例总结

赞助是一种卓有成效的营销信息传播方式,企业通过赞助各类活动来提高自身及产品在市场上的知名度和形象。赞助的中心任务是传递信息,它具有其他传播方式所不具备的特征:(1)赞助可规避广告法规中的某些限制,如烟草公司面对广告法限制,可采用赞助方式向目标受众传递信息。(2)赞助消费者崇尚的活动,可提高传播效果,比如围绕人们感兴趣的文艺、体育、旅游等各类休闲活动,有助于抓住消费者的兴趣点。(3)赞助的传播效益广,由于被赞助的活动或事件往往被各类媒介广为传播,媒介覆盖面较广,传播效益大多高于其他方式的传播效益。(4)赞助容易给公众带来亲切感。广告、公关等传播方式容易给公众以功利感,赞助容易给人以仁义感。

海信正是通过赞助新西兰 V8 赛事车队、澳洲最高电影节大奖 IFAward、澳网赛事体育馆、克莱纳拉鲨鱼橄榄球队等一系列活动,逐渐打开澳大利亚市场,成为当地最知名中国品牌。

但要注意的是,赞助活动的选择、赞助的持续性,也会影响信息传递的效果,企业需要根据自身及产品特点,选择符合企业文化与产品特征的赞助活动。

第四部分　案例使用说明

一、教学目的与用途

该案例涉及品牌营销和赞助的理论。讲述海信通过赞助方式进行品牌推广,实现其"高质中价"的品牌目标。通过案例的讲解,让学生们对品牌营销和赞助有新的认识。该案例适用于中级汉语的学员,适用于商务汉语案例课程,难度中等。

二、案例分析思路

1. 探寻海信提出"高质中价"品牌目标的原因。
2. 分析海信如何实现其品牌目标。
3. 分析海信如何进行品牌推广。
4. 讨论海信的品牌推广方式给其他企业带来了怎样的启示。
5. 总结与归纳你所知道的关于赞助的例子。

三、相关网络链接

"澳洲最具科技含量体育馆取名为'海信'",海信官网,2008年10月8日。
"澳洲鲨鱼橄榄球队身披海信战袍有望冲击联赛冠军",海信官网,2010年2月25日。
"在澳洲感受海信国际化发展战略",《中国质量报》,2009年12月1日。
"澳洲消费品牌调查海信居液晶电视列榜首",《上海证券报》,2010年8月3日。

四、建议课堂计划

建议使用六节课。
第一节课:讲解重要商务词汇与案例背景,进行案例学习准备。
重要商务词汇:赞助、市场份额、知名度。
第二节课:讲解案例正文,理清案例发展脉络,帮助学生理解案例。
案例讲解内容:
(1)介绍海信的相关背景资料。
(2)描述海信的品牌目标。
(3)了解海信如何实现其品牌目标。
(4)了解海信如何进行品牌推广。
第三~四节课:展开案例分析和讨论。
(1)海信为什么要以"高质中价"为品牌目标?
(2)海信是如何实现其品牌目标的?
(3)海信冠名澳网赛事体育馆有什么好处?
(4)海信为何选择赞助方式推广品牌?
(5)描述一个你知道的关于冠名赞助的例子。
第五~六节课:进行案例总结,布置课后作业,完成案例书面报告。
(1)试从企业角度比较赞助与媒体广告这两种营销方式的利弊。
(2)赞助会带来什么社会效应?

市场营销——中俄

Marketing

联想在俄罗斯的市场推广

第一部分 案例陈述

案例提要

联想作为中国最大的一家电脑生产商,一直积极开拓国际市场。2005 年,联想收购了 IBM 个人电脑事业部,提高了国际知名度。但是联想在进入俄罗斯市场时仍遇到了困难,大多数俄罗斯人仍然不了解联想这个品牌。为了提高在俄罗斯的知名度,打开俄罗斯市场,联想把产品、广告、渠道和销售紧密地结合在一起进行推广,取得了不错的效果。

关键词语

联想品牌　俄罗斯　市场推广

案例背景

联想成立于 1984 年,主要生产台式电脑、服务器、笔记本电脑、打印机、掌上电脑、主机板、手机等商品。自 1996 年开始,联想电脑的产销量已经位居中国国内市场首位,成为中国市场上著名的电脑品牌。在开拓俄罗斯市场时,联想电脑却遇到了大难题,不论消费者或代理商,对联想品牌并不了解。那么,联想是如何解决这一问题的呢?

案例正文

品牌认知是任何产品在进入一个新市场时遇到的首要问题。联想俄罗斯分公司总经理白欲立回忆当时进行俄罗斯员工培训的时候,培训师告诉俄罗斯店员们"联想是全球第三大 PC 制造商",但是店员们都不承认。在店员们的眼里,俄罗斯就是全世界,联想品牌在其他国家或地区排名第几都不算数。正是由于对联想品牌没有信心,经销商和零售商进货非常保守,卖多少进多少,坚持不压库存。

在俄罗斯市场上,电脑的销售渠道相对集中,约 85% 的笔记本电脑销售集中在 25 家分销商手上。所以对联想公司来说,最重要的问题就是如何迅速提升品牌知名度,提高经销商的信心和进货量。白欲立说:"我们 2008 年的主要精力集中在建渠道、打开品牌知名度。"

分析当时的市场局势,联想发现了一个提高品牌知名度的好方法,那就是联想作为北京奥运会 TOP 赞助商的身份。俄罗斯是传统体育强国,1980 年莫斯科也曾经举办过第 20 届奥运会,所以俄罗斯人对 2008 年在北京举办的奥运会非常关注。联想决定利用这个契机,启动一场在俄罗斯的市场推广战役。

首先从产品上,联想经过认真分析,决定主推 IdeaPad Y530 产品和人脸识别功能。因为在此之前,联想通过第三方公司和渠道对终端客户进行过大量访谈,了解到俄罗斯客户对人脸识别功能非常感兴趣。所以联想确定以此为主打产品,开展宣传活动。

其次在广告方面,联想充分利用了奥运会的影响。在奥运期间,联想向俄罗斯有影响的电视频道购买了 900 次电视广告,当转播奥运会赛事和开闭幕式时,就插播联想的广告,其中开幕式当天就播出了 10 次联想广告。白欲立说:"广告播出后,很多渠道商都给我们打电话。他们在电视上看到联想广告都非常兴奋,这给了渠道商极大的鼓舞。"联想事后做了一个调研,联想品牌在北京奥运会之前的品牌知名度不到 8%,奥运会之后一下升到了 29%。与此同时,联想广告还覆盖了 7 个城市的大约 700 个路牌广告。由于俄罗斯交通状况不好,堵车严重,所以路牌是一个非常理想的广告载体。此外联想俄罗斯分公司还举办了一次大型的产品发布会,包租了当地一个酒吧,聚集了 150 家莫斯科当地媒体。为了烘托气氛,他们专门从中国国内请来了沙画艺术家助兴。发布会很成功,会后各媒体的发稿量非常大,进一步强化了广告效果。

再次就是渠道方面,为了让产品从宣传到店端直接落地,联想在渠道上也做了大量推广工作。例如在大卖场用大量现货做堆头,在 11 个城市和渠道商一起搞奥林匹克巡展,召集当地的二级渠道宣传联想的产品和公司。

通过这样周密的运作,联想把产品、广告、渠道和销售紧密地结合在一起,取得了非常好的效果。在奥运战役结束之后,俄罗斯 20 多个关键渠道商、600 多家中小分销商加入了联想阵营。联想产品也成功进入两家最大的连锁零售商。相比前一季度,联想销售额增加了 284%。

(改编自"联想加速海外渠道拓展抓住 3 个机会在俄罗斯打渠道组合拳",《商业价值》,2009 年 10 月 13 日;"联想俄罗斯市场:做未来的生意",《三联生活周刊》,2010 年 9 月 10 日)

第二部分　案例教学

一、商业专业词汇

1. 市场推广:是指对某个产品的性能,特点,进行宣传,介绍,是使消费者接受,认可、购买,是销售、营销的手段和方式。

2. 渠道:通常指水渠、沟渠,是水流的通道。商业领域中指商品销售路线,或商品的流通路线,即厂家的商品通向一定的社会网络或代理商而卖向不同的区域,以达到销售的目的的通道。

3. 事业部:是指以某个产品、地区或顾客为依据,将相关的研究开发、采购、生产、销售等部门结合成一个相对独立单位的组织结构形式。它表现为,在总公司领导下设立多个事业部,各事业部有各自独立的产品或市场,在经营管理上有很强的自主性,实行独立核算,是一种分权式管理结构。事业部制又称 M 型组织结构,即多单位企业、分权组织,或部门化结构。

4. 代理商(Agents):是代理企业打理生意,而不买断企业产品,由厂家给予商家佣金额度的一种经营行为。所代理货物的所有权属于厂家,而不是商家。因为商家不是售卖自己的产品,而是代企业转手卖出去,所以"代理商"一般赚取企业代理佣金。

5. 渠道商:是指连接制造商和消费者之间的众多中间企业,包括:批发商,零售商,代理商和佣金商等。

6. 分销商(distributor):是指那些专门从事将商品从生产者转移到消费者的机构和人员。

7. 经销商:就是在某一区域和领域只拥有销售或服务的单位或个人。经销商具有独立的经营机构,拥有商品的所有权(买断制造商的产品/服务),获得经营利润,多品种经营,经营活动过程不受或很少受供货商限制,与供货商责权对等。

二、思考题

(一)根据案例内容回答问题

1. 联想在进入俄罗斯市场的时候遇到了什么样的困难?
2. 联想采取了哪些策略来提高产品的知名度?

(二)讨论题

1. 说说你对联想这个品牌的印象。并分析品牌对于一个产品的意义在哪里?
2. 联想的成功之处给了我们一个什么样的启示?
3. 企业在做产品推广的时候会考虑到哪些因素?

第三部分　案例分析与总结

一、案例要点:市场推广、渠道销售

市场推广是指企业为扩大产品市场份额,提高产品销量和知名度,而将有关产品或服务的信息传递给目标消费者,激发和强化其购买动机,并促使这种购买动机转化为实际购买行为而采取的一系列措施。市场推广的方式很多,如新闻发布会、广告、营业推广、公关推广、人员推广、活动推广等。

渠道销售以渠道作为企业产品销售的主要形式,涉及经销商开发与选择、经销商的日常管理、经销商维护等行为。渠道销售需要根据市场的变化而不断调整策略,有效激励经销商并解决矛盾冲突,实现企业与经销商的共同成长。

渠道是企业把产品向消费者转移过程中所经过的路径,包括企业自设的销售机构、代理商、经销商、零售店等。渠道起到了物流、资金流、信息流、商流的作用,能够带来价值增值。不同行业、不同产品、企业不同的规模和发展阶段,销售渠道的形态皆不相同,绝大多数销售都要经过经销商到零售店这两个环节。也有企业采取直销方式,即从生产厂家直接到消费者,压缩中间的渠道环节。

二、案例总结

对大多数家电企业来说,产品销售大多通过渠道商和零售商展开。要想让渠道商和零售商愿意经销你的产品,就必须要有一个好的产品知名度。

联想电脑在俄罗斯市场上,一开始由于品牌知名度不高,渠道商不愿进货,所以销售不佳。为了形成一个健全的销售渠道,联想决定打造一个非常好的品牌认可度,这样才能将产品更好地推广至消费者。为了提升自己的知名度,联想把产品、广告、渠道和销售紧密地结合在一起,取得了非常好的效果。联想充分利用了奥运会这个机会,开展了一定系统的奥运营销。在奥运战役结束之后,俄罗斯20多个关键渠道商、600多家中小分销商加入了联想阵营,联想产品也成功进入两家大的连锁零售商。由于提高了知名度,建立了良好的销售渠道,联想逐渐打开了俄罗斯市场的大门。

第四部分　案例使用说明

一、教学目的与用途

该案例涉及市场推广和渠道销售等理论。案例通过联想在俄罗斯的产品推广,展示了商品的推广过程。联想的推广过程紧密结合了产品的广告、渠道和销售,取得了良好的效果。通过案例的讲解,让学生们深深体会到渠道策略、广告策略的作用,对产品推广也有了更深的了解。该案例适合于基础中等的汉语学员学习,适合于市场营销课程,难度中等。

二、案例分析思路

1. 介绍联想公司和俄罗斯当时的市场环境。
2. 介绍市场推广和渠道策略。
3. 分析联想当时所遇到的困难。
4. 重点讨论联想所采取的策略和措施。
5. 总结与归纳案例所带来的启示。

三、相关网络链接

"联想加速海外渠道拓展抓住3个机会在俄罗斯打渠道组合拳",商业价值,2009年10月13日。

"联想俄罗斯市场:做未来的生意",《三联生活周刊》,2010年9月10日。

"市场推广",百度百科。

"渠道",百度百科。

"事业部",百度百科。

"分销商",百度百科。
"代理商",百度百科。

四、建议课堂计划

建议使用六节课。
第一节课:讲解重要商务词汇与案例背景,进行案例学习准备。
重要商务词汇:市场推广、渠道销售、代理商
第二节课:讲解案例正文,理清案例发展脉络,帮助学生理解案例。
案例讲解内容:
(1)介绍联想的相关背景资料;
(2)了解俄罗斯中国产品的大环境;
(3)描述联想在俄罗斯所采取的策略和措施;
(4)了解这些措施和方法所取得的效果或作用
第三～四节课:展开案例分析和讨论。
(1)分析联想的企业战略是什么?
(2)联想在俄罗斯会遇到什么样的困难?
(3)讨论联想所采取的策略和措施。
(4)分析这些策略和措施所产生的效果。
(5)联想是怎么样提高产品知名度的?
第五～六节课:进行案例总结,布置课后作业,完成案例书面报告。
(1)说说你对联想这个品牌的印象并分析品牌对于一个产品的意义在哪里?
(2)联想的成功之处给了我们一个什么样的启示?
(3)企业在做产品推广的时候会考虑到哪些因素?

亚细亚运输公司四项增值服务拉客户

第一部分 案例陈述

案例提要

随着中俄两国贸易的不断发展,对运输服务需求越来越强烈,由此催生了大大小小的数百家运输公司。西伯利亚亚细亚运输公司(STA)在提高运输质量的基础上,提出了四项免费增值服务,在激烈的竞争中打出自己的特色,进一步提高了服务水平。

关键词语

运输服务　西伯利亚亚细亚运输公司　增值服务

案例背景

西伯利亚亚细亚运输公司是一家俄罗斯专业运输公司,专门为中俄贸易提供运输服务。随着中俄贸易的不断发展,对运输的服务需求越来越强烈,由此催生了大大小小的数百家运输公司,从而导致运输市场的竞争日趋激烈。西伯利亚亚细亚运输公司虽然从事中国到俄罗斯的运输多年,有着相对丰富的运输经验,但要在不断激烈的竞争中取胜,还有待不断地探索新的服务方式,进一步提高自己的服务水平。

案例正文

作为俄罗斯一家专业的物流运输清关公司,亚细亚运输公司(以下简称"STA")自运营之初就非常重视公司信誉,提出了"快捷运输,安全可靠,值得信赖!"的承诺。

在中俄贸易运输方面,STA已经建立起了相对完善的运输网络,比如从中国的任何一个省份运输到俄罗斯一个省份,STA都可以提供专业的运输以及100%的正规清关服务。STA公司主要从事公路运输,每车混合装货105立方米,为了实现货物的集中发货、集中运输,STA公司在中国新疆乌鲁木齐设立了办事处和货物仓储库房,统一管理来自中国各地的货物,比如在乌鲁木齐,STA公司派专门负责人提供货物单证,从而保证快捷而高效的清关服务。

但是,仅仅建立并完善上述运输网是不够的,为了区别其他运输公司,吸引客户,STA公司为了适应市场的需要,更好地满足合作伙伴和客户的需求,还提供了四项免费的增值服务。

第一,在俄罗斯市场为客户宣传产品,开发新客户。这也是STA公司利用网络为中国生产商提供的一项新业务,方便中国生产商和俄罗斯公司建立直接的业务联系。STA公司拥有自己许多固定的客户,且合作商家与日俱增。这对于一个志在开拓俄罗斯业务的企业无疑是具有巨大的吸引力。

第二,为客户产品提供俄罗斯参展的机会。中国产品运输到俄罗斯公司想要得到俄罗斯消费者的认识,通过这次参展是一个不错的良机。STA公司能够将客户的产品展示在西伯利亚交易会(俄罗斯第二大展览会)上。中国厂商可以获得最有价值的市场信息以及在俄罗斯市场建立良好业务关系的难得机遇。

第三,协助客户在俄罗斯开拓业务关系。STA公司在这方面提供专业的服务,这样可以使中国厂商生意在俄罗斯市场不仅合法稳定,而且前景广阔。STA公司正在逐步计划,建立正式业务,从市场分析调查一直到在俄罗斯市场进行宣传,从而和自己的客户建立长久的合作关系。

最后,协助客户在俄罗斯创办公司及其他机构。STA公司不仅经验丰富,而且熟知俄罗斯市场。STA公司总部设在俄罗斯第二大批发市场——新西伯利亚,这样客户遍布俄罗斯各大城市。STA公司已经形成了良好的中俄货物运输体系和正规清关服务体系,可以为中俄贸易创造最好的合作条件。

总之,除了可靠的运输和清关服务,STA公司还通过上述四项增值服务,使自己逐步区别于其他的运输公司。这四项独特的增值服务,不仅增加了STA特有的优势,并且获得了顾客的好评,使STA公司在中俄运输市场上的地位不断提高。

(改编自:俄罗斯西伯利亚亚细亚运输公司官方网站,http://www.sibtransasia.com/)

第二部分　案例教学

一、商业专业词汇

1. 市场:商品交易关系的总和,主要包括买方和卖方之间的关系,同时也包括由买卖关系引发出来的卖方与卖方之间的关系以及买方与买方之间的关系。

2. 增值服务(Value—added logistics service):其核心内容是指根据客户需要,为客户提供的超出常规服务范围的服务,或者采用超出常规的服务方法提供的服务。1994中国物流协会对增值物流的定义为"在完成物流基本功能基础上,根据客户需求提供的各种延伸业务活动"。

3. 市场分析:是对市场规模、位置、性质、特点、市场容量及吸引范围等调查资料所进行的经济分析。它是指通过市场调查和供求预测,根据项目产品的市场环境、竞争力和竞争者,分析、判断项目投产后所生产的产品在限定时间内是否有市场,以及采取怎样的营销战略来实现销售目标。

4. 物流:为满足消费者需求而进行的对原材料、中间库存、最终产品及相关信息从起始点到消费地的有效流动,以及为实现这一流动而进行的计划、管理和控制过程。

5. 清关(Customs Clearance):即结关,是指进口货物、出口货物和转运货物进入或出口一国海关关境或国境必须向海关申报,办理海关规定的各项手续,履行各项法规规定的义务;只有在履行各项义务,办理海关申报、查验、征税、放行等手续后,货物才能放行,货主或申报人才能提货。同样,载运进出口货物的各种运输工具进出境或转运,也均需向海关申报,办理海关手续,得到海关的许可。货物在结关期间,不论是进口、出口或转运,都是处在海关监管之下,不准自由流通。

二、思考题

(一)根据案例内容回答问题

1. 亚细亚运输公司服务和其他的运输公司有什么区别?
2. 亚细亚运输公司增值服务对客户有什么帮助?

(二)讨论题

1. 描述一个你购买产品时候遇到的增值服务情况。
2. 你认为增值服务能给厂家带来哪些好处?
3. 你认为运输公司的服务发展趋势是什么?

第三部分　案例分析与总结

一、案例要点：增值服务

增值服务是为客户提供的超出常规服务范围的服务，或者采用超出常规的服务方法提供的服务。其目的是更好地满足顾客需求，以达到吸引顾客并留住顾客的目的。

在运输服务业中，增值服务包括有客户增值体验、物流解决方案和IT服务等，这三类增值服务相依相存，使企业根据客户需求和具体问题提供合适的解决方案，形成区别于其他竞争对手的差异化服务。

"增值服务"强调的是一种超前的、个性化的服务体验，当相关服务内容被行业中大多数企业采用后，就成了一种基本的服务流程，不再具备"增值"的功能。比如：当所有企业都提供送货上门的服务后，送货上门就不算是增值服务，而算是基本服务流程。

二、案例总结

面对越来越激烈的市场环境，厂家和商家提供的商品和服务也趋向同质化。如何在激烈的环境中抓住自己的客户，是每个厂家和商家所面临的问题。增值服务也日益成为各厂家和商家拉拢客户的重要手段。

"增值服务"主要是指"特色服务"，在保证基本服务的同时，进行超出常规的、个性化的服务。

对于STA来说，由于这些年运输公司大量的催生，竞争非常的激烈，进一步提高自己的水平是吸引客户的有效手段。STA通过上述四项增值服务，使自己逐步区别于其他的运输公司。这四项独特的增值服务，不仅增加了STA特有的优势，并且获得了顾客的好评，使STA在中俄运输市场上的地位不断提高。

第四部分　案例使用说明

一、教学目的与用途

该案例涉及运输和增值服务理论。从运输的角度来说，它是企业另外一个利润来源，展现了企业获利的一个新的视角；从增值服务理论来说，分析了一个企业获得竞争优势的新的方法和方式。通过案例的讲解，让学生们对运输和增值服务有了一个新的了解和认识。该案例适用于中级汉语的学员，适用于商务汉语案例课程，难度中等。

二、案例分析思路

1. 分析中俄边境运输业发展的状况；

2. 分析西伯利亚亚细亚运输公司所具备的优势和劣势；
3. 概述西伯利亚亚细亚运输公司所采取的四项增值服务；
4. 讨论这四项增值服务能带来什么样的效果；
5. 总结与归纳案例所带来的启示。

三、相关网络链接

俄罗斯西伯利亚亚细亚运输公司官方网站；
《增值服务》，百度百科；
《市场分析》，百度百科；
《物流》，百度百科；
《清关》，百度百科。

四、建议课堂计划

建议使用六节课。
第一节课：讲解重要商务词汇与案例背景，进行案例学习准备。
重要商务词汇：运输、增值服务、清关
第二节课：讲解案例正文，理清案例发展脉络，帮助学生理解案例。
案例讲解内容：
(1) 介绍西伯利亚亚细亚运输公司的相关背景资料；
(2) 了解中俄边境运输业的情况；
(3) 描述西伯利亚亚细亚运输公司的四项增值服务；
(4) 了解这四项增值服务所带来的效果。
第三～四节课：展开案例分析和讨论。
(1) 中俄贸易的发展对运输业有什么样的影响？
(2) 西伯利亚亚细亚运输公司具有什么样的优势？
(3) 分析西伯利亚亚细亚运输公司为什么会提出增值服务？
(4) 这四项增值服务带来了什么样的效果？
(5) 总结归纳这类关于既给公司带来竞争力，有给客户带来利益的双赢模式营销。
第五～六节课：进行案例总结，布置课后作业，完成案例书面报告。
(1) 描述一个你购买产品时候遇到的增值服务情况。
(2) 你认为增值服务能给厂家带来哪些好处？
(3) 你认为运输公司的服务发展趋势是什么？

市场营销——中西

Marketing

白叶橄榄油制胜北京市场

第一部分 案例陈述

案例提要

凭借得当的营销策略,白叶橄榄油在 2003 年春节期间大获成功,在大型连锁超市的销售量占全部销售额的 70%。

关键词语

白叶橄榄油　健康食品

案例背景

2003 年底,正值春节前的黄金销售旺季,中国的食用油市场竞争激烈。与往年不同的是,虽然色拉油、调和油仍然占据主流市场,但各种具有保健功能的食用油也开始受到消费者青睐。随着中国与海外交流的日益增多及消费者收入水平的提高,一种风行世界的新兴食用油品种——橄榄油,以其独特的营养和保健特点,开始在我国高端食用油市场崭露头角。西班牙白叶橄榄油就是在这个时期进入了中国市场。

案例正文

2003 年春节前夕,西班牙的白叶橄榄油进入中国市场。它利用元旦和春节这段黄金销售时期,瞄准目标客户群体发动了一系列的宣传攻势。在短短一个月的时间内,白叶橄榄油的销量同比增加了 900%,成功占据了北京大部分橄榄油市场份额。西班牙白叶品牌的知名度也得到了大幅度提升,并初步确立了白叶橄榄油在北京橄榄油市场上的领导者地位,为下一步全面扩展中国市场提供了可复制的营销蓝本。

在营销策略方面,白叶橄榄油采取了多种方式。

第一,在产品策略方面,白叶橄榄油在同一档次推出了若干种受市场欢迎规格的产品供消费者选择。同时,针对中国节日市场上日益增长的礼品需求,对产品包装进行了改进。为了配合消费者送礼的需要,除原有规格之外,白叶又精心设计了外观高档精美、价位适中的礼品装,并在春节送礼高峰来临之前投放市场。这一举措进一步刺激了节日市场。

第二,在价格策略方面,基于白叶初榨橄榄油在橄榄油市场的中端定位,白叶选择了快速渗透的定价策略,利用白叶的价格及整体竞争优势迅速扩大其在橄榄油市场中的份额。着眼于长期发展,白叶还精心构造了规范化的价格体系,设立了严格的价格级别及其适用范围。同时白叶制定了市场零售指导价,尽量统一价格,缩小地区终端零售价格的差距,保护白叶的品牌形象。这不但维护了北京市场白叶橄榄油价格的稳定,同时也为下一步全国性经销体系的价格管理做好了准备。

第三,在渠道策略的选择方面,直销能保持白叶对市场的控制力并赢得更多利润,地区分销则有助于迅速占领全国市场。因此,白叶采用直销和分销相结合的渠道策略。通过市场调查,白叶市场部门了解到:在大超市购买橄榄油的消费者占被访者的绝大多数,因此白叶以沃尔玛、家乐福、欧尚、麦德龙等国际知名大型连锁超市。将北京市内最有影响力的本地大型超市商场作为重要直销点,迅速完成进店铺和初步品尝认知促销,为白叶橄榄油进一步与消费者的深入沟通打下坚实基础。

第四,在品牌形象方面,白叶突出橄榄油的"健康"诉求。为了统一品牌形象,白叶在产品包装、设计方面要求较高,给消费者以"品质"感。此外,为维护白叶的品牌形象,白叶橄榄油严格禁止店头促销采用大幅降价的方式。因为降价不但无益于提高产品的知名度,反而会降低产品的美誉度,让消费者对产品的真实价格和品质产生怀疑。

事实证明这一策略是正确的,春节期间,白叶初榨橄榄油在大型连锁超市的销售量占全部销售额的70%。同时,随着白叶在北京市场知名度的提升,终端消费者对产品的需求也拉动了小超市和经销商对白叶初榨橄榄油的兴趣,使终端开发进入一个良性循环之中,有助于其他零售终端和分销渠道的建设。这一系列营销策略使得白叶橄榄油在短时间内闪电制胜北京市场。

(改编自"闪电制胜启动未来",食品商务网,2007年12月4日)

第二部分　案例教学

一、商业专业词汇

1. 市场:商品交易关系的总和,主要包括买方和卖方之间的关系,同时也包括由买卖关系引发出来的卖方与卖方之间的关系以及买方与买方之间的关系。

2. 目标客户:即企业或商家提供产品、服务的对象。

3. 市场份额:指一个企业的销售量在市场同类产品中所占的比重,直接反映企业所提供的商品和劳务对消费者和用户的满足程度,表明企业的商品在市场上所处的地位。

4. 直销:按世界直销联盟的定义,直销指以面对面且非定点之方式,销售商品和服务,直销者绕过传统批发商或零售通路,直接从顾客接收订单。

5. 分销:是建立销售渠道,使产品通过一定渠道销售给消费者。

6. 促销:是营销者向消费者传递有关本企业及产品的各种信息,说服或吸引消费者购买其产品,以达到扩大销售量的目的。

7. 产品策略：是指企业制定经营战略时，首先要明确企业能提供什么样的产品和服务去满足消费者的要求，也就是要解决产品策略问题。从一定意义上讲，企业成功与发展的关键在于产品满足消费者的需求的程度以及产品策略正确与否。

8. 价格策略：主要指产品价格的制定与调整，厂商面临的三种主要的定价决策问题是：对第一次销售的产品如何定价；怎样随时间和空间的转移修订一个产品的价格以适应各种环境和机会的需要；怎样调整价格和怎样对竞争者的价格调整做出反应。

9. 渠道策略：是整个营销系统的重要组成部分，包括渠道的拓展方向、分销网络建设和管理、区域市场的管理、营销渠道自控力和辐射力的要求。

10. 品牌形象：是消费者对传播过程中所接收到的所有关于品牌的信息进行个人选择与加工之后留存于头脑中的有关该品牌的印象和联想的总和。

11. 分销渠道：是指某种产品和服务在从生产者向消费者转移过程中，取得这种产品和服务的所有权或帮助所有权转移的所有企业和个人。因此，分销渠道包括商人中间商（因为他们取得所有权）和代理中间商（因为他们帮助转移所有权），此外，还包括处于渠道起点和终点的生产者和最终消费者或用户。

12. 渗透式定价：设定最初低价，以便迅速和深入地进入市场，从而快速吸引来大量的购买者，赢得较大的市场份额。较高的销售额能够降低成本，从而使企业能够进一步减价。

二、思考题

(一)根据案例内容回答问题
1. 相对于中国国内同类产品，白叶橄榄油的最大优势在哪儿？
2. 白叶选择了什么样的定价策略？为什么选择这样的定价策略？
3. 白叶采取了什么样的渠道策略？

(二)讨论题
1. 你如何看待所谓的健康食品市场，比如绿色蔬菜、保健食用油等？
2. 你认为产品策略、价格策略、渠道策略、品牌形象之间有何关系？

第三部分　案例分析与总结

一、案例要点：健康食品、营销策略

健康食品是食品的一个种类，具有一般食品的共性，其原材料主要取自天然的动植物，经先进生产工艺，将其所含丰富的功效成分作用发挥到极致，从而能调节人体机能，适用于有特定功能需求的相应人群食用的特殊食品。

白叶橄榄油成功的关键在于把握住了中国黄金销售时间段——春节，并且大打健康牌，宣传其健康食品的概念，成功地塑造了"健康食品"的品牌形象，获得了极好的营销效果。

市场营销策略是企业以顾客需要为出发点，根据经验获得顾客需求量以及购买力的信息、商业界的期望值，有计划地组织各项经营活动，通过相互协调一致的产品策略、价格策略、渠道策略和促销策略，为顾客提供满意的商品和服务而实现企业目标的过程。

白叶在分析中国市场之后，选择了合适的产品策略、价格策略和渠道策略，如产品策略打健康概念，并推出礼品装；价格策略则以快速渗透为主，但同时控制好终端价格差；渠道则选择人流量大的大超市。这些措施有效维护了白叶的品牌形象。

二、案例总结

在分析这个案例的时候我们要思考为什么西班牙白叶橄榄油能够短期内在北京市场取得巨大的成功，这里面很多因素：营销手段大打健康牌，抓住了春节这个一年中中国销售最好的时间段，定价恰当，渠道控制较好。

白叶橄榄油能取得如此巨大成功的另一个因素是，中国消费者对食品安全的信重视度提高，消费者日益重视健康食品。白叶橄榄油围绕健康概念，在产品策略、价格策略、渠道策略方面开展了系列营销，有效打开了中国市场。

第四部分　案例使用说明

一、教学目的与用途

案例较系统地介绍了白叶的营销策略，通过该案例的学习，让学生了解产品策略、价格策略、渠道策略的相关知识，理解这些策略对品牌形象的影响。该案例适用于中级汉语的学员，适用于商务汉语案例课程，难度中等。

二、案例分析思路

1. 介绍白叶橄榄油营销事件的背景。
2. 介绍白叶的产品策略。
3. 介绍白叶的价格策略。
4. 介绍白叶的渠道策略。
5. 分析这些策略对品牌形象的影响。
6. 总结案例启示。

三、相关网络链接

"闪电制胜启动未来"，食品商务网，2007年12月4日；
"西班牙白叶橄榄油中国市场渠道建设案例"，百度文库；
"中国橄榄油市场竞争分析"，中商情报网，2008年11月3日；
"白叶橄榄油集团40%的收益来自中国"，西中贸易在线，2005年6月6日；
《市场》，百度百科；
《目标客户》，百度百科；
《市场份额》，百度百科；

《直销》，百度百科；
《分销》，百度百科；
《促销》，百度百科。

四、建议课堂计划

建议使用六节课。
第一节课：讲解重要商务词汇与案例背景，进行案例学习准备。
重要商务词汇：产品策略、价格策略、渠道策略、品牌形象。
第二节课：讲解案例正文，理清案例发展脉络，帮助学生理解案例。
案例讲解内容：
(1)介绍介绍白叶橄榄油的相关背景；
(2)描述介绍白叶的产品策略；
(3)描述介绍白叶的价格策略；
(4)描述介绍白叶的渠道策略；
(5)了解介绍白叶的品牌形象。
第三～四节课：展开案例分析和讨论。
(1)白叶的产品策略有何特点？
(2)白叶为何走快速渗透定价？
(3)白叶选择了哪些渠道，为什么？
(4)白叶想塑造怎样的品牌形象？
(5)白叶营销策略的效果如何？
第五～六节课：进行案例总结，布置课后作业，完成案例书面报告。
(1)你如何看待所谓的健康食品市场，如绿色蔬菜，保健食用油等？
(2)你认为产品策略、价格策略、渠道策略、品牌形象之间有何关系？

乐家的高端定位与中国策略

第一部分　案例陈述

案例提要

为了在中国快速增长的卫浴市场上分得一杯羹，全球卫浴巨头乐家于1999年进入中国市场，并采取了一系列市场运作策略，主要包括产品定位、城市选择、广告宣传、产品竞争策略、渠道策略等。通过这些策略的有效实施，乐家与TOTO、科勒等巨头展开了竞争。

关键词语

乐家家居　消费市场定位　策略选择

案例背景

近年来,中国高端家居消费领域呈现高速增长的态势。随着消费者需求层次的不断提高,以及这一领域的逐渐壮大,高端家居市场羽翼渐丰,许多国际品牌纷纷抢滩中国市场。作为领导全球的卫浴品牌乐家(Roca)于1999年进入中国市场,为了与TOTO、科勒(KOHLER)等竞争对手展开竞争,乐家在中国市场坚持走自己的市场运作策略。

案例正文

面对中国快速增长的高端家居市场,全球知名的卫浴品牌如乐家、TOTO、科勒等,都在全力扩展这一市场。如何与TOTO、科勒这些强有力的竞争对手展开竞争?乐家在中国市场坚定地选择了自己的运作策略。

为了在中国市场实现快速增长,乐家坚持自己的市场定位和营销策略。

第一,在产品定位上,乐家承袭其在国际市场上的传统做法,坚持其高端市场定位。乐家以创新、设计、环保和注重生活品质为品牌核心价值,融合新科技,向消费者提供品质卓越和环保的产品。

为了有效开展技术创新和产品设计创新,乐家在巴塞罗那设立了全球设计中心和创新实验室,乐家在卫浴产品设计方面很有特色:一是非常重视时尚设计,乐家通过与众多蜚声国际的设计大师,如莫内欧(Moneo)、奇普菲尔德(Chipperfield)、和赫尔佐格和德穆龙(Herzog & De Meuron)合作设计新产品,从而不断引导全球卫浴潮流。另一方面,乐家非常关注环保方面,长期致力研发及生产节能及节水产品,以此获得全球用家的支持和青睐。

第二,在城市选择、宣传手段、产品竞争策略、渠道及互联网应用等营销策略方面,乐家也采取了自己的做法。具体包括以下内容。

(1)在城市分布方面。乐家首先选择一线的省会城市,目前其产品在中国所有省会城市都有销售,此外还选择一些发展比较有特色的城市,像青岛、大连等,虽然不是省会城市,但是经济发达,需求量大,这些城市市场甚至比一些省会城市还要好。

(2)在宣传手段方面。跟竞争对手相比,乐家进入中国市场的时间相对较短。乐家主要强调通过加大市场宣传力度来提高在市场上的知名度。乐家较为注意扩大展会和广告宣传,乐家近年来不断扩大在央视的广告投放,如星期天晚上,"央视"第一、二、六、八频道都会播出乐家广告。

(3)在产品竞争策略方面。乐家更强调自己的产品和品牌特点,首先突出自己是一个西班牙品牌,因为西班牙给消费者以殿堂的印象,乐家品牌也非常强化自己产品的设计感;第二,乐家品牌主打环保,这是其他品牌所没有的特点,乐家推出的所有产品的特色都是节能型。目前全球都在重视低碳经济,低碳反映到这个洁具上是两点:一是节水,二是环保,环保要求选择的材质是无污染的。像雅克力浴缸、一些马桶盖,都是弱酸性的,如果把垃圾扔进去的话,它会分解那种污染的东西。龙头都是节水型的。

(4)在营销渠道方面。乐家主要依赖传统的营销手段和营销渠道,乐家不断在建材市场里开设更多的店铺,以此提高整个零售市场份额,目前乐家产品已经进入几乎所有中国国内知名的卖场和一线卖场,如居然之家、红星美凯龙等。今后的重点就是把网点普及得更广些。在新兴的网络营销和互联网推广方面,乐家虽然建有自己的官网,但也仅仅是一个宣传窗口,目前并未涉足 B2B、B2C。

经过 10 多年的发展,乐家在中国取得了良好的成绩,目前在中国高端卫浴市场上,乐家与 TOTO、科勒已经基本形成三分天下的格局。

(改编自"乐家:高端卫浴市场三分天下节能环保是大趋势",搜房家居网,2010 年 3 月 16 日)

第二部分　案例教学

一、商业专业词汇

1. 消费者需求:人们为了满足物质和文化生活的需要而对物质产品和服务的具有货币支付能力的欲望和购买能力的总和。

2. 市场定位:是企业及产品确定在目标市场上所处的位置。

3. 低碳经济:是指在可持续发展理念指导下,通过技术创新、制度创新、产业转型、新能源开发等多种手段,尽可能地减少煤炭石油等高碳能源消耗,减少温室气体排放,达到经济社会发展与生态环境保护双赢的一种经济发展形态。

4. 市场份额:指一个企业的销售量在市场同类产品中所占的比重,直接反映企业所提供的商品和劳务对消费者和用户的满足程度,表明企业的商品在市场上所处的地位。

5. 渠道策略:是整个营销系统的重要组成部分,包括渠道的拓展方向、分销网络建设和管理、区域市场的管理、营销渠道自控力和辐射力的要求。

6. 广告:是为了某种特定的需要,通过一定形式的媒体,公开而广泛地向公众传递信息的宣传手段。

7. 产品定位:是指企业对用什么样的产品来满足目标消费者或目标消费市场的需求。

8. 产品竞争策略:是指企业通过提供与众不同的产品,进而赢得顾客,获取竞争优势的一种手段。

9. 互联网推广:就是利用互联网进行宣传推广活动。

10. 营销策略:是企业以顾客需要为出发点,根据经验获得顾客需求量以及购买力的信息、商业界的期望值,有计划地组织各项经营活动,通过相互协调一致的产品策略、价格策略、渠道策略和促销策略,为顾客提供满意的商品和服务而实现企业目标的过程。

二、思考题

(一)根据案例内容回答问题

1. 乐家到了中国为什么没有适当降低产品定位,而是仍然坚持高端定位,他们不怕失去市场吗?

2. 乐家产品最大的特点是什么?

3. 乐家选择了哪些经销渠道?

(二)讨论题
1. 乐家选择一线城市作为主要目标市场有什么好处？
2. 你认为产品定位和营销策略之间有什么关系？

第三部分　案例分析与总结

一、案例要点：高端定位、营销策略

所谓高端定位，就是将品牌定位于"高利益价值区间"的品牌定位策略，而非简单地定位在"高端的消费群"。很多的高新科技产品就是通过高端定位来增加利润的。高端定位品牌策略就是坚持品牌的高端定位，注重品牌的长远建设，如各类奢侈品、3G 手机、苹果电脑等。

随着中国消费者购买力的不断增强，很多世界高端品牌在来到中国之后还是坚持其原先的高端定位策略，并获取了巨大的成功。乐家定位于此，正是看中了这一快速增长的市场。

营销策略是一个组合策略的统称，其中包括产品策略、价格策略、渠道策略和促销策略等。企业需要通过这些策略的组合运作，吸引消费者注意并促成购买。策略选择与产品定位密切相关，同时产品策略、价格策略、渠道策略、促销策略之间有密切的相关性。对于乐家来言，公司选择了高端定位，所以产品策略就应强调产品的高品质性，价格策略通常走高价路线，渠道与促销也需与之对应，以保证高端定位的品牌形象。

二、案例总结

高盛数据显示，2010 年中国奢侈品消费高达 65 亿美元，连续三年全球增长率第一，销售量第一。据高盛(GOLDMAN SACHS)预测，未来 5 年内，愿意消费奢侈品的中国人口将从 4 000 万上升到 1.6 亿，二三线城市的人口是奢侈品业的主要支撑。

抓住这样一个庞大的高端消费群体就能够取得成功，因此，乐家在中国坚持了其高端定位，并特别强调了其品牌优势，从而获得了巨大成功。当然这个成功，与其相对应营销策略选择也密不可分，城市选择、广告宣传、产品竞争策略、渠道选择等，都要辅之其高端定位。

第四部分　案例使用说明

一、教学目的与用途

案例讲述了乐家的高端定位和营销策略。通过该案例的学习，让学生了解市场定位的相关知识，把握营销策略的具体内容。该案例适用于中级汉语的学员，适用于商务汉语案例课程，难度中等。

二、案例分析思路

1. 介绍乐家公司及其产品。
2. 简述卫浴市场的竞争。
3. 分析乐家产品的高端定位。
4. 分析乐家的营销策略选择。
5. 分析乐家的策略效果。
6. 总结案例启示。

三、相关网络链接

"乐家:高端卫浴市场三分天下节能环保是大趋势",搜房家居网,2010年3月16日。
"乐家源于欧洲高贵血统成就全球卫浴品牌",搜狐地产,2007年4月20日。
"乐家瓷砖狄龙:国内高端消费市场空间大",网易家居,2011年6月7日。
"消费者需求",百度百科。
"市场定位",百度百科。
"低碳经济",百度百科。
"推广",百度百科。
"市场份额",百度百科。

四、建议课堂计划

建议使用六节课。
第一节课:讲解重要商务词汇与案例背景,进行案例学习准备。
重要商务词汇:高端定位、营销策略、产品竞争策略、渠道策略、广告宣传。
第二节课:讲解案例正文,理清案例发展脉络,帮助学生理解案例。
案例讲解内容:
(1)介绍乐家的相关背景资料
(2)描述乐家的产品高端定位
(3)了解乐家的营销策略
(4)了解营销策略的效果
第三～四节课:展开案例分析和讨论。
(1)乐家为何选择高端定位?
(2)乐家选择哪些城市销售产品?
(3)乐家如何利用广告宣传?
(4)乐家的产品竞争策略有何特色?
(5)乐家选择哪些经销渠道?
第五～六节课:进行案例总结,布置课后作业,完成案例书面报告。
(1)乐家选择一线城市作为主要目标市场有什么好处?
(2)你认为产品定位和营销策略之间有什么关系?

电子商务——中德

Electronic Business

妮维雅的网络营销

第一部分　案例陈述

案例提要

随着越来越多的消费者开始在网上购买化妆品,互联网成为重要的营销传播媒介;妮维雅通过互联网展开了丰富多彩的网络营销,比如巧妙地利用网络宣传品牌,并且成功开拓了男性化妆品市场。

关键词语

妮维雅　网络营销　营销模式

案例背景

1994年,妮维雅在上海成立独资公司—妮维雅(上海)有限公司,引进德国总部的系列产品,希望能将高品质的妮维雅护肤产品介绍给中国消费者。短短十几年的时间,该公司在中国市场取得了快速发展:产品进入中国60多个城市;年销售额平均每年以30%的速度增长;许多产品在上海,北京等地的市场份额已名列第一、二位。这些成绩主要是通过控制品牌体验和传播资源实现的。

随着互联网的兴起,越来越多的消费者开始在网上购买化妆品,互联网作为新兴媒介的传播渠道,不仅可以让消费者方便快捷地购买所需要的产品,可以随时了解到更多的资讯,许多网站也开始卖起了化妆品,比如卓越网、淘宝、当当网、NO5化妆品商城等一些网络商城,这都显示出互联网给化妆品企业带来的巨大冲击。

案例正文

传统上,妮维雅在品牌营销方面一般采用控制品牌体验和传播资源的方式,但面对互联网经济的冲击,它开始尝试一种全新的营销模式:就是充分利用互联网开展网络营销。

1."品牌＋媒体"的双赢模式

2003年,妮维雅与网易女人频道达成主题合作伙伴关系。妮维雅选择与网易女人频道合作有以下原因:一是妮维雅和网易女人频道的品牌形象与人群定位十分吻合。二是两者的优势互补,网易女人频道用户在个人收入、消费能力,以及网络使用频度和媒体忠诚度等方面的优势,非常吸引妮维雅。而妮维雅的高端品质,在化妆品领域的专业性,对网易女人频道内容的提升很有帮助。

首先,针对网络用户的特征,妮维雅尝试新的宣传风格和宣传方式。网络用户以年轻人居多,为了迎合年轻用户的口味,妮维雅改变了以往注重品质、功效,相对保守的品牌风格,比如制作了带有幽默搞笑色彩的防晒主题电视广告,借助网易庞大的电子邮箱用户资源,采用电子邮件广告的形式,邀请特定目标受众观看广告片,同时就消费者对广告表现风格转换的反应做前期调研,进而根据消费者的投票决定是否选用新的传播策略。

其次,利用互联网的技术优势,吸引消费者参与到营销活动之中。比如为了得到更好的广告创意脚本,产生更多的与品牌有关的话题,自2006年8月起,妮维雅开始在网易用户中征集网络视频广告脚本的活动。获胜者将参与最终的视频广告拍摄及制作过程,妮维雅也会给他提供一定的奖品。消费者在参与广告脚本创作的过程中不仅可以最大限度地感受品牌主张,还能主动去影响妮维雅品牌的未来发展。

2. 男性市场的开拓

化妆品一贯重视女性市场,认为"抓住了女人的喜好就是抓住了市场"。但是近年来男性护肤品市场每年以20%~30%的速度递增。很多企业按照女士化妆品的营销思路扩展男性市场,比如沿袭传统的产品定位和功能传达方式,营销效果并不好。因为男士化妆品的客户群相对理性,所以男士化妆品虽然市场潜力巨大,却一直呈现不温不火的局面。

妮维雅通过市场调查,决定借助网络手段,开创一条全新的经营方式。2008年底,妮维雅打造了一个"宅男变型记"的网络平台,将目光瞄准想要帅气但社会沟通能力较为欠缺的"宅男一族",在大学生中得到了广泛传播。

首先,"宅男变型记"网站采用淡蓝色为主色调,这种色彩颇受年轻男士的喜爱,网站上醒目的标语是"型是先天决定,还是后天努力?"也较为契合当前男士护肤品消费者的微妙心态。其次,网站还邀请有一定知名度的形象设计师担任形象指导,开辟"工具箱"、"体面指导"等版块,向消费者介绍包括护肤在内的形象设计知识,较为羞涩的男性消费者可以上网"补习"护肤知识,这对于每天有大量时间上网的"宅男一族"很有吸引力,消费者还可以上传图片和短片,展示自己的"变型"过程,提高了顾客的参与性。这种营销定位和营销方式,使妮维雅在男士化妆品这个细分市场上取得了成功。

互联网的发展推动了妮维雅对网络营销的重视。网络营销也为妮维雅开启了一片新天地。这种新的营销方式不仅扩展了妮维雅的营销渠道进而扩大了销售量,并且带来了全新的营销理念和全新的细分市场。

(改编自"妮维雅'品牌+媒体'双赢营销模式分析",中国营销咨询网,2010年1月5日;"妮维雅:在网易'弹力塑身'",第一营销网,2008年8月7日;"妮维雅瞄上'宅男一族'",栖息谷,2010年3月19日;百度百科—妮维雅)

第二部分　案例教学

一、商业专业词汇

1. 网络营销：是以国际互联网络为基础，利用数字化的信息和网络媒体的交互性来辅助营销目标实现的一种新型的市场营销方式。简单地说，网络营销就是以互联网为主要手段进行的，为达到一定营销目的的营销活动。

2. 定位营销：通过发现顾客不同的需求，合理定位，并不断地满足它的过程。定位营销的实质是消费者、市场、产品、价格以及广告诉求的重新细分与定位。

3. 细分市场：通过市场调研，依据消费者的需要和欲望、购买行为和购买习惯等方面的差异，把某一产品的市场整体划分为若干消费者群的市场分类过程。每一个消费者群就是一个细分市场，每一个细分市场都是具有类似需求倾向的消费者构成的群体。

4. 广告：为了某种特定的需要，通过一定形式的媒体，公开而广泛地向公众传递信息的宣传手段。

5. 品牌体验：是顾客个体对品牌的某些经历（包括经营者在顾客消费过程中以及品牌产品或服务购买前后所做的营销努力）产生回应的个别化感受。也就是说，品牌体验是顾客对品牌的具体经历和感受。当然，"体验"的内涵要远远超出品牌旗帜下的产品和服务。它包含了顾客和品牌或供应商之间的每一次互动——从最初的认识，通过选择、购买、使用，到坚持重复购买

6. 细分市场：是指营销者通过市场调研，依据消费者的需要和欲望、购买行为和购买习惯等方面的差异，把某一产品的市场整体划分为若干消费者群的市场分类过程。每一个消费者群就是一个细分市场，每一个细分市场都是具有类似需求倾向的消费者构成的群体。

二、思考题

（一）根据案例内容回答问题

1. 妮维雅为什么选择和网易女人合作？
2. 妮维雅为什么要开拓男性市场？

（二）讨论题

1. 描述一个让你体验深刻的网络营销事件。
2. 你认为哪种类型的企业适合采取网络营销？
3. 你认为企业展开网络营销的方法有哪些？

第三部分 案例分析与总结

一、案例要点：网络营销

网络营销是企业整体营销战略的一个组成部分，是为实现企业总体或者部分经营目标所进行的，以互联网为基本手段营造网上经营环境的各种活动。包括：(1)在网上针对网络虚拟市场开展的营销活动；(2)在网上开展的服务于传统有形市场的营销活动；(3)在网下以传统手段开展的服务于网络虚拟市场的营销活动。

网络营销的实现需要借助于一种或多种网络营销手段，常用的网络营销方法除了搜索引擎注册之外还有：关键词搜索、网络广告、交换链接、信息发布、邮件列表、E-mail营销等等。

二、案例总结

快速消费品行业是一个相对成熟、竞争激烈的市场，近年来，快消品行业开始青睐网络媒体，网络营销的吸引力表现在：互动的平台、精准的营销和高价值的网络用户。妮维雅开展的网络营销，就是一个典型的例子。

妮维雅选择网易女人频道，因为网易女人频道定位于满足新一代女性的多方面需求，为她们提供高品质内容，以保持并加强在女性网站中的领先优势。网易女人频道所聚拢的频道用户，对时尚消费的关注度高且消费能力较高。女人频道的用户基数、市场占有率以及用户价值，对妮维雅来讲，与其目标顾客相符，所以妮维雅围绕之开展了相应的营销推广。

宅男变型记作为一个网络平台，向消费者介绍妮维雅男士系列产品，把妮维雅男士系列包括洁面乳、润肤霜、眼霜等产品挨个介绍给观众，还有详细的产品的使用方法。使男士们在学习护肤的同时，不自觉地接受了妮维雅品牌，还可以上传照片，参与互动。

妮维雅利用网络推广传统护肤品牌，在合作伙伴选择、营销方式等方面，针对目标顾客群实现精准投放，较大程度地提升品牌忠诚度和产品购买率。

第四部分 案例使用说明

一、教学目的与用途

该案例涉及市场营销与电子商务的内容。从市场营销的角度，突出妮维雅的网络营销模式；从电子商务的角度，突出妮维雅在电子商务时代对网络的应用，让学生了解电子商务中的网络营销给化妆品品牌带来的机会。

二、案例分析思路

1. 探寻妮维雅的网络营销模式。
2. 分析妮维雅在哪些方面展开了网络营销。
3. 分析这些网络营销给妮维雅带来了什么好处。
4. 讨论其他化妆品品牌所存在的网络营销。
5. 总结与归纳电子商务给化妆品品牌营销带来的变化。
6. 寻找其他材料探讨妮维雅是如何进入男士市场的。

三、相关网络链接

"妮维雅'品牌＋媒体'双赢营销模式分析",中国营销咨询网,2010年1月5日
"妮维雅:在网易'弹力塑身'",第一营销网,2008年8月7日。
"妮维雅瞄上'宅男一族'",栖息谷,2010年3月19日。
"宅男变型记",http://v.youku.com/v_show/id_XNDk3MzMyNDg=.html。
"网络营销",百度百科。
"网络营销",MBA智库百科。

四、建议课堂计划

建议使用六节课。
第一节课:讲解重要商务词汇与案例背景,进行案例学习准备。
重要商务词汇:网络营销、市场定位、电子商务。
第二节课:讲解案例正文,理清案例发展脉络,帮助学生理解案例。
案例讲解内容:
(1)介绍妮维雅公司
(2)描述妮维雅的网络营销模式
(3)描述妮维雅网络营销的具体做法
(4)了解妮维雅所实现的效果

第三～四节课:展开案例分析和讨论。
(1)妮维雅为何要展开网络营销?
(2)妮维雅为何要和网易女人等展开合作?
(3)妮维雅为何打造《宅男变形记》?
(4)如果你是消费者,你在购买化妆品的时候,会受到网络广告的影响吗?
第五～六节课:进行案例总结,布置课后作业,完成案例书面报告。
(1)你认为在应该如何在网络上展开细分市场营销?
(2)你认为网络营销对网上购物会产生哪些影响?

电子商务——中法

Electronic Business

CRD 克徕帝在中国的 BBC 网购新模式

第一部分 案例陈述

案例提要

法国著名钻石品牌 CRD 克徕帝,在钻石销售过程中进行电子商务模式的创新,打破高档商品不能在网上交易的现状。CRD 克徕帝经过需求分析,最终选择的策略有二:一是充分利用自身品牌优势,二是与银行开展合作,有效地整合银行和商家的优质客户资源,更好地将 CRD 克徕帝产品和优惠带给广大的消费者。

关键词语

克徕帝 电子商务模式 品牌银行

案例背景

克徕帝经多年苦心历练,于 20 世纪 80 年代成功将比利时的优质切割工艺和法国优雅浪漫完美融合,成为欧洲人文与工艺结合的最好的一家欧洲老牌珠宝品牌,从而令 CRD 克徕帝在世界各地蓬勃发展。20 世纪 90 年代初,CRD 克徕帝品牌登陆中国,经过 10 年本土化运作后发展迅速,到 2008 年已成为中国华中地区最大的国际连锁直营珠宝品牌。在实体店取得佳绩的同时,CRD 克徕帝开始了新的尝试,即积极探索钻石的网络交易方式。

案例正文

中国网购风潮日益强劲,然而网购钻石的交易却极不稳定,这是由于"网上不能买卖高档商品"的观念在消费者心中根深蒂固。在中国,网络购物并不成熟,由于信用制度不完善,使得信誉问题成为很多网络购物平台最头疼的问题。众多钻石商家都想在网络上开辟出一片天地。CRD 克徕帝因为其独特的线下店铺的品牌优势和恰当的渠道选择,最终在这个竞争市场中脱颖而出。

网购钻石的品牌据不完全统计有将近 20 多家,但基本上可以归纳为三种模式:纯电子商务模式、传统企业开创网络新品牌模式、网络＋B2C＋体验店模式。这三种模式都存在一定的局限性。第一种模式无法真正的给消费者带来购物的体验感与购买钻石享受的奢华感；第二种模式无法在短期内树立网络新品牌的消费者忠诚度；第三种由于需要开设众多的实体店和投入大量广告宣传费用，而且绝大多数顾客是在网上得知其品牌，然后在体验店内选择产品，故导致商家必须在互联网投入较高的宣传成本进行品牌维护，所以价格相对较高。

CRD克徕帝不同于上述网购钻石品牌。首先它有品牌优势。自20世纪90年代初进入中国市场以来，CRD克徕帝已经在中国各大城市开设专卖店数十家，拥有着良好的品牌忠诚度与口碑。专卖店一方面可以满足消费者购物的体验感与购买钻石享受的奢华感；另一方面，经过多年经营塑造起来的品牌能够在短期内帮助网络商城树立品牌忠诚度并彰显产品诚信。这也就成就了CRD克徕帝在珠宝行业中拓展的网购模式："自身品牌运营实体店＋体验店＋B2C、免费送货上门＋同城售后服务"。

除了发挥品牌优势，CRD克徕帝还认识到，网络商城的发展还需要强有力的渠道支持。CRD克徕帝经过分析后选择与各大银行合作。因为各大银行都开设了网上银行，这些网上银行的信誉度高，覆盖领域广。通过与各大银行的网银合作，不仅解决了网购过程中的支付问题，更重要的是完善了CRD克徕帝的信誉制度。此外，与网银的合作还给CRD克徕帝带来了优质的客户资源，因为这些开通网银系统的消费者，恰恰是CRD克徕帝的目标顾客群。

2009年以来，CRD克徕帝加强了与银行的合作力度，先后携手交通银行、中信银行等各类银行。这种合作模式有效地整合了银行（B）和商家（B）的互补资源，将CRD克徕帝更多的产品、更实在的优惠带给广大的消费者（C）。

CRD克徕帝的"自身品牌运营实体店＋体验店＋B2C、免费送货上门＋同城售后"的运营模式，加上与银行创建的高信誉度的钻石电子商务平台的支持，成就了所谓的BBC网络购物新模式。2009年CRD克徕帝网上的销售量持续上升，较于2008年增长100%。可以说，CRD克徕帝在网上取得的成功，除了CRD克徕帝自身的品牌效应之外，还得益于各大银行在渠道方面的支持。

（改编自"CRD克徕帝携交通银行共创BBC网购"，CRD克徕帝官网，2009年12月2日；"CRD克徕帝联手各大银行致力打造BBC网络购物新模式"，新浪博客，2009年10月9日）

第二部分　案例教学

一、商业专业词汇

1. 本土化：是指跨国公司的海外子公司在东道国从事生产和经营活动过程中，为迅速适应东道国的经济、文化、政治环境，淡化企业的母国色彩，在人员、资金、产品零部件的来源、技术开发等方面都实施当地化策略，使其成为地道的当地公司。

2. 消费者：应该是为个人的目的购买或使用商品和接受服务的社会成员。

3. 信用制度：是指关于信用及信用关系的"制度安排"，是对信用行为及关系的规范和保证，即约束人们信用活动和关系的行为规则。

4. 品牌忠诚度：是指消费者在购买决策中，多次表现出来对某个品牌有偏向性的（而非随意的)行为反应。它是一种行为过程,也是一种心理(决策和评估)过程。

5. 专卖店:是专门经营或授权经营某一主要品牌商品(制造商品牌和中间商品牌)为主的零售业态。

6. 团队:是由员工和管理层组成的一个共同体,它合理利用每一个成员的知识和技能协同工作,解决问题,达到共同的目标。

7. 运营:对企业经营过程的计划、组织、实施和控制,是与产品生产和服务创造密切相关的各项管理工作的总称。

8. B2C:是英文 Business—to—Consumer(商家对客户)的缩写,而其中文简称为"商对客"。"商对客"是电子商务的一种模式,也就是通常说的商业零售,直接面向消费者销售产品和服务。这种形式的电子商务一般以网络零售业为主,主要借助于互联网开展在线销售活动。

9. 网络+B2C+体验店:是一种综合性的经营模式。企业除了在互联网上开通电子商务,建立网上商店;同时也在线下开设实体店,使消费者可以在实体店中体验购货乐趣。

10. BBC:指商家+商家+消费者,是企业在开展电子商务过程中的一种行为,通过商家之间的合作共同服务于消费者。

二、思考题

(一)根据案例内容回答问题

1. 试叙述克徕帝在商业模式上有哪些创新,这些创新给 CRD 克徕帝带来了什么好处?

2. 普通的网购钻石商业模式发展所遇到的问题是什么?

(二)讨论题

1. 谈谈电子商务对传统销售模式的冲击与互补。

2. 你习惯使用网上支付方式吗?它有哪些便利性和不足?

第三部分 案例分析与总结

一、案例要点:实体店+体验店+B2C+售后服务模式

这是 CRD 克徕帝创建的一种网购模式。

实体店也就是现实中存在于商圈及大街小巷的线下店;体验店指供顾客感受商品特征的线下店。B2C 简称""商对客",是商家直接面向消费者销售产品和服务的零售模式。售后服务是在商品出售以后所提供的各种服务活动。

上述四种方式相结合,给消费者提供一种新的购物方式。消费者可以在实体店或体验店感受商品特征,然后在网上购买下单;也可以在网上浏览商品,然后在实体店或体验感知商品并购买,都可以享受公司的售后服务。

二、案例总结

在中国市场,网络购物近年来发展很快,但作为高档商品,钻石的网上交易并不稳定。信誉问题是很多网络购物平台所面对的难题。

面对钻石行业的众多竞争者,克徕帝另辟蹊径:一得利用其线下实体店的品牌优势,提高人们对网购钻石的信任度;二是选择与银行建立广泛的合作,进一步增强 CRD 克徕帝钻石的信誉制度。三是通过与银行的合作,还可以解决网是支付问题,各大银行的网银支付系统正好可以满足这一需求。

CRD 克徕帝通过将其传统实体店与新兴的网上购物相结合,一方面发挥线下店的品牌和体验优势,另一方面融合网上购物的优势,借助于银行的信誉和支付保证,探索了一条有效的网络新模式。

第四部分　案例使用说明

一、教学目的与用途

结合案例对电子商务基本理论进行讲解。首先,阐述传统企业对电子商务的应用。并提出网上销售钻石所遇到的难题。接下来,介绍克徕帝试图和通过商业模式的创新解决这一问题的。

二、案例分析思路

1. 探寻克徕帝与银行开展合作的原因。
2. 分析克徕帝与银行在哪些方面开展合作。
3. 分析此项合作给克徕帝带来了哪些好处。
4. 讨论这项合作给其他企业带来了怎样的启示。
5. 总结与归纳电子商务给现代生活带来的变化。
6. 寻找其他材料探讨钻石企业为什么要踏足电子商务。

三、相关网络链接

"CRD 克徕帝携交通银行共创 BBC 网购",CRD 克徕帝官网,2009 年 12 月 2 日,http://www.crd999.cn/。

"CRD 克徕帝联手各大银行致力打造 BBC 网络购物新模式",新浪博客,2009 年 10 月 9 日,http://blog.sina.com.cn/s/blog_611354830100f5m6.html。

四、建议课堂计划

建议使用六节课。

第一节课:讲解重要商务词汇与案例背景,进行案例学习准备。

重要商务词汇:B2C、网上支付、品牌忠诚度、售后服务。

第二节课:讲解案例正文,理清案例发展脉络,帮助学生理解案例。

案例讲解内容:

(1)介绍克徕帝的相关背景资料;

(2)描述克徕帝和银行的合作行为;

(3)描述克徕帝独特的商业模式;

(4)了解克徕帝通过商业模式创新所实现的效果

第三~四节课:展开案例分析和讨论。

(1)克徕帝为何要进军电子商务?

(2)钻石网上销售的模式有哪些?

(3)普通的网购钻石商业模式发展所遇到的问题是什么?

(4)克徕帝为何选择与银行合作?

(4)如果你是消费者,你会选择网购钻石吗?

(5)试叙述克徕帝在商业模式上的创新会带来哪些优势?

第五~六节课:进行案例总结,布置课后作业,完成案例书面报告。

(1)谈谈电子商务对传统销售模式的冲击与互补。

(2)你习惯使用网上支付方式吗,它有哪些便利性和不足?

电子商务——中韩

Electronic Business

在中国做团购网的韩国人

第一部分　案例陈述

案例提要

韩国人安承海在清华大学读完MBA后继续留在中国开始创业,建立了自己的团购导航网站——"来优网"。在中国市场,电子商务的发展与其他国家情况不同,安承海也遇到了很多难题。

关键词语

团购网　电子商务　B2C　市场团队诚信

案例背景

团购网是指团购的网络组织平台,就是互不认识的消费者,借助互联网的"网聚人的力量"来聚集资金,加大与商家的议价能力,以求得最优的价格。根据薄利多销、量大价优的原理,商家可以给出低于零售价格的团购折扣和单独购买得不到的优质服务。2010年3月起,中国团购网如雨后春笋般出现在网民视野中,但是一个韩国人则另辟蹊径,建立了一家团购导航网站。

案例正文

安承海在清华读MBA期间结识目前合作的4个合伙人,一起拿了200万人民币的天使投资,准备做电子商务业务。他认为,"中国的电子商务发展很快,而从2008年开始,消费者逐渐接受了它。消费能力开始体现,因此2010年开始电子商务就会有大发展"。

电子商务领域很广,安承海的团队试过很多项目,包括开淘宝店、韩国代购但都不是很成功。2010年3月正值团购大热,安承海决定将业务转向团购。但是他也预见到了很快会有很多竞争者蜂拥而至,因此他决定避开团购本身,转作团购导航。因为当时已经有8家团购网站了,但是还没有导航网站。于是安承海成立了团购导航网站。

安承海的网站于2010年4月1日上线,刚开始叫作"团123",打算完全模仿hao123的导航模式,但他们只注册到tuan123.net和.cn域名,后来tuan123.com域名持有人自己做了团购导航,并作价"6位数"出售,无奈之下安承海将自己的网站改版、改名叫"来优网(letyo)",他认为这个名字很"潮"并且简单易记。

安承海认为,团购导航网站的进入门槛主要是资金和团队,尤其是团队,其他人"可以模仿复制你的名字或界面,但是不能复制你的团队"。做好一个导航网站,不仅需要流量,更要对用户和商家数据进行分析,同时还有广告系统的推广等,这些活动都需要很强大的技术团队。安承海认为自己在此方面是具有优势的,他的技术团队由专业人员构成,执行能力非常强。

在网站的运作过程中,安承海认为最大的困难是商业诚信和数据造假问题。很多数据不真实,这使来优网难以对数据进行正确的分析统计。对于安承海和来优网公司而言,为顾客提供信息的检索很容易,通过他们的技术手段就可以完成,但要提供或增加准确的消费者购买信息则很难,因为很多团购网站提供的数据有水分。

商业诚信问题和数据造假对团购企业及团购导航企业的发展非常不利,这造成广大消费者对团购模式的不信任。安承海和他的团队想了很多办法来"狙击水分",包括详细标注网站注册信息、创始人信息、投诉电话、购买数额等信息外,还每分钟抓取产品购买量制作"购买趋势图"给消费者。安承海说:"很多数据造假手段很拙劣,会在一个时间点忽然调高数值,这些我们都会记录下来,用户一看便知。"除此以外,来优网还设置了用户评分等反馈机制,以剔除"不良商家"。

与此同时,中国团购市场环境也在不断发生变化。为了解决团购行业的信誉危机,一场以"寻找中国的'Groupon'"为主题的"2010中国网络团购行业高层研讨会暨'中国诚信网络团购联盟'启动仪式"在杭州举行。会议倡导自律,要求企业主动地接受社会监督,以自身的诚实信用获得社会的认可,影响、带动、推进整个行业的诚信建设。

总之,来优网作为中国最早诞生的团购导航网站,尽管经历了更换域名的风波,但在短短一年时间东山再起,并实现了高速增长。2011年初,来优网在Alexa排名中已跃居行业第二,第一季度实现营业收入102.8万美元,率先宣布实现全面盈利。这样的经营业绩引起了韩国一家C2C巨头的关注,该C2C巨头有意以3亿人民币获取来优网80%的股份。

(改编自"一个韩国人在中国做团购的故事:来优网安承海",DONEWS,2010年10月08日;"团购网上演'百团大战'",齐鲁晚报,2010年06月23日;"韩国电商巨头3亿元收购中国团购导航网站来优网"http://www.cnwnews.com/html/chuangye/cn_cyal/20110806/359248.html)

第二部分 案例教学

一、商业专业词汇

1. 创业:就是对现在拥有的资源或通过努力能够拥有的资源进行优化整合,从而创造出更大经济或社会价值的过程。

2. 议价能力:是指买方采用压低价格、要求较高的产品质量或索取更多的服务项目等竞争手段,从卖方与竞卖者彼此对立的状态中获利的能力。

3. 天使投资:是自由投资者或非正式风险投资机构对原创项目构思或小型初创企业进行的一次性的前期投资,天使投资是风险投资的一种。

4. 团购网:指团购的网络组织平台,就是互不认识的消费者,借助互联网的"网聚人的力量"来聚集资金,加大与商家的议价能力,以求得最优的价格。

5. 团购导航:即团购导航平台,类似于网址大全,也是最权威的团购信息即时展示平台。团购导航是将各个团购网站网址和商品信息汇聚到自己的网站上,集中地为消费者呈现出来。

6. 用户体验:指人们对于针对使用或期望使用的产品、系统或者服务的认知印象和回应。

7. 运营:对企业经营过程的计划、组织、实施和控制,是与产品生产和服务创造密切相关的各项管理工作的总称。

8. 团队:是由员工和管理层组成的一个共同体,它合理利用每一个成员的知识和技能协同工作,解决问题,达到共同的目标。

9. 联盟:是一个由两个以上自然人、公司、组织或政府(或任何以上之组合)以参与共同活动或以达成共同成果而共享彼此资源为目标所组成的专业团体。

10. 股份:是股份公司均分其资本的基本计量单位,对股东而言,则表示其在公司资本中所占的投资份额。股份包括三层含义:(1)股份是股份公司一定量的资本额的代表。(2)股份是股东的出资份额及其股东权的体现。(3)股份是计算股份公司资本的最小单位,不能再继续分割。股份是构成公司资本的最小的均等的计量单位。把公司资本分给为股份,所发行的股份就是资本总额。

二、思考题

(一)根据案例内容回答问题

1. 你认为安承海创办的来优网有哪些优势或机遇?
2. 安承海如何解决团购虚假信息问题?

(二)讨论题

1. 根据自己团购经历对团购网模式进行分析。
2. 团购网这种商业模式发展所遇到的问题是什么?

第三部分 案例分析与总结

一、案例要点:团购网、团购导航网

团购网就是团购的网络组织平台,通过互联网的将众多聚集,加大与商家的谈判能力,以求得最优的价格和服务。团购的好处有:一是团购价格低于产品市场最低零售价,二是产品的质量和服务能够得到有效的保证。团购因之吸引了大量的消费者,团购网也随之取得了快速发展。

团购导航网是权威的团购信息的即时展示平台,通过汇聚全国各大团购网站每日最新最全的团购信息,方便消费者购物,帮助消费者寻找其心仪产品或服务。团购导航网的目的是为消费者提供方便快捷的网络购物一站式体验,并提供最可靠的团购监管体系。

二、案例总结

团购网最早起源于美国 Groupon 网站,它的特点是:每天只推一款折扣产品、每人每天限拍一次。由于价格便宜、销售量大,迅速引起投资者的兴趣。在中国,2011~2012年间,中国团购网店的数量快速增长,涌现出数千家团购网,由此引发了激烈竞争。

随着团购网的竞争激烈,团购导航网开始发展,团购导航网类似于网址大全,汇聚全国各大团购网站每日最新最全的团购信息,为试图团购的消费者的商家搭建信息展示平台。来优网就是这种模式,

团购导航作为团购网站和消费者之间的桥梁,不仅仅要为消费者提供大量团购信息,同时更要保证信息的完整、准确,这就要监督团购网站的规范运营,保证服务和信用。失去了上述控制,导航网站就失去了生存基础。为了保证这一点,来优网一是加强了团队建设,提高了自己的技能力,对用户和商家数据进行深度分析;二是加强了信息监控,对团购网进行信用监督,这些措施保证了来优网的成长。

由于近年来出现了越来越多的团购导航网,来优网要在竞争中取胜,还将面临诸多挑战。

第四部分 案例使用说明

一、教学目的与用途

该案例涉及一种新型的电子商务模式。结合案例对团购这种电子商务模式及团购导航网进行介绍,让学生了解团购网及团购导航的特点。然后着重讲解团购导航这种新型网络及韩国人安承海在中国创业的特殊经历,让学生感受根据在不同经营环境下要选择不同的策略。

二、案例分析思路

1. 介绍安承海及其来优网。
2. 分析中国团购网的发展与竞争情况。
3. 分析安承海选择进入团购导航领域的原因。
4. 讨论团购模式在中国存在的问题。
5. 总结与归纳团购给人们生活带来的变化。
6. 讨论团购对传统零售业带来的影响。

三、相关网络链接

"一个韩国人在中国做团购的故事:来优网安承海":http://it.sohu.com/20101008/

n275478157.shtml。

"团购网上演'百团大战'"：http://www.qlwb.com.cn/display.asp？id＝522461。

四、建议课堂计划

建议使用六节课。

第一节课：讲解重要商务词汇与案例背景，进行案例学习准备。

重要商务词汇：创业、团购、天使投资、团购导航。

第二节课：讲解案例正文，理清案例发展脉络，帮助学生理解案例。

案例讲解内容：

(1)介绍团购网的竞争局面；

(2)介绍安承海及其来优网；

(3)描述安承海的电子商务策略；

(4)描述安承海的来优网发展遇到的困难及解决方式。

第三～四节课：展开案例分析和讨论。

(1)中国团购网发展的特点是什么？

(2)安承海为何要进军团购导航？

(3)安承海在来优网运作中遇到了哪些困难？他是怎么解决的？

(4)如果你是消费者，你在网上购物时，会考虑团购网吗？

(5)网上购物时，面对不同团购网站的选择，你会考虑哪些因素？

第五～六节课：进行案例总结，布置课后作业，完成案例书面报告。

(1)你认为安承海创业有哪些优势或机遇？

(2)根据自己团购经历对团购网模式进行分析。

电子商务——中美

Electronic Business

雅虎的中国战略

第一部分 案例陈述

案例提要

1999年,雅虎正式进入中国,曾引起中国网民的关注和喜爱。从1999~2002年美国模式简单复制的仿美时代,2003~2004年重返搜索领域的周鸿祎时代,到2005年以来战略摇摆不定的马云时代,这个曾在全球市场上取得成功的企业,在门户和搜索方面的领地不断被竞争对手侵占,发展前景未卜。

关键词语

雅虎中国　搜索引擎　门户

案例背景

1999年,雅虎正式进入中国,成立雅虎中国有限公司,网址为www.yahoo.com.cn,提供基于人工目录的检索服务以及在线新闻服务。2003年后互联网开始复苏,竞价排名成为搜索引擎的新盈利模式,以搜索起家的雅虎,凭借3721的网络实名服务获得600万美元的年收入,跻身中国搜索引擎市场前三甲。然而随后发生的一系列事件,却导致雅虎的地位不断衰落。今天,在高速发展的中国互联网市场上,雅虎的市场份额不断萎缩,市场地位日趋衰退。

案例正文

1999年进入中国市场后,雅虎曾引起中国网民的关注和喜爱,但这个曾在全球市场上取得成功的企业,在中国市场发展并不顺利。

1. 仿美时代(1999~2002年):美国模式的简单复制

20世纪90年代末,互联网在中国刚刚兴起,新浪、搜狐和网易初成立。雅虎进入中国后,完全以美国总部为主导,在全球执行统一战略。雅虎中国的任务就是把雅虎全球成功模式复制到中国,因而雅虎中国本质上只是雅虎网站的汉化版。

1999年5月8日,中国驻南斯拉夫大使馆被炸,新浪第一时间做出报道,中国的网民开始认识到了网络新闻的力量,逐渐养成"看新闻上新浪"的习惯。然而雅虎中国新闻频道的内容却很少,照搬美国目录分类式的网站导航不适合中国国情。根据中国互联网信息中心(CNNIC)的调查,大使馆事件两个月后,雅虎迅速从 CNNIC 的网站排名榜首位跌落,被三大门户远远甩在了后面。

2. 周鸿祎时代(2003~2004年):雅虎重返搜索领域

自2002年以来,全球搜索市场升温,曾有"搜索之王"之称的雅虎,决定重返搜索领地。几年来中国门户网站的运营不佳,也促使雅虎开辟新的市场空间。当时的3721公司,凭借中文网络实名技术对中国中小企业市场的开拓取得成功,2003年11月,雅虎出资1.2亿美元收购搜索网站3721。

收购完成后,3721公司总裁周鸿祎出任雅虎中国区总裁。周鸿祎为雅虎中国调整了业务策略:搜索为主导;邮箱、即时通信软件(IM)跟上;门户内容业务则采取跟随战术。经过大力推广,雅虎中国在搜索领域、邮箱业务方面都有了很好的发展。

但是,周鸿祎与雅虎总部之间的矛盾不断加剧,雅虎总部除了向雅虎中国提出更高的业绩要求外,却不向中方提供任何资金支持。周鸿祎强烈要求雅虎总部大幅度增加投资预算,没有得到总部的许可,双方的矛盾随着雅虎财政年度预算开始慢慢公开化。2005年初,周鸿祎与雅虎总部彻底决裂。

3. 马云时代(2005年至今):战略摇摆不定

周鸿祎离开雅虎中国后,雅虎中国的业务重现低迷。面对中国市场的失败,雅虎 CEO 杨致远最终选择了放弃。2005年8月11日,雅虎将其中国业务并入了阿里巴巴。此后雅虎的发展战略仍不明晰。

(1) 2005年——弃门户,改搜索。雅巴联盟建立后,马云即提出"在中国,雅虎就是搜索,搜索就是雅虎"的口号,决定大力推广搜索业务。

(2) 2006年——重拾门户。2006年8月,雅虎中国重新调整搜索市场的策略,推出"社区化+个人化"搜索的组合,雅虎中国首页(Yahoo.com.cn)定位于社区化搜索,而全新搜索引擎独立域名 www.yahoo.cn 则定位于个人化搜索。

(3) 2007年——搜索+社区。2007年,马云提出瞄准商务搜索,避开和新浪与百度的竞争。2007年初,雅虎中国在短短三个月内进行了一系列以冲刺速度进行的变革,决定以搜索为主战场,打造以创业、生活、娱乐为主题的社区,实现对资讯、社区和搜索多个服务板块的联通。

但是上述策略未能改变雅虎的局面,雅虎中国在门户和搜索方面的领地不断被竞争对手侵占,发展前景未卜。

(改编自"雅虎:迷失的中国战略",BBI 商务品牌战略研究所,2008年4月8日;"雅虎兵败中国",IT时代周刊,2006年9月22日)

第二部分 案例教学

一、商业专业词汇

1. 竞价排名:一般按点击付费,推广信息出现在搜索结果中(一般是靠前的位置),如果没有被用户点击,则不收取推广费。

2. 搜索引擎(search engine):是指根据一定的策略、运用特定的计算机程序从互联网上搜集信息,在对信息进行组织和处理后,为用户提供检索服务,将用户检索相关的信息展示给用户的系统。

3. 盈利模式:是企业在市场竞争中逐步形成的企业特有的赖以盈利的商务结构及其对应的业务结构,它是在给定业务系统中各价值链所有权和价值链结构已确定的前提下企业利益相关者之间利益分配格局中企业利益的表现。简单来说,盈利模式就是企业赚钱的方式,通过怎样的模式和渠道来赚钱。

4. 市场份额(market shares):指一个企业的销售量(或销售额)在市场同类产品中所占的比重,直接反映企业所提供的商品和劳务对消费者和用户的满足程度,表明企业的商品在市场上所处的地位。

5. 收购(acquisition):是指一个公司通过产权交易取得其他公司一定程度的控制权,以实现一定经济目标的经济行为。

6. 投资预算:又称资本预算,是指企业为了今后更好的发展,获取更大的报酬而做出的资本支出计划。

二、思考题

(一)根据案例内容回答问题
1. 你认为雅虎中国未能成功的主要原因是什么?
2. 你认为雅虎应该如何进行战略定位?

(二)讨论题
1. 你认为雅虎可以采取何策略争夺中国搜索市场?
2. 试分析在技术发展、竞争激烈的环境下,互联网企业应如何生存发展?
3. 谈谈你对互联网企业发展趋势的看法?

第三部分　案例分析与总结

一、案例要点:公司战略;门户网站

公司战略是对企业未来发展方向、发展目标及发展路径的全局性、长远性的规划。公司战略受外部环境和企业内部资源的影响,也受决策者和企业文化的影响。由于战略确立了企业未来一段时期发展方向的定位,对企业后续发展有重大影响。

门户网站是通向某类综合性信息资源并提供有关信息服务的应用系统。门户网站主要提供新闻、搜索引擎、网络接入、聊天室、电子公告牌、影音资讯、网络社区、网络游戏、免费网页空间等等内容。可分为:(1)搜索引擎式门户网站。主要功能是提供强大的搜索引擎和其他各种网络服务。(2)综合性门户网站。网站以新闻信息、娱乐资讯为主,也被称为资讯综合门户网站。(3)地方生活门户。这类网站以本地资讯为主,一般包括本地资

讯、同城网购、分类信息、征婚交友、求职招聘、团购集采、口碑商家、上网导航、生活社区等大的频道。

二、案例总结

近十年来，互联网企业进入高速发展阶段，互联网的行业特点决定了企业错误或不及时的决策便会带来颠覆性的后果。雅虎在进入中国市场后，经过了多次战略调整，但最终未能保住昔日IT霸主的地位。究竟是什么阻碍了雅虎？具体来说，雅虎中国存在三个层面的战略问题。

关注内容忽视技术的战略失误

曾经专注于搜索领域的雅虎，在特里·塞梅尔执政时期奉行内容至上的战略，他以经营传统媒体的思路经营雅虎，却忽视了对技术的追求。在这一战略的指导下，雅虎进入中国后只是简单照搬全球统一的商业模式，而没有发现除了通讯、搜索和邮件，新闻、网游和社区也具有广阔的市场前景。在中国互联网市场逐步发展起来之后，也没有根据中国市场研发新的产品和技术，导致被新浪、搜狐等中国企业迅速赶超。

雅虎总部与雅虎中国的战略矛盾

虽然雅虎从进入中国的第一天起，就建立了中国职业经理人团队，但却没有对中国市场真正放权。当雅虎总部与雅虎中国的权力核心层出现不可调和的战略分歧和矛盾时，雅虎总部总是否定甚至封杀中国管理层的战略。雅虎总部对雅虎中国的强制态度导致中国管理层人事变更频繁。频繁的人事更迭甚至高管空缺不利于企业的稳定，影响了内部人才的培养，从根本上制约了雅虎公司品牌及业务在中国的发展。

方向不明、摇摆不定的战略缺失

雅虎总部对中国的独特国情了解不够透彻，对于雅虎中国的事业发展没有一个明确的目标。这也是雅虎总部和雅虎中国管理层发生分歧的根本所在。高管的频繁更替直接导致了雅虎中国不能形成持续、连贯的发展战略。

第四部分　案例使用说明

一、教学目的与用途

案例总结了雅虎在中国市场的发展历程。通过该案例的学习，一是让学生了解了解中国近几年搜索引擎市场的变化，理解互联网经济的基础知识；二是让学生体会战略选择及战略调整的相关知识。该案例适用于中级汉语的学员，适用于商务汉语案例课程，难度中等。

二、案例分析思路

1. 介绍雅虎公司的相关背景资料。
2. 分析雅虎的"仿美时代"。

3. 分析雅虎的"周鸿祎时代"。
4. 分析雅虎的"马云时代"。
5. 讨论雅虎的战略变革和战略定位。
6. 总结案例启示。

三、相关网络链接

"雅虎:迷失的中国战略",BBI商务品牌战略研究所,2008年4月8日。
"雅虎兵败中国",《IT时代周刊》,2006年9月22日。

四、建议课堂计划

建议使用六节课。
第一节课:讲解重要商务词汇与案例背景,进行案例学习准备。
重要商务词汇:门户网站、搜索引擎、网络社区。
第二节课:讲解案例正文,理清案例发展脉络,帮助学生理解案例。
案例讲解内容:
(1)介绍雅虎的相关背景资料;
(2)描述雅虎在中国市场的三个阶段;
(3)了解雅虎的战略变革过程。
第三~四节课:展开案例分析和讨论。
(1)雅虎在中国未能成功的原因是什么?
(2)雅虎在中国的战略定位是什么?
(3)雅虎在中国市场有何优劣势?
第五~六节课:进行案例总结,布置课后作业,完成案例书面报告。
(1)试分析在技术发展、竞争激烈的环境下,互联网企业应如何生存发展?
(2)谈谈你对互联网企业发展趋势的看法?

电子商务——中日
Electronic Business

阿里巴巴扩展日本 B2B 市场

第一部分　案例陈述

案例提要

由美国引发的全球性金融危机爆发后,造成全球市场的需求严重不足,西方国家首当其冲,其国内市场严重萎缩,对中国的进出口贸易也产生了重大的影响。相对来说,日本市场受到的影响较小。阿里巴巴搭建的电子商务平台为中日贸易商带来了很大便利。2008年5月,看重中日电子商务贸易良好发展势头的日本软银集团,注资20亿日元(约合1 900万美元)进入阿里巴巴日本站,助力阿里巴巴全面开展日本B2B业务,也为阿里巴巴后期提高服务质量提供了资金保证。阿里巴巴也积极推广在日本的B2B业务,通过一系列的市场活动与服务的推广,阿里巴巴日本站获得了发展。

关键词语

阿里巴巴　B2B　电子商务模式

案例背景

金融危机的到来,使得一些大企业倒闭,而以这些大企业订单为生的中小企业,更是面临巨大危机。但危中有"机",阿里巴巴日本站迅速成为中国和日本中小企业可以互通信息、互相救助的平台。

阿里巴巴日本站服务部总监钱江峰说:"2007年双边贸易额连续10年创历史最高纪录,出口日本总额持续增长;日本经济危机下,日本买家已经或准备直接从中国进口商品的企业比例达到68%;日本中小企业占总企业数99.7%,在危机中,通过互联网形式寻找供应商比例高达20%。凭这三点足以证明日本市场具有无限的商机。"所以阿里巴巴公司加强了对日本市场的开拓。

案例正文

阿里巴巴日本站作为全球领先的中日B2B服务平台,2002年进入日本市场以来,持之以恒地发展中日间网上贸易。截至 2010 年，日本买家注册数已经超过 15 万，每天的浏览量超过 100 万。2008 年，在金融危机的背景下，阿里巴巴和软银集团在日本宣布成立合资公司——阿里巴巴株式会社，正式全面进军日本市场。与软银集团的合作，使阿里巴巴得以借助软银集团在日本网络、手机终端用户等方面的庞大市场资源。而软银集团也看重了日本 B2B 市场的潜力，以及阿里巴巴丰富的电子商务经验。

阿里巴巴日本站作为一个平台，重点面向中日贸易市场。该网站为了推动中日贸易的发展，实现了中日文双语全站覆盖。针对中日厂商的语言障碍，网站创新性地推出一键式自动翻译工具，网站功能全面，日语化程度高。这一基于日本企业本地化产品及市场服务的平台，使阿里巴巴的电子商务得以迅速推广并获得日本企业的广泛关注。

全面进军日本市场后，阿里巴巴日本站进行了一系列的推广活动。2008 年 6 月，阿里巴巴与日本政府中小企业厅建立"中小企业地方产业资源振兴计划"的合作伙伴关系。由此，阿里巴巴日本站与日本政府及各行业协会组织的协作全面展开。此外，阿里巴巴日本站还投入了 20 亿日元进行专项推广，组建了 70 多人的日本本土团队。阿里巴巴还在日本投资数千万元建立一个仓库，以存放国内中小企业的样品和产品，方便日本客户就地取货以及洽谈合作。

除了搭建平台，阿里巴巴日本站还根据日本国内的特点，与当地企业开展战略合作。2008 年 10 月，阿里巴巴与周采购额达到 300 亿日元的日本采购平台服务商 DeeCorp 达成了深度结盟合作，后者将陆续向阿里巴巴日本站推出巨额的大买家采购订单，这对有意开拓日本市场的国内供应商来说是个巨大商机。2009 年，阿里巴巴还针对中国供应商会员推出了更优质的软件服务产品，以帮助中国中小企业拓展日本市场以提供支持和服务，这项服务受到中小企业的欢迎，在推出的当天就成功签约近 20 单。

阿里巴巴搭建的电子商务平台为中日贸易商带来了很大便利。通过这个网络平台，所有的公司信息和产品信息都可以搬上网络，让中日买卖双方通过网络相互了解，从而节省成本并提高效率。即使在金融危机期间，阿里巴巴日本站网站流量仍然保持迅猛的增长。2010 年，针对日本高端市场订单小、要求高的特点，阿里巴巴将全面整合日本市场的推广资源，优化升级目前的服务产品，并加大在日本市场服务人员的梯队建设和整体宣传推广力度，优质会员获得的各类资源将更丰富；相应的，将促进服务价格与服务质量的良好匹配，目的是集中优势资源，加大力度扶持平台上的企业在现在的经济形势下先行开展中日贸易。

阿里巴巴模式在日本的成功"复制"说明了阿里巴巴这一领先的电子商务模式不仅适合中国国情，而且也得到了世界的认可。

（改编自参考资料："阿里巴巴日文站进驻日本软银占 65% 股份"，和讯报道，2008 年 5 月，http://tech.hexun.com/2008-05-15/105994849.html；"阿里巴巴成日本最大 B2B 电子商务平台"，站长站报道，2009 年 4 月，http://www.admin5.com/article/20090410/141836.shtml；"日本 B2C 进入中国开启中日网上购物新模式"，新浪科技，2009 年 7 月，http://tech.sina.com.cn/i/2009-07-01/11183226243.shtml）

第二部分　案例教学

一、商业专业词汇

1. 金融危机：又称金融风暴，是指一个国家或几个国家与地区的全部或大部分金融指标（如短期利率、货币资产、证券、房地产、土地价格、商业破产数和金融机构倒闭数）的急剧、短暂和超周期的恶化。

2. 采购：是指企业在一定的条件下从供应市场获取产品或服务作为企业资源，以保证企业生产及经营活动正常开展的一项企业经营活动。采购是一个商业性质的有机体为维持正常运转而寻求从体外摄入的过程。

3. 中小企业：2002年6月29日全国人大通过《中华人民共和国中小企业促进法》，该法在2003年1月1日正式实施；同年2月19日，国家改革和发展委员会正式出台了中小企业划分标准，针对不同行业的不同特点，以职工人数、销售额、资产总额作为划分标准。

4. 双边贸易："双边贸易"是指两个国家或地区之间的贸易，至于货物、技术或服务贸易是三种形式的贸易，多于两个贸易者的则称为多边贸易

5. 出口：指任何实物货品或消费品等，以船运、陆路运输或空运方式离开生产地（出境），而运送到世界各地。出口主要是贸易和销售活动

6. B2B(Business To Business)：是企业对企业之间的商业关系。

7. 网上贸易：通过互联网和信息技术开展的贸易活动。

8. 合资公司：简称JV(Joint Venture)，一般定义为由两家公司共同投入资本成立，分别拥有部分股权，并共同分享利润、支出、风险及对该公司的控制权。

9. 集团：是为了一定的目的组织起来共同行动的团体。指多个公司在业务、流通、生产等等方面联系紧密，从而聚集在一起形成的公司（或者企业）联盟。

10. 电子商务：电子商务通常是指是在全球各地广泛的商业贸易活动中，在因特网开放的网络环境下，基于浏览器/服务器应用方式，买卖双方不谋面地进行各种商贸活动，实现消费者的网上购物、商户之间的网上交易和在线电子支付以及各种商务活动、交易活动、金融活动和相关的综合服务活动的一种新型的商业运营模式。

11. 仓库：由贮存物品的库房、运输传送设施（如吊车、电梯、滑梯等）、出入库房的输送管道和设备以及消防设施、管理用房等组成。

12. 战略合作：指企业双方或多方为了自身的生存、发展和未来而进行的整体性、长远性、基本性的谋划，并在合作期间实现共赢的一种合作方式。

二、思考题

（一）根据案例内容回答问题

1. 金融危机给阿里巴巴日本站带来了什么机遇？

2. 阿里巴巴与软银的这次合作，相互获得了什么优势？
3. 阿里巴巴日本站在全面进入日本时，采取了什么样的推广手段？
(二)讨论题
1. 请谈一谈你对 B2B、B2C、B2G、C2C 这些模式的认识。
2. 请从消费者的角度谈一谈，你对 B2B、C2C 的感悟。
3. 你谈一谈你对未来电子商务模式发展的想法。

第三部分　案例分析与总结

一、案例要点：B2B、电子商务模式

B2B 是 Business To Business 的缩写，是企业与企业之间通过互联网进行产品、服务及信息的交换。

电子商务模式，指在网络环境中基于一定技术基础的商务运作方式和盈利模式。企业的电子商务模式可归纳为 B2C(Business to Consumer)、B2B(Business to Business)、C2B(Consumer to Business)、C2C(Consumer to Consumer)、B2G(Business to Government)、BMC(Business Medium Consumer)等模式。

二、案例总结

互联网催生了电子商务模式，阿里巴巴日本站作为 B2B 平台，为中日企业间的贸易搭建平台。阿里拓展日本 B2B 市场时，采取了多种方式：一是与日本软银公司合作成立合资公司，借用软银的资源优势；二是基于日本本土化产品和市场特征，提高网络服务功能；三是与日本政府及相关机构合作，开展推广活动；四是充分利用当地资源，加强与当地企业合作。

这些措施的启示在于，企业在开拓国际市场时，不能照搬原有模式，而应结合当地进行策略调整。

第四部分　案例使用说明

一、教学目的与用途

通过本案例的学习，可以让学生在了解阿里巴巴日本站运作方式的同时，对于电子商务中的"电子商务模式"有一定的了解。通过较深入地讨论，也可以更深层地把握阿里巴巴日本站取得成功的原因，以及在其他国家开展电子商务应注意的问题。

二、分析思路

1. 介绍阿里巴巴公司及其阿里巴巴日本站。

2. 分析阿里巴巴日本站对日本 B2B 市场的开拓。
3. 重点剖析阿里里巴巴日本站为开拓日本市场所采取的不同策略。
4. 讨论阿里巴巴日本站与软银、DeeCorp、日本中小企业厅的合作。
5. 讨论电子商务模式的未来发展趋势。

三、案例教学支持

"阿里巴巴日文站进驻日本软银占 65% 股份",和讯报道,2008 年 5 月,http://tech.hexun.com/2008-05-15/105994849.html。

"阿里巴巴成日本最大 B2B 电子商务平台",站长站报道,2009 年 4 月,http://www.admin5.com/article/20090410/141836.shtml。

"日本 B2C 进入中国开启中日网上购物新模式",新浪科技,2009 年 7 月,http://tech.sina.com.cn/i/2009-07-01/11183226243.shtml。

四、建议课堂计划

建议使用六节课。
第一节课:讲解重要商务词汇与案例背景,进行案例学习准备。
重要商务词汇:网上交易、电子商务、B2B。
第二节课:讲解案例正文,理清案例发展脉络,帮助学生理解案例。
案例讲解内容:
(1)介绍阿里巴公司;
(2)描述阿里巴巴公司进入日本的背景;
(3)描述阿里巴巴公司为进入日本采取了哪些措施;
(4)了解阿里巴巴公司进入日本的效果。
第三~四节课:展开案例分析和讨论。
(1)阿里巴巴公司为何要进军日本电子商务?
(2)金融危机给阿里巴巴日本站带来了什么机遇?
(3)阿里巴巴与软银的这次合作,相互获得了什么优势?
(4)阿里巴巴日本站在全面进入日本时,采取了什么样的推广手段?
第五~六节课:进行案例总结,布置课后作业,完成案例书面报告。
(1)阿里巴巴与其他电子商务平台有什么不同与相同?
(2)你认为阿里巴巴未来的发展会将如何?

电子商务——中澳
Electronic Business

Yellow Earth 登陆中国电子商务

第一部分 案例陈述

案例提要

2009年12月1日,澳大利亚顶级羊皮毛雪地靴品牌 Yellow Earth 的大中华区官方零售网站正式上线,成为首个登录中国电子商务的纯正澳大利亚雪地靴品牌。Yellow Earth 作为 2010 年世博会澳大利亚独家健康时尚皮毛供应商,充分利用网络平台,向全球展示了 Yellow Earth 品牌系列产品。

关键词语

雪地靴 网络营销 世博会时尚

案例背景

Yellow Earth 是澳大利亚专业羊毛皮鞋高端时尚品牌,于 1991 年诞生于墨尔本。Yellow Earth 是专业从事澳大利亚羊毛皮靴的设计研发和生产商,现已成为世界皮毛行业的领导者。2004 年,Yellow Earth 开始进入中国市场,并在上海、北京、青岛、大连等全国各主要城市建立了品牌专营店。同时,Yellow Earth 也开通了大中华区官方零售网站,正式启动了 Yellow Earth 品牌在中国的全线推广。

案例正文

2009年12月1日,澳大利亚顶级羊皮毛雪地靴品牌 Yellow Earth 的大中华区官方零售网站 http://www.yeboots.com 正式上线。Yellow Earth 是首个登录中国电子商务的纯正澳大利亚雪地靴品牌。

作为澳大利亚的专业羊毛皮鞋高端时尚品牌,Yellow Earth 多年来一直坚持集研发、生产、营销、推广为一体的商业品牌运作模式。即从源头到终端,从概念到货架,Yellow Earth 自身参与到整体运作的各个方面。随着网络营销的发展,Yellow Earth 开通直营网是一个必然趋势,为了让网站满足 Yellow Earth 的品牌要求,其网站设计和推广方面也颇有特色。

第一,网站定位。

Yellow Earth 品牌致力于设计天然生皮制作成的高质量产品,其目标是用高品质的原料创造新颖的产品,向消费者提供最优服务和品牌支持,以提高顾客价值。长久以来,Yellow Earth 一直将"自然时尚"作为品牌传播理念,向消费者传递休闲舒适、自然经典的澳洲风情文化。在网站建设上,Yellow Earth 力图体现"自然、舒适和时尚"的品牌主题风格,既体现出澳大利亚 Yellow Earth 雪地靴的质感和美感,又传递一种自由和休闲的生活体验。

第二,网站风格。

为了突出"自然、舒适和时尚"的品牌主题,Yellow Earth 雪地靴官方网站采取了浅色调、大插图的编排方式。网站以浅灰、浅蓝为底,同时配之以各种产品的大幅照片,页面编排不拥挤,即能展现澳大利亚空旷、宁静的感觉,又能突出产品本身的特点。而且图片质量较好,大幅照片比较容易吸引眼球,让消费者在浏览商品时如同欣赏图画。

第三,网站内容。

Yellow Earth 产品品类较多,可以说从羊毛皮靴到暖鞋和拖鞋,无所不包。网站则采用最基本的分类方法,将产品分为女鞋、男鞋和儿童鞋,同时配之以尺码大小和色彩查询,此外还有客服代表,在消费者需要时可以提供在线帮助,方便顾客找到其所需求的产品。

第四,网站推广。

为了推广产品,让 Yellow Earth 成为中国大陆市场的主要流行休闲时尚鞋履品牌。Yellow Earth 充分利用典型事件开展事件营销,2010 年上海世博会上,Yellow Earth 成为澳大利亚独家健康时尚皮毛供应商,向全球展示 Yellow Earth 品牌系列产品。此外在 Yellow Earth 零售网站上,专门设立了"世博会专区",让消费者足不出户,便能购买到在世博会澳大利亚馆的"健康时尚礼品屋"展出的系列产品,包括 Yellow Earth 品牌的雪地靴、袋鼠皮牛仔帽、小巧精致的休闲包、环保健康的羊毛被褥等澳洲特色皮毛产品。

此外,为了扩大网站的营销力度,让更多追求舒适和时尚的消费者接受网站购物平台,Yellow Earth 在公测期间以低于澳洲零售价首次发布,扩大网站的吸引力。

总而言之,在 Yellow Earth 团队不断努力下,Yellow Earth 雪地靴官网已经成为中国最大的澳洲羊毛靴零售网站。网络营销对于巩固 Yellow Earth 在羊毛鞋领域的高质量、高价值并且快速满足需求的特别地位具有重要意义,但是网站的发展也将对传统渠道产生冲击,比如在产品定价、产品品种等方面,如何平衡网络销售与传统专卖店的利益,也是 Yellow Earth 在未来发展中应注意的问题。

(改编自"澳大利亚 Yellow Earth 品牌 UGG 官网成为中国最大的 UGG 雪地靴零售网",搜索资源网,2010 年 2 月 4 日)

第二部分　案例教学

一、商业专业词汇

1. 零售:向最终消费者个人或社会集团出售生活消费品及相关服务,以供其最终消费之用的全部活动。

2. 品牌：用于识别产品（品类）或服务的标识、形象等。是给拥有者带来溢价、产生增值的一种无形的资产，他的载体是用以和其他竞争者的产品或劳务相区分的名称、术语、象征、记号或者设计及其组合，增值的源泉来自于消费者心智中形成的关于其载体的印象。

3. 供应商：指直接向零售商提供商品及相应服务的企业及其分支机构、个体工商户，包括制造商、经销商和其他中介商。

4. 专营店：指专门经营某一类或者某一种品牌商品的商店，包括国家行业标准中的专业店、专营店和家居建材商店。专业店是以专门经营某一大类商品为主的零售业态；专营店是以专门经营或被授权经某一主要品牌商品为主的零售业态，也叫加盟店、合伙店、连锁店、形象店等；家居建材商店是以专门销售建材、装饰、家居用品为主的零售业态。

5. 研发：即研究开发，是指各种研究机构、企业为获得科学技术（不包括人文、社会科学）新知识，创造性运用科学技术新知识，或实质性改进技术、产品和服务而持续进行的具有明确目标的系统活动。一般指产品、科技的研究和开发。研发活动是一种创新活动，需要创造性的工作。

6. 直营：指总公司直接经营的连锁店，即由公司总部直接经营、投资、管理各个零售点的经营形态。总部采取纵深式的管理方式，直接下令掌管所有的零售点，零售点也必须完全接受总部指挥。

7. 顾客价值：是顾客对特定使用情景下有助于（有碍于）实现自己目标的产品属性、这些属性的实效以及使用的结果所感知的偏好与评价。通常用顾客购买商品所得到的收益和顾客花费的代价（购买成本和购后成本）的差额来表示。

二、思考题

（一）根据案例内容回答问题

1. 针对 Yellow Earth 在网站设计和推广方面的某一特色，谈谈你的看法？
2. 网络营销会给 Yellow Earth 带来什么影响？

（二）讨论题

1. 雪地靴作为季节性很强的产品，你认为 Yellow Earth 应该如何应对？
2. 你认为应如何平衡网络销售与传统专卖店的利益？
3. 除了开通零售官网，你认为还能采取哪些网络营销手段来推广品牌？

第三部分　案例分析与总结

一、案例要点：网络营销、事件营销

网络营销（On-line Marketing 或 E-Marketing），产生于 20 世纪 90 年代，发展于 20 世纪末至今。它是以互联网络为基础，利用数字化的信息和网络媒体的交互性来辅助营销目标实现的一种新型的市场营销方式。简单言之，网络营销就是以互联网为主要手段进行的，为达到一定营销目的的营销活动。

事件营销(Event Marketing)是一种公关传播与市场推广手段，事件营销是企业通过策划、组织和利用具有名人效应、新闻价值以及社会影响的人物或事件，引起媒体、社会团体和消费者的兴趣与关注，以求提高企业或产品的知名度、美誉度，树立良好品牌形象，并最终促成产品或服务的销售目的的手段和方式。

二、案例总结

网络营销借助现代信息技术与网络技术来开展营销，打破了地域、销售范围等因素的限制，这极大降低了商业成本。Yellow Earth 利用网络平台进行产品推广，可以较好地利用网络平台的便捷性、覆盖面广、低成本等特性。

在网络营销的过程中，Yellow Earth 的网站建立充分考虑了产品特征和产品定位。比如在页面设计、色彩选择、内容布置等方面，一方面要体现自己的定位风格，另一方面也方便消费者选择和购买。此外网站还与事件营销相结合，这样可以扩大事件营销的影响力，比如在网站上设计世博专区，可以发挥世博会的后续效应。

网络营销的价值在于，使商品更便捷、低成本地从生产者到达消费者。网站是企业展示营销策略的主渠道。但网络营销时也需要考虑一些新的问题，比如如何吸引消费者、如何消除消费者的不信任感、如何更好地改进送货环节、更好地开展售后服务等；还要平衡网上销售与线下销售的矛盾等。Yellow Earth 也要注意这些问题。

第四部分 案例使用说明

一、教学目的与用途

该案例涉及网络营销和事件营销的理论。从网站定位、网站风格、网站内容、网站推广四个方面，分析 Yellow Earth 直营网的特点，说明其在网络营销的举措。同时，在网站推广方面，Yellow Earth 以其"2010 世博会供应商"的身份开展事件营销。通过案例的讲解，让学生们对网络营销和事件营销有新的认识。该案例适用于中级汉语的学员，适用于商务汉语案例课程，难度中等。

二、案例分析思路

1. 探寻 Yellow Earth 开通直营网的原因。
2. 分析 Yellow Earth 官网在网站设计和推广方面的特色。
3. 分析 Yellow Earth 如何开展事件营销。
4. 讨论网络营销对传统渠道产生的冲击。
5. 总结与归纳网络营销的优劣势。

三、相关网络链接

"澳大利亚 Yellow Earth 品牌 UGG 官网成为中国最大的 UGG 雪地靴零售网",搜索资源网,2010 年 2 月 4 日。

四、建议课堂计划

建议使用六节课。

第一节课:讲解重要商务词汇与案例背景,进行案例学习准备。

重要商务词汇:网络营销、事件营销。

第二节课:讲解案例正文,理清案例发展脉络,帮助学生理解案例。

案例讲解内容:

(1)介绍 Yellow Earth 的相关背景资料;

(2)了解 Yellow Earth 开通直营网的原因;

(3)描述 Yellow Earth 官网的特色;

(4)了解 Yellow Earth 事件营销的运用。

第三～四节课:展开案例分析和讨论。

(1)针对 Yellow Earth 在网站设计和推广方面的某一特色,谈谈你的看法?

(2)网络营销会给 Yellow Earth 带来什么影响?

(3)Yellow Earth 为何开展事件营销?

(4)网络营销会对传统渠道产生哪些冲击?

(5)雪地靴作为季节性很强的产品,你认为 Yellow Earth 应该如何应对?

第五～六节课:进行案例总结,布置课后作业,完成案例书面报告。

(1)你认为应如何平衡网络销售与传统专卖店的利益?

(2)除了开通零售官网,你认为还能采取哪些网络营销手段来推广品牌?

电子商务——中俄
Electronic Business

AOE 与游戏蜗牛联手推广网页游戏

第一部分 案例陈述

案例提要

网页游戏作为游戏市场的宠儿越来越受到欢迎。俄罗斯的 AOE 联手中国游戏蜗牛公司，其中游戏蜗牛公司代理运营《龙战》，AOE 代理运营《舞街区》，以这种交换运营的创新方式，成功进入了对方国家的网页游戏市场。

关键词语

网页游戏　AOE　游戏蜗牛　交换运营

案例背景

AOE 在线娱乐集团是俄罗斯网络互动娱乐行业规模最大的集团，一直致力于海外合作与拓展。中国互联网进一步发展，网页游戏市场存在着巨大的空间，强烈吸引着 AOE 进入中国。2008 年 10 月，AOE 宣布与中国游戏蜗牛公司进行合作，以交换运营方式推广《龙战：龙之遗产》这款网页游戏，从而一举打开了中国市场大门。

案例正文

2008 年 10 月 29 日，总部设在苏州工业园区的游戏蜗牛公司联手俄罗斯 AOE 在线娱乐集团举行新闻发布会，宣布在国际市场上极受欢迎的奇幻网页游戏《龙战：龙之遗产》由游戏蜗牛代理正式进入中国。这也是坚持一贯走高端研发路线的蜗牛首次与国外游戏企业合作运营国外经典网页游戏。

AOE(Astrum Online Entertainment)在线娱乐集团是俄罗斯网络互动娱乐行业规模最大的集团，于 2007 年底正式成立，旗下 5 家参股公司共计成功运营了超过 30 个大型多人在线游戏(MMO)，其中包括像《龙战：龙之遗产》等大作，而这些作品令 AOE 集团在俄罗斯和独联体国家独占近 60% 的网络游戏市场。AOE 一直致力于海外合作与拓展，目前已在德国汉堡设立公司及与中国建立战略合作伙伴关系,到 2008 年底在土耳其开始正式自主运营并将在美国设立总部。

《龙战:龙之遗产》是 AOE 集团研发的一款基于龙与地下城规则的网页游戏,它一改网页游戏给予大家平板、呆滞的劣质休闲游戏印象,以一种极为生动和真实的画面展现在大家的眼前。优异的品质自然需要不菲的投入,AOE 集团巨额的研发投入保证了龙战超高的品质,使其不仅在俄罗斯及东欧诸国广受好评,更在欧美各国成为各大网页游戏排行榜上的榜首。《龙战》自 2007 年底开始在国际上正式发行以来,受到了俄罗斯、独联体等国玩家的喜爱,目前已被翻译成多个语言版本,玩家总量达到了惊人的 1000 余万,但是如何推向中国市场还存在着诸多未知问题。

中国互联网发展至今,已经有超过 4 亿的网民,存在着巨大的市场。如何把《龙战》这款网页游戏推向中国大陆,AOE 集团选择了与中国游戏蜗牛公司进行强强联合。一方面游戏蜗牛是中国最早的 3D 网络网游研发公司,也是国内不多见的具备自主知识产权的 3D 网游游戏引擎、并借此开发可商业运营游戏及虚拟世界的公司;另一方面,游戏蜗牛本身也致力于海外合作与开发,至今,已成功开发及商业运营四款游戏《天子》、《航海世界》、《舞街区》,畅销世界 20 多个国家和地区,两家公司合作愿望都非常的强烈。

此次游戏蜗牛与 AOE 集团通过交换运营的方式,将双方公司代表产品交换各自所在国家的运营权,由蜗牛代理《龙战:龙之遗产》,并于 2008 年 11 月 1 日正式上线,而 AOE 集团代理《舞街区》。一直被业内称为"开拓者"的游戏蜗牛再一次以一种创新的方式揭开了两家公司一系列的深层次合作关系。

网页游戏作为游戏市场的新宠儿越来越受到玩家们的欢迎,不用下载客户端以及对电脑硬件要求低成为它得天独厚的优势。而目前中国网页游戏市场也正处于一个非常好的变革期。蜗牛正是抓住了这一机遇,联手 AOE 集团,正式进军中国网页游戏市场。蜗牛总经理石海在接受记者采访时表示,在过去的 8 年时间,蜗牛通过不断的努力积累了大量的网络游戏开发经验。"我们在制作新产品《第一虚拟》这个虚拟世界产品的时候,也储备了大量网页研发的技术,加上现在市场本身有这个需求,所以我们进入网页游戏市场有着很好的基础。"所以有理由相信此次双方的合作能够取得巨大的成功。

(改编自"龙战来自于俄罗斯的游戏制作集团 AOE",新浪游戏,2008 年 12 月 9 日;"蜗牛与俄罗斯 AOE 联手进军国内网页游戏市场",苏州工业园区网,2008 年 10 月 30 日;"AOE 蜗牛强强联手",天极网网络游戏频道,2008 年 10 月 30 日)

第二部分 案例教学

一、商业专业词汇

1. 运营:对企业经营过程的计划、组织、实施和控制,是与产品生产和服务创造密切相关的各项管理工作的总称。

2. 市场:商品交易关系的总和,主要包括买方和卖方之间的关系,同时也包括由买卖关系引发出来的卖方与卖方之间的关系以及买方与买方之间的关系。

3. 战略合作:企业双方或多方出于长期共赢目的,建立在共同利益基础上,实现深度合作的一种合作形式。

4. 知识产权:指权利人对其所创作的智力劳动成果所享有的专有权利,一般只在有限时间期内有效。各种智力创造比如发明、文学和艺术作品,以及在商业中使用的标志、名称、图像以及外观设计,都可被认为是某一个人或组织所拥有的知识产权。

5. 代理:法律上指以他人的名义,在授权范围内进行对被代理人直接发生法律效力的法律行为。代理的产生,有的是受他人委托,有的是由法律规定,有的是由有关部门指定。

二、思考题

(一)根据案例内容回答问题

1. AOE 和游戏蜗牛公司为什么能够进行合作?
2. AOE 和游戏蜗牛公司采取什么方式进行合作?这样做有什么优势?

(二)讨论题

1. 你喜爱网页游戏吗?谈谈你所遇到的网页游戏的例子。
2. 企业寻找合作伙伴会考虑哪些因素?

第三部分 案例分析与总结

一、案例要点:代理、交换运营

代理从法律意义上,指以他人的名义,在授权范围内进行对被代理人直接发生法律效力的法律行为。商业活动中,代理就是某企业(代理商)在其行业惯例范围内接受他人(被代理人)委托,为他人促成或缔结交易的行为。在代理关系中,所所代理货物的所有权属于被代理人,代理商只能从被代理人人获取佣金额度。

交换运营指双方互为对方的代理商,帮助对方在自己的市场开展运营活动。在本案例中,俄罗斯 VOE 与游戏蜗牛的合作,即采取了这种互为代理的方式。

二、案例总结

网页游戏近年来越来越受到玩家们的欢迎,但目前中国网页游戏市场也正处于一个非常好的变革期。

面对中国这块巨大的市场,俄罗斯 VOE 通过联合中国游戏蜗牛,采取交换经营的方式,借力对方开展海外市场,也同时帮助对方式开展本土市场,这是跨国推广中的一种新方式。

依赖交换经营模式,俄罗斯 VOE 把自己的游戏《龙战》成功的推广到中国;同时,游戏蜗牛公司自己的游戏《舞街区》也得以推广到俄罗斯。

交换经营可以实现强强联手,利用对方在本土市场的优势推广自己的产品;由于双方互为对方推广产品,这易于建立起稳定的合作关系。

第四部分　案例使用说明

一、教学目的与用途

该案例涉及网页游戏和企业合作等理论。互联网发展至今,催生了很多新型的电子商务产业,其中也包括了像网页游戏这样利用互联网平台的产业。案例首先介绍了网页游戏的特点,展现了互联网平台的优势。通过游戏蜗牛和 AOE 之间的强强合作,展示了企业走向国际化的一个途径。通过案例的讲解,让同学们对网页游戏和企业合作有了新的认识。该案例适用于中级汉语的学员,适用于商务汉语案例课程,难度中等。

二、案例分析思路

1. 介绍互联网发展和网页游戏的特点。
2. 分析 AOE 和游戏蜗牛公司当时所处的环境背景。
3. 分析 AOE 公司为什么要选择游戏蜗牛这家公司合作。
4. 分析 AOE 和游戏蜗牛合作所能带来的优势。
5. 总结归纳你所知道的关于网页游戏的例子。

三、相关网络链接

"龙战来自于俄罗斯的游戏制作集团 AOE",新浪游戏,2008 年 12 月 9 日。
"蜗牛与俄罗斯 AOE 联手进军国内网页游戏市场",苏州工业园区网,2008 年 10 月 30 日。
"AOE 蜗牛强强联手",天极网网络游戏频道,2008 年 10 月 30 日。
"运营",百度百科。
"网页游戏",百度百科。
"战略合作",百度百科。
"知识产权",百度百科。

四、建议课堂计划

建议使用六节课。
第一节课:讲解重要商务词汇与案例背景,进行案例学习准备。
重要商务词汇:网页游戏、运营、战略合作
第二节课:讲解案例正文,理清案例发展脉络,帮助学生理解案例。
案例讲解内容:
(1)介绍 AOE 公司的相关背景;
(2)介绍网页游戏的特点;
(3)描述 AOE 的企业战略;

(4)了解AOE公司中国战略的作用和效果。
第三~四节课:展开案例分析和讨论。
(1)AOE公司为什么要进入中国?
(2)介绍游戏蜗牛公司的相关背景?
(3)分析AOE公司为什么选择游戏蜗牛公司合作?
(4)AOE公司和游戏蜗牛公司采取了什么合作方式?
(5)AOE公司和游戏蜗牛公司合作会带来什么样的效果?
第五~六节课:进行案例总结,布置课后作业,完成案例书面报告。
(1)你喜爱网页游戏吗? 谈谈你所遇到的网页游戏的例子。
(2)企业寻找其他的合作伙伴会考虑哪些因素?

电子商务——中西

Electronic Business

西班牙社交旅行门户 Minube 进军中国市场

第一部分 案例陈述

案例提要

西班牙社交网站 Minube 在 2010 年正式进军中国,并创造了一个不同于其他同类网站的业务模式。

关键词语

社交旅行网站　Minube 中国市场　DIY 旅行

案例背景

西班牙社交旅行网站 Minube 建立于 2007 年。该网站目前有西班牙语、葡萄牙语、德语、意大利语和法语等版本。在西班牙,该网站每月访问量超过 100 万次,在全球市场则达到 160 万次。Minube 一直有打开亚洲市场的计划,而中国市场是亚洲市场一个最重要的部分。

案例正文

2010 年 4 月 7 日,西班牙社交网站 Minube 推出中文版网站:www.Minube.cn,开启了进入中国市场的步伐,这是该公司进军亚洲市场的第一步。在随后的几周内,Minube 又推出了日文版网站,并在中国广州设立了办事处。

不同于其他很多同类网站,Minube 是一个真正的社交旅行门户网站。这个网站的核心不是酒店和机票预定,而是用户和旅行的目的地,确切地讲,它是一个云集旅行爱好者的游客社区,在社区内用户们可以 DIY 自己的旅行活动或旅行行程。

Minube 中国网主要由四个部分组成。

第一部分是激发你的旅游灵感,也就是探索并选定目的地。通过寻找和自己志趣相投的朋友的旅行经历来探索一种新的旅行方式。Minube 中国网这个部分的最大优势在于其选择范围相当广,客户可以探索全球范围内超过 180 个国家和超过 15 000 个城市,参考其他游客的推荐并从中受益。

第二部分便是设计行程。很多旅行宣传小册上推荐的都是千篇一律的地点,而 Minube 旅行社区更关注的是客户和他们的朋友们在目的地中的新发现。从其他游客中发现新景点,参考他人的经历并设计自己的行程;那些想去的地方,那些想要去试吃的餐厅,还有那些想要入住的……都可以保存到客户的主页里,然后创建属于自己的个性化的行程。因为 Minube 认为,没有比参考他人的经历、根据个人喜好设计自己行程更好的旅行方式了。当然这一切的前提都要看客户的选择,如果客户比较怕麻烦,就不会选择 Minube 的旅行方式,而是跟一个传统的旅行团,吃住行都由旅行团安排好。

第三个部分则是比较航班和酒店价格。因为旅行爱好者往往倾向于搜寻到航班和酒店的最低价,而这个在网上寻找的过程又是一个费时费力的过程。在 Minube 中客户则可以在超过 45 个网站中比较航班和酒店的价格。Minube 与传统旅行中介的区别在于:不仅不向客户收取任何费用,而且还让客户更加方便省钱地在超过 45 个网站中比较价格。Minube 强大的分类和过滤功能就显得尤为重要,它可以让客户很方便轻松地找到合适的航班和酒店。

第四个部分则是分享游历。当旅途结束后大多数旅游爱好者都希望能够保存旅游经历,在 Minube 则是保存这个游记的最佳地方,此外在写下游记作为纪念的同时也帮到了其他游客。客户可以创建自己的 Minube 博客,同旅行爱好者一起分享自己的游历,并帮助其他旅游爱好者一起设计他们的行程。

Minube 网站上目前已经有 14.5 万个供西班牙客户分享的"角落"。而这些"角落"在 Minube 中文网的客户也能够分享到。Minube 中文网站的定位是用户旅行规划的起点,帮助用户找到想去的旅行目的地,而不是在目的地之后帮助用户进行什么活动。Minube 鼓励用户在 Minube 地图上描述并推荐新的目的地,而不是对目的地进行批评性的评论。如果某一目的地页面被浏览,那么页面创建者将获得报酬。

通过提供关于旅行方面的丰富信息和服务支付,Minube 正在逐步引起中国消费者的注意。尤其那些喜欢自助游的游客,不仅将 Minube 作为一个资讯站点,更是一个分享经验的好地方。

(改编自"西班牙社交旅行门户 Minube 进军中国市场",新浪科技,2010 年 4 月 7 日)

第二部分　案例教学

一、商业专业词汇

1. 社交网站:全称 Social Network Site,是帮你运营朋友圈的网站。
2. 中介:指在不同事物或同一事物内部对立两极之间起居间联系作用的环节。
3. 客户:客户是对企业产品和服务有特定需求的群体,它是企业经营活动得以维持的根本保证。
4. 社交旅行网络:其内容相对聚焦于旅行、交通、住宿、景点等方面,为网民提供旅行知识或信息的共享与交流的网站。

二、思考题

（一）根据案例内容回答问题

1. Minube 与其他同类网站最大的区别是什么？
2. Minube 在中国的主要客户群体应该是哪些？
3. Minube 中国网站包括哪些内容？

（二）讨论题

1. 你认为 Minube 在中国运行需要注意哪些方面的问题？
2. 对于 Minube 在中国的运营和盈利模式，你有什么好的建议？

第三部分　案例分析与总结

一、案例要点：社交旅行

社交网站英文名称为 SNS，全称 Social Network Site，专指旨在帮助人们建立社会性网络的互联网应用服务。社交旅行则聚焦于旅游信息，帮助喜欢旅游的人建立的一个社会性网络平台。中国互联网络信息中心（CNNIC）2011 年 1 月 19 日在京发布了《第 27 次中国互联网络发展状况统计报告》（以下简称《报告》）。《报告》显示，截至 2010 年 12 月底，我国网民规模达到 4.57 亿，较 2009 年底增加 7 330 万人。SNS 网站近来发展快速，网民数量不断增长。与此同时，随着中国经济的快速增长，中国人花在旅游上面的支出也越来越高，旅游业成为中国成长最为迅猛的行业之一，Minube 就是看到这两个在中国飞速成长的行业中的潜力，才来到中国拓展其业务的。

二、案例总结

对于任何一家互联网类企业来说，都应该把中国市场放在举足轻重的位置。Minube 充分利用了中国经济的飞速发展带来的旅游业的发展和日新月异的中国互联网的结合，并选择在合适时机进入中国市场，从而在中国的互联网经济中分得了一杯羹，占据了一定的市场份额，为将来在中国市场的扩张打下了坚实的基础。

Minube 中国网站的内容包括四大块：第一部分是激发你的旅游灵感，第二部分便是设计行程，第三个部分则是比较航班和酒店价格；第四个部分则是分享游历。这基本覆盖了旅游的全过程。此外还可以分享海外"角落"，所以对旅游爱好者有较大的吸引力。

第四部分　案例使用说明

一、教学目的与用途

该案例介绍了 Minube 在中国扩展市场的方式，阐述了 Minube 中国网的主要内容。

通过该案例的学习,让学生了解社交旅行网的特点,体会电子商务企业开拓市场的方式。该案例适用于中级汉语的学员,适用于商务汉语案例课程,难度中等。

二、案例分析思路

1. 介绍 Minube 网站和中国互联网的发展情况。
2. 分析 Minube 为何进入中国市场。
3. 详细分析 Minube 中国网的主要内容。
4. 讨论 Minube 中国网的特点。
5. 总结案例启示。

三、相关网络链接

"西班牙社交旅行门户 Minube 进军中国市场",新浪科技,2010 年 4 月 7 日。
"中国网络零售额 1 年 5000 亿 1/3 网民参与网购",中国新闻网,2011 年 6 月 17 日。
"国内网络营销专家来海南研讨旅游营销",人民网,2011 年 6 月 17 日。
"社交网站""办事处""DIY""中介""客户",百度百科。

四、建议课堂计划

建议使用六节课。
第一节课:讲解重要商务词汇与案例背景,进行案例学习准备。
重要商务词汇:社交旅行网、DIY 旅行、Minube、互联网。
第二节课:讲解案例正文,理清案例发展脉络,帮助学生理解案例。
案例讲解内容:
(1)介绍 Minube 网站及中国互联网发展情况。
(2)介绍 Minube 中国网的主要内容。
(3)描述 Minube 所取得的效果。
第三～四节课:展开案例分析和讨论。
(1)Minube 为何要进入中国市场?
(2)Minube 中国网的主要内容有哪些?
(3)Minube 中国网有哪些特点?
(4)Minube 对哪些人群具有吸引力?
(5)Minube 与其他同类网站的区别是什么?
第五～六节课:进行案例总结,布置课后作业,完成案例书面报告。
(1)你认为 Minube 在中国运行需要注意哪些方面的问题?
(2)对于 Minube 在中国的运营和盈利模式,你有什么好的建议?

中外商务合作
跨文化交际案例集

—— 高级 ——

企业战略——中德
Enterprise Strategy

德国大陆集团在中国的战略选择

第一部分　案例陈述

案例提要

亚洲汽车工业未来发展具有很大潜力,而中国又扮演者重要的角色,这使得大陆集团进一步重视其在中国市场的战略选择,除了不断加大在中国的投资规模和力度,还将亚洲总部和研发中心先后落户上海,结合中国市场重点开发经济适用车的相关配件,并不断展开人才战略的本土化。

关键词语

大陆集团　中国市场　战略选择　本土化战略

案例背景

德国大陆集团(简称"大陆集团")是欧洲最大的汽车配件供应商。近年来,该集团在欧美市场的业务发展遭遇"瓶颈"。除了传统的轮胎业务不景气外,原料成本高居不下也影响了其成本支出和盈利。于是,有关该公司财务陷入困境的传言越来越多。节省开支、精简机构并加大在亚洲的投资力度已经成为大陆集团未来发展的主要战略。可以说,从 1996 年进入中国以来,大陆集团的中国市场拓展步伐就从未停止,先与上汽集团开展合作,随后 10 多年间,集团属下各分部在上海、长春、宁波、张家港等地建立了 10 余家合资企业。近年又开始了新一轮的中国战略布局。

案例正文

在全球汽车工业未来的发展中,亚洲是增长最快速的市场,而且其出口规模不断扩大。与此同时,中国正扮演着日益重要的角色,成为全球汽车制造商和零部件供应商业务成长的关键市场之一。针对这一局势,大陆集团作为欧洲最大的汽车配件供应商,也在中国市场进一步深化本土化战略,加大在中国市场的投资规模和投资力度。

1. 亚洲总部和研发中心落户上海

早在2006年1月,大陆集团就宣布在中国上海建立其亚洲总部。2009年11月18日,大陆集团新建的亚洲总部及研发中心正式落成并投入运营。该新亚洲总部及研发中心是大陆集团在中国和亚洲发展的又一重要里程碑。

新址位于上海杨浦区大连路总部研发集聚区,总建筑面积约15 000平方米。这不仅是大陆集团的亚洲总部,而且是大陆集团重要的研发中心,主要负责汽车电子产品的设计和测试。此外大陆集团在上海嘉定还有一个研发中心——大陆汽车嘉定研发中心,用于开发和测试电子制动系统、液压制动系统和发动机管理与控制系统。至此,大陆在上海已拥有两个研究中心,以上两处项目总投资额高达6 000万欧元。

在嘉定和杨浦的两个技术中心主要任务之一就是帮助中国的汽车制造商进行技术提升。不仅帮助他们提高制造能力,还要提高设计和开发能力。

2. 经济适用车成为大陆集团在中国的业务重点

大陆集团在中国的业务包括汽车集团(底盘与安全、动力总成、车身电子),橡胶集团(轮胎和康迪泰克)。底盘与安全系统、动力总成系统、车身电子系统都是大陆集团要重点发展的领域。在2009年1月,随着中国政府将排量1.6升以下的汽车购置税降低5%,大陆集团开始重视经济适用车并成为其发展重点。

大陆集团预计,在接下来的六年中,经济适用车会达到其生产比例的20%,大陆集团的管理层强调,"经济适用车是指人们可以买得起的车,绝不意味着低质量",为此,大陆集团决定基于先进技术来开发经济适用车,达到既经济又符合消费者需求的目标。当然这有很大难度,主要体现在质量与价格的平衡上。以汽车底盘为例,汽车底盘是汽车的重要配件,首先要为人们提供驾乘安全,不仅大型的高端车要求高质量,经济适用车同样如此,但又要求低价格,这就给开发者提出了很高的要求。此外中国消费者对汽车的需求与欧洲消费者不同。为此,大陆集团在开发阶段就选择了与客户合作的方式,共同定义标准,共同确定汽车功能和性能。

3. 产品开发和人才战略的本土化

在产品开发方面,大陆集团针对中国市场开发了系列本土性产品,比如在发动机的控制方面,大陆集团开发了"Easy U",主要配合新兴市场的经济适用车的需要。在变速箱方面也有同样的做法,实现成本节约和满足本地OEM的需求,在车身电子方面,由于在中国高产量仅为10万辆左右,大陆针对这种情况开发了系列产品,包括一些功能控制单元、蓝牙接槽等,大陆的产品是第一个开始使用中文语音识别系统的产品。此外大陆还开发了两个集成产品,一个是含有车身控制功能的组合仪表,另一个是把收音机与空调控制器的集成在一起,这样可以通过系统的集成来降低成本。

在员工方面,大陆集团认为在本土的工程师才能更好地了解本土的客户以及本土的市场的要求,所以大量招募本土工程师,大陆集团共有900位员工,大概2/3以上是土工程师,他们是大陆集团的主要研发力量所在。另外大陆在中国的合资厂和运营办公室中,也招募了大量的本土工程师。

总之,大陆集团正在加速在中国进行本土化战略布局的步伐。预计到2013年,中国应该会占到大陆集团亚洲市场一半的销售份额。此外,大陆集团还将立足中国市场实施三大战略:把握市场发展前景,进一步推动混合动力系统车辆的研发;贴近主机厂,进一步拓展新兴业务;同时积极开展国际业务,将在中国生产的相关产品供给世界各地的市场。

(改编自 Alice Wang"德国大陆集团'汽车行业四大趋势"的领导者战略",盖世汽车网,2009 年 11 月 23 日;"德国大陆集团进军中国",中国汽车动态网,2008 年 2 月 28 日;百度百科—德国大陆集团;"跨国车企在华本土化战略助其获得竞争优势",新华网,2010 年 4 月 26 日)

第二部分　案例教学

一、商业专业词汇

1. 合资企业:一般指中外合资企业。中外合资经营企业是由中国投资者和外国投资者共同出资、共同经营、共负盈亏、共担风险的企业。外国合营者可以是企业、其他经济组织或个人。中国合营者目前只限于企业、其他经济组织,不包括个人和个体企业。

2. 战略布局:是指企业根据经济形势,结合自身的实际情况而采取的产业、业务的趋向布置,实现既定环境和既定条件下的最佳布局。

3. OEM:即代工生产,也称为定点生产,俗称代工,基本含义为品牌生产者不直接生产产品,而是利用自己掌握的关键的核心技术负责设计和开发新产品,控制销售渠道,具体的加工任务通过合同订购的方式委托同类产品的其他厂家生产。这种委托他人生产的合作方式简称 OEM,承接加工任务的制造商被称为 OEM 厂商,其生产的产品被称为 OEM 产品。

4. 本土化战略:是企业力图融入目标市场,努力成为目标市场中的一员所采取的策略。它要求企业不是把自己当成外来的市场入侵者,而是当作目标市场中的一员融入当地文化,它强调企业以适应环境来获得更大的发展空间。

5. 价值链:企业的价值创造是通过一系列活动构成的,这些活动可分为基本活动和辅助活动两类,基本活动包括内部后勤、生产作业、外部后勤、市场和销售、服务等;而辅助活动则包括采购、技术开发、人力资源管理和企业基础设施等。这些互不相同但又相互关联的生产经营活动,构成了一个创造价值的动态过程,即价值链。

6. 总部:企业经营管理的中心,拥有决策功能和监督功能。

7. 物流成本:指物流活动中所消耗的物化劳动和活劳动的货币表现。具体地说,它是产品在实物运动过程中,如包装、搬运装卸、运输、储存、流通加工等各个活动中所支出的人力、物力和财力的总和。

8. 人才战略:把人才作为一种战略资源,对人才培养、吸引和使用做出的重大的、宏观的、全局性构想与安排。人才战略的核心是培养人、吸引人、使用人、发掘人。

二、思考题

(一)根据案例内容回答问题

1. 大陆集团为什么看重中国市场?
2. 大陆集团为什么把经济适用车作为业务重点?
3. 大陆集团是如何实现产品开发和人才的本土化的?

(二)讨论题
1. 描述一个你熟知的企业在中国本土化的案例。
2. 你认为企业本土化应该包括哪些方面?
3. 你认为在一个市场上应该如何确定业务重点?

第三部分　案例分析与总结

一、案例要点:本土化战略

本土化,通俗的说就是要入乡随俗。本土化战略是跨国公司将生产、营销、管理、人事等管理活动融入东道国经济的战略性调整。具体包括关系本土化、产品本土化、市场本土化、人员本土化以及研究本土化等。

实施本土化战略的原因很多:(1)各国消费者需求的差异。许多地区有很强的国别或地区特性,为了满足多种消费者的需求,跨国公司需要实施本土化。(2)有助于提高企业形象。本土化战略有助于跨国公司获得当地政府的支持,并且塑造良好的企业形象和知名度。(3)融入当地文化。跨国公司在全球化过程中会遇到不同的社会文化、企业文化以及语言差异,本土化有助于消除这些障碍。(4)降低成本和适应企业市场环境的需要。

二、案例总结

德国大陆集团认为,坚持在中国本土化生产和研发的战略,不但有助于跨国汽车制造商和零部件供应商提升销售额和利润,而且会成为占据未来竞争制高点的"法宝"。本土化生产有助于大陆集团迅速响应客户的需求,同时更好地支持所有汽车制造商,特别是本地汽车制造商,使得大陆集团工程专长和本地制造网络能够更好地发挥优势。

德国大陆集团坚持在中国推行本地化策略,主要体现在三个领域:一是研发中心切近市场。大陆集团在中国建立两个研究中心:杨浦研究中心和嘉定研发中心;二是针对市场需求和相关政策开发产品,如经济适用车成为大陆集团的重点开发产品;三是人才本土化,大量招募本土工程师。或许在未来,大陆集团还将进一步推行其本土化策略,大陆集团中国传讯部经理郦锋强调,"所有能够本土化的环节我们都要坚持本土化"。

本土化战略已经成为跨国企业在中国市场发展的重要方式。

第四部分　案例使用说明

一、教学目的与用途

该案例涉及企业战略的内容。从企业战略的角度入手,突出德国大陆集团在中国市场上的本土化战略,重点让学生了解国外品牌到中国采取适宜的本土化战略的重要性。

案例会涉及汽车业的相关背景和专业词汇,难度较高。

二、案例分析思路

1. 探寻国外品牌在中国本土化的原因。
2. 分析大陆集团在中国采取了哪些本土化战略。
3. 分析这些本土化战略给大陆集团带来什么好处。
4. 讨论这种本土化给其他企业带来了怎样的启示。
5. 总结与归纳本土化给现代生活带来的变化。
6. 寻找其他材料探讨大陆集团在中国本土化的原因。

三、相关网络链接

《德国大陆集团"汽车行业四大趋势"的领导者战略》,盖世汽车网,2009年11月23日。

《德国大陆集团进军中国》,中国汽车动态网,2008年2月28日。

《跨国车企在华本土化战略助其获得竞争优势》,新华网,2010年4月26日。

《德国大陆集团亚洲区总裁》,http://v.youku.com/v_show/id_XODk4MjU4MTI=.html。

《战略布局》,MBA智库百科。

《OEM》,百度百科。

《本土化战略》,百度百科。

四、建议课堂计划

建议使用六节课。

第一节课:讲解重要商务词汇与案例背景,进行案例学习准备。

重要商务词汇:企业战略、本土化战略。

第二节课:讲解案例正文,理清案例发展脉络,帮助学生理解案例。

案例讲解内容:

(1)介绍大陆集团公司;

(2)描述大陆集团在中国市场的表现;

(3)描述大陆集团在中国的战略;

(4)了解大陆集团本土化战略的后果。

第三～四节课:展开案例分析和讨论。

(1)大陆集团为什么采取本土化战略?

(2)大陆集团本土化战略表现在哪些方面?

(3)大陆集团的本土化给其带来什么影响?

(4)如果你购买国外品牌,会受到它们本土化的影响吗?

(5)如果你是生产商,你要进入国外市场,你会采取怎样的本土化战略?

第五～六节课:进行案例总结,布置课后作业,完成案例书面报告。

(1)你认为国外品牌在中国的本土化战略应该考虑哪些因素？
(2)你认为未来国外品牌在中国本土化战略的趋势是什么？

西门子家电的中国战略四部曲

第一部分　案例陈述

案例提要

西门子家电自从 20 世纪 90 年代进入中国市场后，在发展战略上进行了多次调整，以适应不断变化的外部市场环境。1994~1997 年，西门子家电进入中国市场初期，展开投资布局；1998~1999 年，西门子在中国市场的调整期，主要是缓和矛盾；1999~2003 年，西门子在中国市场的适应期，重点在于强化品牌；2003 年至今，是西门子在中国市场的重塑期，西门子开始渐进式扩张。

关键词语

西门子　中国市场　战略调整

案例背景

西门子最早在中国开展经营活动可以追溯到 1872 年，当时西门子公司向中国出口了第一台指针式电报机。在过去 130 多年的时间里，西门子一直活跃在中国市场，并在工业、能源和医疗业务领域处于领先地位。

西门子家电进入中国是在 20 世纪 90 年代，但目前已成为中国家电业的领先企业，无论是在技术发展的趋势，还是在业务操作、营销策划上，西门子都成为行业中被模仿和被拷贝的对象。西门子家电还是众多经销商值得信赖的供应商，比如在国美、苏宁等全国性大连锁的合作供应商中，西门子均被列为"钻石级"战略合作伙伴。"西门子现象"正日益被业界关注。

案例正文

西门子作为世界最大的电气企业之一，其家电品牌进入中国市场后，在发展战略上进行了多次调整。

1994~1997 年，是西门子家电在中国市场的进入期，主要目标是投资布局。1994 年底，西门子家电与小天鹅集团合资，西门子持股 60%，小天鹅持股 40%，共同在江苏无锡投资组建滚筒洗衣机厂——博西威家用电器有限公司。1995 年，西门子家电与当时较有竞争力的冰箱制造企业扬子集团谈判合资，并控制了合资企业 70% 的股权。与此同时，为了绕开 20 世纪 90 年代中期关于外资企业投资审批的政策阻碍,双方将总投资额高达1.175亿美元的合资企业分拆注册,对外统一使用"博西扬制冷有限公司(BSY)"。1997年12月,西门子家电整合原扬子和博西威的销售队伍并初步建立了遍布全国的各级销售组织,在南京正式成立了江苏博西家用电器销售有限公司。

1998~1999年,是西门子中国市场的调整期。1996年以后,由于中国经济整体增长放缓,国内家电市场开始萎缩。90年代后期中国电冰箱生产能力已达2 300万台,实际产量已达1 000万台以上,而市场需求仅为800万台。海尔、容声、美菱、新飞四大品牌的市场占有率已高达71.9%。西门子的高端定位和超前技术没有给自己带来多少好处,习惯于"价廉物美"广告词的消费者对永不打折、言必称高贵的西门子没有亲近感,西门子在滚筒洗衣机上经历了4年的等待和近5 000万元的亏损。而西门子以无形资产折价的销售网络又由于"内部人控制"而运转不灵。结果冰箱的年销售量跌至二三十万台的水平,两年亏损2亿多人民币。

1998年,博西扬(BSY)开始陷入困境,公司销售、利润目标无法完成;内部整合似乎永无休止;决策层内部中方与外方的关系出现矛盾;公司与当地政府的关系也不协调。但是,西门子家电高层最终选择了坚守,并着手进行组织与策略调整:将最初的四家公司合并为一家,减少麻烦与不测;降低对中国市场的预期,调整公司规模与产量;资源集中,放弃了厨房家电,放弃了第二品牌(扬子);采取渐进式的市场推广,从沿海发达市场做起,暂时性地放弃西北等中西部市场。西门子家电德国总部认为,中国国内的供应商"得益于西方的技术",已经成为主要的市场竞争者,但中国厂商在生产、广告、产品开发方面投入巨资,市场投资过度,这也提示西门子家电在中国的战略要立足于"长期"。

1999~2003年,是西门子在中国市场的适应期。1999年,西门子家电在销售公司运行SAP系统,这是在国内第一家全面实施ERP系统的企业,从而将公司的运作建立在了科学评估的数字化平台上。同年,西门子WTS电脑温控冰箱成功上市,这种建立在全球统一制造标准上的全新产品,真正地改变了中国冰箱行业的技术发展方向,也为西门子家电赢得了在中国市场的战略主动。2003年,西门子在中国家电行业率先推出了三循环零度生物保鲜冰箱,树立了行业的标杆,奠定了第一品牌的市场地位。

2003年至今,是西门子在中国市场的重塑期,公司进行渐进式扩张。2004年底,西门子家电集团的另一个主导品牌——博世来到上海,博世在欧洲市场一直蝉联欧洲第一品牌的桂冠。但在中国家电领域,与同门兄弟西门子相比,博世品牌还处于品牌认知阶段。就定位而言,博世从一开始就选择了和西门子"针锋相对"的高端市场,排他性的品牌口号"博世家电——西门子最大的竞争对手"已经成为它最鲜明的诉求。截至2006年9月,博世已从当初北京、上海两个市场,进入到江苏、广东、浙江等八大核心地区和全国市场。目前,在全国3 000家电连锁卖场中,博世已进入450家。在北京单店效益最佳的家电连锁卖场——大中马甸店,博世冰箱的销售额排到第三位,仅落后于海尔和西门子。

西门子公司在中国市场已顺利走过成长期和调整期,目前进入稳步发展阶段,尤其在高端市场建立了良好的品牌形象,但博世品牌进入中国市场后,较之更早进入的西门子品牌,其发展并不尽如人意,这有待于西门子公司不断调整其发展策略。

(改编自午言《西门子家电10年中国路》,第一营销网,2007年7月25日;百度百科-西门子;《高端战略,西门子家电"贵族"的新内涵》,IT168资讯,2010年10月27日;《西门子的启示与国内家电企业的战略思考》,中国政府采购供应商网,2009年5月27日;《西门子家电的"计划经济":战略之忧》,商界评论,

2008年3月24日;《西门子家电旗舰店在华开设的战略意义》,天霸商场网,2009年7月9日;《西门子中国强推双品牌家电战略》,北京晨报,2007年8月31日)

第二部分　案例教学

一、商业专业词汇

1. 内部人控制(Insider Control):是指现代企业中的所有权与经营权(控制权)相分离的前提下形成的,由于所有者与经营者利益的不一致,由此导致了经营者控制公司,即"内部人控制"的现象。筹资权、投资权、人事权等都掌握在公司的经营者手中即内部人手中,股东很难对其行为进行有效的监督。由于权力过分集中于"内部人",因此在经营者利益将会受到不同程度的损害。

2. 品牌认知:20世纪80年代,大卫·艾克提出了"品牌价值"的概念,同时也推出了品牌建设的方法和理念。品牌建设的四段里程,即:品牌知名—品牌认知—品牌联想—品牌忠诚。品牌认知度是品牌资产的重要组成部分,它是衡量消费者对品牌内涵及价值的认识和理解度的标准。

3. 发展战略:一个企业或一个部门为自身发展所确定的长远性的主要目标与任务,以及为实现该目标和完成该任务而选择的主要行动路线和方法。

二、思考题

(一)根据案例内容回答问题
1. 西门子家电在中国市场各个阶段的目标是什么?
2. 西门子家电在中国市场的竞争对手有哪些?
3. 西门子家电的市场定位是什么?

(二)讨论题
1. 描述一个你熟知的企业战略调整的案例。
2. 你认为企业为什么要不断地进行战略调整?
3. 你认为外部环境的不确定性来自哪些方面?

第三部分　案例分析与总结

一、案例要点:环境不确定性、战略调整

不确定性给企业带来的影响有大有小。小而言之,可能影响一次营销活动的成败;从大的方面看,则可能使企业遭受灭顶之灾,破产倒闭。

企业在进行外部环境分析时,要充分考虑不确定性,尤其是对企业的战略决策有重大

影响的不确定性,企业对此必须高度重视,认真研究。一方面,企业应该对可能造成严重伤害的不确定性,设法化解与超越,力争把损失减小到最低;另一方面,企业应该把握、利用甚或刻意创造不确定性,以期获得重大的战略机遇,实现战略性赶超。

战略调整是企业经营发展过程中对过去选择的目前正在实施战略方向或线路的改变。原先选择的战略在实施过程中遇到下述情况时,会提出调整问题:(1)企业发展的环境发生了重要变化。这种变化可能源自某种突发性的社会、经济、技术变革,这种变革打破了原先市场的平衡。(2)企业外部环境本身并无任何变化,但企业对环境特点的认识产生了变化或企业自身的经营条件与能力发生了变化。(3)上述两者的结合。不论出自何种原因,企业能否及时进行有效的战略调整,决定着企业在未来市场上的生存和发展水平。

二、案例总结

由于外部环境的不确定性,企业需要通过不断地进行战略调整来适应,以适应外部环境的变化。西门子公司在中国市场的十年间,走过了合资、独资、撤资,也走过了价格战、概念战,当初在同一条起跑线上的跨国家电企业,而今却是"几家欢喜几家愁"。西门子家电在十年中历经跌宕起伏,最终取得成功。从战略上来讲,西门子的中国路是个不断调整、不断壮大的过程。

由于中国市场的不确定性,在不同的时期具有不同的特点,以至于西门子不同时期的战略具有明显的差异。西门子能够根据市场的变化而做出调整,是其在中国市场成功的重要因素。从核心竞争力上讲,西门子的成功并不是简单的建立在某个产品或技术上的成功,而是建立在拥有一整套成熟而完善的创新体系,以及对"全集成自动化"核心能力的充分延伸和应用,这是西门子能够以技术领先形成竞争优势的关键。

西门子的成功经验告诉我们:(1)企业要想在市场上长期立于不败之地,就必须根据外部环境的变化而做出相应的调整,做到与时俱进。(2)一个企业能够取得持续领先绝不是一蹴而就的,更不是通过改善某一项或几项经营环节(例如技术研发)就能获得的,而是长期积累、持续改善的结果。

第四部分 案例使用说明

一、教学目的与用途

该案例涉及企业战略的内容。从企业战略的角度入手,突出德国西门子在中国市场上的战略调整,重点让学生了解国外品牌在中国市场随环境变化而不断调整战略的必要性,内容简洁,难度适中。

二、案例分析思路

1. 探寻国外品牌在中国战略调整的原因。

2. 分析德国西门子在中国战略做了怎样的调整。
3. 分析这些战略调整给西门子带来了哪些好处。
4. 讨论这些战略调整给其他企业带来了怎样的启示。
5. 总结与归纳西门子战略调整给中国市场带来的影响。
6. 寻找其他材料探讨德国西门子为什么在中国战略调整。

三、相关网络链接

《西门子家电10年中国路》,第一营销网,2007年7月25日。
《高端战略,西门子家电"贵族"的新内涵》,IT168资讯,2010年10月27日。
《西门子启示与国内家电企业的战略思考》,中国政府采购供应商网,2009年5月27日。
《西门子家电的"计划经济":战略之忧》,商界评论,2008年3月24日。
《西门子家电旗舰店在华开设的战略意义》,天霸商场网,2009年7月9日。
《西门子中国强推双品牌家电战略》,北京晨报,2007年8月31日。
《内部人控制》,百度百科。
《品牌认知》,百度百科。
《环境不确定性》,MBA智库百科。
《战略调整》,MBA智库百科。

四、建议课堂计划

建议使用六节课。
第一节课:讲解重要商务词汇与案例背景,进行案例学习准备。
重要商务词汇:企业战略、环境不确定性、战略调整。
第二节课:讲解案例正文,理清案例发展脉络,帮助学生理解案例。
案例讲解内容:
(1)介绍德国西门子公司;
(2)描述德国西门子在中国市场的表现;
(3)描述德国西门子的中国战略;
(4)了解德国西门子所实现的效果。
第三～四节课:展开案例分析和讨论。
(1)德国西门子为什么要调整战略?
(2)德国西门子是如何根据外部环境变化来调整战略的?
(3)德国西门子的战略调整,为其带来什么好处?
(4)如果你购买国外品牌,会受到它们战略的影响吗?
(5)如果你是生产商,你要进入国外市场,在战略上你会如何考虑?
第五～六节课:进行案例总结,布置课后作业,完成案例书面报告。
(1)你认为国外品牌在中国的战略制定应该考虑哪些因素?
(2)你认为国外品牌在中国的战略调整应该包括哪些调整?

企业战略——中法

Enterprise Strategy

TCL与阿尔卡特的"联姻"

第一部分 案例陈述

案例提要

2004年,TCL与阿尔卡特结束从恋爱长跑,走到了婚姻殿堂。然而仅仅"牵手"8个月,这场企业联姻就走向了没落,2005年,TCL与阿尔卡特最终选择分手。

关键词语

TCL 阿尔卡特 并购整合

案例背景

中国国内知名企业TCL,在国内市场取得了不俗的业绩之后,公司开始把视野投向国际市场。TCL的手机业务经过5年的发展,到2004年已成为中国手机产业的领导厂商,拥有4 200万台的可控产能,具有强大的低成本制造优势。但是阿尔卡特的手机业务在中国市场的表现一直不如意,进入中国市场的20年间,2003年其手机销量只占到中国市场0.4%的市场份额。正是因为市场的疲软,阿尔卡特决定出售手机业务部门,试图为长期处于亏损状态的手机部门找一条出路。TCL看到了这一市场契机,认为阿尔卡特在全球市场的疲软,很大程度上在于其产品创新性不足,尤其是外观设计跟不上世界潮流。而作为中国著名手机企业的TCL,其优势之一就是深谙消费者心理的手机设计。优势之二是在中国市场建立了庞大的营销网络、营销策略和渠道资源,这都可以弥补阿尔卡特的不足。所以在2004年4月,TCL做出了收购阿尔卡特的决定。

案例正文

2004年4月26日,TCL旗下的TCL通讯科技控股有限公司宣布,与阿尔卡特公司签订了一份谅解备忘录,双方有意共同组建一家从事手机及相关产品和服务的研发,生产和销售的合资公司TA。这在当时的中国手机行业是一个大事件,因为这是中国企业首次与跨国公司在全球范围牵手。根据谅解备忘录,阿尔卡特的向合资公司提供的不仅有手机方面的客户网络、知识产权和固定资产,还有600多名研发专业人才,以及经验丰富的销售与营销管理团队。

两个月后,即2004年6月18日,TCL与阿尔卡特进一步在巴黎签订"合资认购协议",这次合作得到了股东、董事会和监管部门的批准。TCL通讯拥有合资企业TA 55%的股权,成为控股的大股东。阿尔卡特占余下的45%股份,阿尔卡特将向TCL转让其旗下的手机业务。当年8月底,合资公司TA开始正式成立,总部设于香港,开始正式投入运营,双方并未发现有不可调和的矛盾。十几天后,即2004年10月10日,合资公司TA正式挂牌,法国总统希拉克与中国国家主席胡锦涛都出席了签字仪式。

至此,中国手机行业最大的企业合并案尘埃落定,它成为中国手机企业走出国门的第一步。在合资公司的开业典礼上,TCL集团总裁李东生说:"这次合并,将使TCL占全球手机市场份额的排名,从现在的第15位上升到第7位,这也是国内手机企业第一次进入全球手机行业的前10名。"按照摩根士丹利的研究报告,TA成立后,TCL国内外手机的年销量将达到2 000万部,一跃成为中国手机销量第一、全球第七的手机生产商。TCL和阿尔卡特都对合资企业的运营也有很多期待,预期这次的合作不仅将大大控制整体研发成本,还可以更迅速地推出创新和尖端产品。合资企业提出将采取"技术创新"和"开源节流"两大策略,以实现双方在交叉期销售、采购、生产及研发领域的四大协同效应。

但出人意料的是,仅仅"牵手"8个月的TCL与阿尔卡特"联姻"就面临分手。合资公司的经营状况迅速恶化,并购后出现严重危机,主要体现在以下几方面:一是并购后的亏损日益严重。2004年第四季度,合资公司T&A就出现了3 000万欧元的巨额亏损,2005年第一季度的亏损更严重。并购之前,TCL在国内的手机市场处于上升态势,而合并后的2004年它在国内手机销量下降了23.3%,毛利润同比下降了58.6%。二是并购后的人才大量流失。除了原TCL通讯的骨干大量流失外,到2004年底,T&A高层经理中的原阿尔卡特员工也基本离开了。这与TCL和阿尔卡特的文化和薪酬体系差异有关,阿尔卡特强调人性化管理,员工在一种宽松的环境中工作,而TCL的管理方式近乎军事化,让原阿尔卡特员工无法适应。其次是薪酬体系的差异,原阿尔卡特采用稳定的薪酬,而TCL采用较低的工资加较高的提成。三是合资后的渠道整合存在难题,阿尔卡特主要通过经销商的渠道销售,销售人员要求素质高;而TCL实行终端销售,大量销售人员深入终端,人员素质也参差不齐。四是合资后双方未能真正实现技术上的融合,TCL所获得的大多只是过时技术,而且不拥有阿尔卡特的相关手机品牌。

由于合资公司TA难以经营下去,2005年5月17日,TCL通讯发布公告,正式宣布TCL将以换股形式,收购阿尔卡特持有合资公司的45%的股份。至此,阿尔卡特正式退出T&A的经营与管理,双方合作策略宣告失败。这给双方带来了巨大伤痛,阿尔卡特为这次出售将承担大约28亿港元的资产缩水,折价幅度高达81%;而对于TCL来说,阿尔卡特离开之后,它将独自承担4亿元的亏损。合资企业的解体,也意味着TCL想通过合并后利用阿尔卡特的技术和品牌使自己占领国际手机市场的目标彻底落空。

(改编自《TCL与阿尔卡特并购案之研析》,特区经济;《TCL收购阿尔卡特案》,市场营销案例,2010年7期;《TCL通讯-阿尔卡特:好聚好散》,竞争力,2005年8期;《TCL借帆出海,能背负巨亏的阿尔卡特吗?》,IT时代周刊,2004年11月11日;《TCL阿尔卡特短命婚姻警示:借船出海风险难预测》,搜狐IT,2005年5月24日;《TCL收购阿尔卡特失败案例分析》,对外经贸实务,2010年5月;《TCL未来不清晰》,市场报,2005年3月1日)

第二部分　案例教学

一、商业专业词汇

1. 谅解备忘录：是国际协议一种通常的叫法，Memorandum of Understanding，简称 MOU，意指"双方经过协商、谈判达成共识后，用文本的方式记录下来"，"谅解"旨在表明"协议双方要互相体谅，妥善处理彼此的分歧和争议"。

2. 协同效应(Synergy Effects)，简单地说，就是"1＋1＞2"的效应。协同效应可分外部和内部两种情况，外部协同是指一个集群中的企业由于相互协作共享业务行为和特定资源，因而将比作为一个单独运作的企业取得更高的盈利能力；内部协同则指企业生产，营销，管理的不同环节，不同阶段，不同方面共同利用同一资源而产生的整体效应。

3. 市场：狭义上的市场是买卖双方进行商品交换的场所。广义上的市场是指为了买和卖某些商品而与其他厂商和个人相联系的一群厂商和个人。市场的规模即市场的大小，是购买者的人数。

4. 产能(Capacity)：指生产能力，也就是是指在计划期内，企业参与生产的全部固定资产，在既定的组织技术条件下，所能生产的产品数量，或者能够处理的原材料数量。

5. 营销策略：是企业以顾客需要为出发点，根据经验获得顾客需求量以及购买力的信息、商业界的期望值，有计划地组织各项经营活动，通过相互协调一致的产品策略、价格策略、渠道策略和促销策略，为顾客提供满意的商品和服务而实现企业目标的过程。

6. 营销网络：是指公司在国内外寻找"战略伙伴"或"同盟者"，并与他们结合起来，以获得更广泛、更有效的地区市场的一种发展战略。营销网络的建立，为某一公司在世界各地的市场上同时推出同一新产品提供了可能，因而，也减少了由于种种原因的限制，使产品在进入其他国家和地区市场的时间上的延误而导致被仿制者夺走市场的风险。

7. 渠道：通常指水渠、沟渠，是水流的通道。但现被引入到商业领域，引申意为商品销售路线，是商品的流通路线，所指为厂家的商品通向一定的社会网络或代理商而卖向不同的区域，以达到销售的目的。故而渠道又称通路。

8. 合资认购协议/股份认购协议：企业在经营活动中因企业发展需要，就出让部分股份而与相关联企事业单位达成的有关股份认购条件、方式、数量等相关事项的协议。

9. 跨国公司：又称多国公司(Multi－national Enterprise)、国际公司(International Firm)、超国家公司(Supernational Enterprise)和宇宙公司(Cosmo－corporation)等。指由两个或两个以上国家的经济实体所组成，并从事生产、销售和其他经营活动的国际性大型企业。

10. 合资公司/合资企业：主要指中外合资经营企业，是由中国投资者和外国投资者共同出资、共同经营、共负盈亏、共担风险的企业。外国合营者可以是企业、其他经济组织或个人。中国合营者目前只限于企业、其他经济组织，不包括个人和个体企业。

11. 知识产权：指"权利人对其所创作的智力劳动成果所享有的专有权利"，一般只在有限时间期内有效。各种智力创造比如发明、文学和艺术作品，以及在商业中使用的标志、名称、图像以及外观设计，都可被认为是某一个人或组织所拥有的知识产权。

12. 固定资产：指企业使用期限超过1年的房屋、建筑物、机器、机械、运输工具以及其他与生产、经营有关的设备、器具、工具等。不属于生产经营主要设备的物品，单位价值在2 000元以上，并且使用年限超过2年的，也应当作为固定资产。固定资产是企业的劳动手段，也是企业赖以生产经营的主要资产。

13. 股东：是股份公司的出资人或称投资人。股份公司中持有股份的人，有权出席股东大会并有表决权。也指其他合资经营的工商企业的投资者。

14. 董事会：由董事组成的、对内掌管公司事务、对外代表公司的经营决策机构。

15. 股权：股票持有者所具有的与其拥有的股票比例相应的权益及承担一定责任的权力。

16. 股份：是股份公司均分其资本的基本计量单位，对股东而言，则表示其在公司资本中所占的投资份额。股份是构成公司资本的最小的均等的计量单位。把公司资本分给为股份，所发行的股份就是资本总额。

17. 上市：即首次公开募股(Initial Public Offerings，IPO)指企业透过证券交易所首次公开向投资者增发股票，以期募集用于企业发展资金的过程。

18. 收市价：又称收盘价，是金融市场的指标性数据。代表买卖双方在经过整个交易时段的争持，以及考虑到未来的"市场风险"和可能的"升值潜力"之后，在交易时段将要结束之时的"妥协"价格。

20. 合并/并购：是指两家以上的公司依契约及法令归并为一个公司的行为。公司合并包括吸收合并和新设合并两种形式。

21. 市场份额：指一个企业的销售量（或销售额）在市场同类产品中所占的比重。市场份额是企业的产品在市场上所占份额，也就是企业对市场的控制能力。

22. 毛利润：是指销售收入扣除主营业务的直接成本后的利润部分。其中的直接成本不包括企业的管理费用、财务费用、销售费用、税收等。已售产品的毛利润计算公式为：毛利润＝销售额－已售产品成本。

23. 换股收购：指收购公司将目标公司的股票按一定比例换成本公司股票，目标公司被终止，或成为收购公司的子公司。

24. 收购：是指一个企业以购买全部或部分股票（或称为股份收购）的方式购买了另一企业的全部或部分所有权，或者以购买全部或部分资产（或称资产收购）的方式购买另一企业的全部或部分所有权。

二、思考题

（一）根据案例内容回答问题

1. TCL为什么要并购阿尔卡特手机业务？
2. TCL和阿尔卡特的合并对TCL的地位产生了什么影响？
3. TCL和阿尔卡特并购后出现了什么危机？

（二）讨论题

1. 描述一个你熟知的企业并购事件。

2. 你认为企业在并购之前要做哪些准备工作?
3. 你认为企业在并购之后要做哪些整合工作?

第三部分　案例分析与总结

一、案例要点：并购

并购一般是指兼并(Merger)和收购(Acquisition)。兼并又称吸收合并,即两种不同事物,因故合并成一体。指两家或者更多的独立企业,公司合并组成一家企业,通常由一家占优势的公司吸收一家或者多家公司。收购—指一家企业用现金或者有价证券购买另一家企业的股票或者资产,以获得对该企业的全部资产或者某项资产的所有权,或对该企业的控制权。与并购意义相关的另一个概念是合并(Consolidation)——是指两个或两个以上的企业合并成为一个新的企业,合并完成后,多个法人变成一个法人。

产生并购行为最基本的动机就是寻求企业的发展。寻求扩张的企业面临这内部扩张和通过并购发展两种选择。内部扩张可能是一个缓慢而不确定的过程,通过并购发展则更加迅速,尽管它会带来自身的不确定性。并购的动因,归纳起来主要有以下几类:(1)扩大生产经营规模,降低成本费用。(2)提高市场份额,提升行业战略地位。(3)取得充足廉价的生产原料和劳动力,增强企业的竞争力。(4)实施品牌经营战略,提高企业的知名度,以获取超额利润。(5)为实现公司发展的战略,通过并购取得先进的生产技术,管理经验,经营网络,专业人才等各类资源。(6)通过收购跨入新的行业,实施多元化战略,分散投资风险。

企业并购的风险可以从并购实施前、中、后来分析。

企业并购实施前的决策风险包括:(1)并购动机不明确而产生的风险。(2)盲目自信夸大自我并购能力而产生的风险。

企业并购实施过程中的操作风险包括:(1)信息不对称风险。(2)资金财务风险。

企业并购后整合过程中的"不协同"风险包括:(1)管理风险。(2)规模经济风。(3)企业文化风险。(4)经营风险。

二、案例总结

国际市场对企业具有越来越重要的意义,企业走向国际不可避免。然而,对于跨国并购,企业必须全面综合考虑其风险和收益。一次成功的并购,必须有前期的并购分析、并购实施中的严谨操作、并购之后的有效整合。

TCL和阿尔卡特的并购,最终走向失败。李东生认为失败的主要原因:对欧美市场了解不够,没有丰富的成功跨国收购经验,而TCL又没有请咨询公司来帮忙,轻率地自行制定了收购方案,结果T&A合资公司出现了严重的文化冲突和体制冲突。

首先,是文化观念上的冲突,阿尔卡特强调人性化管理,员工在一种宽松而备受尊敬的环境中工作,而TCL的管理方式近乎军事化,简单而粗糙,让原阿尔卡特员工无法适应。其次是薪酬体系的差异,原阿尔卡特采用稳定的薪酬,而TCL采用较低的工资加较高的提成。TCL 同意对阿尔卡特员工采用原来的薪酬标准，结果又打击了中国员工的士气，两头不讨好。

其次，就是销售体系的差异，阿尔卡特主要通过经销商的渠道销售，销售人员要求素质高；而 TCL 实行终端销售，大量销售人员深入终端，人员素质也参差不齐。结果原阿尔卡特的管理、技术和销售层人才纷纷离职，以致公司处于混乱和失控状态。

在技术方面，TCL 所获得的大多只是过时技术。TCL 获得了汤姆逊的研发机构，但要想使用汤姆逊在传统 CRT 彩电领域所掌握的 3.4 万多项专利，TCL 还必须出钱购买。然而，CRT 彩电是一个即将过时的产品，收购完成后，TCL 并不拥有汤姆逊原有营销网络，但可以指定汤姆逊在全球 46 个国家"作为独家代理销售及营销电视机产品"，TCL 也不拥有汤姆逊的品牌，只是可以通过与汤姆逊签订协定的方式获得这些商标的合用权，并且"未到达双方议定的最低销售目标的情况下可能提前终止"。

从并购的最终协议来看，TCL 只是部分实现了它并购的初衷。买来的技术大部分即将过时，而销售渠道与品牌也不归 TCL 所有。

第四部分　案例使用说明

一、教学目的与用途

结合案例对合资战略理论进行讲解。首先，阐述合资战略的概念及其在战略管理中的重要性。然后，介绍合资策略会带来哪些问题，及采用合资战略的企业要注意的问题。让学生了解企业发展中的合资、并购和整合战略。该案例适用于高级汉语的学员，适用于企业战略管理课程，难度偏高。

二、案例分析思路

1. 探寻 TCL 并购阿尔卡特手机业务的原因。
2. 分析合资公司遇到了什么问题。
3. 这些问题产生的原因是什么。
4. 讨论此次"联姻"给其他企业带来了怎样的启示。
5. 总结与归纳合资战略的利弊。
6. 寻找其他案例材料加深对合资战略的认识。

三、相关网站链接

《TCL 与阿尔卡特并购案之研析》，特区经济，2006 年 6 月。
《TCL 收购阿尔卡特案》，市场营销案例，2010 年 7 期。
《TCL 通讯—阿尔卡特：好聚好散》，竞争力，2005 年 8 期。
《TCL 借帆出海，能背负巨亏的阿尔卡特吗？》，IT 时代周刊，2004 年 11 月 11 日。
《TCL 阿尔卡特短命婚姻警示：借船出海风险难预测》，搜狐 IT，2005 年 5 月 24 日。

《TCL 收购阿尔卡特失败案例分析》,对外经贸实务,2010 年 5 月。
《TCL 未来不清晰》,市场报,2005 年 3 月 1 日《特许经营》,百度百科。
《并购》,百度百科。
《协同效应》,百度百科。
《谅解备忘录》,百度百科。

四、建议课堂计划

建议使用六节课。
第一节课:讲解重要商务词汇与案例背景,进行案例学习准备。
重要商务词汇:合资公司 协同效应 知识产权 换股 收购
第二节课:讲解案例正文,理清案例发展脉络,帮助学生理解案例。
案例讲解内容:
(1)介绍 TCL 集团和阿尔卡特的相关背景资料;
(2)描述此次合资能给 TCL 带来什么好处;
(3)描述此次合资能给阿尔卡特带来什么好处;
(4)说明合资公司遇到的问题;
(5)了解此项合资的失败原因。
第三～四节课:展开案例分析和讨论。
(1)TCL 集团为何要与阿尔卡特成立合资公司?
(2)此项并购或合资为谁带来了好处,带来了哪些好处?
(3)TCL 和阿尔卡特的合并对 TCL 的地位产生了什么影响?
(3)TCL 和阿尔卡特并购后出现了什么危机?
(5)合作失败后,双方是如何收场的?
第五～六节课:进行案例总结,布置课后作业,完成案例书面报告。
(1)描述一个你熟知的企业并购事件。
(2)你认为企业在并购之前要做哪些准备工作?
(3)你认为企业在并购之后要做哪些整合工作?

宜必思在中国的差异化经营和战略调整

第一部分　案例陈述

案例提要

宜必思进入中国市场以来,给中国消费者带来了体贴周到的服务;随着市场环境的变化,宜必思在中国也开始进行战略的调整，推出了特许经营模式，以提高发展速度。

关键词语

宜必思　中国市场　差异化

案例背景

作为国际品牌法国雅高酒店集团旗下的经济型酒店品牌，进入中国后的宜必思一直维持较为谨慎的态度。2007年年底，宜必思中国只完成了9家开店任务。与此同时，包括如家、7天等国内经济型酒店品牌陆续出现，并在资本力量的助推下加速扩张，宜必思的市场份额因此不断萎缩。据中国三星经济研究院的报告显示，在中国经济型酒店市场中，宜必思的份额只占1%。近年来，经济型酒店的竞争日益激烈，如家作为当前中国国内最大的经济型酒店宣布在2010年实现千店蓝图，7天也宣布了新的扩张计划。经济型酒店行业硝烟四起，面对竞争对手来势汹汹的扩张，"宜必思"又将靠什么取胜呢？

案例正文

2004年1月，中国首家宜必思在天津泰达工业区正式开业。酒店投资3 000万元，拥有157间客房，房间里有独立的浴室，柔软舒适的沙发，可以打开变成床，方便三口之家使用。自开业后，宜必思天津泰达店的入住率一直保持在90%以上。随后宜必思在成都开设第二家店，销售情况甚至比天津还要好。开业将近一年，平均住房率一直保持在100%。虽然宜必思在中国开的店并不多，但都有较好的入住率，这与宜必思的差异化经营是分不开的。

国内的经济型酒店在发展初期，大多采取租赁方式，而且大多租赁厂房或办公楼改造为酒店，这样可以大大节约成本，并且能够实现快速扩张。而宜必思始终坚持按照统一的标准自己建造酒店，从购买地皮，设计客房，到建造酒店，一直到酒店运营，宜必思都亲力亲为。客人入住宜必思酒店，一旦发现电视机打不开或卫生间漏水，通知服务员后如果15分钟内没有解决，那么客人当天的房费就可以免单。

这条规定称作"15分钟满意合同"。这条规定在全球每一家宜必思酒店的大堂都有明文告示。而在其他酒店，即使是四、五星级酒店，对于客人投诉的答复常常需要一周甚至更长的时间。但这时候，不论酒店给出什么样的回复，客人对酒店的服务已经不满意了。宜必思以合同的方式向客人做出服务承诺；凡是属于酒店的责任，宜必思承诺15分钟内想办法帮客人解决。这是来自雅高集团很成功的经验。

宜必思酒店在设计上颇费心思。在硬件方面，中国宜必思完全沿袭了其在欧洲的标准——使用中央空调、控制空气质量、保证隔音效果。据说，其他经济酒店几万元就能完成的单位客房成本，宜必思则需要十几万元。宜必思还计划从下一间新店开始，将推出设计现代、颜色更为明快、档次更高的新版家具，电视机也会改为平板电视。但宜必思也很清楚节约成本很重要，因此放弃了一些客人可能根本不会使用的装置，从而节约不必要的开支。但是对客人需要的东西一个也不会少，宜必思不会以牺牲客人的舒适度为代价。

从2008年开始，宜必思开始逐步调整在中国的发展战略。同年11月到2009年1月，连续新开张了7家酒店，同时宣布要在2009年年底将其在华开店数翻番。2010年5月11日，宜必思在中国正式启动特许经营模式,以加速在中国的增长和新市场拓展。虽然特许经营模式在中国还比较新,但是宜必思已经在世界其他国家和地区积累了丰富经验。比如,在美国,1/3 的酒店客房都是以特许经营的形式在雅高的品牌下运营的。在法国,大约 2/3 约 5 000 间酒店客房以特许经营模式运营。

宜必思针对中国市场的特许经营模式是这样运作的:酒店的业主拥有产权,宜必思将与其签订 10 年的合约。宜必思给合作伙伴提供一系列酒店管理技能和服务。具体来说,宜必思能够为合作伙伴提供专业的酒店设计和强有力的工程建设指导,全球化的采购平台,卓越的运营管理。宜必思还为中国客户量身打造了会员计划——宜友会。宜友会以网络为基础,向注册会员提供折扣。折扣率从普通会员的 5%到 VIP 会员的 8%。尽管意在扩张,但宜必思并不单纯强调数量,而是很好地坚守自己的原则,坚持"严格、有选择、高质量的发展"。

(改编自《宜必思:营销差异化拐点?》,经理日报,2010 年 6 月 11 日;《宜必思中国,步步为营》,中国新时代,2006 年 12 期;《宜必思放权特许经营,雅高再战经济型酒店》,中国经营网,2010 年 5 月 19 日;《宜必思开启加盟扩张市场》,商机网,2010 年 5 月 24 日;《宜必思"心思":不愿意再慢下去了》,网易财经,2010 年 5 月 20 日;《宜必思加速拓展中国市场》,信息时报,2010 年 5 月 24 日;《宜必思在华启动特许经营模式,加速拓展中国市场》,搜房租房网,2010 年 5 月 12 日;《宜必思进军中国,首推加盟模式以适应国内市场》,中国产经新闻网,2010 年 6 月 3 日)

第二部分　案例教学

一、商业专业词汇

1. 产权:是经济所有制关系的法律表现形式。它包括财产的所有权、占有权、支配权、使用权、收益权和处置权。

2. 特许经营:是指特许经营权拥有者以合同约定的形式,允许被特许经营者有偿使用其名称、商标、专有技术、产品及运作管理经验等从事经营活动的商业经营模式。

3. 经济型酒店:"以大众旅行者和中小商务者为主要服务对象,以客房为唯一或核心产品,价格低廉(一般在 300 元人民币以下),服务标准,环境舒适,硬件上乘,性价比高的现代酒店业态。"

4. 品牌:是给拥有者带来溢价、产生增值的一种无形的资产,他的载体是用以和其他竞争者的产品或劳务相区分的名称、术语、象征、记号或者设计及其组合,增值的源泉来自于消费者心智中形成的关于其载体的印象。

5. 竞争对手:是指在某一行业或领域中,拥有与你相同或相似资源(包括人力、资金、产品、环境、渠道、品牌、智力、相貌、体力等资源)的个体(或团体),并且该个体(或团体)的目标与你相同,产生的行为会给你带来一定的利益影响,称为你的竞争对手。

6. 差异化经营:企业所采取的一种不同于其他企业的独特的经营方式,这种方式通常是其他企业所难以模仿和复制的

7. 战略:该词早期是一个军事术语,指军事将领指挥军队作战的谋略。被引申至政治和经济领域,其含义演变为泛指统领性的、全局性的、左右胜败的谋略、方案和对策。

二、思考题

（一）根据案例内容回答问题
1. 宜必思的差异化经营体现在哪些方面？
2. 宜必思在中国采取特许经营有哪些优势？
3. 宜必思在中国的特许经营模式特点是什么？

（二）讨论题
1. 描述一个让你体验深刻的酒店住宿经历。
2. 为什么宜必思要做出战略调整？
3. 你认为推动经济型酒店经营成功的因素有哪些？
4. 你认为特许经营模式适合什么样的企业采用？

第三部分　案例分析与总结

一、案例要点：差异化战略

差异化战略（differentiation/differentiation strategy）又称别具一格战略、差别化战略，是将公司提供的产品或服务差异化，形成一些在全产业范围中具有独特性的特质。

差异化战略的类型包括：(1)产品差异化战略，产品差异化指在产品特征、性能、耐用性、可靠性、易修理性、式样和设计等方面区别于竞争对手的产品。(2)服务差异化战略，服务的差异化力求在送货、安装、顾客培训、咨询服务等方面培育差异化。(3)(3)形象差异化战略，塑造不同于竞争对手的公司形象和地位。

战略调整是一种特殊的决策，是对企业过去决策的追踪和修订。战略调整受企业核心能力、企业家行为以及企业文化等内部因素的影响，这些因素不仅影响了前期战略的执行情况，而且决定着企业未来战略调整的方向与线路选择；此外，战略调整还受外部环境变化的影响，战略调整往往是环境变化时企业的一种适应性选择。

二、案例总结

宜必思亚洲区副总裁齐达威认为，"在中国要取得成功有两种方法，一种是数量上的，一种是质量上的。当地品牌很多在数量上尽力地扩张，扩大它的酒店网络规模。而宜必思选择另外一条路，我们在质量和管理上取胜。"

宜必思的"慢行"，是一种追求"高附加值、高性价比"的差异化战略。自2004年进入中国以来，宜必思坚持自营方式，与国内的经济型酒店多采取租赁厂房、办公楼进行改造开设酒店的高速扩张计划不同，宜必思酒店从买地皮、设计、造楼到运营都由自己投资并管理。为了塑造"高附加值、高性价比"的品牌形象，宜必思还追求服务的细节，如在员工手册中规定了详细的员工行为规范。总之，宜必思希望用高品质与国内的竞争者们以示区别，从而细分出自己的市场。

但是经济型酒店的竞争非常激烈,大量新进入者如汉庭等快速成长,这使宜必思在中国市场上经济型酒店的占有率不高。宜必思于2008年开始调整战略,开始启动加盟模式,是面临当前国内快速发展的经济型酒店市场做出的一个战略调整。

第四部分　案例使用说明

一、教学目的与用途

该案例涉及竞争战略基本理论的内容。从企业竞争战略的角度,突出宜必思的差异化战略与战略调整;从如何通过调查分析中国市场环境、如何通过选择适当的企业竞争战略来充分发挥自身竞争优势,让学生了解企业战略中的差异化战略的基本概念。指该案例适用于高级汉语的学员,适用于企业战略管理课程,难度偏高。

二、案例分析思路

1. 探寻宜必思进行差异化竞争的方法。
2. 分析中国酒店业的竞争态势。
3. 分析宜必思如何实现自身的竞争优势。
4. 讨论差异化战略给其他企业带来了怎样的启示。
5. 总结与归纳差异化战略与低成本战略的异同。
6. 寻找其他材料探讨企业为什么要采取差异化战略。

三、相关网站链接

《宜必思:营销差异化拐点?》,经理日报,2010年6月11日。
《宜必思中国,步步为营》,中国新时代,2006年12期。
《宜必思放权特许经营,雅高再战经济型酒店》,中国经营网,2010年5月19日。
《宜必思开启加盟扩张市场》,商机网,2010年5月24日。
《宜必思"心思":不愿意再慢下去了》,网易财经,2010年5月20日。
《宜必思加速拓展中国市场》,信息时报,2010年5月24日。
《宜必思在华启动特许经营模式,加速拓展中国市场》,搜房网,2010年5月12日。
《宜必思进军中国,首推加盟模式以适应国内市场》,中国产经新闻网,2010年6月3日。
《宜必思在中国》,http://v.youku.com/v_show/id_XMTk1MDgwNzY0.html。
《产权》,百度百科。
《特许经营》,百度百科。
《差异化战略》,百度百科。
《战略调整》,百度百科。

四、建议课堂计划

建议使用六节课。

第一节课：讲解重要商务词汇与案例背景，进行案例学习准备。

重要商务词汇：产权、特许经营、差异化战略、战略调整。

第二节课：讲解案例正文，理清案例发展脉络，帮助学生理解案例。

案例讲解内容：

(1)介绍宜必思相关背景资料；

(2)了解中国酒店业的发展现状；

(3)描述宜必思的差异化战略选择。

第三~四节课：展开案例分析和讨论。

(1)分析宜必思如何实现自身的竞争优势？

(2)宜必思的差异化经营体现在哪些方面？

(3)宜必思在中国采取特许经营有哪些优势？

(4)宜必思在中国的特许经营模式特点是什么？

第五~六节课：进行案例总结，布置课后作业，完成案例书面报告。

(1)描述一个让你体验深刻的酒店住宿经历。

(2)你认为宜必思为什么要进行战略调整？

(3)你认为推动经济型酒店经营成功的因素有哪些？

(4)你认为特许经营模式适合什么样的企业采用？

企业战略——中韩

Enterprise Strategy

大韩航空的中国战略

第一部分　**案例陈述**

案例提要

　　中国航空业的市场增长迅速。大韩航空逐步明确了其中国战略,即通过开发二线城市、加强中转服务、拓展货运直飞业务三大战略来参与中国航空业的竞争。全球经济的逐步回暖以及一系列重大活动和赛事在中国的举办,也为大韩航空带来了好的形势。

关键词语

　　大韩航空　战略航班　中转服务　货运直飞

案例背景

　　随着全球经济的逐步复苏,货运业务大幅增长,国际客运业务回升,航空业迎来"春天"。中国作为全球发展潜力最大的市场,自然成为包括大韩航空在内的各航空公司重点开发的对象。大韩航空中国区首席代表李承范指出:"中国是我们最重要的市场。虽然中国地区业务占整个公司业务的比重还不是很大,但是近年来,中国地区业务收入一直是呈两位数增长。"2010年第一季度,中国地区高端客流增长率是整个大韩航空公司平均水平的2倍,达到45%。

案例正文

　　面对中国日趋增长的市场,大韩航空不断明确其在中国的企业战略。
　　1. 开发二线城市
　　同其他外国航空公司一般只聚焦北京、上海和广州这三个大城市不同,大韩航空在中国市场上走得更远。从1994年北京、沈阳、青岛、天津开航以来,大韩航空到2010年已经在中国的21个城市开设了26条航线,是在中国开设航线最多的外航。大韩航空还将继续扩大在中国的航线。2010年计划开辟黄山至首尔的新航线。因为黄山不仅是韩国游客喜欢的旅游胜地,还将是大韩航空在华中地区非常具有战略价值的目的地,目前大韩航空以包机形式运营此航线。

大韩航空还从 2010 年 3 月底开始,陆续加密中国二线城市的航班频率。如仁川—西安航线的航班将由每周 3 个班次升至 5 个班次;仁川—沈阳航线的航班将从现有的每周 7 个班次增至 14 个航班。仁川往返青岛的将从 7 月 2 日起增至每周 16 个航班;仁川—大连航线的 KE821/822 航班将从 7 月 17 日起增至 11 个航班。

大韩航空中国区首席代表李李承范认为,随着中国二线地方城市经济的迅速发展,今后这些城市的旅客在海外旅行方面的需求将一点也不亚于北京、上海等大城市。

2. 加强中转服务

大韩航空"深耕"中国市场是为了吸引更多的来自中国的中转客流。大韩航空现在运营的国际航线涉及全球 39 个国家 118 个城市。大韩航空一直强调要不断提高服务水平,以吸引更多的旅客搭乘大韩航班进行中转,前往世界各地。比如在中美航线上,大韩航空可以利用韩国仁川机场便利的中转服务来吸引顾客。大韩航空正在考虑"能不能把前往美国游的中国乘客变成'美国游+韩国游',这样能够更能吸引他们前往仁川机场中转。"

为了吸引顾客,大韩航空同仁川机场密切合作,采取很多措施改善服务,其中包括:(1)根据换乘时间的长短,安排多种首尔城市观光的项目,提供仁川机场贵宾休息室优惠 40% 的打折券。(2)对不能当天转机的乘客还提供一夜免费的住宿。(3)在大部分航线中配备中国籍乘务员。(4)在仁川机场设置中国航线专用登机手续柜台。此外,大韩航空还对其波音 777 机队客舱座椅进行了全面升级,升级后的头等舱座椅拥有更多的私密空间,商务舱座椅则从原先伸展后的 170 度变为 180 度,成为真正意义上的平躺式座椅,增加旅客的舒适度。

李承范指出,"今年预计中国的出境人数同比将增长 15% 以上,作为我们主力销售路线的美国、韩国线也将有很大增长。我们期待今年的销售业绩能够有 20% 以上的增长。"

3. 拓展货运"直飞"业务

从 2005 年开始,大韩航空的货运业绩一直保持排名世界第一。大韩航空有 26 架货机,拥有飞往全世界 38 个国家 103 个城市的航线网络。对于中国的货运市场,大韩航空也是颇为看好,并计划开发中部和西部的新市场。目前,大韩航空在上海、香港、广州、厦门、天津、北京、青岛 7 个城市运营货运航线,22 个支店进行货运的销售。

李承范说:"去年 5 月我刚到中国来的时候,当时货运市场低迷,运价也很低。但去年 10 月份开始,中国航空货运市场呈现爆发式的增长,运价也随之上升。但现在同去年 10 月份相比,中国航空货运增长率是有所下降的。我认为,这种增速放缓将会是长期趋势,但从长期来看,中国航空货运市场保持持续增长的态势不会改变。"

从 2010 年 6 月份开始,大韩航空计划利用第六航权,运营从上海(浦东)始发至欧美的直飞货运航线。以往大韩航空必须通过仁川机场中转,如果运营直飞货运航线,能够进一步提高大韩航空的竞争力。同时,大韩航空还计划在青岛航线上增加航班频率,从现在的每周 2 班增至每周三班。

对于大韩航空来说,企业战略的调整意义重大,因为接下来随着全球经济的逐步回暖,以及一系列将在中国举办的重大的国际性活动或赛事的展开,将为航空业带来客流的大幅变化。企业只有未雨绸缪,才能在未来的竞争中占得先机。随着航空业前景逐渐明朗,大韩航空对未来发展充满信心。

(改编自《大韩航空:中国市场主打"中转"牌》,中国民航新闻信息网,2010 年 5 月 24 日)

第二部分　案例教学

一、商业专业词汇

1. 运营：对企业经营过程的计划、组织、实施和控制，是与产品生产和服务创造密切相关的各项管理工作的总称。

2. 需求：是指在一定的时期，在既定的价格水平下，消费者愿意并且能够购买的商品数量。

3. 竞争优势：是一种特质。竞争力大或强的才有优势，那么这种优势就是独特的，否则它就不可能有更大或更强的竞争力。一般来说，只要竞争者在某些方面具有某种特质，它就具有某种竞争优势。因此，也可以说，竞争力是一种综合能力，而竞争优势只是某些方面的独特表现。

4. 项目：是指一系列独特的、复杂的并相互关联的活动，这些活动有着一个明确的目标或目的，必须在特定的时间、预算、资源限定内，依据规范完成。

5. 竞争力：是参与者双方或多方的一种角逐或比较而体现出来的综合能力。它是一种相对指标，必须通过竞争才能表现出来，笼统地说竞争力有大有小或强或弱。

二、思考题

(一)根据案例内容回答问题
1. 为什么大韩航空要开发二三线城市的市场？
2. 大韩航空为加强中转服务采取了哪些措施？
3. 列举大韩航空运营货运业务的优势。

(二)讨论题
1. 谈谈你对内部能力分析和外部环境分析的认识。
2. 试运用所学理论简要分析航空业的未来发展趋势。

第三部分　案例分析与总结

一、案例要点：企业战略、外部环境、内部环境

企业战略是企业未来发展目标和实现方式的总称，是关于企业未来发展的全局性、系统性和长远性的规划。企业战略可为公司层战略、业务层战略和职能层战略。企业战略受外部环境和内部资源的影响。

企业外部环境包括一般环境和产业环境，一般环境对企业外部的政治环境、社会环境、技术环境、经济环境等的总称。产业环境是对与企业关系最密切产业影响要素的总

称,包括如竞争者、潜在进入者、供应商、顾客、替代品生产厂商等。

内部环境包括企业内部资源和能力。内部资源有无形资源、有形资源,能力则强调对企业资源的利用能力。

二、案例总结

大韩航空之所以选择如此的中国战略,是有充分理由的。首先,类似黄山这样的旅游胜地,一直吸引着大量的韩国游客,非常具有战略价值。其次,伴随着西部大开发和中部崛起的政策,中国二三线地方城市经济也在迅速发展,今后这些城市的旅客在海外旅行方面的需求会大幅提高。最后,航空公司都在争夺一线城市市场,进入二三线城市,可有效避开激烈的竞争,所以做出了进入二三线城市的战略决策。

在中美航线上,大韩航空利用仁川便利的中转服务,颇具竞争优势。为加强中转服务,大韩航空不断提高服务水平,从而吸引到更多的国外行旅客搭乘他们的航班进行中转。"其次,通过与仁川机场的合作,采取了很多措施,包括根据换乘时间的长短,安排了多种首尔城市观光的项目,提供仁川机场贵宾休息室优惠40%的打折券,提供一夜免费的住宿,配备中国籍乘务员,在仁川机场设置中国航线专用登机手续柜台等等。此外,大韩还对其波音777机队客舱座椅进行了全面升级,每个月使用该机型运营上海航线10个航班。

选择加强货运直飞业务是因为:第一,大韩航空具有成熟的货运运营经验,货运业绩连续多年排名世界首位。第二,大韩航空有更完善的航线网络,可飞往全世界38个国家103个城市,且拥有26架货机,已经在上海、香港、广州、厦门、天津、北京、青岛7个城市运营货运航线,22个支店进行货运的销售。除此之外,大韩航空计划利用第六航权,运营从上海(浦东)始发至欧美的直飞货运航线,能够进一步提高其在货运市场的竞争力。

第四部分　案例使用说明

一、教学目的与用途

该案例涉及企业战略的内容。从战略管理的角度,通过对大韩航空的内部资源能力与外部环境分析,理解对大韩航空如何进行战略选择。让学生了解内部能力和外部环境对企业获取竞争优势的影响。

二、案例分析思路

1. 分析大韩航空在哪些方面开展其中国战略。
2. 探寻大韩航空进入二三线城市的原因。
3. 探寻大韩航空加强中转服务的原因。
4. 探寻大韩航空拓展货运"直飞"业务的原因。
5. 分析此项战略合作给大韩航空带来了哪些好处。
6. 讨论大韩航空的战略选择给其他企业带来了怎样的启示。

三、相关网络链接

《大韩航空:中国市场主打"中转"牌》:http://www.caacnews.com.cn/2010np/20100524/143299.html。

四、建议课堂计划

建议使用六节课。

第一节课:讲解重要商务词汇与案例背景,进行案例学习准备。

重要商务词汇:竞争优势、需求、项目、内部能力、外部环境。

第二节课:讲解案例正文,理清案例发展脉络,帮助学生理解案例。

案例讲解内容:

(1)介绍航空业和大韩航空公司

(2)描述大韩航空公司具有哪些内部能力

(3)描述大韩航空所面临的外部环境

(4)分析大韩航空的战略选择

第三~四节课:展开案例分析和讨论。

(1)二三线城市有什么特点?

(2)什么是中转服务?

(3)为什么大韩航空要开发二三线城市的市场?

(4)大韩航空为加强中转服务采取了哪些措施?

(5)列举大韩航空运营货运业务的优势。

第五~六节课:进行案例总结,布置课后作业,完成案例书面报告。

(1)谈谈你对内部能力分析和外部环境分析的认识。

(2)试运用所学理论简要分析航空业的未来发展趋势。

韩国乐天在中国市场的收购战略

第一部分 案例陈述

案例提要

与同业竞争者不同,乐天玛特采用接连并购的方式迅速进入中国市场,以应对韩国市场面临饱和的困境。当然,如何对收购的超市进行整合以及以何种方式与同区域同质企业展开竞争将会是乐天玛特面对的挑战。

关键词语

乐天玛特超市　并购零售业　中国市场整合

案例背景

乐天玛特是韩国第五大企业集团乐天集团下属的专营大型超市的子公司。与家乐福、沃尔玛等已在中国市场占得先机的国际零售巨头相比，乐天玛特进入中国时间较晚，它采取接连并购的方式追赶其竞争者。2008年6月，乐天玛特通过收购万客隆进入中国市场。北京首家乐天玛特望京店开业。此后，乐天玛特以北京、天津、山东、辽宁为先期拓展领域，逐步开拓全国市场，预计在2018年门店增至300家，销售额实现30兆韩元，成为"亚洲零售业之最"。

案例正文

与家乐福、沃尔玛深耕中国十多年的历史相比，2004年才开始谋划拓展中国市场的乐天玛特显然是个后来者。在2008年收购中荷合资的大型超市中贸联万客隆后，乐天玛特的门店才逐个开业。2009年10月打败本土零售巨头物美，以48.7亿港元对江苏南通时代零售进行了全盘并购，自此乐天玛特开始在中国遍地开花。

时代零售在华东地区拥有多家门店，其中包括大型超市和综合超市。在中国的中东部地区，尤其是三线以下中小城市中拥有90%流通网点的时代零售，其发展潜力巨大。其2008年的销售额为43亿元人民币，当期净利润为1.4亿元人民币，这在中国的大型超市中属于收益性较高的。时代零售还在江苏省南通市拥有运营规模约为33000平方米的物流中心。

并购前，乐天玛特原先在中国的10家门店都处在华北地区，时代零售则轻松为乐天打开了华东市场的大门。乐天玛特海外事业部部长金钟仁表示，对时代零售的收购完全基于其收益性，据其分析，100%收购股权时的资金量也比乐天自己开发同样65家门店的投资费用低约5.8亿元人民币。

"乐天玛特约花费了一年的时间准备此次收购事宜。"乐天玛特韩国总部代表理事卢炳容表示，此次收购之后，乐天玛特在中国大陆的卖场数量增至75家，将会进入中国大型超市销售额排行榜的前14位，并确信最晚2012年能进入前10位。

乐天玛特不惜重金拓展中国市场，同其在韩国本土所面临的大环境有密切的关系。韩国大型商场已趋于饱和，而且销售额和收益率每况愈下，各种零售市场前景报告也纷纷预测其中国大型商场将陷入低迷。韩国零售巨头们分析认为，从中国的人口规模来看，可以容纳1万多家大型商场，而2009年中国只有大约2000家。因此，韩国零售企业向海外扩张，尤其是打入中国市场就成为他们求得长远发展的首选。

乐天玛特在中国的策略是以北京、天津、山东、辽宁为先期扩展领域，逐步开拓全国市场，预计在2018年门店增至300家。专家分析称，对于在韩国零售业一直居于前两位的乐天来说，要想在中国"后来者居上"最便捷且可操作的方式就是并购。在并购时代零售之后，乐天也不排除再进行并购其他优质的本地企业的可能。

但是对手们的发展速度也很惊人。沃尔玛2009年在中国新开30多家门店，开店速度提升了40%以上；家乐福计划每年开店数量保持在20～25家之间。有业内人士指出，收购时代零售后，乐天玛特还面临整合，以及同区域内苏果、联华、大润发等同质企业的竞争。因此，并购了优质资源的乐天玛特在华的扩张依然充满挑战。除了面临竞争对手的挑战之外，如何对并购超市进行整合也是乐天玛特扩张之路上的一大难题。

(改编自《韩国乐天加速抢滩中国市场收购战略扩张海外》，华夏时报，2009年11月02日；《大型流通卖场乐天玛特城阳宝龙店盛大开业》，半岛网，2009年3月26日)

第二部分 案例教学

一、商业专业词汇

1. 零售："批发"的对称。商品经营者或生产者把商品卖给个人消费者或社会团体消费者的交易活动。特点是：每笔商品交易的数量比较少，交易次数频繁；出卖的商品是消费资料，个人或社会团体购买后用于生活消费；交易结束后商品即离开流通领域，进入消费领域。

2. 并购整合：是指企业收购后，两家企业在营运、组织和文化等各个方面进行融合。

3. 企业：是从事生产、流通、服务等经济活动，以生产或服务满足社会需要，实行自主经营、独立核算、依法设立的一种营利性的经济组织。

4. 企业集团，是为了一定的目的组织起来共同行动的团体。企业集团是多个公司在业务、流通、生产等等方面联系紧密，从而聚集在一起形成的公司。

5. 股票：股票是一种有价证券，是股份公司在筹集资本时向出资人公开或私下发行的，用以证明出资人的股本身份和权利，并根据持有人所持有的股份数享有权益和承担义务的凭证。

6. 收购：是指一个公司通过产权交易取得其他公司一定程度的控制权，以实现一定经济目标的经济行为。

7. 综合超市：是采取自选销售方式，以销售大众化实用品为主，并将超市和折扣店的经营优势结合为一体的，品种齐全，满足顾客一次性购齐的零售业态。

8. 净利润：是指在利润总额中按规定交纳了所得税后公司的利润留成，一般也称为税后利润或净收入。

9. 物流中心：是物流网络的节点，具有物流网络节点的系列功能。

二、思考题

(一)根据案例内容回答问题

1. 乐天玛特为什么选择并购方式进入中国市场？
2. 并购时代零售给乐天玛特带来了什么？
3. 乐天玛特在中国面临哪些竞争对手？

(二)讨论题

1. 你认为韩国乐天在中国市场上迅速实现扩张之后会面临哪些问题？
2. 企业并购有哪些动因。

3. 列举出其他收购案例以及可借鉴的经验和教训。

第三部分　案例分析与总结

一、案例要点：并购

并购一般是指兼并和收购。兼并又称吸收合并，指两家或者更多的独立企业，公司合并组成一家企业，通常由一家占优势的公司吸收一家或者多家公司。收购指一家企业用现金或者有价证券购买另一家企业的股票或者资产，以获得对该企业的全部资产或者某项资产的所有权，或对该企业的控制权。与并购意义相关的另一个概念是合并，是指两个或两个以上的企业合并成为一个新的企业，合并完成后，多个法人变成一个法人。

企业采取并购战略一般基于以下几个原因：(1)扩大生产经营规模，降低成本费用；(2)提高市场份额，提升行业战略地位；(3)取得充足廉价的生产原料和劳动力，增强企业的竞争力；(4)实施品牌经营战略，提高企业的知名度，以获取超额利润；(5)为实现公司发展的战略，通过并购取得先进的生产技术，管理经验，经营网络，专业人才等各类资源；(6)通过收购跨入新的行业，实施多元化战略，分散投资风险。

二、案例总结

乐天玛特的收购行为是为了企业发展的长期战略。主要原因是：(1)本土市场已趋于饱和，而且销售额和收益率每况愈下，各种零售市场前景报告也纷纷预测其国内大型商场将陷入低迷。(2)中国市场迅速发展，海外扩张尤其是打入中国市场成为韩国企业求得长远发展的首选。(3)快整提升其在中国零售业的地位，通过并购可在短期内起到规模和市场扩张的目的。

乐天在并购时代零售后，在华东市场的门店数量快速增长，随后在北京、天津、山东进行扩张，并逐步扩至全国市场，通过并购不断扩大规模。但并购只是一个开始，并购后的整合，是乐天玛特后续发展中面临的一大难题。

第四部分　案例使用说明

一、教学目的与用途

结合案例对并购战略管理理论进行讲解。首先，阐述并购战略的概念及其在战略管理中的重要性。然后，介绍收购策略会带来哪些问题，及采用并购战略的企业要注意的问题。让学生了解企业发展中的并购和整合战略。

二、案例分析思路

1. 探寻乐天玛特实施并购战略的原因。

2. 分析乐天玛特为何选择并购时代零售。
3. 分析此项战略给乐天玛特带来了哪些好处。
4. 讨论这项战略给其他企业带来了怎样的启示。
5. 总结与归纳并购战略的利弊。
6. 寻找其他案例材料加深对并购战略的认识。

三、相关网络链接

《大型流通卖场乐天玛特城阳宝龙店盛大开业》,半岛网,2009年3月26日。
《韩国乐天加速抢滩中国市场收购战略扩张海外》,华夏时报,2009年11月2日。
《并购》,百度百科。
《整合》,百度百科。

四、建议课堂计划

建议使用六节课。
第一节课:讲解重要商务词汇与案例背景,进行案例学习准备。
重要商务词汇:并购 零售业 整合 物流中心。
第二节课:讲解案例正文,理清案例发展脉络,帮助学生理解案例。
案例讲解内容:
(1)介绍乐天集团和乐天玛特公司;
(2)描述乐天玛特是如何进入中国的;
(3)描述乐天玛特收购时代零售的好处;
(4)了解乐天玛特未来所面临的挑战。
第三~四节课:展开案例分析和讨论。
(1)乐天玛特为何要开拓中国市场?
(2)乐天玛特为何选择通过收购的方式进军中国市场?
(3)乐天玛特对本土企业的并购为谁带来了好处,带来了哪些好处?
(4)如果你是企业管理者,在进入新的市场时,你会考虑采取哪些策略?
(5)如果你是企业管理者,在面临新潜在竞争对手进入时,你会如何应对?
第五~六节课:进行案例总结,布置课后作业,完成案例书面报告。
(1)你认为韩国乐天在中国市场上迅速实现扩张之后会面临哪些问题?
(2)列举出其他收购案例以及可借鉴的经验和教训。

企业战略——中美
Enterprise Strategy

联想并购 IBM 的 PC 业务

第一部分 案例陈述

案例提要

为了成为世界性品牌,联想在 2005 年购并了 IBM 的全球 PC 业务,凭借此次并购,联想一跃成为全球第三大个人电脑企业。

关键词语

联想 IBM 收购 PC 业务

案例背景

联想集团成立于 1984 年,由中科院计算所投资 20 万元人民币、11 名科技人员创办。创始人柳传志也一直立志于"办一个长期的、有规模的、高技术企业,领衔中国 PC 市场"。经过十多年的发展,联想已经成为中国市场占有率最大的企业。2002 年,联想电脑的市场份额达 27.3%(数据来源:IDC)。这是自从 1996 年以来连续 7 年位居国内市场销量第一。截至 2003 年 3 月底,联想集团已连续 12 个季度获得亚太市场(除日本外)第一(数据来源:IDC)。2002 年第二季度联想台式电脑销量首次进入全球前五,其中消费电脑世界排名第三。

于是,联想开始将眼光放至国外市场,联想渴望成为世界性品牌。2004 年,联想公司正式从"Legend"更名为"Lenovo",并在全球范围内注册。2005 年 5 月 1 日,联想斥巨资正式完成了对 IBM 全球 PC 业务的收购,并一跃成为全球第三大个人电脑企业。

案例正文

2004 年 12 月 8 日,联想集团有限公司召开了新闻发布会,宣布收购 IBM 公司 PC 业务部门。

2005 年 2 月 4 日,联想公布了由联想和 IBM PC 业务现任高级管理人员组成的管理团队。2 月 23 日对外宣布了联想中国 2005 年财年的策略。2 月 28 日在 IBM 一年一度的合作伙伴大会上,IBM 隆重推出并介绍了联想。这是对两家公司长期战略合作伙伴关系承诺的表现。联想产品在本次合作伙伴大会上引起了来自全球 IT 产品销售商的关注,并得到高度赞赏和评价。3月2日,新联想改革与转型委员会近30名成员在拉斯维加斯召开了为期两天的第一次会议,会议在了解彼此的业务、人员和文化的同时,为新公司战略和文化建设开始筹划。3月9日,美国外国投资委员会对联想并购 IBM PC 业务的审查提前通过,为交易的继续进行铺平了道路。也是在这个月,全球三大私人股权投资公司德克萨斯太平洋集团、General Atlantic 及美国新桥投资集团宣布向联想集团提供3.5亿美元的战略投资,占有约12.4%的股权。

2005年5月1日,联想集团与 IBM 共同宣布,联想完成了对 IBM 全球 PC 业务的收购,全球第三大个人电脑企业从此诞生。根据收购交易条款,联想已支付 IBM 的交易代价为12.5亿美元,其中包括约6.5亿美元现金及价值6亿美元的联想股份,并承担来自 IBM 约5亿美元的净负债。IBM 总共将得到大约10亿美元的税前收入。新联想总部设在美国纽约,员工总数达19万人(其中约9 500人来自 IBM,约10 000来自联想集团)。新公司的股权结构为中方股东——联想集团控股将拥有联想集团45%左右的股份,IBM 公司将拥有18.5%左右的股份。联想表示,联想个人电脑的合并年收入将达约130亿美元,年销售个人电脑约1 400万台,从而成为全球第三大个人电脑企业。

2005年9月30日,联想集团公布了全新的全球组织架构,将原有业务和原 IBM 全球 PC 业务在全球范围内整合在一起,形成统一的组织架构。联想认为企业并购发生之后,各方面最好尽可能保持稳定。联想采取了渐进的而不是突变的整合方式,进入了平稳的过渡期和整合期,各方面运营有序进行。新联想承诺公司产品和服务的品质不变,服务团队不变,已签署和在执行的合约不变。中国市场仍然是新联想的大本营。新联想在中国的业务将保持稳定和持续增长。具体来说,在品牌方面,联想将使用 IBM 的品牌五年。这可以继续保持 IBM 的全球品牌和高价值品牌、高形象品牌的定位。销售模式方面,联想也将继续使用 IBM 的销售模式,。两个公司将继续保持各自的销售网络,即联想的队伍卖联想的产品,IBM 的队伍卖 IBM 的产品。等一段时间之后,再整合销售渠道。这些稳中求变的措施会使客户感觉产品的质量和服务都没有太大的变化,有利于留住顾客。

2005年11月1日,联想集团公布了新财年第二季度的业绩,财报显示联想整体营业额持续增长,集团在新兴市场的增长亦渐趋理想。营业额达港币285亿元,增长404%。由于营业额增长主要来自新兴市场业务增长及原 IBM 全球 PC 业务的贡献,可以说联想在收购 IBM 全球 PC 业务的第一年里,成功达到预定目标,为争霸全球 PC 市场打下良好基础。

(参考资料:《联想并购 IBM 策略及效用分析》,现代商业,2008年30期。《联想收购过程中的战略问题分析》,中共济南市委党校学报,2006年1期。http://wenku.baidu.com/view/a0acee4ae45c3b3567ec8bc6.html)

第二部分 案例教学

一、商业专业词汇

1. 收购(Acquisition):是指一个公司通过产权交易取得其他公司一定程度的控制权,

以实现一定经济目标的经济行为。收购是企业资本经营的一种形式,既有经济意义,又有法律意义。收购的经济意义是指一家企业的经营控制权易手,原来的投资者丧失了对该企业的经营控制权,实质是取得控制权。从法律意义上讲,中国《证券法》的规定,收购是指持有一家上市公司发行在外的股份的30%时发出要约收购该公司股票的行为,其实质是购买被收购企业的股权。

2. 战略投资:一般认为,战略投资指依附于某个行业,以提升某个产业、培育产业的领头企业为目的;或者以进军某个产业,在产业中占据重要地位等为目的的投资。

3. 股权结构:是指股份公司总股本中,不同性质的股份所占的比例及其相互关系。股权即股票持有者所具有的与其拥有的股票比例相应的权益及承担一定责任的权力。

4. 组织架构(Organizational Structure):是指对于工作任务如何进行分工、分组和协调合作。

5. 销售渠道:是指某种货物或劳务从生产者向消费者移动时,取得这种货物或劳务所有权或帮助转移其所有权的所有企业或个人。简单地说,销售渠道就是商品和服务从生产者向消费者转移过程的具体通道或路径。

6. 集团:是为了一定的目的组织起来共同行动的团体。指多个公司在业务、流通、生产等等方面联系紧密,从而聚集在一起形成的公司(或者企业)联盟。

7. 市场占有率:指一个企业的销售量(或销售额)在市场同类产品中所占的比重,直接反映企业所提供的商品和劳务对消费者和用户的满足程度,表明企业的商品在市场上所处的地位。市场份额是企业的产品在市场上所占份额,也就是企业对市场的控制能力。市场份额越高,表明企业经营、竞争能力越强。

8. 品牌:是给拥有者带来溢价、产生增值的一种无形的资产,他的载体是用以和其他竞争者的产品或劳务相区分的名称、术语、象征、记号或者设计及其组合,增值的源泉来自于消费者心智中形成的关于其载体的印象。

9. 战略合作伙伴:是指能够通过合资合作或其他方式,能够给企业带来资金、先进技术、管理经验,提升企业技术进步的核心竞争力和拓展国内外市场的能力,推动企业技术进步和产业升级的国内外先进企业

10. 股:是股份公司均分其资本的基本计量单位,对股东而言,则表示其在公司资本中所占的投资份额。

11. 营业额:是商品在交易中的总量金额,这个指标是不除去如进货或是原材料等费用的

一、根据案例内容回答问题

1. 这项并购对于联想和IBM来说好处分别有什么?
2. 联想是怎样来保持过渡整合期的平稳、并留住客户?

二、讨论题

1. 联想对于IBM的并购从而进军国际市场对于中国大量想要"走出去"的企业有何启示?

2. 中国企业海外并购成功的案例很少，你认为其中的主要原因是什么？
3. 这项并购对于联想来说存在哪些潜在风险？

第三部分　案例分析与总结

一、案例要点：并购、并购整合

并购指兼并（Merger）和收购（Acquisition）。兼并又称吸收合并，指两家或者更多的独立企业、公司合并组成一家企业，通常由一家占优势的公司吸收一家或者多家公司。收购指一家企业用现金或者有价证券购买另一家企业的股票或者资产，以获得对该企业的全部资产或者某项资产的所有权，或对该企业的控制权。

并购整合是指企业并购后，两家企业在战略、组织、人员、文化等各个方面进行融合。(1)战略整合，并购后企业根据战略目标和内外部环境进行战略调整，形成相对统一性战略方案。(2)组织融合，进行组织结构调整，重新进行分工与协作。(3)人员整合，根据并购后的战略目标进行激励制度和人员安排上的整合。(4)文化整合，并购后企业在了解双方企业文化基础上，实现文化上的协同与融合。

二、案例总结

联想对于IBM PC业务的并购，涉及金额大，且两家都是大公司，并购后的整合非常重要。联想对于IBM PC业务的成功并购体现在以下三个方面：

一、较好地融合了文化差异，缓解了文化差异造成的负面影响。收购前的充分准备和收购期的信息传播，有效的应对来自市场和政府的压力，顺利通过了美国外国投资委员会审查；收购后，面对中美文化差异，稳妥地开展内部管理上的调整。

二、成功解决了企业管理层融合与员工队伍本土化问题。并购后，联想采取了保留原IBM高管、总部移师国外、加薪等一系列策略稳定员工队伍，稳定并购后公司经营活动，使之得以持续发展。

三、较好地发挥两个品牌的优势。联想是中国品牌，IBM是美国品牌，联想收购IBM PC后，可在5年内使用IBM品牌，让客户有一个适应期，也为新品牌的塑造给出一个培育期。

第四部分　案例使用说明

一、教学目的与用途

该案例涉及并购战略管理理论。首先，阐述并购战略的概念及其在战略管理中的重要性。然后，介绍收购策略会带来哪些问题，及采用并购战略的企业要注意的问题。让学生了解企业发展中的并购和整合战略。该案例适用于高级汉语的学员，适用于企业战略管理课程，难度偏高。

二、案例分析思路

1. 探寻联想实施并购 IBM PC 的原因。
2. 分析联想为何选择并购 IBM PC。
3. 分析此项战略给联想带来了哪些好处。
4. 讨论这项战略给其他企业带来了怎样的启示。
5. 总结与归纳并购战略的利弊。
6. 寻找其他案例材料加深对并购战略的认识。

三、案例教学支持

1. 教学课件

（1）课前准备。一方面，教师要充分把握案例内容，并将班级分组；另一方面，在教师问题引导下，学生预习案例，了解案例主题及发生背景。

（2）案例分析与辩论。

A. 课堂导入案例。教师通过多媒体展示介绍案例背景，激发学生兴趣。

B. 课堂分析案例。教师朗读案例，介绍案例，引导学生了解案例篇章结构，扫除案例理解中相关知识与语言障碍。

C. 小组讨论案例。根据案例问题进行小组讨论，教师监督与指导，提供相应帮助，学生整合观点，组织有效语言表达，以训练思维能力与表达能力。

D. 班级讨论案例。教师引导，可采取小组汇报、互问型、辩论型、角色扮演型等方式表达意见，以训练听说能力。

（3）案例总结。归纳与评价教学内容，教师引导学生写作案例报告，总结典型语法结构或篇章结构。

（4）复习巩固。针对案例内容，进行大量的语言训练，巩固所学内容；针对案例主题，布置相关案例写作、课外实践等活动。

2. 视听辅助材料，即能与案例一起使用的影视、录像视频、幻灯片、剪报、样品和其他材料，以扩大视野，更有效地提高学生听说能力。

3. 相关网站链接：

《联想并购 IBM 策略及效用分析》，现代商业，2008 年 30 期。

《联想收购过程中的战略问题分析》，中共济南市委党校学报，2006 年 1 期。http://wenku.baidu.com/view/a0acee4ae45c3b3567ec8bc6.html。

《联想收购 IBM PC 的后期》，经济观察报，2006 年 3 月 24 日。

《柳传志谈联想并购 ibm PC 业务》，http://v.ku6.com/show/_wVHhEl1－mRcjjcO.html？pta－3－p1－ddetail。

《收购》，百度百科。

《战略投资》，百度百科。

《股权投资》,百度百科。
《组织架构》,百度百科。
《销售渠道》,百度百科。

四、建议课堂计划(结合教学课时)

建议使用六节课。
第一节课:讲解重要商务词汇与案例背景,进行案例学习准备。
重要商务词汇:收购战略投资股权结构组织架构
第二节课:讲解案例正文,理清案例发展脉络,帮助学生理解案例。
案例讲解内容:
(1)介绍联想集团和IBM相关背景资料;
(2)描述联想是实施收购战略的过程;
(3)描述联想收购IBM PC的好处;
(4)了解联想集团未来所面临的挑战。
第三~四节课:展开案例分析和讨论。
(1)联想为何要收购IBM PC?
(2)联想集团为何选择渐进的收购方式?
(3)联想集团对IBM PC的并购为谁带来了好处,带来了哪些好处?
(4)联想是怎样来保持过渡整合期的平稳、并留住客户
第五~六节课:进行案例总结,布置课后作业,完成案例书面报告。
(1)联想对于IBM的并购从而进军国际市场对于中国大量想要"走出去"的企业有何启示?
(2)中国企业海外并购成功的案例很少,你认为其中的主要原因是什么?
(3)这项并购对于联想来说存在哪些潜在风险?

沃尔玛中国低成本战略的坎坷之路

第一部分　案例陈述

案例提要

全球零售巨头沃尔玛在全世界凭借其低成本战略所向披靡,然而在中国沃尔玛的低成本战略却举步维艰……

关键词语

沃尔玛　零售业　成本控制　低薪酬　配送链

案例背景

沃尔玛不过是一家百货连锁零售商,但却在世界500强中名列前茅。这主要就是因为沃尔玛具有近乎完美的成本控制方法。但是自1996年沃尔玛进入中国,直至2006年,历经了十年的发展,它在中国的经营状况却不尽如人意。这个公认的世界零售巨头在登陆中国市场十年后仍然处于亏损状态。与它在美国本土的盛况相比,可谓天壤之别。沃尔玛的低成本之路在中国市场究竟遇到了哪些尴尬呢?

案例正文

1996年,沃尔玛进入中国市场。沃尔玛的经营宗旨是"天天平价,始终如一"。沃尔玛能够长期保持"天天低价"和"最周到的服务"正是由于其高明的成本控制管理方法。沃尔玛的做法是:

一是坚持直接采购。传统的零售商在采购时往往要通过很多中间商。每经过一个中间商,价格就要高出一部分。所以,减少中间环节就能将很多支出节省下来。沃尔玛就是绕开中间商,直接从工厂进货,为降低采购价格提供了更大的空间,从而能够提供更为低廉的商品价格。

二是坚持节约成本。沃尔玛的商店装潢都比较简单。店铺大多设在租金低而交通集中的地方或公路旁,以此降低其固定费用。沃尔玛的办公场所非常简陋。沃尔玛严守办公费用只占营业额2%这一规范,从而"比竞争对手更节约开支"。在沃尔玛公司你看不到华而不实的办公场所和设备,只有20%的正式职工,其余的80%员工是一些兼职人员,管理成本降到极致。据统计,沃尔玛的销售成本和管理成本只占全部成本的16%。沃尔玛也经常让经理们穿着西装走到第一线直接为顾客服务。就连高层管理人员外出公干也是选择最廉价的机票和住宿。这样就使得节约成为企业的文化之一。

三是坚持货物配送的统一性和高科技性。沃尔玛公司实行统一定货、统一分配、统一运送。供货商将货物运到配送中心之后,不在库房里消耗时间。装箱的商品从一个卸货处运到另一个卸货处。这种做法使沃尔玛每年都可以节省数百万美元的仓储费用。另外,沃尔玛公司通过交换电子数据来控制商品库存量,同时还花巨资发射了一颗商用卫星,实现了全球信息互通。通过卫星以及网络,公司总部能够及时全面掌握销售情况,合理安排进货结构,及时补充库存和不足。从而实现了全球采购、物流系统的有效共享,有效地降低了存货水平,减少资金成本和库存费用。

简言之,沃尔玛的成本控制优势具体表现在其低进价、低成本、低售价的"三低"经营方式+高自动化物流系统和信息系统。这种方式是建立在美国的高科技、高收入、高消费等大环境下的。而在中国,许多因素制约了它的发展与运用。一方面,节约办公成本带来了一些负面影响。沃尔玛严守办公成本只占营业额2%的低成本运行规范。这导致的最直接结果是沃尔玛给员工的薪酬很低。这就使得员工在工作中产生消极情绪,将微笑换成了漫不经心甚至是恶劣的态度。而在其他国家甚至还曝出雇用非法移民、雇用童工的恶性事件。另一方面,货物配送的统一性和高科技性在中国受到制约。在中国,沃尔玛的高度自动化物流系统并没有在高效的信息系统的协同作用下产生应有的效应。美国有四通八达的高速公路以及遍布全美3 000多家沃尔玛门店和布局合理的配送中心,为其成本控制提供了必要的条件。但是中国的高速公路发展水平低,这使得沃尔玛在配送链上大打折扣。在配送中心上的设置上,沃尔玛的配送中心也只有深圳和天津两家。这使得围绕一个配送中心密集建店的做法无法在中国实施。沃尔玛在中国遇到的尴尬为中国零售业提供了多种启示。它的低成本策略在中国的未来又将如何,人们还在拭目以待。

(参考资料:《浅析沃尔玛在中国低成本策略的坎坷之路》,商场现代化,2007年第27期。《沃尔玛的成本控制对中国零售行业的借鉴意义》,经济观察报,2006年2月18日。《沃尔玛获利靠降成本和开拓市场》,http://v.ku6.com/show/uM_ViaEdfw3Ou1 - i.html)

第二部分　案例教学

一、商业专业词汇

1. 成本控制:是企业根据一定时期预先建立的成本管理目标,由成本控制主体在其职权范围内,在生产耗费发生以前和成本控制过程中,对各种影响成本的因素和条件采取的一系列预防和调节措施,以保证成本管理目标实现的管理行为。

2. 采购(purchasing):是指企业在一定的条件下从供应市场获取产品或服务作为企业资源,以保证企业生产及经营活动正常开展的一项企业经营活动。采购是一个商业性质的有机体为维持正常运转而寻求从体外摄入的过程。分为战略采购(sourcing)和日常采购(procurement)两部分。

3. 固定费用:"可变费用"的对称。短期内不随企业(或单一工程、单一设备)产量(工作量)的变化而变化的费用,如固定资产折旧费等。

4. 库存:是仓库中实际储存的货物。可以分两类:一类是生产库存,即直接消耗物资的基层企业、事业的库存物资,它是为了保证企业、事业单位所消耗的物资能够不间断地供应而储存的;一类是流通库存,即生产企业的成品库存,生产主管部门的库存和各级物资主管部门的库存。

5. 配送中心:是接受并处理末端用户的订货信息,对上游运来的多品种货物进行分拣,根据用户订货要求进行拣选、加工、组配等作业,并进行送货的设施和机构。

6. 企业文化:或称组织文化(Corporate Culture 或 Organizational Culture),是一个组织由其价值观、信念、仪式、符号、处事方式等组成的其特有的文化形象。

7. 连锁零售商:众多经营同类商品或服务的零售企业,在核心企业(连销总部)的领导下,通过规范化管理、实行集中采购和分散销售的现代流通组织形式。

8. 管理成本:指企业行政管理部门为组织和管理生产经营活动而发生的各项费用支出,例如工资和福利费、折旧费、办公费、邮电费和保险费等。

9. 总成本:是指企业生产某种产品或提供某种劳务而发生的总耗费。即:在一定时期内(财务、经济评价中按年计算)为生产和销售所有产品而花费的全部费用。总成本,记作TC(total cost)。

10. 仓储费用:存货人委托保管人保管货物时,保管人收取存货人的服务费用,包括保管和装卸等各项费用;或企业内部仓储活动所发生的保管费、装卸费以及管理费等各项费用。

11. 存货:是指企业在日常活动中持有的以备出售的产成品或商品、处在生产过程中的在产品、在生产过程或提供劳务过程中耗用的材料和物料等,存货分类为:在途物资、原材料、在产品、库存商品、发出商品、委托加工物资、周转材料等七大类。

12. 资金成本:指企业为筹集和使用资金而付出的代价。资金成本包括资金筹集费用和资金占用费用两部分。资金筹集费用指资金筹集过程中支付的各种费用,如发行股票,发行债券支付的印刷费、律师费、公证费、担保费及广告宣传费,资金占用费是指占用他人资金应支付的费用,或者说是资金所有者凭借其对资金所有权向资金占用者索取的报酬。如股东的股息、红利、债券及银行借款支持的利息。

13. 库存成本:指在存仓储在仓库里的货物所需成本,它还包括订货费、购买费、保管费

二、思考题

(一)根据案例内容回答问题。

1. 沃尔玛在美国取得成功的原因有哪些?
2. 采用类似的模式,为什么沃尔玛在中国不能获得同美国一样的成绩,从中我们可以得出什么?

(二)讨论题

1. 沃尔玛对于中国的零售业有什么启示?
2. 在跨国企业本土化的过程中,我们应该做到注意什么(结合沃尔玛的案例)?

第三部分 案例分析与总结

一、案例要点:零售业的成本控制

成本控制,是企业根据一定时期预先建立的成本管理目标,由成本控制主体在其职权范围内,在生产耗费发生以前和成本控制过程中,对各种影响成本的因素和条件采取的一系列预防和调节措施,以保证成本管理目标实现的管理行为。

成本控制是沃尔玛在美国取得成功的关键因素,也是零售业企业取得成功的关键因素之一,然后其在中国曾经所遭遇的阶段性的挫折则说明了没有任何一个模式是放之四海而皆准的。沃尔玛在中国本土化的过程中,忽略了一些中国的一些基本国情,从而导致了其低成本战略的暂时失败。

二、案例总结

沃尔玛的成本控制管理方法包括：(1)直接采购；(2)坚持节约成本；(3)坚持货物配送的统一性和科技化。这些经验在美国市场取得了成功，但在中国市场却未达到目的，原因有以下几点：

一是节约成本本身没错，但沃尔玛在中国的低薪酬策略，这影响了员工的工作积极性，从而降低了服务水平。二是其高度自动化的物流系统，在中国短期内缺乏高效的信息系统支持，无法发挥协同效应，因此没有发挥出相应的效果。

总之，对于一个成熟的跨国企业来说，在海外市场的拓展过程中，借鉴其原来的成功经验固然重要，然而更重要的是结合所在国的国情进行策略的调整和更新。

第四部分　案例使用说明

一、教学目的与用途

该案例涉及竞争战略和本土化基本理论的内容。从企业竞争战略的角度，突出沃尔玛的低成本战略；从本土化角度，说明沃尔玛在中国市场受到的挫折，让学生了解企业战略中低成本战略和本土化战略的基本概念。指该案例适用于高级汉语的学员，适用于企业战略管理课程，难度偏高。

二、案例分析思路

1. 探寻沃尔玛进行成本控制的方法。
2. 分析沃尔玛如何实现自身的竞争优势。
3. 讨论沃尔玛在中国面临的难题。
4. 讨论沃尔玛的低成本战略给其他企业带来了怎样的启示。
5. 总结与归纳差异化战略与低成本战略的异同。
6. 寻找其他材料探讨企业应当如何采取低成本化战略。

三、相关网站链接

《浅析沃尔玛在中国低成本策略的坎坷之路》，商场现代化，2007年第27期。

《沃尔玛的成本控制对中国零售行业的借鉴意义》，经济观察报，2006年2月18日。

《沃尔玛获利靠降成本和开拓市场》，http://v.ku6.com/show/uM_ViaEdfw3Ou1－i.html。

《成本控制》，百度百科。

《采购》，百度百科。

《固定费用》，百度百科。

《库存》，百度百科。

《物流系统》,百度百科。
《配送中心》,百度百科。
《企业文化》,百度百科。

四、建议课堂计划(结合教学课时)

建议使用六节课。

第一节课:讲解重要商务词汇与案例背景,进行案例学习准备。

重要商务词汇:低成本战略、库存、企业文化。

第二节课:讲解案例正文,理清案例发展脉络,帮助学生理解案例。

案例讲解内容:

(1)介绍沃尔玛相关背景资料

(2)描述沃尔玛的低成本战略

(3)描述沃尔玛在中国遭受的挫折

第三~四节课:展开案例分析和讨论。

(1)分析沃尔玛如何实现自身的竞争优势?

(2)为什么沃尔玛在中国难以取得竞争优势?

(3)讨论低成本战略给其他企业带来了怎样的启示?

(4)结合案例说明差异化战略和低成本战略的异同?

第五~六节课:进行案例总结,布置课后作业,完成案例书面报告。

(1)沃尔玛对于中国的零售业有什么启示?

(2)在跨国企业本土化的过程中,我们应该做到注意什么(结合沃尔玛的案例)?

企业战略——中日
Enterprise Strategy

海尔国际化战略

第一部分 案例陈述

案例提要

海尔冰箱一直是中国人引以为豪的民族品牌,它象征着一种不断创新、不断超越的民族精神。然而,在海尔冰箱刚走出国门,走进世界时,也并不是一帆风顺的。面对国外不同的消费习惯,不通的竞争环境,海尔的国际化战略也有所不同。从1997年,海尔冰箱开始进入日本市场。通过对当地消费者的充分调研与理解,与当地企业合作共赢,采取有效的营销宣传手段等方式,海尔终于赢得了日本消费者的认同与掌声。

关键词语

海尔冰箱　国际化战略　营销渠道

案例背景

1984年,海尔创立之初只是一家濒临倒闭的集体企业,名叫青岛电冰箱总厂。自从张瑞敏担任企业总裁后,接连在产品质量、多元化、国际化等方面调整了企业战略,历经20余年的发展,2009年海尔首次成为全球最大的白色家电(包括冰箱、洗衣机、空调等)厂商。

海尔的冰箱产品从1997年开始进入日本市场。作为海尔国际化战略重要的一环,海尔冰箱在日本市场面临许多难题:一是如何让日本的消费者接受海尔品牌。日本消费者对家电是非常挑剔的,这不仅表现在对品牌的不信任上,而且对产品设计、外观都有特殊的要求。二是如何打开市场,即选择怎样的方式与日本本土品牌展开竞争。日本本土的家电企业在日本市场已经占据较大的市场份额,并且与经销商之间建立了多年的合作关系。海尔只有选择合适的战略才能有效地渗入日本市场。对此,海尔管理层根据日本市场的特点,有针对性地制定了国际化战略。

案例正文

1997年，对于日本消费者来说，海尔冰箱还是个非常陌生的品牌。然而十年之后，海尔冰箱不仅成功打开了日本市场的销路，而且成为日本家喻户晓的知名品牌。面对非常挑剔的日本消费者，海尔的国际化战略是如何成功的呢？

从营销渠道上，海尔走过了一条设立销售据点、与当地知名厂商合营销售、收购当地厂商的渐进道路。刚开始进入日本市场时，海尔公司采取建立自己的销售据点的方式，但投入大，效果却不明显。从2002年2月开始，海尔与日本三洋合资成立三洋海尔株式会社，利用三洋在日本全国的分销网络销售海尔家电产品，2002年5月，三洋海尔株式会社经销的海尔品牌家电全面进入日本家电市场，并以与日本名牌家电相当的价格初步树立起海尔品牌的美誉度。日本产业界的权威人士认为，海尔是第一个真正被日本消费者接受的非日本品牌。2007年3月31日，三洋海尔株会社这个合资公司完成海尔在日本市场渗透的目标之后，宣告解散，转由海尔集团出资，公司变更为海尔营销株式会社，继续负责海尔进口家电在日本市场销售、服务。在之后的短短三年时间里，海尔产品在日本市场的销量就突破100万台。目前，海尔营销株式会社已构建了 G.M.S.系统、家电连锁系统、HomeCenter(家居中心)以及网络网购系统四维立体分销网络。在日本市场不少知名的综合商品批发商、家电批发零售商如 KS、BEST、BIC、AOEN 等均代理或销售海尔冰箱，形成了遍布日本全国各地的销售网络。

从宣传推广上来看，日本东京银座这条最繁华的商业街云集着诸多世界一流的品牌，同时也是世界所有品牌都梦想立足的地方，但是其价格又让众多的知名企业望而却步。2003年8月20日，海尔集团在银座树立起中国企业的第一块广告牌。海尔广告高12.3米，共分三面，其中正面宽是12.3米，2个侧面宽分别是9.1米、9.4米，有多种图案变化，简洁、醒目、高雅，体现海尔品牌的大气，已经成为银座最有特色的广告之一。海尔广告不仅仅点亮了银座这条商业街，更点亮了众多日本消费者的心。一时间，日本各家新闻媒体、报纸周刊，都对此做了详细的报道，日本的国家电视台 NHK 电视台更是推出一系列介绍海尔集团的节目，彻底改变了以往中国产品在日本消费者心目中的价格低廉、产品质量差的观念。"银座亮灯"不仅仅具有广告效应，在某种程度上，这种广告还成为中国企业海外影响力上升的一个标志。此外，海尔集团也通过参加各类展览会和进行企业赞助等方式以提高自身的知名度。2005年海尔参展爱知世界博览会，并举行了产品销售破百万台的纪念活动。海尔冰箱还选择了当地最受欢迎的棒球队，通过棒球赞助使海尔在日本的知名度进一步扩大，海尔冰箱在日本的业务也迈上更高的台阶。

从产品的设计研发上来看，由于冰箱产品是一种与用户生活密切相关的产品，因此要求厂商对当地人的生活状态有深入的理解。日本是一个岛国，却有一、两亿人口，人们对空间和土地无比珍惜，日本人的生活空间很小并且用度精确。海尔针对日本城市家庭居住环境所开发的JF－NC66A，可以称为"让家变得大起来"的家具缝隙空间的最好利用者。再者，海尔还发现：在日本，单身贵族占了相当大的比例。2010年海尔又在日本市场推出两款新冰箱，这两款新冰箱分别为66升(JF－NC66A)和145升(JF－NC145A)。145升、66升作为该公司103升、205升中间梯段产品，很好地填补了日本市场上该容积段的空白，极大程度上满足了"100升不够用，200升太大"单身等消费群体的特殊需求。

到2004年，在日本第二大百货超市连锁店里，海尔冰箱的市场总份额已占到60.9%，成为该连锁超市销售量最多的冰箱,而闻名世界的日本三洋、松下、夏普、三菱四大冰箱品牌的市场份额总和仅占海尔冰箱市场份额的一半。这说明,海尔冰箱在日本采取的策略是卓有成效的,对其多方位的国际化战略起到了重要作用。

(参考资料:《海尔,征服世界的脚步》,网易报道,2010年6月,http://money.163.com/10/0617/11/69CJ37N700253G87.html;《联想 VS 海尔的国际化战略》,http://wenku.baidu.com/view/11b8f688d0d233d4b14e6929.html;《从海尔看本土化战略》,《市场周刊·商务营销》,2004年,http://www.haier.cn/news/13/n132510.html;《海尔进入日本市场的经营战略》,蔡亚南,《山东经济》,2005)

第二部分　案例教学

一、商业专业词汇

1. 集体企业:简称集体企业,是指财产属于劳动群众集体所有、实行共同劳动、在分配方式上以按劳分配为主体的社会主义经济组织,并按《中华人民共和国企业法人登记管理条例》规定登记注册的经济组织。

2. GMS:General Merchandise Store 综合超市(Hypermarket)或称大型超市,是采取自选销售方式,以销售大众化实用品为主,并将超市和折扣店的经营优势结合为一体的、品种齐全、满足顾客一次性购齐的零售业态。根据商品结构,可以分为以经营食品为主的大型超市和以经营日用品为主的大型超市。

3. 家居中心(Home Center):又称建材超市、家居建材商店,是以与改善、建设家庭居住环境有关的建材、装饰、装修等用品、家居用品、技术及服务为主的采取自选等自助服务方式销售的零售业态。

4. 市场渗透:是指实现市场逐步扩张的拓展战略。该战略可以通过扩大生产规模、提高生产能力、增加产品功能、改进产品用途、拓宽销售渠道、开发新市场、降低产品成本、集中资源优势等单一策略或组合策略来开展。其战略核心体现在两个方面:利用现有产品开辟新市场实现渗透、向现有市场提供新产品实现渗透。

5. 多元化战略:又称多角化战略,是指企业同时经营两种以上基本经济用途不同的产品或服务的一种发展战略。多元化战略是相对企业专业化经营而言的,其内容包括:产品的多元化、市场的多元化等。

6. 市场份额:指一个企业的销售量(或销售额)在市场同类产品中所占的比重。市场份额是企业的产品在市场上所占份额,也就是企业对市场的控制能力。

7. 经销商:指在某一区域和领域只拥有销售或服务的单位或个人,经销商具有独立的经营机构,拥有商品的所有权(买断制造商的产品/服务),获得经营利润,多品种经营,经营活动过程不受或很少受供货商限制,与供货商责权对等

8. 市场:狭义上的市场是买卖双方进行商品交换的场所。广义上的市场是指为了买和卖某些商品而与其他厂商和个人相联系的一群厂商和个人。市场的规模即市场的大小,是购买者人数的多少。

9. 营销渠道：是促使产品或服务顺利地被使用或消费的一整套相互依存的组织。营销渠道也称贸易渠道(Trade Channels)或分销渠道(Distribution Channels)。

10. 合营：指按合同约定对某项经济活动所共有的控制，是指由两个或多个企业或个人共同投资建立的企业，该被投资企业的财务和经营政策必须由投资双方或若干方共同决定。

11. 收购：是指一个企业以购买全部或部分股票(或称为股份收购)的方式购买了另一企业的全部或部分所有权，或者以购买全部或部分资产(或称资产收购)的方式购买另一企业的全部或部分所有权。一般是指一个公司通过产权交易取得其他公司一定程度的控制权，以实现一定经济目标的经济行为。

12. 批发商：是一端联结生产商，另一端联结零售商的中间商。与零售商相比，批发商特点是：(1)拥有大量的货物；(2)批量出售货物，不提供零售业务；(3)出售的物品的价格会比市场零售价格低。

13. 零售商：是指将商品直接销售给最终消费者的中间商，处于商品流通的最终阶段。直接联结消费者，完成产品最终实现价值的任务。

14. 价格：是商品同货币交换比例的指数，或者说是商品价值的货币表现。

15. 连锁店：指众多小规模的、分散的、经营同类商品和服务的同一品牌的零售店，在总部的组织领导下，采取共同的经营方针、一致的营销行动，实行集中采购和分散销售的有机结合，通过规范化经营实现规模经济效益的联合。连锁店可分为直营连锁(由公司总部直接投资和经营管理)和特许加盟连锁(通过特许经营方式的组成的连锁体系)。

二、思考题

(一)根据案例内容回答问题

1. 海尔进入日本的国际化战略，主要在哪几个方面有具体的策略？
2. 海尔是如何一步步建立在日本的销售体系的？
3. 日本的洗衣机消费者有什么样的特殊需求？

(二)讨论题

1. 你认为海尔进入日本的国际化战略中，最成功的一项具体策略是什么？为什么？
2. 探讨一下实施国际化战略中可能遇到的最大困难是什么？
3. 谈一谈你对国际化战略与本土化战略之间关系的理解。

第三部分 案例分析与总结

一、案例要点：国际化战略、营销渠道

国际化战略是指在本国市场以外的市场销售公司产品或开展经营活动的发展战略。实施国际化战略的主要原因是国际市场存在新的潜在的机会，通过进入国际市场，争取全球竞争地位，取得竞争优势。随着企业实力的不断壮大以及国内市场的逐渐饱和，一些企

业向本土以外的全球海外市场扩张。国际化战略的实现方式有：(1)自有产品直接出口；(2)海外建厂或设立海外公司；(3)并购海外企业等。

营销渠道是指某种货物或劳务从生产者向消费者移动时，取得这种货物或劳务所有权或帮助转移其所有权的所有企业或个人。简单地说，营销渠道就是商品和服务从生产者向消费者转移过程的具体通道或路径。

二、案例总结

海尔冰箱自 1997 年开始进入日本市场，但真正发展是从 2002 年开始的，2002 年后海尔冰箱在日本的销售进入高速增长期。到 2008 年，海尔冰箱在日本的销量上升到 2002 年的五倍，年平均增长高达 37%。在销售量不断上升的同时，日本用户对海尔冰箱的认可度也在不断提升。

海尔国际化战略的有效实施，得益于以下几个方面：第一，海尔通过与当地经销商的深入合作，打开了营销渠道，这是非常重要的策略，可以有效利用当地经销商的资源。第二，宣传推广的针对性，海尔营销团队针对东京和日本市场开展的一系列营销策划，使得海尔的形象深入人心。第三，产品设计和研发能力，海尔的设计团队对于日本市场的深入分析与解读，设计出了满足日本消费者需求的产品。

所以，要成功实施国际化战略，不仅需要营销上的努力，还需要产品设计和服务的本土化。

第四部分　案例使用说明

一、教学目的与用途

通过本案例的学习，让学生在理解海尔国际化发展方式的基础上，理解企业战略中的"国际化战略"理论。掌握国际化的基本知识和实现方式。案例理论知识有一定的难度，语言程度适中。

二、案例分析思路

1. 从日本市场中国的不同，谈到国际化战略的困难。
2. 介绍海尔在日本市场的发展策略。
3. 重点从战略联盟、营销策划、产品设计三个维度较深入地做国际化的分析。
4. 分析海尔国际化发展中遇到的困难，以及海尔通过哪些具体的办法克服这些困难。
5. 讨论企业在国际化发展中应注意哪些问题。

三、案例教学支持

视听辅助材料，《跨越中国制造——国际化之路》。
《海尔，征服世界的脚步》，网易报道，2010 年 6 月，http://money.163.com/10/0617/

11/69CJ37N700253G87.html。

《联想VS海尔的国际化战略》,http://wenku.baidu.com/view/11b8f688d0d233d4b14e6929.html。

《从海尔看本土化战略》,《市场周刊·商务营销》,2004年,http://www.haier.cn/news/13/n132510.html。

《海尔进入日本市场的经营战略》,蔡亚南,《山东经济》,2005。

四、建议课堂计划

1. 先介绍海尔的发展历史,进而谈到海尔国际化的原因。
2. 再谈谈日本市场的特殊性,和海尔选择日本市场的原因。
3. 介绍了日本市场的特殊性与进入困难。
4. 分析海尔是如何一步步打入日本市场的,具体有哪些方面的措施?
5. 结合案例,运用理论知识,与大家一起对国际化战略进行总结。

建议使用六节课。

第一节课:讲解重要商务词汇与案例背景,进行案例学习准备。

重要商务词汇:国际化战略营销渠道。

第二节课:讲解案例正文,理清案例发展脉络,帮助学生理解案例。

案例讲解内容:

(1)介绍海尔公司发展历史;
(2)描述海尔公司的国际化过程;
(3)描述海尔公司国际化中面临的问题;
(4)了解海尔公司国际化的执行效果。

第三~四节课:展开案例分析和讨论。

(1)海尔公司为什么要进行国际化?
(2)海尔公司为何要选择日本作为国际化的第一个目标?
(3)海尔公司的国际化战略有哪些方面?
(4)海尔是如何在日本一步步建立销售体系的?
(5)在海尔的诸多策略中,你认为最重要的是什么策略?

第五~六节课:进行案例总结,布置课后作业,完成案例书面报告。

(1)探讨一下实施国际化战略中可能遇到的最大困难是什么?
(2)谈一谈你对国际化战略与本土化战略之间关系的理解。

优衣库的电子商务战略

第一部分　案例陈述

> **案例提要**

优衣库是世界知名的服装零售企业。优衣库虽然在 20 世纪初就进入了中国市场,但主要以线下渠道为主。2009 年 4 月,通过与中国著名的互联网企业淘宝网的合作,正式借力中国的网络销售渠道,开始在中国市场开展电子商务。

> **关键词语**

优衣库　淘宝网　战略合作　网络销售

> **案例背景**

1963 年,日本著名的迅销集团成立了优衣库公司。经过几十年的发展,优衣库从一家销售西服的小服装店,发展成为了世界服装零售业名列前茅的企业。在经营过程中,优衣库不仅通过传统的专卖店渠道获得了良好的口碑,而且在电子商务方面也不断开拓。2009 年,优衣库网站(uniqlo.com)在日本已经是服装类单一品牌网上销售量最大的电子商务网站,年营业额达 140 亿日元。

优衣库在中国先是采取传统的专卖店铺货,后来增加了电子商务模式。早在 2002 年,优衣库就进入中国,在北京、天津、杭州、上海、南京、成都、重庆、广州、沈阳、大连等内地重要城市建立了线下实体销售店。经过多年的高速发展,2008 年,优衣库在中国整体销售额比 2007 年增长了 105%。这样迅猛的增长态势,让中国市场成为迅销集团在全球的最主要市场之一,公司决定扩大对中国的投资,增强在中国的影响力。这次优衣库与淘宝网联合推出网络销售平台,借助淘宝的品牌优势和淘宝网的力量推广产品,绝对是一个上乘之选。

> **案例正文**

优衣库在中国实施电子商务的宗旨是:只做自己最擅长的职能,将一切可以外包的职能都外包。所以优衣库将电子商务的技术、后台供应链运营等职能都外包给其他公司。

2009 年,优衣库与中国电子商务龙头淘宝网结成战略合作关系。2009 年 4 月,优衣库开始在中国市场上开展电子商务,同时上线了中国官方网站和淘宝旗舰店。优衣库与淘宝联盟的主要原因有:

首先,优衣库线下的实体店的数量较少,难以覆盖到中国大量的次级城市和偏远地方。优衣库希望通过互联网将自身的商品和品牌辐射到全国。目前优衣库在全国 10 个城市开设了 35 家店。仅仅靠实体渠道的扩张速度,难以将品牌影响力和商品覆盖到全国。互联网则不失为一个跨地域的理想平台。

其次,中国的目标人群网购化。根据中国著名咨询公司艾瑞的调查数据显示,在中国的网络购物群体中,23～32 岁年轻人占据了半壁江山。这群人的特征是崇尚和追求时尚,对潮流的把握和追逐更为敏感与执着。但是这群人中的大多数人忙于工作,平常没有时间出去购物。在这个特定人群中,坐在家里网上购物非常流行,并且网购的形式正逐步普及并走向平民化。通过淘宝提供的数据和信息,优衣库能在第一时间、最准确地了解到中国年轻消费者的喜好和行为习惯,从而设计出更符合中国消费者的产品。

最后,优衣库有成功的电子商务实施经验,优衣库在日本的电子商务平台非常成功,这也为其在中国试水互联网销售提供了大量的经验和支持。

在与淘宝的合作中,虽然优衣库中国官方网站和淘宝旗舰店的商品陈列和设计风格各不相同,但是其后台数据、搜索、交易、付款等功能都是统一的。它们都采用了淘宝提供的电子商务的底层架构和技术支持。优衣库则专注于品牌推广和商品控制,分工明确,保证了执行的统一与高效。即使每天的在线交易超过 5 000 单,但优衣库在中国的电子商务团队却只有 4 个人。

非核心职能外包使优衣库能够将精力集中于自己的核心能力建设。优衣库的核心能力就是对商品的控制,这也是它开展电子商务的基础。优衣库对商品的控制包括品牌和市场推广、促销、商品年度计划、品质等多个方面。优衣库的理念是:赶在季节之前上新产品,提前打折促销,而不是等到产品过季后才大打折扣进行大规模倾销。无论是线上还是线下,优衣库的行销策略是一致的。比如在线下销售时,优衣库是没有过季的商品的。优衣库的线下店每个月进行两次商品促销,以保证当季产品能够全部销售出去。这种商品控制的理念在优衣库的线上商店中同样得以体现。在优衣库的网上商店里,新品提前于实体渠道半个月上架,每周五进行促销。其促销方式分为两种:一是主力商品的促销,二是提前清理库存商品。对于主力商品,优衣库有一句名言是"好卖的商品如果一天就卖光,是一种失败。"这是因为畅销的商品总是能吸引客流量,带动其他商品的销售。

为了能够跟得上市场需求的变化,优衣库需要通过对市场和消费者的分析来控制投放商品的节奏,尤其是主力商品的节奏。来自于互联网的消费者行为数据,可以帮助优衣库做出更及时的决策,这可以让新品在线上商店有很好的业绩,实际上这些数据,对线下商店也很有帮助。

优衣库与淘宝的合作,不仅帮助优衣库解决了在开展电子商务时的短板,同时也为优衣库带来了新的盈利增长点。到 2009 年 9 月,优衣库每天的网上交易额大约为 30 万元,相当于其线下业绩最好的实体店的单日销售额。但不容忽视的是,优衣库高超的商品控制能力是保证网上销售活动顺利开展的基础。这正是大量中国消费品企业目前还不具备的内功,这也成为优衣库的电子商务模式难以简单复制的原因之一。

(参考资料:《解读大淘宝,优衣库中国的电子商务模式是否可以复制》,360 图书馆,2009 年,http://www.360doc.com/content/10/0717/00/817482_39544624.shtml;《优衣库战略联盟淘宝网》网易科技,2009 年 4 月 http://news.163.com/09/0418/09/576334N20001124J.html)

第二部分 案例教学

一、商业专业词汇

1. 核心能力：是指公司的独特能力，即使公司在竞争中处于优势地位的强项，是其他对手很难达到或者无法具备的一种能力。

2. 外包：是指企业动态地配置自身和其他企业的功能和服务，并利用企业外部的资源为企业内部的生产和经营服务。在专业分工情况下，企业为维持组织竞争核心能力，且因组织人力不足的困境，可将组织的非核心业务委托给外部的专业公司，以降低营运成本，提高品质，集中人力资源，提高顾客满意度。

3. 品牌推广：是指企业塑造自身及产品品牌形象，使广大消费者广泛认同的系列活动过程。品牌推广有两个重要任务，一是树立良好的企业和产品形象，提高品牌知名度、美誉度和特色度；二是最终要将有相应品牌名称的产品销售出去。

4. 专卖店：是专门经营或授权经营某一主要品牌商品（制造商品牌和中间商品牌）为主的零售业态。

5. 电子商务：通常是指在互联网开放的网络环境下，基于浏览器/服务器应用方式，买卖双方不谋面地进行各种商贸活动，实现消费者的网上购物、商户之间的网上交易和在线电子支付以及各种商务活动、交易活动、金融活动和相关的综合服务活动的一种新型的商业运营模式。

6. 战略合作：是指企业双方或多方为了自身的生存、发展和未来而进行的整体性、长远性、基本性的谋划，并在合作期间实现共赢的一种合作方式。

7. 旗舰店：是企业在营销过程中设在某地最高级别地品牌形象展示店，一般来说，就是所处地段极佳、客流极强、销售极好之样板店，是代表某品牌或某大类商品地专卖店或专业店。

8. 联盟：是一个由两个以上自然人、公司、组织、国会联盟或政府（或任何以上之组合）以参与共同活动或以达成共同成果而共享彼此资源为目标所组成的专业团体。

9. 渠道：所指为厂家的商品通向一定的社会网络或代理商而卖向不同的区域，以达到销售的目的。

10. 库存（Inventory）：有时被译为"存贮"或"储备"，是为了满足未来需要而暂时闲置的资源，人、财、物、信息各方面的资源都有库存问题。

11. 促销：促销是指企业利用各种有效的方法和手段，使消费者了解和注意企业的产品、激发消费者的购买欲望，并促使其实现最终的购买行为。

二、思考题

（一）根据案例内容回答问题

1. 优衣库与淘宝网战略合作的原因有哪些？

2. 优衣库与淘宝网就网络销售上有怎么样的分工?
3. 优衣库最核心的能力是什么?

(二)讨论题

1. 谈一谈优衣库和淘宝进行战略合作的利与弊。
2. 想一想还有哪些传统企业借助互联网的合作获得了成功?

第三部分　案例分析与总结

一、案例要点:战略合作、电子商务

战略合作是出于长期共赢考虑,建立在共同利益基础上,实现深度的合作。首先要考虑怎么建立你们共同利益,包括长短期的,所谓战略,就是要从整体出发,考虑相互之间的利益,使整体的利益最大化。合作协议,只是一个简单的在部分区域合作的协定。合作还是以各自的利益最大化为主,但不一定是整体的利益最大化。

电子商务以互联网及信息技术为手段,以商务为核心,把原来传统的销售、购物渠道移到互联网上来,打破国家与地区壁垒,使企业运营实现全球化、网络化、无形化。

二、案例总结

2008年的经济危机后,许多企业在寻找突破与改变。与此同时,随着互联网和信息技术的发展,越来越多的企业认识到电子商务的重要性。不同企业也在寻找适合自己的电子商务战略。

优衣库与淘宝的合作正是在此背景下产生。但优衣库有其自己的经营宗旨:只做自己最擅长的职能,将一切可以外包的职能外包。所以优衣库选择将电子商务的技术、后台供应链运营等职能外包。于是,优衣库选择与淘宝网开展战略合作。优衣库保留其对产品的控制能力,而将电子商务运作方面的职能外包给淘宝。

优衣库选择淘宝有其自身的因素,主要是线下店的覆盖能力和消费人群的变化;也有淘宝方面的因素,作为亚洲最大的网上零售商,淘宝网所提供的目标对象规模以及淘宝在互联网销售方面的技术能力,都是非常强大的。

优衣库将在淘宝网上开设的旗舰店与其官方网络共享数据,这使优衣库能够进一步加强其对产品的控制能力。而这一核心能力也是优衣库线上销售的基础。优衣库在其电子商务战略选择中,较好地发挥了其核心能力的作用,同时又可以借助线上销售进一步强化其核心能力。因为网络数据相对及时、准确,这使优衣库对产品的控制力可以大大提高。

第四部分 案例使用说明

一、教学目的与用途

通过本案例的学习,让学生们了解和把握电子商务和企业战略合作的相关理论与实务知识。认识电子商务对企业的影响,通过优衣库的电子商务模式来把握企业电子商务的开展方式。对企业战略中的"战略合作"活动有一定的了解。

二、案例分析思路

1. 介绍优衣库和淘宝公司。
2. 分析淘宝与优衣库各自的优势。
3. 详细阐述优衣库与淘宝的合作。
4. 重点分析优衣库的核心能力与电子商务战略的选择原则。
5. 讨论优衣库电子商务策略的启示。

三、相关网络链接

1.《解读大淘宝,优衣库中国的电子商务模式是否可以复制》,360图书馆,2009年,http://www.360doc.com/content/10/0717/00/817482_39544624.shtml。

2.《优衣库战略联盟淘宝网》网易科技,2009年4月 http://news.163.com/09/0418/09/576334N20001124J.html。

四、建议课堂计划

建议使用六节课。

第一节课:讲解重要商务词汇与案例背景,进行案例学习准备。

重要商务词汇:战略合作、电子商务。

第二节课:讲解案例正文,理清案例发展脉络,帮助学生理解案例。

案例讲解内容:

(1)介绍淘宝网、优衣库的发展情况;
(2)描述这次战略合作;
(3)了解这次战略合作为双方带来的利益。

第三~四节课:展开案例分析和讨论。

(1)优衣库与淘宝网战略合作的原因有哪些?
(2)优衣库与淘宝网就网络销售上有怎么样的分工?
(3)优衣库最核心的能力是什么?
(4)谈一谈你对优衣库和淘宝进行战略合作的利与弊。

第五~六节课:进行案例总结,布置课后作业,完成案例书面报告。
(1)你觉得什么样的战略合作算是成功的?
(2)想一想还有哪些传统企业借助互联网的合作获得了成功?

企业战略——中澳

Enterprise Strategy

澳新银行的中国战略

第一部分 案例陈述

案例提要

随着中国经济的强劲增长和WTO条款的逐步实施,澳新银行加大了在中国的战略扩张。自1986年进入中国市场以来,澳新银行就不断在中国各地增设分支行,成立全资子公司,与中国本地商业银行建立战略合作关系,加强战略联盟等。目前澳新银行是唯一一家可以在中国提供商业银行业务的大洋洲地区银行。

关键词语

澳新银行　战略扩张　战略合作　零售银行

案例背景

澳新银行(ANZ Bank又译为澳纽银行,澳盛银行)成立于1835年,是澳大利亚第三大银行和新西兰第一大银行,也被公认为澳大利亚最佳的零售银行。1986年澳新银行就在北京设立了办事处,开始了中国市场的扩张道路。随着中国经济的增长和中国进入WTO,外资银行在中国进入快速发展期,澳新银行也把中国作为其超级区域银行战略中的一个重要组成部分。

案例正文

澳新银行自1986年进入中国以来,一直致力于在中国大陆的发展。随着中国经济的强劲增长和WTO条款的逐步实施,澳新银行加大了在中国的战略扩张。澳新银行希望能够把握这个市场机会,不断扩大自己在中国市场的规模和业务领域。

一、加大在中国建设分支行

自进入中国市场以来,澳新银行就不断在中国各地增设分支行。1986年成立的北京办事处,于1997年升级为分行。1993年,在上海成立上海分行。2009年,将广州代表处升级为分行。2009年9月,在重庆市梁平县建立了一家村镇银行,这是澳新银行在中国开设的第一家内地村镇分行。2010年底,在重庆市建立分行,这是澳新银行在中国西部设立的首家分行,也是在中国设立的第四家分行。

澳新银行上海分行经中国人民银行总行核准,已于2002年获得了新颁发的《中华人民共和国金融机构(外资)营业许可证》,为中国居民和中资企业提供全面外汇业务。

2010年9月,澳新银行在成都建立一个中文运营中心。成都运营中心预计将在2011年3月开业,是澳新银行第一家拥有中文客服能力的运营中心,提供中文客服呼叫中心和后台运营服务以支持澳新银行在中国业务的发展。

二、成立全资子公司:澳新(中国)

2010年9月21日,澳新银行获得银监会[1]批准,可以在中国境内成立本地注册的法人银行。澳新银行随即于10月成立了澳新银行(中国)有限公司(简称"澳新中国")。澳新中国是澳新银行全资子公司,由独立的本地董事会负责公司治理。首批投入的注册资本为人民币25亿元(约合4.4亿澳元)。澳新银行总裁邵铭高(Mike Smith)表示,澳新银行将加快在中国的发展步伐,计划在三年内达到20家服务网点。

三、业务定位和客户拓展

澳新银行目前将业务重点放在澳大利亚和新西兰的贸易和投资、区域的贸易融资和对外国人的金融服务。当然国内客户也不容忽视,但在国内客户的开拓方面,澳新银行近年来的侧重点在于机构客户和企业客户,尤其是零售和小型企业业务。澳新银行主要通过与中国本地商业银行建立战略合作关系的方式,利用自己的专业知识和能力,共享本地合作者的现有客户关系。在零售银行领域,澳新银行则比较谨慎,并不会在大众市场与本地银行进行竞争。

四、加强与本土银行的战略合作

发展与本土银行的合作关系是澳新银行拓展国内客户和提高影响力的重要手段。为了进一步推动与本地商业银行的合作,澳新银行选择了两家合作者:天津城市商业银行和上海农商行。

2005年12月,澳新银行同天津城市商业银行(天津银行前身)签订《股份认购协议》。根据协议,澳新银行作为境外战略投资者,购买天津银行20%的股份,

2006年11月,澳新银行出资约20亿元人民币,获得上海农商行19.9%的股份。这是迄今为止澳大利亚公司在华单笔最大的资本投资交易。2010年10月27日,澳新向上海农商行增资人民币16.5亿元,持股比例将由此前的19.9%增加至20%。

受益于WTO条款的实施和澳新银行的积极扩张战略,澳新银行上海分行和北京分行都是获得全面经营银行业务许可的外资银行。至2010年,澳新银行上海分行的经营地域范围已经从原来的上海、江苏和浙江扩展为上海、江苏、浙江、深圳、大连和天津。截至目前,澳新银行是唯一一家在中国可以提供商业银行业务的大洋洲地区银行。澳新银行亦跻身于中国最成功的外资银行之列。

(改编自《澳新银行获批成立中国境内本地注册法人银行》,第一财经日报,2010年9月27日;《澳新银行增资上海农商行16.5亿元》,第一财经网,2010年10月27日)

---

[1] 中国银行业监督管理委员会,简称中国银监会。根据授权,统一监督管理银行、金融资产管理公司、信托投资公司以及其他存款类金融机构,维护银行业的合法、稳健运行。

第二部分　案例教学

一、商业专业词汇

1. 扩张战略(Expansion Strategies)：又称增长型战略、进攻型战略、发展型战略，是一种企业增长战略，主要类型有横向一体化、纵向一体化和多样化。

2. 战略合作：企业双方或多方出于长期共赢目的，建立在共同利益基础上，实现深度合作的一种合作形式。

3. 战略联盟：指两个或两个以上的企业或跨国公司为了达到共同的战略目标而采取的相互合作、共担风险、共享利益的联合行动。

4. 零售银行(Retail Banking)：通常指主要向消费者和小企业提供服务的银行。零售银行业务是指商业银行运用现代经营理念，依托高科技手段，向个人、家庭和中小企业提供的综合性、一体化的金融服务，包括存取款、贷款、结算、汇兑、投资理财等业务。

5. 外资银行：是指在本国境内由外国独资创办的银行。外资银行的经营范围根据各国银行法律和管理制度的不同而有所不同。它主要凭借其对国际金融市场的了解和广泛的国际网点等有利条件，为在其他国家的本国企业和跨国公司提供贷款，支持其向外扩张和直接投资。

6. 村镇银行：指为当地农户或企业提供服务的银行机构。

7. 外汇：指外国货币或以外国货币表示的能用于国际结算的支付手段。我国1996年颁布的《外汇管理条例》第三条对外汇的具体内容做出如下规定：外汇是指：①外国货币。包括纸币、铸币。②外币支付凭证。包括票据、银行的付款凭证、邮政储蓄凭证等。③外币有价证券。包括政府债券、公司债券、股票等。④特别提款权、欧洲货币单位。⑤其他外币计值的资产。

8. 董事会：是由董事组成的、对内掌管公司事务、对外代表公司的经营决策机构。

9. 注册资本：又称法定资本，是公司制企业章程规定的全体股东或发起人认缴的出资额或认购的股本总额，并在公司登记机关依法登记。

10. 投资(Investment)：指货币转化为资本的过程。投资可分为实物投资、资本投资和证券投资。

11. 贸易融资(Trade financing)：是银行的业务之一，指银行对进口商或出口商提供的与进出口贸易结算相关的短期融资或信用便利。境外贸易融资业务，是指在办理进口开证业务时，利用国外代理行提供的融资额度和融资条件，延长信用证项下付款期限的融资方式。

12. 金融服务：指金融机构运用货币交易手段融通有价物品，向金融活动参与者和顾客提供的共同受益、获得满足的活动。

13. 融资：通常是指货币资金的持有者和需求者之间，直接或间接地进行资金融通的活动。

二、思考题

(一)根据案例内容回答问题
1. 澳新银行是如何让进行战略扩张的?
2. 澳新银行为什么与天津城市商业银行和上海农商银行合作?
3. 澳新银行为什么选择合作方式发展国内客户?

(二)讨论题
1. 试比较中资银行与外资银行在中国金融市场的优势。
2. 你认为外资银行战略扩张最有效的途径是什么?阐述你的理由。

第三部分 案例分析与总结

一、案例要点:直接投资、战略合作

直接投资指投资者直接开厂设店从事经营,或者投资购买企业相当数量的股份,从而对该企业具有经营上的控制权的投资方式。外资银行在中国的直接投资的方式主要有以下五种:(1)设立分支机构。这是国际大型银行在中国市场的典型做法。(2)与中国国内银行机构合资建立合资银行。(3)购买并持有中国国内银行机构的股份。(4)成立外资独资银行。(5)与中国银行机构开展业务合作。

战略合作是企业双方或多方出于长期共赢目的,建立在共同利益基础上,实现深度合作的一种合作形式。战略合作形式可以是签订合约的方式,也可以是组建新型组织的方式,或者是兼而有之。战略合作助于合作双方共享资源、互相支持、实现优势互补和协同发展。

二、案例总结

根据 WTO 的协议,中国逐步取消所有对外资银行的所有权、经营权及设立形式的限制,给予外资银行以国民待遇。随着金融开放程度的不断加大,外资银行在中国市场将面临更多的发展机会,但竞争也会日趋激烈。

澳新银行在中国的战略扩张采取了不同的方式:

一是建过扩展银行分支机构,不断扩大经营区域;

二是把握 WTO 机会,获取全面经营人民币业务,这为其后期扩张打下了基础。

三是明确定位,澳新银行同其他外资银行一样,避免网点少的弱点,暂时放缓零售银行业务,但将业务发展重点加大企业客户和机构客户的拓展。

四是在拓展方式上,澳新银行又选择了合作本土银行的方法,这样也可借力本土银行的现有客户关系网络。

第四部分　案例使用说明

一、教学目的与用途

该案例涉及战略扩张和战略联盟的理论。通过建设分支行、成立全资子公司、建立战略合作、加强联盟合作,说明澳新银行在中国的战略扩张。通过案例的讲解,让学生们对战略扩张和战略联盟有新的认识,并且对金融业的运作有一定了解。该案例适用于高级汉语的学员,适用于商务汉语案例课程,难度偏高。

二、案例分析思路

1. 介绍澳新银行及其在中国的情况。
2. 分析澳新银行如何进行战略扩张。
3. 分析澳新银行的业务定位。
4. 分析澳新银行如何加强联盟合作。
5. 总结这项战略给其他外资银行带来了怎样的启示。

三、相关网络链接

《澳新银行获批成立中国境内本地注册法人银行》,第一财经日报,2010年9月27日。
《澳新银行增资上海农商行16.5亿元》,第一财经网,2010年10月27日。

四、建议课堂计划

建议使用六节课。
第一节课:讲解重要商务词汇与案例背景,进行案例学习准备。
重要商务词汇:战略扩张、战略合作、零售银行。
第二节课:讲解案例正文,理清案例发展脉络,帮助学生理解案例。
案例讲解内容:
(1)介绍澳新银行的相关背景资料;
(2)了解澳新银行战略扩张方式;
(3)描述澳新银行的业务定位;
(4)了解澳新银行怎样加强联盟合作。
第三～四节课:展开案例分析和讨论。
(1)澳新银行是如何进行战略扩张的?
(2)澳新银行的业务定位是什么?
(3)澳新银行为什么与天津城市商业银行和上海农商银行合作?
(4)讨论外资银行直接投资不同方式的优劣势。
第五～六节课:进行案例总结,布置课后作业,完成案例书面报告。

（1）试比较中资银行与外资银行在中国市场的优劣势。
（2）你认为外资银行战略扩张最有效的途径是什么？阐述你的理由。

澳优品牌的机遇与风险

第一部分　案例陈述

案例提要

澳优乳品十分重视品牌战略，通过与澳大利亚优秀乳品供应商 Tatura 和 Murray Goulburn 以及欧洲乳品企业诺帝柏欧（Nutribio）建立战略合作关系，提高产品品质、保证产品质量。成立至今，公司已取得快速发展，并于 2009 年在香港上市。

关键词语

澳优乳品　品牌战略　战略合作

案例背景

澳优乳品（湖南）有限公司（以下简称澳优乳品）成立于 2003 年 9 月，主要从事婴儿食品和功能配方奶粉的引进、销售和服务。目前已推出"澳优"和"能力多"两大品牌系列。自 2003 年澳优品牌诞生之后的六年里，澳优与大多数消费者一起经历了中国波澜起伏的奶粉发展过程。每一次行业危机爆发的同时，澳优都迎来了销售的迅猛性暴涨，甚至个别市场出现断货。2009 年，澳优乳品在香港联交所上市，这给公司带来了机遇，但是也将给澳优带来了很大风险。

案例正文

澳优乳品成立后，主要采用定牌加工的方式，通过与澳大利亚优秀的乳品供应商合作，提高产品品质、保证产品质量。

2003 年 11 月，澳优乳品与澳大利亚最大牛奶出口商及乳品供应商之一——Murray Goulburn 合作，在中国推出 A 选婴幼儿配方系列产品。2006 年 9 月，澳优乳品与具有上百年历史的生产商 Tatura 就开发婴儿营养产品建立长期战略合作关系，合作开发"能力多"系列产品，并于 2006 年 12 月推出"能力多"婴幼儿配方产品系列。"能力多"系列获澳大利亚乳业局（Dairy Australia）许可，在中国使用"Dairy Good[①]"标签，是一款高端奶粉产品。

---

① Dairy Good 是澳大利亚乳业局拥有的注册商标，于 1989 年诞生，用以认证在世界级安全与质量体系下代表澳大利亚的优质乳品。

澳优奶粉非常关注质量,2008年"三聚氰胺事件"爆发后,历经国家多轮次的监测,澳优全系列婴幼儿配方奶粉均未监测出三聚氰胺。高品质奠定了澳优的市场地位,也进一步助推了澳优的发展。2006年至2008年,澳优的销售收入和净利润增长率分别达到107.9%和143.9%。2008年,澳优的营业收入达到4.05亿元。

2009年10月8日,澳优乳业成功登陆香港证券交易所,成为中国唯一港股主板上市的婴儿奶粉公司。上市融资为澳优的后续发展带来资金支持,但同时带来的一个问题是:消费者对澳优品牌是否是"国际品牌"存在争议。澳优奶粉虽然全部由澳大利亚乳品供应商提供,但是一个仅在中国大陆销售的产品品牌,这与消费者心目中所认识的"进口品牌"存在差距。再加上澳优的高价定位策略,其产品定价比"多美滋"、"雀巢"、"雅培"等都高,从而使消费者心里产生了一定的心理落差。

此外,目前澳优的婴幼儿配方奶粉全部由Tatura及MurrayGoulburn供应,这也是澳优未来发展中面临的较大风险,一旦与Tatura及MurrayGoulburn的合作发生变数,澳优供应量会大受影响。如果这些供应商奶粉缺货或暂停供应,可能引致公司产量及收益的减少。为了应对这一危机,澳优乳品公司决定将30%的IPO募集资金(约3.6亿元),采取参股与合资合作方式整合上游产业。

针对目前媒体和消费者对澳优奶粉的认知状况,澳优奶粉与Tatura联合发表声明,声明如下:(1)Tatura是澳大利亚百年乳企,其优势在于创新和开发高附加值的产品。Tatura的战略就是在客户认可的配方下使用客户的品牌,来开发产品。(2)Tatura为全球众多国家出口婴儿奶粉,在每个国家都使用不同的品牌,在中国使用澳优品牌。(3)Tatura目前为澳优生产分装产品和能力多原装产品,所有产品的配方由Tatura和澳优共同开发。

2010年7月1日,澳优乳业进一步与欧洲乳品企业诺帝柏欧(Nutribio)开展战略合作,诺帝柏欧是由欧洲乳制品巨头索迪雅集团(Sodiaal)和爱特蒙联盟(Entremont Alliance)于1983年共同成立,总部设在巴黎,其乳制品年产能高达10万吨。此次战略合作,双方签署了包括新品研发、品牌推广、销售方面的合作协议。这样一来,澳优整合了澳洲和欧洲的优质乳业资源,规避奶源季节性产能不足问题。

澳优乳品还与诺帝柏欧共同成立澳优-诺蒂柏欧联合研发中心,开展与法国及欧洲的乳品及婴幼儿食品专家、科研中心的合作,共同开发优质的乳产品,每半年开发至少三到四款新产品,将在包括法国、中国及其他欧洲、亚洲国家和地区进行全球化销售。

通过诺帝柏欧所拥有的国际优质奶源、先进的研发能力和生产技术,澳优的高品质产品优势会不断强化,企业声誉会进一步提升。

(改编自《澳优品牌修炼"四重奏"》,中国网,2010年6月23日;《澳优结盟欧洲乳品巨头品牌战略锦上添花》网易财经,2010年7月6日;《澳优奶粉》,百度百科)

第二部分　案例教学

一、商业专业词汇

1. 供应商:指直接向零售商提供商品及相应服务的企业及其分支机构、个体工商户,包括制造商、经销商和其他中介商。

2. 战略合作：企业双方或多方出于长期共赢目的，建立在共同利益基础上，实现深度合作的一种合作形式。

3. 定牌加工（Original Equipment Manufacturer）：指企业接受委托人委托生产带有他人注册商标的商品，商品全部交付委托人，仅收取商品加工费的行为。它是企业本身有一定的生产能力，但市场营销渠道有限，为了取得经济效益并降低生产风险，企业通过接受合同委托方式为其他同类产品厂家等注册商标的所有人生产指定的产品，所生产的产品由委托方买断，并直接贴上委托方的品牌商标的生产合作方式。

4. 销售收入：是指企业在一定时期内产品销售的货币收入总额，是销售商品产品、自制半成品或提供劳务等而收到的货款，劳务价款或取得索取价款凭证确认的收入。

5. 净利润：指利润总额减所得税后的余额，是当年实现的可供出资人（股东）分配的净收益，也称为税后利润。它是一个企业经营的最终成果，净利润多，企业的经营效益就好；净利润少，企业的经营效益就差，它是衡量一个企业经营效益的重要指标。

6. 营业收入：是指企业在从事销售商品，提供劳务和让渡资产使用权等日常经营业务过程中所形成的经济利益的总流入。分为主营业务收入和其他业务收入。

7. 上市：即首次公开募股（Initial Public Offerings，IPO），指企业透过证券交易所首次公开向投资者增发股票，以期募集用于企业发展资金的过程。

8. 融资：指为支付超过现金的购货款而采取的货币交易手段，或为取得资产而集资所采取的货币手段。融资通常是指货币资金的持有者和需求者之间，直接或间接地进行资金融通的活动。广义的融资是指资金在持有者之间流动以余补缺的一种经济行为这是资金双向互动的过程包括资金的融入（资金的来源）和融出（资金的运用）。狭义的融资只指资金的融入。

9. 产能：即生产能力（Capacity），指计划期内，企业参与生产的全部固定资产，在既定的组织技术条件下，所能生产的产品数量，或者能够处理的原材料数量。

10. 上游企业：是相对下游企业而言的，指处于行业生产和业务的初始阶段的企业和厂家，这些厂家主要生产下游企业所必需的原材料和初级产品等的厂商。下游企业主要是对原材料进行深加工和改性处理，并将原材料转化为生产和生活中的最终产品。

二、思考题

（一）根据案例内容回答问题

1. 澳优的品牌战略是什么？
2. 上市给澳优乳品带来了什么机遇与风险？
3. 澳优是如何应对上市带来的风险的？

（二）讨论题

1. 与其他乳品相比，澳优在中国市场的优势与劣势分别是什么？
2. 对于乳制品企业，整合上游产业有什么益处？
3. 假设你是中国本土某乳制品企业的总裁，你会采取何措施让企业在市场站稳脚跟呢？

第三部分　案例分析与总结

一、案例要点：品牌战略、战略合作

品牌战略主要包括品牌化决策、品牌模式选择、品牌识别界定、品牌延伸规划、品牌管理规划与品牌远景设立六个方面的内容。(1)品牌决策明确品牌的属性，即选择制造商品牌还是经销商品牌、自创品牌还是加盟品牌。(2)品牌模式选择解决品牌结构问题，即选择单一品牌还是多品牌，联合品牌还是主副品牌。(3)品牌识别界定确立品牌内涵，也就是品牌形象。(4)品牌延伸规划是界定品牌未来发展领域，明确品牌的延伸和扩展。(5)品牌管理规划是从管理机制上设立品牌的发展远景，明确品牌发展各阶段的目标与衡量指标。(6)品牌远景则对品牌的现存价值、未来前景和信念进行准则的界定。澳优选择定牌加工方式来生产奶粉，但成功将澳优打造为一个高端奶粉品牌。

战略合作是企业双方或多方出于长期共赢目的，建立在共同利益基础上，实现深度合作的一种合作形式。战略合作形式可以是签订合约的方式，也可以是组建新型组织的方式，或者是兼而有之。

二、案例总结

随着消费者需求日趋多元化，市场竞争内容与形式正逐渐由产品竞争过渡到品牌竞争，品牌战略在企业总体经营战略中的地位日显突出。澳优乳品始终坚持高品质、高质量的品牌战略，对企业发展具有重要作用。

澳优乳品的品牌战略包括以下内容：(1)坚持生产高端奶粉产品；(2)塑造品牌形象；(3)与欧洲乳品企业开展合作，共建研发中心。

品牌战略有助于企业培育竞争优势，抵御竞争的压力，有效拓展市场和提高盈利能力。但澳优乳品在品牌战略的实施过程中，面临两个问题：一是消费者对其国际品牌定位的争议，因为其产品虽在澳大利亚生产，但仅供中国市场；二是生产能力的不稳定性，如果生产商 Tatura 不再与澳优乳品合作，其产量和收益将大减。

澳优乳品参股 Tatura，以及与欧洲乳品企业的合作，也是为了应对这些可能的问题。

第四部分　案例使用说明

一、教学目的与用途

该案例涉及品牌战略和战略合作的理论。通过案例的讲解，让学生们对品牌战略和战略合作有新的认识。该案例适用于高级汉语的学员，适用于商务汉语案例课程，难度偏高。

二、案例分析思路

1. 了解澳优的品牌战略及其取得的成效。
2. 分析澳优面临的风险。
3. 分析澳优如何应对风险。
4. 讨论这项战略给其他企业带来了怎样的启示。
5. 总结与归纳你所知道的关于品牌战略的例子。

三、相关网络链接

《澳优品牌修炼"四重奏"》,中国网,2010年6月23日。
《澳优结盟欧洲乳品巨头品牌战略锦上添花》网易财经,2010年7月6日。
《澳优奶粉》,百度百科。

四、建议课堂计划

建议使用六节课。

第一节课:讲解重要商务词汇与案例背景,进行案例学习准备。
重要商务词汇:品牌战略、战略合作、上市(IPO)、融资。
第二节课:讲解案例正文,理清案例发展脉络,帮助学生理解案例。
案例讲解内容:
(1)介绍澳优的相关背景资料;
(2)了解澳优的品牌战略及其取得的成效;
(3)了解澳优面临的风险;
(4)了解澳优如何应对风险。
第三~四节课:展开案例分析和讨论。
(1)澳优的品牌战略是什么?
(2)为什么说澳优的快速发展得益于其战略的运作?
(3)澳优是如何应对上市带来的风险的?
(4)澳优为何要与诺帝柏欧建立战略合作?
(5)与其他乳品相比,澳优在中国市场的优势与劣势分别是什么?
第五~六节课:进行案例总结,布置课后作业,完成案例书面报告。
(1)对于乳制品企业,整合上游产业有什么益处?
(2)假设你是中国本土某乳制品企业的总裁,你会采取何措施让企业在市场站稳脚跟呢?

企业战略——中俄

Enterprise Strategy

联想如何把"危机变为商机"

第一部分　案例陈述

案例提要

2009年席卷全球的金融危机对俄罗斯经济造成了很大的影响,联想电脑在俄罗斯的销售也遇到了极大的困难。然而就在危机面前,联想在俄罗斯抓住了三个机会——用奥运强化品牌,用上网本抢占金融危机带来的市场空白,利用WiMAX进入中高端市场,成功地将"危机变为商机"。

关键词语

金融危机　联想　商机　危机

案例背景

2009年,俄罗斯经济依然受到金融危机很大的影响——失业率高居不下,石油跌价,外资撤资,卢布最高的时候贬值30%,对消费影响很大。在这种大环境下,PC市场和通信市场也急剧萎缩,跌幅超过一半。然而联想俄罗斯分公司却取得了骄人的战绩。根据IDC(International Data Company)的数据,联想在2009年第一季度,市场占有率同比提升4%,达到5.4%,市场排名也跃居第六。同时,联想还是唯一一个依然保持100%以上增长率的公司。联想公司是如何做到这一点的呢?

案例正文

联想公司借助北京奥运的开展,在俄罗斯进行了有效的市场推广并建立起良好的渠道机制,但金融危机接踵而至,所有的渠道商都陷入恐慌之中,因为在当时,俄罗斯的银行遇到很大问题,渠道商的资金链也面临很大风险和压力。而卢布的大幅度贬值,对终端市场产生很大负面影响——老百姓或把钱换成美元,或者就干脆停止购买非生活必需品。而这个时候,渠道商都在为年底的圣诞和元旦热销备货,市场需求的突然下降,使得渠道积压了大量货物,有的渠道连一台电脑都不再多要。

联想俄罗斯分公司总经理白欲立说:"我们2008年的主要压力集中在建渠道、打开品牌知名度。但是到了后半年,由于金融危机的到来,我们的重心转向如何在金融危机来临的时候,继续我们的业务。"然而怎样才能把危机变成机遇呢?

通过对市场的研究,联想发现中低端市场还有一定的销售规模。而恰好联想刚刚发布了自己的上网本产品 IdeaPad S9。在那之前,因为大部分厂商都不看好上网本,所以市场上只有华硕的产品出售。当上网本热销后,众多厂商又纷纷上马,联想幸运地抢占了优势。当时,俄罗斯市面上主流的上网本都是没有硬盘的,只有512M闪存,而联想的S9则配备了180G硬盘和9寸屏,性价比占据绝对优势。

接下来的难题就是打通渠道,分销商不愿意进货,就找零售商直接谈。联想找到了两家实力比较强、资信状况比较好的零售商,一家是欧洲排名第一的电器零售商 MediaMarKT;另外一个是俄罗斯当地一家食品连锁超市,它们在俄罗斯拥有1800多家店面,垄断了食品零售行业,其中有300~500家是规模较大的综合店。当时这两家零售商也在考虑卖一些PC类产品,增加客流量,双方正好一拍即合。

有了对路的产品和通畅的渠道,联想的上网本S9在圣诞节期间一度成了俄罗斯最主流的笔记本电脑。白欲立甚至注意到一家俄罗斯电视台的主播在转播节目时,也用了联想的上网本做演播用机。根据IDC的数据,联想笔记本的市场份额从2008年二季度的2.4%一下上升到第三季度的7.3%。同时这个策略也间接把竞争对手消化库存的周期拖长了两个季度,直到2009年4月才基本清空。

进入2009年,联想又抓住了另一个亮点,那就是WiMAX的发布。2009年4月,俄罗斯本地最激进的电信运营商Yota开始大规模部署WiMAX,覆盖了莫斯科和圣彼得堡两大城市超过70%的面积。这让联想意识到了巨大的市场机会到来了。

俄罗斯的IT市场比较特殊——手机普及率非常高,人均1.15部手机,但是互联网和PC的市场渗透率却比较低,只有20%左右。而WiMAX被称为4G,理论带宽过100M,实际在俄罗斯运营的带宽也达到了7.5M以上,远远超过3G的上网速度。这就意味着需要计算能力更强大的终端来消化如此多的带宽,对笔记本电脑来说,这是个替代手机市场的绝佳机会。

早在2008年的10月,Yota开始发布WiMAX手机的时候,联想的代表也受邀参加。在发布会上,他们和Yota的高层进行了交谈,当时就判断WiMAX将成为俄罗斯IT市场一个新机会。联想很快与Yota的商务部门洽谈了合作问题,准备推出WiMAX配套产品,在2009年4月,在Yota的WiMAX发布会上,联想就发布了全线的WiMAX产品,其他厂商只拿出了一两款产品,只有联想一家公司拿出了大约20款产品,独占了一个展台。随后,联想也是第一家把WiMAX产品投放店端的厂商,比其他竞争对手早了一个季度。直到七八月,其他厂商才开始向渠道铺货,此前,几乎是联想一家在WiMAX市场上唱独角戏。

当时,莫斯科大街上能够看到的两个关于WiMAX的广告,一个是Yota的,另一个就是联想。所以现在的俄罗斯,大家都把WiMAX和联想品牌紧密联系在一起。WiMAX的成功,使得联想在中高端也取得了突破,现在IdeaPad50%销量是来自WiMAX。

通过有效的危机管理之后,联想不仅没有被危机所拖累,反而取得了良好的成绩。

(改编自《联想的俄罗斯组合拳》,《商业价值》杂志官方博客,2009年10月27日;《加快国际化步伐抢占新兴大市场》,新民晚报,2010年8月6日)

第二部分　案例教学

一、商业专业词汇

1. 金融危机：又称金融风暴，是指一个国家或几个国家与地区的全部或大部分金融指标，例如短期利率、货币资产、证券、房地产、土地（价格）、商业破产数和金融机构倒闭数的急剧、短暂和超周期恶化。金融危机可以分为货币危机、债务危机、银行危机等类型。近年来金融危机呈现某种形式混合的趋势。

2. 失业率（Unemployment Rate）：是指失业人口占劳动人口的比率（一定时期全部就业人口中有工作意愿而仍未有工作的劳动力数字），旨在衡量闲置中的劳动产能，是反映一个国家或地区失业状况的主要指标。

3. 分销商（Distributor）：是指那些专门从事将商品从生产者转移到消费者的活动的机构和人员，当这些分销商的活动产业化以后，分销业也就形成了。所谓的分销是分着来销。可见在销售的过程中，已经考虑到了下家的情况，不是盲目销售，而是有计划地销售，商家有服务终端的概念。

4. 市场份额（Market Shares）：指一个企业的销售量（或销售额）在市场同类产品中所占的比重，直接反映企业所提供的商品和劳务对消费者和用户的满足程度，表明企业的商品在市场上所处的地位。市场份额是企业的产品在市场上所占份额，也就是企业对市场的控制能力。市场份额越高，表明企业经营、竞争能力越强。企业市场份额的不断扩大，可以使企业获得某种形式的垄断，这种垄断既能带来垄断利润又能保持一定的竞争优势。

5. 市场渗透率：对于有形的商品，指的是在被调查的对象（总样本）中，一个品牌（或者品类，或者子品牌）的产品，使用（拥有）者的比例。也可以直接理解为用户渗透率或者消费者占有率，是一个品牌在市场中位置的总和。

6. 危机管理：是企业为应对各种危机情境所进行的规划决策、动态调整、化解处理及员工培训等活动过程，其目的在于消除或降低危机所带来的威胁和损失。危机管理是专门的管理科学，它是为了对应突发的危机事件，抗拒突发的灾难事变，尽量使损害降至最低点而事先建立的防范、处理体系和对应的措施。

二、思考题

（一）根据案例内容回答问题

1. 金融危机给联想带来了什么样的影响？
2. 联想是如何将危机转化为商机的？

（二）讨论题

1. 近期的金融危机给企业带来了什么样的影响呢？
2. 你是怎样看待危机和商机的关系？
3. 你认为企业应当如何克服危机？

第三部分　案例分析与总结

一、案例要点：金融危机、营销渠道、危机管理

金融危机又称金融风暴，金融危机时，人们对经济的预期悲观，整个区域内货币大幅度贬值，经济总量出现较大幅度的缩减，经济增长受到打击，往往伴随着企业倒闭，失业率提高，社会经济萧条等现象。

营销渠道策略是整个营销系统的重要组成部分，它与产品策略、价格策略、促销策略一样，是企业能否成功开拓市场、实现销售及经营目标的重要手段。当企业进入新市场或市场进入新阶段时，营销渠道也要不断发生变化。

危机管理指企业应对危机的有关机制，即企业为了避免或者减轻危机所带来的严重损害，从而有组织、有计划地制定和实施一系列管理措施和因应策略，包括危机的规避、危机的控制、危机的解决与危机解决后的复兴等。危机管理的组织性、学习性、适应性和连续性。

二、案例总结

企业在运作的时候经常会遇到一些困难，有时候甚至会遇到一些重大的危机。这就要求企业能够进行良好的危机管理，把危机所带来的危害降低到最低，甚至转化为商机。

面对金融危机给联想在俄罗斯所带来的危害，联想是如何做到把危机转化为商机呢？首先利用奥运进行宣传，提高品牌的知名度。在此基础上，建立良好的渠道机制。在金融危机发生后，通过对俄罗斯市场的研究，联想发现中低端市场还有一定的销售规模。而恰好联想刚刚发布了自己的上网本产品 IdeaPad S9。在那之前，因为大部分厂商都不看好上网本，所以市场上只有华硕的产品出售。当上网本热销后，众多厂商又纷纷上马，联想幸运地抢到了第二波。进入 2009 年，联想又抓住了另一个亮点，那就是 WiMAX 的发布。WiMAX 的成功，使得联想在中高端也取得了突破，现在 IdeaPad50％销量是来自 WiMAX。

随着经济社会的复杂化，良好的危机管理和灵活的战略措施是企业能够长期健康发展下去所必备的条件。

第四部分　案例使用说明

一、教学目的与用途

该案例涉及金融危机和危机管理理论。从金融危机的角度，分析到联想的所面临的困难环境；从危机管理的角度，分析道联想在危机面前所采取的一系列措施。通过案例的

讲解,让学生们对金融危机和危机管理有了新的认识和理解。该案例适用于高级汉语的学员,适用于商务汉语案例课程,难度偏高。

二、案例分析思路

1. 分析金融危机给联想带来的不利影响。
2. 分析联想是如何建立渠道的。
3. 分析联想为什么要推出 WiMAX。
4. 分析联想是如何在危机中发现亮点的。
5. 总结与归纳联想是如何把危机转化为机遇的。

三、相关网络链接

《联想的俄罗斯组合拳》,《商业价值》杂志官方博客,2009 年 10 月 27 日。
《加快国际化步伐抢占新兴大市场》,新民晚报,2010 年 8 月 6 日。
《金融危机》,百度百科。
《渠道》《市场份额》,百度百科。
《危机管理》,百度百科。

四、建议课堂计划

建议使用六节课。
第一节课:讲解重要商务词汇与案例背景,进行案例学习准备。
重要商务词汇:金融危机、失业率、渠道。
第二节课:讲解案例正文,理清案例发展脉络,帮助学生理解案例。
案例讲解内容:
(1)介绍联想的相关背景资料;
(2)了解金融危机带来的困难;
(3)描述联想面对危机所采取的措施;
(4)了解这些措施所带来的效果。
第三～四节课:展开案例分析和讨论。
(1)分析联想的销售渠道遇到了什么样的困难?
(2)联想是如何打开渠道的?
(3)联想是如何发现 WiMAX 这个亮点的?
(4)讨论 WiMAX 给联想所带来的优势
(5)总结和归纳联想是如何将危机转化为机遇的。
第五～六节课:进行案例总结,布置课后作业,完成案例书面报告。
(1)近期的金融危机给企业带来了什么样的影响呢?
(2)你是怎样看待危机和商机的关系?
(3)你认为企业应当如何克服危机?

奇瑞在俄罗斯战略受阻

第一部分　案例陈述

案例提要

2006年奇瑞汽车进入俄罗斯市场，开始选择和阿芙达托尔(AVTOTOR)公司合作，经历了快速增长的时期，后来由于俄罗斯汽车产业政策的保护以及竞争者的加剧，奇瑞在俄罗斯的战略受到了极大的阻碍。奇瑞汽车先和阿芙达托尔分手，后收购依热夫斯克(Izhevsk)汽车厂失败。经历了这些挫折之后，奇瑞汽车开始寻求新的出路。

关键词语

奇瑞　阿芙达托尔公司　产业政策

案例背景

2006年1月，奇瑞汽车公司与俄罗斯的阿芙达托尔(AVTOTOR)公司签订合同，投资2亿美元成立一个合资企业，在俄罗斯的加里宁格勒(KALININGRAD)组装奇瑞汽车，其年产能为15万辆。2006年奇瑞轿车在俄罗斯销售量达到10768辆，2007年更达到3.7万辆，奇瑞汽车在俄罗斯的保有量已经将近6万。然而此时俄罗斯的汽车产业政策发生了重大变化，加上竞争对手的增多，奇瑞先与阿芙达托尔(AVTOTOR)公司合作宣告分手，后收购俄罗斯热夫斯克(Izhevsk)汽车厂失败，奇瑞在俄罗斯的战略发展受到了极大的阻碍。2008年9月，奇瑞与俄罗斯TagAZ汽车公司开始合作，寻求走出困境之路。

案例正文

奇瑞自2006年进入俄罗斯后，势头一直发展很好。据欧洲商业联合会公布的汽车销售数据，2007年，在俄罗斯销售的外国品牌汽车增长61%，达到165万辆，其中，奇瑞汽车销售3.7万辆，同比增长245%，位居在俄销售的外国品牌第13位，堪称增速之最，成为中国汽车自主品牌在俄罗斯市场中销量最好的汽车品牌。

然而，俄罗斯并不总是奇瑞的福地。随着美、日、韩系国际汽车巨头对俄罗斯市场的日渐重视和更深介入，这里的竞争也开始激烈起来。据俄《生意人报》报道，2006年5月，德国大众和美国通用分别与俄签署了在俄开办汽车厂的协议，再次掀起了外国汽车巨头在俄投资设厂的热潮。

更重要的变化在于俄罗斯产业政策发生了改变。俄罗斯也开始计划重振民族汽车工业，收紧了对于外资汽车企业的政策。自从2005年底，普京宣布重振俄罗斯的汽车工业后，俄罗斯海关明显加强了对中国进口零部件的监管。位于加里宁格勒自由经济区的阿芙达托尔公司享受关税优惠，并拥有多条进口品牌汽车组装生产线。奇瑞占阿芙达托尔公司组装车产量的一半，从与阿芙达托尔公司的合作中得到很多实惠，后者的组装车比整车进口便宜15%～18%。迫于压力，俄政府已计划减少给予阿芙达托尔公司的优惠，将只批给该公司1万～2.5万辆组装车的年度免税额度，额度外的组装车只能出口。最后阿芙达托尔公司正式宣布停止组装奇瑞汽车。奇瑞压缩在俄现有产量将不可避免，扩产计划也将成为泡影。

俄罗斯对中国汽车的反应尤为强烈，主要原因就是以奇瑞为代表的中国低价车直接与俄国本土的汽车竞争，挤占了他们的市场份额。也有业内人士指出，作为奇瑞在俄罗斯的直接竞争对手，伏尔加(VOLGA)集团曾经被中国汽车的低价策略压得喘不过气来，如今它正在恢复元气，并且成为中国企业最有力的竞争对手。

政策的影响，对于奇瑞的俄罗斯市场计划，以及以俄为跳板的欧洲市场计划，将会产生重大影响。不久前，俄罗斯网站以"中国人正在失去俄罗斯市场"为题报道了奇瑞在俄罗斯的动态，文章指出：由于服务网点和备件库的缺失，以及雷诺(RENAULT)、起亚(KIA)、现代(HYUNDAI)等相近车型的竞争，奇瑞在俄罗斯市场的未来命运值得担忧。

寻求新的合作是奇瑞走出困境的必由之路。2008年2月中，奇瑞总经理尹同耀奔赴俄罗斯，参观了索克集团掌控的伊热汽车厂，充分显示了与伊热汽车厂合作的兴趣。然而，伊热汽车厂最终以120亿卢布(约合5.18亿美元)的价格被雷诺－日产集团和伏尔加集团收购。

2008年9月，奇瑞与TagAZ公司(Taganrog Automobile Plant)合作生产的车型将正式在俄罗斯市场推出。然而此时，奇瑞已经不再享受阿芙达托尔合作时的优惠政策，成本比先前增加了12%～13%。目前，奇瑞汽车的价格略高于俄罗斯本土汽车的价格。

不过随着俄罗斯进入WTO脚步的加快，竞争将会趋于公平。从2008年6月份开始，奇瑞在俄罗斯的广告推广计划已经开始。奇瑞还在莫斯科花几千万美金组建了奇瑞的配件中心，并与俄罗斯著名的DHL物流公司合作。奇瑞在俄罗斯的4S店目前已达到70多家。虽然奇瑞在俄罗斯战略受到了很大的阻碍，但奇瑞正努力在战略上做出相应的调整，在俄罗斯市场还是值得期待的。

(改编自《奇瑞俄新搭档敲定，与TagAZ公司达成合作协议》，南方都市报，2008年8月4日；《奇瑞暂留俄罗斯与TagAZ签一年组装合同》，天山网，2008年8月6日；《奇瑞汽车在俄罗斯停产的背后》，新华网2008年04月11日；《奇瑞汽车成长的故事》，百度文库)

第二部分 案例教学

一、商业专业词汇

1. 收购(Acquisition)：是指一个公司通过产权交易取得其他公司一定程度的控制权，以实现一定经济目标的经济行为。

2. 保有量：指当前已登记在册或现存的在用途中可计数且未废止单位的数量。一般应用于汽车保有量，车辆保有量或机动车保有量比较多。

3. 市场份额（Market Shares）：指一个企业的销售量（或销售额）在市场同类产品中所占的比重，直接反映企业所提供的商品和劳务对消费者和用户的满足程度，表明企业的商品在市场上所处的地位。市场份额越高，表明企业经营、竞争能力越强。

4. 低价策略：并不是指负毛利销售，而且是以低价来赢得消费者的关注，从而达到促销的目的。低价策略也是所有销售中最有效的营销方式。

5. 4S店：4S店是集汽车销售、维修、配件和信息服务为一体的销售店。4S店是一种以"四位一体"为核心的汽车特许经营模式，包括整车销售（Sale）、零配件（Sparepart）、售后服务（Service）、信息反馈等（Survey）。

二、思考题

（一）根据案例内容回答问题

1. 奇瑞在俄罗斯遇到了什么样的困难？
2. 奇瑞汽车在战略受阻之后采取了什么策略？
3. 对于日益增长的成本和逐渐失去的价格优势，奇瑞汽车该何去何从？

（二）讨论题

1. 在购买汽车的时候，你认为什么是决定你购买的主要因素？
2. 在战略遇到阻碍的时候，企业应该做什么样的对策？

第三部分　案例分析与总结

一、案例要点：产业政策、战略受阻

产业政策（industrial policy）是政府为了实现一定的经济和社会目标而对产业的形成和发展进行干预的各种政策的总和。产业政策的功能有：调整商品供求结构，引导资源配置；保护或限制特定产业的成长；稳定经济发展；打破区域封锁和市场分割等。由于各国经济发展阶段的不同，各个国家的产业政策相差很大。

战略受阻指企业所设想的战略目标和方案受内外部条件限制而无法顺利实施。企业所面临的经济环境不断变化，导致原来采用的战略或所制定的战略可能无法实施。奇瑞公司战略受阻指的是由于外部环境发生了重要的变化，主要是产业政策和竞争环境发生了变化，原有发展计划遇到了困难，公司的发展战略遇到了阻碍。

二、案例总结

一个国家的产业政策对一个行业的影响具有极大的导向性，产业政策其中的一个作用就是保护国内幼小民族企业，扶持国内企业发展。这样的产业政策也必然会影响到国外的厂商，有时候甚至是致命的打击。

2006年奇瑞汽车开始进入俄罗斯，此时作为阿芙达托尔公司合作者还享受关税优惠。

然而，俄罗斯政府宣布重振俄罗斯的汽车工业后，俄罗斯海关明显加强了对中国进口零部件的监管。俄政府已计划减少给予阿芙达托尔公司的优惠，将只批给该公司1万至2.5万辆组装车的年度免税额度，额度外组装车只能出口。因此，奇瑞压缩在俄现有产量将不可避免，扩产计划也将成为泡影。

另外俄罗斯的法令也偏向于对俄带来就业机会和产业利益的，以奇瑞为代表的中国低价车直接与俄国本土的汽车竞争，挤占了他们的市场份额，显然不符合法律条款。

实际上，奇瑞并不是第一家在俄遇阻的中国汽车企业。长城、中兴、力帆等中国品牌在俄建立汽车组装厂的计划都遭遇了俄政府层面的障碍。主要原因是中国汽车品牌在俄生产方式不符合俄产业政策要求。因此，在他国进行生产销售，首先得考虑到一个国家的经济政策，尽量去利用政策而不是去违背政策。在环境发生改变的时候要及时做调整，奇瑞汽车后来调整的速度显然没有及时跟上，后面的汽车收购也以失败告终。但这一切都不是最终结局，吸取经验教训，奇瑞在俄罗斯市场还会有机会。

第四部分　案例使用说明

一、教学目的与用途

该案例涉及产业政策和战略受阻等理论。从产业政策的角度，分析奇瑞在俄罗斯受阻的根本原因；从战略受阻的角度，分析了奇瑞在俄罗斯面临的困境。通过案例的讲解，让学生们对产业政策和战略受阻有了新的认识和理解。该案例适用于高级汉语的学员，适用于商务汉语案例课程，难度偏高。

二、案例分析思路

1. 探寻俄罗斯汽车市场的状况。
2. 分析奇瑞汽车开始在俄罗斯的情况。
3. 分析奇瑞汽车遇到了哪些不利因素。
4. 分析奇瑞汽车遇到的最大的阻力。
5. 分析奇瑞汽车做了哪些战略应对。

三、相关网络链接

《奇瑞俄新搭档敲定，与TagAZ公司达成合作协议》，南方都市报，2008年8月4日。
《奇瑞暂留俄罗斯与TagAZ签一年组装合同》，天山网，2008年8月6日。
《奇瑞汽车在俄罗斯停产的背后》，新华网2008年4月11日。
《奇瑞汽车成长的故事》，百度文库。
《产业政策》，百度百科。
《收购》，百度百科。
《保有量》，百度百科。

四、建议课堂计划

建议使用六节课。

第一节课:讲解重要商务词汇与案例背景,进行案例学习准备。

重要商务词汇:战略受阻、产业政策、收购。

第二节课:讲解案例正文,理清案例发展脉络,帮助学生理解案例。

案例讲解内容:

(1)介绍奇瑞汽车的相关背景资料;

(2)了解奇瑞汽车刚进入时的景况;

(3)描述奇瑞汽车后来遇到的困难;

(4)了解奇瑞汽车在遇到阻碍时采取了什么样的措施。

第三~四节课:展开案例分析和讨论。

(1)分析奇瑞汽车刚进入俄罗斯为何取得良好的效果?

(2)分析奇瑞汽车为什么遇到了障碍?

(3)俄罗斯的产业政策发生了什么样的变化?

(4)俄罗斯的产业政策发生变化后对奇瑞产生了哪些不良影响?

(5)奇瑞汽车在遇到阻碍后采取了什么样的措施?

第五~六节课:进行案例总结,布置课后作业,完成案例书面报告。

(1)在购买汽车的时候,你认为什么是决定你购买的主要因素?

(2)在战略遇到阻碍的时候,企业应该做什么样的对策?

企业战略——中西

Enterprise Strategy

ZARA 中国续写极速神话

第一部分 案例陈述

案例提要

作为一家世界顶级时装品牌，ZARA 把它的快速时尚理念诠释到了极致。在进入中国市场后，ZARA 依然保持其极速供应链的作风，并在中国获得了巨大的成功。

关键词语

ZARA　服装快时尚

案例背景

1975 年设立于西班牙的 ZARA，隶属于 Inditex 集团，为全球排名第三、西班牙排名第一的服装商。在世界各地 56 个国家内，ZARA 设立了超过两千多家的服装连锁店。ZARA 深受全球时尚青年的喜爱，源于设计师品牌的优异设计，价格却更为低廉，简单来说就是让平民拥抱新时尚(High Fashion)。

中国市场一直呈现极速增长的状态，很多中国消费者的消费观念也逐步向国际接轨，并且有相当数目的国际服装品牌已经在中国获得了成功。从遥远的西班牙到中国，ZARA 保持了从设计到销售只需 15 天的神话。商业科技帮助它延续了极速供应链的传奇。

案例正文

飒拉(ZARA)来了！从 2006 年 3 月初开业至 2006 年 9 月，位于上海南京西路的 ZARA 旗舰店每天都门庭若市。在这个营业面积约 1500 平方米的单店中，单日销售额不时能飙升到 60 万元人民币。这个数字足以令同行艳羡不已。

作为西班牙知名品牌的 ZARA，其广为人知的市场定位是"买得起的快速时尚"。当最新一季的迪奥(Dior)新装刚刚在巴黎 T 型台上亮相，两周后，时尚的消费者们就能够惊喜地在 ZARA 的店里发现 Dior 最新式样的影子，而价格可能连 Dior 的十分之一都不到。

从设计到进入市场销售，ZARA 在反应最快的时候只用了 15 天的时间。而在中国国内，以快捷的供应链速度而著称的美特斯邦威集团有限公司（下称美特斯邦威），完成这一过程目前则需要 80 天。当 ZARA 把战略的触角延伸到中国时，其极速供应链的神话居然得以神奇地延续。那么，ZARA 是如何跨越时空，实现其供应链传奇的呢？

每天上午 10 点，南京西路上的 ZARA 旗舰店就会准时开门迎客。尽管店里陈列着数千件服装，但是看上去井井有条。门店按照女装、男装和童装划分为三个区域，购物空间也十分宽敞，秉承了 ZARA 一贯善于营造舒适的购物环境的理念。单品虽然数量不多，但款式丰富多样，这也是 ZARA 的特色。为了营造稀缺价值，ZARA 总是频繁地推出小批量的新品。因此 ZARA 的拥趸们总能发现某款新品只有区区数件，如果不立即购买，很有可能就永远消失在货架上。可是，即便每天都有无数时尚人士来到这里大批量购买，ZARA 的货架永远挂满了琳琅满目的服装。每隔半小时，ZARA 女装、男装和童装的主管都会根据 POS 机里的销售系统，对店面进行实时控制和补货。

为了搭建一套适合 ZARA 在中国市场的信息系统，ZARA 花了大量时间在信息系统的构建上面。ZARA 在中国的信息系统与在海外的零售系统模式不同。在西班牙的某些 ZARA 门店，系统架构是以一台 POS 机作为主机，其他的 POS 机作为副机，所有的数据都汇集到主机上，这种模式省略了服务器和后台支持。可是 POS 机的存储量比较小，和打印机相连打出来的报表不仅影响效果，也难以开发更多的系统。这种陈旧的模式不适合 ZARA 在中国的门店。ZARA 西班牙总部为了及时掌握中国市场的动态并快速做出反应，中国的信息系统在设计之初便采用"H"型的架构，即每个门店的信息系统相对来说是平行和独立的，直接和西班牙连接。同时，ZARA 位于上海的总部也会通过系统得到每个门店的信息。

ZARA 的信息化架构是在每个门店用服务器构建一个后台，可根据不同客户的要求，开发各种报表和查询功能，而前端可以挂很多 POS 系统。最重要的是，ZARA 在中国的门店每天晚上需要将各种销售数据和报表直接传给西班牙总部，因此宽带也成为每个门店最基础的配置。

在南京西路的 ZARA 店里，店长迪维娜（Devina）总是带着一台定制的手持式 PDA 在店里巡视。尽管这台 PDA 模样小巧，却内置了 ZARA 总部标准的订货系统和产品系统等模块，而且，它还能帮助迪维娜与西班牙总部保持密切的联系。在 ZARA，每个门店经理拥有向总部直接订货的权力，因此，当迪维娜在自己门店的系统里发现某种产品库存不足时，通过与宽带连接的 PDA，她可以看到西班牙总部的建议订量，再根据自己对当地市场的判断，向总部发出订单。值得一提的是，ZARA 西班牙总部的建议订量，是综合了各门店每天传送的销售数据、以及产品经理对当地市场的预估，再加上对历史销售数据的综合分析而得出的。由于中国市场今年才开设新店，没有历史销售数据可查询，因此迪维娜还有个重要的工作便是通过 PDA 和西班牙的产品经理进行频繁沟通。

这种通畅沟通的机制以及对单个门店强化管理的意义不言而喻，它能让遥远的 ZARA 西班牙总部精准地知道中国的市场信息。在 ZARA 的中国旗舰店刚开业时，很多服装的尺寸都偏大，适合亚洲人身材的 S 号往往在进货当天就被抢光。可是一个多月后这种情况得到了迅速改观，当再次来到 ZARA 店时，人们发现很多款式都提供了充足的小（S）号和加小（XS）。显然，ZARA 总部对中国市场做出了快速的反应。而正是数个这样的设计造就了 ZARA 中国的成功。

（改编自《ZARA 中国续写极速神话》，信息周刊，2006 年 9 月 15 日）

第二部分　案例教学

一、商业专业词汇

1. 市场定位：是企业及产品确定在目标市场上所处的位置。
2. 供应链：是围绕核心企业，通过对信息流、物流、资金流的控制，从采购原材料开始，制成中间产品以及最终产品，最后由销售网络把产品送到消费者手中的将供应商、制造商、分销商、零售商直到最终用户连成一个整体的功能网链结构。
3. 信息系统：是由计算机硬件、网络和通信设备、计算机软件、信息资源、信息用户和规章制度组成的以处理信息流为目的的人机一体化系统。
4. 订货系统：是指将批发、零售商场所发生的订货数据输入计算机，即通过计算机通信网络连接的方式将资料传送至总公司、批发商、商品供货商或制造商处。

二、思考题

(一)根据案例内容回答问题

1. ZARA是如何在中国开展其"快时尚"策略的？
2. 为什么ZARA喜欢小批量地推出衣服，而不是一次性大批量？

(二)讨论题

1. 你还知道哪些"快时尚"的品牌？
2. 你认为ZARA最大的优势是什么？
3. 你认为快时尚的最大卖点是什么？

第三部分　案例分析与总结

一、案例要点：快时尚、极速供应链

快时尚：ZARA、H&M、C&A等服装企业，在竞争中强调"快、狠、准"而被称为快时尚。"快时尚"有三方面特征：(1)"快"，快时尚服饰追随当季潮流，新品到店的速度奇快，橱窗陈列的变换频率快，通常从信息搜集、设计后生产销售，最快时间12天。(2)"狠"，品牌间竞争激烈，产品品种多但生产数量少，货物售完不会再有重复款上架。(3)"准"，设计师能预知近期的潮流趋势，在短时间内设计出各式新潮服装。

极速供应链强调要大大提高供应链的运作效率，缩短从供应、生产到销售的时间周期。传统供应链管理面临产销不协调、信息滞后、响应速度慢等问题。为了应对市场的快速变化和降低不确定性，企业日趋重视通过构建基于网络化、平台化、扁平化的极速供应链，来降低库存费用，实现对顾客需求的快速响应。

ZARA 的成功就在于其极速供应链系统。极速供应链的构建不仅需要理念上的支持，更需要每阶段的流程分析和一套有效的集成供应链系统，以保证采购、生产、库存到交货的顺畅，这需要三个要素的配合：信息收集、制定计划和保证执行，即要时时采集供应链中各个环节的数据，运用收集的数据产生各种相关的计划，最后依靠公司的执行能力保证计划的实施。

二、案例总结

服装企业的竞争非常激烈，除了打造高端产品，提高品牌知名度。服装企业也一直在探索如何降低成本、提高市场响应速度的问题。ZARA 模式给服装企业带来了很大的冲击。一方面 ZARA 在消费者心目中保持了高端产品形象，这就为其索取适度的高价创造了条件。另一方面，ZARA 却能够以相对较低的成本提高产品，并且能够根据市场变化做出快速响应，将这两个对许多其他来说是相互矛盾的优势相结合，所以在市场上取得成功是有其深层次根源的。这就是 ZARA 的极速供应链管理。

极速供应链需要从企业到供应商和零售终端的共同配合，需要企业内部各部门的共同配合，这是一个系统性工程。ZARA 模式对中国服务企业有很大的启示。长期以来，我国许多服装制造企业处于价值链的最末端，无法带给中国的服装制造企业更大的附加价值。因此，最近几年中国企业开始越来越多的重视品牌的塑造。除此之外，ZARA 的极速供应链管理也很值得关注。ZARA 这种"快时尚"的模式不仅有利于迅速的发布其新款服饰从而占领市场，而且也能够大大地提高其存货周转率并减小资金压力。

第四部分　案例使用说明

一、教学目的与用途

案例描述了 ZARA 的快时尚定位和极速供应链管理。通过该案例的学习，一是让学生了解快时尚的相关知识；二是让学生了解如何实现极速供应链。该案例适用于高级汉语的学员，适用于商务汉语案例课程，难度偏高。

二、案例分析思路

1. 介绍 ZARA 公司概况。
2. 分析 ZARA 的快时尚定位。
3. 了解 ZARA 的极速供应链。
4. 分析 ZARA 如何打造极速供应链。
5. 讨论 ZARA 在中国的信息系统的特点。
6. 分析 ZARA 所取得的效果。
7. 总结案例启示。

三、相关网络链接

《ZARA、H&M：掀起本土快时尚生存迷雾》，中国经营报，2010年12月21日。
《从 ZARA 模式看 4R 营销理论的应用》，中国服装网，2009年1月16日。
《大牌杰尼亚与 Zara 在中国为何进退两难》，互联网，2011年1月11日。
《信息周刊：ZARA 中国续写极速神话》，信息周刊，2006年9月15日。
《市场定位》，百度百科。
《供应链》，百度百科。
《快时尚》，百度百科。
《信息系统》，百度百科。
《订货系统》，百度百科。

四、建议课堂计划

建议使用六节课。
第一节课：讲解重要商务词汇与案例背景，进行案例学习准备。
重要商务词汇：快时尚、极速供应链、信息系统。
第二节课：讲解案例正文，理清案例发展脉络，帮助学生理解案例。
案例讲解内容：
(1)介绍 ZARA 的相关背景资料；
(2)描述 ZARA 的快时尚模式；
(3)了解 ZARA 如何实现其快速响应；
(4)了解 ZARA 的极速供应链；
(5)了解 ZARA 在中国的信息系统。
第三～四节课：展开案例分析和讨论。
(1)ZARA 为什么选择快时尚模式？
(2)ZARA 是如何实现市场快速响应的？
(3)ZARA 极速供应链指什么？
(4)ZARA 在中国的信息系统有何特点？
第五～六节课：进行案例总结，布置课后作业，完成案例书面报告。
(1)你认为 ZARA 最大的优势是什么？
(2)你认为快时尚的最大卖点是什么？

西班牙风电巨头歌美飒压押中国

第一部分　案例陈述

案例提要

西班牙歌美飒是全球著名的风电企业之一。随着中国风电市场的发展,歌美飒也开始了其中国市场的大力投资。歌美飒陆续在中国投资了6个生产基地:其中4个在天津基地,1个在吉林生产基地,1个在内蒙古基地。此外为了应对国内外企业的竞争,歌美飒还加大了与中国企业的联盟合作。

关键词语

歌美飒　风电　中国市场

案例背景

中国是全球风电市场上增长最快的地区之一。2010年达2 600万千瓦,中国已经成为全球最大的风力发电市场。此外,中国还计划到2020年15%的能源总消耗来源于可再生能源,这给风电市场带来了巨大的机遇。西班牙歌美飒(Gamesa)作为全球五大风电企业之一,是全球涡轮机设计、生产、安装和维护方面的领军企业。歌美飒当然不会忽视中国这个不断增长的市场。其实自1999年,歌美飒就开始了中国之旅。

案例正文

早在1999年,歌美飒就进入了中国市场。但当时的歌美飒,只是在中国开展部分业务。直到2005年歌美飒才正式进入中国市场,并于2006年成立了歌美飒风电(天津)有限公司,专门制造和装配风力发电机的主要组成部件。同年9月,歌美飒在天津的风电设备工厂正式投产。现在,天津厂已经成为歌美飒在海外的第二大生产基地。工厂占地十余万平方米,包括制造、仓库、风机维护以及风场开发与服务等。

随着中国市场的发展和中国政府对风电产业的支持,歌美飒不断加大在中国市场的投资。截至2009年,歌美飒在中国的设备总投资额已达到4 200万欧元。2010年5月10日,歌美飒在中国吉林省白城市的风能设备厂破土动工,新工厂将制造歌美送的顶级2MWG8X风机,预计年产量250台,新工厂于2011年中旬开始投产。2010年9月14日,歌美飒在中国的第六家生产基地已在内蒙古破土动工。这样,歌美飒在中国建设了六大生产基地:其中4个在天津基地,

1个在吉林生产基地,1个在内蒙古基地。歌美飒董事长兼总裁乔治·卡弗特表示,公司将力争到2012年实现,将中国市场的销量占公司全球总销量的比例达到30%以上,中国市场对歌美飒的贡献率到2011年将翻番,即销售800~1 000兆瓦。

对跨国风机企业来说,中国拥有较低的生产成本,这也使中国成为跨国风机制造转移的重要目的地。乔治·卡弗特也承认,歌美飒加大在中国的投资有成本方面的考虑,但除此之外,还有一个更重要的原因,那就是中国市场是一个高速增长的市场。在2009年,中国在世界能源市场上稳固了其作为一个高增长市场的地位,风机装机容量增长了13.7GW。与2008年的风电装机容量相比,增加了113%,由此中国成为全球最大的风力发电市场。歌美飒之所以在2012年之前在中国的投资提高至三倍,以扩大并调整其生产中心,主要是为满足新轮机系统的发展需要。

然而,中国风电产业快速发展以及风电设备需求量急速增长带来的不仅仅是机遇,同时也有风险。除了歌美飒,越来越多的国外风电企业进入中国市场,比如印度最大的风电设备制造公司——苏司兰能源有限公司(Suzlon Energy Ltd.),于2007年成立(天津)有限公司,工厂占地25万平方米,主要生产风力发电设备,年产值约为24亿元。苏司兰能源有限公司董事长坦蒂称,该公司还计划在中国设立一个研发中心,并将推动其中国资产在香港联交所上市。此外,还有大批中国风电企业也在快速崛起,如华锐风电科技股份有限公司、新疆金风科技股份有限公司等本地风机生产厂商,这样外资风机企业的市场占有率将受到冲击。

为此,歌美飒积极拓展与中国企业建立长期战略合作伙伴关系。早在2010年,歌美飒还和两家中国大型电力公司——中广核风力发电有限公司和大唐可再生能源有限公司分别就签订了新的战略协议。

根据最新的数据显示,2011年歌美飒在中国市场的销量将达到其全球市场的31%,可以说,歌美飒在中国的战略布局已经达到了其目的并在向更广的领域迈进。

(改编自《西班牙风力发电机巨头歌美飒内蒙古建基地》,东方早报,2010年9月16日)

第二部分　案例教学

一、商业专业词汇

1. 生产成本:是生产单位为生产产品或提供劳务而发生的各项生产费用,包括各项直接支出和制造费用。

2. 研发中心:就是以研究开发为主要工作的部门。

3. 战略合作伙伴:是指能够通过合资合作或其他方式,能够给企业带来资金、先进技术、管理经验,提升企业技术进步的核心竞争力和拓展国内外市场的能力,推动企业技术进步和产业升级的国内外先进企业。

4. 战略布局:是指企业根据经济形势,结合自身的实际情况而采取的产业、业务的发展规划,实现既定环境和既定条件下的最佳组合。

二、思考题

(一)根据案例内容回答问题
1. 歌美飒为什么把部分工厂布局在吉林和内蒙古?
2. 为了和中国本土风电企业竞争,歌美飒采用了一个什么策略?

(二)讨论题
1. 在当下日本核危机还未完全散去,你如何看待歌美飒在风电领域的机遇?
2. 当核能在被全世界质疑的时候,你作为歌美飒管理层该有哪些行动?

第三部分　案例分析与总结

一、案例要点:战略布局

战略布局是指企业根据经济形势,结合自身的实际情况而采取的产业、业务的发展规划,实现既定环境和既定条件下的最佳组合。对于歌美飒来说,由于中国份额占其全球总份额 30% 以上,在中国的战略布局就显得尤为重要。

随着中国能源需求的迅猛上升,对于能源的需求也变得越来越强烈。同时随着油价、煤价和天然气价格的逐渐攀升,中国开始把目光更多地放在可再生能源领域,风电也成为关注焦点之一。这时,歌美飒恰到好处地在中国天津、吉林和内蒙古等地开始了战略布局。

二、案例总结

案例描述了歌美飒在中国市场的战略布局,具体包括以下行为:

一是建立生产基地,歌美飒自 2006~2010 年间,在中国投入大量资金建设风电生产基地,至 2010 年已建有六个生产基地。歌美飒在中国扩建生产基地的主要原因是生产成本低,且中国风电市场需求增长。

二是发展战略合作伙伴,中国风电市场的需求增长,同时也吸引更多的竞争者的进入,来自中国本土以及其他国家的风电企业,纷纷进入风电市场,歌美飒通过与中国大型电力企业建立合作伙伴关系,以求维持市场竞争力。

面对市场竞争格局的变化,歌美飒在生产基地的布局,能否在未来的竞争中取胜,还将面临很大的挑战。

第四部分　案例使用说明

一、教学目的与用途

案例讲述了西班牙风电巨头歌美飒在中国的发展。通过该案例的学习,让学生了解如何分析和把握环境,如何选择企业的战略布局。该案例适用于高级汉语的学员,适用于商务汉语案例课程,难度偏高。

二、案例分析思路

1. 介绍歌美飒公司及中国能源市场。
2. 讲述歌美飒在中国的投资。
3. 分析歌美飒为何加大在中国的投资。
4. 分析歌美飒如何应对竞争。
5. 了解歌美飒所取得的效果。
6. 总结案例启示。

三、相关网络链接

《西班牙风力发电机巨头歌美飒内蒙古建基地》,东方早报,2010年9月16日。
《歌美飒新建工厂在吉林省破土动工》,信息大观。
《世界风电设备制造巨头歌美飒在中国首次建厂》,新华网,2010年5月15日。
《生产成本》,百度百科。
《研发中心》,百度百科。
《香港联交所》,百度百科。
《战略合作伙伴》,百度百科。
《战略布局》,百度百科。

四、建议课堂计划

建议使用六节课。
第一节课:讲解重要商务词汇与案例背景,进行案例学习准备。
重要商务词汇:投资、战略布局、联盟合作。
第二节课:讲解案例正文,理清案例发展脉络,帮助学生理解案例。
案例讲解内容:
(1)介绍歌美飒的相关背景资料;
(2)描述歌美飒在中国的投资情况;
(3)了解歌美飒押注中国的原因;
(4)了解歌美飒的竞争对手。
第三～四节课:展开案例分析和讨论。
(1)歌美飒为何在加大在中国的投资?
(2)歌美飒有哪些优势?
(3)歌美飒如何应对竞争者?
(4)歌美飒在中国的战略布局是怎样的?
第五～六节课:进行案例总结,布置课后作业,完成案例书面报告。
(1)在当下日本核危机还未完全散去,你如何看待歌美飒在风电领域的机遇?
(2)当核能在被全世界质疑的时候,你作为歌美飒管理层该有哪些行动?

市场营销——中德

Marketing

阿迪达斯的"体育营销"

第一部分 案例陈述

案例提要

2008年在中国北京举办的奥运会,为众多企业提供了展示自我的平台。阿迪达斯为了提升在中国乃至亚洲市场的品牌形象,展开了一系列的体育营销活动。主要策略有:(1)多层面的赞助活动组合;(2)多种公关方式的联动。

关键词语

阿迪达斯 2008奥运会 体育营销 品牌形象

案例背景

奥运会是全球最重要的体育赛事之一。由于奥运会比赛项目多,参与国家广,对民众的影响大,所以它已经不仅仅是一个体育盛会,也越来越成为众多商家推广品牌、展示产品的舞台。对于体育用品公司来说,这更是一个不可忽视的机会。阿迪达斯是一家对奥运营销有着悠久历史和独特情结的体育用品厂商,它赞助奥运会已有近80年的历史。当2008年奥运会在北京举行时,阿迪达斯同样倾注了极大的热情,开展了多层面的体育营销。阿迪达斯希望借助北京奥运会上推广,在中国这个全球最重要的市场上超越竞争对手,成为中国市场的第一体育品牌。

案例正文

2008年奥运会在中国北京举行,这为阿迪达斯提供了机会。阿迪达斯围绕北京奥运成功开展了一系列体育营销,以提高阿迪达斯在中国乃至亚洲市场的品牌形象。

1. 多层面的赞助活动组合

阿迪达斯针对北京奥运会实施了多层面的综合性体育营销,具体内容包括奥运赛事赞助、明星赞助、项目团队赞助以及大众体育活动赞助。

第一,奥运赛事赞助。阿迪达斯把与奥运会官方合作看作是一种最好的市场营销工具。

阿迪达斯认为,只要成为官方奥运合作伙伴,就能拥有排他性的奥运资源。所以,阿迪达斯以13亿人民币与北京奥委会签约,挫败李宁公司成为北京2008年奥运会合作伙伴,这也北京奥运会唯一一家体育用品企业。

其二,项目团队赞助。选择合适的赞助项目,能够提高产品的品牌影响力和宣传效果。在北京奥运会的28个比赛项目中,除了帆船和马术,阿迪达斯将为其他26个项目的运动员提供专业的比赛产品,其中中国国家排球队和足球队是阿迪达斯的赞助重心。阿迪达斯认为,中国排球将会成为2008年奥运会的焦点,而足球则是阿迪达斯品牌的灵魂。这种"点面结合"的赞助方式,一方面让阿迪达斯的形象贯穿奥运会始末,同时以"亮点"项目提醒和影响着公众的记忆。

其三,明星赞助。阿迪达斯品牌一贯坚持邀请名人作产品代言人。阿迪达斯认为,"明星效应"是一种起步早、持续时间长、出现频次高、唯一能够贯穿奥运前后数月周期的营销方式,最容易接触普通消费者并引起消费者的关注。因此阿迪达斯邀请马晓旭、彭帅、郑智、胡佳等体育明星为代言人。此外,其旗下的锐步品牌则邀请姚明为代言人。

其四,大众体育活动赞助。阿迪达斯是大众体育活动的倡导者,它积极推进中国大众体育活动的发展,尤其重视中国群众篮球市场的培育。阿迪达斯在中国举办街头篮球挑战赛已有13个年头,从2006年开始实施"绿茵成长计划",2008年推出"真兄弟,篮下结义"的夏季篮球联赛。通过赞助大众体育活动,可以与顾客建立直接联系,进一步扩大品牌的影响力。

总之在北京奥运会上,阿迪达斯约为100 000名志愿者、技术官员和北京奥组委人员,以及为3 000多位运动员、214个体育协会和16个国家奥委会提供各种产品。当这些人穿上带有阿迪达斯标志的服装出现在绿茵场上时,对阿迪达斯品牌的推广作用可想而知。

2. 多种公关方式的联动

除了赞助体育赛事,阿迪达斯还非常重视公关营销机会。阿迪达斯围绕2008年奥运会进程,创造生动的宣传题材和有趣的故事,接触目标受众并以引起人们的关注,同时激活各类媒体广泛参与报道。

第一,巧用新闻。阿迪达斯采用新闻发布会的形式,向公众直接展示,目的是制造声势,创造良好的社会舆论环境,起到积极的推动作用。

第二,路演。路演(Roadshow)是一种凝聚品牌文化,通过与消费者进行深入互动,实现消费者对产品或品牌的认知到钟爱的户外综合活动。阿迪达斯以路演活动,吸引顾客参与"一起2008,没有不可能"的奥运体验活动、"有你支持,让梦成真"的足球之旅活动、"2008我们一起跑"的全民跑步活动,这些路演在北京、上海、广州、沈阳、大连等重要城市轮番举行,号召全民参与,将运动真正融入每个人的生活。

第三,体验活动。阿迪达斯策划了"挑战你的奥运梦想"的活动,为参与者提供展示个性的机会。整个活动通过全球电视、网络、零售店以及平面媒体全面推出,为阿迪达斯聚集了极旺人气和关注度。

第四,明星讲故事。全球知名运动员讲述自己的成长故事,每个故事都以平实的视角阐释"没有不可能"的主题。受众在品味这些故事,激励对生命的爱和信心,同时也悄然接受了阿迪达斯的品牌内涵。

第五,"健身风暴"运动。2008年3月,阿迪达斯在上海启动2008女子春夏市场活动,推出"健身风暴—玩运动",倡导运动者抛开时间的限制,地点的禁锢和既定的目标,体验零束缚,零压力,无胜负,无对手的唯我境界,展现阿迪达斯的运动理念。

阿迪达斯公司的统计数据显示,2008年以来该公司已经成为中国体育用品市场上的领军品牌。该公司认为,对北京奥运会的高额赞助为这个结果奠定了基础。

(改编自王君玉《阿迪达斯,奥运营销360度》,V-MARKETING 成功营销,2008年10月28日;《2008十大奥运营销经典案例》,搜狐体育;《阿迪达斯发力"亚洲特色"奥运营销》,服装网,2007年10月9日;《阿迪达斯CEO:奥运营销让我们反败为胜》,经济观察网,2008年8月19日;《阿迪达斯VS耐克:最特别的奥运营销PK》,中国经济网,2008年8月8日;《营销七要素,打造阿迪达斯"08可能"》,中国时尚品牌网,2008年8月20日)

第二部分　案例教学

一、商业专业词汇

1. 赞助营销:是指企业通过资助某些公益性、慈善性、娱乐性、大众性、服务性的社会活动和文化活动来开展宣传,塑造企业形象和品牌,实现广告的目的,从而促进产品的销售。

2. 体验营销:是指企业通过采用让目标顾客观摩、聆听、尝试、试用等方式,使其亲身体验企业提供的产品或服务,让顾客实际感知产品或服务的品质或性能,从而促使顾客认知、喜好并购买的一种营销方式。

3. 体育营销:就是以体育活动为载体来推广自己的产品和品牌的一种市场营销活动,是市场营销的一种手段。

二、思考题

(一)根据案例内容回答问题

1. 阿迪达斯进行了哪些体育赞助活动?
2. 阿迪达斯在公共关系展开了哪些活动?
3. 阿迪达斯为什么要成为奥运合作伙伴?

(二)讨论题

1. 描述你印象深刻的一个体育营销事件。
2. 你认为企业采用体育明星代言要考虑哪些因素?
3. 你认为非奥运合作伙伴应该如何展开奥运营销?

第三部分　案例分析与总结

一、案例要点:体育营销

体育营销包括两个层面:一是指将体育本身作为产品开展的营销,比如一支球队及其运动员、一场赛事、一次运动会,都可以进行营销和推广,这是针对体育项目开展的"体育产业营销"。二是运用营销学的原量,以体育赛事或体育活动为载体而进行的非体育项目的推广和品牌传播,比如各大赞助商利用世界杯比赛宣传、展示其产品,这些产品与体育活动可能并无关系。通常意义上的体育营销指后者。

体育营销大致有赞助、授权、合作伙伴、冠名、体育活动指定产品、广告、体育明星代言、组织大众化的体育活动等。

二、案例总结

奥运营销是体育营销的一种形式,主要指利用奥运会赛事开展的体育营销。阿迪借助奥运会开展体育营销已有80年的历史,自1928年,阿迪达斯的创立者阿迪·达斯勒为阿姆斯特丹奥运会选手制作第一件产品开始,阿迪达斯就已经利用奥运会开展体育营销。

北京奥运会比赛之际,阿迪达斯开展一系列有组织、有体系的体育营销:一是赞助活动全面且多样化,阿迪达斯结合奥运会的多类项目、多种参与者,开展了多种赞助活动,包括赞助比赛、赞助运动员、赞助球队,这样可以多频次、多角度地重复展示阿迪达斯产品和品牌。二是配合多种公关活动,利用新闻、路演、体验等方式,接触目标受众参与,激发媒体的参与和报道。

在奥运会这种大型比赛活动中,各类品牌都会利用它进行宣传推广,而消费者的眼球有限,如何有效吸引消费者目光非常关键,阿迪达斯通过多种类、多样化的全面营销活动,来实现多频次的宣传,这样才能强化宣传效果,实现营销目的。

第四部分　案例使用说明

一、教学目的与用途

该案例涉及市场营销的内容。从市场营销的角度入手,突出阿迪达斯体育营销策略的应用,让学生通过案例学习,了解体育营销对企业带来的重要影响。

二、案例分析思路

1. 探寻阿迪达斯为何进行体育营销。
2. 分析阿迪达斯体育营销的形式。
3. 分析阿迪达斯体育营销的作用。
4. 讨论阿迪达斯的体育营销给其他企业带来了怎样的启示。
5. 寻找其他材料探讨阿迪达斯是如何运用体育活动来营销的。

三、相关网络链接

《阿迪达斯,奥运营销360度》,V—MARKETING成功营销,2008年10月28日。
《2008十大奥运营销经典案例》,搜狐体育,2008年。

《阿迪达斯发力"亚洲特色"奥运营销》,服装网,2007年10月9日。

《阿迪达斯CEO：奥运营销让我们反败为胜》,经济观察网,2008年8月19日。

《阿迪达斯VS耐克：最特别的奥运营销PK》,中国经济网,2008年8月8日。

《营销七要素,打造阿迪达斯"08可能"》,中国时尚品牌网,2008年8月20日。

《阿迪达斯奥运创意广告》,http://v.youku.com/v_show/id_XNzIxMjEzMjQ=.html。

《众明星现身adidas奥运部落》,http://v.youku.com/v_show/id_XMzY5NzkxNDA=.html。

《阿迪达斯（adidas）贝克汉姆篇》,http://v.youku.com/v_show/id_XMzcwMzAzMg==.html。

《体育营销》,MBA智库百科。

《体验营销》,百度百科。

《赞助营销》,百度百科。

四、建议课堂计划

建议使用六节课。

第一节课：讲解重要商务词汇与案例背景,进行案例学习准备。

重要商务词汇：市场营销、体育营销、赞助营销。

第二节课：讲解案例正文,理清案例发展脉络,帮助学生理解案例。

案例讲解内容：

(1)介绍德国阿迪达斯；

(2)描述德国阿迪达斯公司在中国市场的表现；

(3)描述德国阿迪达斯的赞助策略；

(4)描述德国阿迪达斯的公关策略。

第三～四节课：展开案例分析和讨论。

(1)德国阿迪达斯体育为什么要成为奥运合作伙伴？

(2)德国阿迪达斯为什么要采取综合赞助组合？

(3)德国阿迪达斯为什么要采取多种公关方式？

(4)德国阿迪达斯的体育营销带来了怎样的结果？

(5)如果你购买体育用品,会受到体育营销的影响吗？

第五～六节课：进行案例总结,布置课后作业,完成案例书面报告。

(1)你认为企业采用体育明星代言要考虑哪些因素？

(2)你认为非奥运合作伙伴应该如何展开奥运营销？

奥迪轿车在中国市场的广告策略

第一部分　案例陈述

案例提要

在竞争激烈的中国汽车市场上，奥迪展开了很好的品牌营销。其中，奥迪在中国的广告策略对品牌形象的建设起到了非常重要的作用。奥迪广告从诉求、传播、投放等多个方面，体现出公司的产品特色。

关键词语

奥迪　品牌形象　广告策略　广告诉求　广告传播

案例背景

奥迪是一个国际著名的汽车品牌，在 1988 年进入中国市场。奥迪品牌定位于高端豪华车市场，但在中国的高端豪华车市场上，存在许多竞争者，如宝马、奔驰、凯迪拉克、沃尔沃、丰田等，这些竞争对手通过进口或合资方式，不断加大在中国市场的投资力度，以求在中国快速增长的高端车市场上分"一杯羹"。面对激烈的市场竞争，奥迪品牌为什么能够取得成功？这与奥迪的品牌营销策略密切相关，其中奥迪在中国市场的广告策略很有特色，对奥迪品牌形象的建设起到了非常重要的作用。

案例正文

奥迪品牌自 1988 年进入中国市场，尽管一直采取高价策略，但仍然吸引了大量消费者的购买。这一方面与奥迪"先入为主"、"本土生产"等诸多优势有关；另一方面，更离不开奥迪广告的有力推动。

1. 奥迪广告诉求的一致性

奥迪广告在品牌形象的诉求方面非常强调一致性。

奥迪中国总部负责奥迪品牌形象的传播工作，包括围绕品牌而开展的一系列品牌塑造、品牌传播、公关企划等活动，此外还负责进口车的广告宣传。国产车型的产品广告则由合资企业——一汽大众公司负责，但他们必须拥有共同的整合营销传播计划，并且要保持密切合作。这是为了保证一汽大众的 A4、A6 车型与"进口"A8 车型在品牌形象方面保持良好的统一性。

奥迪广告的传播内容要遵循以下四条主线：展现综合品质；传达生活方式；突出销售服务；

提升品牌价值。这是奥迪品牌四个最大的诉求点,每一则具体的广告都应该展现上述诉求点的某一方面。

此外在广告词的选择上,虽然奥迪广告的主题词丰富多彩,但核心概念基本一致,都强调奥迪是卓越品质与生活潮流的代表,如"奥迪凝聚分享的乐趣"、"牵手奥迪畅快之旅"等。通过有规律的播出这些广告,加深消费者对奥迪品牌的印象。

2. 奥迪广告传播的多变性

尽管奥迪广告的核心理念是一致的,但奥迪广告的传播方式却变化多端。奥迪广告会根据不同的市场形势、不同的市场阶段选择不同的广告形式。对于每年的年度传播计划,奥迪都会选择不同的传播周期,以期达到更好的效果。针对每种不同的新产品,奥迪也会选择合适的传播方式。

以 2000 年奥迪 A6 上市为例,A6 的广告传播主要分三个阶段进行:第一阶段是宣传奥迪的品质和领先技术,用这些具体的信息来诠释奥迪品牌价值观中的"远见";第二阶段则是用奥迪的卓越声誉和所代表的生活方式来诠释"激情";第三阶段是用先进的服务和销售网络来诠释"领先"。

在广告传播口号方面,奥迪也根据 A6 产品进入市场的不同阶段,选择了不同的广告语,如早期的"舒适、安全与技术领先"、"成功与科技互辉映",乃至后来出现的"奥迪,引领时代",最后是"突破科技,启迪未来",这样使 A6 产品完成了从导入期到推广期的平稳过渡。

3. 奥迪广告投放的系统性和科学化

奥迪广告在具体的广告投放手段上很强调系统性和科学化,从而起到"全面覆盖"和"重点突出"的作用。

在广告投放区域的选择上。奥迪广告主要以北京、广州、上海、沈阳、成都等 50 余个城市为重点宣传地区,通过在重点营销区域上树立形象,实现对整个中国市场的带动。

在媒体选择上,奥迪选择了多种不同的媒体来投放广告,包括有报刊、电视、网络、户外等。其中报刊、电视等为主要媒体,尤其是报刊,奥迪每年要在 200 种以上报刊发布广告。通过多种媒体的综合利用,可以覆盖不同人群并强化人们对奥迪的印象。

在报刊选择上,奥迪根据目标客户群制定了选择原则,那就是"地方日报结合部分地方强势晚报,再配以在特定领域影响力较广的经济类报纸、专业性杂志",如《北京青年报》、《财富》、《IT 经理世界》等杂志,从而有效到达目标顾客群。

而在具体的版面选择上,奥迪青睐的版面按投放频次依次为新闻类、汽车专版、经济版、文化娱乐版等,这是为了加强广告与受众的关联性。同时奥迪还乐于选择较大篇幅的广告版面,如整版、半版或 1/4 版等,这样容易引起人们的注意。

在广告发布时间上,奥迪广告很强调发布时间的集中化,因为发布时间关系到广告到达率。奥迪平面广告通常在周二到周四发布,其中周三又是这三天中奥迪广告的投放高峰,因为这三天是人们一周中最忙碌的日子,也是市区人流量较大的时间段。

有效的广告策略对奥迪汽车在中国的销售起到了重要作用。至 2003 年 10 月,奥迪在中国市场已经取得了年度销售 4.8 万辆的好成绩,从而成为中国高档豪华车市场的领导企业。2009 年奥迪品牌在中国市场更是取得了超过 15 万辆的销售业绩。

(改编自《奥迪轿车在中国市场的营销——九大攻略》,广告大观,2004 年第 6 期;《奥迪轿车征战中国市场,成功营销全攻略》,太平洋汽车网,2005 年 11 月 30 日;《奥迪 A6 的中国市场策略》,新营销,2009 年

9月17日;《用策略整合创意——国内中高档轿车广告传播案例》,纵横遂昌网,2006年4月27日;《新版奥迪A6:《门童篇》:生活精彩,创意才精彩》,网易汽车频道,2004年9月29日;《奥迪:"价值"的营销之道》,业务员网,2009年2月17日)

第二部分　案例教学

一、商业专业词汇

1. 品牌传播:是企业以品牌的核心价值为原则,在品牌识别的整体框架下,选择广告、公关、销售、人际等传播方式,将特定品牌推广出去,以建立品牌形象,促进市场销售。

2. 广告策略:是广告策划者在广告信息传播过程中,为实现广告战略目标所采取的对策和应用的方法、手段。

3. 广告诉求:是商品广告宣传中所要强调的内容,俗称"卖点",它体现了整个广告的宣传策略,往往是广告成败关键之所在。倘若广告诉求选定得当,会对消费者产生强烈的吸引力,激发起消费欲望,从而促使其实施购买商品的行为。

4. 整合营销传播:是一个营销传播计划概念,要求充分认识用来制定综合计划时所使用的各种带来附加值的传播手段——如普通广告、直接反映广告、销售促进合公共关系——并将之结合,提供具有良好清晰度、连贯性的信息,使传播影响力最大化。

5. 品牌价值:是指品牌在某一个时点的,用类似有形资产评估方法计算出来金额,一般是市场价格。也可以说是品牌在需求者心目中的综合形象。

6. 价格策略:企业依据确定的定价目标,所采取的定价方针和价格对策。企业定价方法主要包括成本导向、竞争导向和顾客导向三种类型。

7. 品牌形象:是消费者对传播过程中所接收到的所有关于品牌的信息进行个人选择与加工之后留存于头脑中的有关该品牌的印象和联想的总和。

8. 广告传播:是以盈利为目的。企业为主体的广告主所进行的有关商品、劳务、观念等方面的广告信息传播。

二、思考题

(一)根据案例内容回答问题
1. 奥迪在中国汽车市场的定位是什么?
2. 奥迪广告如何实现"一致性"和"多变性"的统一?
3. 从哪些方面可以体现出奥迪广告投放的系统性和科学性?

(二)讨论题
1. 描述一个你印象深刻的汽车广告。
2. 你认为汽车广告的最佳媒体选择是什么?
3. 你认为汽车广告的核心诉求应该包括哪些?

第三部分　案例分析与总结

一、案例要点：广告策略

广告就是利用多种创意途径，向目标受众传达的产品利益或形象特征，通过潜移默化或立竿见影的方式感染目标受众，进而激发其购买行动。广告策略是指广告策划者在广告信息传播过程中，为实现广告战略目标所采取的对策和应用方法。

广告策略的表现形式包括：(1)配合产品策略而采取的广告策略，即广告产品策略；(2)配合市场目标采取的广告策略，即广告市场策略；(3)配合营销时机而采取的广告策略，即广告发布时机策略；(4)配合营销区域而采取的广告策略，即广告媒体策略；(5)配合广告表现而采取的广告表现策略。

二、案例总结

如何消费者感受到产品的完美品质？如何将抽象、感性的品牌价值观植入目标消费者心里？这需要一整套广告策略来实现。

自2001年以来，奥迪在中国市场每年都有亿元左右的广告投放。但广告投放量只是影响目标受众的一个方面，更重要的是广告策略本身的传达方式能否真正打动消费者。

奥迪在广告宣传上采取了系统性的策略：一是广告诉求坚持一致性，所有广告内容围绕品质、生活方式、售后服务和品牌价值；二是广告传播采取多变性，分阶段地向目标受众传递产品特征和公司理念。三是广告投放的科学化。奥迪每年的广告投放量大，为了更好地发挥效果，奥迪对投放时间、投放地点进行科学测算，实现有计划的投放。

广告大师奥格威说："每一次广告都是对品牌形象的长期积累"，奥迪广告策略和创意的成功所在，就是紧紧抓住目标受众的心理需要和感受。总之，奥迪要想融入中国市场，绝对不仅仅是在产品、技术等理性方面的本土化，还应包括广告宣传等感性方面本土化。

第四部分　案例使用说明

一、教学目的与用途

该案例涉及市场营销的内容。从市场营销的角度入手，突出德国奥迪品牌在中国的广告策略，让学生通过案例学习了解广告策略的内容和重要性。

二、案例分析思路

1. 探寻奥迪为什么在中国实施广告策略。
2. 分析德国奥迪广告策略的内容有哪些。

3. 分析德国奥迪广告策略的特征。
4. 讨论这种广告策略给其他企业带来了怎样的启示
5. 寻找其他材料探讨德国奥迪是如何整合营销的。

三、相关网络链接

《奥迪轿车在中国市场的营销——九大攻略》,广告大观,2004 年第 6 期。
《奥迪轿车征战中国市场,成功营销全攻略》,太平洋汽车网,2005 年 11 月 30 日。
《奥迪 A6 的中国市场策略》,新营销,2009 年 9 月 17 日。
《用策略整合创意——国内中高档轿车广告案例》,纵横遂昌网,2006 年 4 月 27 日。
《奥迪 A6:《门童篇》:生活精彩,创意才精彩》,网易汽车频道,2004 年 9 月 29 日。
《奥迪:"价值"的营销之道》,业务员网,2009 年 2 月 17 日。
《奥迪 A3 完美广告》,http://v.youku.com/v_show/id_XMjI2MjM5MTM2.html。
《品牌传播》,MBA 智库百科。
《广告策略》,百度百科。
《广告诉求》,百度百科。

四、建议课堂计划

建议使用六节课。
第一节课:讲解重要商务词汇与案例背景,进行案例学习准备。
重要商务词汇:市场营销、广告策略、整合营销。
第二节课:讲解案例正文,理清案例发展脉络,帮助学生理解案例。
案例讲解内容:
(1)介绍德国奥迪公司;
(2)描述德国奥迪公司在中国市场的表现;
(3)描述德国奥迪的广告策略;
(4)了解德国奥迪广告策略带来的效果。
第三～四节课:展开案例分析和讨论。
(1)德国奥迪广告策略有哪些特点?
(2)德国奥迪的广告策略和其他品牌广告有何区别?
(3)德国奥迪的广告策略对其有何影响?
(4)如果你购买商品,会受到广告的影响吗?
(5)如果你是生产商,你要进入国外市场,你会如何宣传?
第五～六节课:进行案例总结,布置课后作业,完成案例书面报告。
(1)你认为汽车广告的最佳媒体选择是什么?
(2)你认为汽车广告的核心诉求应该包括哪些?

市场营销——中法

Marketing

欧莱雅在中国市场的营销组合策略

第一部分 案例陈述

案例提要

2001～2009 年,欧莱雅在中国市场的销售额增长了近 14 倍。欧莱雅在中国市场的市场份额不断上升。到 2009 年,欧莱雅占中国化妆品市场份额已经达到 11.7%。欧莱雅在中国市场上取得的成功,与其有效的市场营销组合策略密切相关。

关键词语

欧莱雅　营销组合　产品价格　渠道促销

案例背景

欧莱雅是世界领先的化妆品企业,其销售业绩在全球范围内稳步增长。2000 年以来,欧莱雅在亚洲保持了较好的发展势头,尤其在中国化妆品市场,欧莱雅的发展速度非常快。到 2000 年,欧莱雅已经在中国 50 多个城市设立了 870 家商店,聘用了 2 000 名专业美容顾问,并成功推广了欧莱雅、美宝莲、兰蔻、薇姿四个品牌。2009 年,欧莱雅以 81.78 亿销售额、11.7% 占有率在中国化妆品市场名列亚军,仅次于宝洁。随后,欧莱雅投资数千万美元在苏州新加坡工业园区建立工厂,决定进一步开发亚洲市场。

案例正文

2001～2009 年的 9 年间,欧莱雅在中国市场的销售增长了近 14 倍,达到 81.78 亿元销售额。如果从 1997 年进入中国大陆市场开始计算,欧莱雅在 12 年间的销售额增长了 49.9 倍。这个销售业绩得益于欧莱雅多年来在营销上的努力。

1. 产品策略

研究数据表明,欧莱雅产品的高品质是它赢得中国消费者青睐的主要原因。欧莱雅公司自进入中国市场起,就确立了高品质的市场定位,重视产品质量,强调质量控制。所以尽管欧莱雅产品售价颇高,但消费者仍愿意选择它。

产品的多样化也是造就良好销售业绩不可忽视的重要原因。自 1997 年 2 月,欧莱雅中国总部成立以来,欧莱雅就开始向中国市场推出包括皮肤护理、美发、彩妆、香水等多种产品。目前欧莱雅在中国市场形成了四大产品系列:专业美发品、大众化妆品、高档化妆品(香水和美容品)、特殊化妆品。产品线的拓展全面满足了消费者的不同需求,并为欧莱雅赢得了市场份额。

欧莱雅产品在包装上也独具特色,中国销售的产品包装一般由中国市场部门全面负责,使之更具区域色彩,从而有助于吸引中国顾客。

此外,美宝莲很重视新产品开发,过去 10 年里,欧莱雅用于研究和发展的费用达 32 亿美元,高于它所有的竞争对手。这些研究花费使欧莱雅每 3 年更新近 50%的生产线,平均每年申请 300 项专利。欧莱雅还在上海设立研发中心以加强产品的竞争力,并使其产品更加适合中国顾客。

2. 定价策略

面对竞争对手的压力,为了更好地服务于中国顾客,欧莱雅强调竞争策略对中国消费者的适应性,决定对不同层次的市场采取不同的营销策略。比如,欧莱雅产品定价由各个当地市场的相关部门来决定价格,这种灵活的价格体系较有利于欧莱雅在中国开拓新市场。但是,不同类别产品的价差幅度则完全由欧莱雅总部控制,这是为了避免内部竞争,同时也保证了售价在全球市场和当地市场的平衡。

3. 渠道策略

早期欧莱雅较重视大城市,随后越来越重视中小城市市场的开拓,到 2009 年欧莱雅的产品已经遍布整个中国市场。面对不同市场的顾客,欧莱雅根据其不同的产品类别,建立了不同的销售渠道。比如对于专业美发品,由于欧莱雅一直是该领域的领导者,所以欧莱雅选择通过专业发型师或美发沙龙单一渠道方式,直接向消费者提供一系列美发产品。对于大众化妆品,欧莱雅则采用集中的市场分销和媒体广告策略,通过传统卖场和化妆品店,面向普通消费者群体。对于高档化妆品如香水和美容产品,欧莱雅有选择性的通过香水专卖店、百货商店和旅游商店,向顾客提供各类高档品牌。对于特殊化妆品,欧莱雅主要通过指定药房及其他专门渠道销售皮肤护理产品。

4. 促销策略

促销策略是欧莱雅开拓中国市场的一个重要手段。首先,欧莱雅对于不同产品采用了完全不同的广告策略。实际上对于同一款产品,欧莱雅也会制作多个广告版本,向不目标顾客播放不同的广告片。促销策略的关键在于产品推广市场的需求与广告传播概念相吻合。以美宝莲来看,美宝莲是欧莱雅于 1992 年收购的一个美国品牌。欧莱雅将美宝莲定位于一个大众化品牌,以大众消费者为目标顾客。为了鼓励每一个中国女性都拥有一件美宝莲的产品,让中国消费者把美宝莲当作时尚的代表,欧莱雅在大陆投放的是由著名影星为模特的国际版广告。

另外,欧莱雅还根据不同时期的市场情况采取不同的人员推销、公共关系、营业推广等方式进行产品促销,这些措施进一步促进了产品销售。

(改编自《欧莱雅在中国市场的营销组合策略》,中华管理学习网,2010 年 4 月 22 日;《欧莱雅发展中国市场的营销策略研究》,www.chinastyle.org,2006 年 3 月 29 日;《欧莱雅中国区业绩持续飙升,不排除洽购中国品牌》,每日经济新闻,2010 年 3 月 9 日)

第二部分　案例教学

一、商业专业词汇

1. 产品策略：指企业制定经营战略时，首先要明确企业能提供什么样的产品和服务去满足消费者的要求，也就是要解决产品策略问题。它是市场营销组合策略的基础，从一定意义上讲，企业成功与发展的关键在于产品满足消费者的需求的程度以及产品策略正确与否。

2. 定价策略：是指企业在充分考虑影响企业定价的内外部因素的基础上，为达到企业预定的定价目标而采取的价格策略。制定科学合理的定价策略，不但要求企业对成本进行核算、分析、控制和预测，而且要求企业根据市场结构、市场供求、消费者心理及竞争状况等因素作出判断与选择，价格策略选择的是否恰当，是影响企业定价目标的重要因素。

3. 渠道策略：是整个营销系统的重要组成部分，包括渠道的拓展方向、分销网络建设和管理、区域市场的管理、营销渠道自控力和辐射力的要求。

4. 促销策略：指企业如何通过人员推销、广告、公共关系和营业推广等各种促销方式，向消费者或用户传递产品信息，引起他们的注意和兴趣，激发他们的购买欲望和购买行为，以达到扩大销售的目的。

5. 市场营销组合：是企业市场营销战略的一个重要组成部分，是指将企业可控的基本营销措施组成一个整体性活动。市场营销的主要目的是满足消费者的需要。这一概念是由美国哈佛大学教授尼尔·鲍顿于1964年最早采用的。

6. 营业推广：是一种适宜于短期推销的促销方法，是企业为鼓励购买、销售商品和劳务而采取的除广告、公关和人员推销之外的所有企业营销活动的总称。

7. 公共关系(Public Relation)：是指某一组织为改善与社会公众的关系，促进公众对组织的认识、理解及支持，达到树立良好组织形象、促进商品销售的目的的一系列促销活动。

二、思考题

(一)根据案例内容回答问题

1. 在产品方面，欧莱雅博得中国消费者喜爱的原因是什么？
2. 欧莱雅采用了怎么样的价格策略？
3. 欧莱雅营销渠道策略的特点是什么？

(二)讨论题

1. 描述一下产品策略、价格策略、渠道策略和促销策略之间的关系。
2. 为什么同一个公司的产品会有不同的营销渠道？
3. 你认为成功的促销活动要达到哪些效果？

第三部分 案例分析与总结

一、案例要点：营销组合策略

市场营销组合是企业市场营销战略的一个重要组成部分，是指将企业可控的基本营销措施组成一个整体性活动。市场营销的主要目的是满足消费者的需要，而消费者的需要很多，要满足消费者需要所应采取的措施也很多。因此，企业在开展市场营销活动时，就必须把握住那些基本性措施，合理组合，并充分发挥整体优势和效果。

市场营销组合这一概念是由美国哈佛大学教授尼尔·鲍顿（N. H. Borden）于1964年最早采用的，并确定了营销组合的12个要素。随后，理查德·克莱维持教授把营销组合要素归纳为产品、定价、渠道、促销。

一个好的营销组合策略，往往需要上述四个方面的密切配合，在产品选择、定价、渠道和促销方面需要相互协调。有效的营销组合策略能起到多方面作用，如提供信息情况，及时引导采购；激发购买欲望，扩大产品需求；突出产品特点，建立产品形象；维持市场份额，巩固市场地位等。

二、案例总结

欧莱雅在中国市场取得的成功业绩，离不开其针对中国市场特殊性所采取的相应的营销组合策略。其在产品、价格、渠道和促销上，都根据中国市场的特点和中国消费者的需求，制定了适应的策略。欧莱雅的成功之处，在于能够针对不同的产品制定不同的策略，针对不同的消费群体迎合其不同的需求。

在产品策略上，欧莱雅优质的产品品质是消费者信赖的源泉。欧莱雅根据消费者的需求，设计出了全面的产品线，满足了消费者的不同需求。欧莱雅不同的产品线，都具有其优越的品质和特色，都力求符合中国消费者的需求。

在价格策略上，根据中国市场的特点，采取了灵活的定价机制，在不同的市场采用不同的价格，这样对欧莱雅中国市场的开拓起到了非常重要的作用。

在渠道策略上，欧莱雅不仅仅在大城市深耕细作，同时也重视中小城市的发展，产品遍布整个中国。欧莱雅根据不同产品的不同特点，针对性的采取了独特的销售渠道，这样有利于每种产品更好地打开和深入市场。

在促销策略上，针对不同的产品特点，欧莱雅能够采取不同的广告策略；针对不同的目标顾客，欧莱雅也采取了相应行之有效的促销方法。有的放矢的广告和促销，使得欧莱雅品牌在中国市场上影响力更加广泛。

第四部分　案例使用说明

一、教学目的与用途

该案例涉及营销组合策略。通过案例讲解，使学生了解多种措施并举的营销策略。该案例适用于高级汉语的学员，适用于市场营销课程，难度偏高。

二、案例分析思路

1. 分析欧莱雅在中国市场的发展情况。
2. 讨论欧莱雅的产品策略。
3. 讨论欧莱雅的定价策略。
4. 讨论欧莱雅的渠道策略。
5. 讨论欧莱雅的促销策略。
6. 寻找其他材料探讨营销组合策略的作用。

三、相关网站链接

《欧莱雅在中国市场的营销组合策略》，中华管理学习网，2010年4月22日。
《欧莱雅发展中国市场的营销策略研究》，www.chinastyle.org，2006年3月29日。
《欧莱雅中国业绩持续飙升，不排除洽购中国品牌》，每日经济新闻，2010年3月9日。
《营销组合》，MBA智库。
《产品策略》，MBA智库。
《促销策略》，MBA智库。
《价格策略》，MBA智库。
《09巴黎欧莱雅护发广告》，http://v.youku.com/v_show/id_XMTIyNDIzMDU2.html。
《欧莱雅男士劲能醒肤露广告》，http://v.youku.com/v_show/id_XMTY5OTIxOTk2.html。

四、建议课堂计划

建议使用六节课。
第一节课：讲解重要商务词汇与案例背景，进行案例学习准备。
重要商务词汇：产品策略、定价策略、渠道策略、促销策略、营销组合。
第二节课：讲解案例正文，理清案例发展脉络，帮助学生理解案例。
案例讲解内容：
(1)介绍欧莱雅在中国市场的发展情况。
(2)描述欧莱雅的产品策略。

(3)描述欧莱雅的定价策略。
(4)描述欧莱雅的渠道策略。
(5)描述欧莱雅的促销策略。
(6)描述欧莱雅营销组合策略取得的效果。
第三~四节课:展开案例分析和讨论。
(1)欧莱雅面临了那些竞争?
(2)欧莱雅的营销组合策略是什么?
(3)在产品方面,欧莱雅博得中国消费者喜爱的原因是什么?
(4)欧莱雅采用了怎么样的价格策略?
(5)欧莱雅营销渠道策略的特点是什么?
第五~六节课:进行案例总结,布置课后作业,完成案例书面报告。
(1)描述一下产品策略、价格策略、渠道策略和促销策略之间的关系。
(2)为什么同一个公司的产品会有不同的营销渠道?
(3)你认为成功的促销活动要达到哪些效果?

欧尚中国的低价策略

第一部分 案例陈述

案例提要

欧尚进入中国已有十多年的时间,由于其开店速度明显落后于其他几个外国零售巨头,所以在中国市场的知名度较低。然而欧尚所到之处,无不掀起一股飓风,在当地市场引起巨大的影响。欧尚的绝招便是挥舞"低价的巨棒"。

关键词语

欧尚　低价　协同优势　管理成本

案例背景

1961年,第一家欧尚商店在法国诞生。欧尚在经营中首次将"多选、廉价、服务"三者融为一体,由此迅速发展成为世界超市经营的先驱者之一。目前欧尚已经成为世界排名前10的大型零售业集团,在世界上12个国家共拥有大型超市和超市1 163家。1997年4月,上海欧尚超市有限公司成立。1997年7月,上海杨浦中原店正式开业。此后,上海杨浦长阳店、苏州店、无锡店、杭州店、北京店、成都店、宁波等也相继开业。至2009年底,欧尚在中国陆续建立了35

家大型超市。但自 2010 年起，欧尚计划在中国市场加快发展步伐，预计年底将达到 50 家大型超市。

案例正文

中国是一个具有巨大消费潜力的市场。自 20 世纪 90 年代以来，国际零售业巨头如家乐福、沃尔玛纷纷进入中国市场并不断加快在中国市场的拓展。每个企业各有其优势，如沃尔玛充分利用品牌优势加速扩张，家乐福则通过广告不断在中国市场扩大影响。欧尚虽然早在 1997 年就已进入中国市场，由于其开店速度明显落后于另外几个外国零售巨头，所以知名度较低。

但是欧尚每一家新店的开张，都在当地市场引起轰动。欧尚的绝招就是挥舞"低价的巨棒"。比如 2003 年 12 月欧尚北京金四季店正式开业，打出了"所有商品都是北京市最低价"的宣传口号。开业当天，其中一种促销价格为 0.9 元/500g 的东北大米卖出了 15 吨。天津店开张时，欧尚店公示承诺："在 3 公里范围内，如果欧尚的产品价格高于其他店，甘愿赔补差价。"在 2005 年年初，南京欧尚的超低价引起当地数家超市被迫跟进，从而在南京市场掀起一场经久不息的低价风暴。

欧尚的低价策略不是凭空产生的。欧尚的低价策略是多个部门、多个环节密切配合的结果，这样才能保证低价策略的持续性。

第一，协同优势。欧尚一向奉行哪个小区开发好了，就在哪里规划布点，开设便利店，以低价占领市场的策略。从长期来说，欧尚的开店计划是分片区发展，比如说在北京开店，就得在天津也开店，因为只有在一个分片开设 6 家超市才能赚钱。目前欧尚正以上海、北京和成都三个中心城市向周边城市辐射。各分店连成片区可以降低物流成本，在相对集中的地区内更好地利用各分店间的协同优势，同时共享一些后勤支持中心（财务、物流、采购、培训等）而大大降低管理成本。

第二，采购配送优势。欧尚在中国投资 1 000 万欧元专门设立采购中心，负责欧尚在整个上海地区及中国其他地区的商品采购。中心的主要任务是：一是分析消费者的需求；二是完成超市品种系列的构成；三是与供应商签署协议；四是监督商业合同的实施；五是超市内部的促销活动。采购中心不仅仅是负责商品采购，同时根据市场变化进行消费者需求和商品供给分析，以有效地降低成本、提高市场竞争能力。

第三，管理成本优势。欧尚注重经营中每一环节的协调与有序连接。对于经营中的每一个环节，欧尚都采用人工及计算机智能管理相结合的方式进行高效管理。欧尚超市的设计保证了大量商品快速流通运转，并达到单位经营面积的最高营业额，这样可以降低场地租赁成本。2005 年欧尚更是在成都市控股成立房地产开发公司，其开发的营业房再卖给欧尚来经营超市，进一步地降低场租成本。

第四，供应商配合。欧尚近几年在广交会上举行的采购说明会年年爆满，甚至会出现"座不应求"的局面，据悉在一次说明会上，能容纳 100 多人的会议室全部坐满而不得不加座，这体现了供应商对欧尚的支持。

除了通过高效管理降低成本，欧尚还充分利用定价策略本身的玄妙之处。超市定价时经常采用的是"541"策略。即保证超市内 50% 的商品盈利，40% 的商品持平或者微利，而留有 10% 的商品作亏本销售。这 10% 的商品就是超市吸引消费者的诱饵。欧尚的低价策略也不例外,如2005年年初,在粮油价格又开始缓慢上升的时候,欧尚的"汇福"油(5升装)仅售"28.7元/桶",而大豆油的市场成本价格为6元/千克,5升最低也要30元。2005年1月9日,南京河西的欧尚超市的大米卖定价1.08元/500克,其实仅比位于附近的苏果超市便宜2分钱,却吸引了大批消费者,足见低价的微妙之处。

值得注意的是,欧尚大幅度降价的商品中,有相当一部分是欧尚的自有品牌,例如28.8元/桶的大豆油,1.1元/500克的大米,2.99元/瓶的牛肉酱,都是欧尚超市的自有品牌商品。自有品牌低价既减少了超市的损失,也避免了"低于成本价倾销"的嫌疑。创建自有品牌营销是欧尚超市公司的发展目标之一。它计划在未来的5~10年中,相关商品将增加10倍,每年递增率为20%左右。

总之,欧尚为中国顾客所喜爱的重要原因,就是其在保证质量前提下的低价格策略,为消费者带来更大的实惠。

(改编自艾育荣《欧尚低价之惑》,中国营销传播网,2006年4月4日;林易《欧尚低价策略分析》,联商网,2010年8月25日;《欧尚上海中原店低价策略启示录》,天霸商场网,2009年10月22日;百度百科－欧尚集团)

第二部分　案例教学

一、商业专业词汇

1. 管理成本:是指企业行政管理部门为组织和管理生产经营活动而发生的各项费用支出,例如工资和福利费、折旧费、办公费、邮电费和保险费等。

2. 协同优势(协同效应)(Synergy Effects),是指并购后竞争力增强,导致净现金流量超过两家公司预期现金流之和,或者合并后公司业绩比两个公司独立存在时的预期业绩高。

3. 零售业(retail industry):零售业是指通过买卖形式将工农业生产者生产的产品直接售给居民作为生活消费用或售给社会集团供公共消费用的商品销售行业。

4. 集团:是为了一定的目的组织起来共同行动的团体。指多个公司在业务、流通、生产等等方面联系紧密,从而聚集在一起形成的公司(或者企业)联盟。

5. 物流成本(Logistics Cost):是指产品的空间移动或时间占有中所耗费的各种活劳动和物化劳动的货币表现。具体地说,它是产品在实物运动过程中,如包装、搬运装卸、运输、储存、流通加工等各个活动中所支出的人力、物力和财力的总和。

6. 租赁成本:是企业根据生产经营活动的需要租入固定资产支付的租赁费。

7. 自有品牌:简称PB,又称商店品牌,是指零售企业从设计、原料、生产、到经销全程控制的产品,由零售企业指定的供应商生产,贴有零售企业品牌,在自己的卖场进行销售,实质上是零售业的OEM产品。特点是自产自销商品,省去许多中间环节,使用自有品牌的商品可以少支付广告费,进行大批量生产、销售,可以取得规模效益,降低商品的销售成本。

二、思考题

(一)根据案例内容回答问题

1. 欧尚低价策略的推动因素有哪些?
2. 欧尚是如何获得协同优势的?
3. 欧尚是如何获得管理成本优势的?
4. 什么是"541"定价策略?

(二)讨论题

1. 描述一下你身边大型超市的低价活动。
2. 你觉得大型超市低价的原因有哪些?
3. 如何为消费者提供质优价廉的商品?

第三部分　案例分析与总结

一、案例要点:低价策略、协同效应

低价策略是所有销售中最有效的营销方式。所谓低价策略并非负毛利销售,而且是以低价来赢得消费者的关注,从而达到促销的目的。超市中往往用生鲜商品或敏感性商品进行低价销售,如米、油、面等老百姓日常商品,从而吸引消费者的光临,以此来带动其他商品的销售。

协同效应强调"1+1>2"的效应。协同效应可分外部和内部两种情况,外部协同是指一个集群中的企业由于相互协作共享业务行为和特定资源,因此比作为一个单独运作的企业取得更高的赢利能力;内部协同则指企业生产,营销,管理的不同环节,不同阶段,不同方面共同利用同一资源而产生的整体效应。。

二、案例总结

欧尚的低价策略是建立在内部和外部有效地管理和成本节约上的。协同优势、管理成本节约、供应商配合、强大的采购中心、自有品牌等是欧尚低价策略实施的驱动因素。

欧尚的集中采购、集中配送的模式对于降低成本,充分利用规模效应的作用非常大,同时由于欧尚是采取集中区域的发展策略,虽然全国分三个大片区,大片区之间的消费差异会比较大,但是大片区内部区域比较集中,规模化的采购和配送成本会有明显降低,为欧尚的低价策略提供了保障。

精细化管理和智能化管理是企业降低成本、提高效率的手段,在信息化支持下,欧尚将经营中的每一个环节都采用人工及计算机智能管理相结合的方式进行高效管理,为其在管理成本上的节约起到了非常大的作用。

与供应商的关系也很重要,有了供应商的支持,欧尚可以低价进货,并且扩大销售量。

自有品牌的一大优势是质优价廉,欧美商业企业中使用自有品牌的商品一般比同类商品价格低30%以上。自有品牌的价格优势的来源：一是大型零售商业企业自己组织生产自有品牌的商品，使商品进货省去许多中间环节，节约了交易费用和流通成本。二是自有品牌商品不必支付广告费，零售商信誉就是自有品牌商品最好的广告。三是自有品牌商品节省了流通渠道费。

第四部分　案例使用说明

一、教学目的与用途

该案例涉及定价策略的理论内容。首先说明协同效应、自有品牌是欧尚实施低价策略的基础。成本领先战略的实施促成了低价策略，为欧尚赢得了竞争优势。该案例适用于高级汉语的学员，有一定的专业难度。

二、案例分析思路

1. 分析欧尚在市场上的优劣势。
2. 讨论欧尚的价格定位策略。
3. 讨论欧尚的协同优势。
4. 讨论欧尚的采购配送优势。
5. 讨论欧尚的管理成本优势。
6. 讨论超市的"541"策略。
7. 欧尚是如何使用"541"策略的。

三、相关网站链接

《欧尚低价之惑》，中国营销传播网，2006年4月4日。
《欧尚低价策略分析》，联商网，2010年8月25日。
《欧尚上海中原店低价策略启示录》，天霸商场网，2009年10月22日。
《协同效应》，MBA智库百科。
《管理成本》，MBA智库百科。
《自有品牌》，MBA智库百科。

四、建议课堂计划

建议使用六节课。
第一节课：讲解重要商务词汇与案例背景，进行案例学习准备。
重要商务词汇：管理成本、协同优势、零售业、低价策略、自有品牌。
第二节课：讲解案例正文，理清案例发展脉络，帮助学生理解案例。
案例讲解内容：
(1)介绍欧尚在市场上的优劣势。

(2)描述欧尚的市场定位策略。
(3)描述欧尚竞争优势的来源。
(4)描述欧尚定价策略取得的效果。
第三～四节课:展开案例分析和讨论。
(1)欧尚面临了那些竞争?
(2)欧尚为何选择低价格定位?
(3)欧尚低价策略的推动因素有哪些?
(4)欧尚是如何获得协同优势的?
(5)欧尚是如何获得管理成本优势的?
(6)欧尚如何利用"541"策略?
第五～六节课:进行案例总结,布置课后作业,完成案例书面报告。
(1)描述一下你身边大型超市的低价活动。
(2)你觉得大型超市低价的原因有哪些?
(3)如何为消费者提供质优价廉的商品?

> 市场营销——中韩
>
> **Marketing**

LG 手机的中国变革

第一部分　**案例陈述**

案例提要

　　LG 手机在中国市场的发展并非一帆风顺,遇到的困难主要体现在渠道管理上。在 2009 年管理层的更换后,LG 手机加大了营销投入,通过积极地与渠道商沟通并建立合作伙伴,同时进行了渠道的扩展,力图改变自己在中国市场上的不利局面。

关键词语

　　LG 手机　　中国市场　　渠道变革　　合作伙伴

案例背景

　　LG 电子是一家全球性的大型电子和通信企业,在世界各地设有 72 家分公司。LG 电子旗下的手机产品在全球发展迅猛。2008 年 LG 手机在全球销量突破 1 亿部大关,跻身全球手机业前三名,仅次于排名第一的诺基亚和第二的三星电子。但是在中国市场,LG 手机却遇到了阻碍。

　　自 2002 年进入中国市场以来,LG 手机的表现一直不佳。市场研究公司 GFK 的统计数据显示,在 2008 年的前三个季度中,LG 的 GSM 手机在中国所占市场份额最高为 1.2%,最低时仅为 0.7%,与同为韩系手机厂商的三星相比相差 20 多个百分点。而作为 LG 手机阵营中的强项产品——CDMA,其 CDMA 手机的定制销售也因运营商重组而一度处于停滞状态。业内人士认为,LG 手机目前在中国的市场份额处在前 10 名之外。

案例正文

　　2002 年进入中国市场后的很长一段时间内,LG 手机的发展不是很顺利。市场份额排名在前 10 名之外,销售量一度停滞不前。究其原因,渠道管理混乱可能是个大问题。

　　2009 年之前,LG 手机在中国市场的最大问题在于渠道。韩国总部人员对中国本土市场不了解,本土中国人又得不到重用,使他们产生强烈的"不被信任、没有融入"的感觉。这给企业管理带来了很大的困难,从而造成 LG 手机在中国的渠道管理非常混乱。一位离职高管说:"LG 手机当时都是自己找渠道商合作,这些高管每个人给渠道商的政策都不一样。由于高层管理者更换频繁,新任管理者马上会推出新的经销政策,本土的高管之前与渠道商谈妥的条件或许诺全部作废了。这给渠道商的印象很不好,逐渐减少了和 LG 手机的合作。"

可以说,LG 手机在中国发展的近 10 年间,渠道问题一直存在。其实在全球市场上,类似问题也曾阻碍着 LG 手机的发展。但自 2007 年后,新任 CEO 南镛开始组建全球化的高层管理团队。随后的几年中,新管理团队对手机的采购体系和供应链进行了大规模的变革,逐步梳理了全球渠道体系并推动 LG 手机的新发展。

在中国市场上,LG 手机也在尝试变革。早在 2009 年初,恰逢摩托罗拉和索尼爱立信在全球市场的表现不良,LG 手机非常希望抓住这次机会来扩大市场份额。2009 年初,LG 手机宣布在中国投入 10 亿元进行市场推广。这个决定是 LG 手机评估过诺基亚、三星对中国市场的投入后做出的。LG 手机认为,以 10 亿元投资这一推广力度,可以使 LG 手机居于中国市场的领先地位。

2009 年 6 月,LG 聘用了前任摩托罗拉中国区手机负责人出任 LG 手机通信事业部总裁。任伟光上任后开始实施了一系列变革。

首先引入了两家国包商——中邮普泰和天音,这是中国当时最大的两家国包商。这两家国包商承诺不仅在产品推介、活动合作等方面对 LG 产品施以优惠政策,更与 LG 一道培训一线销售人员,扩大终端销售网点覆盖范围。两家国包商的引入是 LG 手机渠道改革中最大的变化。随着 2009 年初在中国市场投入 10 亿元的巨额推广费后,LG 还加大了在中国推出新款手机的速度,使新款手机从每年 20 款增加到 60 款,零售网点则从 7 000 个扩大到 13 000 个。

其次,任伟光还重新强调了与渠道商的关系。任伟光指出,2010 年 LG 手机的任务就是要和渠道商一起提高整体销售量,工作的主要目标将集中在大型区域连锁。任伟光等高层管理者的任务就是要与渠道商沟通,尤其是与过去的渠道商重新建立起合作关系。"过去 LG 手机因为种种原因伤害过渠道商,我就要去沟通,"任伟光说,"我们对渠道商做出承诺可以兑现,只要与渠道商建立信任感,彼此间的合作就可以继续。我们在各地区增加了很多人员,希望到 2010 年底,在中国每个较大的城市中,排名前三的手机连锁店都把我们作为重要合作伙伴。"

再次,LG 手机日趋重视新渠道。相对于传统销售渠道,运营商定制渠道对于 LG 手机,尤其是 CDMA 手机的发展更为重要。因为从某种意义上讲,定制渠道是 LG 手机能否在 3G 市场取得成功的关键。面对中国 3G 市场的特殊形态,LG 手机制定了"全面支持中国所有 3G 制式"的原则。凭借在全球市场积累下来的与运营商合作的丰富经验,LG 与中国三大移动运营商都建立了良好的合作关系。LG 手机面向不同的 3G 网络,都推出了运营商深度定制产品。LG 也由此建立了现阶段中国 3G 终端市场上最完善的运营商渠道体系。

除了与运营商深入合作开拓定制渠道以外,LG 还非常关注互联网渠道方面的进展。据任伟光透露,LG 手机目前虽然没有亲自做网络销售平台,但已经配合合作伙伴在淘宝网进行了 B2C 电子商务方面的尝试。

LG 手机希望通过这一系列的渠道改革策略,改变目前在中国市场上的被动局面。但这些变革能否得到渠道商的认可和支持,并最终推动 LG 手机的销售,还是个未知数。毕竟手机市场的竞争是非常激烈的,LG 手机的竞争对手们也在不断加大营销力度。

(改编自《LG 手机中国"变脸"》,21 世纪网,2010 年 7 月 7 日;《LG 手机渠道之变打造多方共赢局面》,中关村在线,2010 年 1 月 29 日)

第二部分　案例教学

一、商业专业词汇

1. 渠道:指公司内部的组织单位和公司外部的代理商、批发商与零售商的结构。
2. 子公司:是指一定数额的股份被另一公司控制或依照协议被另一公司实际控制、支配的公司。
3. 高层管理团队:是由在组织中主要承担战略决策职责的高层管理者所组成的团队,是决定组织发展和影响组织绩效的核心群体。
4. 采购:是指企业在一定的条件下从供应市场获取产品或服务作为企业资源,以保证企业生产及经营活动正常开展的一项企业经营活动。
5. 事业部:是指以某个产品、地区或顾客为依据,将相关的研究开发、采购、生产、销售等部门结合成一个相对独立单位的组织结构形式。它表现为,在总公司领导下设立多个事业部,各事业部有各自独立的产品或市场,在经营管理上有很强的自主性,实行独立核算,是一种分权式管理结构。
6. 国包商:就是全国的总代理商。
7. 企业集团:是现代企业的高级组织形式,是以一个或多个实力强大、具有投资中心功能的大型企业为核心,以若干个在资产、资本、技术上有密切联系的企业、单位为外围层,通过产权安排、人事控制、商务协作等纽带所形成的一个稳定的多层次经济组织。
8. 运营商:指提供网络服务的供应商。在中国如中国电信、中国移动等。由于国家在电信管理方面相当严格。只有拥有信息产业部颁发的运营牌照的公司才能架设网络。诺基亚、三星、LG等设备生产商和运营商是相互依存的,但运营商一般更有优势。
9. 定制:就是根据顾客要求制作产品,为之提供满足其特定需求的产品或服务。定制能满足顾客的个性化需求。

二、思考题

(一)根据案例内容回答问题

1. LG手机在中国销售不畅的主要原因是什么
2. 任伟光上任后进行了哪些改革?
3. LG手机对渠道商关系的管理发生了哪些变化?

(二)讨论题

1. 企业如何与渠道商建立稳定的关系。
2. 试思考关系营销的重要性。

第三部分 案例分析与总结

一、案例要点：渠道商、渠道管理

渠道商指连接制造商和消费者之间的众多中间企业，包括：批发商，零售商，代理商等。批发商是指向生产企业购进产品，然后转售给零售商、产业用户或各种非营利组织，不直接服务于个人消费者的商业机构，位于商品流通的中间环节。零售商是指将商品直接销售给最终消费者的商家。代理商是代理厂家从事经营，而不买断厂家产品、从厂家获取佣金的一种经营行为。

渠道管理是指制造商为实现公司分销的目标而对现有渠道进行管理，以确保渠道成员间，公司和渠道成员间相互协调和通力合作的一切活动。渠道管理的目的在于保证渠道商遵循制造商的要求，实现其发展目标。渠道管理具体包括以下内容：(1)选择渠道商；(2)渠道商的激励；(3)渠道商的评估和管理；(4)渠道决策的修订。制造商对渠道商有两种不同程度的控制：绝对控制和低度控制。

二、案例总结

面对LG手机在中国面临的种种问题，LG移动通信总部中国区总经理任伟光入职后，便大刀阔斧渠道的进行渠道改革。

一是引入新的手机国包商，扩大LG手机销售网点。二是把主要精力放在了与渠道伙伴的交流和沟通方面，加强与渠道商的合作关系。三是拓展新渠道，除了传统渠道，还开始关注互联网渠道。

LG虽然在中国市场发展近10年，但渠道问题一直没有很好地解决。一个企业的产品，必须经由渠道商的支持，才能最终到达消费者，渠道商的信任和合作关系，会在很大程度上影响产品的销售量。LG公司的一系列渠道变革措施，是为了得到渠道商的支持，其效果还有待市场验证。

第四部分 案例使用说明

一、教学目的与用途

该案例涉及关系营销理论。首先，阐述关系营销的概念及其在供应链管理中的重要性。强调企业与供应链上下游的关系对企业绩效的影响。结合LG手机的实例，说明企业为了获取竞争优势，需重视和渠道商的关系，加强关系营销的管理。让学生了解关系营销的重要性。

二、案例分析思路

1. 探寻 LG 手机在中国发展受挫的原因。
2. 分析管理层频繁变更带来的负面影响。
3. 讨论 LG 手机如何扭转在中国的不利局势。
4. 探讨与渠道商的关系在企业管理中的重要作用。
5. 讨论 LG 中国的教训和经验给其他企业带来了怎样的启示。
6. 寻找其他材料探讨 LG 手机为何重视定制渠道。

三、相关网络链接

《LG 手机中国"变脸"》,21 世纪网,2010 年 7 月 7 日。http://www.21cbh.com/HTML/2010-7-7/0MMDAwMDE4NTY0Mg.html。

《LG 手机渠道之变打造多方共赢局面》,中关村在线,2010 年 1 月 29 日。http://mobile.zol.com.cn/165/1652972.html。

《关系营销》,百度百科。

《渠道商》,百度百科。

四、建议课堂计划

建议使用六节课。

第一节课:讲解重要商务词汇与案例背景,进行案例学习准备。

重要商务词汇:关系营销、渠道商、高层管理团队、企业集团。

第二节课:讲解案例正文,理清案例发展脉络,帮助学生理解案例。

案例讲解内容:

(1)介绍 LG 集团与 LG 电子的背景资料;

(2)描述 LG 手机在中国的发展;

(3)描述 LG 手机是如何进行变革的;

(4)了解上述变革所实现的效果。

第三~四节课:展开案例分析和讨论。

(1)LG 手机遇到的问题有哪些?

(2)LG 手机为何要进行变革?

(3)LG 对渠道商关系的管理发生了哪些变化?

(4)良好的渠道商关系对公司有什么作用?

(5)定制渠道对 LG 手机发展有何作用?

第五~六节课:进行案例总结,布置课后作业,完成案例书面报告。

(1)企业如何与渠道商建立稳定的关系。

(2)试思考渠道管理的难点。

三星冰箱召回事件

第一部分　案例陈述

案例提要

2009 年，三星宣布在全球实施对一款双开门冰箱的召回，一时引起了社会各界的关注。这次在中国市场的召回事件导致了消费者的种种误解，其原因可能是由于中国召回制度的缺失及消费者的接受程度。为此，三星方面积极应对，试图努力维护客户的忠诚度，挽回三星的信誉。

关键词语

三星　双开门冰箱危机　召回　中国市场　品牌

案例背景

召回对于任何一家企业、一个品牌都是一次艰难的抉择。因为企业长久构筑的品牌形象很有可能因为召回事件而遭到致命的打击。素来把质量和口碑放在重要位置的韩国知名企业三星电子也陷入了这场危机。2009 年下半年，三星电子生产的一款双开门冰箱由于在韩国发生"自爆"事件，随后三星电子宣布对该款冰箱实施全球召回。其中在中国市场上，有六个型号的冰箱在召回之列。这是中国家电行业除笔记本电脑电池类之外的首宗召回案例。

案例正文

2009 年 10 月 10 日，韩国一用户正在使用的一款三星冰箱发生"爆炸"。事件发生后，三星电子于 10 月 29 日宣布将对该款冰箱采取为期 3 个月的自愿性召回措施。随后三星电子在欧洲也正式发布了召回信息。但是当时，三星在中国市场却没有公布明确的召回方案。直到 2009 年 11 月 6 日，三星电子旗下的三星（中国）投资有限公司才宣布，从 11 月 10 日起，自愿召回六个型号的三星冰箱，中国大陆地区涉及数量总计约 32 000 台。

由于三星冰箱在中国市场正式宣布召回的动作比韩国以及欧洲晚了几天，这使得外界对于三星的质疑声音加大，其中关于"三星在中国是否存在地区歧视"的问题成为外界议论最多的话题。这种质疑给三星带来的压力甚至超过了产品事故本身的问题。

不过，三星在中国的召回比其他国家慢的主要原因是中国召回制度的不健全。在发现部分冰箱产品存在隐患后，三星集团立即进行了详细的调查，集团领导层决定向包括中国在内的全球市场实施召回。之所以在全球各地的召回时间上有所不同，主要是由于各国市场的政策法规存在差异。三星中国副总裁曹载喆说："我们在各地的召回行为都必须要遵守当地的相关政策,而中国家电行业之前并没有实施过召回,也没有相关的制度规定,所以我们只能跟有关部门先协商再实施召回,这必然要花费一定的时间。"

对于企业而言,召回其实是一个很揪心的决定。召回事件给会企业带来很多压力。除了造成经济上的损失之外,企业最担心的就是消费者对召回事件的误解。在国外,如果企业产品出了问题就必须召回,否则会面临政府责罚,而且召回也被看作是企业负责任的表现。但在中国,人们对于召回的认知还不成熟,消费者可能对企业及其产品会产生误解,从而影响消费者对召回企业的信任和企业声誉。

中国电子商会主席陆刃波指出:"中国消费者中普遍存在这样一种认识,认为一旦产品被召回,就好像生产企业本身就是一个生产劣质产品的企业,这种认识是不对的。"然而,让中国消费者完全接受召回必然需要一段时间。

三星冰箱召回事件是中国市场上家电产品中发生的首例召回。由于目前中国召回制度及消费者认知等方面的问题,所以三星电子在实施召回的过程中就会面临更多的困难。为了消除消费者的误解,三星电子积极做出了回应。除了解释召回时间上滞后的原因,更强调了帮助消费者消除可能存在事故隐患的决心。三星电子及时将召回方案上报给了中国国家质检总局,并加强了与相关部门的沟通。三星电子还希望通过派遣工程师免费上门维修,消除潜在的事故隐患。曹载喆认为:"与掩藏问题的企业相比,敢于积极公开实施召回的企业,应该是更值得消费者信任的。"

中陆刃波表示:"我们看到过许多同样的产品在国外召回,但在中国却没有。作为全球性品牌的企业,在发达国家、发展中国家都要采用同样的标准,从这点上来看,三星的召回对于同行或同性质企业有一定的警示作用。"此外,三星召回事件还反映出,在召回过程中,企业一定要注意两点:一是要把召回时间延长,让消费者有充分的时间来解决产品问题,毕竟中国市场比其他国家市场都要大;二是信息披露要快一点、深一点,尽可能减少消费者的猜测和质疑。

质量问题确实会对产品品牌造成伤害,但是适当的危机处理方法可以把这种伤害降到最小化。三星把这次召回事件提升到体现三星品牌对消费者的重视和责任上,希望通过积极负责的态度,获得消费者对三星的信任。

(改编自《从三星冰箱爆炸召回的危机公关说起》,铁流网,2009 年 11 月 10 日;《危机公关 VS"三老四严":从三星冰箱爆炸召回说起》,铁流网,2009 年 11 月 3 日)

第二部分　案例教学

一、商业专业词汇

1. 召回制度:产品生产商、进口商、经销商在得知其生产、进口、经销的产品存在可能危及人身健康、财产安全的缺陷时,依法向政府部门报告,并告知消费者,从市场消费者手中无偿收回有问题的产品,实施予以修理、更换、赔偿等积极有效的措施,从而消除缺陷产品的危害风险,提高企业信誉。这种挽救措施的方法即为召回制度。

2. 客户:是对企业产品和服务有特定需求的群体,它是企业经营活动得以维持的根本保证。

3. 集团,是为了一定的目的组织起来共同行动的团体。企业集团是多个公司在业务、流通、生产等等方面联系紧密,从而聚集在一起形成的公司。

4. 流通:是指商品或服务从生产领域向消费领域的转移过程。

5. 危机处理:包括两个方面的含义:一是处理"公共关系危机",二是用公共关系的策略和方法来处理危机。危机处理是危机管理的核心内容,它既要求在思想上重视,也强调在行动上妥善处理。

二、思考题

（一）根据案例内容回答问题

1. 三星冰箱事件发生后,三星电子做出了什么决定?
2. 三星电子在中国市场实施召回的过程中遇到了哪些问题?
3. 三星公司的冰箱召回事件给我们以哪些启示?

（二）讨论题

1. 举一个其他企业的召回案例,他们又是如何处理的?
2. 企业召回过程中要注意哪些问题?
2. 危机处理的步骤和程序应该是怎么样的?

第三部分　案例分析与总结

一、案例要点:召回制度、危机公关

产品生产商、进口商、经销商在得知其生产、进口、经销的产品存在可能危及人身健康、财产安全的缺陷时,依法向政府部门报告,并告知消费者,从市场消费者手中无偿收回有问题的产品,实施予以修理、更换、赔偿等积极有效的措施,从而消除缺陷产品的危害风险,提高企业信誉。这种挽救措施的方法即为召回制度。

危机公关是指应对危机的有关机制,关键点公关认为,危机公关具体是指企业为避免或者减轻危机所带来的严重损害和威胁,从而有组织、有计划地学习、制定和实施一系列管理措施和应对策略,包括危机的规避、控制、解决以及危机解决后的复兴等不断学习和适应的动态过程。

二、案例总结

召回是企业面对缺陷产品的一种应对。三星公司如实披露质量问题,果断召回缺陷产品的行动,体现出企业对产品品牌及消费者安全负责的态度。

三星对冰箱爆炸事件的处理算得上不错的危机处理案例。召回过程也面对一些问题:(1)召回时间晚于欧美市场,引发消费者的质疑;(2)召回对产品品牌和企业声誉的影响;(3)召回中的法律和赔偿问题。

爆炸事故之后立即组织召回当事冰箱,是明智的应对措施。召回的同时尽快查清事故发生的原因到底是技术性限制还是缘于服务态度上的疏忽,从根源上解决问题。

第四部分　案例使用说明

一、教学目的与用途

该案例涉及市场营销与危机公关的内容。结合案例对召回行为和危机公关理论进行讲解。首先,阐述召回和危机公关的概念及其在经济管理中的重要性。然后,介绍三星冰箱召回事件中对理论的运用以及该事件对我们的启示。通过对案例的讲解,提高学生对危机管理的认识。

二、案例分析思路

1. 介绍三星冰箱的召回事件。
2. 探寻三星冰箱在中国召回时间较迟原因。
3. 讨论在实施召回时,企业应当注意哪些方面的问题。
4. 分析产品召回会对公司产生哪些影响。
5. 企业进行召回时的注意事项。
6. 总结与归纳危机处理的重要作用。
7. 寻找其他危机处理方面的资料。

三、相关网络链接

《危机公关 VS"三老四严":从三星冰箱爆炸召回说起》,新浪博客,2009 年 11 月 3 日。http://blog.sina.com.cn/s/blog_4a32e84a0100fm33.html。

《危机公关 VS"三老四严":从三星冰箱爆炸召回说起》,铁流网,2009 年 11 月 3 日。http://www.tieliu.com.cn/。

四、建议课堂计划

建议使用六节课。

第一节课:讲解重要商务词汇与案例背景,进行案例学习准备。

重要商务词汇:产品召回、危机公关。

第二节课:讲解案例正文,理清案例发展脉络,帮助学生理解案例。

案例讲解内容:

(1)介绍三星公司的背景资料;

(2)描述三星公司对问题冰箱的召回行为;

(3)描述三星应对信誉危机采取的措施;

(4)了解此次危机处理所实现的效果。

第三～四节课:展开案例分析和讨论。

(1)问题冰箱的出现会给三星带来哪些不利影响?
(2)三星冰箱应当如何维护其与客户的关系?
(3)三星采用的危机处理方式是否恰当?
(4)三星公司的冰箱召回事件给我们以哪些启示?
(5)企业实施召回有哪些要注意的事项?

第五~六节课:进行案例总结,布置课后作业,完成案例书面报告。
(1)还有那些召回案例,他们又是如何处理的?
(2)危机处理的步骤和程序应该是怎么样的?

市场营销——中美

Marketing

麦当劳在中国的品牌策略

第一部分　案例陈述

案例提要

虽然贵为世界快餐连锁业的霸主,但在中国市场上,麦当劳却远远落后于竞争对手肯德基。在2003年,麦当劳在中国市场上开始了一系列的品牌重塑活动。

关键词语

麦当劳　奥运　公益事业　品牌形象

案例背景

麦当劳虽然是世界快餐连锁企业的霸主,但在中国市场却远远落后于竞争对手肯德基。截至2003年,肯德基在中国的餐厅总数将近1 500家,而麦当劳仅700家左右,不及肯德基的1/2。在消费者的品牌认知方面,肯德基也远远超过麦当劳在消费者心目中的地位。同时中国消费者的健康观点也正在悄悄发生变化,人们对西式快餐食品营养的疑虑不断增加,涉及诸如不健康、没营养、易导致肥胖等问题。尽管激烈的反对声音尚未凸现,但已经引起了西式快餐公司的重视。2003年,麦当劳启动了其全球品牌重塑活动。在中国市场上,麦当劳也开始通过奥运赞助,公共事业赞助等方面进行品牌重塑活动,试图树立良好的市场反应和品牌形象。

案例正文

从2005年开始,由于中国国内民众对于麦当劳等洋快餐"垃圾食品"的评价增多,麦当劳不得不考虑重塑其品牌形象。最重要的当然是主打营养牌。细心的消费者会发现,在麦当劳德餐厅中多出了一个营销消息咨询牌,宣传牌上写着:"了解营养成分,做出均衡选择",并附有两份宣传手册。除此之外,麦当劳在公益事业、社会赞助等方面投入了大量的精力,以求提高企业的社会形象。

在公益事业方面,自2002年起,麦当劳公司与宋庆龄基金会发起麦当劳世界儿童日系列筹款捐助活动。2006年11月20日(世界儿童日),"中国麦当劳叔叔之家慈善基金"正式成立,慈善基金的启动资金高达2 600万人民币,这为麦当劳公司良好品牌形象夯实了基础。在未来5年内,该基金将创建两家"麦当劳叔叔之家儿童中心"和10家"麦当劳叔叔之家寄养家庭村"。"家庭村"将从当地社区招募爱心父母参与照顾孤残儿童生活,每个家庭将由一对有充分育儿经验的父母和最多5个孤残儿童组成,照顾这些孩子直到他们成年。此外,麦当劳开展公司对"白血病专项基金会"、儿童福利院和希望小学的捐助活动等。

2008年的四川汶川大地震,将一些国际知名品牌推上了风口浪尖,其中就包括麦当劳。与谣传的"铁公鸡"相反,在灾情发生后的几小时内,麦当劳中国就立即展开了支援行动,为受灾民众和奋战在一线的救援人员免费提供食品和饮料。麦当劳(中国)有限公司和"中国麦当劳叔叔之家慈善基金"分别向灾区提供了100万元和50万元的救灾善款。随后5月21日,麦当劳(中国)有限公司公布了第二阶段赈灾援助计划,麦当劳将向四川地震灾区新增捐款1 000万元人民币,支持震中地区部分县市的灾后学校重建。麦当劳(中国)有限公司首席执行官施乐生表示:"麦当劳关怀孩子们的成长,这是我们作为一个企业在全球的承诺。这次灾难给人们带来了深重的影响,它深深地触动了每一颗中国心我们愿为孩子们做点事情,帮助他们修建学校,为他们重建家园。"

2008年的北京奥运会麦当劳当然不会错过,作为奥运会TOP赞助商之一,麦当劳30年来始终与奥运会紧紧结合在一起。作为麦当劳长期承诺关注儿童成长事业的一个部分,麦当劳举办了"奥运助威小冠军"活动应运而生。该活动从2007年8月开始启动,一直持续到2008年奥运会前夕。该活动将从全世界内选出300名小朋友,其中100名来自中国,他们将获得亲临奥运的机会。

2010年3月,麦当劳还组织了来自广州市70所学校的800名学生和他们的家长,参加2010年麦当劳第九届植树节活动,提前庆祝当年的植树节,积极号召小朋友们身体力行地倡导"低碳生活"。学生和他们的家长、老师亲手种下了超过200棵的树苗。麦当劳首席快乐官"麦当劳叔叔"也亲临现场,与小朋友们一起分享绿化环境、保护生态的乐趣。

积极参与公益事业,大力支持社会活动,是提高企业声誉、塑造企业形象的有效手段。麦当劳也希望通过这些措施,改善快餐企业及快餐产品在消费者心目中日趋下滑的形象。

(改编自麦当劳中国官方网站,http://www。mcdonalds。com。cn/;《洋快餐倾力重塑品牌形象》,新浪,2005年10月15日;《解读麦当劳在中国市场品牌形象设计》,中国科技博览,2008年19期)

第二部分　案例教学

一、商业专业词汇

1. 赞助商:是指企业为了实现自己的目标(获得宣传效果)而向某些活动(体育、艺术、社会团体)提供资金支持的一种行为。体育赞助,是指企业为体育赛事或运动队提供经费、实物或相关服务等支持,而体育赛事组织者或运动队以允许赞助商享有某些属于它的权利(如冠名权、标志使用权及特许销售权等)或为赞助商进行商业宣传(如广告)作为回报。

2. 品牌重塑：顾名思义是指品牌的再塑造，是指推翻以前品牌在人们心中的形象，通过重新定位目标消费群体、提高产品质量和服务、运用品牌营销等手段，重新推广品牌形象、提高品牌知名度进而逐步产生品牌号召力，形成品牌效应和品牌核心价值的过程和活动。

3. 品牌形象：是指企业或其某个品牌在市场上、在社会公众心中所表现出的个性特征，它体现公众特别是消费者对品牌的评价与认知。品牌形象包括品名、包装、图案广告设计等。

4. 连锁企业：是指采用连锁这种经营方式，将多个分店所组成一个整体的企业形式，实现在店名、店貌、商品、服务方面的标准化，商品购销、信息汇集、广告宣传、员工培训、管理规范等方面的统一化。

5. 品牌：是给拥有者带来溢价、产生增值的一种无形的资产，它的载体是用以和其他竞争者的产品或劳务相区分的名称、术语、象征、记号或者设计及其组合，增值的源泉来自于消费者心智中形成的关于其载体的印象。

6. 品牌认知：一个成功的品牌，首先应该具备比较高的知名度，然后是受众对该品牌的内涵、个性等有较充分的了解，并且这种了解带来的情感共鸣是积极的、正面的，这就是品牌认知。

二、思考题

（一）根据案例内容回答问题

1. 从案例来看，麦当劳正面临哪些问题？
2. 麦当劳开展了哪些社会公益行动？

（二）讨论题

1. 麦当劳在你心目中是一个怎样的品牌形象？
2. 你认为企业应该积极参与社会公益活动吗？为什么？
3. 一个品牌的重塑过程往往包含哪些程序？

第三部分 案例分析与总结

一、案例要点：品牌重塑

品牌重塑是指品牌的再塑造，改变品牌在人们心中的原有形象，重新定位新形象。品牌重塑的目的有：(1)改变老化的品牌形象、赢得新客户；(2)战略转型或进入新市场；(3)业务多元化和并购重组。品牌重塑的过程较为复杂，由于要改变原有的品牌形象，通常需要综合利用多种形式进行品牌的重塑。

二、案例总结

麦当劳对于其品牌形象的重塑可以说是紧跟中国人民的饮食观念的脚步的，新时代的中国人民更加重视如何吃的健康,而不仅仅是吃饱吃好,因此麦当劳适时提出了"营养"的概念,避免了其作为"垃圾食品"被迅速淘汰的结局。

此外麦当劳对于体育事业的坚持也是能体现品牌内涵的,奥林匹克的精神与麦当劳企业的精神是一致的,都发展了团结、友谊和追求卓越的精神。同时,麦当劳作为全球品牌是非常国际化的,而奥运精神也是如此,在奥运会上,无论肤色还是语言的不同,运动员们都可以共同分享同一种精神和欢乐。麦当劳选择赞助关注度高的大众化赛事,就是看准了自身品牌和赞助对象之间的高度匹配性,而这样的举措自然也为麦当劳的品牌发展带来了很大的助推作用。

而麦当劳对于中国公益事业的热衷则一定程度上能够体现其企业社会责任,并能够在消费者心目中产生一个比较好的企业形象。

第四部分　案例使用说明

一、教学目的与用途

该案例涉及品牌重塑策略内容。首先,阐述品牌重塑的概念及其在市场营销中的重要性。说明麦当劳如何对自己的品牌进行重塑,从而获得消费者的认可。通过对案例的讲解,让学生了解市场营销中的品牌策略。

二、案例分析思路

1. 探寻麦当劳进行品牌重塑的原因。
2. 分析麦当劳在品牌重塑方面做了哪些工作。
3. 分析麦当劳与奥运会的合作。
4. 讨论品牌重塑策略给其他企业带来了怎样的启示。

三、相关网站链接

麦当劳中国官方网站。http://www.mcdonalds.com.cn/。
《洋快餐倾力重塑品牌形象》,新浪,2005年10月15日。
《赞助商》,百度百科。
《品牌重塑》,百度百科。
《品牌形象》,百度百科。

四、建议课堂计划

建议使用六节课。
第一节课:讲解重要商务词汇与案例背景,进行案例学习准备。
重要商务词汇:品牌重塑、品牌形象、连锁企业、品牌认知。
第二节课:讲解案例正文,理清案例发展脉络,帮助学生理解案例。

案例讲解内容：
(1)介绍麦当劳背景资料；
(2)解释品牌及品牌重塑等概念；
(3)描述麦当劳在中国的品牌重塑策略。
第三～四节课：展开案例分析和讨论。
(1)麦当劳在中国遇到了什么发展困境？
(2)麦当劳是如何克服这些困难的？
(3)你认可麦当劳的品牌重塑策略吗？
(4)麦当劳参与了哪些社会公益行动？
第五～六节课：进行案例总结，布置课后作业，完成案例书面报告。
(1)麦当劳在你心目中是一个怎样的品牌形象？
(2)你认为企业应该积极参与社会公益活动吗？为什么？
(3)一个品牌的重塑过程往往包含哪些程序？

苹果公司 IPOD 产品的定价策略

第一部分　案例陈述

案例提要

通常来说，一个产品的定价策略仅仅能够影响到该产品的销量。但有时候，一个产品的定价甚至能够决定一个产品甚至整个公司的成败。IPOD 就是这样一款产品，苹果公司凭借合理的定价策略，不仅推动了 IPOD 的热销，并且大大改善了苹果公司的声誉。

关键词语

苹果 IPOD　定价策略

案例背景

20 世纪 90 年代后期，美国苹果公司的市场份额逐渐被微软公司所抢占。苹果公司因此经历了长达近十年的市场低迷。直至 2001 年底，苹果公司推出了一款崭新的数字播放器，它不仅改变了苹果公司长期低迷的盈利状况，还掀起了全球唱片业甚至娱乐圈的一场革命。这就是苹果新产品 IPod。在短短 5 年里，IPOD 创造了 6 000 万台的销售奇迹，几乎赢得了全世界所有年轻人的青睐。IPod 产品何以取得如此巨大的成功？这与它的科学定价策略密切有关。

案例正文

2001年,苹果公司推出IPod产品系列。IPod自问世以来,已经从只有一个型号的单一产品,逐渐发展为具有不同档次多种型号的完整系列。最初的iPod是一款采用微硬盘技术的大容量数字播放器,经过几年的更新升级,iPod的容量已经从最初的5GB扩大到现在最高的80GB,产品类型也扩展成为iPod vedio(微硬盘mp4)、iPod nano和iPod shuffle三个大类。每大类中依据容量和外形颜色的不同又细分出数十种产品。2001年初苹果公司发布的iTunes播放软件是iPod产品在电脑平台上的配套软件,2003年苹果公司在这套软件的基础上推出了iTunes数字音乐商店,iPod用户可直接从iTunes上付费下载音乐,并传输到iPod上。

与一般产品的靠低价或降价策略来抢占市场的做法不同,iPod产品惊人的销售奇迹是建立在"高价位"和"高端产品"基础之上的。2001年产品最初上市时,刚刚经历了"9·11"恐怖袭击的美国人,还被笼罩在国家和自身安全的恐惧和担忧之中。当时美国高科技电子产业和娱乐业都受到冲击。iPod产品虽然与当时普遍采用闪存技术、容量只有128MB~256MB的普通MP3相比,具有5GB的超大容量和很高的性能优势,但399美元的高价位却不被市场看好。甚至有批评人士戏称ipod是"idiots priceour devices"(白痴在为我们定价)的缩写。

导致最初IPod定价如此之高的原因主要是微硬盘技术的采用。2001年,微硬盘技术还处于刚刚成熟的阶段,成本比已经相对普及的闪存技术高昂得多,而多达1GB以上的存储容量却令当时的闪存技术望尘莫及。高容量和高价格决定了iPod针对的消费主体不会是一般大众,而是音乐发烧友和苹果产品的爱好者。对于前者而言,能存储数千首歌、音质与CD播放器几乎相同的ipod,不仅功能比传统的MP3更能满足其音乐需要,而且相对小巧的体积和不用附带任何碟片或卡带的简便特性,也比当时仍然流行的CD播放器和卡带随身听更具吸引力。对于后者,苹果这个品牌本身就是巨大的号召力和吸引力。当年年底,iPod上市50天就销售了125000台,可以说已经取得了非常成功的销售业绩。

iPod产品系列的发展一贯坚持纵向对同一款产品进行不断地更新。苹果公司通常会在新品发布之后不久就适时停止旧产品的生产。最明显的例子是在ipod nano推出之后,苹果公司就对当时仍然十分畅销的mini系列做出了停产的决定,使其淡出了市场舞台,为新品的nano系列提供了更大的销售空间。

在定价上,最高端的ipod产品一直保持在399美元左右的高价,第四代iPod vedio60GB在上市之初的定价曾一度高达599美元。始终保持的高价位和对畅销型号的停产似乎并没有对iPod产品的销量产生负面影响,从2001年第一代产品问世到2006年底,ipod的销量一直保持着稳定的增长,全球累计已经超过4 000万台,占整个数字播放器市场的58%。而在美国市场,ipod更是占到了市场份额的75%。

但要注意的是,ipod的高价位策略实际上只是其产品更新过程中的一种辅助手段。高价策略越来越明显地局限于高端产品。苹果之后几年推出的针对大众消费的中低端产品——mini、shuffle和nano系列,这些系列产品的价格也在随着技术成熟和市场需求在不断调低价格。

(改编自http://wenku.baidu.com/view/0e00b35177232f60ddcca16c.html;《从苹果ipod和索尼mp3的成败,来撇脂定价的使用艺术》,致信网-2006年2月7日;《苹果获利诀窍:服务亲切、定价策略成功》,网易客机-2009年7月23日;《乔布斯发布新的IPOD》,http://www.tudou.com/programs/view/iQwZbhRabOI/)

第二部分　案例教学

一、商业专业词汇

1. 定价策略：是市场营销组合中一个十分关键的组成部分。主要研究产品和服务的价格制定和变更的策略。

2. 市场份额（market shares）：指一个企业的销售量（或销售额）在市场同类产品中所占的比重，直接反映企业所提供的商品和劳务对消费者和用户的满足程度，表明企业的商品在市场上所处的地位。

3. 市场需求：是指一定的顾客在一定的地区、一定的时间、一定的市场营销环境和一定的市场营销方案下对某种商品或服务愿意而且能够购买的数量。

4. 成本：是生产和销售一定种类与数量产品所耗费资源用货币计量的经济价值。

5. 撇脂定价：又称高价法，即将产品的价格定得较高，尽可能在产品寿命初期，在竞争者研制出相似的产品以前，尽快地收回投资，并且取得相当的利润。然后随着时间的推移，再逐步降低价格使新产品进入弹性大的市场。一般而言，对于全新产品、受专利保护的产品、需求的价格弹性小的产品、流行产品、未来市场形势难以测定的产品等，可以采用撇脂定价策略。

二、思考题

（一）根据案例内容回答问题

1. 苹果公司对于 ipod 的定价属于哪种定价方法？
2. 苹果公司对 ipod 采用此种定价方式的适用条件是什么？
3. 为什么说 ipod 的高价位策略实际上只是其产品更新过程中的一种辅助手段？

（二）讨论题

1. 提起苹果公司，你首先想到的是什么，你认为苹果公司的核心竞争力是什么？
2. 你会选择 ipod 还是同类较便宜的产品，为什么？
3. 你知道哪些定价策略？

第三部分　案例分析与总结

一、案例要点：ipod 的定价

苹果公司的 iPod 产品是成功使用"撇脂定价法"的一个例子。所谓"撇脂定价法"就是为产品定一个高价，以在短期内攫取最大利润为目标，而不是以实现最大的销量为目标。与撇脂定价法相对应的是渗透定价法，即为产品定一个低价。

苹果公司的 iPod 产品一经推出就大获成功,2001 年底推出的第一款 iPod 产品售价 399 美元,这即使对于美国人来说,也属于高价位产品。之后不到半年的时间里,苹果公司推出的另一款容量更大的 iPod 产品定价 499 美元,众多的"苹果迷"还是纷纷购买,产品依然大获成功。

二、案例总结

苹果公司对 iPod 产品采取了撇脂定价法,大获成功。

但要注意的是,撇脂定价法并不仅仅是一种高价策略,与高价相对应的,是 iPod 产品的高品质和高性能,iPod 产品的容量超大,采取微硬盘技术,设计精美且便于携带,并且每次推出新品后,旧产品将很快停止生产,还有苹果的品牌影响力等因素,这些都是撇脂定价法成功实施的条件。

美国索尼公司对其 mp3 也曾采用"撇脂定价法",但并不成功:一是索尼公司 MP3 上市速度比较慢,当 iPod mini 在市场上热卖两年之后,索尼才推出了针对这款产品的 A1000;二是索尼公司 MP3 在外形上不及 iPod;三是索尼公司 MP3 产品种类多,苹果公司每次只推出一款精品,而索尼每次都推出 3 款以上产品。这

撇脂定价法有一定的适用条件,需要针对不同的产品和不同环境采取相应的定价策略。

第四部分　案例使用说明

一、教学目的与用途

该案例涉及市场定位和定价策略的内容。首先,阐述市场定位的概念及其在经济管理中的重要性。逐步介绍如何在做出清晰市场定位后,对产品合理定价,从而获得较高的利润。该案例适用于高级汉语的学员,适用于市场营销的课程,难度偏高。

二、案例分析思路

1. 分析苹果 ipod 在市场上的优劣势。
2. 讨论苹果 ipod 的市场定位策略。
3. 讨论苹果 ipod 的定价策略。
4. 讨论苹果产品的品牌形象树立策略。
5. 寻找其他材料探讨定价策略的重要性。

三、相关网站链接

《从苹果 ipod 和索尼 mp3 的成败,来撇脂定价的使用艺术》,致信网,2006 年 2 月 7 日。

《苹果获利诀窍:服务亲切、定价策略成功》,网易客机,2009 年 7 月 23 日。

《乔布斯发布新的 IPOD》。http://www.tudou.com/programs/view/iQwZb-hRabOI/。

《定价策略》,百度百科。

《市场份额》,百度百科。

《市场需求》,百度百科。

四、建议课堂计划

建议使用六节课。

第一节课:讲解重要商务词汇与案例背景,进行案例学习准备。

重要商务词汇:定价策略、市场份额、市场需求、成本。

第二节课:讲解案例正文,理清案例发展脉络,帮助学生理解案例。

案例讲解内容:

(1)介绍苹果 ipod 在市场上的优劣势。

(2)描述苹果 ipod 的市场定位策略。

(2)描述苹果 ipod 的品牌形象树立策略。

(2)描述苹果 ipod 定价策略取得的效果。

第三~四节课:展开案例分析和讨论。

(1)苹果 ipod 面临了那些竞争?

(2)苹果 ipod 为何选择定位高端?

(3)苹果 ipod 在品牌形象树立上有什么特别之处?

(4)苹果公司对于 ipod 的定价属于哪种定价方法?

(5)苹果公司对 ipod 采用此种定价方式的适用条件是什么?

第五~六节课:进行案例总结,布置课后作业,完成案例书面报告。

(1)提起苹果公司,你首先想到的是什么,你认为苹果公司的核心竞争力是什么?

(2)你会选择 ipod 还是同类较便宜的产品,为什么?

(3)你知道哪些定价策略?

市场营销——中日

Marketing

马自达在中国市场的销售渠道冲突

第一部分 案例陈述

案例提要

日本马自达公司在中国成立了三家合资企业:2000年与和海南汽车厂合资开办海南马自达汽车有限公司;2005年与一汽集团成立的一汽马自达销售公司;2007年与长安福特成立的长安福特马自达公司。三家公司之间的矛盾不断突出。尤其是后两者:一汽马自达公司和长安福特马自达公司。围绕马自达3的生产和销售问题,产生了激烈矛盾。日本马自达公司为平衡两空公司之间的矛盾,在渠道管理上进行了一系列调整。

关键词语

马自达　长安福特　马自达一汽　马自达销售渠道　渠道冲突

案例背景

日本马自达公司隶属于福特汽车。福特汽车在20世纪90年代中期购买了马自达汽车33.4%的股权,成为马自达公司的最大股东。2000年开始,福特汽车开始与马自达联手拓展中国市场。2000年日本马自达公司和海南汽车厂合资开办海南马自达汽车有限公司,开始生产普利马、福美来等马自达品牌汽车,并负责这些品牌汽车在中国的销售。2003年马自达又开始和一汽集团合作生产品牌为"马自达6"的轿车。2005年成立一汽马自达销售公司,试图将马自达的汽车销售整合起来由这家公司统一销售。然而在2007年,马自达的大股东福特集团又参股长安福特汽车,成立了长安福特马自达汽车有限公司,福特旗下的马自达汽车也作为谈判的内容之一加入了长安福特。由此形成了海南马自达、一汽马自达、长安福特马自达、日本马自达公司之间复杂的"四角"关系,矛盾也由此而生。日本马自达公司有自己的战略设想,但各合资企业又有自己的利益目标,所以导致了各企业之间的争斗,矛盾与猜疑也由此而生。

案例正文

汽车产品的销售渠道往往随着合资企业的建立而诞生。20世纪初,中国市场上只有海南马自达汽车有限公司,马自达系列产品的销售渠道非常简单,都由海南马自达汽车有限公司经销。但在2005年3月,日本马自达与一汽集团合资成立一汽马自达汽车销售公司。同时日本马自达公司还宣布,自此之后,马自达在华的所有车型都由这个公司销售。然而2007年4月,由于日本马自达公司的大股东福特集团参资重庆长安股份有限汽车,作为子公司的日本马自达与重庆长安汽车股份有限公司联合组建长安福特马自达,负责马自达2、马自达3在中国市场的生产、品牌建设、市场销售和销售网络建设等工作。

2007年,或许是出于统一销售的设想,日本马自达公司将马自达3的生产放在长安福特马自达,而把销售交给了一汽马自达汽车销售公司。这样就把马自达3在中国的业务砍成了"生产"与"销售"两段。长安福特马自达公司获取工厂利润,而销售利益则归一汽马自达汽车销售公司。长安福特马自达公司与一汽马自达销售公司的矛盾随之产生。

长安福特马自达公司不满利润丰厚的销售部分被一汽马自达销售公司拿走,前者认为自己获得的生产利润太低。后者看似捡了个便宜,但一汽马自达销售公司并不满意,认为如果没有长安福特的进入,一汽集团早就可能与日本马自达合资建厂了,马自达3等后续车型的生产权也不会旁落长安福特。而海南马自达汽车有限公司,则开始逐渐从马自达的战略规划中被剥离出去。

2007年,长安福特马自达公司由于不满其生产的马自达3在一汽马自达公司的经销商体系销售,于是在马自达3车型上市两个月之后随即停产示威。面对产销分离的矛盾,日本马自达、长安汽车、一汽集团和福特公司四方进行了长达8个月的拉锯谈判,最后以长安福特获得马自达3的销售权告终。

或许是为了安抚一汽马自达销售公司,2008年日本马自达把马自达系列进口车的在华销售权全部给了一汽马自达,其中包括原来由长安福特马自达公司负责销售的进口马自达3两厢车型。

但在2009年2月,长安福特马自达公司提出夺回马自达3两厢进口车的销售权的设想,得到了日本马自达公司的支持和默许。为了平衡两家合作伙伴之间的矛盾,日本马自达公司不得不对进口车的经销权进行重新分配。首先要从一汽马自达销售公司中要回马自达3两厢车的经销权,为此,日本马自达公司允诺将利润更高的SUV马自达CX-7引入一汽马自达,并于2010年在一汽集团投产MPV车型马自达8,从而换回进口马3两厢的销售权给长安福特马自达公司。至此,纷争已久的进口车销售渠道难题告一段落。

这样一来,长安福特马自达公司和一汽马自达公司围绕不同产品系列而形成了不同的经销渠道。一汽马自达公司主要生产或代理以下品牌:国产马自达6、马自达6睿翼;进口MX-5跑车、RX-8、CX-7。长安福特马自达公司主要生产或代理:国产马自达2、马自达2劲翔、马自达3三厢;进口马自达3两厢。

换一个角度看,日本马自达在中国市场上销售渠道的不断变更,也可以视为日本马自达公司在中国市场上的平衡术。如果能够控制好两个销售网络,不仅可以提高整个销售网络的竞争能力,还可以有效地平衡国内合资企业与日本马自达公司之间的谈判能力。从两个销售网络的发展情况来看,一汽马自达公司2009年上半年销售总量为48 807辆,同比增长23.3%,创下汽车企业半年零售销量的最高纪录。长安福特马自达公司2009年上半年零售销量为29 689辆,同比增长26.6%。从这些销售数据来看,两家合资公司之间的差距正在慢慢缩小。这或许得益于日本马自达在中国战略渐趋平衡的结果。

　　选取两个以上的合资伙伴可以起到制衡作用。在中国市场上,许多国外汽车企业采取了此战略,如德国大众汽车在中国有上海大众与一汽大众,日本丰田汽车公司在中国有一汽丰田和东风本田。两家合资企业在竞争的同时保持平稳发展是最重要的。两家马自达公司虽然暂时缓解了矛盾,但它们之间的差异仍然明显。除了销售上的差距明显,长安福特马自达公司与一汽马自达公司获得的利润也存在较大差距,两家公司在销售推广等方面的投入也不相同。以后日本马自达公司的新车型将引入中国市场,如何平衡两家公司的矛盾仍将是一个问题。

　　(参考资料:《三厢马3转厂南京分拆说再添新料》,腾讯财经,2010年1月,http://finance.qq.com/a/20100121/001528.htm;《马自达3暂不国产与一汽马自达纷争不断》,中国新闻网,2010年1月,http://www.chinanews.com.cn/auto/news/2010/01-22/2087544.shtml;《浅谈国产汽车销售渠道管理》,物流与采购研究,2009年)

第二部分　案例教学

一、商业专业词汇

　　1. 股权:指股东因出资而取得的、依法定或者公司章程的规定和程序参与事务并在公司中享受财产利益的、具有可转让性的权利。

　　2. 品牌建设:是指品牌拥有者对品牌进行的设计、宣传、维护的行为和努力。品牌建设包括的内容有品牌资产建设、信息化建设、渠道建设、客户拓展、媒介管理、品牌搜索力管理、市场活动管理、口碑管理、品牌虚拟体验管理。

　　3. 股东:是股份制公司的出资人或叫投资人。股东是股份公司或有限责任公司中持有股份的人,有权出席股东大会并有表决权,也指其他合资经营的工商企业的投资者。

　　4. 合资企业:合资企业一般指中外合资中外合资经营企业是由中国投资者和外国投资者共同出资、共同经营、共负盈亏、共担风险的企业。外国合营者可以是企业、其他经济组织或个人。中国合营者目前只限于企业、其他经济组织,不包括个人和个体企业。

　　5. 销售渠道:是指某种货物或劳务从生产者向消费者移动时,取得这种货物或劳务所有权或帮助转移其所有权的所有企业或个人。简单地说,销售渠道就是商品和服务从生产者向消费者转移过程的具体通道或路径。

　　6. 经销商:是指在某一区域和领域只拥有销售或服务的单位或个人,经销商具有独立的经营机构,拥有商品的所有权(买断制造商的产品/服务),获得经营利润,多品种经营,经营活动过程不受或很少受供货商限制,与供货商责权对等。

　　7. 经销权:品牌制造商批准或接纳经销商经营他的品牌商品,一般是加盟代理方式授权进行。

　　8. 销售网络:销售网络是指公司在国内外寻找"战略伙伴"或"同盟者",并与他们结合起来,以获得更广泛、更有效的地区市场的一种发展战略。

二、思考题

(一)根据案例内容回答问题

1. 马自达公司将马自达3的生产放在长安福特马自达,而销售则交给一汽马自达。这一举措对长安福特与一汽福特各自有什么影响?
2. 为了取回马自大3两厢进口车销售权给长安福特,马自达公司许诺了一些什么条件?
3. 为什么长安福特马自达公司的成立,会让一汽马自达公司产生不满?
4. 马自达在中国选择两家以上的合资企业,有何好处,有何坏处?

(二)讨论题

1. 马自达中国销售渠道的不断变更,其原因是什么?
2. 你认为同一个品牌销售渠道的不断变更对这个品牌有哪些方面的影响?
3. 你认为马自达现在这个销售体系,在今后会碰到什么问题,又该如何改进?

第三部分　案例分析与总结

一、案例要点:销售渠道、渠道冲突

所谓销售渠道,是指产品从生产者向消费者转移所经过的通道或途径,它是由一系列相互依赖的组织机构组成的商业机构。即产品由生产者到用户的流通过程中所经历的各个环节连接起来形成的通道。销售渠道的起点是生产者,终点是用户,中间环节包括各种批发商、零售商、商业服务机构(如经纪人、交易市场等)。

渠道冲突是指某渠道成员从事的活动阻碍或者不利于本组织实现自身的目标,进而发生的种种矛盾和纠纷。分销渠道的设计是渠道成员在不同角度、不同利益和不同方法等多因素的影响下完成的,因此,渠道冲突是不可避免的。

二、案例总结

马自达在中国市场有三个合资公司:海南马自达,长安福特马自达,一汽马自达。

许多国外的汽车公司在进入中国时会选择2个或者2个以上的合作企业建立合资公司,这样就建立了多个汽车销售渠道,虽然有助于多渠道开拓市场,但也将面临渠道之间的矛盾。

马自达汽车的销售渠道从单一的海南马自达、到一汽马自达销售公司,再到长安福特马自达。三家公司之间的矛盾也随之产生,尤其是一汽马自达和长安福特马自达之间,在产品和销售网络上的矛盾严重。马自达公司通过将不同产品交给不同合资公司来经营,暂时缓解了双方的矛盾,并取得了不错的成绩,但这个矛盾并未最终解决,当环境变化且利益不平衡时,渠道商之间的争夺也将加剧。

马自达公司在中国只有解决好渠道商之间的冲突,才能有效地激发销售网络的活力。

第四部分　案例使用说明

一、教学目的与用途

通过本案例的学习,可以让同学们对于市场营销中的"销售渠道"有一定的了解。把握销售渠道的相关理论知识,理解渠道冲突问题,认识渠道管理的重要性以及渠道管理中的基本技巧。

二、案例分析思路

1. 介绍日本马自达、福特汽车、长安福特马自达、一汽马自达等公司之间的关系。
2. 描述马自达系列产品在中国市场存在的问题。
3. 讨论长安福特马自达、一汽马自达公司之间的矛盾。
4. 分析日本马自达公司的解决方式。
5. 讨论选择两家合资企业的优劣势。
6. 讨论案例带来的启示。

三、案例教学支持

《三厢马3转厂南京分拆说再添新料》,腾讯财经,2010年1月。http://finance.qq.com/a/20100121/001528.htm。

《马自达3暂不国产与一汽马自达纷争不断》,中国新闻网,2010年1月。http://www.chinanews.com.cn/auto/news/2010/01-22/2087544.shtml。

《浅谈国产汽车销售渠道管理》,物流与采购研究,2009年。

四、建议课堂计划

建议使用六节课。

第一节课:讲解重要商务词汇与案例背景,进行案例学习准备。

重要商务词汇:销售渠道、渠道冲突。

第二节课:讲解案例正文,理清案例发展脉络,帮助学生理解案例。

案例讲解内容:

(1)介绍马自达公司;

(2)描述日本马自达、福特汽车公司、长安福特马自达、一汽马自达、海南马自达几个公司之间的关系;

(3)介绍合资公司成立前后,马自达在中国的销售渠道变更;

(4)了解马自达公司的经营效果。

第三~四节课:展开案例分析和讨论。

（1）日本马自达公司为何要进行渠道变更？
（2）日本马自达公司共进行了几次渠道变更，每次变更的原因如何？
（3）为了取回马自达3两厢进口车销售权给长安福特，马自达公司许诺了一些什么条件？
（4）作为消费者里，马自达的渠道变更会对你带来什么影响？
（5）选择两家合资企业有何好处与坏处？
第五～六节课：进行案例总结，布置课后作业，完成案例书面报告。
（1）同一个品牌销售渠道的不断变更对这个品牌有哪些方面的影响？
（2）你马自达现在这个销售体系，在今后会碰到什么问题，又该如何改进？

三得利啤酒的产品策略

第一部分　案例陈述

案例提要

中国啤酒市场风云变幻，然而在上海的大众啤酒市场，自从2000年之后，就一直被三得利啤酒占据一半左右的市场份额。而三得利在日本市场只是排名第四位的啤酒品牌。在其之前的"朝日"、"麒麟"、"札幌"，在上海市场上都被三得利抛在了后面。三得利在上海的成功不仅仅是因为它限于上海的集中战略，更大程度上是因为三得利及时把握住了市场变动，及时地采取适合的产品策略，将清爽的口味与三得利的品牌牢牢绑定在一起，赢得了上海消费者的喜欢。

关键词语

三得利啤酒　产品策略　差异化竞争

案例背景

1996年8月，三得利啤酒在上海正式上市。在以后的几年中，三得利啤酒的产销量一直攀升。截至2008年，三得利啤酒在上海啤酒市场的大众市场和低端市场上，一直保有60%的占有率。据世界著名调查公司AC尼尔森于对上海啤酒市场的调查显示，三得利啤酒品牌的知名度和偏好度，在上海众多啤酒品牌中高居榜首；有60%的消费者对它的水质有很高评价；三得利是消费者最常饮用的品牌。可以讲，三得利啤酒的品牌已深入人心。支持三得利啤酒取得成功的最主要的是其有效的产品策略。

案例正文

上海市是中国人口最多的城市,现有常住人口约 1 900 万人。上海作为工业、商业、金融中心,人均收入高,是中国一大啤酒消费地区。围绕上海的啤酒市场,世界各国的啤酒厂家展开了激烈的竞争。在三得利进入上海啤酒市场之前,力波啤酒占领了上海啤酒市场的大部分份额。在上海存在着"说起啤酒,就是力波"的说法。此外,各种洋酒和中国本地啤酒充斥着上海啤酒市场。面对重重围堵,三得利啤酒巧妙地运用产品策略,突出重围。在 1999 年以后,三得利啤酒成为上海啤酒市场的第一品牌。

首先,三得利在产品定位上进行了深入的分析。1996 年以前,上海市场上的啤酒品牌主要是力波啤酒,它提供的是一种浓郁型口味的啤酒,代表了传统欧洲时尚。但从国际范围来看,人们对啤酒口味的需求已经发生了变化,有越来越多的啤酒消费者倾向于清淡口味的啤酒。这一股国际消费潮流也正在向上海这个国际化大都市渗透。据调查资料显示,大约有 80% 的上海啤酒消费者青睐清淡口味的啤酒,他们希望啤酒的口感清爽、入口时圆润顺喉。新的啤酒口味可能会取代老的啤酒口味。但当时那些在市场上具有举足轻重的大品牌却忽视了消费者的口味变化,而三得利公司在经过深入的市场调查之后,把握了这一变化趋势。三得利在产品正式上市前组织了 4 次大规模的口味测试,根据上海当地消费者的口味喜好,决定将产品定位"清爽型"。这一产品定位适时地把握住了当地消费者的消费趋势,迎合了消费者的口味需求。同时,在浓郁型口味占主导地位的市场中,这一定位也使得三得利啤酒获得了差异化的竞争优势。由于三得利率先定义了啤酒的清爽特征,这使得消费者对三得利啤酒产生了强烈的认知。在以后开展的品牌记忆调查中,三得利啤酒品牌与清爽型产品发生了强烈关联。以后其他啤酒企业推出的清爽型啤酒,一直得不到消费者的高度认同。

其次,在品牌塑造上,三得利选择了一个独特的产品"卖点"。专家认为水是啤酒的血液。青岛啤酒之所以在国际上享有较高的声誉,正是由于它具有崂山泉水的得天独厚的优势。三得利啤酒在水质上也有独特的优势,是用地下 238 米深的纯天然矿泉水酿造。所以,三得利公司就用纯天然矿泉水酿造成为三得利啤酒广告宣传中的"卖点",并且几年中一直突出这一"卖点",现在这一点已经广为人知了。这一产品卖点对一个饮用水质量不高,而经济较发达的大都市的消费者来讲具有强烈的吸引力。

然而产品卖点再独特,也仅仅只是产品的一个特点,还不是消费者最终购买的理由。真正促动消费者购买的动因是产品的消费诉求点。三得利啤酒的营销团队通过各种广告宣传,将纯天然矿泉水酿造的这一特点演化成一系列的消费者需求点:清冽的感受、令人过口难忘、心旷神怡、矿物质有益人体健康等。

此外,适时性地调整产品包装,也是三得利啤酒产品策略灵活的一种反映。在上海市场曾发生过啤酒瓶爆炸事件,这不仅直接给消费者造成伤害,而且由于媒体的不断渲染,使得消费者对啤酒瓶的安全性保持很高的关注,并且成为选购啤酒时的主要考虑因素之一。根据市场的这一变化特征,三得利啤酒在上海啤酒行业中抢先推出符合国际一流标准的专用瓶和专用塑格。专用瓶的平均耐内压及抗冲击力都优于国家标准,并且建立了"定牌回收系统",保证专用瓶与其他杂瓶分开。这一举措也成为三得利啤酒的宣传"卖点",并且在一段时期内采用电视广告、平面广告、软性广告等形式,高频率、密集性地宣传三得利专用瓶的安全性。它所引起的市场反应是:公众认识到三得利公司具有崇高的社会责任感,对消费者抱有高度的负责态度;消费者对三得利啤酒品牌的信任度进一步提高,对品牌的偏好与忠诚得到了强化。

通过及时有效的产品策略及策略调整,三得利啤酒不仅迅速成为上海啤酒市场销量最大的品牌,并且一度保持和巩固了它在上海啤酒市场中的领导地位。

(参考资料:《三得利啤酒营销案例》,http://www.yjbys.com/Qiuzhizhinan/show - 8321.html;《三得利啤酒在上海市场的营销策略》须贺俊幸(日本),2008年)

第二部分　案例教学

一、商业专业词汇

1. 集中战略:即聚焦战略,是指把经营战略的重点放在一个特定的目标市场上,为特定的地区或特定的购买者集团提供特殊的产品或服务。

2. 消费需求:是指消费者对以商品和劳务形式存在的消费品的需求和欲望。营销学中,需求可以用一个公式来表示:需求＝购买欲望＋购买力。

3. 诉求:广告通过媒介向目标受众诉说,以求达到所期望的反应。诉求是制定某种道德、动机、认同,或是说服受众应该去做某件事的理由。诉求分三类:理性的、感性的和道义的。

4. 软性广告:是一种将产品的一些信息融入一些媒介中,从而达到广告的效果。软性广告常用的表现形式:软文、视频软性广告、电子书软性广告等。

5. 上市:上市有两种含义:一是指新产品首次推上市场;二是指首次公开募股(Initial Public Offerings,IPO)指企业透过证券交易所首次公开向投资者增发股票,以期募集用于企业发展资金的过程。本文中的上市指新产品推上市场。

6. 产品策略:即指企业制定经营战略时,首先要明确企业能提供什么样的产品和服务去满足消费者的要求,这就是产品策略问题。

7. 品牌知名度:是指潜在购买者认识到或记起某一品牌是某类产品的能力。

8. 品牌塑造:是指给品牌以某种定位、并为此付诸行动的过程或活动。

二、思考题

(一)根据案例内容回答问题

1. 三得利啤酒在产品定位上与当时上海市场上的啤酒有什么不同?
2. 三得利啤酒的品牌诉求点是什么?
3. 三得利啤酒为什么要在上海市场采用专用瓶?

(二)讨论题

1. 你最喜欢的啤酒是什么? 为什么?
2. 想一想你身边还有哪些差异化竞争的案例?
3. 你觉得,从竞争的角度考虑,除了差异化,还有哪些方式?

第三部分　案例分析与总结

一、案例要点：产品策略、差异化竞争

产品策略要明确企业能提供什么样的产品和服务去满足消费者的要求。它是市场营销组合策略的基础，从一定意义上讲，企业成功与发展的关键在于产品满足消费者的需求的程度以及产品策略正确与否。

差异化竞争是将企业提供的产品或服务差异化，树立起企业在全行业范围中独特性的东西。实现差异化竞争可以有许多方式，如产品设计、品牌、技术、产品功能、顾客服务、商业网络及其他方面的独特性。

二、案例总结

在上海市场，啤酒的竞争非常激烈，来自日本的三得利啤酒通过有效的产品策略，取得了成功。

一是产品定位，三得利啤酒进入中国不是最早的，但把握了市场变化的方向，积极调整产品策略，推出清爽口味。

二是品牌塑造，结合清爽口味，将卖点定位于水质优势；

三是根据消费者心理，强调安全的专用瓶。

三得利啤酒在最恰当的时候，投入到上海市场，并通过有效的广告手段，使得其产品形象深入人心，市场地位也长期保持第一。

第四部分　案例使用说明

一、教学目的与用途

通过本案例的学习，可以让同学们对于市场营销中的"产品策略、差异化竞争"有一定的了解。掌握产品策略、差异化竞争的基本内涵和相关理论，通过三得利啤酒的产品策略调整，理解产品策略与消费者需求的关系。

二、案例分析思路

1. 介绍三得利啤酒概况及上海啤酒市场；
2. 分析三得利啤酒的产品定位；
3. 分析三得利啤酒的品牌卖点和广告宣传；
4. 分析三得利啤酒的包装；
5. 讨论三得利啤酒的产品策略启示。

三、案例教学支持

三得利啤酒广告:http://v.youku.com/v_show/id_XODExNzY0.html。
《三得利啤酒营销案例》,http://www.yjbys.com/Qiuzhizhinan/show-8321.html。
《三得利啤酒在上海市场的营销策略》须贺俊幸(日本),2008年。

四、建议课堂计划

建议使用六节课。
第一节课:讲解重要商务词汇与案例背景,进行案例学习准备。
重要商务词汇:三得利啤酒产品策略差异化竞争
第二节课:讲解案例正文,理清案例发展脉络,帮助学生理解案例。
案例讲解内容:
(1)介绍三得利公司;
(2)描述三得利公司进入上海前的竞争状况;
(3)描述三得利啤酒的产品策略;
(4)了解三得利公司所实现的效果。
第三~四节课:展开案例分析和讨论。
(1)三得利公司为何要进行产品差异化策略?
(2)三得利啤酒的品牌诉求点是什么?
(3)三得利啤酒为什么要在上海市场采用专用瓶?
(4)你作为消费者,觉得三得利与其他啤酒的不同之处是?
第五~六节课:进行案例总结,布置课后作业,完成案例书面报告。
(1)你最喜欢的啤酒是什么? 为什么?
(2)想一想你身边还有哪些差异化竞争的案例?
(3)你觉得,从竞争的角度考虑,除了差异化,还有哪些方式?

市场营销——中澳

Marketing

Quiksilver 的营销策略

第一部分 案例陈述

案例提要

Quiksilver 是全球领先的板类运动服饰品牌。它传达的品牌精神是：勇于创新、充满自信、善于寻找乐趣、不断进步以及乐于冒险。2004 年以来，Quiksilver 通过在市场区域、目标客户、品牌推广等方面采取适合中国市场的营销策略，逐步有计划地、稳健地开拓着中国这个有着巨大潜力的市场。

关键词语

Quiksilver　板类运动　营销

案例背景

Quiksilver1969 年创立于澳洲，目前是全球最具知名度的板类潮流品牌。Quiksilver 除冲浪产品之外，产品还延伸到其他所有板类运动——如滑板。Quiksilver 的品牌影响涉及板类生活的各个方面：从服饰到板类运动装备，从旅行社到慈善基金，从传奇运动员到世界名人。很多世界级运动员喜爱 Quiksilver 的产品，普通的爱好者也越来越喜欢这个运动品牌。中国体育用品市场市场巨大，尤其随着人们生活水平的提高和各类体育赛事的开展，进一步推动了体育用品的销售。2004 年春天，Quiksilver 在香港及上海开设了 2 家中国专卖店，开始进入中国市场的序幕。但是要在中国这个竞争激烈的市场上站稳脚跟，也不是一件容易的事。

案例正文

Quiksilver 是全球领先的板类运动服饰品牌，它传达的品牌精神是：勇于创新、充满自信、善于寻找乐趣、不断进步以及乐于冒险。近年来，Quiksilver 正有计划地、稳健地开拓着中国这个有着巨大潜力的市场。

Quiksilver 产品种类多，设计风格多样化，不仅在所有板类运动服饰市场上有较强的影响力,而且在全球建立了700多个专卖店,负责产品的推广和销售。但是在中国市场上,Quiksilver经过分析,采取了适合中国市场的营销策略。

首先,Quiksilver在市场区域的选择上进行了认真考虑,最终决定先从中心城市入手,选择香港、上海、澳门、北京为其核心市场,并在这些城市开办专卖店。在每个城市的专卖店选址也经过了深思熟虑。以上海为例,Quiksilver店铺都选择了繁华商业区的成熟商场内。如2009年春天,Quiksilver在上海徐家汇的港汇广场开设了面积约为300平方米的中国旗舰店,店铺装潢采用了与Quiksilver全球接轨的最新设计。2010年年初,Quiksilver在澳门开设了面积达700平方米的店铺,为亚洲第二大店铺。据悉,Quiksilver还将在香港旅游密集区旺角、铜锣湾、尖沙咀三地开设面积200至600平方米不等的Mega Store,为前往香港购物的游客提供更多购物便利。在二、三线城市的开拓上,Quiksilver选择与国内一些实力出众的经销商合作,至2010年已在二、三线城市陆续开设了20多家店铺。

其次,在目标客户方面,Quiksilver在中国锁定的消费对象与在国外市场有明显不同。Quiksilver认为,一种产品的需求量不仅与人们的收入水平有关,更重要的是与人们的消费偏好有关。在国外Quiksilver走的是细分市场营销的道路,主要面向热爱板类运动,勇于挑战极限的一群人。但在中国板类运动尚不流行的情况下,推广板类服饰还有很长一段路要走。Quiksilver在中国市场更重视年轻人,尤其是35岁以下热爱运动的年轻人。值得欣喜的是,近年来中国各地已逐步涌现板类风潮。以滑板运动为例,中国许多城市中陆续出现建设优良的滑板场,如北京的woodward室内滑板场、上海的SMP滑板公园等。就滑雪运动而言,北京的南山滑雪场以及东北地区诸多天然滑雪基地都为滑雪爱好者创造了一展身手的条件。

最后,在品牌推广方面,Quiksilver更热衷于推广板类运动和生活方式,而不是产品本身。Quiksilver积极赞助了海南的冲浪学校,在为学校免费捐赠先进的冲浪装备的同时,也以各零售店铺为渠道,积极宣传推广该旅游项目。Quiksilver在中国成立了专业的"Quiksilver滑板队"和"Quiksilver单板滑雪队",用来推动板类运动在中国的普及和发展。

2010年1月9日,第8届红牛南山公开赛于Quiksilver南山麦罗公园隆重举行。Quiksilver已连续5次赞助了这项中国最高级别的专业滑雪赛事。来自世界各地的24名国际选手以及6名中国选手一起参与了这场中国最高级别的专业滑雪赛事。国际选手们来自13个不同的国家,是历届赛事中规模参与范围最广的一次。

2010年9月23日至25日,第二届冲浪中国嘉年华在杭州钱塘江举行,除在杭州设总决赛外,还于北京、成都、深圳、上海四地开展预赛,让更多地区的滑板爱好者了解、参与到该赛事中。Quiksilver上海区负责人指出,"穿衣只是一种形式,我们希望顾客在穿着我们服饰的同时,更能深入体会Quiksilver板类文化的精神,将自信和勇于冒险的生活信条铭记于心。"

通过一系列的营销活动,Quiksilver品牌自2009年来在中国逐步流行起来,尤其在很多年轻人的心目中,身着Quiksilver是件很酷的事,各种图案的刺绣印花体现出挑战极限的时尚感觉。

(参考资料:《Quiksilver:中国极限运动市场有巨大的潜力》,户外资料网,2010年10月4日;《Quiksilver:生活方式决定品牌生命力》,中国制衣,2006年第7期;《Quiksilver打造雇主品牌》,中国服装网,2007年11月28日)

第二部分 案例教学

一、商业专业词汇

1. 旗舰店：一般指某商家或某品牌在某地区繁华地段、规模最大、同类产品最全、装修最豪华的商店，通常只经营一类比较成系列的产品或某一品牌的产品。

2. 消费偏好是指消费者对特定的商品、商店或商标产生特殊的信任，重复、习惯地前往一定的商店，或反复、习惯地购买同一商标或品牌的商品。

3. 赞助，是指企业为了实现自己的目标（获得宣传效果）而向某些活动（体育、艺术、社会团体提供资金支持的一种行为。

4. 目标客户：即企业或商家提供产品、服务的对象。目标客户是市场营销工作的前端，只有确立了消费群体中的某类目标客户，才能展开有效具有针对性的营销事务。

5. 品牌推广：是指企业塑造自身及产品品牌形象，使广大消费者广泛认同的系列活动和过程。品牌推广有两个重要任务：一是树立良好的企业和产品形象，提高品牌知名度、美誉度和特色度；二是最终要将有相应品牌名称的产品销售出去。

6. 营销策略：是企业以顾客需要为出发点，根据经验获得顾客需求量以及购买力的信息、商业界的期望值，有计划地组织各项经营活动，通过相互协调一致的产品策略、价格策略、渠道策略和促销策略，为顾客提供满意的商品和服务而实现企业目标的过程。

二、思考题

（一）根据案例内容回答问题

1. Quiksilver 从中心城市入手，选定核心市场，是出于哪些考虑？
2. 为什么 Quiksilver 在品牌推广方面，更热衷于推广板类运动和生活方式，而不是产品本身？
3. Quiksilver 在中国的目标客户较之国外市场有何不同？为什么？

（二）讨论题

1. 你认为 Quiksilver 的营销策略符合中国市场的吗？请阐述你的理由。
2. 试讨论板类运动服饰在中国极限运动市场面临的挑战和机遇。
3. 假设某品牌也准备进军中国极限运动市场，你认为它应该如何展开营销活动呢？

第三部分 案例分析与总结

一、案例要点：生活方式营销

生活方式展现了人们的活动、兴趣和生活特征，根据社会阶层、消费者态度和消费偏好而不同，人们的生活观念、消费观念、传播观念会受生活方式的影响。每个人都有自己认同和向往的生活方式。

美国学者威廉·威尔 1975 年提出生活方式营销概念，强调在了解消费者心理、价值观、消费行为的基础上，研究人们的时间和金钱支配方式，研究人们的生活方式，并创造出让消费者感动的商品，满足人们的需求。

Quiksilver 较好地利用这一方式。在中国消费者对板类运动尚不熟悉的情况下，推广板类运动用品就缺泛载体。所以 Quiksilver 在营销中强调将这种运动方式与产品相结合，让中国消费者在接受板类运动的同时接受 Quiksilver 的产品。

二、案例总结

创造生活方式，才能带来利润。

Quiksilver 的品牌精神是：勇于创新、充满自信、善于寻找乐趣、不断进步以及乐于冒险，目标消费群体是 35 岁以下热爱运动的年轻人。但目前我国国内极限运动并不盛行，对 Quiksilver 的品牌精神缺乏认知。倡导休闲时尚，追求极限的生活方式成为 Quiksilver 的重要推广方式。

在全球除了海上冲浪、雪地滑雪，还有很多轮滑爱好者也是 Quiksilver 的消费者，随着轮滑运动在全球范围的流行，这种生活方式带来了滑板运动风格的服饰流行。Quiksilver 认为正是因为冲浪运动、滑板运动的渐渐普及，并被人们所喜欢，与之相关的产品才能够在市场上得到认可，可以说是市场带动了品牌的成功；另一方面，为了跟上这种生活潮流，品牌在设计、制作、运作方面都要更加的追求高品质。

在营销策略方面，Quiksilver 通过赞助职业运动员、支持各类滑板赛事等活动来扩大品牌的影响力。同时还主动发起各类滑板赛事。在运动与时尚越来越密不可分的今天，营造一种生活方式，比起推销一条短裤来说，也许难度要高许多。但是 Quiksilver 始终坚持走这样的品牌经营方式：创造生活方式，才能带来利润。

第四部分 案例使用说明

一、教学目的与用途

该案例涉及生活方式营销的理论。讲述 Quiksilver 在市场区域、目标客户、品牌推广等方面采取适合中国市场的营销策略,创造生活方式,以开拓中国这个有巨大潜力的市场。通过案例的讲解,让学生们对生活方式营销有新的认识。该案例适用于高级汉语的学员,适用于商务汉语案例课程,难度偏高。

二、案例分析思路

1. 了解Quiksilver品牌及其品牌精神。
2. 分析Quiksilver的市场区域、目标客户策略。
3. 分析Quiksilver如何进行品牌推广。
4. 讨论生活方式营销的优势及目前存在的挑战。
5. 总结与归纳你所知道的关于生活方式营销的例子。

三、相关网络链接

《Quiksilver:中国极限运动市场有巨大的潜力》,户外资料网,2010年10月4日;
《Quiksilver:生活方式决定品牌生命力》,中国制衣,2006年第7期;
《Quiksilver打造雇主品牌》,中国服装网,2007年11月28日。

四、建议课堂计划

建议使用六节课。
第一节课:讲解重要商务词汇与案例背景,进行案例学习准备。
重要商务词汇:生活方式营销、营销策略、品牌推广。
第二节课:讲解案例正文,理清案例发展脉络,帮助学生理解案例。
案例讲解内容:
(1)介绍Quiksilver的相关背景资料;
(2)了解Quiksilver的市场区域策略;
(3)了解Quiksilver目标客户策略;
(4)描述Quiksilver的品牌推广策略。
第三～四节课:展开案例分析和讨论。
(1)Quiksilver从中心城市入手,选定核心市场,是出于哪些考虑?
(2)为什么在品牌推广方面,Quiksilver更热衷于推广板类运动和生活方式,而不是产品本身?
(3)举例说明Quiksilver如何通过营销策略体现其品牌精神?
(4)你认为Quiksilver的营销策略符合中国市场的吗?请阐述你的理由。
(5)分析并讨论生活方式营销。
第五～六节课:进行案例总结,布置课后作业,完成案例书面报告。
(1)试讨论板类运动服饰在中国极限运动市场面临的挑战和机遇。
(2)假设某品牌也准备进军中国极限运动市场,你认为它应该如何展开营销推广呢?

真维斯品牌的市场战略调整

第一部分　案例陈述

案例提要

20世纪90年代初,真维斯刚进入中国市场时,打造的是领导潮流的高端品牌。1998年,真维斯进行了战略的重大调整,重新定位品牌,以独特的品牌推广和广告创意、直营为主的营销模式、结合网络营销方式,最终发展成为中国休闲装行业的著名企业。

关键词语

真维斯　名牌大众化　直营网络营销

案例背景

真维斯品牌(JEANSWEST)1972年创立于澳大利亚。1990年被香港旭日收购,经过旭日集团的努力,如今真维斯在澳洲和新西兰的分店已超过200间,成为当地第二大服装品牌。1993年,真维斯进军中国内地市场,在上海开设了第一间真维斯专卖店,陆续在全国发展了700多家连锁店和加盟店。2002年的营业额已经达到14亿元人民币,成为中国休闲装行业的著名企业。在休闲装市场竞争如此激烈的中国市场,"真维斯"究竟靠什么取得成功?

案例正文

在20世纪90年代初,真维斯刚刚进入中国市场时,在中国休闲服装市场打造了一个领导潮流的高端品牌。但自1996年秋,随着服装市场竞争越来越激烈,真维斯的销售跌入低谷,大多数店卖不动货。1998年,真维斯进行了战略的重大调整。

1. 品牌重新定位,打造大众化名牌

公司决定把品牌定位从"领导潮流"变为"紧跟潮流",通过"名牌大众化"的经营理念把品牌做大,让消费者感到"物超所值"。"名牌"是大众认同,而只有少数人能拥有的东西,而"大众化"是大多数人可拥有的东西。

真维斯强调以"物超所值"的价钱,做每个中国人都消费得起的国际休闲服品牌。真维斯实施了"物超所值"的市场策略,通过企业内部强大的管理系统和优秀的成本控制,用最好的质量和最优惠的价格回报给顾客,给消费者物超所值的产品和服务。

2. 独特的品牌推广和广告创意

真维斯的核心顾客群是 18～25 岁健康、上进、喜欢流行的年轻人。与其他很多休闲装品牌通过聘请形象代言人来提升品牌形象的方式不同，真维斯把品牌推广重点放在年轻人喜欢的活动上。比如和中国极限运动协会合作，举办首届全国极限运动大师赛；与中国服装协会、中国服装设计师协会合作，连续 19 届举办"中国真维斯杯休闲装设计大赛"。大赛旨在培育及鼓励新一代时装设计新秀，发挥创作才华，提升年青设计师的自身价值。这项赛事在服装设计界很受欢迎，吸引了众多有志青年参与其中。此外，真维斯还举办了"真维斯慈善歌会"、"真维斯超级新秀"等一系列活动，给年轻人提供一个展示潜能、互相交流、吸取经验的平台。

在广告方面，真维斯注重广告创意，突出年轻人的活力、热情。比如真维斯曾选用的广告语有"真的，更精彩"、"只要真心真情，我们一定能赢"，2008 年推出的"有心，就有翼"的广告，以其全新的创意和动感的节奏，来吸引广大消费者。

3. 以直营为主的营销模式

在营销模式方面，真维斯也坚持自己的特色，即以直营为主，而没有采取特许经营的方式。真维斯国际有限公司副总经理刘伟文认为，特许经营虽然能迅速拓展市场，但从长远来看，在贯彻品牌理念上还存在不可忽视的问题，因此真维斯只在某些边远地方采取特许经营，而且特许加盟的份额在整个营销体系中只占 20%。

4. 重视网络营销

真维斯的会员大多数为 18～25 岁的消费者，这些年轻消费者喜爱时尚且习惯与网络为伴。早在 2002 年，真维斯选择网易作为其系列营销活动的网络合作媒体，共同举办了"真维斯杯校园服装设计大赛"等一系列活动。

真维斯利用网络媒体开展广告营销，如建立了以网络媒体为平台的真维斯"休闲王国"。这是一个大型消费者互动网络社区。"休闲王国"的网络合作伙伴，真维斯选择了最受年轻人喜爱的门户网站网易，分别在网易体育频道、论坛首页、娱乐频道这些年轻用户集中、用户活跃度高的频道设置了"休闲王国"的入口。

"休闲王国"为消费者与真维斯之间提供了一个即时互动的平台。消费者可以了解真维斯的市场动态，参与互动和抽奖活动。消费者能体验真维斯的品牌理念和服装文化，了解真维斯最新推出的产品。消费者还可以针对服装的设计、做工等提出自己的意见，这些信息会及时反馈到真维斯的产品生产与设计环节。当消费者看到根据自己的意见设计的服装时，会获得更大的认同感和满足感。

真维斯通过市场战略上的调整及一系列新的营销活动，赢得了越来越多的年轻消费者，最终发展成为中国休闲装行业的著名企业。

(改编自《领跑中国休闲服"真维斯"战略解析》，中华纺织网 2008 年 10 月 15 日)

第二部分　案例教学

一、商业专业词汇

1. 直营：指总公司直接经营的连锁店，即由公司总部直接经营、投资、管理各个零售点的经营形态。总部采取纵深式的管理方式，直接下令掌管所有的零售点，零售点也必须完全接受总部指挥。

2. 收购(Acquisition)：是指一个公司通过产权交易取得其他公司一定程度的控制权，以实现一定经济目标的经济行为。从法律意义上讲，中国《证券法》的规定，收购是指持有一家上市公司发行在外的股份的 30% 时发出要约收购该公司股票的行为，其实质是购买被收购企业的股权。

3. 专营店：是指专门经营某一类或者某一种品牌商品的商店，包括国家行业标准中的专业店、专营店和家居建材商店。专业店是以专门经营某一大类商品为主的零售业态；专营店是以专门经营或被授权经某一主要品牌商品为主的零售业态，也叫加盟店、合伙店、连锁店、形象店等；家居建材商店是以专门销售建材、装饰、家居用品为主的零售业态。

4. 分店(branch store)：主店之外下设的同类店，在经济上有附属关系，在管理上有一定的隶属关系，在品牌和产品上有授权关系。

5. 专卖店(Exclusive Shop)：是专门经营或授权经营某一主要品牌商品(制造商品牌和中间商品牌)为主的零售业态。

6. 连锁店：是指众多小规模的、分散的、经营同类商品和服务的同一品牌的零售店，在总部的组织领导下，采取共同的经营方针、一致的营销行动，实行集中采购和分散销售的有机结合，通过规范化经营实现规模经济效益的联合。连锁店可分为直营连锁和特许加盟连锁。

7. 营业额：指为纳税人提供应税劳务、转让无形资产或者销售不动产向对方收取的全部价款和价外费用。

8. 特许经营(Franchise)：指特许经营权拥有者以合同约定的形式，允许被特许经营者有偿使用其名称、商标、专有技术、产品及运作管理经验等从事经营活动的商业经营模式。

9. 特许加盟：是特许人与受许人之间的一种契约关系。根据契约，特许人向受许人提供一种独特的商业经营特许权，并给予人员训练、组织结构、经营管理、商品采购等方面的指导和帮助，受许人向特许人支付相应的费用。通俗讲特许经营是特许方拓展业务、销售商品和服务的一种营业模式。

10. 市场战略：是指企业在复杂的市场环境中，为达到一定的营销目标，对市场上可能发生或已经发生的情况与问题所做的全局性策划。

11. 网络营销(On-line Marketing 或 E-Marketing)：就是以国际互联网络为基础，利用数字化的信息和网络媒体的交互性来辅助营销目标实现的一种新型的市场营销方式。简单地说，网络营销就是以互联网为主要手段进行的，为达到一定营销目的的营销活动。

二、思考题

(一)根据案例内容回答问题

1. 真维斯为什么将品牌定位调整为"大众化名牌"？
2. 举办"中国真维斯杯休闲装设计大赛"对真维斯有哪些益处？
3. 真维斯为何选择网络营销？

(二)讨论题

1. 你认为服装企业应如何权衡直营与特许加盟方式？

2. 谈谈你对真维斯这种独特的品牌推广方式的看法。
3. 你认为真维斯还能采取哪些网络营销方式？

第三部分　案例分析与总结

一、案例要点：营销策略；直营Vs加盟

营销策略是指企业以顾客需要为出发点，通过相互协调一致的产品策略、价格策略、渠道策略和促销策略，为顾客提供满意的商品和服务而实现企业目标的过程。真维斯的成功，归因于其营销策略的一系列调整。

直营VS加盟是两种不同的销售模式。直营店指企业直接经营的专卖店、商场专柜。加盟店指以经销商加盟合作的方式开设的连锁专卖店。直营店有助于展示企业和产品形象；企业直接面对消费者，可以有效获取市场信息；拥有控制权便于操作管理，但直营店投资大，架构庞大，人员众多，组织管理难度比较大。加盟店投资少，扩张快，但面临与加盟商的利益矛盾、形象建设等很难执行到位等问题，不利于品牌整体的发展。

二、案例总结

1993年，真维斯进军中国内地市场，经过十多年的发展，目前真维斯已在国内20多个省市开设了近1000家专卖店。真维斯市场策略的成功给了我们不少启示。

1. 品牌定位。真维斯的核心顾客群是18～25岁的年轻人，他们的特征是喜欢流行追求时尚，但由于年龄层的限制，收入有限，不能支付起流行的世界名牌。真维斯放弃原有的高端市场，继而打造"大众化名牌"，牢牢占据这部门市场，因此得到了快速的发展。此外，真维斯的直营模式也保证了其品牌理念的执行。

2. 在传播中提升品牌价值。企业在品牌管理中，不但要用优质的产品去体现品牌定位及核心价值，还需要通过品牌传播与自己的目标消费者群建立互信关系。在18～25岁的消费者群中，在校学生占了绝大多数。真维斯按照关系营销的原理，极力通过有针对性的传播活动，强化自己与这部分消费者的联系。

通过公益营销传播品牌。这些举动必然会引起大学生们对真维斯品牌的普遍好感和忠诚，而真维斯的目标客户群之一正是有知识的当代青年，实际上在回馈社会的同时，真维斯也不动生色地为自己培养了潜在客户。品牌代表的不仅仅是知名度，请明星代言、大量投放广告固然可以提高品牌的知名度，但是，品牌的建立是一个实实在在的工程，是实际的工作而不是表面的文章。真维斯之所以在公益事业上舍得投入，首先，真维斯已经有能力"回馈社会"；其次，要维持真维斯品牌今后的发展，从大到强，必须将自己根扎在社会认可这块土壤中。

通过网络营销建立与维护企业目标消费者的关系。如用户可以通过网络形成不同的"团体"，利用团体成员的意见影响其他成员的购买行为。只要对真维斯产品有好的体验，消费者就可以将使用感受发到网上与大家分享，通过这种口碑效应，带动服装产品快速流

行起来。网络营销还为真维斯掌握市场需求、开拓全新市场、参与国际竞争、减少中间环节、降低营销成本等提供了现代化的信息。

第四部分　案例使用说明

一、教学目的与用途

该案例涉及品牌定位和营销推广的理论。从品牌定位的角度，分析真维斯"名牌大众化"的经营理念；从营销推广的角度，说明真维斯独特的品牌推广和广告创意，直营为主的营销模式及网络营销方式。通过案例的讲解，让学生们对品牌定位和营销推广有新的认识。该案例适用于高级汉语的学员，适用于商务汉语案例课程，难度偏高。

二、案例分析思路

1. 分析真维斯重新定位品牌的原因。
2. 分析真维斯的品牌推广和广告创意。
3. 分析真维斯采取直营为主的营销模式的原因。
4. 描述真维斯的网络营销方式。
5. 讨论真维斯如何在品牌推广中提升品牌价值。

三、相关网络链接

《领跑中国休闲服"真维斯"战略解析》，中华纺织网，2008年10月15日。

四、建议课堂计划

建议使用六节课。
第一节课：讲解重要商务词汇与案例背景，进行案例学习准备。
重要商务词汇：市场战略、直营、加盟、特许经营、网络营销。
第二节课：讲解案例正文，理清案例发展脉络，帮助学生理解案例。
案例讲解内容：
(1)介绍真维斯的相关背景资料；
(2)了解真维斯的品牌定位；
(3)描述真维斯的品牌推广方式；
(4)了解真维斯的营销模式。
第三～四节课：展开案例分析和讨论。
(1)真维斯为什么将品牌定位调整为"大众化名牌"？
(2)举办"中国真维斯杯休闲装设计大赛"对真维斯有哪些益处？
(3)比较真维斯的品牌推广方式与聘请形象代言人方式的优劣势？
(4)服装企业应如何权衡直营与特许加盟方式？

(5)真维斯为何重视网络营销?

第五~六节课:进行案例总结,布置课后作业,完成案例书面报告。

(1)你认为真维斯还能采取哪些网络营销方式?

(2)谈谈你对真维斯这种独特的品牌推广方式的看法。

市场营销——中俄

Marketing

东尚服装在俄罗斯坚持品牌策略

第一部分 案例陈述

案例提要

东尚服装股份有限公司是一家中国的服装企业,一直致力于跨国经营。为了打开俄罗斯市场,东尚坚持自主品牌,从品牌提升和渠道梳理两个方面入手,经过了多年的努力,终于在俄罗斯市场取得了初步的成效。

关键词语

东尚服装有限公司　自主品牌　品牌提升　渠道梳理

案例背景

东尚服装股份有限公司(简称"东尚服装")成立于2001年,是一家中国企业,旗下拥有SNOWIMAGE、VLASTA等品牌,通过6年多的跨国运营,SNOWIMAGE及VLASTA品牌已成为俄罗斯时尚界最有影响力的服装品牌,市场占有率和品牌知名度都位居市场前列。然而,东尚服装在俄罗斯的发展并非一帆风顺,自进入俄罗斯市场开始,东尚服装历经努力,才最终取得了市场的认可。

案例正文

东尚服装从2001年成立起,便一直从事对俄贸易。然而在最初进入俄罗斯的时候,当时的市场环境并不利于中国服装品牌策略的发展。中国当时刚刚经历了20世纪90年代对俄贸易的混乱阶段。由于原材料和生产过程上的偷工减料,中国的商品质量没有保证,造成了俄罗斯市场对中国服装的排斥,甚至很多当地商户,会在店门口挂出"店内没有中国产品"的标牌,以此显示店内商品质量。

针对这种情况,东尚服装经过仔细分析,认为中国自主品牌要想扎根俄罗斯市场,需要从两个方面入手,第一就是提升品牌,第二就是渠道梳理。只有把这两方面做好,才能够真正地打出自己的品牌,站稳在俄罗斯市场。

首先,提升东尚服装的品牌。俄罗斯对中国产品存在很大的偏见,然而俄罗斯经济轻工业基础非常薄弱。中国服装产品的价格和款式的优势,是俄罗斯商品所无法比拟的,如果能够改变俄罗斯人对中国产品质量的不良印象,中国服装在俄罗斯会有很大的市场。东尚服装经过理性的市场分析后,意识到中国服装品牌要进入俄罗斯,必须首先注重质量。所以,东尚服装决定以质量与设计为重心,打造产品品牌,启动进入俄罗斯市场的道路。

为了创造自己的品牌,东尚服装不仅加大了对研发的投入,也打造了一支优秀的品牌运营团队。东尚服装的设计研发团队由来自于国内外近 30 名设计师组成。此外,东尚服装还与法国 NellyRodi、日本 Poas 等国际知名时尚机构、品牌策划机构建立战略合作伙伴关系,在市场调研、新品研发、技术开发及品牌形象策划等领域进行全方位的合作。这使东尚服装在产品开发及品牌运营方面始终保持行业领先的优势。

其次,要疏通好渠道。东尚服装目前致力于通过整合代理商的零售终端体系,建设覆盖俄罗斯等地区的服装零售渠道品牌。这样不仅能够提升公司自有品牌的发展空间,并且可以促进品牌向西欧、北美市场拓展。目前东尚服饰已经在俄罗斯及东欧地区建立 1 000 多家的销售网点,通过不同形式的渠道,如专卖店、集成店或者摊位,将产品销售给消费者。

通过以上两个方面的努力,东尚服装的产品品质逐步得到俄罗斯消费者的认同,在俄市场占有率节节攀升。现如今,走在莫斯科地铁里、大街上,随时会碰到穿着东尚旗下 SNOWIMAGE 品牌羽绒服的年轻人。而东尚服服装不仅聚焦于俄罗斯、乌克兰等东欧市场,更把眼光投放在意大利、法国、西班牙等西欧市场。

东尚服装之所以能够取得初步胜利,得益于公司的品牌理念。然而,这只是一个初步的成效,要想坚持中国自主服装品牌还要做更多的事情。在俄罗斯市场上,中国品牌还没有得到根本性上的提升。东尚服装品牌的发展离不开中国经济的快速发展,也只有中国自主品牌整体实力得到提升,才能从根本上提升品牌的竞争力和溢价能力。不过,东尚服装已经走在了自主品牌的前沿,相信坚持品牌策略会给企业带来更多的优势。

(改编自《中国服装自主品牌走进俄罗斯企业支招东尚服装》,天雅大厦网,2010 年 4 月 2 日;《东尚服装有限股份公司》,百度百科)

第二部分　案例教学

一、商业专业词汇

1. 品牌:是给拥有者带来溢价、产生增值的一种无形的资产,载体是用以和其他竞争者的产品或劳务相区分的名称、术语、象征、记号或者设计及其组合,增值的源泉来自于消费者心智中形成的关于其载体的印象。

2. 品牌策略:是一系列能够产生品牌积累的企业管理与市场营销方法,包括 4P 与品牌识别在内的所有要素。主要有:品牌化决策、品牌使用者决策、品牌名称决策、品牌战略决策、品牌再定位决策、品牌延伸策略、品牌更新。

3. 自主品牌(Self—owned Brand):是指由企业自主开发,拥有自主知识产权的品牌。

它有三个主要衡量因素：市场保有量、生产研发的历史及其在整个行业中的地位。企业自主品牌首先应强调自主，产权强调自我拥有、自我控制和自我决策，同时能对品牌所产生的经济利益进行自主支配和决策。如果对品牌只有使用权如进行贴牌生产的企业，而其处理权和最终的决策权在他人手中，就不是真正意义的自主品牌。

4. 品牌提升：指企业通过广告、公关、促销等手段，以及合适的媒介平台传播品牌信息，提高大众及市场对品牌及企业的认知度，增加客户对品牌的忠诚度。赢取潜在客户，以此来增加、提升企业的品牌资产。

5. 渠道：指水渠、沟渠，是水流的通道。但现被引入到商业领域，引申意为商品销售路线，是商品的流通路线，所指为厂家的商品通向一定的社会网络或代理商而卖向不同的区域，以达到销售的目的。故而渠道又称网络。

6. 品牌运营：指企业利用品牌这一最重要的无形资本，在营造强势品牌的基础上，更好的发挥强势品牌的扩张功能，促进产品的生产经营，使品牌资产有形化，实现企业长期成长和企业价值增值，是从产品经营、资本运营发展而来的。

二、思考题

（一）根据案例内容回答问题

1. 东尚服装实行品牌策略面临着什么样的困难？
2. 东尚服装是通过哪些途径坚持品牌策略的？
3. 东尚服装的品牌战略取得了怎样的效果？

（二）讨论题

1. 你在选购服装时主要考虑哪些因素？
2. 你认为品牌策略适用于所有的产品吗？
3. 你认为品牌对一个产品的作用是什么？

第三部分　案例分析与总结

一、案例要点：品牌运营

品牌运营就是企业以品牌为核心所做的一系列综合性策划工作，它是一个复杂的系统工程。随着市场竞争的日趋激烈，企业间的竞争越发明显地表现为品牌的竞争，企业能否培育出自有的知名品牌，将直接决定一个企业在市场上的竞争力。品牌运营通过将产品名称、术语、标记、符号或图案等相合，用以识别企业的特定产品或服务。品牌运营的目的是提高品牌的辨识度，并使之区别于竞争对手的产品或服务。

品牌提升强调提升品牌定位，在消费者心目中形成更好的形象。企业可以通过广告、公关、促销等手段，改变市场对品牌及企业认知，增加客户对品牌的忠诚度。当企业品牌影响力下降，品牌的赢利能力和品牌形象下降，就有必要对品牌进行提升活动，以应对激烈的市场竞争。

二、案例总结

品牌对于很多企业来说是最重要的资产,可口可乐公司的老板曾言:即使把可口可乐所有厂房都烧掉,只要有可口可乐品牌,我就可以重建可口可乐。在产品的销售过程中,起决定性作用的往往不是产品本身,而是一个企业独特鲜明的品牌形象。只有那些代表着高品质、高信誉的品牌,才能在市场上赢得稳定的长期发展。

服装行业是一个竞争激烈的市场,尤其在俄罗斯市场,中国产品的品牌形象不佳,东尚坚持品牌策略,使自己与其他的服装企业相区别开来,才有更强的竞争力和溢价能力。

东尚在品牌策略的塑造中坚持了两点:一是以质量与设计为重心,打造自己的产品品牌,加大研发投入,用高品质改变消费者的其产品的知心;二是渠道策略,高品质的产品品牌塑造过程中,辅之以有效的渠道策略,最终取得了不错的效果。

第四部分　案例使用说明

一、教学目的与用途

该案例涉及品牌战略和品牌运营的理论知识。从品牌缺失的角度,分析了当时中国服装在俄罗斯遇到的困难;从品牌战略的角度,分析了东尚服装获得成功的途径。通过案例的讲解,使得学生们加深了对品牌战略和品牌运营的了解。该案例适用于高级汉语的学员,适用于商务汉语案例课程,难度偏高。

二、案例分析思路

1. 介绍中国服装在俄罗斯的相关资料;
2. 分析东尚面临的困难;
3. 分析东尚服装所采取的策略;
4. 讨论这些策略给东尚服装带来怎样的效果;
5. 总结与归纳案例所带来的启示。

三、相关网络链接

《中国服装自主品牌走进俄罗斯企业支招东尚服装》,天雅大厦网,2010年4月2日。
《东尚服装有限股份公司》,百度百科。
《品牌策略》,百度百科。
《品牌推广》,百度百科。
《品牌运营》,百度百科。
《品牌提升》,百度百科。
《自主品牌》,百度百科。

四、建议课堂计划

建议使用六节课。

第一节课：讲解重要商务词汇与案例背景，进行案例学习准备。

重要商务词汇：品牌策略、自主品牌、品牌运营、品牌提升。

第二节课：讲解案例正文，理清案例发展脉络，帮助学生理解案例。

案例讲解内容：

(1)介绍东尚服装的相关背景资料；

(2)了解东尚服装在俄罗斯遇到的困难；

(3)描述东尚服装采取的策略；

(4)了解东尚服装品牌战略的效果。

第三～四节课：展开案例分析和讨论。

(1)东尚服装为什么要实行品牌战略？

(2)东尚服装通过哪些方法进行了战略调整？

(3)东尚服装采取了哪些手段来提升品牌？

(4)东尚服装如何梳理渠道？

第五～六节课：进行案例总结，布置课后作业，完成案例书面报告。

(1)你认为品牌策略适用于所有的产品吗？

(2)你认为品牌对一个产品的作用是什么？

依日、拉达重返中国市场之路

第一部分　案例陈述

案例提要

依日、拉达曾经是中国老百姓耳熟能详的汽车品牌，然而随着中国市场对西方的开放，这两款品牌逐渐淡出了人们的视线。2002年，俄罗斯汽车生产企业索克集团宣布将在华建设合资汽车制造厂，重新生产这两款品牌的汽车。新的依日、拉达不仅继承了之前耐用结实的优点，更在设计上加以调整，专门为中国消费者量身打造。这为这两款品牌汽车重回中国打开了大门。

关键词语

依日　拉达　索克集团　量身打造

案例背景

在中国轿车工业尚未完全起步的 20 世纪 50 年代，苏联汽车一度雄踞中国市场。到 20 世纪 70 年代时，拉达、依日等品牌依然是中国老百姓耳熟能详的品牌。然而到了 80 年代，德国桑塔纳汽车进入中国，最终结束了苏联汽车在中国的统治地位。随后德、美、日等汽车工业巨头在中国快速发展，最终使拉达等汽车在中国隐退。然而 2002 年 5 月，俄罗斯著名汽车生产企业"索克集团"宣布，该公司将在华投资建设合资汽车制造厂，并生产适合中国大众需求、售价低于 8 万元的家用型汽车产品。从此，索克集团旗下的拉达、依日汽车拉开了重返中国的序幕。

案例正文

作为俄罗斯汽车工业的第三大企业，成立于 1994 年的索克集团，旗下拥有制造、商业和服务等各种企业 40 余家，并且拥有依日和拉达两大汽车品牌。随着中国市场的需求量增大，索克集团开始考虑将依日和拉达汽车重新进军中国。

依日和拉达是两款中国人熟知的老品牌，尤其是在 20 世纪 70 年代时，这两款品牌汽车在中国销售达到了鼎盛时期。然而，桑塔纳的出现最终结束了苏联汽车在中国的统治地位，随后德、美、日等汽车工业巨头在中国抢滩，最终使拉达等汽车在中国隐退。但是不少中国消费者具有怀旧情结，尤其是在东北地区，一些消费者还开着老的拉达和依日，所以这次索克集团决定，先行重新进入中国市场的就是这两个品牌。

但是，依日和拉达这两个品牌给中国消费者的印象并不是太好。在 20 世纪 80 年代，依日、拉达虽然是中国人比较熟悉的汽车品牌，但给人的总体印象是价格便宜，结实、耐用、油耗高，没有空调。为了改变这种形象，索克集团对传统的依日、拉达汽车进行了改良。

新汽车继续保留了原品牌的优点：结实耐用，可靠性强，使用寿命长。另外，俄罗斯此次重新向中国市场推出的依日、拉达汽车已旧貌换新颜。据介绍，现在俄产汽车大多采用航空工业原材料，耐用及可靠性强，平均使用寿命可达 30 年。索克集团不仅聘请了俄罗斯航空航天领域的专家进行产品改良设计，还引入德国生产技术以及法国的喷涂技术，以适应现代汽车业发展的潮流。其中"依日"汽车采用意大利设计、日本的制造技术和表面喷漆处理、法国的生产线、德国的焊接技术和空调设备，在"第五届莫斯科汽车展示会"上被评为"年度突破奖"。新款拉达轿车则采用了意大利设计、法国和美国的生产线和空调设备。

为了符合中国人使用，索克还对现有新款车型进行了持续改进，以设计出符合中国消费者需求并适合中国道路特点的车型。新车型针对的是广大的中国普通老百姓，价格定在 8 万元左右，适合中国大众消费者购买。2002 年索克集团打算在中国设立合资厂，也是为了更好地根据中国消费者的喜好，设计不同类型的车型。另外，索克考虑选用在中国当地生产零配件，比如车座、玻璃、轮胎、减震器等，还包括一些重要的部件，比如变速箱。

为了能够进一步打开中国市场，使更多的中国人知道这两个品牌，索克集团积极参加各项展览会。索克集团在 2002 年 6 月举办的第七届北京国际汽车展览会上推出 4 款新车参展，向中国消费者展示最新设计的产品。在这次展览会上,索克集团参展阵容不可谓不强大,不仅来了集团副总裁依利耶,还随行销售部、项目部及发动机工厂的几位负责人。展览会也取得了很好的效果,当场就收到了300多张名片,不少参观者表现出了浓厚的兴趣。

索克集团希望通过这种产品设计上的调整,为中国消费者量身打造汽车,让中国消费者重新喜欢上依日和拉达。但是中国汽车市场的竞争是非常激烈的,世界各大主要汽车生产企业云集中国,几乎全部在中国设立了合资企业或独资企业,如美国通用汽车公司、福特汽车公司;德国大众汽车公司;日本丰田汽车公司、本田汽车公司等等。此外还有数量众多的本土汽车公司和汽车品牌,如东风汽车、一汽汽车、上海汽车等。依日、拉达能否在这个竞争激烈的市场上分得一杯羹,尚是个未知数。2009年2月,拉达汽车在俄罗斯停产,这使其进军中国市场的前景更增加了不确定性。

(改编自《依日拉达重返中国,索克集团还有秘密武器》,新浪汽车,2002年6月11日;《首家俄罗斯车企中国设厂,依日落户平顶山》,南方汽车频道,2002年5月28日)

第二部分　案例教学

一、商业专业词汇

1. 市场:商品交易关系的总和,主要包括买方和卖方之间的关系,同时也包括由买卖关系引发出来的卖方与卖方之间的关系以及买方与买方之间的关系。

2. 定位:确定某一事物在一定环境中的位置,如产品在市场中定位、人物在组织中的定位、物品在某一地理位置的定位等。

3. 需求量:是消费者在不同的价格下所希望能够购买的同种商品的数量。需求量不同于需求。需求则是消费者在某种商品其价格恒定情况下,受经济因素影响,而引起能够购买的某种商品的间接数量。

4. 生产线:产品生产过程所经过的路线,即从原料进入生产现场开始,经过加工、运送、装配、检验等一系列生产生产线活动所构成的路线。狭义的生产线是按对象原则组织起来的,完成产品工艺过程的一种生产组织形式,即按产品专业化原则,配备生产某种产品(零、部件)所需要的各种设备和各工种的工人,负责完成某种产品(零、部件)的全部制造工作,对相同的劳动对象进行不同工艺的加工。

5. 产品推广:指的是企业产品(服务)问世后进入市场所经过的一个阶段,通常是通过传统媒体、网络媒体进行宣传推广,如常见的百度推广方式。无论是以哪种方式进行宣传推广,产品(服务)推广的核心与成败关键,往往是对消费者的分析、定位,以及如何精准到达。

6. 合资企业:主要指中外合资经营企业,亦称股权式合营企业。它是外国公司、企业和其他经济组织或个人同中国的公司、企业或其他经济组织在中国境内共同投资举办的企业。其特点是合营各方共同投资、共同经营、按各自的出资比例共担风险、共负盈亏。

7. 独资企业:主要指的是外商独资企业,即外国的公司、企业、其他经济组织或者个人,依照中国法律在中国境内设立的全部资本由外国投资者投资的企业。

二、思考题

(一)根据案例内容回答问题
1. 索克集团为什么要选择依日、拉达这两款品牌进入中国?
2. 依日、拉达推广时候做了哪些改进?

(二)讨论题
1. 作为消费者,你在选购汽车时会主要考虑哪些因素?
2. 你认为汽车企业应该如何塑造一个优秀的品牌?
3. 你认为依日、拉达在中国未来的情况会怎么样?

第三部分　案例分析与总结

一、案例要点:市场细分、产品推广

市场细分(market segmentation)是企业根据消费者需求的不同,把整个市场划分成不同的消费者群的过程。进行市场细分的主要依据是异质市场中需求一致的顾客群,市场细分的目标是为了将需求不同的市场中把需求相同的消费者聚合到一起。细分市场不是根据产品品种、产品系列来进行的,而是从消费者(指最终消费者和工业生产者)的角度进行划分的,是根据市场细分的理论基础,即消费者的需求、动机、购买行为的多元性和差异性来划分的。市场细分对企业的生产、营销起着极其重要的作用。

产品的推广主要表现在两个层面:一是通过各种媒体进行产品宣传,使产品(服务)得到消费者的认可,这依赖于对消费者的分析、定位以及精准传达。二是对产品(服务)形象的推广,对产品及服务的内涵及文化进行延伸和挖掘,营造口碑和信誉。

二、案例总结

市场细分(market segmentation)对企业的发展具有重要的促进作用。发现消费者不同的需求,为消费者量身定做无疑是消费者非常喜欢的方式。

中国的汽车市场无疑是块巨大的蛋糕,吸引着各国的厂商。依日、拉达曾经是中国老百姓耳熟能详的品牌,随着中国市场对西方的开放逐渐淡出了人们的视线。2002年俄罗斯索克集团打算将这两款汽车重新打进中国,准备在中国合资投产。这次对依日、拉达做了一系列的调整,更新了汽车的设计,并且为中国消费者量身定做,从价位上、道路上给中国消费者一个合适的定位。相信通过这次市场细分,依日、拉达会有自己出色的表现。

一个好的产品推广到另外一个市场,通常是通过传统媒体、网络媒体进行宣传推广。无论是以哪种方式进行宣传推广,产品(服务)推广的核心与成败关键,往往是对消费者的分析、定位,以及如何精准到达。依日、拉达要想更好地推广到中国市场,优秀的市场推广方式也是必要的。

第四部分　案例使用说明

一、教学目的与用途

该案例涉及产品推广和市场细分的理论。从产品推广的角度,分析索克集团为什么要推广依日、拉达这两款品牌的汽车;从市场细分的角度,索克集团针对中国消费者的习惯做了一系列的改进。通过案例的讲解,让学生们对产品推广和市场细分有了新的认识和了解。该案例适用于高级汉语的学员,适用于商务汉语案例课程,难度偏高。

二、案例分析思路

1. 探寻依日、拉达当年退出中国的原因;
2. 分析索克集团为什么会选择依日、拉达这两个品牌;
3. 分析俄罗斯汽车的优势和劣势;
4. 讨论依日、拉达为进入中国市场做了哪些改变?
5. 讨论依日、拉达进入中国的前景?

三、相关网络链接

《依日拉达重返中国,索克集团还有秘密武器》,新浪汽车,2002年6月11日。
《首家俄罗斯车企中国设厂,依日落户平顶山》,南方汽车频道,2002年5月28日。
《市场细分》,百度百科。
《生产线》,百度百科。
《产品推广》,百度百科。
《需求量》,百度百科。

四、建议课堂计划

建议使用六节课。
第一节课:讲解重要商务词汇与案例背景,进行案例学习准备。
重要商务词汇:市场细分、产品推广
第二节课:讲解案例正文,理清案例发展脉络,帮助学生理解案例。
案例讲解内容:
(1)介绍索克集团的相关背景资料;
(2)了解依日、拉达两个品牌在中国的历史;
(3)描述索克集团在中国的产品推广;
(4)了解依日、拉达推广的效果。
第三~四节课:展开案例分析和讨论。
(1)索克集团为什么要选择依日、拉达这两款品牌回归中国?

(2)依日、拉达进入中国有什么样的优缺点?
(3)概述依日、拉达为进入中国进行了哪些推广活动?
(4)分析依日、拉达进行了哪些改进,这样有什么样的效果?
(5)讨论依日、拉达后续销售量是否能上去?

第五～六节课:进行案例总结,布置课后作业,完成案例书面报告。

(1)作为消费者,你在选购汽车时会主要考虑哪些因素?
(2)你认为汽车企业应该如何塑造一个优秀的品牌?
(3)你认为依日、拉达在中国未来的情况会怎么样?

市场营销——中西

Marketing

重塑 MANGO：挽救走下坡路的快时尚品牌

第一部分　案例陈述

案例提要

随着 H&M、C&A、Next 等快时尚品牌相继进入中国，MANAGO 在中国的市场份额逐渐被侵蚀。同时 MANAGO 也开始做出了一些改变：开始开设直营店，开始重新装修老店铺，开始增加购物过程中的服务环节……

关键词语

MANGO　快时尚直营店服务

案例背景

2002 年，MANGO 以加盟经营的方式在北京顶级的购物场所之一——国贸商场开出了首间分店，这是 MANGO 之前在全球已经被广泛复制成功的模式。新颖的欧洲风格、快速的产品更替和偏高端的定位，使 MANGO 很快占领了当时还相对空白的中国内地市场。MANAGO 以每年至少 6 间分店的速度在中国一二线城市扩张。然而好时光在 2006 年结束。这一年，同样来自西班牙的 ZARA 在上海南京西路开设了其内地第一间分店。ZARA 拥有更快的反应速度，更关键的是，它为内地消费者首次引入了平价大牌的概念。随着快时尚（FastFashion）开始被媒体广泛渲染，此后 H&M、C&A、Next 等快时尚品牌相继进入中国，MANGO 的市场被逐步侵蚀。MANGO 将如何扭转这一局面呢？

案例正文

ZARA 和 H&M 等品牌不断在中国一线城市开出了更多更大的直营旗舰店，这样可以绕开所有中介环节，将自己设计、生产的服装直接在中国市场销售，ZARA 和 H&M 甚至拒绝和百货公司这样的零售终端合作。

相比之下，MANGO 所采取的加盟店方式虽然扩展速度快，但经销商实力往往参差不齐，而且在开店和运营方面投入的人力财力有限,无论是选址、规模、人员培训还是市场宣传方面,都无法与直营店相比。还有,MANGO 店铺面积相对较小,这带来的直接弊端就是,货品陈列有限并且很难显得整齐美观,购物环境拥挤也难以让消费者长时间逗留。

面对 ZARA 和 H&M 的冲击,MANGO 要想在内地和整个亚洲市场获得更好的发展,就必须做出一些改变。2008 年 MANGO 在北京三里屯直营店的开幕成为一个转折点。

2008 年 8 月,MANGO 在北京三里屯购物中心开设了在中国内地的首间直营店,其后又分别于 2008 年底和 2009 年 3 月在上海浦东的正大广场和南京东路的 353 音乐广场开幕了两间直营店。其中 353 广场店是上海的旗舰店,它是 MANGO 在中国内地的第 50 间分店,面积达到 710 平方米。开幕当天,MANGO 举办了隆重的公关活动,邀请吴佩慈等明星到场制造宣传效应。如果再算上 2009 年 5 月 1 日在上海五角场万达广场开张的由特力集团经营的加盟店,不到一年的时间里,MANGO 在京沪两地已经有 4 间新店相继启动。这些新店的面积都超过了 400 平方米,店址都处于所在城市的成熟商业圈,都选用了更加明快闪亮的装修风格,陈列区更加开阔,商品品类更加丰富,橱窗的展示搭配也明显加强。

直营店为 MANGO 的发展带来了机会,如位于 353 广场的这间 700 多平方米、耗资 1 000 多万元建造的旗舰店,在开业当月就成为 MANGO 上海的销售冠军。代言人西班牙女星佩内诺普·克鲁兹的巨型宣传画悬挂在人流量巨大的南京东路,也赚到了不少眼球。消费者又开始关注 MANGO 了。

但是直营店的发展并非一帆风顺,MANGO 也曾为之付出了相应的代价,那就是选址带来的高租金成本。MANGO 在上海的首间直营店就是个例子。正大广场开办之初就曾联系过 MANGO,但当时 MANGO 觉得时机还没成熟。等到 2008 年底 MANGO 正大店开幕的时候,那里的快时尚品牌已经扎起了堆,H&M 和 ZARA 早已各自占据了一楼两侧的最好位置。UNIQLO 亚洲最大的旗舰店也已进驻了较长时间,H&M 甚至还延伸到了二楼。正大广场的租金成本大幅上升,不过庆幸的是,全新的直营店确实为 MANGO 的内地形象带来了一丝起色。

当然,要提升品牌形象,光靠开新店是远远不够的。作为有 7 年内地市场经验的国际品牌,MANGO 开始扬长避短。将一些业绩不好的店铺关掉,比如曾经是广州曼姿代理的新天地店和百盛店。此外,老店铺的重新装修也被提上日程。首先是淮海店,这家于 2003 年底开业的加盟店,在很长一段时间里都是 MANGO 在上海业绩最好的店。但五年时间过去了,这家店如今看起来已经有些陈旧,而常年招贴于沿街橱窗上的巨大的"SALE"标识让很多人一度认为这是一间 MANGO 的折扣店。"我们希望改变消费者的这种错误印象,MANGO 没有折扣店,MANGO 会有更多更好的店。"MANGO 公司的一位营销经理说。

除了更加开阔的购物环境和更加明快的店铺形象,MANGO 的商品也得到了加强。尽管 MANGO 多年来的设计团队并没有什么大的变化,但经过多年磨合之后,MANGO 在中国的配货经理已经能够更准确地把握国内的流行趋势和消费者的喜好程度,所选服饰的退换率和库存率都在逐年降低,当然流行度和好评度也更高。

此外,MANGO 也开始更加重视服务。比如对于怎么搭配服饰,消费者能够在 MANGO 的店里得到更多的帮助和建议。在 MANGO 看来,这样的店铺服务正是自己针对 ZARA 和 H&M 等竞争对手的优势。

为了配合这一系列变化,MANGO 还开始采用更加高调的市场营销手段,包括聘请明星代言,举办更多有影响力的市场活动以及媒体投放。2009 年 5 月初,MANGO 将自己在内地的媒介计划和购买事务委托给了安吉斯集团旗下的伟视捷广告,后者为 MANGO 提出了一系列媒体策划建议,并承诺将以蓝牙造势、提高预算利用率等方式,帮助 MANGO 提升市场形象。

这些措施挽救了处于下滑趋势中的 MANGO,中国消费者又开始重新关注这个快时尚品牌。对 MANGO 来说,这些改变只是为了扩大自己在中国市场的份额。因为快时尚的竞争在全球范围内都一样,MANGO 从来不是第一,但它会站好自己的位置并追求更多。

(改编自《重塑 MANGO:挽救走下坡路的快时尚品牌》,第一财经周刊,2009 年 6 月 4 日)

第二部分　案例教学

一、商业专业词汇

1. 直营店:指总公司直接经营的连锁店,即由公司总部直接经营、投资、管理各个零售点的经营形态。

2. 旗舰店:"旗舰店"一词来自欧美大城市的品牌中心店的名称,其实就是城市中心店或地区中心店,一般是某商家或某品牌在某地区繁华地段、规模最大、同类产品最全、装修最豪华的商店。

3. 经销商:就是在某一区域和领域只拥有销售或服务的单位或个人。

4. 零售终端:是指产品销售渠道的最末端,是产品到达消费者完成交易的最终端口,是商品与消费者面对面的展示和交易的场所。

5. 加盟:就是该企业组织,将该服务标章授权给加盟主,让加盟主可以用加盟总部的形象、品牌、声誉等,在商业的消费市场上,招揽消费者前往消费。而且加盟主在创业之前,加盟总部也会先将本身的经验,教授给加盟主并且协助创业与经营,双方都必须签订加盟合约,以达到事业之获利为共同的合作目标;而加盟总部则可因不同的加盟性质而向加盟主收取加盟金、保证金以及权利金等。

二、思考题

(一)根据案例内容回答问题

1. MANAGO 后来为什么要开始在中国开设直营店?
2. 为了提升在中国市场的形象,MANAGO 采取了哪些行动?

(二)讨论题

1. 直营店和加盟店各自的优势、劣势是什么?
2. 你认为对抗 ZARA 等同类快时尚品牌,MANAGO 还可以做哪些事情?

第三部分　案例分析与总结

一、案例要点：品牌重塑、直营&联盟

品牌重塑，是品牌的再塑造，是推翻以前品牌在人们心中的形象，通过重新定位目标消费群体、提高产品质量和服务、运用品牌营销等手段，重新推广品牌形象、提高品牌知名度进而逐步产生品牌号召力，形成品牌效应和品牌核心价值的过程和活动。

MANAGO 在中国遭遇到发展困境之后，迅速展开了一系列的品牌重塑行动：开直营店、重新装修老店铺、提升服务质量等。正是 MANAGO 的反应较为迅速，短时期内重新塑造了自己的品牌形象，才避免了被竞争对手进一步拉开差距。

直营店是由公司总部直接经营、投资、管理各个零售点的经营形态。总部对直营店的控制力较强，可完全按照自己的战略目标对直营店进行管理。而加盟店则是授权其他企业经营本产品，虽然加盟方也必须遵循盟主的要求，但控制力相对受限。

MANAGO 的加盟店由于受制于加盟方条件的限制，在店铺面积，商品陈列等方面无法提高。所以 MANAGO 后来加大了直营店的建设，直营店选址在繁华商业区，强调大面积、商品陈列宽敞、设计风格明快、商品更加丰富。

二、案例总结

世界上任何一个企业在生产经营过程中都可能在某个阶段遇到困境，然而不同企业对于危机的反应速度和处理方式的差别会给企业带来截然不同的结果。对于 MANAGO 来说，当它发现它在中国市场的经营方式、品牌形象等已经被竞争对手远远地落在后面的时候，它便开始了一系列的品牌重塑活动，不管最终结果如何，起码这个对于危机的反应速度堪称高效。

而 MANAGO 针对加盟店的很多缺点，开始逐渐开设更多的直营店，并根据中国消费者对于服务的较高需求展开了更多的人性化的购物服务，这些措施都很好地促进了其在中国市场的发展，并迅速地跟上了竞争对手的步伐。

第四部分　案例使用说明

一、教学目的与用途

该案例介绍了 MANAGO 的品牌重塑过程。通过该案例的学习，一是让学生了解品牌重塑的相关知识，二是理解直营店、旗舰店、加盟店的相关知识。该案例适用于高级汉语的学员，适用于商务汉语案例课程，难度偏高。

二、案例分析思路

1. 介绍 MANGO 及其中国市场面临的困境。
2. 分析快时尚的竞争状况及 MANAGO 重塑的必要性。
3. 描述 MANAGO 所做出的策略调整。
4. 讨论直营、加盟的优缺点。
5. 讨论 MANAGO 品牌重塑的效果。
6. 讨论案例启示。

三、相关网络链接

《重塑 MANGO:挽救走下坡路的快时尚品牌》,第一财经周刊,2009 年 6 月 4 日。
《MANGO 计划 2011 年上半年在中国开 26 店铺》,纺织服装周刊,2011 年 1 月 11 日。
《MANGO 扩展中国新版图》,TOM,2006 年 1 月 18 日。
《NTR China 携手 Mango 为中国 20 多城市提供远程服务》,IT 世界,2010 年 9 月 26 日。
《直营》,百度百科。
《旗舰店》,百度百科。
《经销商》,百度百科。
《零售终端》,百度百科。

四、建议课堂计划

建议使用六节课。

第一节课:讲解重要商务词汇与案例背景,进行案例学习准备。

重要商务词汇:直营、加盟、品牌重塑。

第二节课:讲解案例正文,理清案例发展脉络,帮助学生理解案例。

案例讲解内容:

(1)介绍 MANAGO 的相关背景资料及中国快时尚的竞争情况;

(2)描述 MANAGO 遇到的竞争压力;

(3)分析 MANAGO 的策略调整;

(4)分析 MANAGO 直营店的特征。

第三～四节课:展开案例分析和讨论。

(1)MANAGO 为什么要进行品牌重塑?

(2)MANAGO 采取什么方式进行重塑?

(3)MANAGO 直营店与加盟店有何不同?

(4)MANAGO 直营店为何选择在繁华商业区?

第五～六节课:进行案例总结,布置课后作业,完成案例书面报告。

(1)直营店和加盟店各自的优势、劣势是什么?

(2)你认为对抗 ZARA 等同类快时尚品牌,MANAGO 还可以做哪些事情?

高乐高的三张中国牌

第一部分　案例陈述

案例提要

西班牙著名营养品牌高乐高，为了打开中国市场，选择通过广告策略入市。在中国市场上，高乐高打了三张牌：一是赛事牌，通过与体育事件等相结合来宣传产品，给人以营养健康的感觉；二是妈妈牌，影响妈妈对高乐高的认知进而促进购买；三是复合牌，为其他口味和产品品种做宣传。通过这些策略，高乐高迅速占领市场，并取得较好业绩。

关键词语

高乐高　儿童消费食品　中国营销

案例背景

高乐高是西班牙努德莱斯巴国际集团(NUTREXPA)的明星产品，也是西班牙企业行业最重要的产品之一。这款诞生于1946年的产品是一种可以给人们提供高营养、高能量的食品，它由天然可可粉为主要原料。高乐高不仅自身营养价值丰富，而且口味独到，与牛奶一起冲调，有着浓郁的巧克力香味。欧洲一直有着将可可粉与牛奶一起饮用的消费习惯，所以高乐高一经问世，随即风靡西班牙市场，成为消费者极其喜爱的食品。但刚进入中国市场时，没有人知道这个在西班牙孩子嘴里反复哼唱的"我是来自非洲的热带可可种植物"是个什么东西。如何让中国消费者认识这个"热带可可种植物"呢？

案例正文

早在20世纪90年代初，大部分西班牙企业开始有意识开拓欧洲或拉美市场的时候，西班牙努德莱斯巴国际集团(NUTREXPA)就开始关注中国市场。1988年，努德莱斯巴开始在华投资，随后天津高乐高(Colacao)食品有限公司建立，将其旗下最著名的高乐高营养饮品投入中国市场。

尽管高乐高很快得到了市场的认可，并最终在可可粉领域至今占据着无可撼动的地位，然而回首那一段品牌建立认可度的过程，高乐高亚太区总经理Lluís Ballell认为并不轻松。在一个新市场上建立一种消费习惯并不容易，尤其对儿童消费品市场而言，进入一个新市场就意味着重新开始。

对高乐高这个有着60多年历史的老品牌而言，重新开始还意味着放下身段。因为作为努德莱斯巴的明星产品，高乐高一直是西班牙早餐桌上不可或缺的冲调食品。但如何让中国消费接受高乐高，对西班牙团队来说是一个全新起点。Ballell将高乐高的成功概括为"广告效应"。Ballell说："高乐高开始在电视台下大力气宣传产品，广告投放的力度与密集度在当年跨国企业中并不多见。"尽管当雀巢或卡夫食品进入中国后，也采取了与CCTV签订铺天盖地的广告协约的做法，但西班牙人做了更多的功课。

第一，打赛事牌。

尽管是儿童类食品，但高乐高在中国所树立的健康、营养形象与体育运动密不可分。高乐高邀请了时任国际奥委会主席的萨马兰奇参加天津公司的开业典礼。此后，高乐高就一直没中断与体育赛事的联系。继1992年高乐高成为巴塞罗那奥运会的赞助商之后，1996年在亚特兰大奥运会上，高乐高随即成为中国奥委会及国家体育训练总局唯一指定的中国代表队赞助商。尽管儿童食品赞助奥运会并不热门，但由此高乐高凭借这个顶级赛事，开始逐步树立了在中国的品牌认知度。

从2000年开始，一系列的儿童体育活动赞助拉开序幕。比如2001年携手当年颇有影响力的动画类节目"小神龙俱乐部"在北京、上海举办"高乐高杯跳跳热舞大赛"；2002年赞助"北京奥运小天使"评选等。2005年高乐高签约中国体操队，备战2008年北京奥运会。高乐高的体育赞助一直停留在中国一线城市，合作伙伴也一直是具有广泛影响力的赛事或节目。这期间高乐高还举办了"高乐高天津儿童书画大赛"等单独承办的赛事。打"赛事牌"的好处在于一方面加大了高乐高的曝光频率，同时通过举办活动与目标消费群——儿童市场，拉近了距离。

第二，打妈妈牌。

令Ballell最为自豪的高乐高营销策略，是建立了母亲和孩子对品牌的共同认知。在Ballell看来，儿童食品的购买权还是紧紧攥在妈妈手里，因此除了要让孩子尽可能多地置身于诸如"高乐高的味道棒极了"的广告语境中之外，还要让母亲认识到高乐高的营养价值，下决心购买。在中国市场，高乐高的宣传始终强调营养元素，比如加入了丰富的维生素、钙、锌等营养物质。"这样更有利于中国母亲劝说孩子在牛奶中加入高乐高。"Ballell说。同时高乐高还曾以小册子的形式，以及在其中文网站的显著位置，加入了诸如"妈妈好帮手"之类的营养咨询专题。很大程度上，高乐高打出的"妈妈牌"极富成效。也正是从高乐高广告开始，此后其他企业推出与儿童食品有关的电视广告时，妈妈的形象一直被放在重要的位置。

第三，打复合牌。

"复合牌"运用在了高乐高的产品类别上。Ballell坦言，中国市场是高乐高在全球范围内唯一一个推出了诸如水果口味在内的复合口味冲调品。包括草莓、香草、香蕉在内的水果系列的推出，在Ballell看来，是高乐高应对中国市场产品丰富多样性所做出的调整。当然，"复合牌"并不好打，Ballell也一直把在中国市场如何做到推陈出新看作最大的挑战。在水果口味市场上，高乐高的竞争对手是已有数十年专业经验的卡夫果珍和雀巢系列饮品。而他们的销售单价则低于高乐高1元人民币左右。

凭借一系列广告轰炸，高乐高很快进入了中国儿童食品市场。"高乐高味道好极了"也一度成为孩子们口中流行的广告语。高乐高的销售量自2000年以来不断上升，高乐高也随后推出了固体饮料、卷卷心、脆力棒、威化、营养饮料等数十种新产品。

（改编自《高乐高的三张中国牌》，经济观察报，2007年6月28日）

第二部分　案例教学

一、商业专业词汇

1. 市场：商品交易关系的总和，主要包括买方和卖方之间的关系，同时也包括由买卖关系引发出来的卖方与卖方之间的关系以及买方与买方之间的关系。

2. 广告效应：是指广告作品通过广告媒体传播之后所产生的作用。

3. 赞助：指企业为了实现自己的目标（获得宣传效果）而向某些活动（体育、艺术、社会团体提供资金支持的一种行为。

4. 单价：指某种商品单位数量的价格，也指商品的最小计价单位。顾名思义，是指一个数量单位商品的价格。单位价格是相对于总价而言的，通常单价乘以数量等于总价。

5. 广告：是为了某种特定的需要，通过一定形式的媒体，公开而广泛地向公众传递信息的宣传手段。

6. 营销策略：是企业以顾客需要为出发点，根据经验获得顾客需求量以及购买力的信息、商业界的期望值，有计划地组织各项经营活动，通过相互协调一致的产品策略、价格策略、渠道策略和促销策略，为顾客提供满意的商品和服务而实现企业目标的过程。

二、思考题

（一）根据案例内容回答问题

1. 你认为高乐高进入中国之前最大的优势是什么？
2. 高乐高进入中国市场之后采取了哪些措施来扩大其影响力？

（二）讨论题

1. 你认为对食品饮料类企业来说，什么是最重要的？
2. 你认为高乐高应该做出哪些改变来适应如今中国的食品饮料市场？

第三部分　案例分析与总结

一、案例要点：消费习惯、广告

消费习惯是指消费主体在长期消费实践中形成的对一定消费事物具有稳定性偏好的心理表现。它是个人的一种稳定性消费行为，是人们在长期的生活中慢慢积累而成的，反过来它又对人们的购买行为有着重要的影响。对于某些食品制造企业来说，培养人们的消费习惯显得至关重要。

广告是企业营销中常用的一种向公众宣传产品的手段。广告效应很显著：（1）广告能快速且广泛地传递公司及产品信息。通过广告，企业能把产品信息传递给消费者，引起消费者的兴趣并促进购买。(2)广告能激发和诱导消费。消费者对某产品的需求可能是一种潜在需求,广告往往会勾起消费者的现实购买欲望。(3)广告能较好地介绍产品知识,全面介绍产品的性能,指导消费。高乐高充分利用广告策略,选择合适的卖点和载体,如宣传健康用赛事牌,宣传安全和情感用妈妈牌。最终打动了中国消费者并成功进入中国市场。

二、案例总结

当一种产品进入新市场时,当时的消费者因为不了解难以打开销路。消费习惯是影响消费需求的一个重要因素,比如中国消费者从没有喝咖啡的习惯,需要经过较长时间培养人们的消费习惯

高乐高在中国市场的开拓中,花了较长的时间教育消费者,建立中国人的消费习惯。为此,高乐高配以相应的营销策略:一是通过赛事和体育营销,让消费者了解该产品;二是通过广告让妈妈了解高乐高的品质;三是通过产品特色突出其复合特征。

这些广告策略与健康、营养相结合,而这正是妈妈们对儿童产品最重视的,通过一系列广告传达,高乐高的产品慢慢被接受,并成为一种消费习惯。

需要注意的是,新产品的市场推广和消费习惯的培育也有较大的风险,培育过程较长且投入大,而且容易被竞争对手搭便车。

第四部分　**案例使用说明**

一、教学目的与用途

案例描述了高乐高如何利用广告打开中国市场。通过该案例的学习,让学生了解广告及广告策略的相关知识,了解消费习惯对品牌的影响以及如何改变消费习惯。该案例适用于高级汉语的学员,适用于商务汉语案例课程,难度偏高。

二、案例分析思路

1. 介绍高乐高产品。
2. 描述高乐高在中国市场面临的困难。
3. 描述高乐高的广告策略。
4. 分析高乐高的三张牌。
5. 了解高乐高广告策略的效果。
6. 总结案例启示。

三、相关网络链接

《高乐高的三张中国牌》,经济观察报,2007年6月28日。
《高乐高——悠久文化和时尚气息的结合》,品牌世家,2008年1月27日。

《新希望与高乐高合作生产乳品》,上海证券报,2007年12月6日。

《市场》,百度百科。

《投资》,百度百科。

《广告效应》,百度百科。

《赞助》,百度百科。

《单价》,百度百科。

四、建议课堂计划

建议使用六节课。

第一节课:讲解重要商务词汇与案例背景,进行案例学习准备。

重要商务词汇:广告、广告效应、消费习惯。

第二节课:讲解案例正文,理清案例发展脉络,帮助学生理解案例。

案例讲解内容:

(1)介绍高乐高的相关背景资料;

(2)描述高乐高在中国市场遇到的问题;

(3)了解高乐高的广告策略;

(4)了解高乐高的三张牌。

第三~四节课:展开案例分析和讨论。

(1)高乐高为何选择广告策略?

(2)高乐高如何打赛事牌?

(3)高乐高为何打妈妈牌?

(4)高乐高的复合牌是什么?

(5)谈谈你对高乐高广告的看法。

第五~六节课:进行案例总结,布置课后作业,完成案例书面报告。

(1)你认为对食品饮料类企业来说,什么是最重要的?

(2)你认为高乐高应该做出哪些改变来适应如今中国的食品饮料市场?

电子商务——中德
Electronic Business

阿迪达斯的网络营销策略

第一部分 案例陈述

案例提要

阿迪达斯通过联合互联网企业,在网络上开展了一系列网络营销。阿迪达斯的主要策略有:与百度合作的"乐跑课堂";建立网上的阿迪达斯俱乐部;与搜狐共创网络体育平台。这些活动成功地利用网络媒体优势传达了阿迪达斯品牌。

关键词语

阿迪达斯　电子商务　网络营销

案例背景

阿迪达斯(adidas)是德国运动用品制造商,在运动用品品牌中,阿迪达斯是一个具有竞争力的品牌。但是近年来,随着运动产品的流行化和时尚化趋势,阿迪达斯需要在产品设计和功能定位上有所改变,更重要的是改变营销方式,从而满足年轻一代消费者的需求。

在网络视听新时代背景下,传统的营销方式黯然失色。运动服饰品牌寄情网络营销的情况在国外非常盛行,而且收效显著。网络营销的互动、便捷、精准等优势,越来越受到运动服饰品牌的关注和认可,由此在中国国内市场掀起了一波又一波的网络推广热潮。阿迪达斯在网络营销上也如火如荼。它和多家电子商务网站携手开展网络攻势。

案例正文

随着网络媒体的发展,越来越多的企业开始进行网络营销,阿迪达斯也不例外,它结合品牌特征在网上开展了如火如荼的网络营销,主要采取了以下策略。

1. 阿迪达斯的"乐跑课堂"

跑步市场在中国还尚未被开发,消费者对跑步的爱好还在培养阶段,许多消费者在跑步的时候,并没有穿着正确的跑鞋和服装的概念。为了提高消费者对阿迪达斯跑鞋产品的认知度,改变消费者在跑步时穿鞋随意的习惯,阿迪达斯尝试了不同的沟通方式,试图以轻松并具有教育意义的方式,让消费者理解并养成良好的跑步习惯。

2009年4月,阿迪达斯与百度公司合作,针对20~34岁的大学生和年轻白领,推出乐跑课堂活动,向消费者传递跑步的相关信息,让跑步者分享跑步音乐和跑步心情,鼓励消费者体验跑步的乐趣。

"乐跑课堂"不仅贯穿在百度最受欢迎的知道、MP3和讨论平台中,并且将所有信息在一个页面展现,鼓励人们的参与和分享,让大家将自己的跑步乐趣传递给其他人。此外,阿迪达斯还在乐跑课堂中引入了跑步教练,他们作为专家给大家解答跑步时遇到的问题和困惑,这使提升品牌的专业度,结合推荐跑步歌单,来表现跑步乐趣的部分,让大家说说跑步,并同时分享跑步的心情。

2. 阿迪达斯俱乐部

阿迪达斯在百度官网空间里建立了阿迪达斯俱乐部,在百度多个产品中加入了阿迪达斯的互动活动。比如在"知道"中设计"体育分类奖学金活动",增加网友对奥运及阿迪的认知;在"百度百科"中开展阿迪达斯奥运百科全书活动,普及奥运知识,让网友更多了解到阿迪与奥运的渊源;结合2008年北京奥运会,阿迪达斯利用百度的网上空间、贴吧,设计出互动性、趣味性都非常强的"阿迪达斯奥运通天塔"、"阿迪达斯模板大赛"等一系列活动。

阿迪达斯俱乐部项目开创了一个整合营销的商业模式,利用百度来整合各社区产品和活动,并贯穿到俱乐部中。这种商业模式把各社区的产品目标受众集中到一个平台,让他们找到爱好者并相互影响,提升品牌忠诚度的同时使品牌得到很好的传播。另外,阿迪也得到了与粉丝直接沟通的渠道,获得更及时的用户反馈。

百度作为全球最大的中文搜索引擎,每天接受上亿用户活跃在各搜索社区平台上,其中有大量爱好体育、喜欢运动,关注运动品牌的年轻人,阿迪品牌俱乐部又为他们提供了一个展示、交流和互动体验的机会。百度商务运营副总裁沈皓瑜表示,百度未来还将利用自身的用户和社区资源,为更多的知名品牌与用户之间搭建沟通互动的桥梁,让品牌理念融入网友的生活。

3. 联手搜狐,共创网络第一体育平台

搜狐是北京奥运会唯一的互联网内容服务赞助商,阿迪达斯与搜狐展开了战略合作。搜狐体育频道的阵营强大,网络平台有助于拉近网友和一切体育赛事之间的距离,使网友不出家门就可观看体坛赛事,不必亲临赛场就可以与贝克汉姆、卡卡等超级明星对话……为了迎接北京奥运,搜狐进一步扩容体育频道,使其体育频道覆盖所有项目。

从雅典奥运会和德国世界杯赛场的经验来看,搜狐体育力求给网友呈现出最新、最快的赛事讯息,搜狐体育频道目前的日访问量达到2 000万,每日滚动上千条新闻,拥有数百万铁杆网友。阿迪达斯联手搜狐,将阿迪达斯的动感时尚融入搜狐新闻,共同打造网络第一体育平台,极大地提高了品牌影响力。与阿迪达斯签约的体育明星非常多,网友们在社团可以与体育明星近距离接触,比如与姚明在线聊天,和麦迪切磋球技等等。

总之,阿迪达斯希望通过网络营销策略,真正走进消费者心里,与体育迷交知心的朋友。

(改编自《百度知道,阿迪达斯乐跑课堂》,网赢天下,2009年4月10日;《阿迪达斯俱乐部,借助百度营销合作案例》,易虎网络,2009年11月15日;《搜狐体育全新改版,与阿迪共创网络第一体育平台》,品牌中国网,2006年8月3日;《布局电子商务,阿迪达斯高调进驻淘宝》,浙商网,2010年8月18日;《阿迪达斯开始启动网络营销法宝》,淘鞋网,2010年9月13日;百度百科-阿迪达斯)

第二部分 案例教学

一、商业专业词汇

1. 品牌：一种名称、术语、标记、符号或图案，或是他们的相互组合，用以识别企业提供给某个或某群消费者的产品或服务，并使之与竞争对手的产品或服务相区别。（市场营销专家菲利普·科特勒）。

2. 网络营销：以互联网络为基础，利用数字化的信息和网络媒体的交互性来辅助营销目标实现的一种新型的市场营销方式。简单地说，网络营销就是以互联网为主要手段进行的，为达到一定营销目的的营销活动。

3. 整合营销：是为了建立、维护和传播品牌，以及加强客户关系，而对品牌进行计划、实施和监督的一系列营销工作。整合就是把各个独立地营销综合成一个整体，以产生协同效应。这些独立的营销工作包括广告、直接营销、销售促进、人员推销、包装、事件、赞助和客户服务等。

4. 商业模式：是一种包含了一系列要素及其关系的概念性工具，用以阐明某个特定实体的盈利逻辑。它描述了公司所能为客户提供的价值以及公司的内部结构、合作伙伴网络和关系资本（Relationship Capital）等借以实现（创造、推销和交付）这一价值并产生可持续盈利收入的逻辑。

二、思考题

（一）根据案例内容回答问题
1. 阿迪达斯进行了哪些形式的网络营销？
2. 阿迪达斯俱乐部开创了怎样的商业模式？
3. 阿迪达斯为什么选择搜狐体育为战略合作伙伴？

（二）讨论题
1. 描述一个其他体育品牌开展网上销售的例子，并与阿迪达斯的做法进行比较。
2. 你认为在选择网络营销合作伙伴时要注意什么？
3. 你认为未来网络营销的趋势有哪些？

第三部分 案例分析与总结

一、案例要点：电子商务

电子商务通常是指在因特网开放的网络环境下，基于浏览器/服务器应用方式，买卖双方不谋面地进行各种商贸活动，实现消费者的网上购物、商户之间的网上交易和在线电子支付以及各种商务活动、交易活动、金融活动和相关的综合服务活动的一种新型的商业运营模式。包括 B2B(Business-to-Business)、B2C(Business-to-Consumer)、C2C 者(Consumer-to-Consumer)等多种形式。

网络整合营销强调利用网络营销时,通过对各种营销工具和手段(如广告、人员推销、包装、事件、赞助和客户服务)的系统化结合,实现价值增值和协同效应。网络整合营销的目的是以最小的投入获取最大的回报,这需要对客户需求与受众关注热点进行精准分析,组合利用各种营销手段,对客户进行整合式推广。

二、案例总结

阿迪达斯在网络营销过程中,一方面选择与多家网站合作;另一方面选择了多种营销方式。

在案例中,阿迪与百度、搜狐都开展了合作,这些网站各有资源优势,如百度的搜索功能强、用户数量大;而搜狐在体育率频道上有优势,阿迪分别与之开展了不同的营销活动。

阿迪的网络营活动多样,如阿迪达斯的乐泡课堂、阿迪达斯俱乐部和搜狐体育平台,各种活动的宣传内容和传达的理念不同,这些丰富多彩的网络整合营销,让消费者从不同侧面了解阿迪,不仅扩大了宣传面,而且影响到更多的消费者群体。

阿迪达斯能够抓住网络平台,展开针对性的营销活动,为其开展阿迪达斯网上专卖店进行了良好的铺垫。

第四部分　案例使用说明

一、教学目的与用途

该案例涉及市场营销与电子商务的内容。从市场营销的角度,突出阿迪达斯的网络媒体的选择和营销视角;从电子商务的角度,突出阿迪达斯在电子商务时代对网络的应用,让学生了解电子商务中的网络营销给企业带来的积极影响。

二、案例分析思路

1. 探寻阿迪达斯展开网络营销的原因。
2. 分析阿迪达斯在哪些方面展开了网络营销。
3. 分析这些网络营销给阿迪达斯带来了什么好处。
4. 讨论这项网络营销给其他企业带来了怎样的启示。
5. 总结与归纳网络营销给现代生活带来的变化。
6. 寻找其他材料探讨阿迪达斯为什么要涉足网络营销。

三、相关网络链接

《百度知道,阿迪达斯乐跑课堂》,网赢天下,2009 年 4 月 10 日。

《阿迪达斯俱乐部,借助百度营销合作案例》,易虎网络,2009年11月15日。
《搜狐体育全新改版,与阿迪共创网络第一体育平台》,品牌中国网,2006年8月3日。
《布局电子商务,阿迪达斯高调进驻淘宝》,浙商网,2010年8月18日。
《阿迪达斯开始启动网络营销法宝》,淘鞋网,2010年9月13日。
《电子商务》,百度百科。
《整合营销》,百度百科。
《商业模式》,百度百科。

四、建议课堂计划

建议使用六节课。

第一节课:讲解重要商务词汇与案例背景,进行案例学习准备。

重要商务词汇:网络营销、整合营销、电子商务。

第二节课:讲解案例正文,理清案例发展脉络,帮助学生理解案例。

案例讲解内容:

(1)介绍阿迪达斯公司;
(2)描述阿迪达斯的网络营销原因;
(3)描述阿迪达斯网络营销的形式;
(4)了解阿迪达斯所实现的效果。

第三~四节课:展开案例分析和讨论。

(1)阿迪达斯为何要展开网络营销?
(2)阿迪达斯为何要和百度、搜狐等展开合作?
(3)阿迪达斯与百度、搜狐的合作为谁带来了好处,带来了哪些好处?
(4)如果你是消费者,你在购物时,会受到网络营销的影响吗?
(5)如果你是生产商,在选择网络营销时,你会考虑哪些因素?

第五~六节课:进行案例总结,布置课后作业,完成案例书面报告。

(1)描述一个其他体育品牌开展网上销售的例子,并与阿迪达斯的做法进行比较。
(2)你认为在网络上展开营销,应该如何选择合作伙伴?
(3)你认为运动品牌应该如何把握网络营销的趋势?

电子商务——中法
Electronic Business

欧莱雅集团的电子商务策略

第一部分 案例陈述

案例提要

自 2007 年尝试网上销售兰蔻以来,欧莱雅集团在电子商务这条路上越走越远。淘宝商城对于欧莱雅集团的众多品牌来说将是一个更加适宜发展的平台,有助于欧莱雅集团拓展市场范围和提高销售量。除此之外,欧莱雅集团还在其他方面加大了对电子商务的投入。

关键词语

欧莱雅集团　网上销售　B2C　化妆品　电子商务

案例背景

互联网的快速发展使企业不得不重视电子商务模式。网购逐渐成为社会主流人群的主流生活方式。对许多化妆品企业来说,电子商务模式的运用是一条能令企业迅速发展的"高速公路",因为化妆品已经成为网购市场中的主力。据中国商业联合会披露,中国已经成为仅次于美国和日本的全球第三大化妆品销售市场。在国内最大的网络零售商圈——淘宝网上化妆品一直是销售排名前 5 位的商品种类,2007 年淘宝网化妆品销售额达 26 亿元。来自据艾瑞咨询报告显示,2009 年国内网购规模达 2 483.5 亿元,其中化妆品销售就占到总额的 6%～9%。

各大化妆品企业纷纷开启了网络销售模式。世界化妆品零售巨头雅芳,2005 年最高峰时在中国拥有 6 000 多家专卖店,全年销售额达到 17 亿元,此后将重心转向电子商务,大力拓展网络市场。全球最大的日用消费品企业宝洁,在淘宝商城开设品牌旗舰店"e生活家",把宝洁公司旗下所有护肤、护发等品牌放入旗舰店开展网络营销。国内化妆品市场老大上海家化也正逐步将旗下品牌分别开出品牌旗舰店,与国际品牌平分秋色。世界著名化妆品企业欧莱雅集团那当然不甘落后,自 2006 年开始了它的电子商务之旅。

案例正文

欧莱雅集团起步于1907年由28岁的法国年轻化学家欧仁·舒莱尔成立的一家染发剂公司。到21世纪已发展成为拥有500余个品牌的全球最大化妆品集团。欧莱雅主要生产染发护发、彩妆及护肤产品,它于1996年进入中国的市场,当时主要通过卖场和百货公司等渠道,在中国市场取得了不俗的销售业绩。自2007年以来,欧莱雅集团开始试水电子商务,并在不断完善这一有别于传统渠道营销模式的全新商业模式。

电子商务模式对化妆品行业来讲是一个重要的机会。它具有传统营销渠道无法比拟的优势:低廉的广告成本、销售成本,目标客户的精准定位、一对一个性营销的制定、丰富而全面的资讯等等。正是由于传统上高额的渠道成本,化妆品很难进入二三线地区,而这正是中国广大的消费市场所在。互联网凭借方便快捷无地域限制的优势迅速覆盖这些区域。因此,各大厂商纷纷开辟电子商务平台,目标直指其百货柜台无法全方位覆盖的中国二三线城市消费者,使二三线地区的消费者可以通过电子商务平台获得在线下无法购买的商品。这也是欧莱雅集团最初进军电子商务的目的。

欧莱雅集团是逐步探索电子商务的发展模式的。首先开展网络试水的是旗下的高端化妆品品牌——兰蔻系列产品(Lancome)。2006年初,欧莱雅集团推出了兰蔻玫瑰社区。这是一个以传播美丽精神、分享海量时尚美容资讯和提升中国女性内心气质与信心为宗旨的平台。经过多年的发展已经成为中国第一的专业高端美容论坛,拥有超过40万的注册用户,集美容、生活、交流于一体,并深受广大网友的喜爱。

2007年欧莱雅集团试水销上销售时也选择了兰蔻,在互联网上开通了兰蔻官方网站,开始网上销售。由于兰蔻已经在许多城市的百货公司的柜台出售,为了避免网络销售对柜台销售产生不利影响,欧莱雅集团决定,在兰蔻网站上购买的产品价格与柜台购买的价格完全一致,但是两种渠道的促销是各自独立的,优惠的时间、方式会有不同。通常而言,网上销售的活动比较多,比商场的优惠力度大。所以对于欧莱雅集团来说,开设网上商城的更主要的目的是为了更好地服务于居住在没有兰蔻专柜城市的消费者。

随后在2008年,欧莱雅集团选择与百度联手,利用搜索引擎营销推广兰蔻品牌和产品,直接产生在线的消费行为;2009年,欧莱雅旗下另一品牌碧欧泉也启动了网络销售。

接下来欧莱雅在中国的电子商务推广进一步加快。除了巩固玫瑰社区、兰蔻、在线商城网站社区,以及推出一些新的社区之外,欧莱雅还在寻求与电子商务平台网站的合作。2010年10月21日,欧莱雅淘宝商城官方旗舰店正式开启。欧莱雅集团的三大明星品牌巴黎欧莱雅,美宝莲和卡尼尔,相继入驻淘宝商城。

选择淘宝商城对于巴黎欧莱雅将是一个更加适宜发展的平台。淘宝网的垂直类目经营方式,有助于维护欧莱雅集团各品牌的网上零售渠道结构的合理与稳定,还可以帮助欧莱雅快速地建立服务团队,最有效地进行店铺经营。当然淘宝的庞大顾客群也是不容忽视的,淘宝网自建立以来一直保持每年超过100%的增速,2009年的全网交易额超过2 000亿元,注册用户已超过2亿。借助淘宝商城这一拥有巨大人气的销售平台,欧莱雅集团可以更低的成本,迅速获得更大的客户群。

2010年,方便广大消费者购买产品,欧莱雅官方网站也升级为网上商城。欧莱雅集团表示,未来还将继续加大对电子商务领域的投资。

虽然网上销售化妆品正变得越来越流行，但其中也存在一定的问题。不像专柜那样可以由专业的美容顾问，根据消费者肤质情况为消费者提供专业咨询服务。网上支付和信用问题也在一定程度上影响消费者的购买。欧莱雅还必须要面对网络与店面这两种销售方式在产品、价格、促销等方面的协调，以免相互产生不利影响。

（改编自《巴黎欧莱雅入驻淘宝商城》，齐鲁热线－财经，2010年10月25日；《欧莱雅试水电子商务网上销售化妆品》，牛商网，2008年8月9日；《巴黎欧莱雅入驻淘宝商城叫板宝洁"e生活家"》，C2CC中国化妆品网，2010年10月25日）

第二部分　案例教学

一、商业专业词汇

1. 集团：是指多个公司在业务、流通、生产等等方面联系紧密，从而聚集在一起形成的公司（或者企业）联盟。

2. 旗舰店：是企业在营销过程中设在某地最高级别的品牌形象展示店，一般来讲就是所处地段极佳、客流极强、销售极好之样板店，是代表某品牌或某大类商品的专卖店或专业店。

3. 专卖店：是专门经营或授权经营某一主要品牌商品（制造商品牌和中间商品牌）为主的零售业态。

4. 商业模式：是一种包含了一系列要素及其关系的概念性工具，用以阐明某个特定实体的商业逻辑。它描述了公司所能为客户提供的价值以及公司的内部结构、合作伙伴网络和关系资本（Relationship Capital）等借以实现（创造、推销和交付）这一价值并产生可持续盈利收入的逻辑。

5. 电子商务：电子商务通常是指是在全球各地广泛的商业贸易活动中，在互联网开放的网络环境下，基于浏览器/服务器应用方式，买卖双方不谋面地进行各种商贸活动，实现消费者的网上购物、商户之间的网上交易和在线电子支付以及各种商务活动、交易活动、金融活动和相关的综合服务活动的一种新型的商业运营模式。

6. 个性营销：应包含两个方面的含义：一方面是指企业的营销要有自己的个性、用自己的特色创造出需求吸引消费者；另一方面是全方位地满足顾客个性化的需求。

7. 营销渠道：是指某种货物或劳务从生产者向消费者移动时，取得这种货物或劳务所有权或帮助转移其所有权的所有企业或个人。简单地说，营销渠道就是商品和服务从生产者向消费者转移过程的具体通道或路径。

8. 目标客户（目标顾客）：指企业的产品或者服务的针对对象，是企业产品的直接购买者或使用者。目标顾客要解决的根本问题是，企业准备向哪些市场区间传递价值。

二、思考题

（一）根据案例内容回答问题

1. 欧莱雅为什么要开展电子商务？

2. 入驻淘宝商城对欧莱雅集团的意义在哪里？

3. 你认为化妆品进入电子商务可能会遇到哪些问题？

(二)讨论题

1. 你认为 B2C 类型的电子商务适合哪些产品。

2. 电子商务的类型你知道的有哪些？

第三部分　案例分析与总结

一、案例要点：网上商城、B2C

网上商城是一种在互联网平台上开设的商店，利用电子商务的各种手段，达成从买到卖的过程。网上商城通过互联网为消费者提供一个新型的购物环境，消费者通过网络在网上购物、在网上支付。这种模式节省了客户和企业的时间和空间，大大提高了交易效率，网上商城清还减少了实体店的租金和批发等中间环节，但需要物流配送至消费者，对传统线下实店的运营带来了较大影响。

B2C 是英文 Business-to-Consumer（商家对客户）的缩写，简称"商对客"，是电子商务的一种模式。B2C 一般以网络零售业为主，主要借助于互联网开展在线销售活动。与 C2C 不同的是，其供给方多为厂商或商家，这有助于提高交易信任度。

二、案例总结

据统计，化妆品已经成为在互联网上销售收入排名第三的行业。化妆品开展网络销售已经成为必然趋势。欧莱雅集团开始尝试探索电子商务。

欧莱雅集团的电子商务业务是逐步展开的，通过不断探索，欧莱雅从兰蔻玫瑰社区到兰蔻官方网站，一步步试水电子商务。后来也积极开展与其他网络平台的合作，与百度的联合品牌推广，到淘宝商城的建立，欧莱雅集团的电子商务发展不断深入。

首先在电子商务方式上，开始在网上建立玫瑰社区，开展品牌沟通和论坛平台，随后开始进行网上销售。其次在品牌方面，先从高端兰蔻入手，随后再扩展至其他品牌；再次，与网络平台的合作方式，也从是逐步拓展合作伙伴，逐步与百度、淘宝商城的合作逐步深入，从官方网站逐步升级为网上商城。欧莱雅集团与淘宝的合作在某种程度上反映了欧莱雅大力发展电子商务的决心。三大明星品牌巴黎欧莱雅，美宝莲和卡尼尔，相继入驻淘宝商城。欧莱雅集团在淘宝上的销量也不断增长。

化妆品的网上销售仍然面临着很多的问题，即要促进网上销售，又不对线下的实体店销售产生太大的影响，也是这个世界化妆品零售巨头欧莱雅集团所思考的。

第四部分　案例使用说明

一、教学目的与用途

该案例涉及电子商务的内容。结合案例对电子商务基本理论进行讲解。首先,阐述传统企业对电子商务的应用。然后,介绍电子商务对欧莱雅的经营会带来哪些有利影响。说明电子商务已经成为传统化妆品商竞争的新领域。

二、案例分析思路

1. 介绍欧莱雅集团及化妆品的网络销售情况。
2. 探寻欧莱雅集团发展电子商务的原因。
3. 分析欧莱雅集团在电子商务方面的探索。
4. 与淘宝网在哪些方面开展战略合作。
5. 分析此项合作给欧莱雅带来了哪些好处。
6. 讨论化妆品企业在开展电子商务时会面临哪些问题。
7. 总结与归纳电子商务给化妆品企业经营带来的变化。

三、相关网络链接

《巴黎欧莱雅入驻淘宝商城》,齐鲁热线—财经,2010年10月25日。http://www.zghzp.com/news/qdtx/dzsw/33205.html。

《欧莱雅试水电子商务网上销售化妆品》,牛商网,2008年8月9日。http://www.nsw88.com/Article/oulaiyashishuidianzishangwuwangshangxiaoshouhuazhuangpin_1.html。

《巴黎欧莱雅入驻淘宝商城叫板宝洁"e生活家"》,C2CC中国化妆品网,2010年10月25日。http://news.c2cc.cn/wgx/data/201010/495320.htm。

四、建议课堂计划

建议使用六节课。
第一节课:讲解重要商务词汇与案例背景,进行案例学习准备。
重要商务词汇:电子商务平台、B2C、商业模式、目标客户、个性营销。
第二节课:讲解案例正文,理清案例发展脉络,帮助学生理解案例。
案例讲解内容:
(1)介绍欧莱雅的相关背景资料;
(2)描述欧莱雅进军电子商务的行为;
(3)描述欧莱雅选择和淘宝网合作的原因;
(4)了解电子商务平台的发展前景。

第三～四节课:展开案例分析和讨论。

(1)欧莱雅为何要进军电子商务?

(2)欧莱雅为何选择与淘宝网合作?

(3)欧莱雅与淘宝网的合作为谁带来了好处,带来了哪些好处?

(4)如果你是消费者,你购买化妆品时,会选择网购吗?

(5)在网购时,你会考虑哪些因素?

第五～六节课:进行案例总结,布置课后作业,完成案例书面报告。

(1)你认为B2C类型的电子商务适合哪些产品。

(2)电子商务的类型你知道的有哪些?

电子商务——中韩

Electronic Business

阿里巴巴与 KOTRA 的战略合作

第一部分　案例陈述

案例提要

2010年,中国最大的电子商务提供商阿里巴巴,与韩国非营利性政府机构大韩贸易投资振兴公社(KOTRA)在杭州正式签署战略合作协议,针对中国和韩国中小企业的进出口贸易,建立更顺畅和更安全的电子商务合作体系。此举有助于加快阿里巴巴国际化的步伐。此次战略合作,也是阿里巴巴对韩国市场的第二次尝试。

关键词语

阿里巴巴　KOTRA　电子商务　中小企业　进出口

案例背景

自2006年以来,随着中国互联网企业的发展壮大,它们开始选择向进军海外市场进军。在2007年9月,阿里巴巴集团对外宣布了进军海外市场的计划。阿里巴巴是1999年成立的一个企业对企业(B2B)的网上贸易市场平台。到2010年,阿里巴巴已发经发展成为中国最大、世界第二的电子商务公司。韩国市场一直是阿里巴巴很重视的市场,早在2001年,阿里巴巴曾经进军韩国市场,但因发展不力而撤出。到2010年,阿里巴巴再次进入韩国市场。

案例正文

作为中国最大的电子商务提供商,阿里巴巴在2010年与韩国非营利性政府机构大韩贸易投资振兴公社(KOTRA),在杭州正式签署战略合作协议,专门针对中国和韩国中小企业构建一个网上进出口贸易平台。此举表明,阿里巴巴正在进一步开拓韩国市场。

其实早在2001年,阿里巴巴曾进军韩国市场,但发展状况不佳,最终不得不选择退出。这一结局或许是因为当时阿里巴巴的经营模式不适应于韩国市场,或许因为阿里巴巴本身在中国市场的规模有限。再加上当时互联网泡沫的破裂,大批互联网企业的资金流受到影响,阿里巴巴也不例外，所以最终退出了韩国市场。

但是阿里巴巴始终认为，韩国市场对中国企业来说是一个非常重要的市场。根据中国商务部数据显示，近年来中国进口商品金额呈现不断上升的趋势。2009年中国进口总额接近8000亿美元，其中日本、韩国、美国成为中国主要消费品进口国。韩国的服装、首饰和化妆品等小额商品在中国比较受欢迎，中国大批零售商希望能够找到合适的采购批发渠道来采购韩国产品。

阿里巴巴作为一个B2B贸易平台，这个平台上虽然集聚了大批要求采购韩国产品的采购商，但如何吸引韩国中小企业加入阿里巴巴的网上贸易平台？阿里巴巴虽然在中国是一个家喻户晓的企业，但在韩国市场上，阿里巴巴还不是非常有名。如果阿里巴巴依赖于自己的力量去开拓市场，将需要非常高的成本和时间投入。所以阿里巴巴选择与KOTRA合作。

KOTRA是帮助韩国中小企业出口的非营利性韩国政府机构，隶属于韩国知识经济部，创建于1962年。KOTRA现由105个海外韩国贸易馆和8个韩国地方贸易馆组成，在中国有10个贸易馆，分布于北京和上海等城市。

2008年7月，阿里巴巴开启了与KOTRA合作的进程。当时阿里巴巴中国网站ETC(Export to China)部门就与KOTRA联合成立专门项目组，负责引入韩国中小企业到阿里巴巴小额批发平台，同时开始进行跨国支付、物流等方面的尝试。到2009年，这个小额批发平台已测试引入20多家韩国企业，在中国网站实现韩国商品日均3万元左右的成功在线支付交易额。

2010年，阿里巴巴与KOTRA建立战略合作关系，共同在阿里巴巴(china.alibaba.com)的中国网站平台上正式开设"韩国频道"，根据业务需要，通过线上、线下等多种渠道进行韩国商品推广。KOTRA帮助阿里巴巴引入适合小额批发在线交易的优质韩国供应商。阿里巴巴也投入相应的技术开发力量进行平台改进，改进内容包括境外收单、信息发布、韩国会员身份标识等，这样可以帮助韩国供应商顺利进入阿里巴巴网站。

阿里巴巴CEO卫哲表示："与KOTRA正式结盟，可以看作是阿里巴巴全球进口ETC(Export to China)战略的一部分，核心是打造一个进口商品小额批发在线交易平台。"目前该平台已经打入日本、韩国市场并迅速崛起。

KOTRA社长赵焕益也认为，目前电子商务已经成为中韩两国进出口贸易的主要方式，2009年淘宝网进口商品销售额预计为200亿元人民币，其中30%的进口商品来自韩国。在他看来，KOTRA与阿里巴巴合作能加快全球中小企业的电子商务步伐。

阿里巴巴或KOTRA都对这次合作寄予很大的希望。阿里巴巴希望探索一种模式并在未来将这种模式推广至更多的海外国家，使中国的中小企业能便利地从阿里巴巴平台采购批发世界各地的商品。KOTRA希望电子商务能帮助韩国中小企业的发展，通过阿里巴巴这样的商务平台来促进韩国中小企业的产品较便捷地进入中国市场。

但是，此次战略合作能否真正实现双方的愿望，还有许多工作要做。尤其对于阿里巴巴公司来说，要让韩国中小企业愿意加盟，还必须配合一系列推广活动和后台支持活动，让韩国中小企业认识阿里巴巴并且能够在阿里巴巴网站顺利开展交易。

（改编自《阿里巴巴结盟韩国企业加速拓展海外市场》，北京商报，2010年1月13日；《阿里巴巴结盟韩国KOTRA》，江南时报，2010年1月13日）

第二部分　案例教学

一、商业专业词汇

1. 战略合作：是出于长期共赢考虑，建立在共同利益基础上，实现深度的合作。战略合作是合作上方或更多方的一种取长补短、相辅相成的一种经营模式。

2. 电子商务：在因特网开放的网络环境下，基于浏览器/服务器应用方式，买卖双方不谋面地进行各种商贸活动，实现消费者的网上购物、商户之间的网上交易和在线电子支付以及各种商务活动、交易活动、金融活动和相关的综合服务活动的一种新型的商业运营模式。

3. 零售商：是指将商品直接销售给最终消费者的中间商，是相对于生产者和批发商而言，处于商品流通的最终阶段。

4. 采购：是指企业在一定的条件下从供应市场获取产品或服务作为企业资源，以保证企业生产及经营活动正常开展的一项企业经营活动。

5. 批发：专门从事大宗商品交易的商业活动。零售的对称。是商品流通中不可缺少的一个环节。

6. 董事：是指由公司股东会选举产生的具有实际权力和权威的管理公司事务的人员，是公司内部治理的主要力量，对内管理公司事务，对外代表公司进行经济活动。

7. 供应商：是指直接向零售商提供商品及相应服务的企业及其分支机构、个体工商户，包括制造商、经销商和其他中介商。

8. 项目组：是指为了完成某个特定的任务而把一群不同背景、不同技能和来自不同部门的人组织在一起的组织形式。

9. 物流：是供应链活动的一部分，是为了满足客户需要而对商品、服务以及相关信息从产地到消费地的高效、低成本流动和储存进行的规划、实施与控制的过程。

10. B2B：business to business，是企业对企业之间的一种营销和交易关系。

二、思考题

(一)根据案例内容回答问题

1. 阿里巴巴为什么选择与 KOTRA 合作？
2. KOTRA 为什么选择与阿里巴巴合作？
3. 阿里巴巴与 KOTRA 在哪些方面开展了合作？

(二)讨论题

1. 试分析阿里巴巴对中小企业发展的促进作用。
2. 电子商务对中小企业进出口贸易有什么影响？
3. 战略联盟这种企业合作形式具有哪些特点？

第三部分　案例分析与总结

一、案例要点：战略联盟、B2B

战略联盟就是两个或两个以上的企业为了达到共同的战略目标而采取的相互合作、共担风险、共享利益的联合行动。由于产品的特点、行业的性质、竞争的程度、企业的目标和自身优势等因素的差异，企业间采取的战略联盟形式呈现出多样性。

B2B，business to business，是企业对企业之间的营销和交易关系。B2B 的交易方式使买卖双方能够在网上完成整个业务流程，网络的便利及延伸性使企业扩大了活动范围，企业发展跨地区跨国界更方便，成本更低廉。

二、案例总结

进入韩国市场是阿里巴巴国际化的重要一步，但是 2001 年进军韩国市场的失利也让阿里巴巴不断探索新的国际化发展模式。

阿里巴巴选择与韩国非营利性政府机构大韩贸易投资振兴公社（KOTRA）合作，就是一种新的尝试。合作可以使阿里巴巴借用 KOTRA 的资源实现扩展。KOTRA 作为隶属于韩国知识经济部的政府机构，旨在帮助韩国中小企业出口，所以它能够给阿里巴巴网站带来大量的韩国企业，这有助于阿里巴巴实现市场推广。

但是网上交易还需要许多后台支持。阿里巴巴也是一步步加深与 KOTRA 的合作，于 2008 年开始尝试，到 2010 年建立战略合作关系，构建网上交易平台。阿里巴巴在这个过程中不断完善技术和网络系统，以有助于韩国中小企业开展网上交易。当然这个工作还有待继续强化。

此外，中国对韩国来讲是也是重要的市场。作为一家全球知名的电子商务企业，阿里巴巴能够让韩国的中小企业更便捷地进入中国乃至全球市场。在韩国 99% 的企业是中小企业，88% 的劳动力在中小企业就业，让更多的韩国中小企业通过阿里巴巴或是淘宝网进入中国，能够给韩国企业带来更多的发展机会，这可能也是 KOTRA 结盟阿里巴巴的重要原因。

第四部分　案例使用说明

一、教学目的与用途

该案例涉及战略与电子商务的内容。结合案例讲解电子商务领域的基本概念和理论。首先，阐述电子商务对传统商业的影响及其在经济管理中的重要性。结合案例，讨论阿里巴巴进入韩国对两国市场的影响，尤其是韩国中心企业的意义。并讨论进入韩国市场对阿里巴巴的战略意义。

二、案例分析思路

1. 探寻阿里巴巴与 KOTRA 开展战略合作的原因。
2. 分析阿里巴巴与 KOTRA 在哪些方面开展战略合作。
3. 分析此项战略合作给阿里巴巴带来了哪些好处。
4. 讨论这项战略合作给其他企业带来了怎样的启示。
5. 总结与归纳电子商务给现代生活带来的变化。

三、相关网络链接

《阿里巴巴结盟韩国企业加速拓展海外市场》,北京商报,2010 年 1 月 13 日。http://tech.qq.com/a/20100113/000182.htm。

《阿里巴巴结盟韩国 KOTRA》,江南时报,2010 年 1 月 13 日。http://paper.people.com.cn/jnsb/html/2010-01/13/content_425528.htm。

四、建议课堂计划

建议使用六节课。

第一节课:讲解重要商务词汇与案例背景,进行案例学习准备。

重要商务词汇:战略合作、零售商、供应商、贸易、物流。

第二节课:讲解案例正文,理清案例发展脉络,帮助学生理解案例。

案例讲解内容:

(1)介绍阿里巴巴和 KOTRA 相关背景资料;
(2)描述阿里巴巴和 KOTRA 的合作行为;
(3)描述阿里巴巴的进入对韩国中小企业的意义;
(4)了解此战略联盟对阿里巴巴的意义。

第三～四节课:展开案例分析和讨论。

(1)阿里巴巴为何要进入韩国市场?
(2)阿里巴巴为何选择与 KOTRA 合作?
(3)阿里巴巴与 KOTRA 的合作为谁带来了好处,带来了哪些好处?
(4)如果你是中小企业主,在出口产品时,会选择哪些方式?

第五～六节课:进行案例总结,布置课后作业,完成案例书面报告。

(1)电子商务对中小企业进出口贸易有什么影响?
(2)战略联盟这种企业合作形式具有哪些特点?

电子商务——中美

Electronic Business

eBay 中国：弃子的生存法则

第一部分　案例陈述

案例提要

eBay 在放弃 C2C 平台之后，转向利用其全球平台服务做外贸，在中国客户面临再一次证明了其价值。外贸业务或许能够为 eBay 在中国市场找到一个新的增长点，eBay 也在不断加大对此业务上的关注。

关键词语

eBay　C2C　淘宝全球网络

案例背景

当惠特曼正式宣布将易趣业务转让给 TOM 中国的时候，eBay 中国实际上已成一颗弃子。虽然惠特曼一再强调，这是一种演变而非撤出，但是在大多数人看来，放弃 C2C 平台，意味着 eBay 承认了自己在中国的失败。在此前的 1000 天中，从大张旗鼓地进攻到被动防守，最后，模式的局限和本土化的缺失让这家全球最大的电子商务平台选择了放弃曾被寄予厚望的 eBay 中国。眼见市场无法挽回，母公司断尾求生，切断继续追加的投入以止损，在逻辑上并无可指责，那么，被"战略性放弃"的 eBay 中国又该何去何从？

案例正文

2002 年，全球最大的 C2C 电子商务平台 eBay，通过入股国内 C2C 平台易趣网，进入了中国市场，在其全球首席执行官惠特曼看来，中国的 C2C 电子商务，是一场"可以在 18 个月内解决的战争"。2003 年完成对易趣的全资收购后，eBay 在中国 C2C 市场的占有率达到了 79%。

但是 2005 年，阿里巴巴旗下的淘宝网上线，采取免费的策略，迅速吸引了大量卖家。eBay 采取的是收费方式，卖方在 ebay 上开店要支付登录费、开店费等，商品售出还要交纳交易费，到了 2005 年初，eBay 的市场占有率下滑到 24%，淘宝则上升到了 57%。一年后这一差距被进一步拉大，沮丧的 eBay 决定摆脱这一无法带来正向现金流的市场，2006 年，eBay 出售了易趣 51% 的股权。

当廖光宇在 2007 年被任命为 eBay 中国区总裁时，eBay 在 C2C 市场的失败已成定局。作为弃子的 eBay 该何去何从？此时，一直被 eBay 忽视的中国外贸卖家引起了廖光宇的注意。早在易趣时代，一些先知先觉的中国卖家们就在 eBay 全球的平台上尝试外贸零售的业务，2004～2005 年的一年时间，eBay 网上中国跨国贸易的卖家数量猛增了 7 倍，一些成功卖家的月成交额超过 10 万美元，有的甚至达到 40 万美元。由于此前一直将注意力集中在 C2C 业务拓展，eBay 对这一业务并没有投入太多的精力，但是，对于失去 C2C 阵地后，这样的增长显得弥足珍贵。

经过一番卖家调研后，eBay 开始重视这一市场。2009 年淘宝网也开始讨论"卖家分层"，以前逐步成长起来的中国卖家群体，已经出现了分化。在金字塔型的卖家分层中，底层的小卖家仍专注于在淘宝等 C2C 平台上的内贸经营，而金字塔的顶层，是拥有充足的资金支持以及丰富的在线营销经验的独立外贸网店。而二者之间的中层卖家，就是外贸零售业务的潜在力量。

eBay 中国意识到，自己应该为中国电子商务中层卖家"铺路搭桥"，帮助其走向 eBay 的全球市场。廖光宇发现，这可能是中国电子商务的蓝海。首先这项业务利润较高，价格低廉的中国制造商品在国外往往以数倍的价格出售，这为绕过诸多中间环节的网上贸易提供了足够的利润空间。据统计，外贸批发、零售能够保证超过 30% 的利润；其次，在当时的中国电子商务市场里，阿里巴巴 B2B 只提供资讯服务，并未涉及交易环节，而且其业务主要侧重于大额商品、原料及半成品等外贸市场，直至 2009 年，才低调推出了在线外贸工具"速卖通"，开发小额外贸交易市场。当时重视外贸小额批发的交易平台是敦煌网，但是与 eBay 相比，从零做起的敦煌网实力较弱。而 eBay 中国却拥有竞争对手们并不具备的优势：一个全球化的平台。eBay 在全球 40 个站点，覆盖 160 个国家和地区的购买群体，3.38 亿的注册用户。这个全球网络对 eBay 开拓中国国内 C2C 市场没有意义，但对于中国外贸卖家则有巨大的吸引力。

2008 年下半年开始，eBay 开始进入受金融危机影响严重的地区，相继在深圳、广州、佛山、温州、义乌、成都和武汉等地设立办事处，吸纳卖家。很快，大量线下卖家、厂家被引入 eBay，伴随着这一群体的增长，eBay 中国区成为 eBay 全球排名前十位市场中，唯一能在 2008－2010 年里保持三位数字增长的区域。

2009 年，eBay 中国为 eBay 带来的交易额达到了 9 亿多美金。目前 eBay 中国已经成为 eBay 的全球第五大利润中心。也就是说，通过重新定位，eBay 找到了重启中国市场的基点，这个被认为"失败"的弃子，再次向市场证明了自己的价值。

但是，eBay 的未来发展还充满变数，一是 ebay 强调全球市场的一致性，而非个性化，比如目前的全英文网页让许多中国卖家感到不便，无法针对中国卖家特性对平台本身进行调整，还是让 eBay 中国显得有些被动。二是竞争对手的发展，eBay 的老对手阿里巴巴将其"速卖通"从 B2B 业务中独立出来，成为拥有独立域名的平台，敦煌网公经过几年高速增长也吸引了大量的风险投资，实力不断增强。

（改编自《"弃子"的生存法则》，21 世纪商业评论，2010 年 10 月 25 日）

第二部分　案例教学

一、商业专业词汇

1. C2C：电子商务的专业用语，是个人与个人之间的电子商务。
2. 首席执行官（CEO）：是在一个企业中负责日常经营管理的最高级管理人员。
3. 外贸：对外贸易亦称"国外贸易"或"进出口贸易"，简称"外贸"，是指一个国家（地区）与另一个国家（地区）之间的商品、劳务和技术的交换活动。
4. 蓝海：是一种没有恶性竞争，充满利润和诱惑的新兴市场，是一种避免激烈竞争，追求创新的商业战略。
5. 风险投资：从投资行为的角度来讲，风险投资（VC）是把资本投向蕴藏着失败风险的高新技术及其产品的研究开发领域，旨在促使高新技术成果尽快商品化、产业化，以取得高资本收益的一种投资过程。
6. B2B：是指一个市场的领域的一种，是企业对企业之间的营销和交易关系。

二、思考题

（一）根据案例内容回答问题
1. 淘宝是通过什么手段在与 eBay 的竞争中取得优势的？
2. eBay 在 C2C 业务失败后，重新在哪个市场获得了成功？

（二）讨论题
1. 你认为 eBay 的发展外贸业务有什么优势和劣势？
2. 面对现在阿里巴巴的绝对强势的局面，eBay 在中国应该采取什么策略？

第三部分　案例分析与总结

一、案例要点：蓝海战略

蓝海战略强调开拓新的未知市场，原来的"红海市场"的竞争格局已经形成，在有限的市场上竞争，赢利能力和发展空间有限。运用蓝海战略，将视线从超越竞争对手转向买方需求，跨越现有的竞争边界，重新梳不同市场的买方价值元素，创新需求并开拓新市场，将给定结构下的竞争转向推动市场结构的转变。

蓝海战略的目的是规避与竞争对手在过于激烈的市场上竞争，使用创新行为发现新的市场需求。eBay 对于外贸零售市场的发掘和开发就是很好地贯彻了蓝海战略，避免了与淘宝网在 C2C 领域的过于激烈的竞争，利用自身的跨国企业的优势，发现了这样一个蓝海市场。

二、案例总结

价值创新是蓝海战略的基石，只有创造出与竞争对手不同的产品或者服务才能够在市场中占得先机。

eBay 在中国 C2C 市场上的份额虽然不断萎缩，但 eBay 在全球市场上仍具有强大的竞争力，其业务更是遍布全球多个国家。eBay 重新选择外贸业务，也可以借用其目前在全球市场上的客户和资源优势。这样可以避开在中国大陆 C2C 这个红海，转向目前竞争相对较少的外贸业务市场。

eBay 在中国能做的还有很多，阿里巴巴并没有把触角伸到每个角落，最本质的还是价值创新，也就是如何能够发现其在中国的新的蓝海。

第四部分　案例使用说明

一、教学目的与用途

案例讲述了 eBay 的业务的重新选择。通过该案例的学习，一是让学生了解互联网经济、C2C、B2B 等业务形态及发展状况；二是让学生体会战略转型和业务选择。该案例适用于高级汉语的学员，适用于商务汉语案例课程，难度偏高。

二、案例分析思路

1. 介绍 eBay 公司相关背景。
2. 描述 eBay 在中国当前的困境。
3. 分析 eBay 的业务重新选择。
4. 讨论 eBay 在外贸业务上的优势。
5. 讨论外贸业务的竞争情况。
6. 总结案例启示。

三、相关网络链接

《"弃子"的生存法则》，21 世纪商业评论，2010 年 10 月 25 日。
《eBay 中国调整中国发展战略》，中证网，2010 年 2 月 1 日。
《eBay 中国重生》，互联网，2011 年 1 月 17 日。
《eBay 称中国电子商务市场无利可图重塑在华模式》，搜狐 IT，2011 年 6 月 18 日。
《C2C》，百度百科。
《首席执行官》，百度百科。
《外贸》，百度百科。
《蓝海》，百度百科。
《风险投资》，百度百科。

《B2B》,百度百科。

四、建议课堂计划

建议使用六节课。

第一节课:讲解重要商务词汇与案例背景,进行案例学习准备。

重要商务词汇:C2C、外贸、蓝海战略。

第二节课:讲解案例正文,理清案例发展脉络,帮助学生理解案例。

案例讲解内容:

(1)介绍 eBay 的相关背景资料;

(2)描述 eBay 在中国高层遇到的困难;

(3)了解 eBay 的外贸业务选择;

(4)了解 eBay 在外贸上的竞争情况。

第三～四节课:展开案例分析和讨论。

(1)eBay 为什么转向外贸业务?

(2)eBay 如何开展外贸业务?

(3)eBay 在外贸业务上面临哪些竞争?

第五～六节课:进行案例总结,布置课后作业,完成案例书面报告。

(1)你认为 eBay 的发展外贸业务有什么优势和劣势?

(2)面对现在阿里巴巴的绝对强势的局面,eBay 在中国应该采取什么策略?

电子商务——中日

Electronic Business

JChere 开启中日购物新模式

第一部分 案例陈述

案例提要

随着中日贸易的日益增多,中日之间的电子商务贸易也日渐频繁。Jchere 日本直购网就是在这种浪潮下应运而生的一家 B2C 的电子商务公司。该公司以简单,快捷的运营模式,为中国消费者提高日本厂家直销的产品,价格低廉而且品质有保证,日益受到中国消费者的青睐。

关键词语

Jchere B2C 直购网 电子商务

案例背景

日本 JChere 株式会社是一家致力于中日文化、经济交流,集购物、贸易、房地产、旅游于一体的日本网络媒体集团公司。JChere 日本商品直送网,是该公司旗下的电子商务平台。虽然 B2C 在中国早就不是什么新鲜事,各类公司都在纷纷建立自己的电子商务网站。但是面向中国国内网民,固定销售某一特定国家产品的 B2C 电子商务网站,尚属少见。JChere 日本商品直送网就是这样一家专营日本产品的网站。它直接面向中国消费者,向中国销售者销售的各种琳琅满目的日本本土商品。

案例正文

Jchere 是 Japan China from here 的缩写,公司业务范围定位于专做中日市场贸易。JChere 网站上销售的产品包括化妆品、流行服饰、日用品、电子产品等。JChere 日本商品直送网的经营理念是:"购物安全放心、价格实惠、商品质量严格把关;通过电子商务的平台,我们提供超过 100 余万种日本商品的直接送货服务。"

Jchere 日本商品直送网的诞生,有以下几点原因:

首先,迎合跨国网购潮流,更加贴近消费者。如今的消费者所关注的早已不仅仅是门口超市的特价产品,他们甚至对远在大洋彼岸的某个商场打折信息了若指掌。在各大消费论坛中组织去某某国家团购、代购,然后通过已被广泛认可的网上支付,安全地拿到货品,已经成为时下年轻人最熟悉的购物方式之一。在国内网络购物习惯已经养成的大环境下,传统的商品逐渐难以满足网购群体的购物需求,JChere日本商品直送网在此时出现,很大程度上迎合了消费者的需要。

其次,直购网体现了互助互利,顺应了市场需求。由日本生产,出口至中国的产品,有不少为中国民众所钟爱。如日本的护肤品、电子产品,都在中国消费者中享有很高的口碑。随着中国经济的飞速发展,中国老百姓的收入增加,更加注重生活品"质",日本产品在一定程度上满足了消费者对"质"的追求。以前,中国消费者为了购买日本商品,往往要忍受中间商的大幅提价。JChere作为日本商品的直送网,是由日本公司直接来开店的网络交易平台,大大减少了中间环节,价格更加合理。JChere日本商品直送网方面人士也表示:"从日本企业的角度,直接把自己的产品销售给中国的最终消费者,可以亲身体验中国消费者的需求并进行市场调查,从而改善销售方式与改进产品"。所以说,JChere日本商品直送网的出现并非偶然,是市场需求发展的必然产物。

另外,JChere日本商品直送网具有成熟的技术,可以免除网购后顾之忧。这主要归功于其丰富的中日合作经验和成熟的互联网运营经验。在语言问题上,JChere日本商品直送网采用的是中日双语显示,这样就解决了浏览问题。同时JChere日本商品直送网上还保持了日本商品的叫法和称号,让有日本购物经验或按杂志推荐进行购买的消费者可以有所参考对照。而在购物货币上,中国的消费者只要通过支付宝、贝宝、网上银行支付人民币,就能轻松购物了,一切价格都按人民币来显示。与此同时,JChere日本商品直送网还和日本邮政集团合作,通过EMS运输,提供快捷的运送方式。

JChere日本商品直送网即满足了日本商家销售产品的需要,更满足中国消费者购买日货的需求,给两国的买卖双方之间搭起了一座沟通交流的桥梁。采用B2C的模式,还可以更有效解决货品质量、诚信、货币兑换、送货等在电子商务中最容易引起纠纷的问题。自开通以后,日本商品直送网购物量直线上升,众多消费者在"厌倦"了国内日常商品后,纷纷采用这种网络购物的方式,购买日本原装商品。相信不久的将来,JChere日本商品直送网会成为中国消费者购买日货的重要渠道之一。

(参考资料:《日本B2C进入中国开启中日网上购物新模式》,新浪科技,2009年,http://tech.sina.com.cn/i/2009-07-01/11183226243.shtml;《中国网购市场繁荣海外直购成为可能》,艾瑞报道,2009年9月,http://news.iresearch.cn/0468/20090914/101216.shtml;《跨国网购:洞悉硝烟弥漫的背后》,艾瑞报道,2010年9月,http://ec.iresearch.cn/html/20100902/123112.shtml; Jchere日本商品直送网:http://www.jchere.com/)

第二部分　案例教学

一、商业专业词汇

1. 市场需求:是指一定的顾客在一定的地区、一定的时间、一定的市场营销环境和一定的市场营销方案下对某种商品或服务愿意而且能够购买的数量。可见市场需求是消费者需求的总和。

2. 市场调查：就是指运用科学的方法，有目的地、有系统地搜集、记录、整理有关市场营销信息和资料，分析市场情况，了解市场的现状及其发展趋势，为市场预测和营销决策提供客观的、正确的资料。

3. 团购：就是团体购物，指的是认识的或者不认识的消费者联合起来，来加大与商家的谈判能力，以求得最优价格的一种购物方式。

4. 集团：是为了一定的目的组织起来共同行动的团体。指多个公司在业务、流通、生产等等方面联系紧密，从而聚集在一起形成的公司（或者企业）联盟。

5. 直购：是直接采购或直接购买的简称。指避开中间商，直接从商家购买。

6. B2C：是英文 Business-to-Consumer（商家对客户）的缩写，而其中文简称为"商对客"。"商对客"是电子商务的一种模式，也就是通常说的商业零售，直接面向消费者销售产品和服务。

7. 电子商务：在互联网开放的网络环境下，基于浏览器/服务器应用方式，买卖双方不谋面地进行各种商贸活动，实现消费者的网上购物、商户之间的网上交易和在线电子支付以及各种商务活动、交易活动、金融活动和相关的综合服务活动的一种新型的商业运营模式。

二、思考题

（一）根据案例内容回答问题

1. Jchere 日本直购网诞生的原因有哪些？
2. 消费者在 Jchere 日本直购网上能买到什么样的产品，与其他网站相比有什么特别？
3. 从日本厂商的角度考虑，为什么要把产品放在 Jchere 直购网上交易？

（二）讨论题

1. 你是否使用过 B2C 业务，谈谈你的网购经历。
2. 如果中国的淘宝商城也做日本的直送业务，Jchere 应该如何应对？
3. 你认为 Jchere 日本直购网还存在什么样的问题？应如何改进？

第三部分 案例分析与总结

一、案例要点：B2C

B2C 是英文 Business－to－Consumer（商家对客户）的缩写，中文简称"商对客"。B2C 是电子商务的一种模式，直接面向消费者销售产品和服务。B2C 主要借助于互联网开展在线销售活动。根据运营与管理的不同，B2C 网站可以分为：(1)综合型 B2C，运用自身的品牌影响力，开展综合类产品或服务的在线零售，如卓越、亚马逊；(2)垂直型 B2C，这类企业聚焦于特定产品品类，在核心领域拓展市场。(3)传统生产企业的网络直销型 B2C，即生产企业利用网络平台开展的在线直销,如李宁网上商城。(4)平台型 B2C 网站,这类网站负责构建一个运营平台,让买卖双方在网上开展交易,网站提供各类交易所需要的服务,如天猫。

二、案例总结

中国网络交易额不断增长,网商数量和网民数据也在不断增长。

Jchere 是一家日本商品直送网,也是看到了中国网购市场的发展机会,以及中国消费者对日本产品的喜爱。Jchere 专注与中日贸易市场,为中国消费者提供直接接触日本厂商的机会,也给予日本厂商一个"面对面"与中国顾客交流的机会。

Jchere 专注于直销,从而节省了中间环节的开销,让中国消费者买到最实惠,又最放心的日本产品。网络购物的模式以及被越来越多的中国消费者所接受,再加上 Jchere 有着丰富的电子商务运营经验,有理由相信 Jchere 日本商品直送网将在中国走得更远。

第四部分　案例使用说明

一、教学目的与用途

通过本案例的学习,让学生对于电子商务中的"B2C 模式"有一定的了解。同时把握 JCHere 日本商品直送网这种跨国 B2C 模式的发展。

二、分析思路

1. 介绍 Jhere 日本商品直送网的基本情况。
2. 分析 Jhere 日本商品直送网产生的原因。
3. 分析 Jhere 日本商品直送网的运作情况。
4. 讨论 Jhere 日本商品直送网的业务特征。
5. 讨论 Jhere 日本商品直送网与国内电子商务网站的不同。
6. 讨论 Jhere 日本商品直送网未来的发展前景。

三、案例教学支持

《日本 B2C 进入中国开启中日网上购物新模式》,新浪科技,2009 年,http://tech.sina.com.cn/i/2009－07－01/11183226243.shtml。

《中国网购市场繁荣海外直购成为可能》,艾瑞报道,2009 年 9 月,http://news.iresearch.cn/0468/20090914/101216.shtml。

《跨国网购:洞悉硝烟弥漫的背后》,艾瑞报道,2010 年 9 月,http://ec.iresearch.cn/html/20100902/123112.shtml。

Jchere 日本商品直送网:http://www.jchere.com/。

四、建议课堂计划

建议使用六节课。

第一节课：讲解重要商务词汇与案例背景，进行案例学习准备。

重要商务词汇：B2C、网上交易、电子商务、直购网。

第二节课：讲解案例正文，理清案例发展脉络，帮助学生理解案例。

案例讲解内容：

(1) 介绍日本 JChere 株式会社；

(2) 介绍 Jchere 日本直购网；

(3) 描述 Jchere 日本直购网满足了哪几方的需求。

第三～四节课：展开案例分析和讨论。

(1) Jchere 日本直购网是在什么背景下诞生的？

(2) Jchere 日本直购网与其他网购平台有什么相同与不同？

(3) Jchere 日本直购网搭建了怎样的一个桥梁？

(4) 作为消费者，你会选择直购网么，为什么？

(5) 如果建立一个面对日本市场购买中国产品的直购网，你会选择什么商品？

第五～六节课：进行案例总结，布置课后作业，完成案例书面报告。

(1) 你认为 Jchere 日本直购网还有什么需要改进？

(2) 你认为一个好的直购网需要做好哪几点？

电子商务——中澳

Electronic Business

澳大利亚旅游局的数字营销

第一部分　案例陈述

案例提要

澳大利亚旅游局针对中国消费市场的扩大，确立了数字营销与品牌运作相结合的营销方向，决定通过各种形式的网络推广，吸引更多的中国游客前往澳大利亚观光。澳大利亚旅游局推出"牵手世博，相约澳洲"，"澳大利亚尽是不同"，借助互动数字媒体技术，把澳大利亚当地人的精彩个人度假体验推荐给广大中国消费者。

关键词语

旅游　澳大利亚　数字营销网站

案例背景

澳大利亚旅游局是澳大利亚联邦政府旗下专门负责推广旅游的部门，主要宗旨是：在澳大利亚国内和全球主要国家及地区市场开展宣传，全方位推广澳大利亚旅游，树立并宣传澳大利亚作为最佳商务及休闲旅游目的地的形象。1999年4月22日，澳大利亚正式被中国国家旅游局授予《中国公民自费出境旅游目的地》，澳大利亚旅游局驻上海办事处于同日成立，成为首个正式向中国公民推广出境旅游的西方国家。

案例正文

据澳大利亚旅游预测委员会最新统计，2010年1月至8月，中国内地赴澳旅游人数达311 600人，较去年同期上升23%，而从香港和台湾的赴澳人数分别为108 800人和61 500人。澳大利亚旅游局针对中国消费市场的扩大，确立了数字营销与品牌运作相结合的营销方向，决定通过各种形式的网络推广，吸引更多的中国游客前后澳大利亚观光。

第一，牵手世博，相约澳洲。

2010年5月，澳大利亚旅游局联手世博网络赞助商腾讯网，于上海世博会期间启动了为期两个月"牵手世博,相约澳洲"的网上推广活动。本次活动主要针对向往自助游的体验者,借助他们崇尚跟朋友分享体验的特性,以个性化和自主度高的互动游戏、在线分享以及引人入胜的旅游大奖吸引他们的眼球,让他们从中领略澳大利亚的旅游体验。此外推广活动还通过展现缤纷多彩的旅游产品,让游客自制行程,DIY 自己的旅游策划。

在腾讯网站上,通过主题网站 australia.qq.com,为中国消费者开通足不出户便可身临澳大利亚的虚拟之旅。网站为了突出互动性、娱乐性和参与性,设计了各种游戏和活动,如网友可以参与网站里的图片游戏,在享受搜索互动乐趣的同时,熟悉澳大利亚的热门景点,还可以将游戏推荐给自己的 QQ 好友参加。此外,网友还可以挑选澳大利亚著名景点和具标志性的图像,装饰自己的 QQ 头像和 QQ 空间。积极参与游戏的网友每天均有机会参与抽奖游戏,以赢取由澳大利亚旅游局和 QQ.com 送出的礼物,而每周推荐最多朋友参与活动的参加者,将有机会赢取由澳洲航空公司送出的上海至悉尼往返机票和澳新银行送出的澳币 2 000 元的旅游大奖。为期 9 周的活动,每周会送出一份奖项。

第二,澳大利亚,尽是不同。

2010 年 8 月 2 日,在"牵手世博,相约澳洲"活动结束后不久,澳大利亚旅游局又在中国推出了最新的旅游品牌——"澳大利亚尽是不同",把澳大利亚当地居民的精彩个人度假体验推荐给广大中国消费者。

新推广活动的核心是由 3 500 张澳大利亚当地人提供的照片和故事组成的网上互动的中文澳大利亚地图。中国游客可以访问网站 www.australia.com 和 www.nothinglikeaustralia.com,借助互动数字媒体技术欣赏照片和故事,规划自己的澳大利亚之旅。网站采用谷歌地图技术,把 3 000 多个澳大利亚人独特的旅行故事和照片加以标注。消费者可以通过网站查询景点信息,或把这些故事放上当地的主要社交网站与好友分享,还可以从精选照片故事中票选出他们最喜爱的澳大利亚体验。

2010 年 8 月,"澳大利亚尽是不同"品牌活动网站已在大陆、香港、台湾三地陆续推出。澳大利亚旅游局东半球国际事务行政总经理李泽琛表示:"我们针对中国市场开展的早期测试结果表明,中国游客对新品牌能够产生很强烈的共鸣,这将促使他们把赴澳旅游的渴望转化为实际行动。比如在上海观看过新品牌广告片的消费者中,有 90% 表示不久的将来很有可能前往澳大利亚旅游。"

总而言之,在消费者市场方面,澳大利亚旅游局致力搭建数字营销平台,并连续出台一系列的数字营销活动,以吸引消费者关注澳大利亚独特的旅游体验和推动他们动手规划赴澳旅游的计划。澳大利亚旅游局北亚区总经理倪建华表示:"数字营销不但不受地域限制,而且互动性强、见效快,是非常有效的推广途径。澳大利亚旅游局将继续加大网络平台的推广力度,计划于 2011 年春节后在中国内地和香港推出'澳大利亚尽是不同'品牌的后续网络营销活动。同时,我们也将加强与网络媒体的沟通,包括邀请知名的门户网站、视频网站和旅游博主深入澳大利亚实地采访,以新媒体的视角感受澳大利亚多元的自然风光和城市风情,打造口碑营销效果。"

(改编自《网络营销与品牌合作全方位推动消费者市场》,澳大利亚旅游局官网,2010 年 11 月 1 日;《澳大利亚在华推出全新旅游品牌:澳大利亚尽是不同》,澳大利亚旅游局官网,2010 年 8 月 2 日;《"牵手世博相约澳洲"推广项目正式启动》,旅行社杂志,2010 年 5 月 2 日)

第二部分　案例教学

一、商业专业词汇

1. 数字媒体：是指以二进制数的形式记录、处理、传播、获取过程的信息载体，这些载体包括数字化的文字、图形、图像、声音、视频影像和动画等感觉媒体，和表示这些感觉媒体的表示媒体（编码）等，通称为逻辑媒体，以及存储、传输、显示逻辑媒体的实物媒体。

2. 公关：即公共关系，是一个组织为了达到一种特定目标，在组织内外部员工之间、组织之间建立起一种良好关系的科学。它是一种有意识的管理活动。组织中建立一种良好的公共关系，需要良好的公共关系活动的策划来实施和实现的。

3. 市场调研：是市场调查与市场研究的统称，指运用科学的方法，有目的、有计划地收集、整理和分析有关供求和资源的各种情报，信息和资料，把握供求现状和发展趋势，为营销策略制定和企业决策提供正确依据的信息管理活动。

4. 赞助：指企业为了实现自己的目标（获得宣传效果）而向某些活动（体育、艺术、社会团体提供资金支持的一种行为。

5. 策划：又称"策略方案"和"战术计划"（Strategical Planning/Tactical Planning），是指人们为了达成某种特定的目标，借助一定的科学方法和艺术，为决策、计划而构思、设计、制作策划方案的过程。

6. 社交网站：即 SNS 网站，指用户基于共同的兴趣、爱好、活动，在网络平台上构建的一种社会关系网络。

7. 网络营销（On-line Marketing 或 E-Marketing）：以国际互联网络为基础，利用数字化的信息和网络媒体的交互性来辅助营销目标实现的一种新型的市场营销方式。简单而言，网络营销就是以互联网为主要手段进行的，为达到一定营销目的的营销活动。

8. 口碑营销：是企业或相关单位在买方市场条件下，对自己的产品或服务进行某一方面或某几方面的特性设计，使得非生产人员（如消费者、经销商等）在消费或接触这些产品时所获得的实际利益超过他们的预期，通过他们向别人介绍这些产品而促进产品销量增加的一种营销活动方式。

二、思考题

（一）根据案例内容回答问题

1. 试分析澳大利亚旅游局推出"牵手世博，相约澳洲"的原因？
2. 你认为澳大利亚旅游局利用数字营销推广旅游品牌时，最成功的举措是什么？

（二）讨论题

1. 你认为澳大利亚旅游局还可以采取哪些后续营销方式？
2. 数字营销较其他传统营销方式的优势是什么？
3. 数字营销存在哪些问题？

第三部分　案例分析与总结

一、案例要点：数字营销

数字营销（Digital Marketing）通过数字化多媒体渠道，综合运用电话、短信、邮件、电子传真、网络平台等数字化媒体通道，实现营销的精准化。数字营销有"推"与"拉"两种方式：(1)"拉"式数字营销，利用技术手段吸引户参与到内容搜索和获取活动，如网站/博客和流媒体（音频和视频）为用户提供专门的链接（URL），供其浏览内容。(2)"推"式数字营销，利用技术手段或营销人员（信息制造者）的努力，向用户推送信息，如通过电子邮件、短信、RSS订阅，将信息发送至用户。

数字营销具有集成性、个性化、跨时空、成本低的特点。一是数字营销实现前台与后台的紧密集成，覆盖由商品信息至收款、售后服务的全过程。二是数字营销可以追踪每个客户习惯和爱好，按照客户需要提供个性化产品。三是数字营销不受时间和空间限制，可跨时空开展营销推广。四是数字营销将产品直接向消费者推销，受众准确，中间中间环节少，降低交易费用。

二、案例总结

近年来，随着互联网以及移动商务的迅猛发展。如何在网络上低成本、高效率、大幅度地推广自己的企业和产品，如何有效地将客户点击率真正转化为成交率，如何有效地精准性地控制企业营销成本等一系列的问题，让很多企业开始将眼光转到数字营销平台上来。

澳大利亚旅游局选择数字营销这一新颖方式，推出了一系列网上推广活动，向中国消费者介绍澳大利亚，吸引大家到澳大利亚旅游。"牵手世博，相约澳洲"充分利用了上海世博会机会，借助于腾讯网的支持，较好地向消费者传播了澳大利亚特征。"澳大利亚尽是不同"的活动，同样可以借助网络的及时性、图片性、娱乐性特征，向消费者展现澳大利亚风情。

总体而言，数字营销强调与意向客户的沟通，将产品说明、促销、客户意见调查、广告、公共关系、客户服务等各种营销活动整合在一起，进行一对一的沟通，达到营销组合的综合效果。这些营销活动不受时间与地域的限制，综合文字、声音、影像、网片及视听、用动态或静态的方式展现、并能轻易迅速地更新资料，同时消费者也可重复地上线浏览查询。数字营销已成为数字经济时代企业的主要营销方式和发展趋势。

第四部分　案例使用说明

一、教学目的与用途

该案例涉及数字营销和网络推广的理论。讲述澳大利亚旅游局通过"牵手世博，相约澳洲"、"澳大利亚尽是不同"等活动,结合数字营销与品牌运作进行网络推广。通过案例的讲解,让学生们对数字营销和网络推广有新的认识。该案例适用于高级汉语的学员,适用于商务汉语案例课程,难度偏高。

二、案例分析思路

1. 探寻澳大利亚旅游局采取数字营销与品牌运作相结合的营销方式的原因。
2. 分析澳大利亚旅游局如何通过"牵手世博,相约澳洲"进行营销推广。
3. 分析澳大利亚旅游局如何通过"澳大利亚尽是不同"进行营销推广。
4. 讨论数字营销较之其他传统营销方式的优势。
5. 总结与归纳数字营销的经验教训。

三、相关网络链接

《网络营销与品牌合作全方位推动消费者市场》,澳大利亚旅游局官网,2010年11月1日。

《澳大利亚在华推出全新旅游品牌:澳大利亚尽是不同》,澳大利亚旅游局官网,2010年8月2日。

《"牵手世博相约澳洲"推广项目正式启动》,旅行社杂志,2010年5月2日。

四、建议课堂计划

建议使用六节课。

第一节课:讲解重要商务词汇与案例背景,进行案例学习准备。

重要商务词汇:数字营销、网络营销、口碑营销。

第二节课:讲解案例正文,理清案例发展脉络,帮助学生理解案例。

案例讲解内容:

(1)介绍澳大利亚旅游局的相关背景资料;
(2)了解澳大利亚旅游局针对中国消费市场扩大采取的营销方式;
(3)描述澳大利亚网络推广的举措;
(4)了解澳大利亚数字营销的效果或作用。

第三~四节课:展开案例分析和讨论。

(1)澳大利亚为何要采取数字营销与品牌运作相结合的营销方式?
(2)澳大利亚旅游局推出"牵手世博,相约澳洲"的原因?
(3)你认为澳大利亚旅游局利用数字营销推广旅游品牌时,最成功的举措是什么?
(4)观看过"澳大利亚尽是不同"的广告片后,你觉得你将来很有可能前往澳大利亚旅游吗?为什么?
(5)澳大利亚旅游局将如何打造口碑营销效果?

第五—六节课:进行案例总结,布置课后作业,完成案例书面报告。

(1)你认为澳大利亚旅游局还可以采取哪些后续营销方式?
(2)分析数字营销较其他传统营销方式的优势、劣势。

电子商务——中俄

Electronic Business

卡巴斯基杀毒软件的中国之路

第一部分　案例陈述

案例提要

面对中国这块巨大的杀毒软件市场,俄罗斯杀毒软件巨头——卡巴斯基早在2002年就开始进入中国。在进入中国这条道路上,卡巴斯基经过不断地调整战略,既遇到了挫折,也收获了成功,在中国之路上进行了不断探索。

关键词语

杀毒软件　卡巴斯基　战略调整

案例背景

自计算机产生以来,电脑病毒也就随之出现了,互联网的快速发展使电脑病毒的传播更为快速,由此进一步推动了杀毒软件产业的发展。随着互联网的日益普及,中国互联网用户人数也在不断增长,从2001年的3 370多万,到2008年,中国互联网用户数达到3.03亿人,增长率高达20%以上。中国杀毒软件市场不断扩大,作为俄罗斯乃至全球杀毒软件巨头卡巴斯基,早在2002年就开始进入中国,但成效并不佳,随后卡巴斯基开始了新的探索。

案例正文

中国互联网的发展,必将带来更多的客户群体,这也意味着杀毒软件存在着巨大的市场。卡巴斯基正是看中了这一快速成长中的市场,早在2002年就进入了中国市场。但此时的中国市场,早已被瑞星、金山、江民等国产杀毒软件和较早进入中国的诺顿等杀毒软件企业瓜分,卡巴斯基未能有效地打开市场。

随后,卡巴斯基通过与中国的一些门户网站合作的方式,取得了不错的效果,其标识"小雨伞"在国内网民中有了较好的口碑。卡巴斯基是一款"杀毒能力最强的软件。"这是当时不少网民对卡巴斯基杀毒软件的心理定位。

但不久以后，卡巴斯基盗版软件在网络上疯传下载。由于盗版软件本身的制作问题，以及卡巴斯基对电脑配置的要求相对较高，一部分用户在电脑上装了卡巴斯基后，经常会出现各种各样的毛病，电脑运行速度减慢，甚至死机。"卡巴斯基"="卡巴死机"？这样一个外号在网络上很快流传起来，使卡巴斯基苦心经营起来的形象面临威胁。

2006年7月27日，卡巴斯基公司宣布，将为奇虎旗下的"360安全卫士"免费提供杀毒功能。网友只需使用奇虎"360安全卫士"，就能免费获得卡巴斯基提供的最新反病毒KAV6.0个人版正版软件。当时该版本杀毒软件对外的公开售价是320元，而通过这样的捆绑销售，网民无须购买就可免费使用半年。在当时的正版杀毒软件普遍收费，且费用较高的情况下，这款卡巴斯基和奇虎360合作的软件打出的免费牌可谓赚足了人气。

在推出免费正版软件吸引网友的同时，卡巴斯基还主动出击，打击盗版的卡巴斯基杀毒软件。在巨额奖金的吸引下，不少提供卡巴斯基盗版软件下载地址的网站将这一部分内容屏蔽。

2007年发生的"熊猫烧香"事件给卡巴斯基带来了机会。2007年初，一只手拿三支香的熊猫肆虐网络，这个名为"熊猫烧香"的蠕虫病毒，令绝大多数的杀毒软件束手无策，不少的电脑因为中了该病毒而瘫痪，且难以恢复。这次事件却被卡巴斯基和奇虎看成了一个绝佳的危机公关的机会。2007年1月，卡巴斯基发出公开说明称，"在此次强大的病毒攻击波中，凡是安装正版卡巴斯基反病毒软件并将其升级到最新病毒库的用户，没有一台电脑被病毒攻陷。"

这份公开说明收到了超出卡巴斯基和奇虎预期的效果。一方面，对杀毒软件的信心正处于低谷的网民们仿佛看到了一根救命稻草，发现这里还有能防御"熊猫烧香"的软件，纷纷下载安装；另一方面，国内杀毒市场老大瑞星很快就做出了公开的回应，对卡巴斯基说明当中的部分言论进行质疑和抨击。一场发生在卡巴斯基、奇虎和瑞星之间的口水仗就此打响。此后，还发生了卡巴斯基起诉瑞星等事件，引起了全国媒体的广泛关注，这给卡巴斯基带来了更多的知名度和更多的用户。

为进一步拓展中国市场，2009年4月中旬，卡巴斯基便在中国选中了国内领先的网络电视媒体悠视网(UUSee)，宣布双方建立战略合作，为悠视网网络电视用户提供为期半年的免费KAV杀毒软件使用权。据透露，卡巴斯基与悠视网的合作一直签署到2009年底，并且这是独家的半年激活码合作协议。这意味着，卡巴斯基将在未来的7个月中，延续娱乐化的路线，享受悠视网客户端近亿的娱乐需求用户。

相比于竞争激烈的杀毒软件和IT软件市场，娱乐终端显然已经成为一片新的"蓝海"。拓展网络视频这一互联网娱乐流潮，为卡巴斯基带来了新的用户增长点，而与悠视网(UUSee)的联手，也将打造国内首个安全娱乐平台，为网络视频产业具有重要意义。

至2010年2月，卡巴斯基在中国拥有超过1亿使用者。也就是说，卡巴斯基在中国的这些举措取得了不错的效果，这也为卡巴斯基开拓全球杀毒软件市场奠定了良好的基础。

(改编自百度知道《卡巴斯基是如何进入中国的》2008年11月2号;《卡巴斯基中国行》搜狐数码2007年4月)

第二部分　案例教学

一、商业专业词汇

1. 市场：商品交易关系的总和，主要包括买方和卖方之间的关系，同时也包括由买卖关系引发出来的卖方与卖方之间的关系以及买方与买方之间的关系。

2. 战略合作：企业双方或多方出于长期共赢目的，建立在共同利益基础上，实现深度合作的一种合作形式。

3. 捆绑销售：是共生营销的一种形式，是指两个或两个以上的品牌或公司在促销过程中进行合作，从而扩大它们的影响力。

4. 危机公关：指应对危机的有关机制，指企业为避免或者减轻危机所带来的严重损害和威胁，从而有组织、有计划地学习、制定和实施一系列管理措施和应对策略，包括危机的规避、控制、解决以及危机解决后的复兴等不断学习和适应的动态过程。

5. 使用权：不改变财产的本质而依法加以利用的权利。通常由所有人行使，但也可依法律、政策或所有人之意愿而转移给他人。

6. 蓝海：指的是未知的市场空间。蓝海是相对于红海而言，红海则是指已知的市场空间。

二、思考题

(一)根据案例内容回答问题

1. 卡巴斯基进入中国遇到了什么样的困难？
2. 卡巴斯基采取了哪些策略一步步进入中国的？

(二)讨论题

1. 你使用过哪些杀毒软件？谈谈你对他们的看法。
2. 你在选择杀毒软件的时候，考虑的最多的因素是什么？
3. 你觉得在未来杀毒软件发展趋势是收费居多还是免费居多？

第三部分　案例分析与总结

一、案例要点：杀毒软件、捆绑销售

杀毒软件，也称反病毒软件或防毒软件，是用于消除电脑病毒、特洛伊木马和恶意软件的一类软件。杀毒软件通常集成监控识别、病毒扫描、清除和自动升级等功能，有的杀毒软件还带有数据恢复等功能，是计算机防御系统(包含杀毒软件、防火墙、特洛伊木马和

其他恶意软件的查杀程序、入侵预防系统等)的重要组成部分。

　　捆绑销售是共生营销的一种形式,是指两个或两个以上的品牌或公司在促销过程中进行合作,从而扩大它们的影响力,它作为一种跨行业和跨品牌的新型营销方式,开始被越来越多的企业重视和运用。捆绑销售可以达到品牌形象的相互提升。弱势企业可以通过和强势企业的联合捆绑,提高企业产品和品牌在消费者心中的知名度和美誉度,从而提升企业形象和品牌形象。强势企业也可以借助其他企业的核心优势互补,使自己的产品和服务更加完美,顾客满意度进一步增强,品牌形象也更优化。案例中就是将卡巴斯基和奇虎360捆绑起来,只要下载了360安全卫士就可以免费使用卡巴斯基半年,这样双方互相利用,提高自身的知名度。

二、案例总结

　　随着互联网的发展使病毒传播的速度更加快速,这也给杀毒软件带来了巨大的市场。面对中国这块巨大的市场,卡巴斯基也想打开中国市场。中国的杀毒软件市场竞争激烈,竞争对手众多,卡巴斯基的策略如下:

　　一是与奇虎360安全卫士合作,通过捆绑销售和免费试用方式,吸引了消费者的下载。

　　二是借助"熊猫烧香"事件的影响,提供软件升级,实现了品牌的推广。

　　三是与悠视网等企业,打出自己专业的特色,取得了不错的成效。

　　卡巴斯基作为一家国外的杀毒收费软件,与中国的企业进行合作和捆绑,在市场竞争中赢得顾客。

第四部分　案例使用说明

一、教学目的与用途

　　该案例涉及杀毒软件和互联网企业合作问题。从互联网发展的角度来谈,卡巴斯基是如何发展的。从企业战略发展的角度来讲,卡巴斯基为何要进入中国并且如何进入中国的。通过案例的讲解,让同学们看到了一个杀毒软件企业是如何逐步扩大发展的,并且对互联网的发展加深了解,对企业战略合作加深了解。该案例适用于高级汉语的学员,适用于商务汉语案例课程,难度偏高。

二、案例分析思路

1. 探寻卡巴斯基进入中国的原因;
2. 分析卡巴斯基进入中国所遇到的阻力;
3. 分析卡巴斯基进入中国的优势和劣势;
4. 讨论卡巴斯基进入中国所采取的一系列策略;
5. 分析卡巴斯基与奇虎360合作的意义;

6. 总结卡巴斯基成功的原因。

三、相关网络链接

《卡巴斯基是如何进入中国的》,百度知道 2008 年 11 月 2 日。
《卡巴斯基中国行》,搜狐数码 2007 年 4 月。
《杀毒软件》,百度百科。
《危机公关》,百度百科。
《使用权》,百度百科。
《蓝海》,百度百科。
《战略合作》,百度百科。

四、建议课堂计划

建议使用六节课。
第一节课:讲解重要商务词汇与案例背景,进行案例学习准备。
重要商务词汇:战略合作、捆绑销售、危机公关。
第二节课:讲解案例正文,理清案例发展脉络,帮助学生理解案例。
案例讲解内容:
(1)介绍卡巴斯基的相关背景资料;
(2)了解杀毒软件的特点;
(3)描述中国杀毒软件市场的状况;
(4)了解卡巴斯基进入中国市场的原因。
第三~四节课:展开案例分析和讨论。
(1)卡巴斯基进入中国的优势和劣势?
(2)卡巴斯基刚进入中国所遇到的阻力?
(3)卡巴斯基所与奇虎 360 战略合作的意义?
(4)分析卡巴斯基遇到危机时候所采取的策略。
(5)总结卡巴斯基进入中国一系列的途径以及遇到困境时所采取的手段。
第五~六节课:进行案例总结,布置课后作业,完成案例书面报告。
(1)你使用过哪些杀毒软件?谈谈你对他们的看法。
(2)你在选择杀毒软件的时候,考虑的最多的因素是什么?
(3)你觉得在未来杀毒软件发展趋势是收费居多还是免费居多?

电子商务——中西
Electronic Business

桃乐丝中国网站正式启动电子商务

第一部分 案例陈述

案例提要

通过互联网这个渠道,西班牙最大的家族酿酒企业——桃乐丝把更多的美味葡萄酒送到了中国人的手里。桃乐丝成立咏萄分公司,开通了 www.torreschina.com,向中国消费者介绍葡萄酒的知识,开展网上销售,宣传葡萄酒文化,以求赢得中国消费者的喜爱。

关键词语

桃乐丝　葡萄酒　互联网营销

案例背景

桃乐丝(Torres)在西班牙是最大的家族酿酒企业。早在17世纪,桃乐丝家族就开始酿造葡萄酒。虽然桃乐丝葡萄酿酒公司正式建立是在19世纪末,现在桃乐丝公司的葡萄酒已经饮誉全世界。自从1997年进入中国,桃乐丝葡萄酒贸易有限公司已经在上海、北京、广州建立了办事处,在各地致力于家族酒庄的葡萄酒的推广。面对互联网的冲击,桃乐丝开始了新的尝试。

案例正文

2006年6月9日,桃乐丝上海办公室迁至新址,同时开通了中国网站:www.torreschina.com,这意味着桃乐丝正式在中国市场上启动了电子商务。

桃乐丝希望借助于 www.torreschina.com 这个电子商务网站,使中国超过1亿的网络使用者,可以实现在网上购买葡萄酒的梦想,同时借助于网站推广,让追求年轻时尚的中国葡萄酒爱好者,能够享受到在欧洲流行的网上购买葡萄酒的乐趣。

在2009年10月,为了开发中国市场,桃乐丝在中国专门成立了一家消费者分公司,取名为咏萄(everwines)。桃乐丝成立这个分公司的目的是为了更好地致力于推广和传播葡萄酒文化,这也是桃乐丝为中国葡萄酒爱好者专门设立的一个业务平台。咏萄葡萄酒实行会员制,所有用户都可以免费注册账号,成为普通会员后可以获得一系列好处:会员积分折扣制度、不定期免费品酒机会、定期收到葡萄酒杂志以及一张会员卡。

打开 www.torreschina.com,就可以看到有关咏萄的内容。首先是咏萄的发展愿景:"让优质葡萄酒伴随每个人的生活"。作为中国市场的最重要葡萄酒进口商之一,咏萄希望在将来的葡萄酒消费市场,公司将主要通过网站的形式,将来自世界各地的优质葡萄酒运到来自中国的葡萄酒爱好者手中。

进入咏萄的网上商店,消费者首先能看到的是一个葡萄酒按作用分类的专区,包括酒具、礼品、收藏酒、婚宴用酒等。葡萄酒酒具和礼品的价位从几十元到几百上千元不等,所销售的酒具主要产地为德国,而葡萄酒的一些礼品如包装礼盒等产地则在中国。酒具和礼品这一栏充分说明了西班牙桃乐丝正在慢慢融入并理解中国的传统文化,并充分利用好中国的很多传统节日。在收藏酒里面主要是一些中高档酒,适用人群是部分比较高端的葡萄酒鉴赏家和成功人士。对于婚宴用酒,咏萄也有自己独特的策划。为了策划一个独特的婚礼,他们可以提供一个唯一的葡萄酒标签,写上夫妇两人的名字,姓名以及婚礼日期将会出现在酒标上。此外多付 100 元还可以获得印有照片和签名的个性酒标,足以给客户一个甜蜜而难忘的婚礼。

为了方便消费者查找各种商品,咏萄在网页左边一栏则提供搜索使用的各种分类选项,比如价格搜索,客户可以根据自己的需要设定一个价格区间;还有产品搜索,包含红葡萄酒、白葡萄酒、甜酒等 10 多个品种;此外还有产地搜索,根据不同产地的葡萄酒进行分类,有意大利、西班牙、法国等多个国家,这也是出于对不同地区葡萄酒口味习惯不同的考虑。咏萄还提供了关于葡萄酒的热门关键字,根据不同葡萄酒的点击程度进行排序分类,分为葡萄酒鉴赏家、葡萄酒倡议者、葡萄酒倡议者等,以便客户可以参考其他人的选择来给自己的购买决策提供一定的帮助。

此外,咏萄葡萄酒为客户提供各种收费服务活动,包括在办公室品尝两款葡萄酒并演示如何侍酒和品酒艺术的知识,在餐厅品酒、侍酒、如何配简餐等,其中规定的人数下限一般至少为 12 人,人均 100~800 元收费不等,这对于中国的广大想要学习商业礼仪的商务人士有比较大的吸引力。

总而言之,作为西班牙葡萄酒典范的桃乐丝,在传统经销渠道上取得了巨大成功,产品畅销全球超过 120 个以上的国家,面对互联网经济的快速发展,这家传统的葡萄酒企业也希望利用新手段提高业绩和市场影响力。

(改编自《桃乐丝中国网站正式启动电子商务给您方便》,雅虎娱乐,2006 年 6 月 13 日)

第二部分　案例教学

一、商业专业词汇

1. 互联网经济:是基于互联网所产生的经济活动的总和,在当今发展阶段主要包括电子商务、即时通讯、搜索引擎和网络游戏四大类型。

2. 分公司:指在业务、资金、人事等方面受本公司管辖而不具有法人资格的分支机构。

3. 会员制:是一种人与人或组织与组织之间进行沟通的媒介,它是由某个组织发起并在该组织的管理运作下,吸引客户自愿加入,目的是定期与会员联系,为他们提供具有较高感知价值的利益包。

4. 折扣:是商品购销中的让利,发生在购销双方当事人之间,是卖方给买方的价格优惠。

5. 电子商务:通常是指是在全球各地广泛的商业贸易活动中,在因特网开放的网络环境下,基于浏览器/服务器应用方式,买卖双方不谋面地进行各种商贸活动,实现消费者的网上购物、商户之间的网上交易和在线电子支付以及各种商务活动、交易活动、金融活动和相关的综合服务活动的一种新型的商业运营模式。

二、思考题

(一)根据案例内容回答问题

1. 咏萄的发展愿景是什么?
2. 你认为咏萄使用了哪些手段进行营销?

(二)讨论题

1. 你认为电子商务与传统渠道销售产品有哪些区别?
2. 你认为进行电子商务销售产品有哪些障碍?

第三部分 案例分析与总结

一、案例要点:电子商务

近年来,中国电子商务一直保持着强劲的发展势头。《第27次中国互联网络发展状况统计报告》显示,中国互联网经济继续保持稳步增长态势,其中网络购物用户年增长48.6%,是用户增长最快的应用。而网上支付和网上银行也以45.8%和48.2%的年增长率,远远超过其他类网络应用,这为桃乐丝的电子商务销售策略提供了很好的大环境。

桃乐丝试图通过电子商务向中国消费者推介产品,除了开展网上销售,桃乐丝还注意介绍葡萄酒知识和酒文化,目的是拓展一种有别于传统渠道的新的营销方式。

二、案例总结

世界上很多国家电子商务已经变得越来越普遍,而中国的电子商务也在飞速发展。企业不得不重视这一新的营销渠道。

对于桃乐丝来说,建立一个网上销售通道热在必行。桃乐丝虽然在传统渠道上取得了成功,但在网上销售方面仍然是个尝试。桃乐丝网站的特色是,这并不完全是一个销售网络,还是一个普及葡萄酒知识的网站。通过葡萄酒知识的宣传,也可以提高网民对桃乐丝葡萄酒的印象和好感。不管怎样,桃乐丝已经通过电子商务的方式在中国建立了自己的一个新的葡萄酒销售渠道而且取得了很好的成绩。

第四部分　案例使用说明

一、教学目的与用途

案例讲述了桃乐丝的电子商务活动,通过该案例的学习,让学生了解电子商务,理解电子商务的优劣势及其与传统渠道的不同。该案例适用于高级汉语的学员,适用于商务汉语案例课程,难度偏高。

二、案例分析思路

1. 介绍桃乐丝公司并教授电子商务的概念。
2. 描述桃乐丝的咏萄公司及网站情况。
3. 分析桃乐丝网站的特点。
4. 讨论桃乐丝开展电子商务的好处与坏处。
5. 总结案例启示。

三、相关网络链接

《桃乐丝中国网站正式启动电子商务给您方便》,雅虎娱乐,2006年6月13日。
《进口葡萄酒品牌运营模式的多样化》,中国网库社区,2010年6月24日。
《分销王启动2011"分销e-MBA"成长计划》,中国电子产品网,2011年3月6日。
《互联网经济》,百度百科。
《分公司》,百度百科。
《推广》,百度百科。
《会员制》,百度百科。
《折扣》,百度百科。

四、建议课堂计划

建议使用六节课。
第一节课:讲解重要商务词汇与案例背景,进行案例学习准备。
重要商务词汇:电子商务、互联网经济、会员制。
第二节课:讲解案例正文,理清案例发展脉络,帮助学生理解案例。
案例讲解内容:
(1)介绍桃乐丝公司。
(2)介绍电子商务的发展情况。
(3)描述桃乐丝的网站内容。
(4)分析桃乐丝网站取得的效果。
第三~四节课:展开案例分析和讨论。

(1)桃乐丝为什么要开展电子商务？
(2)咏萄的发展愿景是什么？
(3)咏萄使用了哪些手段进行营销？
(4)分析咏萄网站的特点。
(5)咏萄为什么要提供收费服务活动？
第五~六节课：进行案例总结，布置课后作业，完成案例书面报告。
(1)你认为电子商务与传统渠道销售产品有哪些区别？
(2)你认为开展电子商务销售产品有哪些障碍？